무료컴파일러 ArmEdit4.0과 함께 배우는

CORTEX-M3(STM32) 이론과 실무

무료컴파일러(ArmEdit 제공)

황해권 저

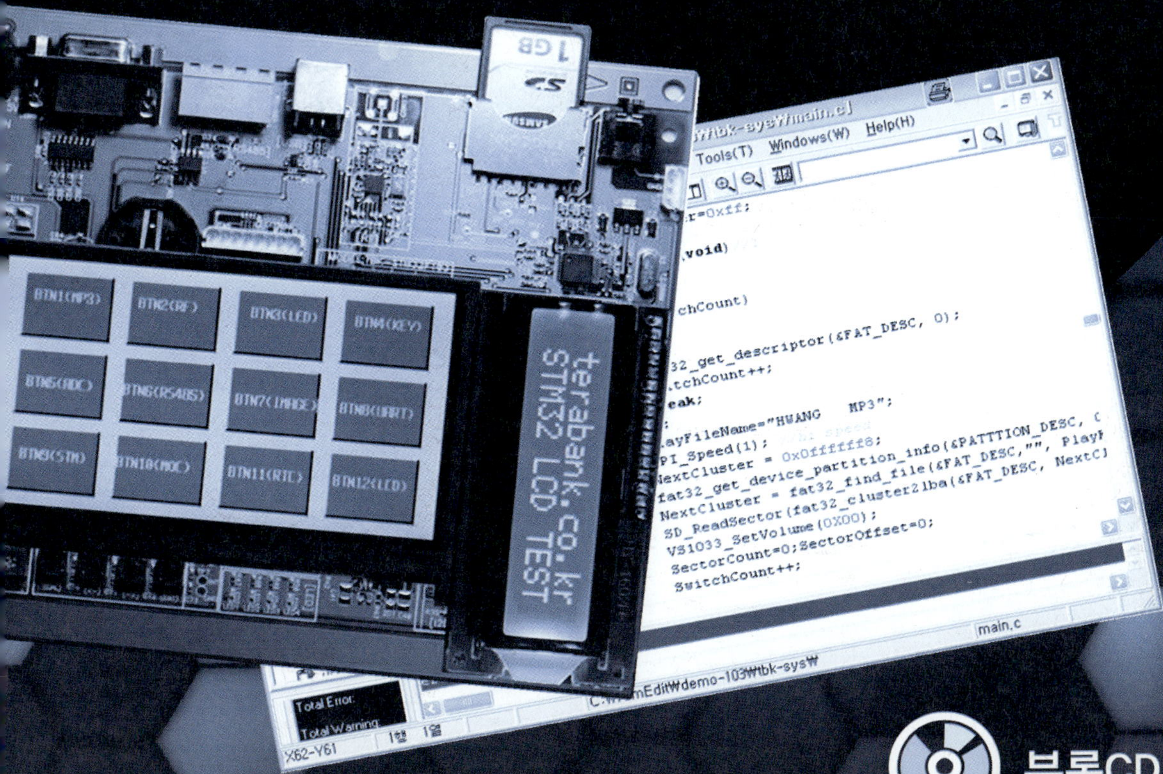

부록CD 수록

BOGDOO

머리말

나는 가끔 어린왕자에 나오는 보아뱀을 생각한다. 단순한 사고에서 진리를 터득할 때도 없지 않음을 잘 알고 있다. 프로그램 개발자라면 한번쯤은 한 줄의 코딩에 하루, 이틀 아니 일주일을 밤낮으로 고생하다가 문득 버스를 타고 가다가 혹은 지하철 안에서 우연히 해결법을 찾을 때가 있다. 이러한 경우 나는 집 앞에 도착해서도 궁금하여 다시 발길을 회사로 향한다. 한 줄의 완벽한 코딩, 그리고 해결…. 이 기쁨은 무엇으로 비교되겠는가? 우리는 이러한 희열과 열망 때문에 개발자의 길을 선택하지 않았나하는 결론을 얻게 된다.

오늘도 나는 저녁 늦은 시간, 아니 밤이라 해야 맞을지 모르겠다. 이렇게 늦은 시간까지 책을 만들고 있는 이유는 물론 자기개발의 시간이기도하지만, 조금이나마 필자가 가진 기술과 경험을 여러분에게 알려주기 위함도 있다. 많은 엔지니어가 그렇듯이 필자 또한 코딩은 잘 할 수 있을지 몰라도 그것을 표현하고 매뉴얼을 제작하는 것은 서투리라 인정한다. 기술은 월등할지라도 사람을 다스리는 능력은 부족한 것이 사실이다. 그래서 다른 부서, 아니 온 국민들이 무시하는 태도로 대한다. 정말 가슴 아픈 우리의 현실이다.

내 동생이 있는데 벌써 마흔줄에 들어섰지만 아직도 미혼이다. 여러 번 맞선을 보았지만 번번이 전자과 전공을 이유로 퇴짜를 맞고 돌아온다. 이를 볼 때마다 안타깝고 엔지니어의 길을 걷는 필자의 마음도 아파왔다.

이러한 이유로 필자는 엔지니어들에게 먼저 이성을 사귀는데 가장 많은 시간과 정열을 쏟아 부어라, 그리고 가정을 만들고 어느 정도 안정이 되면 개발시간을 늘려가라고 권한다. 필자가 결혼한지도 20년이 다 되어 간다. 집에서는 아예 포기했는지 찾지도 않는다. 그래서 이 자리에 앉아서 글을 쓴다. 왜? 바로 이러한 이유에서 이 한 몸을 희생하기 위함이다. 누구에게? 바로 나와 같은 길을 걷고 있는 엔지니어들에게 선물하기 위함이다.

필자는 2004년에 “I LOVE ATMEGA128”라는 책을 출간했던 경험이 있다. 여러분보다 잘나고 실력이 월등해서가 아니다. 다만 필자의 경험을 토대로 쌓아온 기술을 공개한 것에 불과하다. 하지만 이러한 자료의 공개로 미혼의 개발자들에게 이성을 사귀는 시간이 조금이나마 주어 졌으리라 나 자신은 그렇게 굳게 믿을 뿐이다.

다시 2011년 필자는 1년에 가까운 시간을 할애하여 같은 책을 출간하려 한다. 가장 큰 목적은 위에서도 설명했듯이 좀 더 여유로운 삶을 필자가 도와주고 싶은 아주 단순한 목적에서 시작되었음을 밝혀 둔다.

필자가 CORTEX-M3(STM32) CPU를 처음 접했을 때가 지금으로부터 2년 전쯤으로 기억한 다. 많은 정보를 수집하고 프로그램을 시작했지만 때로는 바쁜 업무에, 때로는 무엇을 어디서부터 시작해야 할지 고민의 세월을 보내다가 이제야 필자의 경험을 여러분한테 선물할 수 있게 되었다.

그 첫째의 고민 바로 컴파일러(ArmEdit)를 개발하여 공개한다.

둘째의 고민인 Down Loader 동글(H/W, S/W)장치를 개발하여 공개한다.

셋째가 Source Code 의 공개이다. 물론 이것들을 사용하려면 매뉴얼이 필요하며 이 또한 이 책을 만들게 된 이유 중에 하나일 것이다. 필자가 장담하건대 일주일, 아니 3일만 투자하면 기본적인 기능을 충분히 습득 할 수 있을 것임을 믿어 의심치 않는다.

필자가 짐작하기엔 CORTEX-M시리즈가 앞으로 5년 이내에 8비트 마이크로프로세서 시장을 잠식해 나가지 않을까 생각한다. 아마도 8051 코어와 CORTEX-M 시리즈만이 최종적으로 살아남을 것이다.

우리가 살고 있는 은하계의 별이 2000억 개가 넘는다. 그리고 그 은하계가 또 2000억 개가 넘는다고 한다. 그 중에서 태양에서 지구까지의 거리는 1억5000만km로 알고 있다. 하지만 이 태양의 중력이 얼마나 힘을 가졌는지 태양의 최외곽 1조km에서 태양을 중심으로 돌고 있는 행성이 있다고 한다. 참 놀라운 일이 아닐 수 없다. 필자가 생각하기에 먼 미래에는 원자에서 원소(109개)로, 다시 분자로 물질이 만들어지듯이, 반대로 분자 물질에서 원소로 다시 원자로 마음대로 만들 수 있는 기술이 인간의 힘으로 가능하리라 생각된다. 그 때가 되면 데이터를 전송하듯 사람도 어떤 원자로 분해되어 인터넷 망을 통해서 보내지고 다시 조립되는 시대가 도래하지 않을까 생각된다. 그리고 언제가 될지는 모르지만 나는 아주 가끔은 하드디스크에 뇌를 저장해 놓고 다시 BACKUP을 반복하는 공상과학 만화 속 같은 미래를 생각해 본다. 이러한 시대가 찾아오면 물론 이러한 책이라는 개념도 없어지겠지만 말이다.

친구이자 동료인 전라도 광주에서 열심히 일하고 있는 김용수와 과학기술원 정호기 팀장, 그리고 내 어릴적 정말 친한 친구 황순구(지금은 경북 청송에서 농사를 지으며 마음 편히 살고 있음)와 황현철과 한오희, 나에게 살아가는 방법을 가르쳐 주시고 항상 힘을 주신 연세대학교 석정봉 교수님 고맙고 감사합니다. 그리고 죄송합니다. 또한 부족한 필자에게 집필의 기회를 2번씩이나 주신 복두출판사 송광헌 사장님과 편집장님께도 감사드린다.

매일 학교와 학원 공부에 밤낮으로 열심인 우리 두 아들 황진민이와 황진솔이 고생 많다. 힘내자! 아빠가 많이 놀아주지도 못하고 미안하지만 이젠 어느덧 중학교에 입학하여 둘 모두 회장이 되어 아빠를 기쁘게 해주고, 그래서 아빠는 너희들에게 힘을 얻는다.

마지막으로 미안해! 내 아내 평은진…. 정말….

2011년 저자 황해권

목차

16장 SPI 통신

17장 TBK-STM32F103 보드

제1장

디렉터리

1.1 디렉터리 구조

1.1 디렉터리 구조

1.1.1 ArmEdit 내의 디렉터리 구조와 각 파일의 위치

ArmEdit 디렉터리 안에는 많은 디렉터리와 파일들이 존재 하는데 각 디렉터리와 파일들이 어떤 역할을 하는지 먼저 분석해 보고 그에 따른 프로그램 작성시 조금이나마 도움이 되고자 한다.

일단 전체적인 디렉터리 구조는 아래와 같다 화살표로 그 기능을 기록해 두었고 아래는 따로 설명을 해 두었으니 참고적으로 차근히 읽어보자.

특히 아래 C:₩ArmEdit₩WinArm₩stm32lib₩STM32F10x_StdPeriph_Driver에 있는 내용은 프로그램 작성시 자주, 아니 반드시 디렉터리를 오픈해 놓고 각 파일들을 열어보아야 할 것임으로 그 위치를 기억하지 않으면 안될 것이다.

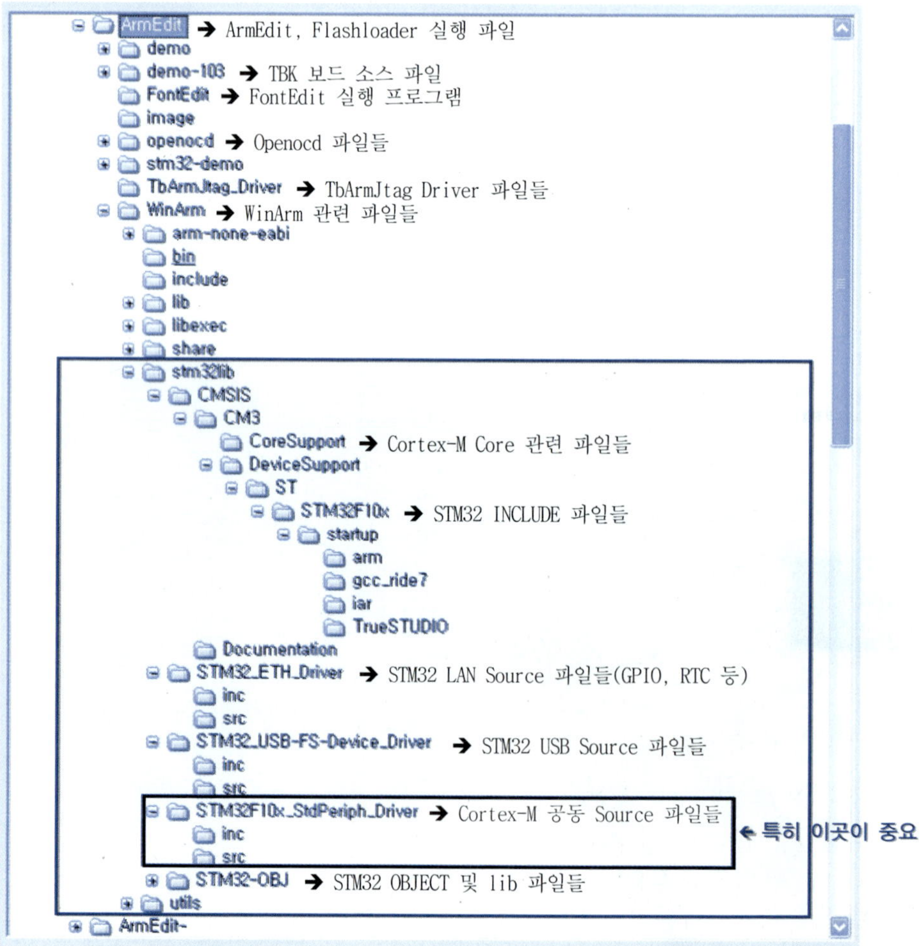

1.1.2 Cortex-M3 표준 라이브러리 파일

가. Cortex-M3 표준 헤더 파일

STM32F10x_StdPeriph_Driver₩inc

이 ".h" 파일들은 Cortex-M3 표준 라이브러리 헤더 파일로 Cortex-M3 코어를 사용 모든 회사에서 표준으로 사용 되는 공통 파일이다. 현재 버전이 V3.5.0까지 나와있다. 이 파일은 TBK 예제 파일에 사용되며 한번쯤 분석해 보면 Cortex-M3를 공부하는데 도움이 되겠다. 모두 "STM32F10x_StdPeriph_Driver₩src" 파일과 1:1 대응한다.

이 파일들이 있기에 Cortex-M3에 상당히 쉽게 접근이 가능하며 프로그램 코딩 시간도 엄청 줄어든다. 거의 모든 Cortex-M3관련 소스가 들어 있다. 물론 필요한 파일만 사용하면 되겠지만 프로그래머는 "stm32f10x.h" 만 추가해 주면 ArmEdit가 알아서 모두 해준다.

이 소스는 거의 구조체로 선언되어 우리는 그 구조체를 선언해 주고 사용하면 되겠다.

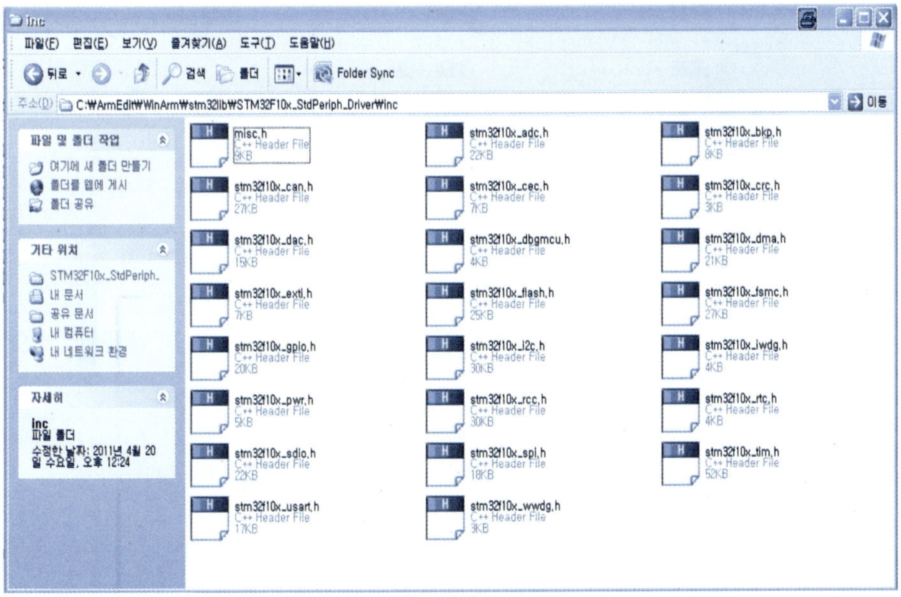

나. Cortex-M3 표준 소스 파일

STM32F10x_StdPeriph_Driver₩src

이 "C" 파일들은 Cortex-M3 표준 라이브러리 소스 파일로 Cortex-M3 코어를 사용 모든 회사에서 표준으로 사용되는 공통 파일이다.

현재 버전이 V3.5.0까지 나와 있다. 이 파일은 TBK 예제 파일에 사용되며 한번쯤 분석해 보면 Cortex-M3를 공부하는데 도움이 되겠다.

이 파일들이 있기에 Cortex-M3에 상당히 쉽게 접근이 가능하며 프로그램 코딩 시간도 상당히 줄어든다. 거의 모든 Cortex-M3관련 소스가 들어 있다.

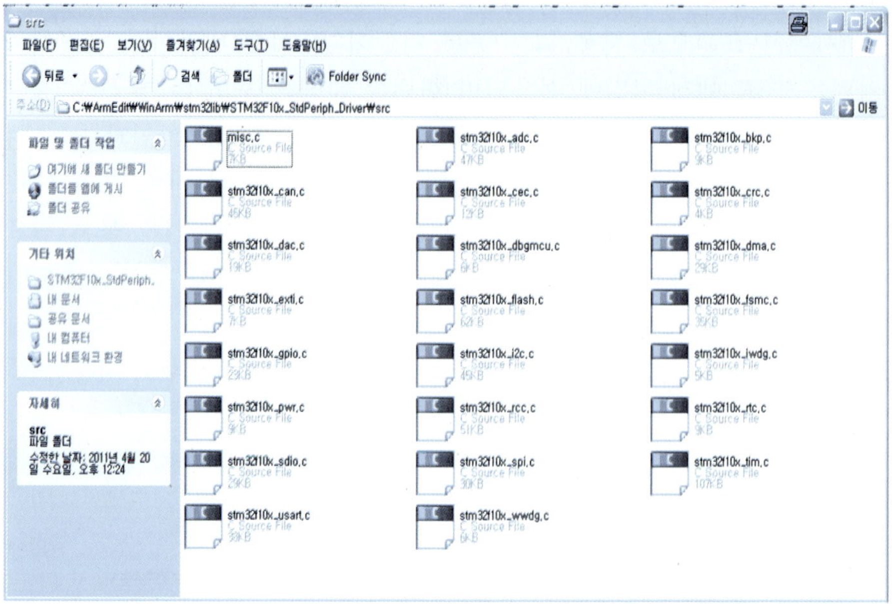

다. Cortex-M3 CORE 관련 소스 파일

C:₩ArmEdit₩WinArm₩stm32lib₩CMSIS₩ CM3₩CoreSupport

Cortex-M3 CORE 관련 소스와 헤더 파일이다. 컴파일 시 이 파일을 기본으로 사용한다.

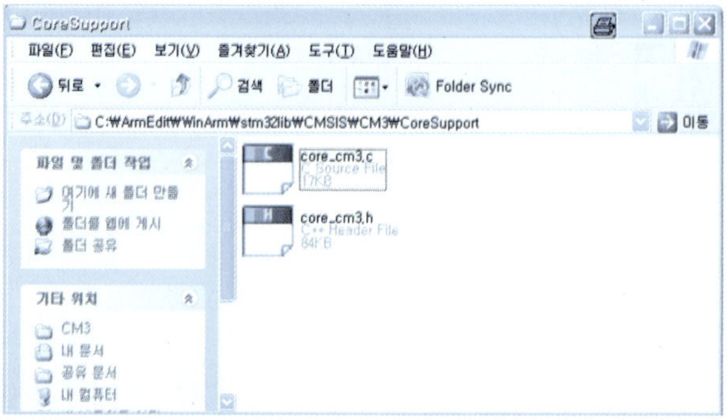

1.1.3 STM32 전용 파일들

가. STM32기본 라이브러리 파일

C:₩ArmEdit₩WinArm₩stm32lib₩CMSIS₩CM3₩ DeviceSupport₩ST₩STM32F10x

데모 파일 등 프로그램을 작성하는 모든 파일을 보면(main.c 등) #include "tm32f10x.h" 하게 되는데 모두 이 파일을 의미한다. STM32 CPU의 내부 레지스터(GPIO, RTC, TIMER, USART 등) DEFINE 되어 있다. 반드시 이 파일을 포함해야만 에러 없이 컴파일이 진행된다.

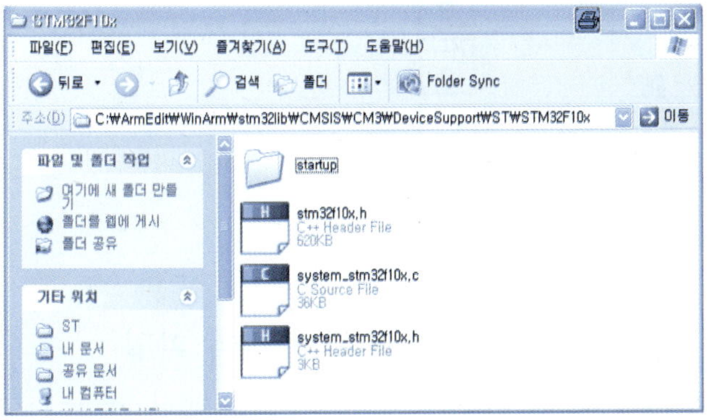

나. StartUp 코드 파일

C:₩ArmEdit₩WinArm₩stm32lib₩CMSIS₩CM3₩DeviceSu pport₩ST₩STM32F10x₩startup₩gcc_ride7

Arm, gcc_ride7, iar, TrueSTUDIO 등 4개의 디렉터리로 구분되는데 컴파일 제조사마다 조금씩 상이하다. 여기서 우리는 gcc_ride7 디렉터리에 있는 파일을 사용할 것이다. 이 파일은 STM32의 종류별로 따로 링크되어야 한다.

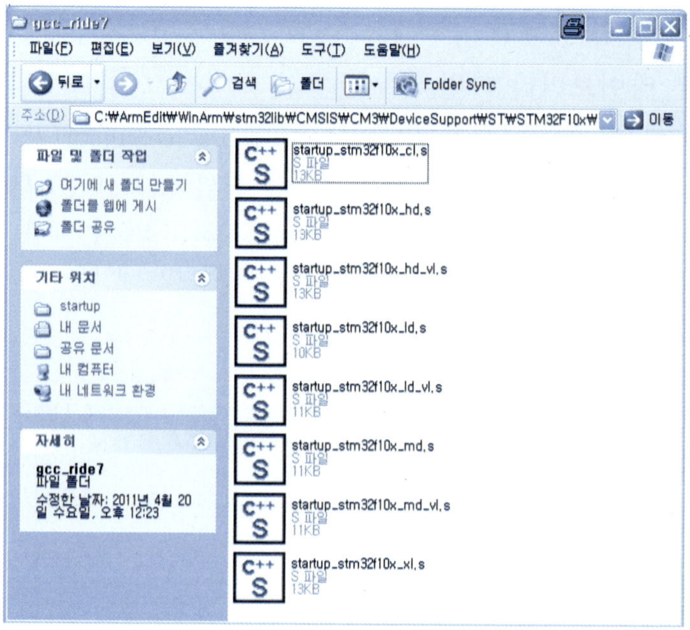

다. STM32 전용 소스 파일로 Ethernet관련 헤더 파일

C:₩ArmEdit₩WinArm₩stm 32lib₩STM32_ETH_Driver₩inc

STMicroelectronics사에서 제공하는 Ethernet 관련 include 파일로 STM32F103XX 디바이스에는 지원이 안 되는 파일이지만 STM32F105XX, 107XX 디바이스에 필요한 파일이다.

라. STM32 전용 소스 파일로 Ethernet관련 C 파일

C:₩ArmEdit₩WinArm₩stm32l ib₩STM32_ETH_Driver₩src

STMicroelectronics사에서 제공하는 Ethernet 관련 "C" Source 파일로 STM32F103XX 디바이스에는 지원이 안 되는 파일이지만 STM32F105XX, 107XX 디바이스에 필요한 파일이다.

마. STM32 전용 소스 파일로 USB관련 C 파일

C:₩ArmEdit₩WinArm₩stm32lib₩ STM32_USB-FS-Device_Driver₩inc

STMicroelectronics USB 관련 include 파일의 집합이다. OTG 관련 파일들은 STM 32F105, 107 DEVICE에만 존재하는 기능으로 STM32F103XX 디바이스에는 사용하지 않는다.

바. STM32 전용 소스 파일로 USB관련 C 파일

C:₩ArmEdit₩WinArm₩stm32lib₩S TM32_USB-FS-Device_Driver₩src

STMicroelectronics사에서 제공하는 USB 관련 "C" Source 파일의 집합이다. OTG 관련 파일들은 STM32F105, 107 DEVICE에만 존재하는 기능으로 우리는 사용하지 않는다.

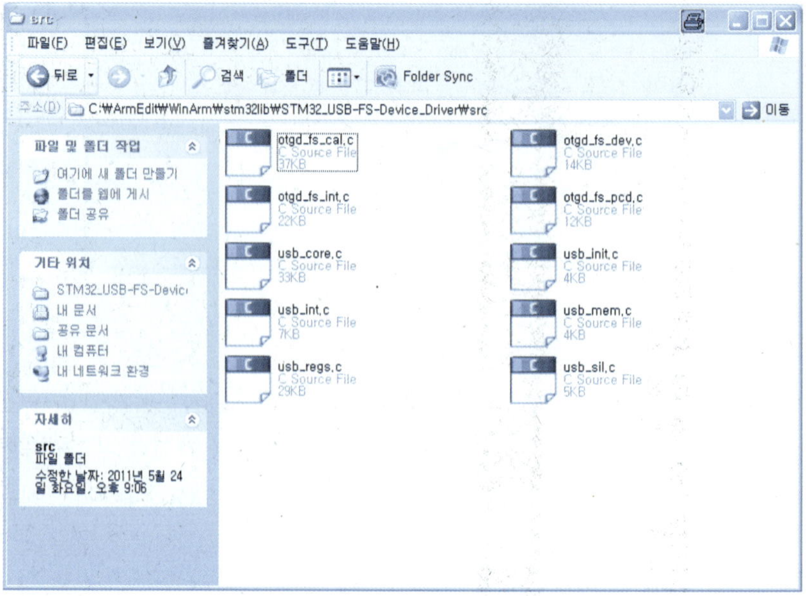

사. STM32 전용 OBJECT 파일

C:₩ArmEdit₩WinArm₩stm32lib₩STM32-OBJ

위 소스 파일을 컴파일해서 생성된 오브젝트 파일들을 모아둔 곳이다. ArmEdit가 처음 한번만 컴파일하여 생성한다. 만약 지우면 재컴파일이 이루어지며 시간이 조금 걸린다. 실제적으로는 "stm32_lib.a" 파일만 가져다 사용하며 다른 부수적인 파일들은 이 "stm32_lib.a(LIB파일)"을 만들기 위해서 생성된 것이다. 물론 "stm32_lib.o" 외에 지워도 관계는 없다.

1.1.4 파일의 UPDATE

가. 업데이트

STM32관련 업데이트 버젼은 STMicroelectronics(http://www.st.com/internet/mcu/product/164494.jsp) 홈페이지에서 다운로드 받을 수 있다. 정기적으로 UPDATE 되므로 필요 시 다운로드 하여 기존 파일에 덮어씌우면 되겠다.

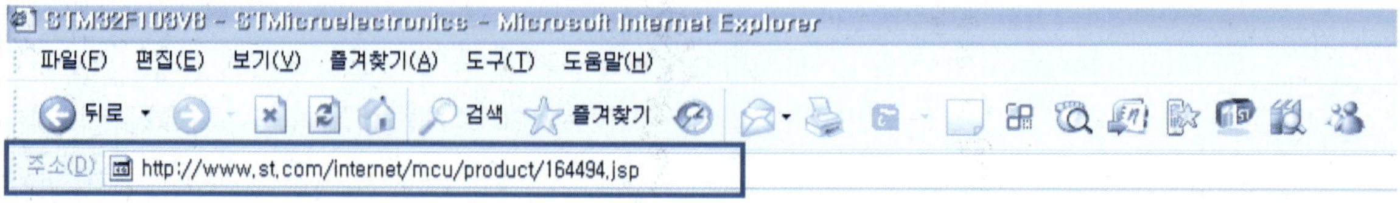

나. 펌웨어 업데이트 목록들

우리는 현재 "STM32F10x standard peripheral library 3.5.0" 최신 버전으로 사용하고 있다. 기타 필요한 파일을 다운로드해서 사용하면 되겠다.

FIRMWARE

Description	Version	Size
STM32 Embedded GUI library (AN3128)	1.0.1	18274KB
STM32 I2C Communication Peripheral Application Library (UM1029)	1.0.0	1418KB
STM32F101xx and STM32F103xx medium- and high-density devices: advanced I²C examples	4.0	1506KB
STM32F101xx and STM32F103xx low-power modes	2.0.0	1394KB
How to migrate from the STM32F10xxx firmware library V2.0.3 to the STM32F10xxx standard peripheral library V3.0.0	0.0.6	871KB
Using the STM32F101xx and STM32F103xx DMA controller	2.0.0	1118KB
EEPROM emulation in STM32F101xx and STM32F103xx microcontrollers	3.1.0	1026KB
Smartcard interface with the STM32F101xx and STM32F103xx	1.0	1098KB
Improving STM32F101xx and STM32F103xx ADC resolution by oversampling	1.0	1129KB
Driving bipolar stepper motors using a medium-density STM32F103xx microcontroller	2.0.0	1039KB
Clock/calendar implementation on the STM32F10xxx microcontroller RTC	1.0	1418KB
3rd party firmware solutions	1.0.0	31KB
Archive for legacy STM32F10xxx Firmware Library V2.0.3 and all related Firmware packages	2.0.3	23428KB
CEC (consumer electronic control) C library using the STM32F101xx, STM32F102xx and STM32F103xx microcontrollers	2.0.0	1692KB
STM32F10xxx Speex library firmware STM32, StdPeriph Lib, speex, audio	2.0.0	1786KB
STM32F10xxx DSP library firmware	2.0.0	1392KB
STM3210B-EVAL demonstration firmware	2.0.0	2308KB
ST-LINK firmware upgrade	1.12.3	362KB
DfuSe USB Device Firmware Upgrade STMicroelectronics Extension: Contains the Demo GUI, Debugging GUI, all sources files and the protocol layer	3.0.1	6687KB
How to achieve 32-bit timer resolution using the link system in STM32F101xx and STM32F103xx microcontrollers	3.0.0	1108KB
STM32F10x standard peripheral library	3.5.0	21617KB
STM32F10x and STM32L1xx USB full-speed device library	3.3.0	4646KB

다. VCP 가상 COM PORT 드라이브

우리가 예제를 통해서 USB를 가상 COM PORT 만들어 컴퓨터와 통신을 하게 되는데 이때 필요한 드라이브가 아래 "Virtual COM port driver for STM32F102, STM32F103, STM32F107" 드라이브이다.

SW DRIVERS

Description	Version	Size
Communication peripheral FIFO emulation with DMA and DMA timeout in STM32F10x microcontrollers	1.0	1224KB
STM32F10xxx LCD glass driver firmware	2.0.0	1169KB
Virtual COM port driver for STM32F102, STM32F103, STM32F107	1.1	5317KB

제2장

STM32F103

2.1 STM32F103의 특징

2.1.1 STM32F103의 특징

STM32 시리즈는 ARM CORE 제조사가 개발한 “Cortex-M3”를 내장하여 STMicroelectronics사에서 양산된 제품을 뜻하며 STM32F103XX와 더불어 약 50종류가 양산되고 있으며 최근에는 STM32F207XX 시리즈까지 출시되었다. 물론 FLASH 메모리도 최대 1[Mbyte]까지 내장되었다.

CPU Core는 Cortex-M3 core를 갖고 있으며 Harvard architecture 구조로 설계되었다. 또한 ARM 시리즈의 후속 모델로 Cortex-M3는 약 65[%]정도의 성능 개선을 보인다. STM32는 크게 2가지로 구분되는데 그 내용은 아래와 같다. 기존의 ARM 시리즈와 Cortex-M3의 가장 큰 차이점은 아마도 Interrupt handling Cycles이 많이 줄어들었으며 PUSH와 POP의 명령어도 2번 실행에서 1번으로 줄어들어 그만큼의 속도 개선이 이루어졌다고 볼 수 있겠다.

가. ARM 시리즈와의 비교 표

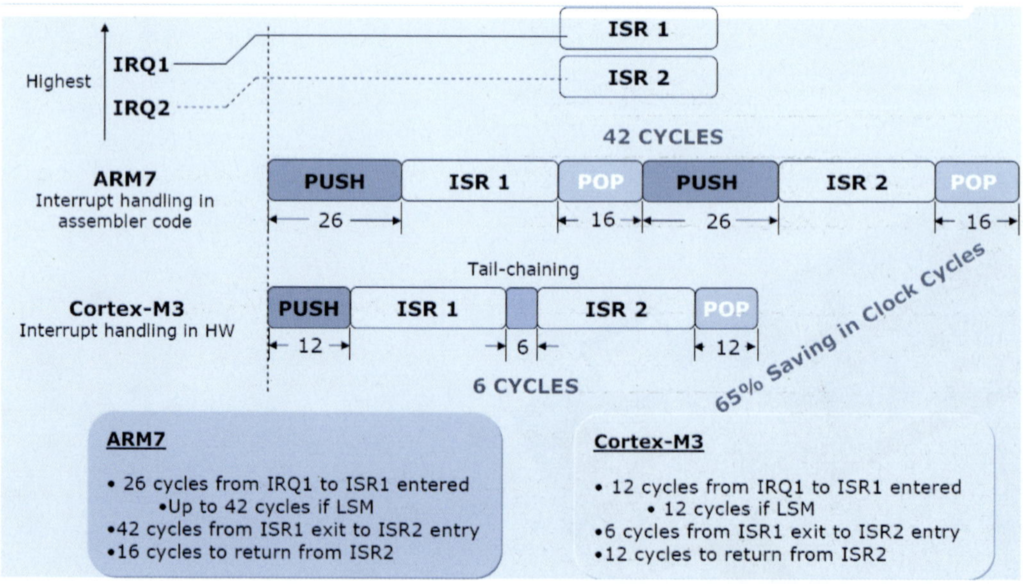

나. Cortex-M3 core부

- Harvard architecture

- 3-stage pipeline w. branch speculation
- Thumb®-2 and traditional Thumb
- ALU w. H/W divide and single cycle multiply

다. Cortex-M3 Processor부

- Cortex-M3 core
- Configurable interrupt controller
- Bus matrix
- Advanced debug components

2.1.2 STM32F103의 기능

- 72[MHz] System Clock,1.25 [DMIPS/MHz]
- 3~16[MHz] crystal oscillator
- 128[Kbytes] of Flash memory
- 20 [Kbytes] of SRAM
- 2.0 ~3.6[V] application supply and I/Os
- Internal 8[MHz] Clock
- Internal 40[kHz] RC with calibration
- 32 [kHz] oscillator for RTC with calibration
- ADC conversion rate 1 Msample (up to 2[Ms]) and 12[bit] resolution 16ch (2ch내부)
- 7 channel DMA controller
- 80개의 I/O port(5V-tolerant)
- Three 16[bit] timers,
- I2C interfaces
- 3개의 USARTs 포트
- 2개의 SPI 포트 (최대18[Mbit/s])
- 1개의 CAN interface 포트 (2.0 B Active)
- USB 2.0 full-speed interface
- Serial wire debug (SWD) & JTAG interfaces]
- 기타 : PWM, Input Capture, RTC, PIN Remap 등

2.1.3 STM32F103의 내부구조

STM32의 기능은 정말 엄청나다. 필자가 2004년 경 ARM9 Intel사의 PAX255로 제품개발을 했었는데 2개의 프로젝트만 완성하고 사양되고 말았다. 3년 간의 개발연구자료도 이제는 모두 과거의 뒤안길로 사라졌다.

참 다행이라면 이번 STM32 시리즈가 LQFP 방식으로 출고되었다는 것이다. VFQFPN36PIN에서 LQFP 144PIN까지 다양하게 양산되어 있어 개발자는 적당한 DEVICE를 골라 사용하면 되겠다. 물론 BGA TYPE도 생산되고 있으므로 아주 작은 사이즈의 제품개발에도 활용 될 수 있을 것이다.

가. STM32의 내부구조

- NVIC(Nested vectored interrupt controller) : 인터럽트를 관장하는 블록이다.
- DAP(Debug Access Port) : JTAG 포트와 SWD(2-pin Serial Wire Debug)가 내장되어 있어 이를 통해 STM32가 프로그램 된다.
- CORE(Cortex-M3 processor) : Processor(CPU)이다.
- SWV (Serial Wire Viewer) : DW 블록 등에서 생성된 여러 정보들을 이곳으로 보낼 수 있다.
- DW(Data Watchpoints) : Watchpoints, 데이터 추적, 시스템 프로파일 정보 블록
- FP(Flash patch) : Flash patch와 Breakpoint 블록.
- ETM (Embedded Trace Macrocell) : Embedded Trace Macrocell™ (ETM)은 unrivalled instruction trace 블록.
- BUS Matrix : ICD부와 SRAM과 일반적인 Peripheral을 인터페이스하는 역할을 한다.

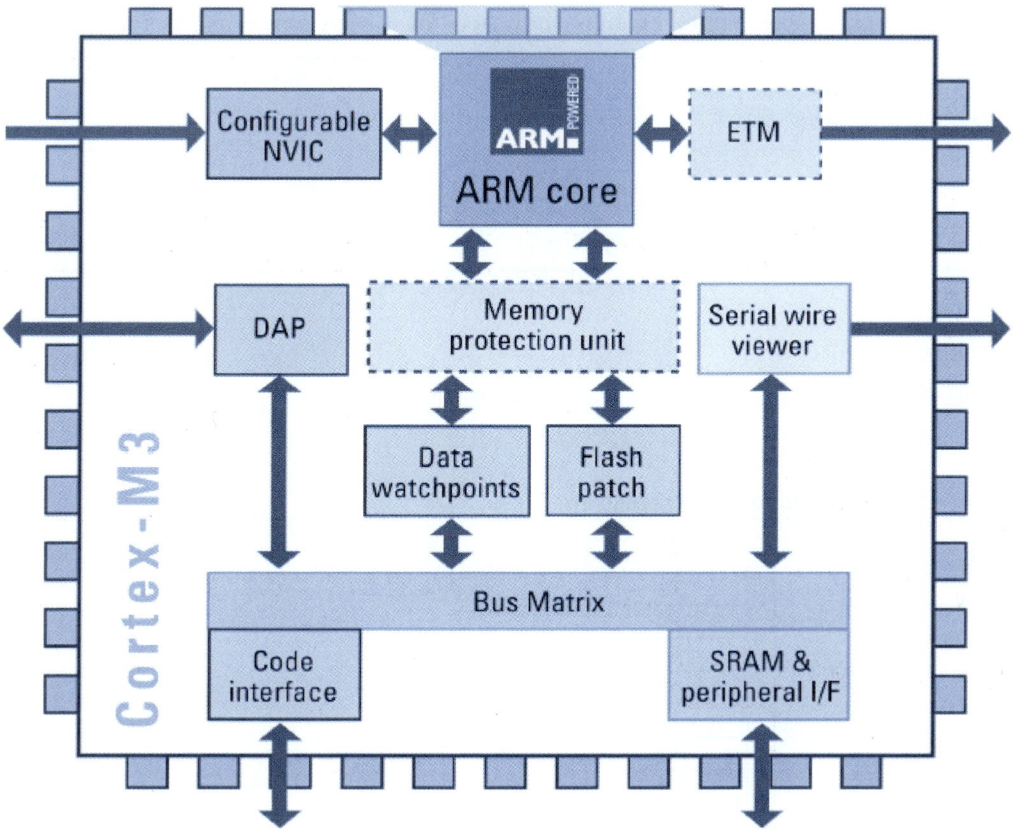

나. Processor mode and privilege levels for software execution

• Thread mode : 이 모드는 CPU 리셋 이후에 진입하며 Privileged나 UnPrivileged 다 실행될 수 있으며 주로 일반적인 사용자 어플리케이션이 실행된다. 그리고 스텍 포인터에서는 MSP(main stack pointer) 및 PSP(processor stack pointer)를 이용할 수 있다.

• Handler mode : Execute를 처리하는데 사용되며 항상 Privileged이다. 또한 이 모드에서는 MSP(main stack pointer)만 이용할 수 있다.

다. Stacks

Stacks은 MSP(main stack pointer) 및 PSP(processor stack pointer)로 나눠지며 processor는 full descending stack방식이다.

Processor 옵션은 아래와 그림과 같다.

Summary of procassor mode, excution privilege level, and stack use options

Processor mode	Used to execute	Privilege level for software execution	Stack used
Thread	Applications	Privileged or unprivileged(1)	Main Stack or process stack
Handler	Exception	Always pivileged	Main stack

라. Core registers

1) 전반적인 Processor core registers는 아래 그림과 같다.

Processor core registers

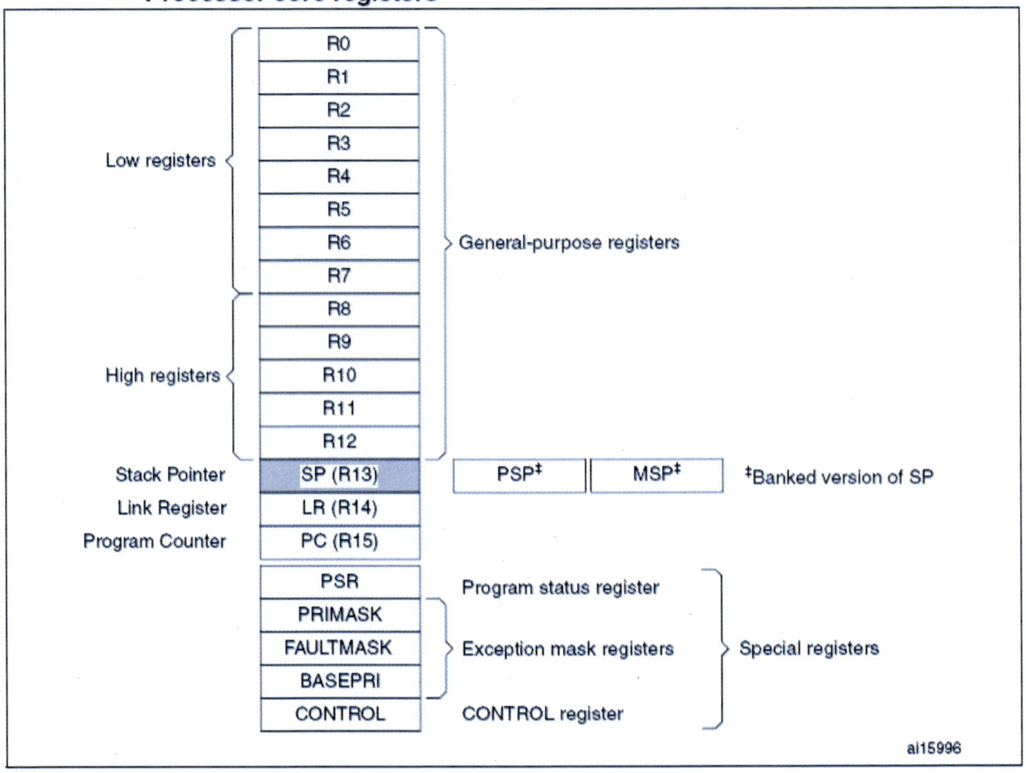

2) 아래 표는 core registers의 요약된 내용이다.

Core register set summary

Name	Type[1]	Required privileged[2]	Reset value	Description
R0-R12	read-write	Either	Unknown	General-purpose registers on page 14
MSP	read-write	privileged	See description	Stack pointer on page 14
PSP	read-write	Either	Unknown	Stack pointer on page 14
LR	read-write	Either	0xFFFFFFFF	Link register on page 14
PC	read-write	Either	See description	Program counter on page 14
PSR	read-write	privileged	0x01000000	Program status register on page 15
ASPR	read-write	Either	0x00000000	Application program status register on page 16
IPSR	read-only	privileged	0x00000000	Interrupt program status register on page 17
EPSR	read-only	privileged	0x01000000	Execution program status register on page 18
PRIMASK	read-write	privileged	0x00000000	Priority mask register on page 19
FAULTMASK	read-write	privileged	0x00000000	Fault mask register on page 19
BASEPRI	read-write	privileged	0x00000000	Base priority mask register on page 20
CONTROL	read-write	privileged	0x00000000	CONTROL register on page 20

- General-purpose registers : R0-R12 는 data operations을 위한 32[bit] general -purpose registers이다.
- Stack pointer

  Stack Pointer (SP)는 R13이고 . Thread mode 안에서는, CONTROL register의 bit[1]번은 사용될 스텍 포인터 프로세서는 아래와 같이 stack pointer를 설정한다.

  - bit[1]번이 0일 때= Main Stack Pointer (MSP). 리셋 값이다.
  - bit[1]번이 1일 때= Process Stack Pointer(PSP).

  리셋 시 processor는 0x00000000번지로부터 값을 MSP로 로드한다.
- Link register

  Link Register (LR)는 register R14번이고 subroutines과 function calls 그리고 exceptions에 대한 리턴 정보가 저장되어 있다.

  리셋 시 processor는 0xFFFFFFFF번지로부터 값을 LR로 로드한다.
- Program counter

Program Counter (PC)는 register R15이다. PC 레지스터는 현재의 프로그램 주소를 포함하고 있으며 instruction fetches가 반드시 halfword aligned가 되어야 하는 이유로 Bit[0]은 항상 0이 되어야 한다.

리셋 시 processor는 0x00000004 에 있는 reset vector 값으로 로드한다.

- Program status register

  Program Status Register(PSR)로 구성된다.

  - Application Program Status Register(APSR)
  - Interrupt Program Status Register(IPSR)
  - Execution Program Status Register(EPSR)

  이러한 레지스터는 서로 32[bit] PSR에 대한 exclusive bitfields를 가지며, 비트 할당은 아래 그림과 같다.

APSR, IPSR and EPSR bit assignments

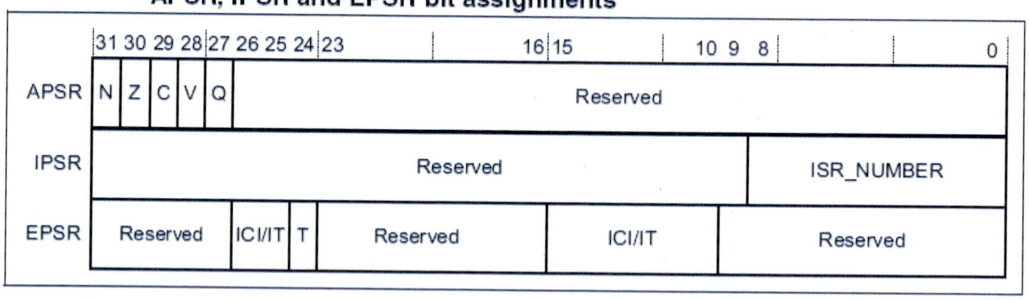

PSR bit assignments

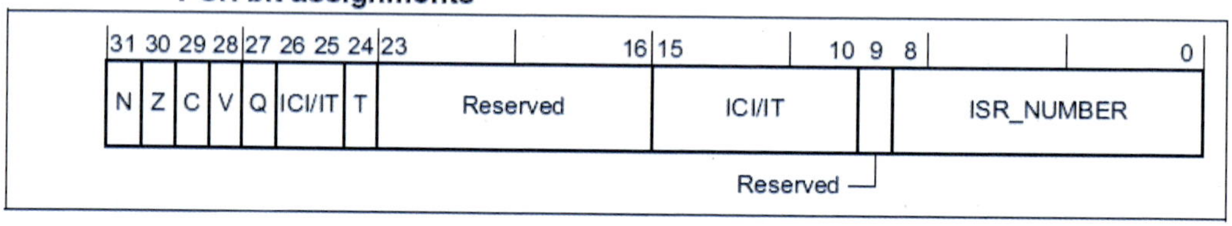

이들 registers에 Access할 때 개별, 또는 조합적으로 가능하다.

이 MSR 와 MRS 사용하는 명령에 register 이름으로 사용하면 된다. 아래의 표는 그 예제를 보이고 있다.

- 모든 레지스터를 읽으려면 MRS 명령어로 PSR을 사용하면 된다.
- 쓰기 위해서는 MSR 명령어로 APSR을 사용하면 된다.

PSR register combinations

Register	Type	Combination
PSR	read-write[(1), (2)]	ASPR, EPSR and IPSR
IEPSR	read-only	EPSR ans IPSR
IAPSR	read-write[(1)]	APSR and IPSR
EAPSR	read-write[(2)]	APSR and EPSR

1. The processor ignores writes to the IPSR bits.
2. Reads of the EPSR bits return zero and the processor ignores writes to the bits.

- Application program status register

APSR는 이전에 수행하던 명령으로부터 condition flags의 현재 상태가 포함하고 있다. 비트의 할당은 아래의 그림과 같다.

APSR bit definitions

Bits	Description
Bit 31	N: Negative or less than flag 0: Operation result was positive, zero, greater than or equal 1: Operation result was negative or less than.
Bit 30	Z: Zero flag: 0: Operation result was not zero 1: Operation result was zero.
Bit 29	C: Carry or borrow flag: 0: Add operation did not result in a carry bit or subtract operation in resulted in a borrow bit 1: Add operation resulted in a carry bit or subtract operation did not result in a borrow bit.
Bit 28	V: Overflow flag: 0: Operation did not result in an overflow 1: Operation resulted in an overflow.
Bit 27	Q: Sticky saturation flag: 0: Indicates that saturation has not occurred since reset or since the bit was last cleared to zero 1: Indicates when an SSAT or USAT instruction results in sataration. This bit is cleared to zero by software using an MRS instuction.
Bits 26:0	Reserved.

- Interrupt program status register

IPSR는 현재 Interrupt Service Routine(ISR) 예외적인 타입(형식) 번호를 포함하고 있다. 아래 표는 IPSR의 비트 할당을 보이고 있다.

IPSR bit definitions

Bits	Description
Bits 31:9	Reserved
Bits 8:0	ISR_NUMBER: This is the number of the current exception: 0: Thread mode 1: Reserved 2: NMI 3: Hard fault 4: Memory management fault 5: Bus fault 6: Usage fault 7: Reserved ... 10: Reserved 11: SVCall 12: Reserved 13: Reserved 14: PendSV 15: SysTick 16: IRQ0[1] ... ... 83: IRQ67[1] see Exception types in page 32 for more information.

1. See STM32 product reference manual/datasheet for more information on interrupt mapping

– Execution program status register

EPSR는 Thumb 상태 비트를 포함하고 있으며 아래 명령의 중 하나의 실행 상태 비트를 가진다.

- If-Then (IT) 명령
- interrupted load multiple 혹은 storemultiple 명령에 대한 Interruptible-Continuable Instruction(ICI) 필드

EPSR의 비트 할당은 아래와 같다.

EPST bit definitions

Bits	Description
Bits 31:27	Reserved.
Bits 26:25, 15:10	ICI: Interruptible-continuable instruction bits See Interruptible-continuable instructions on page 18.
Bits 26:25, 15:10	IT: Indicates the execution state bits of the IT instruction, see IT on page 93.
Bit 24	Always set to 1.
Bits 23:16	Reserved.
Bits 9:0	Reserved.

MSR 명령을 사용하여 응용 프로그램 소프트웨어를 통해서 직접 EPSR 값을 읽기를 시도하면 항상 0값을 리턴 하고 또한 MSR 명령을 사용하여 응용 프로그램 소프트웨어를 통해서 직접 쓰기를 시도하면 EPSR 쓰기는 무시된다.

– CONTROL register

CONTROL register는 Thread 모드일 때 사용되는 스텍이 소프트웨어에 대한 권한 레벨(privilege level for software)을 제어한다.

CONTROL bit assignments

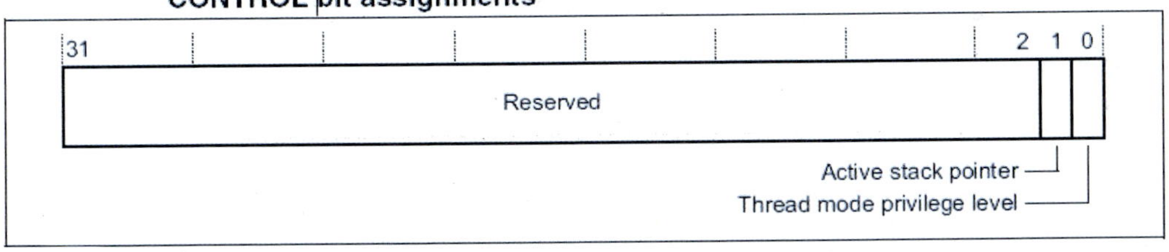

CONTROL register bit definitions

Bits	Function
Bits 31:2	Reserved
Bits 1	ASPSEL: Active stack pointer selection Selects the current stack: 0: MSP in the current stack pointer 1: PSP is the surrent stack pointer. In Handle mode this bit reads as zero and ignores writes.

CONTROL register bit definitions(continued)

Bits	Function
Bits 0	TPL: Thread mode privilege level Defines the Thread mode privilege level. 0: Privileged 1: Unprivileged.

마. Memory endianness

STM32은 기본적으로 아래 그림과 같이 Little-endian 구조를 사용한다. 즉 가장 낮은 어드레스에 가장 낮은 비트를 저장하는 형태를 말한다.

Little-endian example

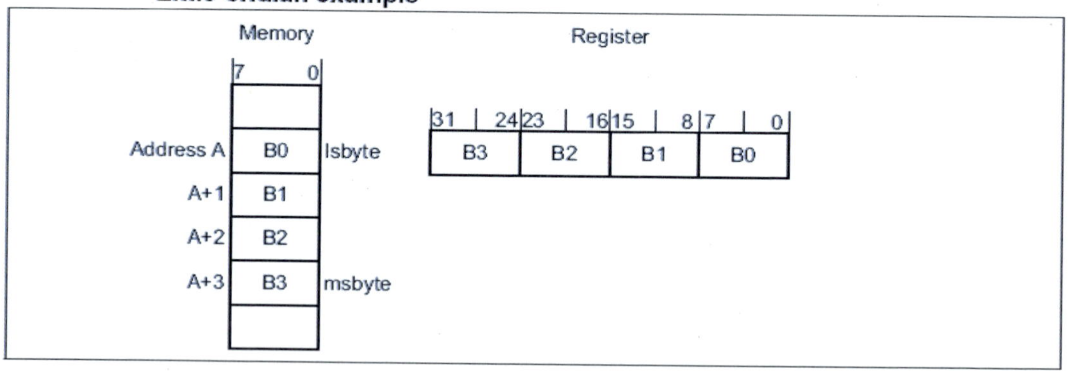

바. STM32의 전체 블록도

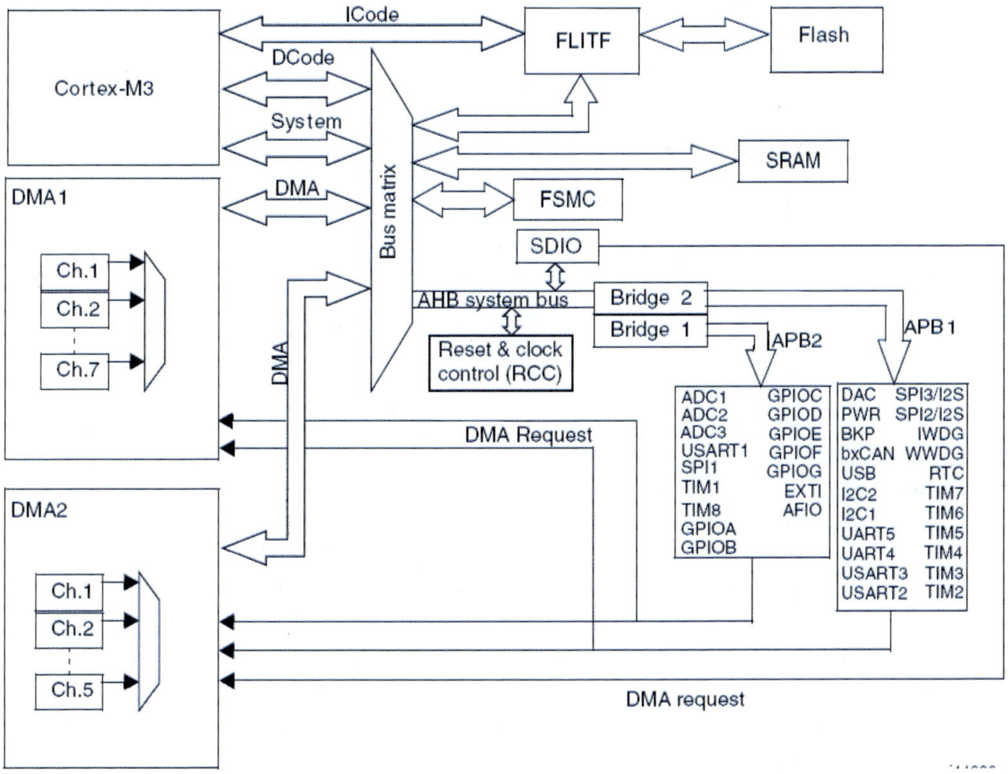

2.1.4 STM32F103의 전체 BLOCK DIAGRAM

STM32은 크게 APB2와 APB1부로 나뉘어지는데 APB2 Clock Source를 가지는 부분은 GPIO, USART1, SPI1, TIM1 등이 있고 APB1부에는 TIM2, TIM3, TIM4, USART2, USART3, SPI2, I2C1, I2C2, CAN, USB2.0 등은 APB1으로 연결되어 있다. GPIO나 USART부를 초기화하거나 할 때 좀 고생하는 부분이 이 PBA1, 2 설정이 아닌가 한다. 반드시 APB2와 APB1의 구조를 살펴본 후 초기화를 해야 하겠다. 필자의 생각으로는 당연한 이야기겠지만 최고의 성능이 필요한 부분은 모두 PBA2에 연결되어 있는 듯 하다. PBA2 CLOCK은 SYSTEM CLOCK을 그대로 사용하고 있으며 PBA1의 CLOCK는 SYSTEM CLOCK/2를 사용한다.

따라서 APB2는 최대 72[MHz]로 동작하며 APB1은 최대 36[MHz]동작하게 되겠다.

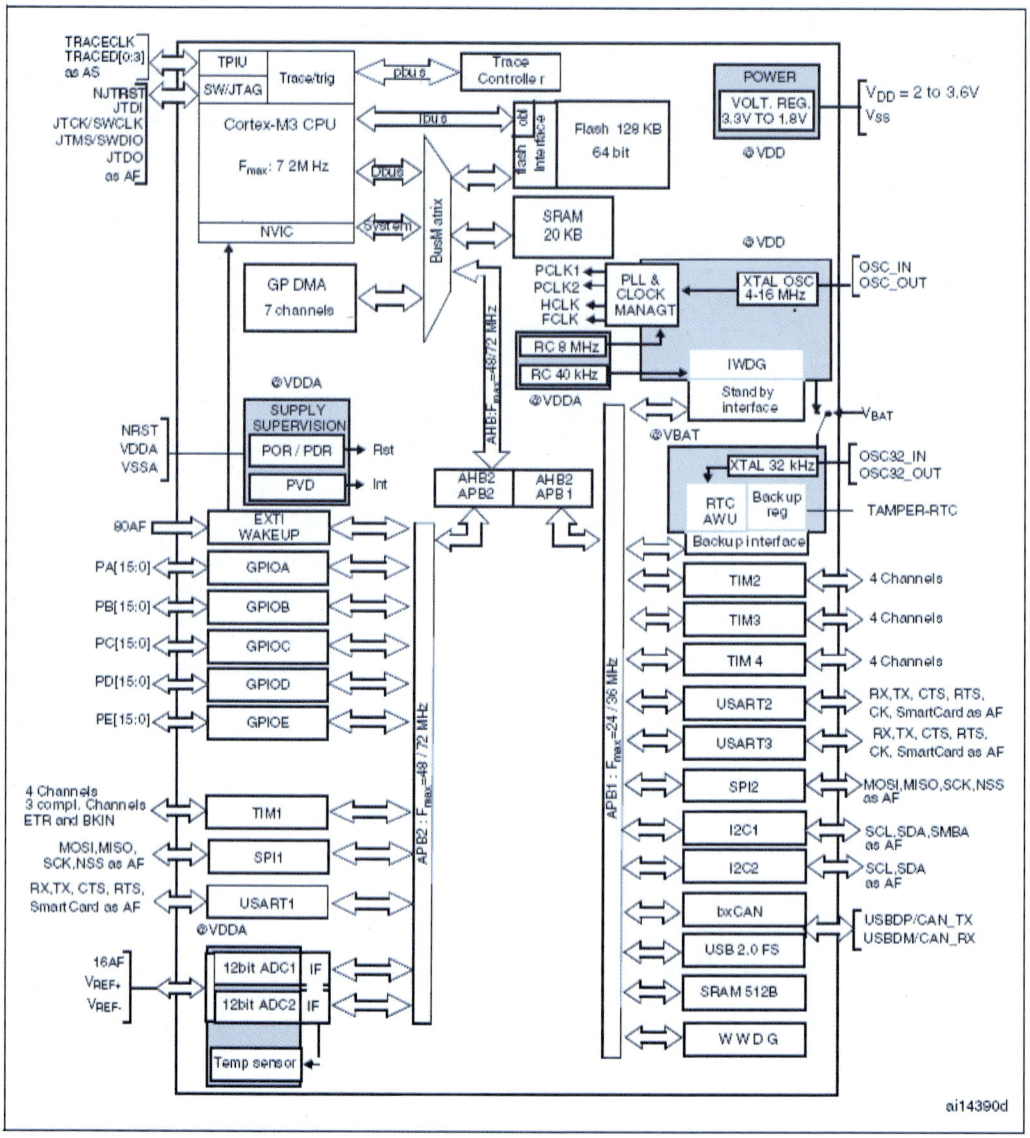

2.1.5 STM32F103의 CLOCK

STM32의 CLOCK은 크게 2가지의 CLOCK가 있다. 첫째로 SYSTEM MAIN CLOCK 둘째로 RTC OSC CLOCK으로 구분될 수 있다.

SYSTEM CLOCK은 HSE(External(crystal/ceramic resonator crystal)과 External source) CLOCK과 HSI(internal 8[MHz] RC Oscillator) CLOCK으로 구분되며 RTC CLOCK은 LSE(External(crystal/ceramic resonator crystal) CLOCK이 그것이다. 물론 HSI/128 CLOCK을 대신 할 수도 있다.

8[bit] MCU와는 달리 STM32 MCU에서 CLOCK 설정이 상당히 중요하며 CLOCK 설정에서 시작하여 CLOCK 설정에서 끝난다는 말처럼 중요하며 반드시 익혀 두어야 할 중요한 부분이라 생각한다. 물론 MCU제조사도 CLOCK설정의 중요성을 인지하여 MCO라는 CLOCK OUTPUT PIN(GPIOA, PIN 8번)을 두고 있어서 CLOCK 설정 검증을 시험해 볼 수 있다. 다음 장에서 다루겠지만 MCO 설정과 CLOCK OUT PIN을 이용해서 CLOCK를 시험해 보도록 하겠다.

가. SYSTEM CLOCK

HSE CLOCK

External (crystal/ceramic) CLCOK

External source CLOCK

HSI CLOCK

8[MHz] RC Oscillator

나. RTC CLOCK

LSE(External (crystal/ceramic resonator crystal) CLOCK

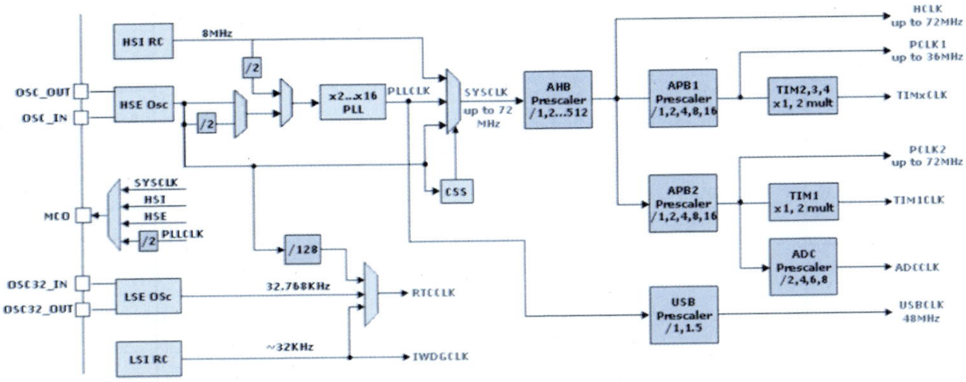

2.1.6 MEMORY MAP

메모리의 영역은 FLASH MEMORY은 0X08000000~0X0801FFFF까지 128[Kbyte]이며 SRAM 메모리 영역은 0X20000000~0X00004FFF까지 20[Kbyte]이다. 물론 MCU의 DEVICE 종류에 따라 조금씩 차이가 있겠다. 또한 BOOTLODER 메모리 영역은 0X08000000~0X080007FF까지 2[Kbyte]로 정해져 있다.0x40000000은 특수 기능 레지스터로 GPIO 등 포트로 설정되었다.

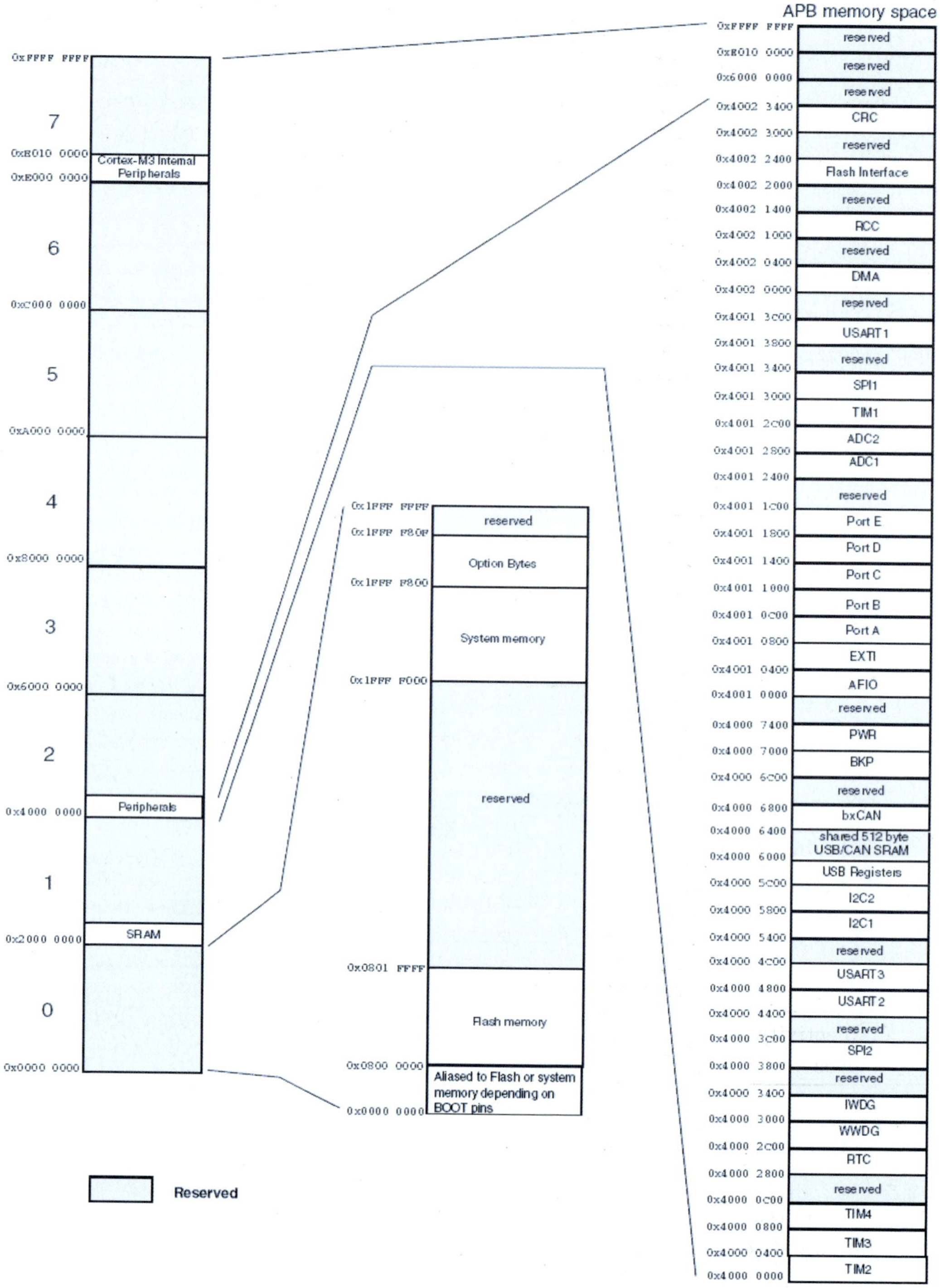
APB memory space
0xFFFF FFFF
7
0xE010 0000
Cortex-M3 Internal Peripherals
0xE000 0000
6
0xC000 0000
5
0xA000 0000
4
0x8000 0000
3
0x6000 0000
2
Peripherals
0x4000 0000
1
SRAM
0x2000 0000
0
0x0000 0000
Reserved
0x1FFF FFFF
reserved
0x1FFF F80F
Option Bytes
0x1FFF F800
System memory
0x1FFF F000
reserved
0x0801 FFFF
Flash memory
0x0800 0000
Aliased to Flash or system memory depending on BOOT pins
0x0000 0000
0xFFFF FFFF
reserved
0xE010 0000
reserved
0x6000 0000
reserved
0x4002 3400
CRC
0x4002 3000
reserved
0x4002 2400
Flash Interface
0x4002 2000
reserved
0x4002 1400
RCC
0x4002 1000
reserved
0x4002 0400
DMA
0x4002 0000
reserved
0x4001 3C00
USART1
0x4001 3800
reserved
0x4001 3400
SPI1
0x4001 3000
TIM1
0x4001 2C00
ADC2
0x4001 2800
ADC1
0x4001 2400
reserved
0x4001 1C00
Port E
0x4001 1800
Port D
0x4001 1400
Port C
0x4001 1000
Port B
0x4001 0C00
Port A
0x4001 0800
EXTI
0x4001 0400
AFIO
0x4001 0000
reserved
0x4000 7400
PWR
0x4000 7000
BKP
0x4000 6C00
reserved
0x4000 6800
bxCAN
0x4000 6400
shared 512 byte USB/CAN SRAM
0x4000 6000
USB Registers
0x4000 5C00
I2C2
0x4000 5800
I2C1
0x4000 5400
reserved
0x4000 4C00
USART3
0x4000 4800
USART2
0x4000 4400
reserved
0x4000 3C00
SPI2
0x4000 3800
reserved
0x4000 3400
IWDG
0x4000 3000
WWDG
0x4000 2C00
RTC
0x4000 2800
reserved
0x4000 0C00
TIM4
0x4000 0800
TIM3
0x4000 0400
TIM2
0x4000 0000

2.1.7 STM32 DEVICE 종류와 구분

STM32F10XX 시리즈를 다루다 보면 이 디바이스 이름과 함께 따라오는 STM32F103의 경우(Medium density devices)은 좀 귀찮고 불편하다. DEVICE 이름에 따라서 그냥 사용하게 하면 될 것을…. 아마도 처음 STM32시리즈를 생산하면서 처음부터 이렇게 이름을 정한 것이 아닌가 싶다. 어쨌든 FLASH 메모리 용량에 따라 이렇게 구분해 두었다고 보면 되겠고 ArmEdit가 내부에서 알아서 처리하므로 환경설정에서 "예) STM32F103B" 를 선택하면 모든 처리는 알아서 해준다.

순번	이름	Startup code	Devices	Flash memory	비고
1	Low density Value line devices	startup_stm32f10x_ld_vl.s	STM32F100xx	16 and 32 kbytes	
2	Low density devices	startup_stm32f10x_ld.s	STM32F101xx STM32F102xx STM32F103xx	16 and 32 kbytes	
3	Medium density Value line devices	startup_stm32f10x_md_vl.s	STM32F100xx	64 and 128 kbytes	
4	Medium density devices	startup_stm32f10x_md.s	STM32F101xx STM32F102xx STM32F103xx	64 and 128 kbytes	
5	High density Value line devices	startup_stm32f10x_hd_vl.s	STM32F100xx	256 and 512 kbytes	
6	High density devices	startup_stm32f10x_hd.s	STM32F101xx STM32F103xx	256 and 512 kbytes	
7	XL-density devices	startup_stm32f10x_xl.s	STM32F101xx STM32F103xx	256 and 512 kbytes	
8	Connectivity line devices	startup_stm32f10x_cl.s	STM32F105xx STM32F107xx	512 and 1024 kbytes	

2.1.8 STM32 DEVICE 구분법

STMicroelectronics사에서 생산하는 제품에 붙이는 숫자와 영문의 조합으로 구분하고 있다. 따라서 우리가 사용하는 STM32F103VBT6의 경우

STM32 = Device Family 이름이다.

F = Version Code로써 FLASH TYPE을 뜻한다.

103 = SubFamily 이름이다.
V = PIN Count로써 100PIN을 뜻한다.
B = 내장된 FLASH MEMORY의 용량으로 128[kbyte]를 뜻한다.
6 = 온도 범위로써 -40[°]~ +85[°]까지 견딜 수 있다는 것을 뜻한다.

STM32 | F | 101 | R | 4 | T | 6 | A* | /CCC

Family

ST6	62
ST7	7x
ST10	10
STM32	M32
STM8	M8
STR7	R7
STR9	R9

Version code

- * ROM (no character)
- E EPROM
- T OTP
- P FastROM
- F,C Flash

Subfamily (Depends on the product range)

User pin count

Y	16 pins
F	20 pins
E	24 pins
G	28 pins
K	32 pins
L	34 pins
D	38 pins
H	40 pins
J	42 pins
S	44 pins
C	48 pins
N	56 pins
AR	64 pins (10x10)
R	64 pins (14x14)
M	80 pins
V	100 pins
W	128 pins
Z	144 pins

ROM size code

Kbytes	ST7	STR7/9	STMx
1	0		0
2	0		1
4	1		2
8	2		3
16	4		4
32	6		6
48	7		7
54	8		
60/64	9	0	8
72			9
96			A
128		1	B
148			
256			C
384		2	D
512		4	E
1024		6	
2048		7	

Packaging

- B Plastic DIP (dual in-line package)
- D Ceramic DIP (dual in-line package)
- H BGA (ball grid array package)
- M Plastic SO (small outline package)
- P TSSOP (thin shrink small outline package)
- T Low profile/thin QFP (quad flat package)
- U QFN (dual quad flat no-lead)
- X LQFP (STR9 only) (low profile quad flat package)

Option

STM8x pitch size

A*	0.40 mm
no character	0.50 mm
B	0.65 mm
C	0.80 mm
D	1.00 mm

*STM3x internal code

Application range

+25 °C	0
0 to 70 °C	1
-10 to 85 °C	5
-40 to 85 °C	6
-40 to 105 °C	7
-40 to 125 °C	3

제3장

STM32&BOOT 설정

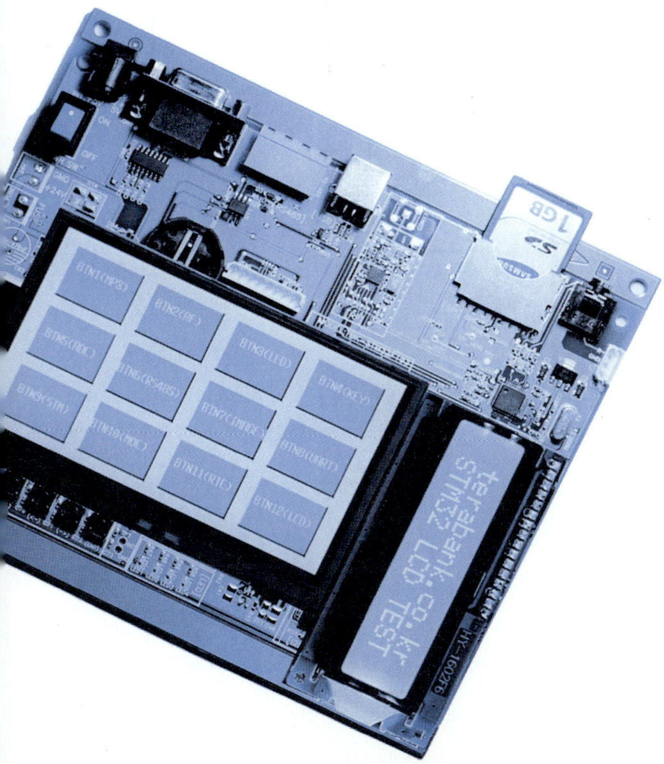

3.1 STM32의 전원과 BOOT 모드 설정

3.1.1 STM32의 POWER

가. CPU POWER(VDD)

VDD의 경우는 최대 2~3.6[V]까지 범위를 가지므로 보통의 경우 3.3[V]를 입력한다.

I/O단의 입력 범위는 2.0~5.5[V]까지 범위를 가지므로 5.0[V] 장치와 직접 연결하여 사용할 수 있겠다.

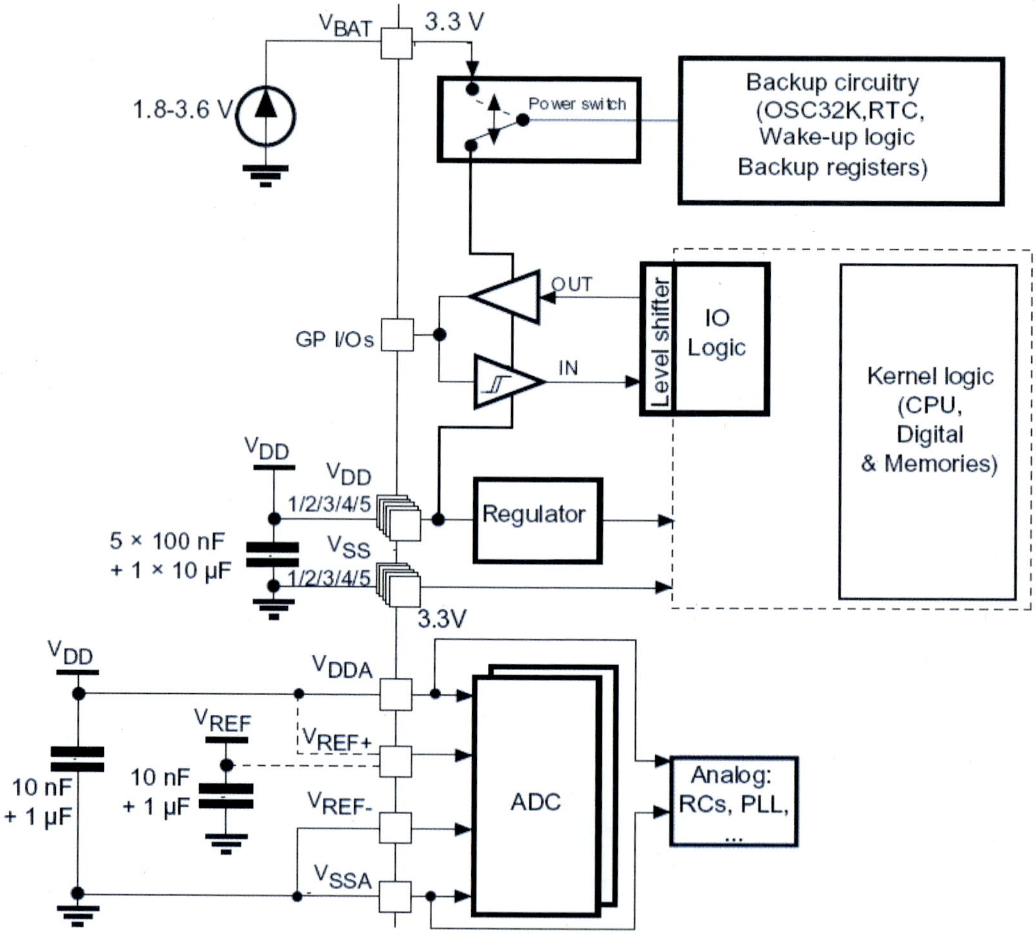

나. BACKUP POWER

VABT의 경우는 최대 1.8~3.6[V]까지의 범위를 가지므로 3.3[V] 배터리를 장착한다.

다. ADC POWER

VDD 전원 3.3[V]와 코일로 전원 분리하여 VDDA 전원을 공급한다.

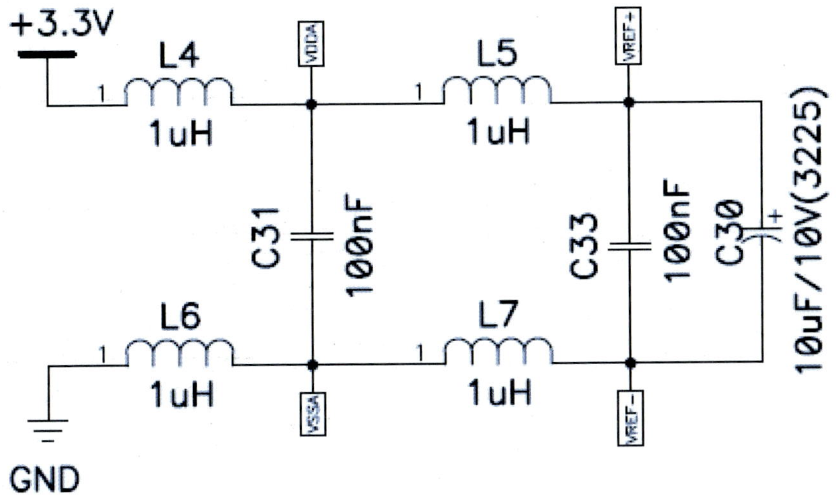

3.1.2 Low-power modes

STM32에서는 3가지의 low power mode를 지원한다.

가. Sleep mode

이 모드에서는 오직 CPU만 정지하며 모든 peripherals들은 계속 동작을 하고 있으며 interrupt/event occurs 이벤트 발생시 CPU를 깨어나게 할 수 있다.

나. Stop mode

SRAM과 registers는 값을 유지하고 있는 상태에서 가장 저전력 모드를 수행한다. 모든 1.8[V] domain에 있는 클럭은 정지한다.
PLL, HIS, RC, HSE crystal oscillators들도 정지한다. voltage regulator는 normal 모드가 되거나 low power mode로 진입 할 수 있다.

이 모드에서 깨어나게 할 수 있게 하는 것은 EXTI line의 어떤 것으로부터 가능하며 16 external lines의 어떤 입력으로도 가능하다. 그리고 PVD output, RTC alarm, USB wakeup 인터럽트에 의해서도 가능하다.

다. Standby mode

가장 작은 전력 소모를 위해 사용되며 internal voltage regulator 의 switch가 off 되어 1.8[V] domain 의 powered도 off된다.

이때 PLL, HIS, RC, HSE crystal oscillators들도 또한 switch가 off 된다. Standby 모드로 진입한 이후에 SRAM 내부의 register 값은 소실되며 Backup domain과 Standby circuitry가 있는 regulator 값은 계속 유지된다. 이 모드에서 깨어나기 위해서는 external reset(NRST pin)과 IWDG reset 그리고 the WKUP pin의 rising edge, RTC alarm 중 하나에 의해서 가능하다.

★RTC, IWDG 그리고 각 clock sources는 Stop 모드에 진입하기 위해서 멈추지 않는다.

이를 도표로 정리해 보면 아래와 같다.

Mode name	Entry	wakeup	Effect on 1.8V domain cloks	Effect on V_{DD} domain clocks	Voltage regulator
Sleep (Sleep now or sleep-on-exit)	WFI	Any interrupt	CPU clock OFF no effect on other clocks or analog clock sources	None	ON
	WFE	Wakeup event			
Stop	PDDS and LPDS bits + SLEEPDEEP bit + WFI or WFE	Any EXTI line (configured in the EXTI registers)	All 1.8V domain clocks OFF	HSI and HSE oscillators OFF	ON or in low-power mode (depends on Power control register(PWR_CR))
Standby	PDDS bit + SLEEPDEEP bit + WFI or WFE	WKUP pin rising edge, RTC alarm, external reset in NRST pin, IWDG reset			OFF

3.1.3 STM32의 RESET

20[μ Sec] 이상의 LOW(0)로 유지되면 CPU가 RESET 된다. 아래는 RESET 관련 그림을 참조하자.

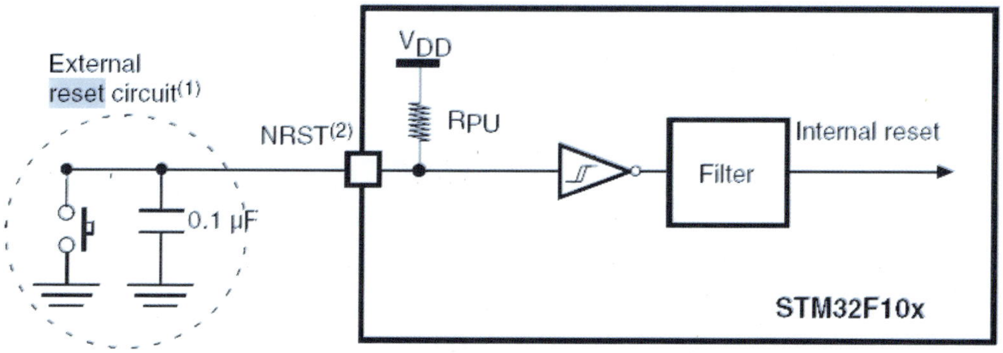

3.1.4 STM32의 BOOTING MODE

이 부팅 모드는 처음 부팅 시 어디로 부팅을 시작할지 선택하는 것이다. 우리는 주로 FLASH Memory로 부팅을 할 것이다.

부팅모드는 BOOT0과 BOOT1, 2개의 PIN을 설정할 수 있다.

- Boot from User Flash : FLASH Memory로 부팅하며 그 시작 번지는 0x08000000이다.
- Boot from System Memory, 즉 SRMM으로 부팅을 시작하며 그 시작 번지는 0x20000000이다.
- Boot from embedded SRA 외부에 장착된 FLASH Memory로 부팅을 시작하며 그 시작 번지는 0x64000000(사용자)이다.

가. BOOT MODE PIN 설정

Boot mode selection pins		Boot mode	Aliasing
BOOT1	BOOT0		
x	0	Main Flash memory	Main Flash memory is selected as boot space
0	1	System memory	System memory is selected as boot space
1	1	Embedded SRAM	Embedded SRAM is selected as boot space

나. TBK보드의 BOOT 모드 회로도

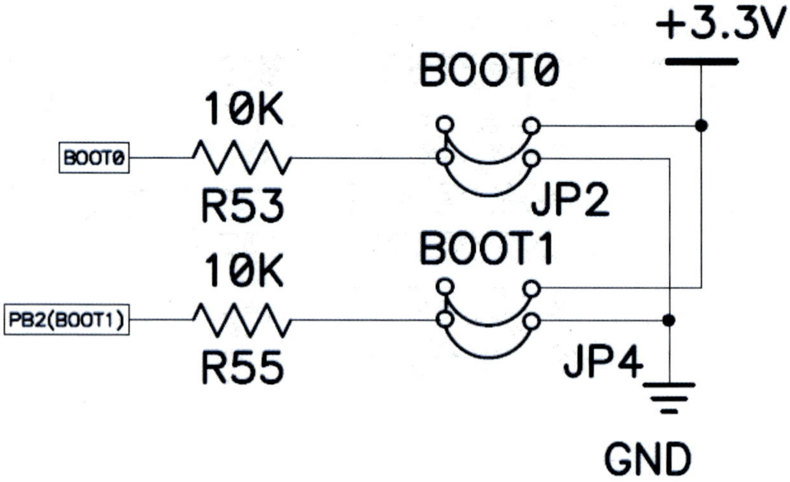

다. TBK 보드의 PCB에서의 BOOT 모드의 설정

TBK 보드에서 BOOT 모드의 설정은 아래 PCB 보드의 JP2와 JP4로 설정하는데 FLASH Memory로 부팅하기 위해서는 아래와 같이 설정한다.

BOOT1(JP4) = 1-2를 JUMPER 한다.

BOOT0(JP2) = 1-2를 JUMPER 한다.

MOOT MODE SELECTION	JP4(BOOT1)	JP2(BOOT0)	비고
USER FLASH MEMORY	X	0(1-2JUMPER)	어떤 것도 관계없음.
SYSTEM MEMORY	0(1-2JUMPER)	1(2-3JUMPER)	
EMBEDED SRAM	1(2-3JUMPER)	1((2-3JUMPER)	

★TBK 보드의 PCB상에서 TEXT

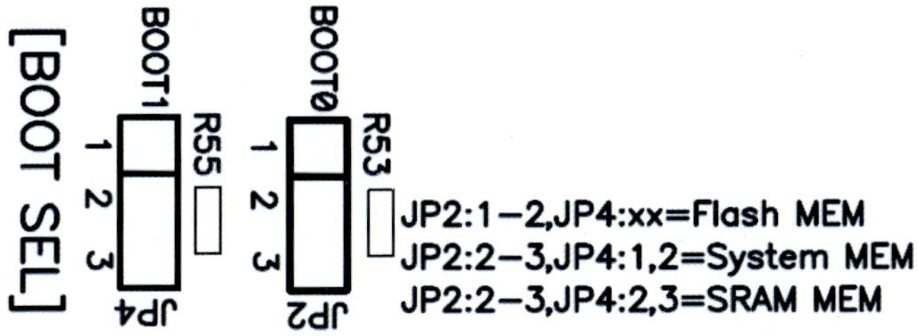

제4장

JTAG Debuging 방법

4.1 JTAG Debuging 방법

4.1.1 다운로드 순서

가. 컴파일과 다운로드 순서

C언어로 작성된 코드를 ArmEdit로 컴파일 하고 생성된 HEX 파일을 이용하여 Flash Loader를 이용하여 다운로드 한다. 아래는 다운로드 순서를 나타낸 도표이다.

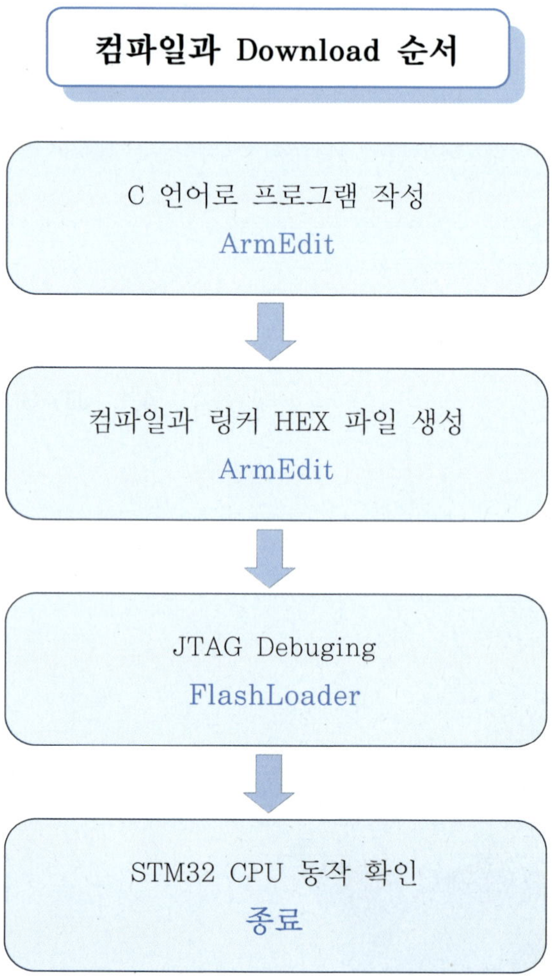

나. TbArmJtag

아래는 TbArmJtag의 모습이다. 한쪽은 USB MINI Cable을 이용하여 PC와 연결하는 것이다. 8핀 콘넥터 쪽은 TBK JTAG 포트와 연결된다.

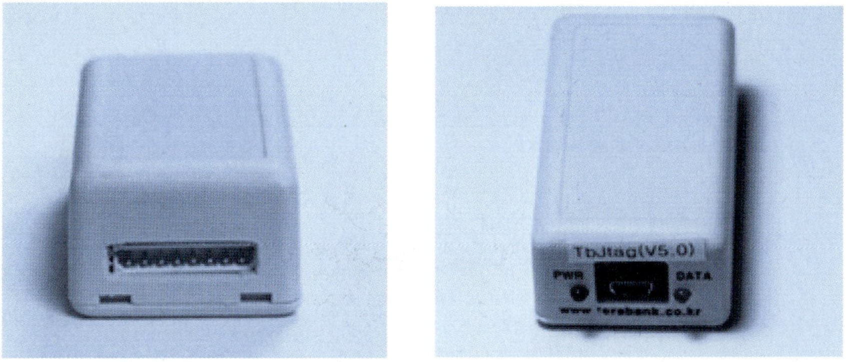

〈TbArmJtag 사진〉

4.1.2 TbArmJtag Driver install

먼저 TbArmJtag 장치의 USB케이블을 이용하여 PC에 연결하면 처음으로 다음과 같은 드라이브 설치화면이 나타난다.

가. "새 하드웨어 검색 마법사 시작 창" 에서 2번째의 목록 또는 특정 위치에서 설치(고급)(S)를 선택하고 "다음" 버튼을 누른다.

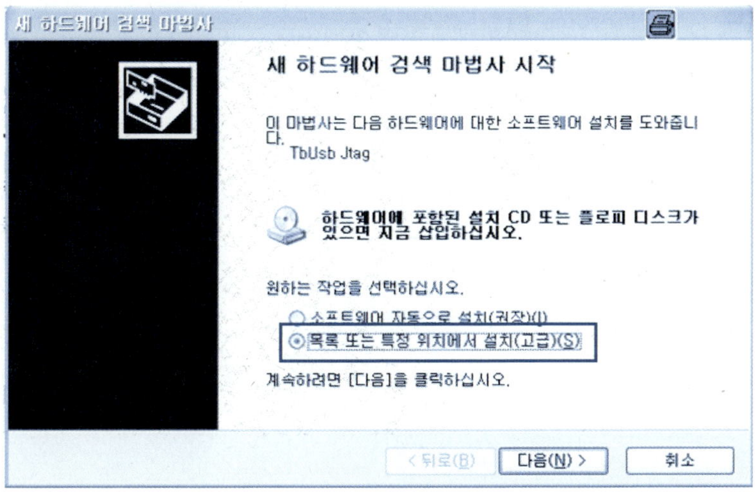

나. "검색 및 설치 옵션" 선택 창이 나타나면 오른쪽 "찾아보기" 버튼을 누른다.

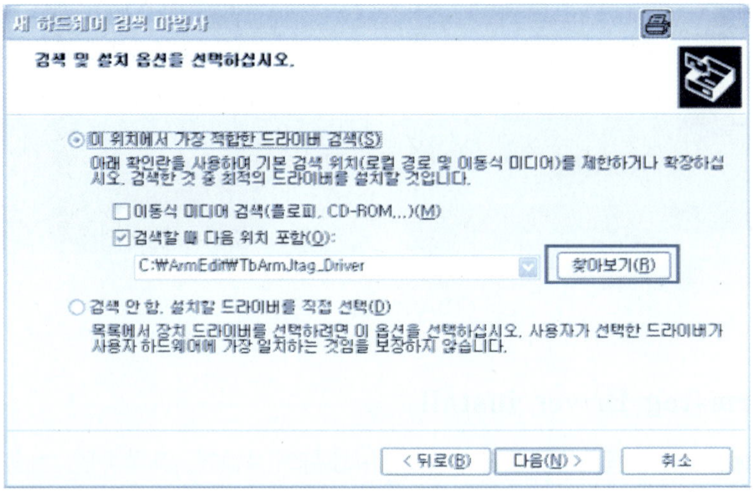

다. "폴더 찾아보기" 창에서 다음과 같이 TbArmJtag Driver가 있는 디렉터리 위치를 찾아 위치를 지정해 준다.

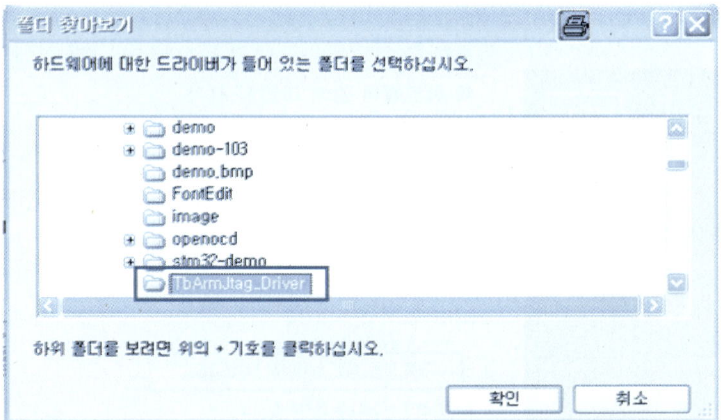

라. 지정해 주면 다음과 같은 창에 다시 나타난다. "다음" 버튼을 누른다.

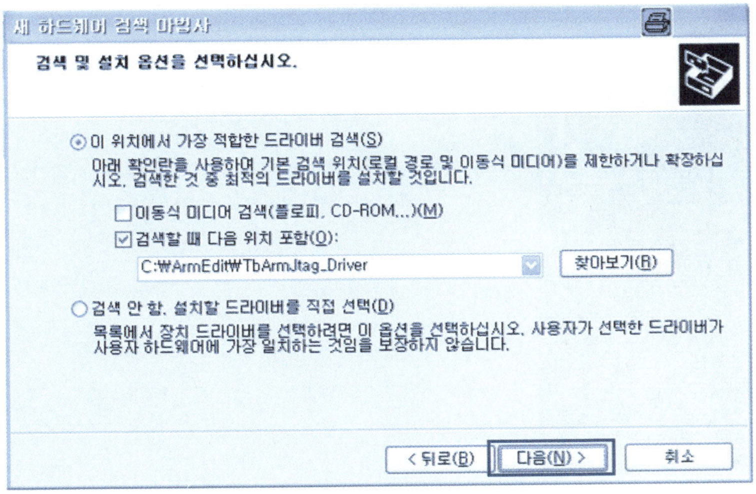

마. 다음과 같은 창이 나타나면 잠시 기다린다.

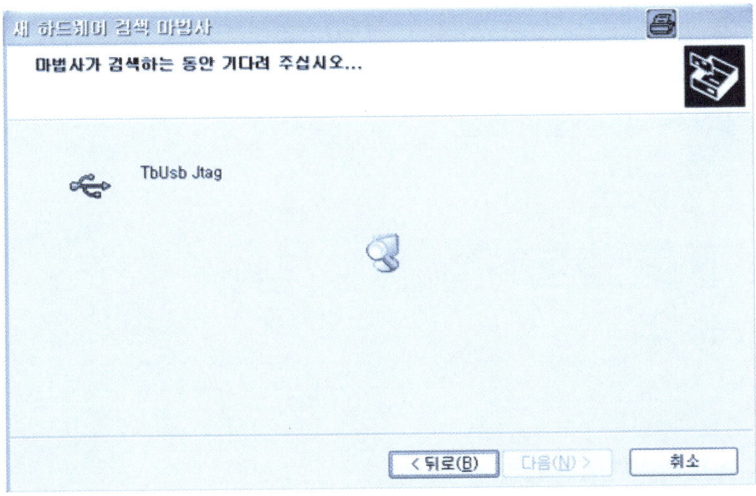

바. 아래와 같은 화면이 나오면 이제 드라이브 설치가 모두 종료된 것이다. "마침" 버튼을 누르자.

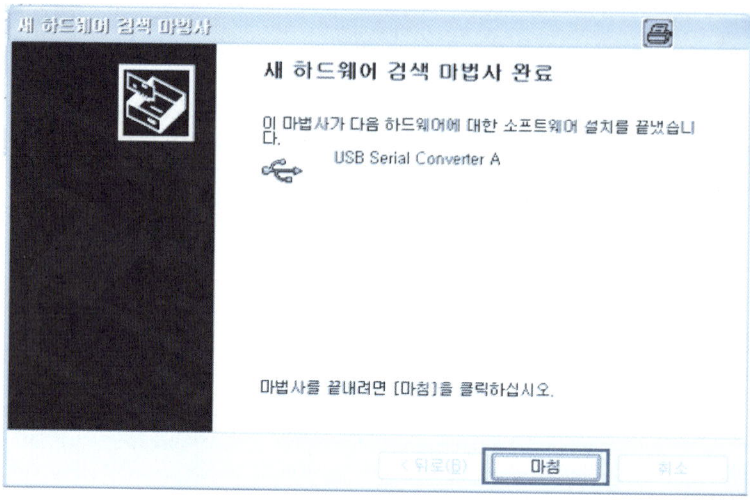

사. 장치 관리자에 TbArmJtag가 등록된 모습.

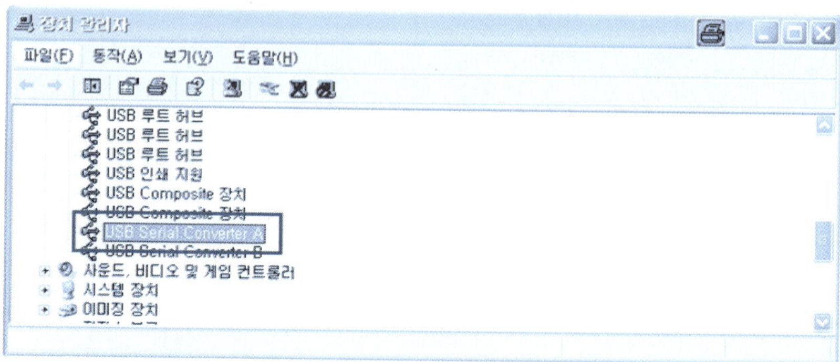

4.1.3 TBK보드와 TbArmJtag 접속

USB측은 컴퓨터와 연결하고(인스톨 과정에서 설명) 다음으로 제공된 8PIN 케이블로 아래그림과 같이 한쪽은 TBK보드와 또 한쪽은 TbArmJtag와 연결한다.

가. 케이블 결선 모습

나. Flashloader 프로그램 실행

TBK보드와 TbArmJtag 8pin 케이블로 연결하고 아래의 그림과 같이 ArmEdit -> Tools -> Flashloader를 클릭한다.

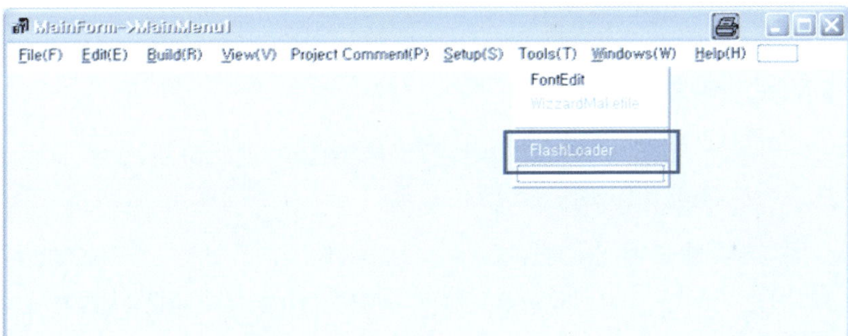

다. OPENOCD와 접속

아래 그림과 같이 나타나면 이제 모든 준비는 끝났다. Flashloader 창에서 "Open On-Chip Debugger" 그림과 같이 나오지 않거나 아래 그림과 같은 창이 나타나면 접속이 이상이 있는 것이다. 이때는 TbArmJtag 장치가 없거나 이 장치와 PC 간 USB 케이블이 연결 되지 않을 때 발생한다. 케이블을 다시 확인하고 Flashloader 종료 후 다시 실행해 본다.

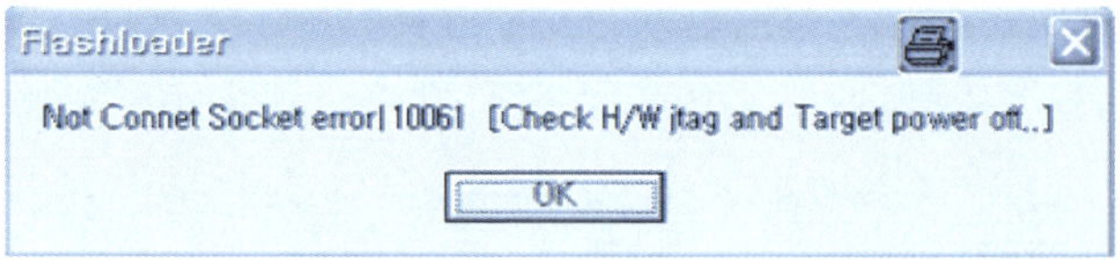

라. 정상적으로 접속된 모습

4.1.4 OPENOCD란?

OPENOCD란 원래는 독일의 한 학생이 졸업논문으로 개발하였으며 현재는 전세계적으로 많은 유저들을 보유하고 있다. 물론 모든 소스가 공개되어 누구나 편집하여 재사용할 수 있으며 테라뱅크에서 제공하는 "FlashLoader" 도 OPENOCD를 이용하는 ARM JTAG 라이트기이다. 이 OPENOCD는 ARM, PIC 심지어는 AVR까지 지원하는 만능 프로그램이다. 단지 아쉬운 점은 윈도우에서 구동되는 것이 아니라 리눅스 전용으로 개발되어 윈도우 환경에서 사용하기 위해서는 cygwin이라는 TOOL을 사용해서 윈도우 환경을 가상적으로 리눅스처럼 만들어 주어야한다는 것이다.

물론 FlashLoader는 이 cygwin과 OPENOCD 그리고 TELNET 프로그램까지 내장하고 있으므로 FlashLoader만 실행하면 JTAG Read, Write 등을 모두 구현할 수 있다.

가. 전형적인 OPENOCD 실행 화면(참고)

아래 그림은 cygwin으로 OPENOCD를 실행한 화면이다. JTAG 속도가 1[MHz]로 가동되고 있으며 USB CHIP 제조사의 이름과 STM32.CPU의 Device Tap 0x3ba00477 번호도 나타나고 있다. 일단 아래와 같이 나타나면 H/W가 정상적인 상태라고 볼 수 있다.

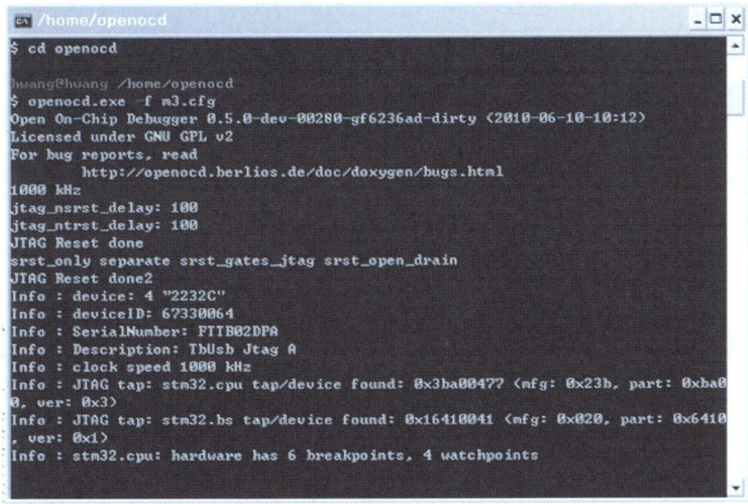

나. OPENOCD를 TELNET 프로그램으로 접속한 화면(참고)

OPENOCD는 단지 TELNET SERVER의 역할만을 하므로 이 상태에서는 JTAG를 실행할 수 없다. 따라서 TELNET 접속 프로그램을 실행하고 TELNET 번호는 127.0.0.1과 Port번호 444로 접속하여야만 전반적인 JTAG Debug 기능이 구현된다. 바로 이러한 불편함을 없애고자 개발된 통합 개발 환경이 ArmEdit인 것이다. C 혹은 ASM으로 작성한 파일을 컴파일과 링크를 거쳐 생성된 HEX 파일을 FlashLoader를 이용하여 파일을 읽어와서 Write 버튼을 누르는 것만으로 모든 것을 알아서 해준다.

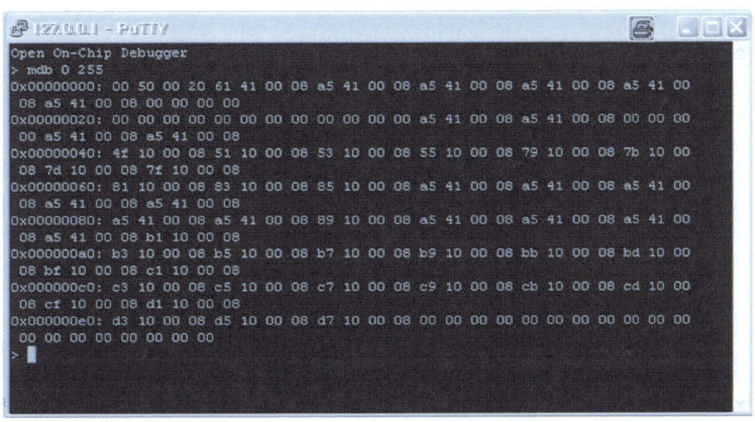

다. OPENOCD를 이용한 원시적인 JTAG Debuging 방법

CYGWIN을 Install한다.

↓

OPENOCD를 실행한다.

↓

TELNET 프로그램으로 접속한다.

라. FlashLoader로 (ArmEdit에 내장됨) JTAG Debuging 방법

FlashLoader를 실행한다.
(CYGWIN, OPENOCD, TELNET 내장)

4.1.5 FlashLoader를 이용한 JTAG Debuging

앞서 설명한 것과 같이 OPENOCD와 TELNET 접속장치를 내장한 JATG 장치가 FlashLoader이다. CYGWIN을 설치하고 OPENOCD를 실행한 뒤 TELNET 접속하여 다운로드하기란 여간 번거로운 부분이 아니다. 따라서 FlashLoader만 실행하고 HEX 파일을 열어 FLASH Write 버튼만 누르면 모든 작업은 끝난다. 아래 그림은 TbArmJtag 하드웨어 장치와 연결하고 FlashLoader 프로그램을 접속 했을 때의 정상적인 상태의 화면이다. 아래 그림처럼 화면이 나오면 OPENOCD SERVER에 접속된 것이다.

가. ArmEdit ⇨ Menu(Tools) ⇨ SubMenu ⇨ FlashLoader 버튼을 누른다.

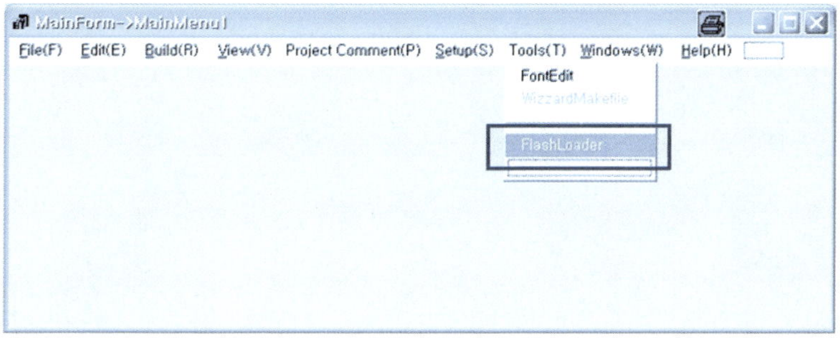

나. FlashLoader 화면

다. HEX 파일 열기

다운로드 대상 HEX 파일을 선택하고 "열기" 버튼을 누른다.

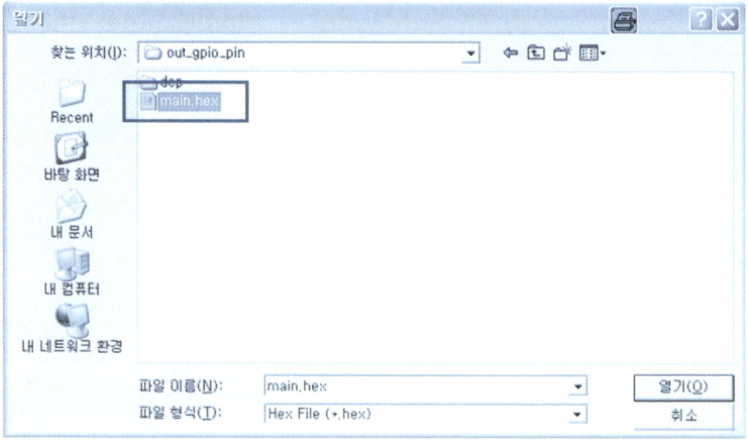

라. 파일을 불러왔을 때 FlashLoader의 화면

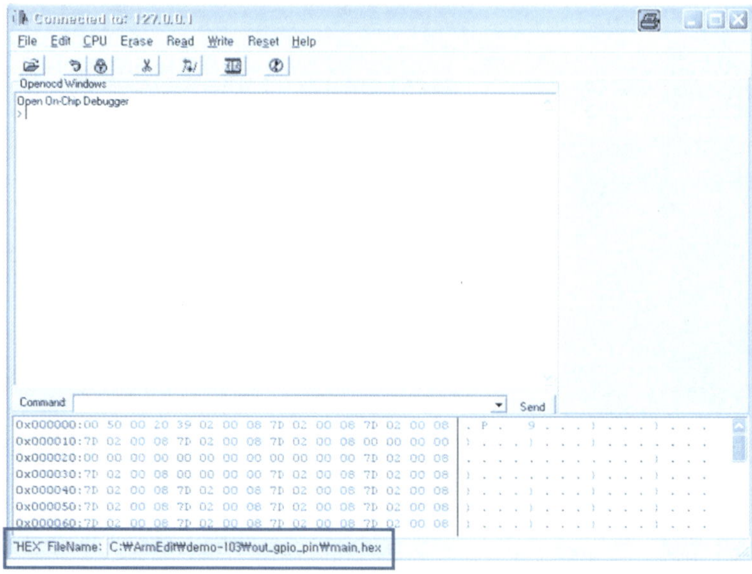

마. 다운로드 완료 화면

파일을 읽어 왔으면 이제 남은 것은 다운로드 실행일 것이다. 아래 아이콘 버튼을 누르면 다운로드가 실행된다.

아래 내용을 설명하자면 파일 이름은 "C:₩ArmEdit₩demo-103₩out_gpio_pin₩main.hex" 을 나타내고 0.462000[s](8.658[kb/s])는 전체 다운로드 시간이 0.462000초 걸렸고 초당 전송 속도는 8.658[kb/s]임을 설명하는 내용이다. JTAG tap은

STM32 MCU의 Tap ID(STM32 Device별 상이함. JTAG부 데이터시트를 참조)를 나타내고 다음으로 TargetName은 "STM32.CPU" 임을 Type는 "CORTEX_M3" 임을 설명하고 Endian은 "little Endian" format임을(little Endian" format은 예를 들어 32[bit] 메모리 어드레스에서 최하위 바이트를 최하위 비트 위치에 저장하는 것을 말 함) 다음으로 State는 MCU의 상태로 "running" 즉 Active 되었음을 나타내는 것이다.

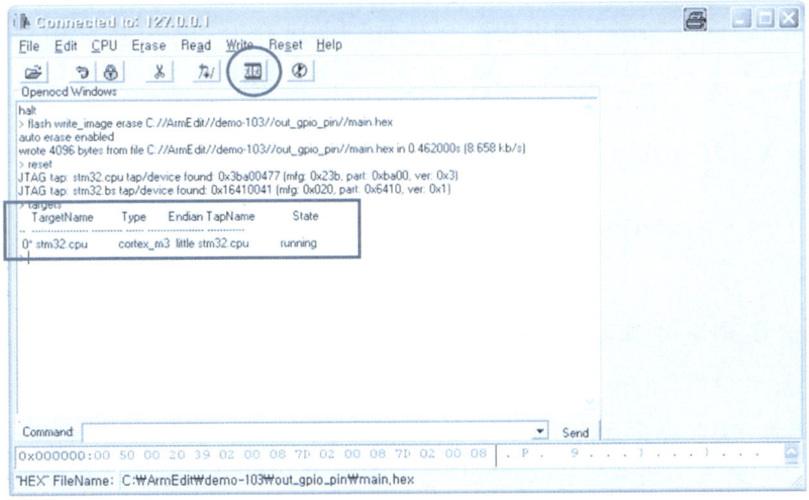

4.1.6 FlashLoader의 설명

가. 단축 아이콘 설명

-  : HEX 파일을 읽어온다.
-  : 이 명령은 "target" 명령을 실행하여 MCU의 상태를 확인할 때 사용한다.
  ★참고로 이 명령은 reset 후 명령이 작동한다.
-  : 이 명령은 "Halt" 명령으로 MCU를 잠시 정지시킬 때 사용한다.
-  : 이 명령은 "flash erase_address" 명령으로 번지의 Flash의 내용을 지운다. 실행하면 아래와 같은 창이 나타나는데 이때 원하는 어드레스와 길이를 입력하고 "OK" 버튼을 누르면 입력한 번지의 어드레스와 길이만큼 삭제한다.

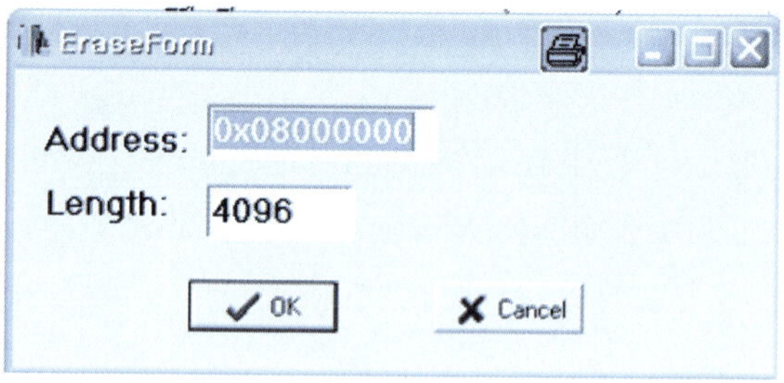

-  : 이 명령은 “mdb” 명령으로 어드레스의 번지와 길이만큼 읽어온다.
  “mdb” 는 바이트 단위로 읽어오고 “mdw” 는 word 단위로 읽어온다.
-  : 이 명령은 읽어온 “HEX” 파일을 MCU에 다운로드 한다.
-  : 이 명령은 MCU를 RESET 시킨다.

나. command 라인에서의 명령

이 command 명령은 openocd가 지원하는 모든 명령을 실행할 때 사용한다. 불편한 점은 명령어와 기타 부수적인 정보, 예를 들어 어드레스 길이 등을 모두 입력하여야 실행된다. 참고로 콤보박스를 클릭하면 명령의 모두가 나타나며 자신이 원하는 명령을 선택하고 엔터키 혹은 오른쪽 “Send” 버튼을 누르면 작동한다.

- Flash 메모리 지우기 flash erase_address 0x08000000 4096

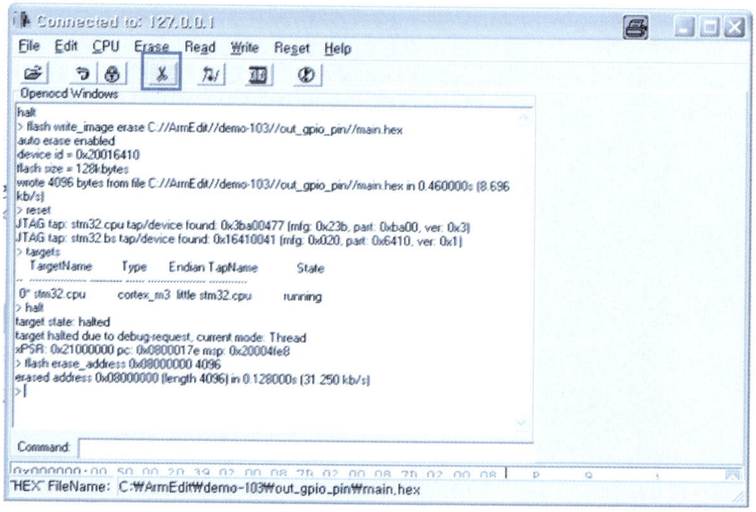

• Flash 혹은 RAM 메모리 읽기 바이트로 읽기 mdb 0 255

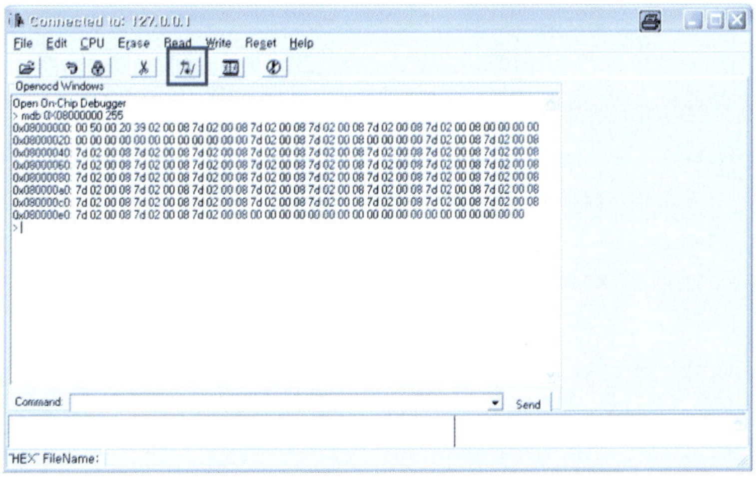

• Flash 혹은 RAM 메모리 읽기 워드로 읽기 mdw 0 120

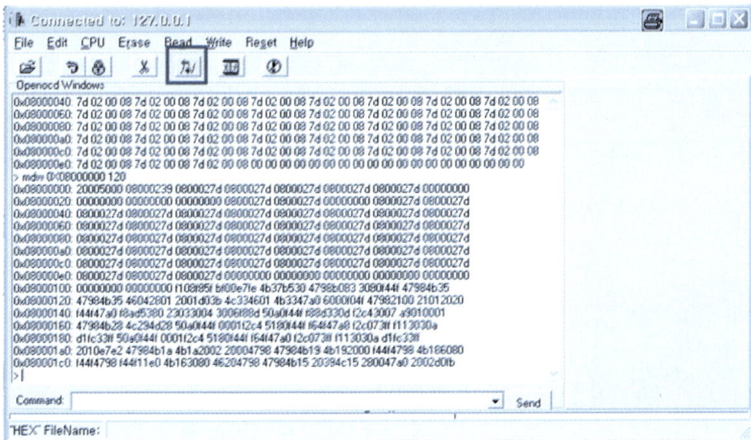

- Flash 메모리 쓰기

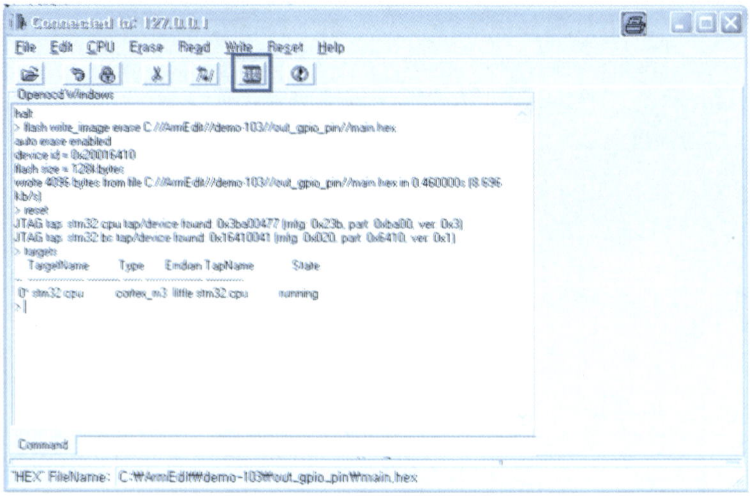

- 상태확인 : targets

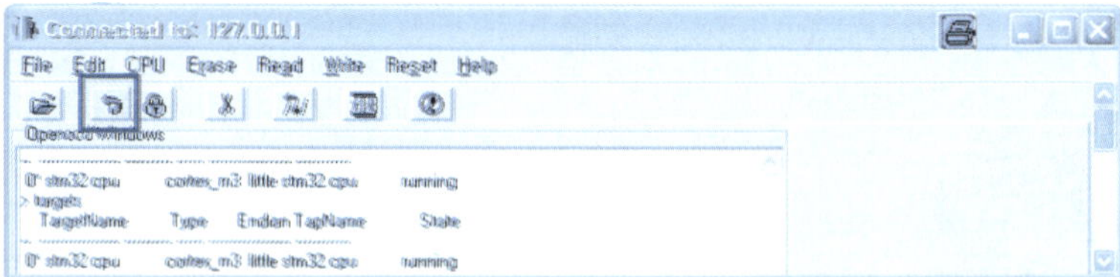

- CPU RESET : reset

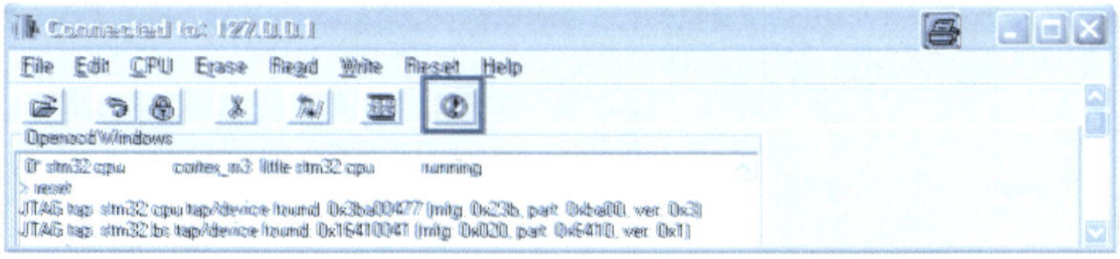

- HALT : halt

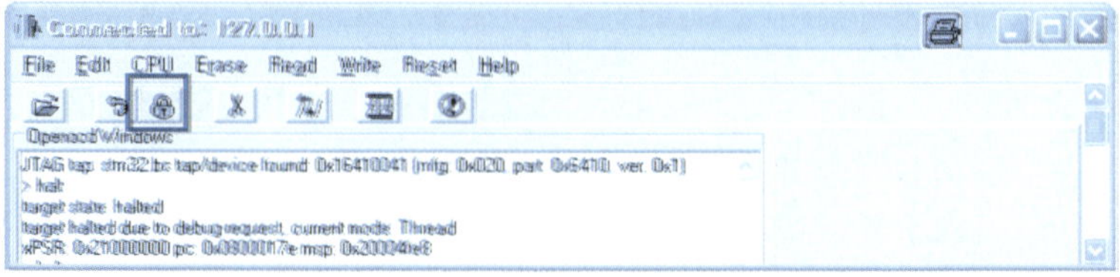

4.1.7 openocd 명령어

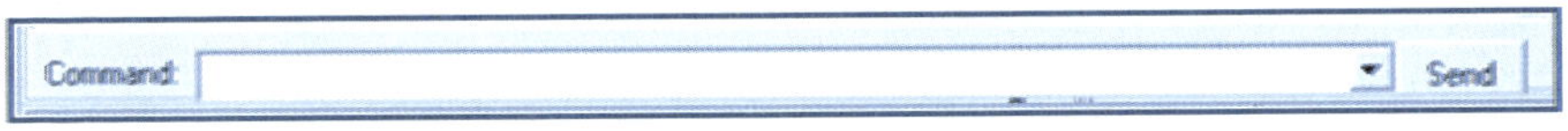


```
Open On-Chip Debugger
> help
add_help_text command_name helptext_string
      Add new command help text; Command can be multiple tokens.
(command valid any time)
add_usage_text command_name usage_string
      Add new command usage text; command can be multiple tokens.
(command valid any time)
bp [address length ['hw']]
      list or set hardware or software breakpoint
command
      core command group (introspection) (command valid any time)
  command mode [command_name ...]
        Returns the command modes allowed by a  command:'any', 'config', or
        'exec'.  If no command isspecified, returns the current command
        mode.  Returns 'unknown' if an unknown command is given. Command
        can be multiple tokens. (command valid any time)
  command type command_name [...]
        Returns the type of built-in command:'native', 'simple', 'group',
        or 'unknown'. Command can be multiple tokens. (command valid any
        time)
cortex_m3
      Cortex-M3 command group
  cortex_m3 disassemble address [count]
        disassemble Thumb2 instructions
  cortex_m3 maskisr ['on'|'off']
        mask cortex_m3 interrupts
  cortex_m3 vector_catch ['all'|'none'|('bus_err'|'chk_err'|...)*]
```

configure hardware vectors to trigger debug entry

dap

Cortex DAP command group

dap apid [ap_num]

return ID register from AP (default currently selected AP)

dap apsel [ap_num]

Set the currently selected AP (default 0) and display the result

dap baseaddr [ap_num]

return debug base address from MEM-AP (default currently selected AP)

dap info [ap_num]

display ROM table for MEM-AP (default currently selected AP)

dap memaccess [cycles]

set/get number of extra tck for MEM-AP memory bus access [0-255]

debug_level number

Sets the verbosity level of debugging output. 0 shows errors only; 1 adds warnings; 2 (default) adds other info; 3 adds debugging. (command valid any time)

drscan tap_name [num_bits value]* ['-endstate' state_name]

Execute Data Register (DR) scan for one TAP. Other TAPs must be in BYPASS mode.

dump_image filename address size

exit

exit telnet session

fast_load

loads active fast load image to current target - mainly for profiling purposes

fast_load_image filename address ['bin'|'ihex'|'elf'|'s19'] [min_address [max_length]]

Load image into server memory for later use by fast_load; primarily for profiling (command valid any time)

find 〈file〉

print full path to file according to OpenOCD search rules (command valid any time) flash

NOR flash command group (command valid any time)

flash banks

Display table with information about flash banks. (command valid any time)

flash erase_address ['pad'] address length

Erase flash sectors starting at address and continuing for length bytes. If 'pad' is specified, data outside that range may also be erased: the start address may be decreased, and length increased, so that all of the first and last sectors are erased.

flash erase_check bank_id

Check erase state of all blocks in a flash bank.

flash erase_sector bank_id first_sector_num last_sector_num

Erase a range of sectors in a flash bank.

flash fillb address value n

Fill n bytes with 8-bit value, starting at word address. (No autoerase.)

flash fillh address value n

Fill n halfwords with 16-bit value, starting at word address. (No autoerase.)

flash fillw address value n

Fill n words with 32-bit value, starting at word address. (No autoerase.)

flash info bank_id

Print information about a flash bank.

flash list

Returns a list of details about the flash banks. (command valid any time)

flash probe bank_id

Identify a flash bank.

flash protect bank_id first_sector [last_sector|'last'] ('on'|'off')

Turn protection on or off for a range of sectors in a given flash bank.

flash protect_check bank_id

Check protection state of all blocks in a flash bank.

flash write_bank bank_id filename offset

Write binary data from file to flash bank, starting at specified byte offset from the beginning of the bank.

flash write_image [erase] [unlock] filename [offset [file_type]]

Write an image to flash. Optionally first unprotect and/or erase the region to be used. Allow optional offset from beginning of bank (defaults to zero)

flush_count

Returns the number of times the JTAG queue has been flushed.

gdb_breakpoint_override ('hard'|'soft'|'disable')

Display or specify type of breakpoint to be used by gdb 'break' commands. (command valid any time)

gdb_port [port_num]

Display or specify base port on which to listen for incoming GDB connections. No arguments reports GDB port; zero disables. (command valid any time)

gdb_sync

next stepi will return immediately allowing GDB to fetch register state without affecting target state (command valid any time)

halt [milliseconds]

request target to halt, then wait up to the specifiednumber of milliseconds (default 5) for it to complete

help [command_name]

Show full command help; command can be multiple tokens. (command valid any time)

init

Initializes configured targets and servers. Changes command mode from CONFIG to EXEC. Unless 'noinit' is called, this command is called automatically at the end of startup. (command valid any time)

interface_list

List all built-in interfaces (command valid any time)

irscan [tap_name instruction]* ['-endstate' state_name]

Execute Instruction Register (DR) scan. The specified opcodes are put into each TAP's IR, and other TAPs are put in BYPASS.

jtag

perform jtag tap actions (command valid any time)

jtag arp_init

Validates JTAG scan chain against the list of declared TAPs using just the four standard JTAG signals. (command valid any time)

jtag arp_init-reset

Uses TRST and SRST to try resetting everything on the JTAG scan chain, then performs 'jtag arp_init'. (command valid any time)

jtag cget tap_name '-event' event_name

Return any Tcl handler for the specified TAP event.

jtag configure tap_name '-event' event_name handler

Provide a Tcl handler for the specified TAP event.

jtag drscan tap_name [num_bits value]* ['-endstate' state_name]

Execute Data Register (DR) scan for one TAP. Other TAPs must be in BYPASS mode.

jtag flush_count

Returns the number of times the JTAG queue has been flushed.

jtag init

initialize jtag scan chain (command valid any time)

jtag interface

Returns the name of the currently selected interface. (command valid any time)

jtag names

Returns list of all JTAG tap names. (command valid any time)

jtag pathmove start_state state1 [state2 [state3 ...]]

Move JTAG state machine from current state (start_state) to state1, then state2, state3, etc.

jtag tapdisable tap_name

Try to disable the specified TAP using the 'tap-disable' TAP event.

jtag tapenable tap_name

Try to enable the specified TAP using the 'tap-enable' TAP event.

jtag tapisenabled tap_name

Returns a Tcl boolean (0/1) indicating whether the TAP is enabled (1) or not (0).

jtag_khz [khz]

With an argument, change to the specified maximum jtag speed. Pass 0 to require adaptive clocking. With or without argument, display current setting. (command valid any time)

jtag_nsrst_assert_width [milliseconds]

delay after asserting srst in ms (command valid any time)

jtag_nsrst_delay [milliseconds]

delay after deasserting srst in ms (command valid any time)

jtag_ntrst_assert_width [milliseconds]

delay after asserting trst in ms (command valid any time)

jtag_ntrst_delay [milliseconds]

delay after deasserting trst in ms (command valid any time)

jtag_rclk [fallback_speed_khz]

With an argument, change to to use adaptive clocking if possible; else to use the fallback speed. With or without argument, display current setting. (command valid any time)

jtag_reset trst_active srst_active

Set reset line values. Value '1' is active, value '0' is inactive.

load_image filename address ['bin'|'ihex'|'elf'|'s19'] [min_address] [max_length]

log_output file_name

redirect logging to a file (default: stderr) (command valid any time)

mdb ['phys'] address [count]

display memory bytes

mdh ['phys'] address [count]

display memory half-words

mdw ['phys'] address [count]

display memory words

mflash

mflash command group (command valid any time)

```
mwb ['phys'] address value [count]
      write memory byte
mwh ['phys'] address value [count]
      write memory half-word
mww ['phys'] address value [count]
      write memory word
nand
      NAND flash command group (command valid any time)
  nand drivers
        lists available NAND drivers (command valid any time)
ocd_array2mem arrayname bitwidth address count
      convert a TCL array to memory locations and write the 8/16/32 bit
      values
ocd_mem2array arrayname bitwidth address count
      read 8/16/32 bit memory and return as a TCL array for script
      processing
pathmove start_state state1 [state2 [state3 ...]]
      Move JTAG state machine from current state (start_state) to state1,
      then state2, state3, etc.
pld
      programmable logic device commands (command valid any time)
poll ['on'|'off']
      poll target state; or reconfigure background polling
power_restore
      Overridable procedure run when power restore is detected. Runs 'reset
      init' by default. (command valid any time)
profile
      profiling samples the CPU PC
rbp address
      remove breakpoint
reg [(register_name|register_number) [value]]
      display or set a register; with no arguments, displays all registers
      and their values
```

reset [run|halt|init]

Reset all targets into the specified mode.Default reset mode is run, if not given.

reset_config [none|trst_only|srst_only|trst_and_srst]
[srst_pulls_trst|trst_pulls_srst|combined|separate]
[srst_gates_jtag|srst_nogate] [trst_push_pull|trst_open_drain]
[srst_push_pull|srst_open_drain]

configure JTAG reset behavior (command valid any time)

reset_nag ['enable'|'disable']

Nag after each reset about options that could have been enabled to improve performance. (command valid any time)

resume [address]

resume target execution from current PC or address

runtest num_cycles

Move to Run-Test/Idle, and issue TCK for num_cycles.

rwp address

remove watchpoint

scan_chain

print current scan chain configuration (command valid any time)

script 〈file〉

filename of OpenOCD script (tcl) to run (command valid any time)

shutdown

shut the server down (command valid any time)

sleep milliseconds ['busy']

Sleep for specified number of milliseconds. "busy" will busy wait instead (avoid this). (command valid any time)

soft_reset_halt

halt the target and do a soft reset

srst_deasserted

Overridable procedure run when srst deassert is detected. Runs 'reset init' by default. (command valid any time)

step [address]

step one instruction from current PC or address

```
stm32.cpu
    target command group (command valid any time)
  stm32.cpu arp_examine
      used internally for reset processing
  stm32.cpu arp_halt
      used internally for reset processing
  stm32.cpu arp_halt_gdb
      used internally for reset processing to halt GDB
  stm32.cpu arp_poll
      used internally for reset processing
  stm32.cpu arp_reset
      used internally for reset processing
  stm32.cpu arp_waitstate
      used internally for reset processing
  stm32.cpu array2mem arrayname bitwidth address count
      Writes Tcl array of 8/16/32 bit numbers to target memory
  stm32.cpu cget target_attribute
      returns the specified target attribute (command valid any time)
  stm32.cpu cortex_m3
      Cortex-M3 command group
  stm32.cpu curstate
      displays the current state of this target
  stm32.cpu dap
      Cortex DAP command group
  stm32.cpu eventlist
      displays a table of events defined for this target
  stm32.cpu invoke-event event_name
      invoke handler for specified event
  stm32.cpu mdb address [count]
      Display target memory as 8-bit bytes
  stm32.cpu mdh address [count]
      Display target memory as 16-bit half-words
  stm32.cpu mdw address [count]
```

```
        Display target memory as 32-bit words
  stm32.cpu mem2array arrayname bitwidth address count
        Loads Tcl array of 8/16/32 bit numbers from target memory
  stm32.cpu mwb address data [count]
        Write byte(s) to target memory
  stm32.cpu mwh address data [count]
        Write 16-bit half-word(s) to target memory
  stm32.cpu mww address data [count]
        Write 32-bit word(s) to target memory
stm32x
      stm32x flash command group (command valid any time)
  stm32x lock bank_id
        Lock entire flash device.
  stm32x mass_erase bank_id
        Erase entire flash device.
  stm32x options_read bank_id
        Read and display device option byte.
  stm32x options_write bank_id ('SWWDG'|'HWWDG')('RSTSTNDBY'|'NORSTSTNDBY')
            ('RSTSTOP'|'NORSTSTOP')
        Replace bits in device option byte.
  stm32x unlock bank_id
        Unlock entire protected flash device.
svf filename ['quiet']
      Runs a SVF file.
target_request
      target request command group (command valid any time)
  target_request debugmsgs ['enable'|'charmsg'|'disable']
        display and/or modify reception of debug messages from target
targets [target]
      change current default target (one parameter) or prints table of all
      targets (no parameters) (command valid any time)
telnet_port [port_num]
      Specify port on which to listen for incoming telnet connections. No
```

arguments reports telnet port; zero disables. (command valid any time)

test_image filename [offset [type]]

tms_sequence ['short'|'long']

Display or change what style TMS sequences to use for JTAG state transitions: short (default) or long. Only for working around JTAG bugs. (command valid any time)

trace

trace command group

trace history ['clear'|size]

display trace history, clear history or set size

trace point ['clear'|address]

display trace points, clear list of trace points, or add new tracepoint at address

usage [command_name]

Show basic command usage; command can be multiple tokens. (command valid any time)

verify_image filename [offset [type]]

verify_ircapture ['enable'|'disable']

Display or assign flag controlling whether to verify values captured during Capture-IR. (command valid any time)

verify_jtag ['enable'|'disable']

Display or assign flag controlling whether to verify values captured during IR and DR scans. (command valid any time)

version

show program version (command valid any time)

virt2phys virtual_address

translate a virtual address into a physical address (command valid any time)

wait_halt [milliseconds]

wait up to the specified number of milliseconds (default 5) for a previously requested halt

wp [address length [('r'|'w'|'a') value [mask]]]

```
      list (no params) or create watchpoints
xsvf (tapname|'plain') filename ['virt2'] ['quiet']
      Runs a XSVF file. If 'virt2' is given, xruntest counts are
      interpreted as TCK cycles rather than as microseconds. Without the
      'quiet' option, all comments, retries, and mismatches will be
      reported.
```

제5장

ArmEdit 4.0

5.1 ArmEdit 4.0 install 방법

가. 먼저 다운받은 ArmEdit 4.0-English.zip의 압축을 푼다. 풀면 아래와 같은 파일이 생성된다.

나. Setup.exe를 더블 클릭하여 실행한다. 잠시 후 아래와 같은 화면이 나오면 [Next]를 선택한다.

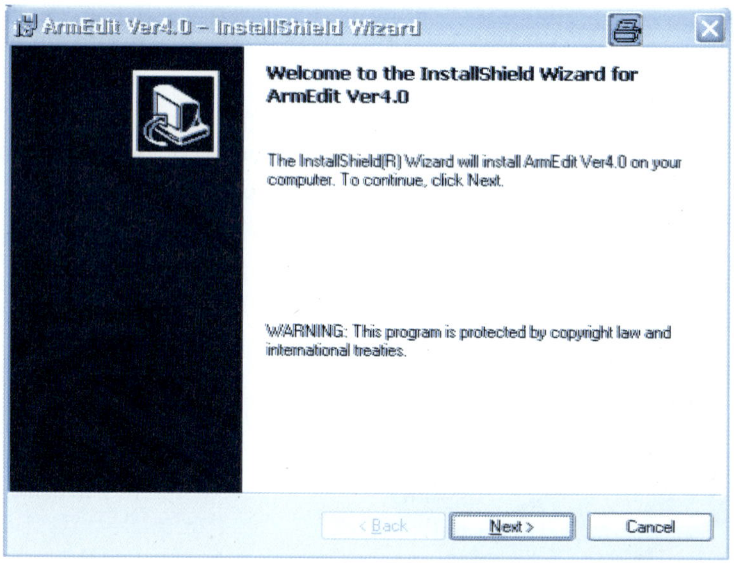

다. 아래와 같이 라이센스 관련 물음이 나오면 자세히 읽고 동의한 뒤 아래 그림과 같이 선택하고 [Next] 버튼을 선택한다.

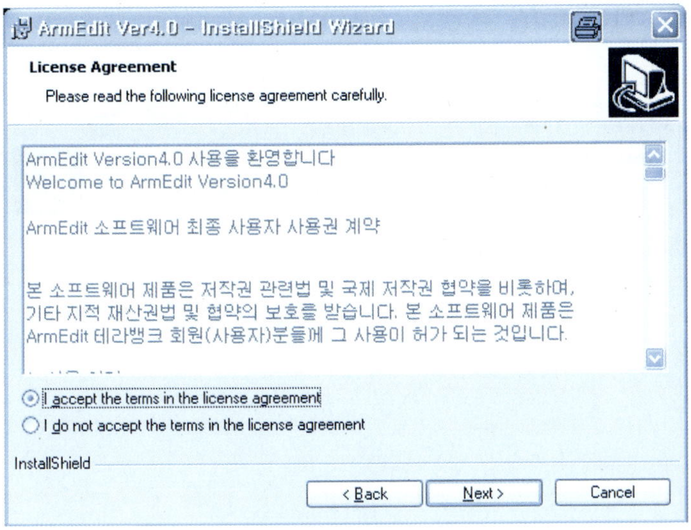

라. 아래와 같은 화면이 나오면 그냥 무시하고 [Next] 버튼을 누른다. 컴퓨터에 따라서 조금 다를 수 있다.

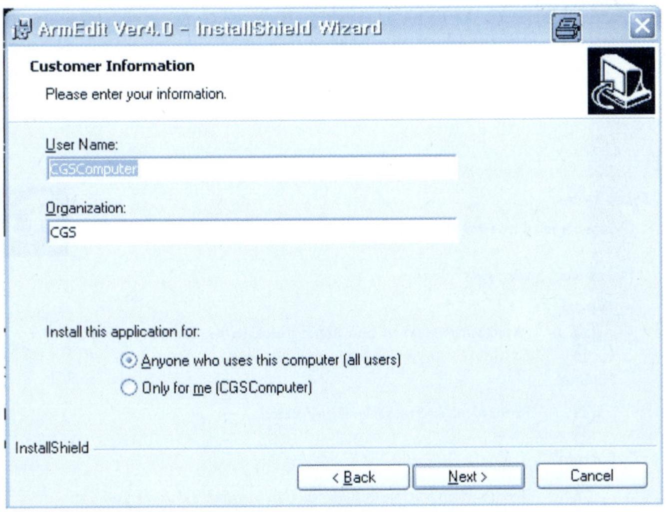

마. 다음으로 ArmEdit를 인스톨 할 디렉터리를 선택 할 수 있는 화면이 나오는데 여기서 주의할 점은 디렉터리 이름이 공백은 인식할 수 없으므로 "C:₩ProgramFiles" 디렉터리에는 인스톨 할 수 없다는 것이다. 그냥 디폴트로 인스톨 하든지 아니면 자신이 원하는 디렉터리를 선택하고 [Next]를 선택한다.

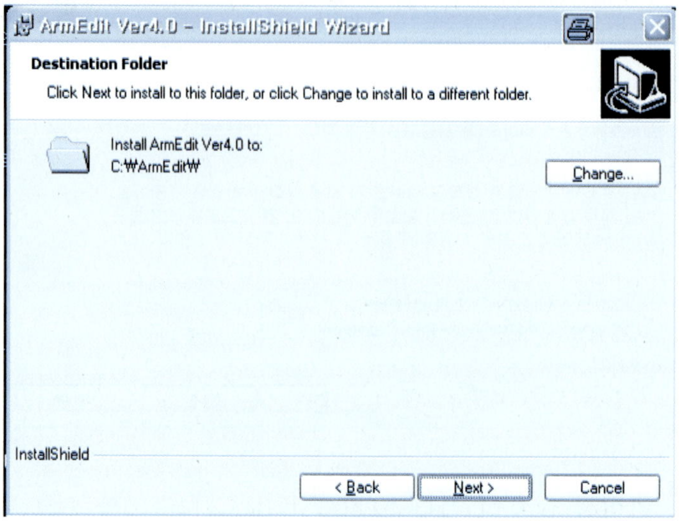

바. 아래와 같이 화면이 나오면 그냥 [Next]를 선택한다. ArmEdit는 사용자가 선택할 수 없고 모든 프로그램 즉 ArmEdit.exe, FontEdit.exe, FlashLoader.exe를 일괄로 인스톨 한다.

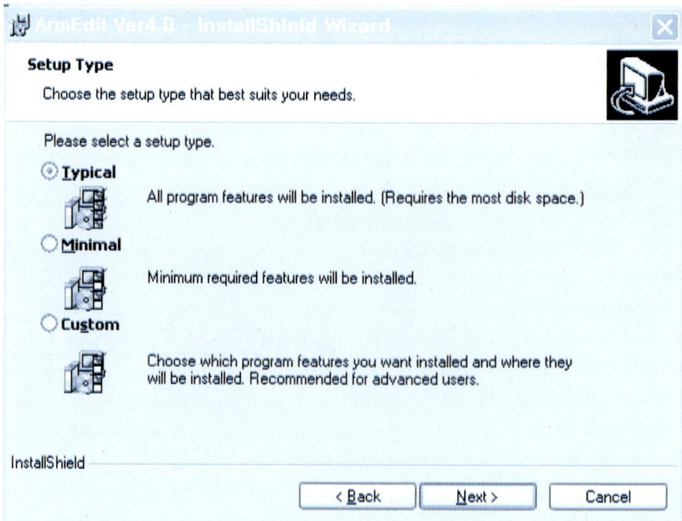

사. 지금까지 선택한 것을 보여주는 화면이 나오면 [Install] 버튼을 선택한다.

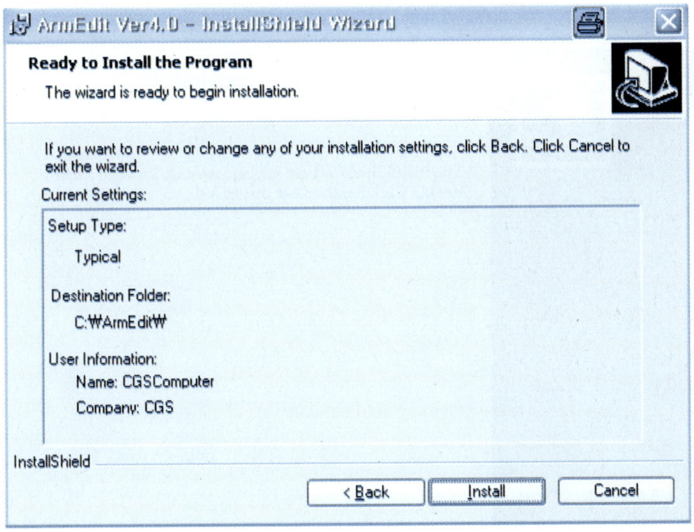

아. 이제 아래 그림과 같이 인스톨을 진행한다. 잠시 기다린다(약30초).

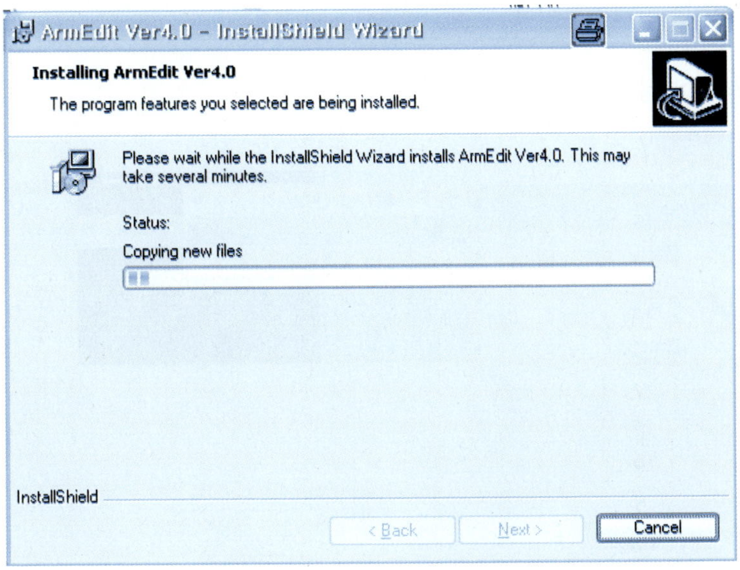

자. 이제 인스톨이 완료되었으므로 [Finish] 버튼을 선택하여 인스톨을 끝낸다.

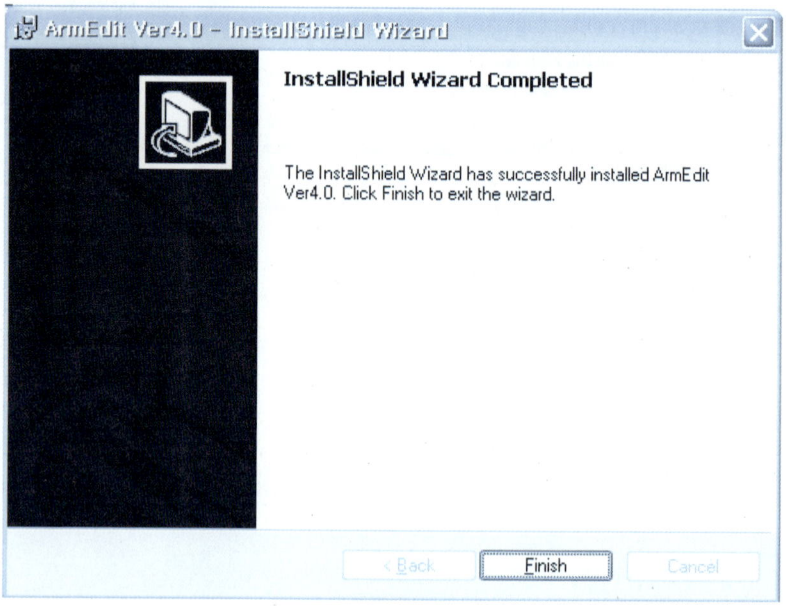

차. 이제 프로그램 ⇨ Terabank ArmEdit Ver4.0 ⇨ ArmEdit Ver4.0을 클릭하여 실행한다.
이제 ArmEdit 설명서를 참조하자.

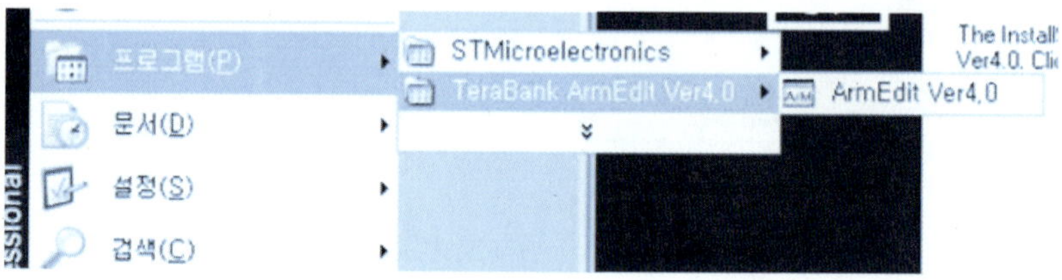

제6장

ArmEdit 4.0 매뉴얼

The ArmEdit STM32 Compiler(version4.0)

SOFTWARE SPECIALIST GROUP

제작 : 테라뱅크

작성자 : 황해권

홈페이지 : WWW.TERABANK.CO.KR

이메일 : hwanghhk@hanmail.net

작성일 : 2011.06.10

6.1 ArmEdit란 무엇인가?

ArmEdit는 STM32 GCC가 내장된 WINDOWS IDE 환경을 지원하는 통합 STM32 MCU 컴파일러 이며. 테라뱅크(황해권) ArmEdit를 무료로 사용함을 원칙으로 하며, 무비용,무료 업그
레이드, 무료 배포를 원칙으로 한다. 다만 상업적 목적으로 배포하거나 그 하드웨어 장치
등과 함께 교육기관/공공장소에서 사용하는 행위는 허락하지 않는다.

6.1.1 ArmEdit 만든 사람과 컴파일 관련

문제점과 개선 사항이 있으면 아래로 연락하여 주시기 바란다.

- 연락처 : 02-488-7951
- 주소 : 서울시 성내동
- 개발자 : 황해권(STM32 Windows용 편집기 ArmEdit, FontEdit)
- 개발 기간 : 2010/03 ~ 2011/06/10
- EMAIL : hwanghhk@hanmail.net
- 홈페이지 : http://www.terabank.co.kr
- STM32 GCC 컴파일러 : WINARM

6.1.2 ArmEdit 기능 및 성능

o 윈도우 환경 STM32 MCU "C" 언어 컴파일 기능
o 윈도우 환경에서 사용 가능한 STM32 GCC 컴파일 및 링커 기능
o 컴파일 에러/경고 표시 및 에러 라인으로 이동 기능
o 컴파일 완료 후 전체 메모리 용량 표시 및 컴파일 된 용량 표시 기능
o makefile 자동 생성 기능
o 13가지 칼라 문법 강조 기능
o 한 라인 주석 삽입 기능
o 선택 영역 주석 삽입/삭제 기능
o 라인 번호 표기 기능
o 편리해진 찾기 및 바꾸기 기능
o 원래대로, 되살리기 1000번 반복 기능
o 함수 자동 찾기 기능

o 파일 관리 창(include, Files, Compile) 구분
o 파일 관리 창에서 "*.c" 바로 열기 기능
o 파일 관리 창에서 "*.exe" 실행 기능
o STM32 MCU type 선택 시 선택한 메모리(Program,SRAM, Size)표시 기능
o 글자 크기,폰트 축소/확대 기능
o Auto indent Mode, Cursor Move Eol 기능
o Smart Tap, insert Mode 선택 기능
o Tap Stop, Undo Limit 변경 기능
o FontEdit2.0(그래픽 편집기) 내장
o FLASH LOADER 내장(JTAG DEBUGING)
o WINDOW 95, 98, NT, XP

6.1.3 ArmEdi4.0 버전의 새로운 기능 및 성능

o 아무 드라이브에서나 인스톨해도 컴파일이 가능
★ 주) 단, 디렉토리명이 SPACE(C:₩Program Files) 즉 " " 공란이 있는 디렉토리 명에는 인스톨할 수 없다.
o 프로젝트 주석 문을 편집/삽입/삭제 기능.
o 컴파일 완료 후 디바이스들에 대한 컴파일 메모리 사이즈 사용량 표시
예) FLASH 메모리 용량의 0.5[%]사용 등
o 비트를 바이트로 바꾸어주거나 반대로 바이트를 비트로 변경 기능
o ASCII표 보기 기능
o 파일 열기 문제점 개선
o makefile 변경
o 찾기와 바꾸기 창 문제점 개선

6.1.4 ArmEdit Ver 4.0에서 컴파일 가능한 STM32 MCU 목록

- STM32F101xC
- STM32F101xD
- STM32F101xE
- STM32F102x4
- STM32F102x6
- STM32F102x8
- STM32F102xB
- STM32F101xC
- STM32F102xD
- STM32F102xE
- STM32F103x4
- STM32F101xC
- STM32F101xD
- STM32F101xE
- STM32F102x4
- STM32F102x6
- STM32F102x8
- STM32F102xB
- STM32F101xC
- STM32F102xD
- STM32F102xE
- STM32F103x4
- STM32F103x6
- STM32F103x8
- STM32F103xB
- STM32F103xC
- STM32F103xD
- STM32F103xE
- STM32F103xF
- STM32F103xZ
- STM32F105x8
- STM32F105xB
- STM32F105xC
- STM32F107xB
- STM32F107xC
- STM32F205xC
- STM32F205xE
- STM32F205xF
- STM32F205xG
- STM32F207xC
- STM32F207xE
- STM32F207xF
- STM32F207xG
- STM32F215xE
- STM32F215xG
- STM32F217xE
- STM32F217xG

6.2 컴파일해보기

6.2.1 ArmEdit Ver4.0에서 컴파일 따라해보기

가. File ⇨ Open 에서 파일 열기를 선택하고 원하는 "*.c" 파일을 연다.

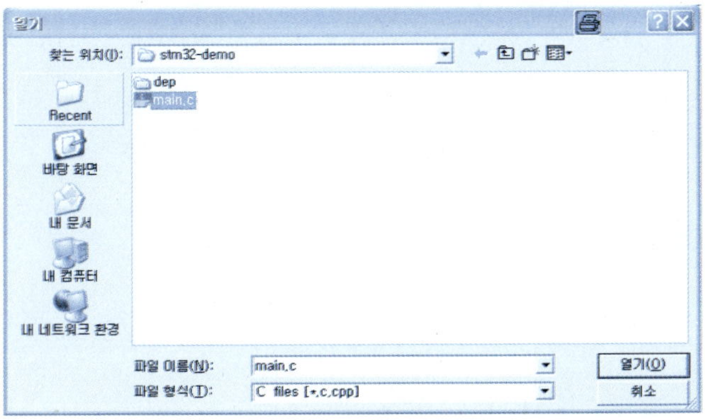

나. 파일을 열고 난 후의 ArmEdit의 모습.

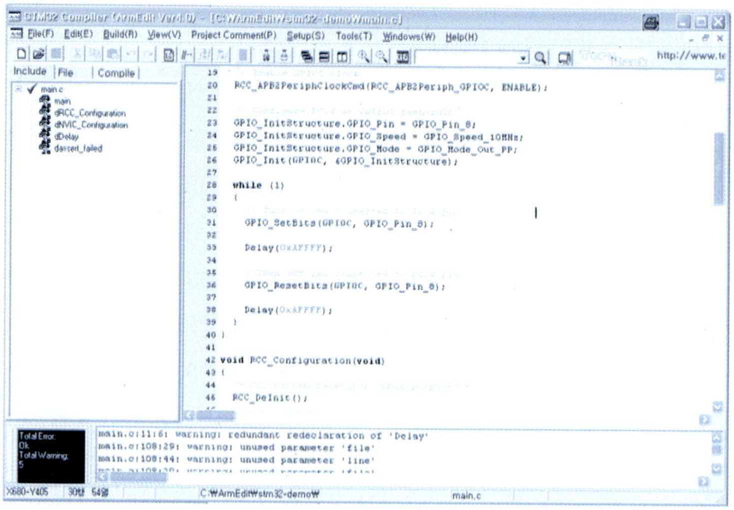

다. MCUType

SetUp ⇨ Environment Options에서 MCUType Sheet를 선택하고 STM32 Device 종류를 ComboBox에서 고른다. 여기서는 "STM32F103XB"를 선택한다. 아래는 선택한 "STM32F103XB" Flash Memory와 SRAM Size가 나타남을 볼 수 있다.

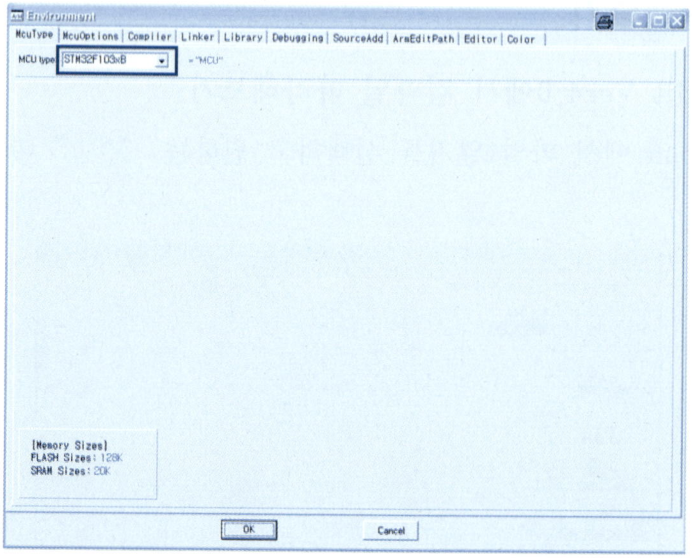

라. McuOptions

SetUp ⇨ Environment Options에서 McuOptions Sheet를 선택하고 [MCUrequency]를 ComboBox에서 고른다. 여기서는 외부 크리스탈 속도인 "8000000" [MHz]를 선택한다.

다음으로 Output File format에서 ihex(intel hex)를 선택한다.

[Output File format]에서 그냥 "ROM File Create" 을 선택하고 넘어가자. 이 부분은 아래 장에서 상세히 다룰 것이다.

[mthumb option]은 thumb2 옵션으로 "YES" 를 선택한다.

[vector table option]은 컴파일 해서 다운로드 대상 메모리를 선택하는 것이다. 우리는 Flash Memory번지에 다운로드할 것이므로 "VECT_TAB_FLASH" 을 선택한다.

이 번지는 0x080000000번지가 vector table 이 될 것이다.

[Output File format] 초기화 값은 빈공간으로 있을 것이다. 오른쪽 "default" 버튼을 선택한다.

[Makefile Options] 항목은 "makefile" 을 자동으로 생성할 것인지 사용자가 이미 만들어놓은 "makefile" 그대로 사용할지 선택하는 부분이다. "Auto Create makefile" 을 체크해 "makefile" 을 자동으로 생성하기로 한다.

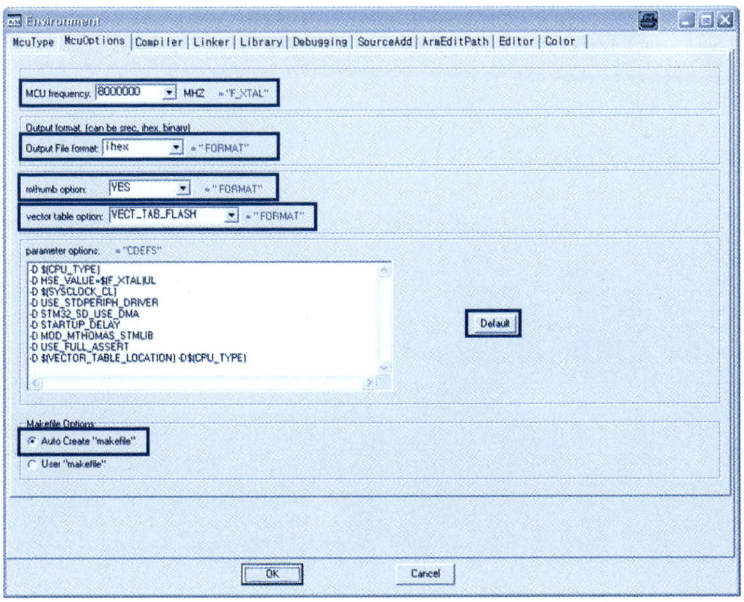

마. Compiler

SetUp ⇨ Environment Options에서 Compiler Sheet를 선택하고 ["C" Compiler Options]과 ["CPP" Compiler Options] 그리고 ["C only" Compiler Options]와 [Assembler Options]을 입력할 수 있게 되어있지만 전문가가 아니면 그냥 넘어가자 만약 추가하거나 변경하고자 한다면 입력하고 그렇지 않으면 "Default" 버튼을 눌러서 초기화 한다. 다음으로 [C Standard level]은 4가지 선택을 할 수가 있다.

- std=gnu99 : c99 plus GCC extensions
- std=c89 : ANSI
- std=gnu89 : c89 plus GCC extensions
- std=c99 : ISO C99 standard

[Optimization level] ComboBox는 4가지 모드를 선택할 수 있다. 이 Optimization level을 선택하는 것으로 선택을 바꾸어 보면 "HEX" 파일의 용량의 차이를 느낄 수 있을 것이다. 보통의 경우는 "Optimize Levl3" 를 선택하고 혹 FLASH 용량이 제한치를 넘을 때 2단계 혹은 1단계로 바꾸어주자. 필자가 시험해본 결과 CPU 안정성에서 LEVL3 아래 단계에서는 CPU 동작이 불안한 경향이 보였다. 기본적으로 3 혹은 s를 선택하면 무난할 것이다.

1) 0 : turn off Optimization
2) 1 : Optimize Levl1
3) 2 : Optimize Levl2
4) 3 : Optimize Levl3
5) s : Optimize for size(Note : 3 is not always the best Optimization level.).

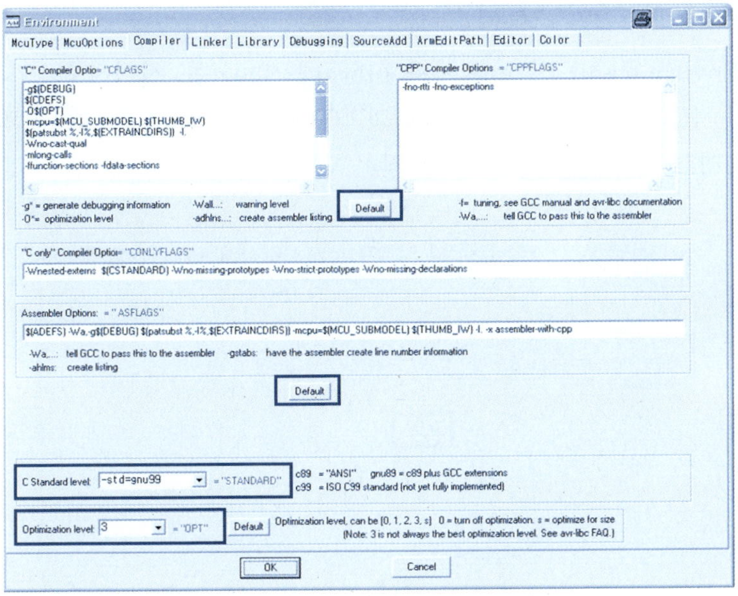

바. Linker

SetUp ⇨ Environment Options에서 Linker Sheet를 선택하고Linker Options들을 입력한다.

이 [Linker Options]에서는 사용자 라이브러리 링크와 오브젝트 파일의 생성 위치, 기타 라이브러리들을 추가하거나 변경하여 링크한다. 링크 옵션 부분은 "makefile" Text에서 생성한 그대로 사용한다. 기본적으로 "default"를 선택한다.

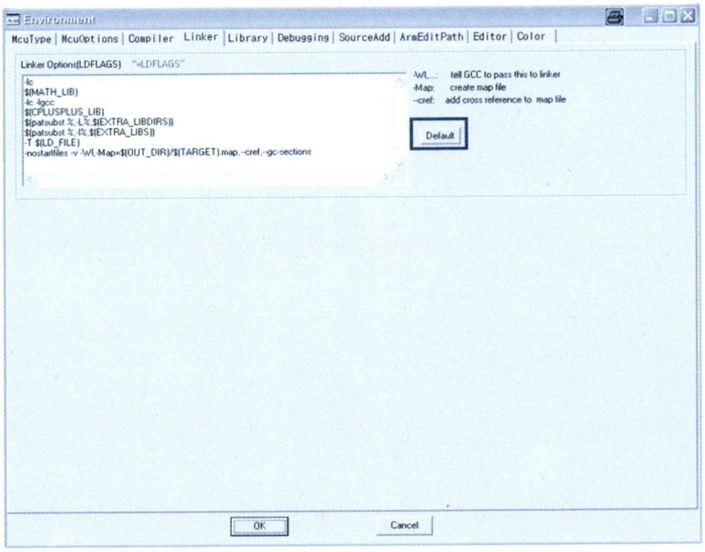

사. Library

SetUp ⇨ Environment Options에서 Library Sheet를 선택하고 Library Options들을 입력한다. [Library Math Options]과 [C++ Lib Options] 2가지의 옵션이 있지만 여기서도 "default" 버튼을 선택한다.

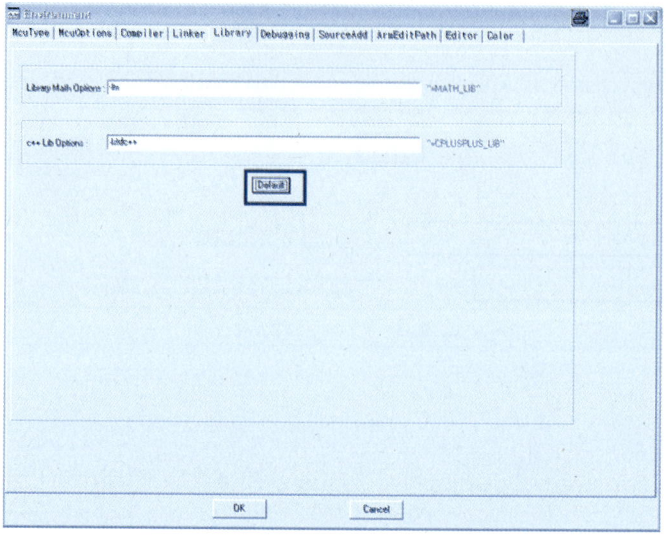

아. Debugging

SetUp ⇨ Environment Options에서 Debugging Sheet를 선택하고 Debugging Options들을 입력한다. 이 값의 초기화는 "dwarf -2 " 이다. "default" 를 선택한다.

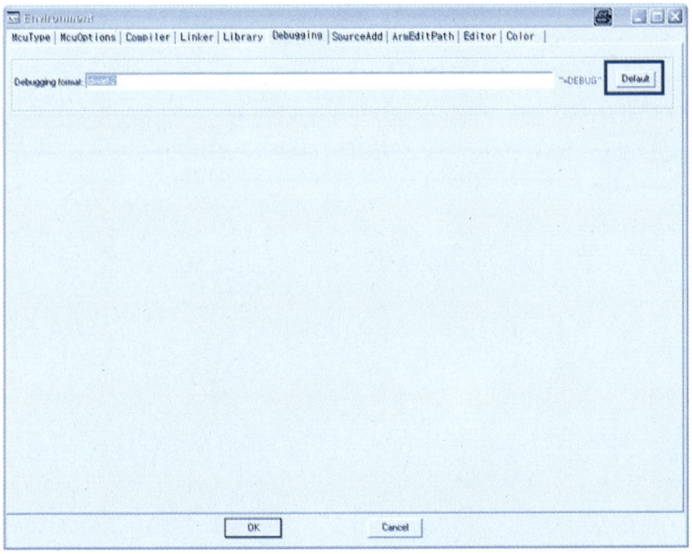

자. SourceAdd

SetUp ⇨ Environment Options에서 SourceAdd Sheet를 선택하고 Source directory 관련 파일들을 선택한다. 이번에 Demo(main.c) 파일은 main.c 파일만 사용하므로 Main C source file name 대상 파일은 없다.

★ 주 : main.c 파일을 제외하고 더하고 하는 파일 "*.c" 파일을 "Add" 버튼을 눌러 선택한다.

[Source directory] : 컴파일 대상은 주directory며 자동 입력되어 바꿀 수 없다.

[Main C source file name] : 컴파일 대상 주 파일이며 자동 입력되어 바꿀 수 없다.

[Add C source file name] : 주파일 외에 추가할 " *.C" 를 선택하여 넣는다.

[Add C++ source file name] : 주파일 외에 추가할 "*.CPP" 를 선택하여 넣는다.

[Add ASM source file name] : 주파일 외에 추가할 "*.asm" 를 선택하여 넣는다.

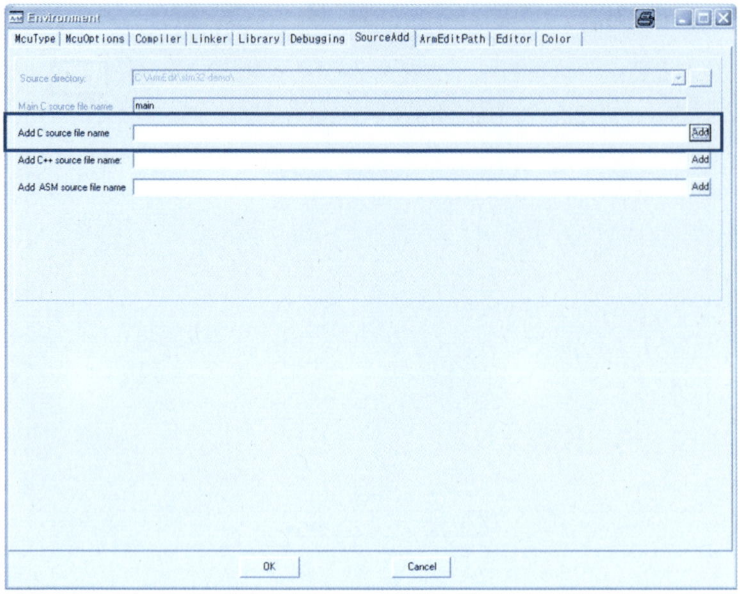

차. ArmEditPath

SetUp ⇨ Environment Options에서 ArmEditPath Sheet를 선택하고 ArmEdit Path를 선택한다.

ArmEdit Path는 ArmEdit를 install하면 자동으로 생성되므로 바꿀 필요 없이 그냥 둔다.

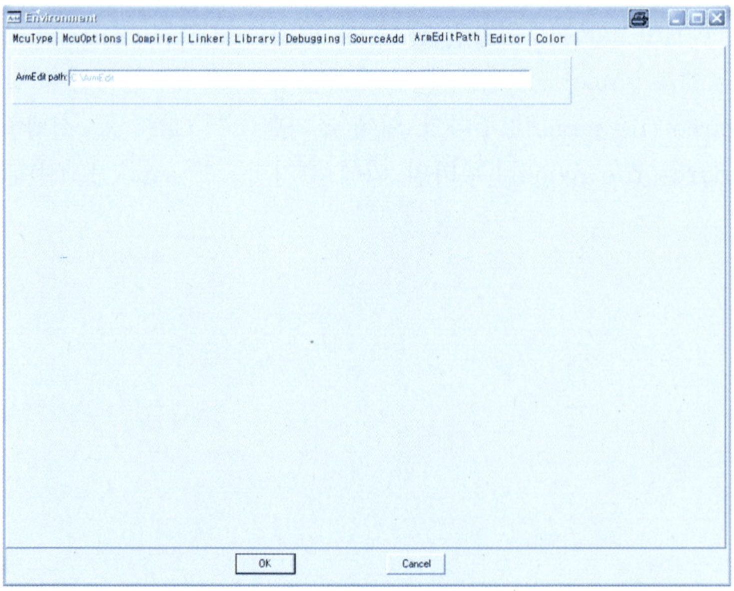

카. Editor

SetUp ⇨ Environment Options에서 Editor Sheet를 선택하고 Editor의 각종 기본 값들을 변경한다. C언어 편집에서는 "Courier New" Font가 제일 예쁘게 나오는 것 같다. 수정 사항이 있으면 수정하고 다음 Sheet로 넘어간다.

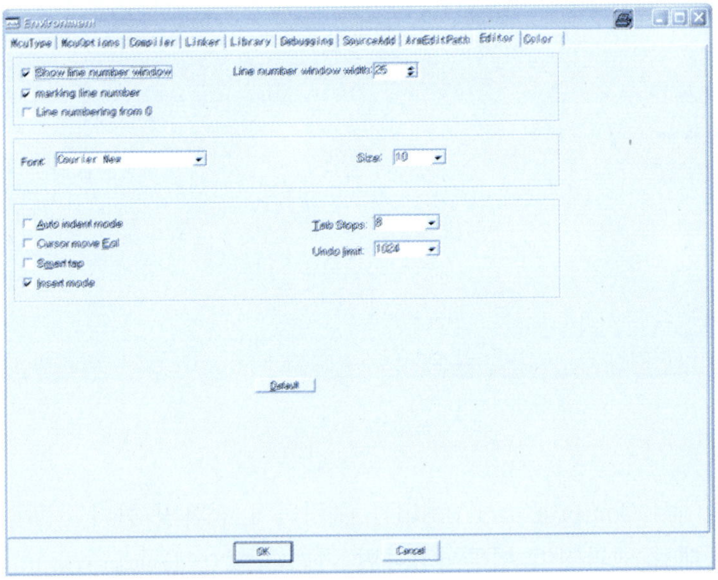

타. Color

SetUp ⇨ Environment Options에서 Color Sheet를 선택하고 Editor Color의 기본 값들을 변경한다. 변경을 원하는 항목이 있으면 [Items]에서 원하는 항목을 선택하고 [Color]를 선택하여 색을 바꾸고[Font]에서 Bold, Italic체를 선택하여 Font의 특성을 바꾼다.

이제 기본적인 설정은 모두 끝났다. [확인] 버튼을 누르고 환경설정 창을 닫는다.

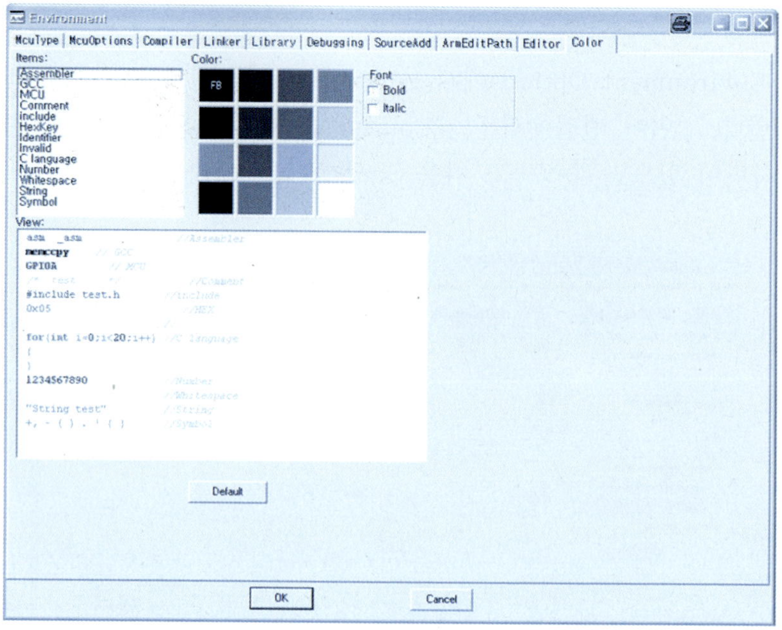

파. Build

Menu ⇨ Build에서 Compile and Build를 클릭하여 컴파일 한다.

에러 없이 제대로 컴파일이 이루어졌다면 아래와 같이 [Background compiling W-indows] 창이 나타난다.

★ 불러온 C File을 컴파일 합니다(포함된 헤더파일 모두). 만약 불러온 C File이 1개 이상이면 "C File이 1개 이상입니다." 라는 에러 메시지가 발생하며, C File이 하나도 열려있지 않으면 "C File이 아닙니다." 라는 메시지가 발생하고 컴파일은 중지된다. 이상 없이 컴파일이 완료되면 아래와 같은 컴파일 완료 창이 나타난다.

★ 컴파일과 링크를 하려면 최소한 main.c 파일이 있어야하며 기본적으로 main.c 파일을 만들고 이 main.c 위에 include main.h 파일을 생성하여 이 main.h 파일에 여러 include 파일을 define합니다. main.c 파일은 반드시 있어야 컴파일이 됨을 기억하자.

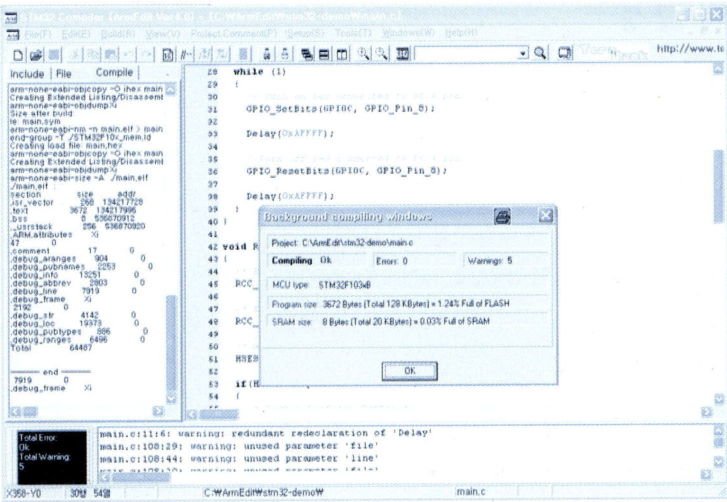

하. Background compiling Windows : Compile and Build가 정상 완료된 후의 [Background compiling Windows] 의 모습이다.

1) Project : 주 컴파일 대상 "*.C" 파일 여기서는 "main.c" 이다.
2) Compiling : 정상적으로 컴파일되었다면 "OK" . 에러가 있으면 "Error" 표시.
3) Errors : 에러 메시지 개수를 표시함.
4) Warnings : 경고 메시지 개수를 표시함.
5) Program size : 3672[bytes](Total Program Size 128[kbytes]) 1.24[%] Full of FLASH.

   ★ 주 : [Program size] 사용자 FLASH Memory를 뜻한다.
6) SRAM size : 8[bytes](Total SRAM Size 20[kbytes]) 0.03% Full of SRAM.

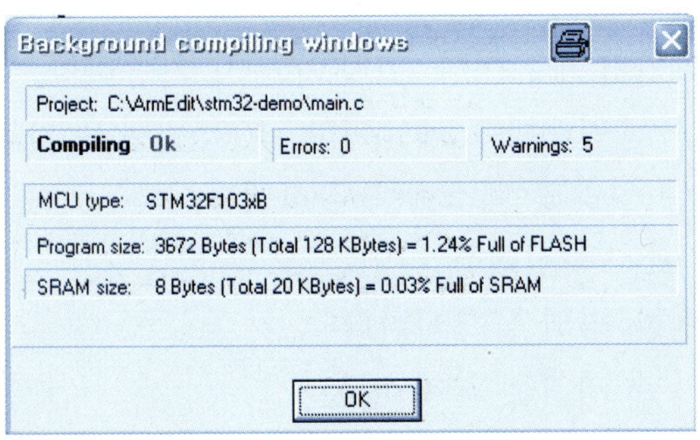

6.2.2 메뉴의 구성

가. File Main Menu의 메뉴 설명

- File

New - Ctrl+N : 새로운 파일을 생성한다.

Open - Ctrl+O : 새로운 파일을 OPEN한다.

Save - Ctrl+S : 파일을 저장한다.

SaveAll - Shift+Ctrl+S : 파일을 다른 이름으로 저장한다.

Printer - Ctrl+P : 파일을 프린트한다.

PrintSetup : 프린트 설정을 바꾼다.

Close : 파일을 닫는다.

CloseAll : 현재 열려있는 모든 파일을 닫는다.

Exit : ArmEdit를 끝낸다.

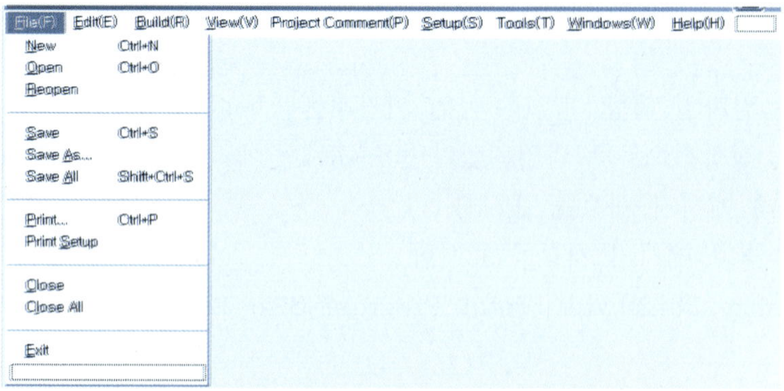

나. Edit Main Menu의 메뉴 설명

- Edit

Undo - Ctrl+Z : 되살리기 메뉴이다. 1000번까지 가능하다.

Redo - SHIFT+Ctrl+Z : 원래대로 메뉴이다. 1000번까지 가능하다.

Cut - Ctrl+X : 선택한 영역의 텍스트를 잘라낸다.

Delete OneLine - Ctrl+Y : 선택한 라인을 모두 지운다.

Copy - Ctrl+C : 선택한 영역을 복사한다.

Paste - Ctrl+V : 복사한 영역을 붙여 넣는다.

Select All - Ctrl+A : 모두 선택한다.

Insert Select Comment : 선택 영역을 주석 처리한다.

★ 설명 : 현재 선택한 영역의 맨 처음과 끝에 주석을 추가한다. Text를 선택하지 않으면 이 버튼은 선택할 수 없다.

Delete Select Comment : 선택 영역의 주석을 지운다.

★ 설명 : 선택한 영역의 맨 처음과 끝에 주석을 삭제한다.(선택한 영역의 처음과 끝은 반드시 [/*,*/] 포함되어 있어야 하며 없으면 "주석 선택이 잘못되었다" 는 메시지가 발생하며 선택 영역 주석 삭제는 실패한다.)

Insert OneLine Comment : 한 라인의 주석 문을 삽입한다.

★ 설명 : 이 버튼을 누르면 현재 커서 위치에 주석 한 라인을 삽입합니다.(현재 라인이 비워있으면 그 라인에다 표시하고, 라인이 비워져 있지 않으면 주석 한 라인을 삽입한다.)

Find -Ctrl+F : 찾기 메뉴다. "Find" 사용법 참조.

Replace - Ctrl+R : 바꾸기 메뉴다. "Replace" 사용법 참조.

Bit To Byte Chang - Ctrl+B : Bit를 Byte로 바꾸어 주는 메뉴다. 아래 "Bit To Byte Chang" 도구 참조.

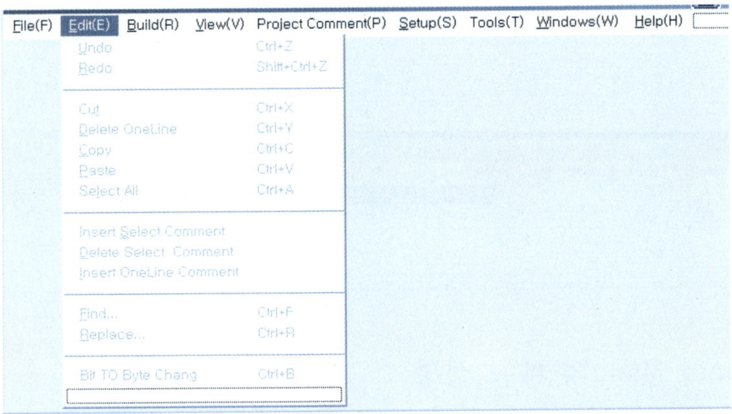

다. Build Main Menu의 메뉴 설명

- Build

  Compile and Build - F9 : 컴파일 및 링커 메뉴

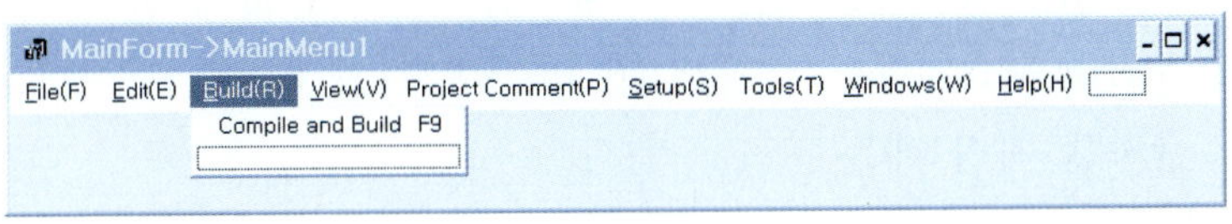

라. View Main Menu의 메뉴 설명

- View

ViewImageView : MCU PinMap 보기. 메뉴 “Image View” 사용법 참조.

Ascii Code View : Ascii Code 표 보기. 메뉴” Ascii Code View” 사용법 참조.

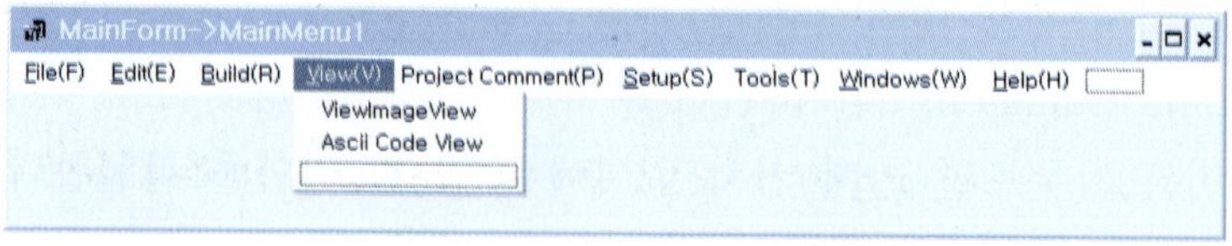

마. Project Comment Main Menu의 메뉴 설명

- Project Comment(P)

Project Comment SetUp : “Project Comment SetUp” 사용법 참조.

Project Namet Insert(Comment) – Ctrl+L : “Project NameInsert(Comment)” 사용법 참조.

Project Name Delete(Comment) – Ctrl+K : “Project Name Delete(Comment)” 사용법 참조.

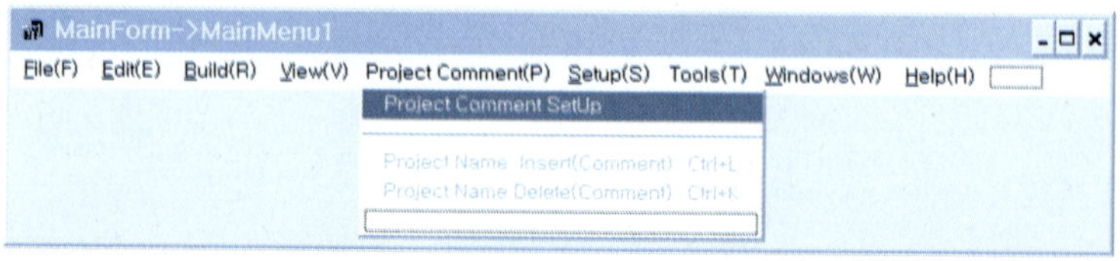

바. SetUp Main Menu의 메뉴 설명

- SetUp

Environment Options : 환경 설정 창 메뉴

Visible File Windows : 컴파일 진행 창을 보이게 혹은 보이지 않게 한다.

Visible Error Windows : 에러 라인 이동 창을 보이게 혹은 보이지 않게 한다.

Visible ToolBar : ToolBar를 보이게 혹은 보이지 않게 한다.

Visible Line Number : 라인 번호를 보이게 혹은 보이지 않게 한다.

Environment Error Windows : 글자색 및 바탕색 지정 메뉴

Font Color : 글자색 지정 메뉴

Black

Green

Gray

Red

Background Color : 바탕색 지정 메뉴

White

Background

Green

Gray

1) Font Color 지정

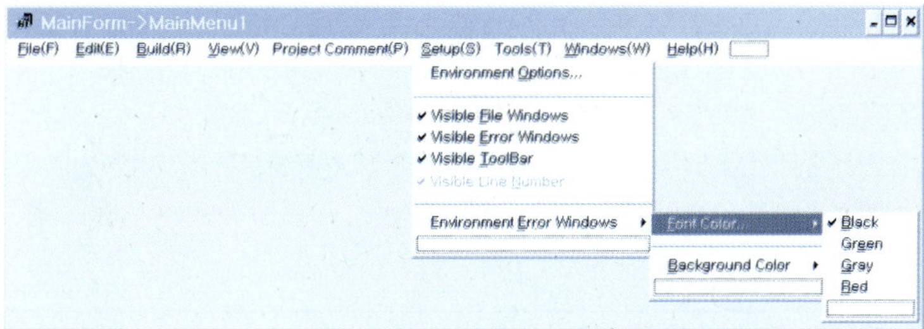

2) Background Color 지정

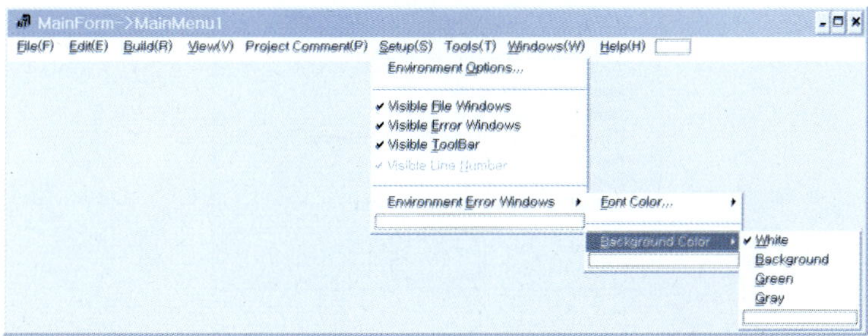

사. Tools Main Menu의 메뉴 설명

- Tools

FontEdit : 그래픽 편집 도구 FontEdit이다. 더 상세한 설명은 FontEdit 사용 설명서를 참조한다.

Flashloader : JTAG Debuger다. FLASH Memory에 컴파일하여 생성된 HEX 파일

을 MCU에 다운로드하는 기능을 하는 TOOL이다. Flashloader의 사용 설명서를 참조한다.

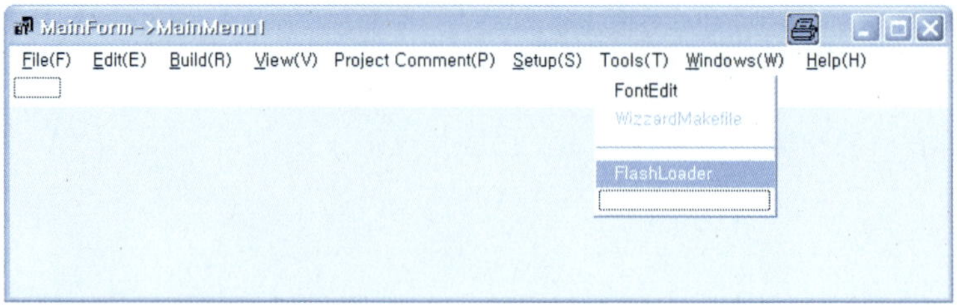

아. Help Main Menu의 메뉴 설명

- Help

About : ArmEdit에 관하여

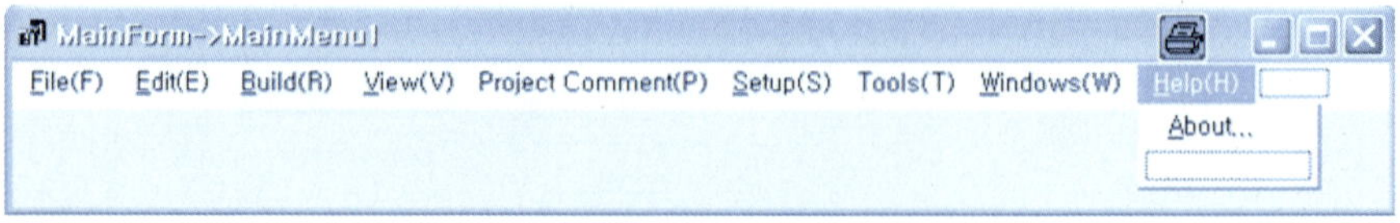

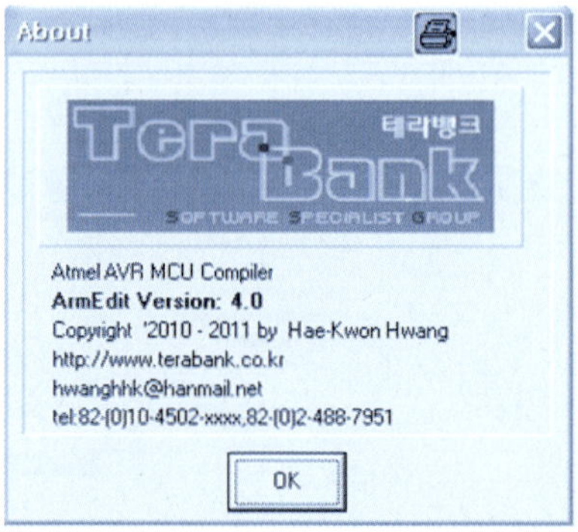

자. PopUp Menu의 메뉴 구성

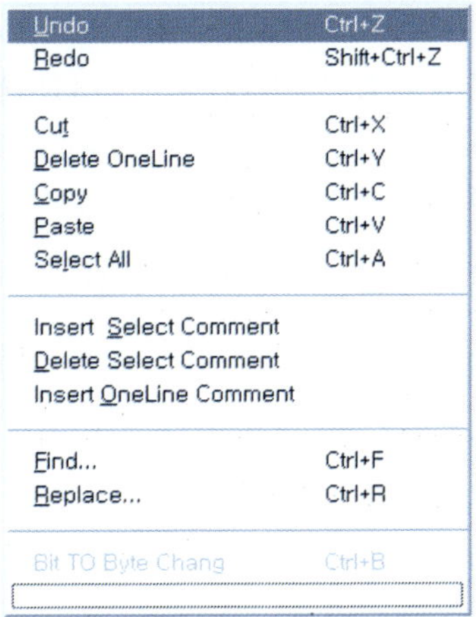

차. ToolBar Menu의 메뉴 구성

메뉴 항목의 내용을 좀더 편리하게 사용하고자 만들어진 각종 명령의 아이콘 집합이다. 많이 사용하는 메뉴를 아이콘으로 만들어 놓은 것으로 좀더 상세한 내용은 메뉴 항목의 설명을 참조하자.

-  : New – Ctrl+N

  새로운 파일을 만들고자 할 때 사용한다.

-  : Open – Ctrl+O

  이미 만들어진 C, H, S 파일 확장자를 갖는 파일을 컴파일하거나 편집할 때 사용한다.

-  : Save – Ctrl+S

  열려진 파일을 같은 이름으로 저장하고자 할 때 사용한다.

-  : Cut – Ctrl+X

  편집 창에서 선택한 TEXT를 잘라낼 때 사용한다.

-  : Copy – Ctrl+C

이 명령은 선택한 TEXT를 메모리 버퍼에 임시 저장한다. 단축키로는 CTRL+C로 카피될 수 있다.

- : Paste - Ctrl+V

  이 명령은 선택하여 메모리 버퍼에 임시 저장된 TEXT를 편집 창 커서의 위치에 복사해 넣는다. 물론 단축키로 CTRL+V가 사용 될 수 있다.

- : Undo - Ctrl+Z

  이 명령은 되살리기 기능으로 지우거나 편집된 편집창의 내용을 다시 복구하는 기능을 갖는 단축 아이콘 명령이다. 물론 CTRL+Z 단축키를 이용할 수도 있으며 이 복구 명령의 최대 실행 범위는 1000번까지 가능하다.

- : Redo - SHIFT+Ctrl+Z

  이 명령은 되살리기 기능의 상반되는 명령어로 되돌리기 명령이다. 물론 SHIFT+Ctrl+Z 단축키를 이용할 수도 있다.

- : Visible Line Number

  이 명령은 편집창의 라인 번호를 나타내거나 보이지 않게 숨기는 기능을 한다. 한번 누르면 나타내고 또 한번 누르면 숨긴다.

- : Insert OneLine Comment(한 라인 주석문 삽입)

  이 기능은 한 라인에 주석문 "//----- "를 삽입한다. 보통의 경우는 함수와 함수 구분을 위해 사용될 수 있으며 프로그래머가 필요한 위치에 삽입해 넣을 수 있다.

  ★ 주 : 만약 선택한 라인 번호가 비워져 있으면 그대로 삽입하고 만약 선택한 라인에 글자가 있으면 그 라인 다음 라인에 "//---- "을 삽입한다.

- : Insert Select Comment(선택 영역 주석문 삽입)

  이 기능은 편집 창에서 프로그래머가 선택한 영역의 처음과 끝에 "/* */" 를 삽입한다. 주석문의 명령 법칙에 따라 중간에 "/*…/* */ */" 는 올 수 없다.

- : Delete Select Comment (선택 영역 주석문 삭제)

  이 기능은 "Insert Select Comment" 와 반대되는 명령으로 프로그래머가 선택한 주석문에 "/* */" 를 제거하는 역할을 한다.

- : Bit To Byte Chang - Ctrl+B

이 명령은 텍스트 창에서 예로 SPI=0XAF 에서 "0XAF"를 선택하고 오른쪽 마우스를 누른 뒤 위 명령을 실행하면 아래와 같은 Bit와 Byte가 나타난다. 이 상태에서 Bit 0~7을 선택하면 자동적으로 Byte가 바뀌며 "OK" 버튼을 누르면 처음 선택한 "0XAF" HEX 값이 변경될 것이다.

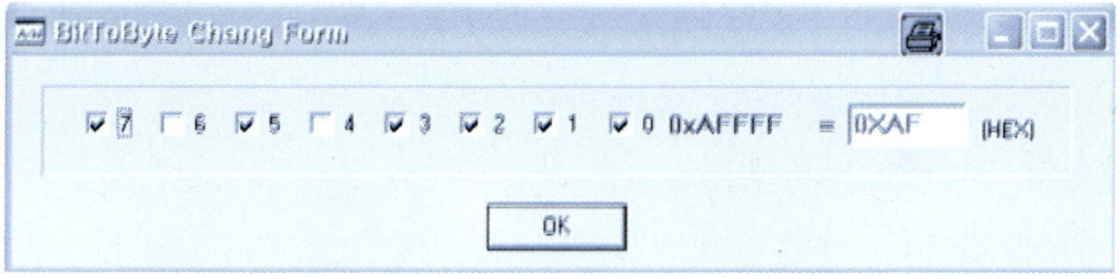

• : Project Name Insert(Comment) - Ctrl+L

이 명령은 파일의 맨 위 시작위치에 프로젝트명을 삽입한다. 삽입할 그 내용은 아래와 같다. 메뉴 항목에서 "Project Comment SetUp" 명령으로 그 내용을 변경할 수도 있다.

/*__ArmEditPrjName__START---

1. Project Name : ArmEdit Prj
2. Author : Copyright 2011.3 BY HAE-KWON HWANG
3. Company : TeraBank
4. A Drafter : Hwang Hae Kwon
5. Homepage : TeraBank.co.kr
6. Email : hwanghhk@hanmail.net
7. Phone Number : 02-488-7951
8. Filename : main.c
9. Version : 1.0
10. CreatedDate : 2011/03/20
11. ModifiedDate : 2011-06-07-16:15
12. License : TeraBank
13. MCU Type : STM32F103xB
14. Clock Frequency : 800000[MHz]
15. Add Source Name :

```
16. Compiler : ArmEdit Ver4.0
17. SubMenu :
------------------------------------------------------------
--__ArmEditPrjName__END*/
```

★ 설명

1. Project Name : 프로젝트 이름을 나타낸다.
2. Author : 작성자 이름을 나타낸다.
3. Company : 회사 이름을 나타낸다.
4. A Drafter :
5. Homepage : 홈페이지 계정을 나타낸다.
6. Email : 메일 계정을 나타낸다.
7. Phone Number : 전화번호를 나타낸다.
8. Filename : 주 컴파일 대상 파일명을 나타낸다.
9. Version : 버전을 표시한다.
10. CreatedDate : 생성 날짜를 나타낸다.
11. ModifiedDate : 수정 날짜를 나타내고 ArmEdit가 알아서 현재의 날짜를 불러온다.
12. License : 라이센스를 나타낸다.
13. MCU Type : 컴파일 시 사용된 MCU NAME를 나타낸다.
14. Clock Frequency : 외부 크리스탈 주파수를 나타낸다.
15. Add Source Name : 만약 main.c 외 추가 된 *.c 파일 리스트를 나타낸다.
16. Compiler : 컴파일러의 이름을 표시한다.
17. SubMenu : 기타 추가할 내용을 표시한다.

-  : Project Name Delete(Comment) CTRL+K
  프로젝트 이름의 내용을 삭제한다.
-  : Zoom Out
  텍스트의 글자를 확대한다.
-  : Zoom In
  텍스트의 글자를 축소한다.
-  : Compile and Build F9

컴파일하고 빌드한다. 최소한 main.c가 포함되어 있어야 하며 확장자 이름이 *.c가 아니면 "확장자 이름이 *.c 가 아닙니다." 라는 메시지가 나타나며 컴파일은 중단된다.

- [아이콘] : Ascii Code View

  이 명령은 우리가 많이 사용하는 ASCII CODE를 볼 때 유용한 기능으로 ASCII CODE 표를 표시해 준다.

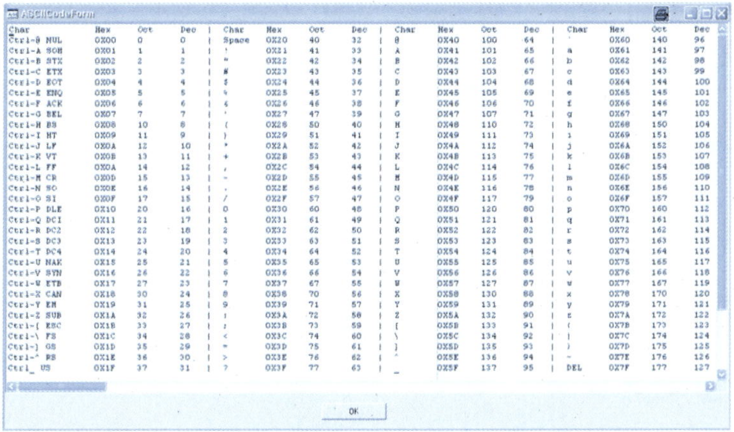

Char	Hex	Oct	Dec	Char	Hex	Oct	Dec	Char	Hex	Oct	Dec	Char	Hex	Oct	Dec
Ctrl-@ NUL	0X00	0	0	Space	0X20	40	32	@	0X40	100	64	`	0X60	140	96
Ctrl-A SOH	0X01	1	1	!	0X21	41	33	A	0X41	101	65	a	0X61	141	97
Ctrl-B STX	0X02	2	2	"	0X22	42	34	B	0X42	102	66	b	0X62	142	98
Ctrl-C ETX	0X03	3	3	#	0X23	43	35	C	0X43	103	67	c	0X63	143	99
Ctrl-D EOT	0X04	4	4	$	0X24	44	36	D	0X44	104	68	d	0X64	144	100
Ctrl-E ENQ	0X05	5	5	%	0X25	45	37	E	0X45	105	69	e	0X65	145	101
Ctrl-F ACK	0X06	6	6	&	0X26	46	38	F	0X46	106	70	f	0X66	146	102
Ctrl-G BEL	0X07	7	7	'	0X27	47	39	G	0X47	107	71	g	0X67	147	103
Ctrl-H BS	0X08	10	8	(	0X28	50	40	H	0X48	110	72	h	0X68	150	104
Ctrl-I HT	0X09	11	9	)	0X29	51	41	I	0X49	111	73	i	0X69	151	105
Ctrl-J LF	0X0A	12	10	*	0X2A	52	42	J	0X4A	112	74	j	0X6A	152	106
Ctrl-K VT	0X0B	13	11	+	0X2B	53	43	K	0X4B	113	75	k	0X6B	153	107
Ctrl-L FF	0X0A	14	12	,	0X2C	54	44	L	0X4C	114	76	l	0X6C	154	108
Ctrl-M CR	0X0D	15	13	-	0X2D	55	45	M	0X4D	115	77	m	0X6D	155	109
Ctrl-N SO	0X0E	16	14	.	0X2E	56	46	N	0X4E	116	78	n	0X6E	156	110
Ctrl-O SI	0X0F	17	15	/	0X2F	57	47	O	0X4F	117	79	o	0X6F	157	111
Ctrl-P DLE	0X10	20	16	0	0X30	60	48	P	0X50	120	80	p	0X70	160	112
Ctrl-Q DCI	0X11	21	17	1	0X31	61	49	Q	0X51	121	81	q	0X71	161	113
Ctrl-R DC2	0X12	22	18	2	0X32	62	50	R	0X52	122	82	r	0X72	162	114
Ctrl-S DC3	0X13	23	19	3	0X33	63	51	S	0X53	123	83	s	0X73	163	115
Ctrl-T DC4	0X14	24	20	4	0X34	64	52	T	0X54	124	84	t	0X74	164	116
Ctrl-U NAK	0X15	25	21	5	0X35	65	53	U	0X55	125	85	u	0X75	165	117
Ctrl-V SYN	0X16	26	22	6	0X36	66	54	V	0X56	126	86	v	0X76	166	118
Ctrl-W ETB	0X17	27	23	7	0X37	67	55	W	0X57	127	87	w	0X77	167	119
Ctrl-X CAN	0X18	30	24	8	0X38	70	56	X	0X58	130	88	x	0X78	170	120
Ctrl-Y EM	0X19	31	25	9	0X39	71	57	Y	0X59	131	89	y	0X79	171	121
Ctrl-Z SUB	0X1A	32	26	:	0X3A	72	58	Z	0X5A	132	90	z	0X7A	172	122
Ctrl-[ESC	0X1B	33	27	;	0X3B	73	59	[	0X5B	133	91	{	0X7B	173	123
Ctrl-\ FS	0X1C	34	28	<	0X3C	74	60	\	0X5C	134	92	|	0X7C	174	124
Ctrl-] GS	0X1D	35	29	=	0X3D	75	61	]	0X5D	135	93	}	0X7D	175	125
Ctrl-^ RS	0X1E	36	30	>	0X3E	76	62	^	0X5E	136	94	~	0X7E	176	126
Ctrl_ US	0X1F	37	31	?	0X3F	77	63	_	0X5F	137	95	DEL	0X7F	177	127

카. ShortCut Key의 구성

- o Ctrl+N : 새 파일
- o Ctrl+O : 열기
- o Ctrl+S : 저장
- o Shift+Ctrl+S : 모두저장
- o F9 : 컴파일
- o Ctrl+X : 자르기
- o Ctrl+C : 선택 영역 복사
- o Ctrl+V : 선택 영역 붙이기
- o Ctrl+A : 전체 선택
- o Ctrl+Y : 한줄 지우기
- o Ctrl+F : 찾기
- o Ctrl+R : 바꾸기
- o Ctrl+Z : 원래대로

o Shift+Ctrl+Z : 되살리기
o Ctrl+B : 비트를 바이트로(Bit To Byte Chang)
o Ctrl+L : Project Name Insert Comment
o Ctrl+K : Project Name Delete Comment

6.2.3 ArmEdit의 주요 기능

가. ArmEdit의 메인 창 구성

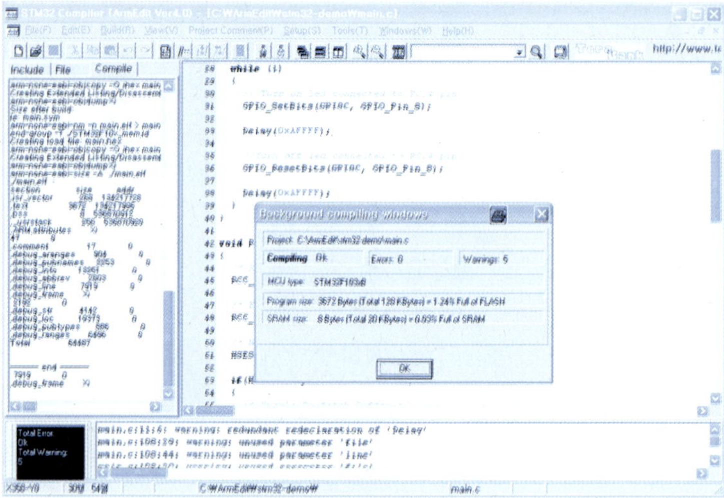

나. ArmEdit의 에러 라인 관리 창 구성

이 창은 에러 ListBox로 구성되어 있으며 에러나 경고 메시지가 발생하면 이 ListBox에 표시된다. 만약 에러가 난 부분이 어딘지 ListBox에서 그 부분을 더블 클릭하면 ArmEdit의 Editor로 이동된다. 크기 Bar를 마우스로 옮기면 변경된다.

★ 주 : Error 메시지는 적색으로 표시되며 warning 메시지는 청색으로 나타난다. 좀더 쉽게 에러를 찾기 위한 기능이다.

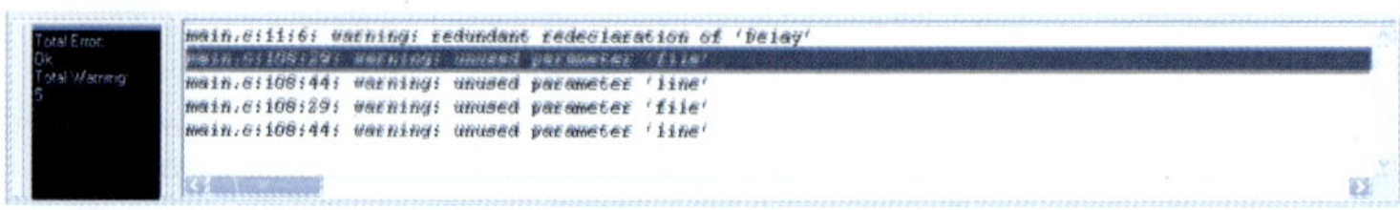

다. ArmEdit의 Include 파일 관리 창 구성

이 창은 "C" 혹은 "CPP", "asm" 파일을 읽어오면 main.c 파일에 포함된 header 파일과 이 header 파일에 포함된 모든 header과 "c" 파일들을 불러오며 또한 이 각 파일들에 포함된 함수들을 표시해준다. 따라서 header 파일, "c" 파일과 여기에 표시되는 함수들을 선택하여 클릭하면 그 해당 파일로 이동하거나 함수의 위치로 이동된다. 크기 Bar를 마우스로 옮기면 변경된다.

라. ArmEdit의 File 관리 창 구성

이 부분은 디렉터리 부와 파일 부분 그리고 파일 선택 부분으로 나뉜다. 따라서 디렉터리를 선택하고 그 디렉터리의 파일을 읽어 올 수 있다. 또한 파일 선택 부분에서 오른쪽 마우스를 눌러 해당하는 header 파일들을 Editor 창으로 추가해 넣을 수 있다(사용예: "#include" "main.h" 선택하면 Editor로 창으로 추가). 크기 Bar를 마우스로 옮기면 변경된다.

★ 주 : 이 창은 거의 사용 하지 않는다.

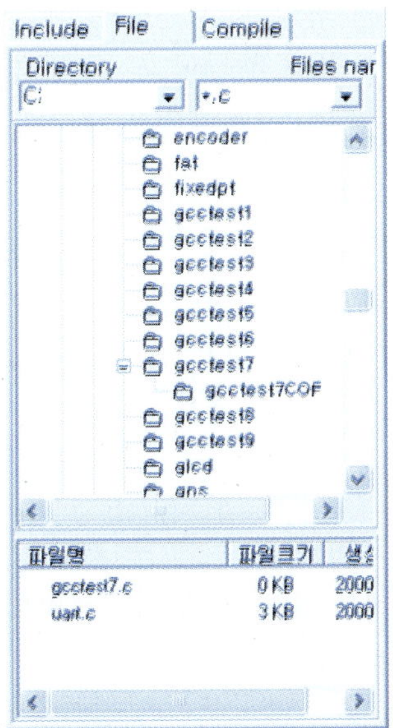

마. ArmEdit의 Compile 관리 창 구성

이 부분은 쉽게 말해서 도스 창이라 보면 되겠다. 현재 컴파일 진행 모습을 확인해 볼 수 있으며 에러/경고 등 각종 메시지를 확인해 볼 수 있다.

★ 주 : ArmEdit는 100% 에러/경고 등의 메시지를 차출해 낼 수 없다. 따라서

"Background compiling windows" 창에서 에러나 경고가 없더라도 "HEX" 파일이 생생되지 않으면 이 창을 먼저 확인해 보자. 크기 Bar를 마우스로 옮기면 변경된다.

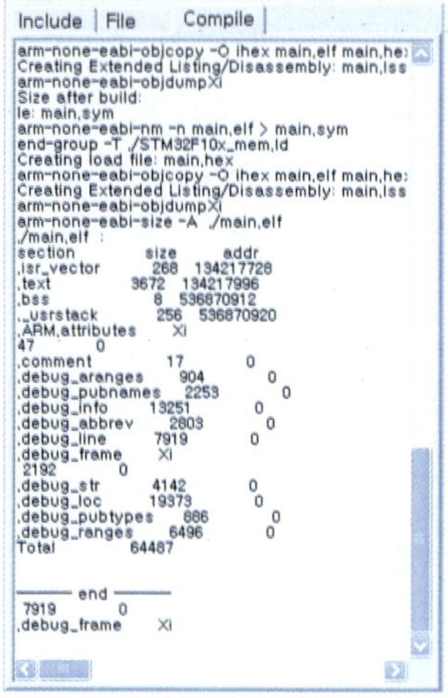

6.2.4 ArmEdit의 주요 기능 사용법

가. Project Comment SetUp 사용법

Project Comment SetUp 창은 우리가 파일의 최상단에 주석문을 삽입하여 파일의 제목과 만든 사람, 최초 생성일, 편집일 등을 쉽게 편집할 수 있도록 해주는 편리한 도구이다. 파일마다 일일이 바뀐 날짜와 파일명을 기제하는 것도 보통 힘든 일이 아니었다. 따라서 ArmEdi 4.0부터 추가된 "Project Comment SetUp"을 사용하여 보다 편리하게 주석문을 만들어 보자. 적색으로 선택된 부분은 자동으로 추가/수정되므로 변경할 필요가 없다.

1) Project Name : ArmEdit Prj
2) Author : Copyright 2008.5 BY HAE-KWON HWANG
3) Company : TeraBank
4) A Drafter : Hwang Hae Kwon
5) Homepage : TeraBank.co.kr
6) Email : hwanghhk@hanmail.net
7) Phone Number : 02-488-7951
8) Filename : main.c // 여기는 파일 열면 자동 바뀜.
9) Version : 1.0

10) CreatedDate : 2008/05/20

11) ModifiedDate : 2008-05-18-18:04//여기는 컴퓨터 현재 날짜로 자동 바뀜.

12) License : TeraBank.

13) MCU Type : atmega128 - 여기는 설정 값으로 자동 바뀜.

14) Clock Frequency : 16000000[MHz] - 여기는 설정 값으로 자동 바뀜.

15) Add Source Name : adc.c lcd.c timer8.c - 여기는 설정 값으로 자동 바뀜.

16) Compiler : ArmEdit Ver 4.0(WinSTM32-20080430)

17) SubMenu :

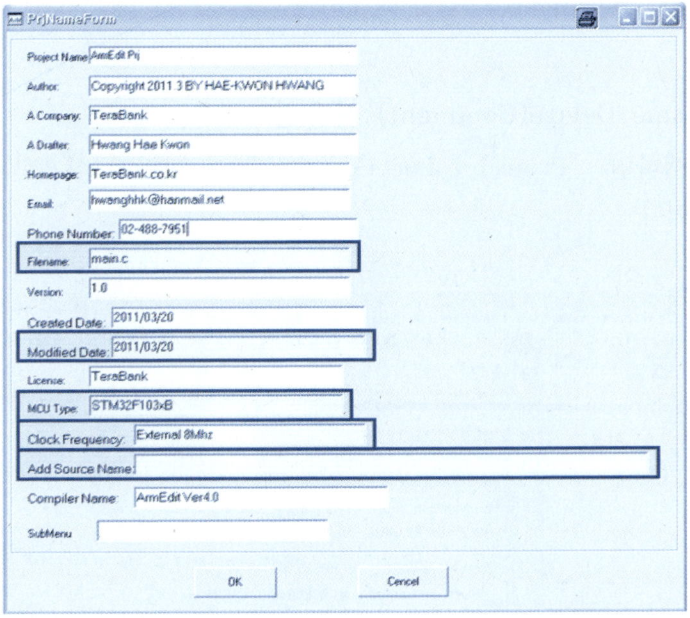

나. Project Name Insert(Comment) 사용법

이 메뉴를 선택하면 "Project Name Comment" 파일의 맨 위에 삽입한다.

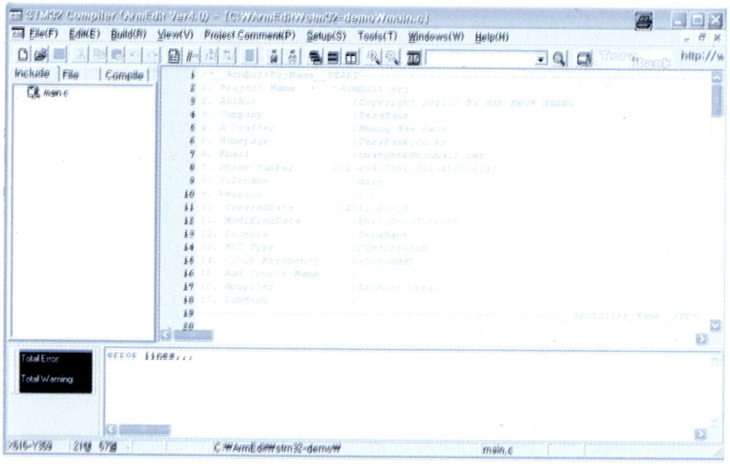

다. Project Name Delete(Comment) 사용법

이 메뉴를 선택하면 "Project Name Comment"를 찾아서 삭제한다. 아래는 삭제했을 때의 모습이다.

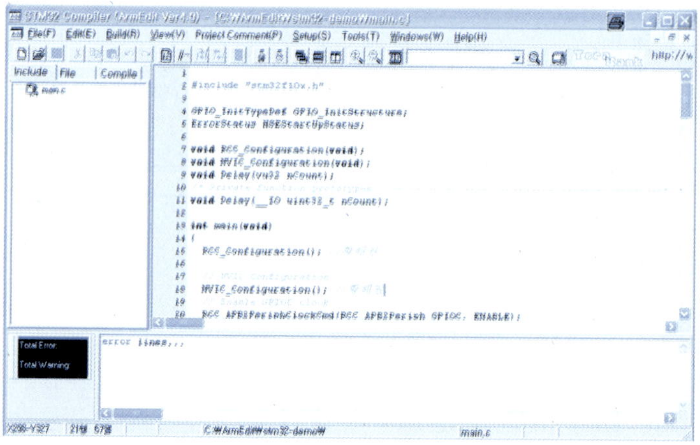

라. Bit To Byte Chang 사용법

이 도구는 비트를 바이트로 변경하거나 비트의 구성이 어떻게 되었는지 확인할 때 사용한다. 편집 창에서 "SPI=0X7F"에서 "0X7F" 부분을 클릭하여 선택하고 난 후 [Bit To Byte Chang] 버튼을 누르면 아래와 같이 [Bit To Byte Chang 창]이 나타난다.

여기서 원하는 비트 데이터를 선택하여 조합하며 조합이 끝난 후 "OK" 버튼을 누르면 "DDRB=0X7F"에서 "0X7F"을 변경할 수 있다.

★ Bit To Byte Chang의 사용 예

편집 창에서 원하는 HEX 값을 선택하고 오른쪽 마우스를 클릭하면 팝업 메뉴가 나오는데 "Bit To Byte Chang" 메뉴를 선택하면 아래와 같은 창이 나타난다. 이 창에서 BIT의 값을 보면서 편집 후 "OK" 버튼을 누르면 해당 HEX 값이 변경된다.

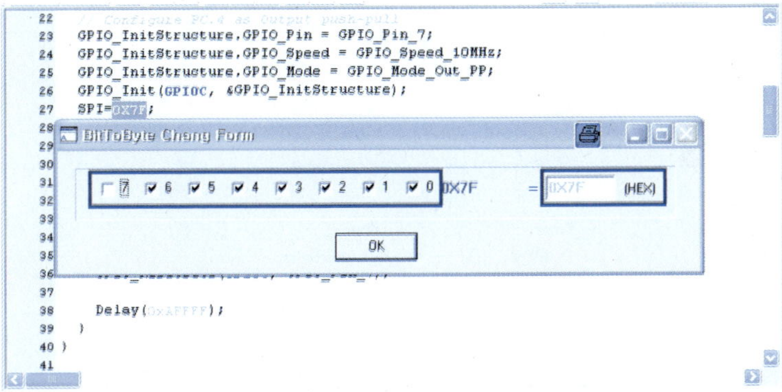

마. Ascii Code View 보기

이것은 말 그대로 ASCII 값을 확인해 볼 수 있도록 ASCII CODE 값을 표시하는 창을 나타내도록 했다. 가끔 따로 표를 보면서 확인하곤 했는데, 필자가 사용해 보니 아주 편리하고 좋았다.

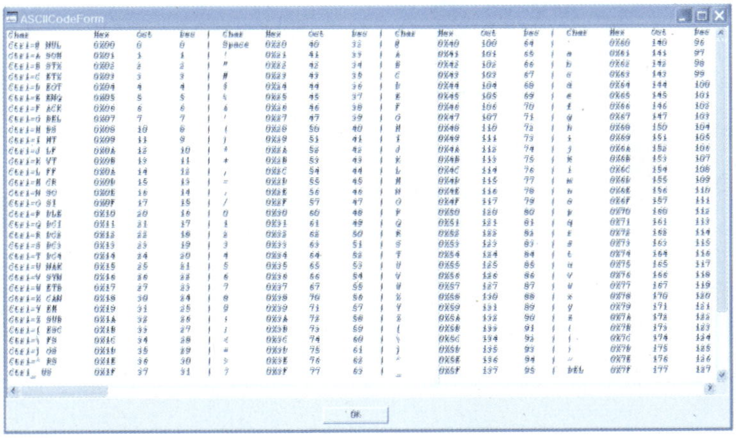

바. Image View 보기

이 기능은 차후에 추가하겠다.

사. Find 메뉴의 사용법

찾을 문자열을 선택하거나 찾을 문자를 입력하여 찾기 버튼을 클릭하면 쉽게 찾기를 할 수 있습니다. 사용 방법은 편집 창에서 바꾸고자 하는 내용을 선택하고 Ctrl+F 단축키를 누르면 아래와 같은 바꾸기 창이 나타난다.

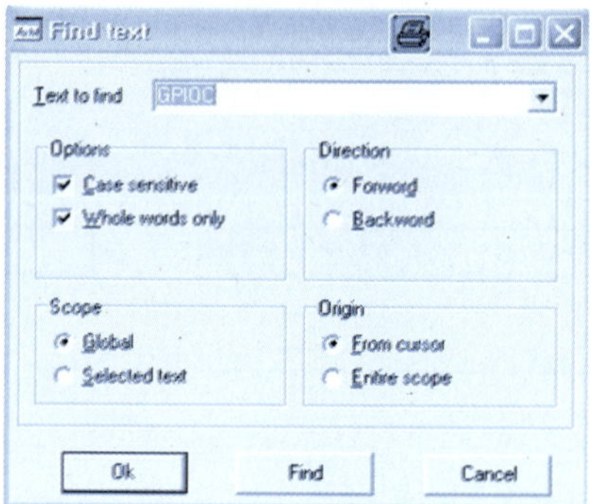

아. Replace 메뉴의 사용법

찾을 문자열을 선택하거나 찾을 문자를 입력하여 바꾸기 버튼을 클릭하면 쉽게 찾기 문자들을 쉽게 바꿀 수 있습니다.

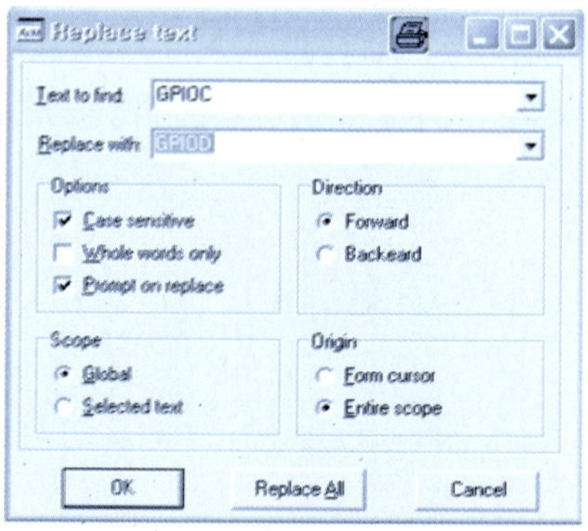

★ 다음 바꾸기 창 "GPIOC" 을 계속해서 찾아서 바꾸거나 취소할 수 있습니다.

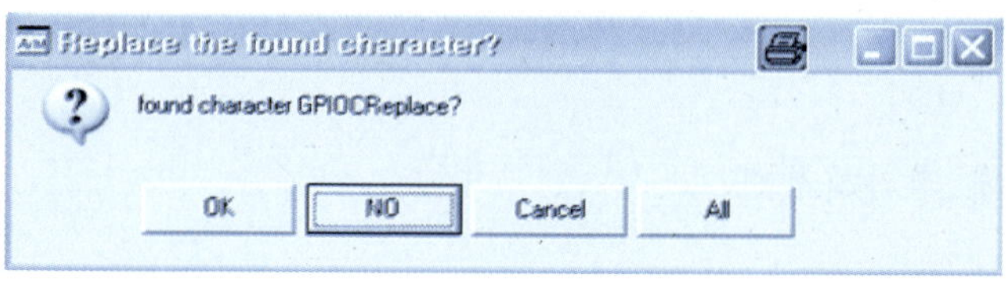

자. About 메뉴 보기 창

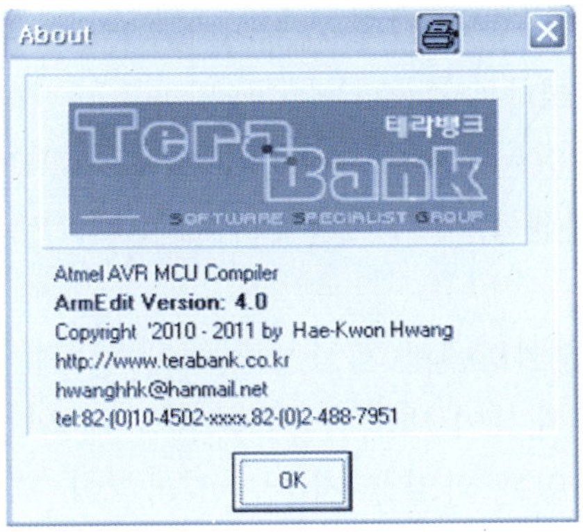

6.2.5 ArmEdit의 에러 메시지

가. 주석문 선택이 잘못되었을 때 나타나는 에러 메시지

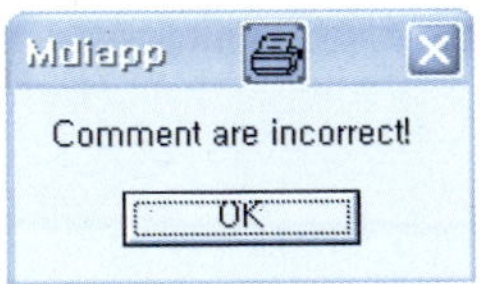

나. Project Comment가 없을 때 나타나는 경고 메시지

다. 컴파일 대상 파일이 " C" 파일이 없을 때 나타나는 경고 메시지

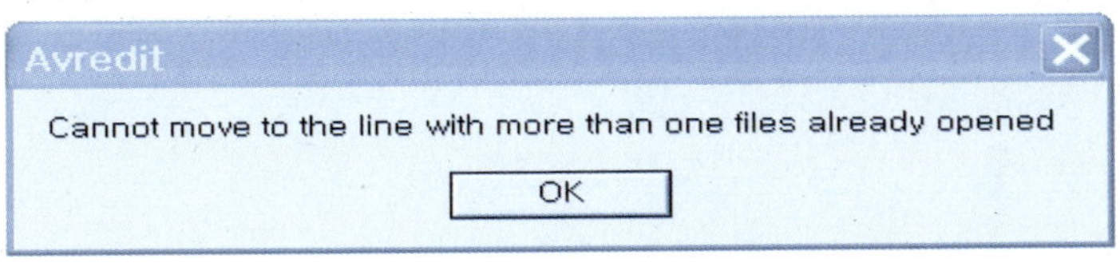

6.2.6 ArmEdit의 각종 파일들의 역할

가. 각 파일들의 역할 사용법

1) ArmEdit.exe : ArmEdit 편집기 실행 파일이다.
2) maikfile : maikfile 파일이다.(자동으로 컴파일 대상 디렉터리에 컴파일 시 생성된다.)
   ★ ArmEdit 디렉토리에 있는 maikfile.INI 파일을 지우면 컴파일이 안된다.
3) AddFile.ini : C 및 S(어셈블) 환경설정에서 추가 시 컴파일할 대상 파일에 자동으로 생성된다.
   ★ 지우면 컴파일 시 환경설정에서 재설정 하여야 한다.
4) Armrun.Bat : 컴파일할 대상이 바뀌면 이 파일의 내용도 변경된다..
   ★ ArmEdit 디렉터리에 있는 파일을 지우면 컴파일이 안 된다.
5) FindF.ini : 찾기에서 사용되는 히스토리 파일이다.
6) ReplaceF.ini : 바꾸기에 사용되는 히스토리 파일이다.
7) ReplaceR.ini : 바꾸기에 사용되는 히스토리 파일이다.
8) Reopen.ini : 파일 다시 열기에 사용되는 히스토리 파일이다.

제7장

RCC CLOCK

7.1 RCC CLOCK 설정

7.1.1 RCC CLOCK 설정표

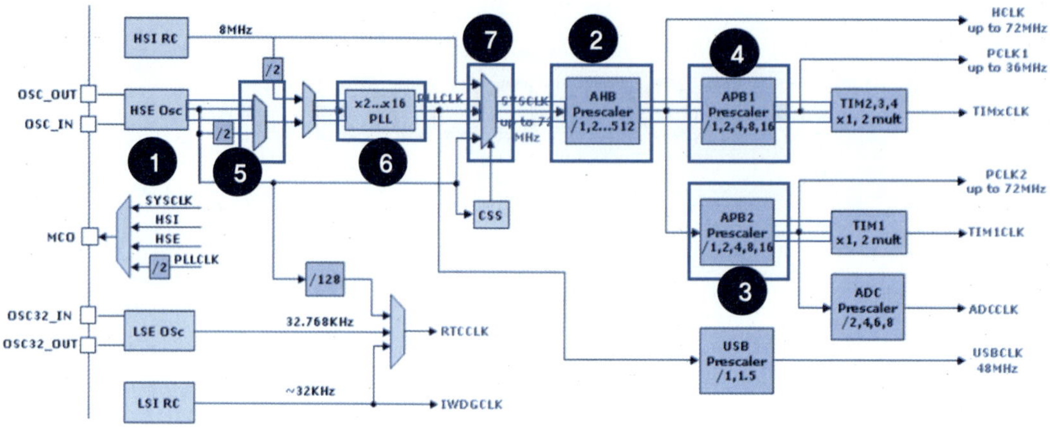

7.1.2 RCC CLOCK 설정

가. RCC_Configuration() 함수

이 부분은 SYSTEM CLOCK 등을 초기화하는 함수로 모든 예제에 공통으로 사용된다. 그만큼 STM32에서는 중요하고 좀 숙달되면 상당히 편리한 기능이다. 위 블럭도를 보면서 이해하면 되겠다. RCC_Configuration() 함수에서 적색 박스는 없다고 생각하자. 이 부분은 STM32F105, 107 디바이스 사용시 이용되는 곳으로 STM32F103과 STM32F105, 107은 블록도가 조금 차이가 있다. 아래 함수 소스의 처음부터 설명해 보겠다.

1) ErrorStatus HSEStartUpStatus: "stm32f10x_rcc.h 파일에 선언되어 있고 HSE (외부 크리스탈 8[MHz]) 클럭이 활성화 되었는지 검사하는 함수이다. 결국 이 부분은 HSE 클럭이 활성화될 때까지 기다린다.
2) RCC_DeInit : 이 함수는 Init() 함수의 반대의 개념으로 RCC system reset을 한다. "stm32f10x_rcc.c" 파일에 선언되어 있다.

   RCC ⇨ CR | = (uint32_t)0x00000001 ⇨ internal 8[MHz] RC oscillator ON을 의미하므로 일단 이 HSI 클럭을 가동시키는 것이다.

   RCC ⇨ CR | = (uint32_t)0x00000001 ⇨ HSE 클럭이 가동 전으로 내부 클럭

을 HSION BIT ON시킨다. 따라서 내부 RC 오실레이터 HSI 클럭을 가동한다. 아래 RCC-CR(Clock control register) 비트 구조를 살펴보자.

31	30	29	28	27	26	25	24	23	22	21	20	19	18	17	16
Reserved						PLL RDY	PLLON	Reserved				CSS ON	HSE BYP	HSE RDY	HSE ON
						r	rw					rw	rw	r	rw
15	**14**	**13**	**12**	**11**	**10**	**9**	**8**	**7**	**6**	**5**	**4**	**3**	**2**	**1**	**0**
HSICAL[7:0]								HSITRIM[4:0]					Res.	HSI RDY	HSION
r	r	r	r	r	r	r	r	rw	rw	rw	rw	rw		r	rw

〈 Clock control register (RCC_CR) 〉

- HSION(BIT0번) : internal 8[MHz] RC oscillator를 선택하는 것으로, 이 비트가 SET(1)이면 HSI 내부 클럭을 가동한다.
- RCC ⇨ CFGR &= (uint32_t)0xF0FF0000 : SW, HPRE, PPRE1, PPRE2, ADCPRE, MCO bits Reset한다. 따라서 이 상태에서 SYSTEM 클럭은 HSI 클럭이 곧 SYSTEM 주 클럭이 된다.

31	30	29	28	27	26	25	24	23	22	21	20	19	18	17	16
Reserved					MCO[2:0]			Res.	USB PRE	PLLMUL[3:0]				PLL XTPRE	PLL SRC
					rw	rw	rw		rw	rw	rw	rw	rw	rw	rw
15	**14**	**13**	**12**	**11**	**10**	**9**	**8**	**7**	**6**	**5**	**4**	**3**	**2**	**1**	**0**
ADC PRE[1:0]		PPRE2[2:0]			PPRE1[2:0]			HPRE[3:0]				SWS[1:0]		SW[1:0]	
rw	rw	rw	rw	rw	rw	rw	rw	rw	rw	rw	rw	r	r	rw	rw

〈 Clock configuration register (RCC_CFGR) 〉

- ADCPRE : 00 : PCLK2 divided by 2 ADC 클럭은 APB2 즉 PCLK2 클럭을 PCLK2/2해 ADC 클럭을 공급하게 한다.
- PPRE2 : 0xx : HCLK not divided HCLK
- PPRE1 : 0xx : HCLK not divided
- HPRE : 0xxx : SYSCLK not divided
- SWS : 00 : HSI oscillator used as system clock
- SW : 00 : HSI selected as system clock

31	30	29	28	27	26	25	24	23	22	21	20	19	18	17	16
Reserved								CSSC	Reserved		PLL RDYC	HSE RDYC	HSI RDYC	LSE RDYC	LSI RDYC
								w			w	w	w	w	w
15	**14**	**13**	**12**	**11**	**10**	**9**	**8**	**7**	**6**	**5**	**4**	**3**	**2**	**1**	**0**
Reserved			PLL RDYIE	HSE RDYIE	HSI RDYIE	LSE RDYIE	LSI RDYIE	CSSF	Reserved		PLL RDYF	HSE RDYF	HSI RDYF	LSE RDYF	LSI RDYF
			rw	rw	rw	rw	rw	r			r	r	r	r	r

〈 Clock interrupt register (RCC_CIR) 〉

- Bits 31 : 24 Reserved, always read as 0.
- Bit 23 CSSC : Clock security system interrupt clear
- This bit is set by software to clear the CSSF flag.
- 0 : No effect
- 1 : Clear CSSF flag
- Bits 22 : 21 Reserved, always read as 0.
- Bit 20 PLLRDYC : PLL ready interrupt clear
- This bit is set by software to clear the PLLRDYF flag.
- 0 : No effect
- 1 : PLLRDYF cleared
- Bit 19 HSERDYC : HSE ready interrupt clear
- This bit is set by software to clear the HSERDYF flag.
- 0 : No effect
- 1 : HSERDYF cleared
- Bit 18 HSIRDYC : HSI ready interrupt clear
- This bit is set software to clear the HSIRDYF flag.
- 0 : No effect
- 1 : HSIRDYF cleared
- Bit 17 LSERDYC: LSE ready interrupt clear
- This bit is set by software to clear the LSERDYF flag.
- 0 : No effect
- 1 : LSERDYF cleared
- Bit 16 LSIRDYC: LSI ready interrupt clear
- This bit is set by software to clear the LSIRDYF flag.
- 0 : No effect

- RCC ⇨ CR & = (uint32_t)0xFEF6FFFF : PLLON, CSSON, HSEON 비트를 CLEAR. 즉 0을 만든다.
  PLL CLOCK OFF, CSS CLOCK OFF, HSE CLOCK OFF 한다는 뜻이다.
- RCC ⇨ CR & = (uint32_t)0Xfffbffff : HSEBYP BIT CLEAR. 즉 0으로 만든다.(HSE CLCOK OFF)
- RCC ⇨ CFGR & = (uint32_t)0xFF80FFFF : USBPRE, PLLMUL, PLLXTPRE, PLLSRC 비트를 CLEAR. 즉 0을 만든다.
- RCC ⇨ CIR = 0x009F0000 ⇨ Clock interrupt register (RCC_CIR) 중에 CSSC, PLLRDYC, HSERDYC, HSIRDYC, LSERDYC, LSIRDYC를 interrupt clear 시킨다. 여기까지 RCC_DeInit() 함수의 내용이다. 다시 main.c 파일의 RCC 초기화 부분으로 돌아간다.

```
void RCC_DeInit(void)
{
  /* Set HSION bit */
  RCC->CR |= (uint32_t)0x00000001;
  /* Reset SW, HPRE, PPRE1, PPRE2, ADCPRE and MCO bits */
#ifndef STM32F10X_CL
    RCC->CFGR &= (uint32_t)0xF8FF0000;
#else
  RCC->CFGR &= (uint32_t)0xF0FF0000;
#endif /* STM32F10X_CL */
   /* Reset HSEON, CSSON and PLLON bits */
  RCC->CR &= (uint32_t)0xFEF6FFFF;
  /* Reset HSEBYP bit */
  RCC->CR &= (uint32_t)0xFFFBFFFF;
  /* Reset PLLSRC, PLLXTPRE, PLLMUL and    USBPRE/OTGFSPRE bits */
  RCC->CFGR &= (uint32_t)0xFF80FFFF;
#ifdef STM32F10X_CL
  /* Reset PLL2ON and PLL3ON bits */
    RCC->CR &= (uint32_t)0xEBFFFFFF;
  /* Disable all interrupts and clear pending bits */
    RCC->CIR = 0x00FF0000;
  /* Reset CFGR2 register */
    RCC->CFGR2 = 0x00000000;
#elif defined (STM32F10X_LD_VL) || defined (STM32F10X_MD_VL) || defined
(STM32F10X_HD_VL)
  /* Disable all interrupts and clear pending bits  */
    RCC->CIR = 0x009F0000;
  /* Reset CFGR2 register */
    RCC->CFGR2 = 0x00000000;
#else
  /* Disable all interrupts and clear    pending bits */
  RCC->CIR = 0x009F0000;
#endif /* STM32F10X_CL */
}
}
```

① RCC_HSEConfig(RCC_HSE_ON) : HSE 외부 크리스탈(8[MHz]) 클럭은 ON시킨다. ❶

② HSEStartUpStatus = RCC_WaitForHSEStartUp() : HSE 클럭이 Active(가동)할 때까지 기다린다.

③ if(HSEStartUpStatus = SUCCESS) : HSE 클럭이 성공적으로 가동하면 이 if 문으

로 진입한다.

④ FLASH_PrefetchBufferCmd(FLASH_PrefetchBuffer_Enable) : FLASH Prefetch Buffer를 사용하겠다고 선언한다.

⑤ FLASH_SetLatency(FLASH_Latency_2) : Flash memory Acess하기 위한 지연 시간을 설정한다.(FLASH 2 Latency cycle 동안 지연)

⑥ RCC_HCLKConfig(RCC_SYSCLK_Div1) : HCLK는 SYSCLK(72[MHz])을 그대로 사용하겠다는 것이다. ❷

⑦ RCC_PCLK2Config(RCC_HCLK_Div1) : PCLK2은 HCLK을 그대로 사용하겠다는 것이다. PCLK2는 최고 72[MHz]까지 가능하다. APB2 이 PCLK2 클럭은 APB2 클럭과 같은 것이다. 또한 최고 속도는 72[MHz]이다. ❸

⑧ PCLK1Config(RCC_HCLK_Div2) : PCLK1 = PCLK1은 HCLK(72[MHz])/2 즉 36[MHz]를 사용하겠다고 설정한다. APB1 이 PCLK1 클럭은 APB1 클럭과 같은 것이다. 또한 최고 속도는 36[MHz]이다. ❹

⑨ RCC_PLLConfig(RCC_PLLSource_HSE_Div1, RCC_PLLMul_9) : PLL 클럭을 설정한다. 72[MHz]

- RCC_PLLSource_HSE_Div1 : PLLCLK은 HSE 클럭을 그대로 사용하겠다는 것이다. 즉 8[MHz]가 되겠다. ❺
- RCC_PLLMul_9 : HSE(8[MHz])*9 = 72[MHz]가 SYSCLK이 되겠다. ❻

3) RCC_PLLCmd(ENABLE) : PLL를 Enable시킨다.

4) while(RCC_GetFlagStatus(RCC_FLAG_PLLRDY) = RESET){} : PLL이 준비될 때까지 기다린다.

5) RCC_SYSCLKConfig(RCC_SYSCLKSource_PLLCLK) : PLL이 SYSCLK, 즉 주 시스템 클럭이 된다 .❼

6) while(RCC_GetSYSCLKSource() != 0x08){} : PLL이 SYSTEM CLOCK으로 사용될 때까지 기다린다.

7) RCC_APB2PeriphClockCmd(RCC_APB2Periph_AFIO, ENABLE) : WAKEUP, GPIO, USART1, TIMER1, SPI1 등에 사용되는 APB2 클럭을 가동한다.

8) RCC_APB1PeriphClockCmd(RCC_APB1Periph_AFIO, ENABLE) : TIMER2, 3, 4, USART2, 3, SPI2, I2C, CAN, SRAM, WWDG 등 사용되는 APB1 클럭을 가동시킨다.

```
void RCC_Configuration(void)

{
  ErrorStatus HSEStartUpStatus;
  RCC_DeInit();//RCC  system reset(for debug purpose)
  RCC_HSEConfig(RCC_HSE_ON); //Enable HSE
  HSEStartUpStatus = RCC_WaitForHSEStartUp();// Wait till HSE is ready
  if(HSEStartUpStatus == SUCCESS)
  {
    FLASH_PrefetchBufferCmd(FLASH_PrefetchBuffer_Enable);//Enable Prefetch Buffer
    FLASH_SetLatency(FLASH_Latency_2);//Flash 2 wait state
    RCC_HCLKConfig(RCC_SYSCLK_Div1);//HCLK = SYSCLK
    RCC_PCLK2Config(RCC_HCLK_Div1);//PCLK2 = HCLK
    RCC_PCLK1Config(RCC_HCLK_Div2);//PCLK1 = HCLK/2
#ifdef STM32F10X_CL //HSE=25MHZ
    RCC_PLLConfig(RCC_PLLSource_PREDIV1,     RCC_PLLMul_9);//(2~16)PLLCLK     =
8MHz * 9 = 72 MHz
    RCC_PLL2Config(RCC_PLL2Mul_8);
    RCC_PREDIV2Config(RCC_PREDIV2_Div5);//PPL2 configuration: PLL2CLK = (HSE
/ 5) * 8 = 40 MHz
    RCC_PLL2Cmd(ENABLE); // Enable PLL2
#else // STM32F10X_MD HSE=8MHZ
    //HSE=8MHz, HCLK=72MHz, PCLK2=72MHz, PCLK1=36MHz
    RCC_PLLConfig(RCC_PLLSource_HSE_Div1, RCC_PLLMul_9);//PLLCLK = 8MHz * 9
= 72 MHz
    RCC_PLLCmd(ENABLE);//Enable PLL
#endif
    while(RCC_GetFlagStatus(RCC_FLAG_PLLRDY)  ==  RESET){}//  Wait  till  PLL  is
ready
    RCC_SYSCLKConfig(RCC_SYSCLKSource_PLLCLK);//Select  PLL  as  system  clock
source
    while(RCC_GetSYSCLKSource() != 0x08){}//Wait till PLL is used as system clock
source
  }
  RCC_APB2PeriphClockCmd(RCC_APB2Periph_AFIO, ENABLE);
}
```

★ 참고 : 이 클럭 설정 부분은 직접 변경해 보고 작동되는 원리를 충분히 숙지해야 한다. 처음에는 상당히 생소하고 어려운 부분이 있지만 참 재미 있는 설정이기도 하다. STM32F103 시리즈는 3~16[MHz]까지 작동하고 STM32F105, 107부터는 최고 외부

크리스탈 클럭이 25[MHz]까지 지원하기도 한다. 특히 RCC CLOCK 표와 같이 MCO(GPIOA PIN8) 단자가 있어서 SYSCLK 등을 외부로 출력하게끔 설정도 가능하다. 이때 주의할 점은 GPIO 출력 SPEED를 50[MHz]로 지정해야 한다는 것이다. 또한 먼저 얘기 했듯이 이 RCC 클럭 설정 관련은 모든 예제에 사용되므로 각 예제에서는 설명을 생략할 것이다. STM32 관련 설명에서 이러한 클럭 설정이 상당히 중요하기 때문에 반드시 이해를 해야하겠다.

6.1.3 RTC CLOCK 설정

가. RTC CLOCK 표

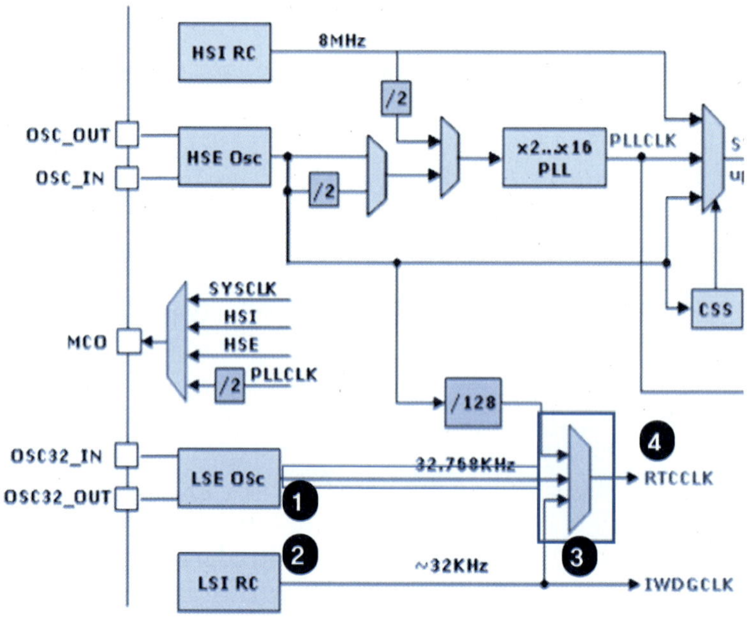

나. RTC CLOCK 설정

이 부분은 Real-time clock(RTC) 등을 초기화 하는 함수로 RTC 예제에 사용된다. 위 블럭도를 보면서 이해하면 되겠다. 아래 함수 소스의 처음부터 설명해 보겠다.

RTC 클럭은 HSE/128해서 사용할 수도 있으며 또한 LSI RC 클럭을 이용해 할 수도 있지만 이때는 calibrattion을 설정해서 오차를 줄여 주어야 한다. RTC CLOCK는 32[kHz]이다. 이것을 이용해서 시간(시계)등을 만들 수 있다. 하지만 좀더 정확한 RTC 시간을 만들어 주기 위해서는 LSE 외부 크리스탈 클럭을 사용한다. 이제 다음 함수를 보자.

RTC CLOCK 관련 예제에서는 이 RTC를 이용하여 1초 클럭을 만들고 1초 인터럽트가 발생될 때마다 USART를 통해서 PC로 전송하는 프로그램을 구현해 볼 것이다. 또한 TFT LCD 예제에서는 LCD에 초를 표시해 볼 것이다.

```
void RTC_Configuration(void)
{
  RCC_LSEConfig(RCC_LSE_ON);// Enable the LSE OSC RCC_LSE_ON, RCC_LSE_OFF, RCC_LSE_Bypass
  RCC_LSICmd(DISABLE);// Disable the LSI OSC ENABLE, DISABLE
  RCC_RTCCLKConfig(RCC_RTCCLKSource_LSE);//Select the RTC Clock Source RCC_RTCCLKSource_LSI, RCC_RTCCLKSource_LSE
  RCC_RTCCLKCmd(ENABLE); // Enable the RTC Clock
  RTC_WaitForSynchro(); // Wait for RTC registers synchronization
  RTC_WaitForLastTask();// Wait until last write operation on RTC registers has finished
}
```

1) RCC_LSEConfig(RCC_LSE_ON): LSE 클럭을 가동 시킨다.

아래는 "stm32f10x_rcc.h" LSE에 관해 선언되어 있고 RCC_LSEConfig의 소스는 "stm32f10x_rcc.c" 파일에 위치해 있다. Backup domain control register (RCC_BDCR) 레지스터를 보면 마지막 비트가 LSEON이 되겠다. 여기에 "RCC_LSE_ON=0x01" 이 되어 실제적으로 외부 LSE 크리스탈 클럭을 ON시키는 것이다.

변수 선언과 구조체를 따라가 보면 조금 지치게 되는데 결과적으로 위 함수의 목적은 0X40021020 RCC_BDCR 레지스터를 설정하는 함수쯤으로 생각하자.

o AHBPERIPH_BASE를 찾아보면 stm32f10x.h 파일에 위치해 있다.

```
#define PERIPH_BASE ((uint32_t)0x40000000) /*!< Peripheral base address in the alias region */
#define AHBPERIPH_BASE (PERIPH_BASE + 0x20000) 설명=>0x40020000이 된다
#define RCC_BASE (AHBPERIPH_BASE + 0x1000) 설명=>0x40021000이 되고
```

o BDCR_ADDRESS를 찾아보면 stm32f10x_rcc.c와 stm32f10x.h 파일에 위치해 있다.

```
#define RCC_OFFSET (RCC_BASE - PERIPH_BASE)  설명=>0x40021000-0x40000000 =결
국 0x21000 되고

/* Alias word address of RTCEN bit */
#define BDCR_OFFSET (RCC_OFFSET + 0x20)  설명=> 0x21020 이 된다.
#define RTCEN_BitNumber     0x0F
#define BDCR_RTCEN_BB (PERIPH_BB_BASE + (BDCR_OFFSET * 32)
 + (RTCEN_BitNumber * 4))

/* BDCR register base address */
#define BDCR_ADDRESS (PERIPH_BASE + BDCR_OFFSET) 설명=>0x40000000
    + 0x21020= 결과적으로 0x40021020
번지가 된다.
따라서 0X40021000 어드레스는 RCC BASE 어드레스고 20번지의 값이 BDCR_ADDRESS 즉
Backup domain control register (RCC_BDCR) 이다.
```

o RCC_LSE_ON 과 관련해서 찾아보면 stm32f10x_rcc.h 파일에 위치해 있다.

```
#define RCC_LSE_OFF ((uint8_t)0x00)
#define RCC_LSE_ON ((uint8_t)0x01)
#define RCC_LSE_Bypass ((uint8_t)0x04)
#define IS_RCC_LSE(LSE) (((LSE) == RCC_LSE_OFF) || ((LSE) == RCC_LSE_ON)
|| ((LSE)==RCC_LSE_Bypass))
```

o RCC_LSEConfig 함수를 찾아보면 stm32f10x_rcc.c 파일에 위치해 있다.

```
void RCC_LSEConfig(uint8_t RCC_LSE)
{
/* Check the parameters */
assert_param(IS_RCC_LSE(RCC_LSE));
/* Reset LSEON and LSEBYP bits before configuring the LSE ---------*/
/* Reset LSEON bit */
*(__IO uint8_t *) BDCR_ADDRESS =  RCC_LSE_OFF;
/* Reset LSEBYP bit */
*(__IO uint8_t *) BDCR_ADDRESS = RCC_LSE_OFF;
/* Configure LSE (RCC_LSE_OFF is already covered by the code section above) */
switch(RCC_LSE)
 {
    case RCC_LSE_ON:
      /*     Set LSEON bit */
      *(__IO     uint8_t *) BDCR_ADDRESS = RCC_LSE_ON;
      break;

    case     RCC_LSE_Bypass:
      /*     Set LSEBYP and LSEON bits */
      *(__IO     uint8_t *) BDCR_ADDRESS = RCC_LSE_Bypass | RCC_LSE_ON;
      break

    default:
      break;
 }
}
```

31	30	29	28	27	26	25	24	23	22	21	20	19	18	17	16
Reserved															BDRST
															rw

15	14	13	12	11	10	9	8	7	6	5	4	3	2	1	0
RTC EN	Reserved					RTCSEL[1:0]		Reserved					LSE BYP	LSE RDY	LSEON
rw						rw	rw						rw	r	rw

〈 Backup domain control register (RCC_BDCR) 레지스터 〉

- Bit 16 BDRST : Backup domain software reset
- Set and cleared by software.
- 0 : Reset not activated
- 1 : Resets the entire Backup domain
- Bit 15 RTCEN : RTC clock enable Set and cleared by software.
- 0 : RTC clock disabled

- 1 : RTC clock enabled
- Bits 14 : 10 Reserved, always read as 0.
- Bits 9 : 8 RTCSEL[1 : 0] : RTC clock source selection
- Set by software to select the clock source for the RTC. Once the RTC clock source has been
- selected, it cannot be changed anymore unless the Backup domain is reset. The BDRST bit can be used to reset them.
- 00 : No clock
- 01 : LSE oscillator clock used as RTC clock
- 10 : LSI oscillator clock used as RTC clock
- 11 : HSE oscillator clock divided by 128 used as RTC clock
- Bits 7 : 3 Reserved, always read as 0.
- Bit 2 LSEBYP: External low-speed oscillator bypass
- Set and cleared by software to bypass oscillator in debug mode. This bit can be written only when the external 32[kHz] oscillator is disabled.
- 0 : LSE oscillator not bypassed
- 1 : LSE oscillator bypassed
- Bit 1 LSERDY: External low-speed oscillator ready
- Set and cleared by hardware to indicate when the external 32[kHz] oscillator is stable. After the LSEON bit is cleared, LSERDY goes low after 6 external low-speed oscillator clock cycles.
- 0 : External 32[kHz] oscillator not ready
- 1 : External 32[kHz] oscillator ready
- Bit 0 LSEON : External low-speed oscillator enable Set and cleared by software.
- 0 : External 32[kHz] oscillator OFF
- 1 : External 32[kHz] oscillator ON

2) RCC_LSICmd(DISABLE): LSI OSC CLOCK의 작동을 정지시킨다. 그 이유는 우리는 LSE 클럭을 사용하기 때문이다.

o AHBPERIPH_BASE 함수를 찾아보면 stm32f10x.h 파일에 위치해 있다.

```
typedef enum {DISABLE = 0, ENABLE = !DISABLE} FunctionalState;

#define PERIPH_BASE ((uint32_t)0x40000000) /*!< Peripheral base address in the alias region */
#define AHBPERIPH_BASE (PERIPH_BASE + 0x20000) 설명=>0x40020000이 된다.
#define PERIPH_BB_BASE ((uint32_t)0x42000000) /*!< Peripheral base address in the bit-band region */

#define RCC_BASE (AHBPERIPH_BASE + 0x1000)  설명=>0x40021000이 되고
```

o CSR_LSION_BB 함수를 찾아보면 stm32f10x_rcc.c 파일에 위치해 있다.

```
#define RCC_OFFSET (RCC_BASE - PERIPH_BASE) 설명=>0x40021000-0x40000000 = 결
국 0x21000 되고

/* Alias word address of LSION bit */
#define CSR_OFFSET (RCC_OFFSET + 0x24) 설명=> 0x21024되고 결국은 RCC어드레스
0X24번지를 제어한다.
#define LSION_BitNumber 0x00
#define CSR_LSION_BB (PERIPH_BB_BASE + (CSR_OFFSET * 32) + (LSION_BitNumber
 * 4)) 설명=> 여기서 PERIPH_BB_BASE는 0x42000000이므로 0x42000000+(0x21024*32)
+ (LSION_BitNumber * 4))된다. 결론적으로는 이 bit-band address를 변경하게 된다.
LSION_BitNumber가 0x00이므로 0번 비트 즉 LSION 비트를 설정하게 된다. 물론 1:1 대응
의 bit-band address alias영역이 되겠다.
```

o RCC_LSICmd()를 찾아보면 stm32f10x_rcc.c 파일에 위치해 있다.

```
}
void RCC_LSICmd(FunctionalState NewState)
{
  /* Check the parameters */
  assert_param(IS_FUNCTIONAL_STATE(NewState));
  *(__IO uint32_t *) CSR_LSION_BB = (uint32_t)NewState;
}
```

31	30	29	28	27	26	25	24	23	22	21	20	19	18	17	16
Reserved						PLL RDY	PLLON	Reserved				CSS ON	HSE BYP	HSE RDY	HSE ON
						r	rw					rw	rw	r	rw

15	14	13	12	11	10	9	8	7	6	5	4	3	2	1	0
HSICAL[7:0]								HSITRIM[4:0]					Res.	HSI RDY	HSION
r	r	r	r	r	r	r	r	rw	rw	rw	rw	rw		r	rw

〈 Clock control register (RCC_CR) 레지스터 〉

- Bit 1 HSIRDY : Internal high-speed clock ready flag
- Set by hardware to indicate that internal 8[MHz] RC oscillator is stable. After the HSION bit is cleared, HSIRDY goes low after 6 internal 8[MHz] RC oscillator clock

cycles.
- 0 : internal 8[MHz] RC oscillator not ready
- 1 : internal 8[MHz] RC oscillator ready
- Bit 0 HSION : Internal high-speed clock enable
- Set and cleared by software.
- Set by hardware to force the internal 8[MHz] RC oscillator ON when leaving Stop or Standby mode or in case of failure of the external 4-16[MHz] oscillator used directly or indirectly as system clock. This bit cannot be reset if the internal 8[MHz] RC is used directly or indirectly as system clock or is selected to become the system clock.
- 0 : internal 8[MHz] RC oscillator OFF
- 1 : internal 8[MHz] RC oscillator ON

o 참조 : 그럼 "bit-band address"가 무엇인지 잠깐 알아보자.

bit-band address는 크게 2곳에 있다. 첫째는 SRAM 영역, 둘째는 peripheral bus address 영역이다. 아래 그림에서 Bit band region과 Bit band alias영역이 있는데 alias영역이 bit-band address 영역이다. 메모리 낭비가 많은 단점이 있지만 필자가 생각하기에는 좋은 아이디어로 생각된다. bit-band address를 사용하거나 그렇지 않을 때의 속도 차이는 무시 못할 것이다. 이제 bit-band address 어드레스가 무엇인지 설명해 보자.

예를 들어 1000 0000 0000 0000[bit]가 있는데 최상위 비트 1을 0으로 바꾸기 위해서는 & 혹은 | 연산과 쉬프트 연산이 필요하다. 하지만 하드웨어적으로 32[bit] 각 bit[32]에 하나씩 어떤 버퍼를 만들어 두어 S/W를 거치지 않고 H/W적으로 동작하게 만든다면, 상당한 속도 개선을 거둘 것이다.

위 예에서 최상위 비트를 연산하지 않고 bit[32]의 값을 포트로 보내 출력 한다면….

결과적으로 우리는 Bit[32]=0; 데이터를 넣고 코딩을 끝내면 하드웨어가 알아서 0x0000 0000 0000 0000bit로 변경해서 출력해 주는 것이다.

바로 이것이 1:1 대응된 Bit band alias를 찾는 공식이다. (bit_word_offset = (byte_offset x 32) + (bit_number x 4)

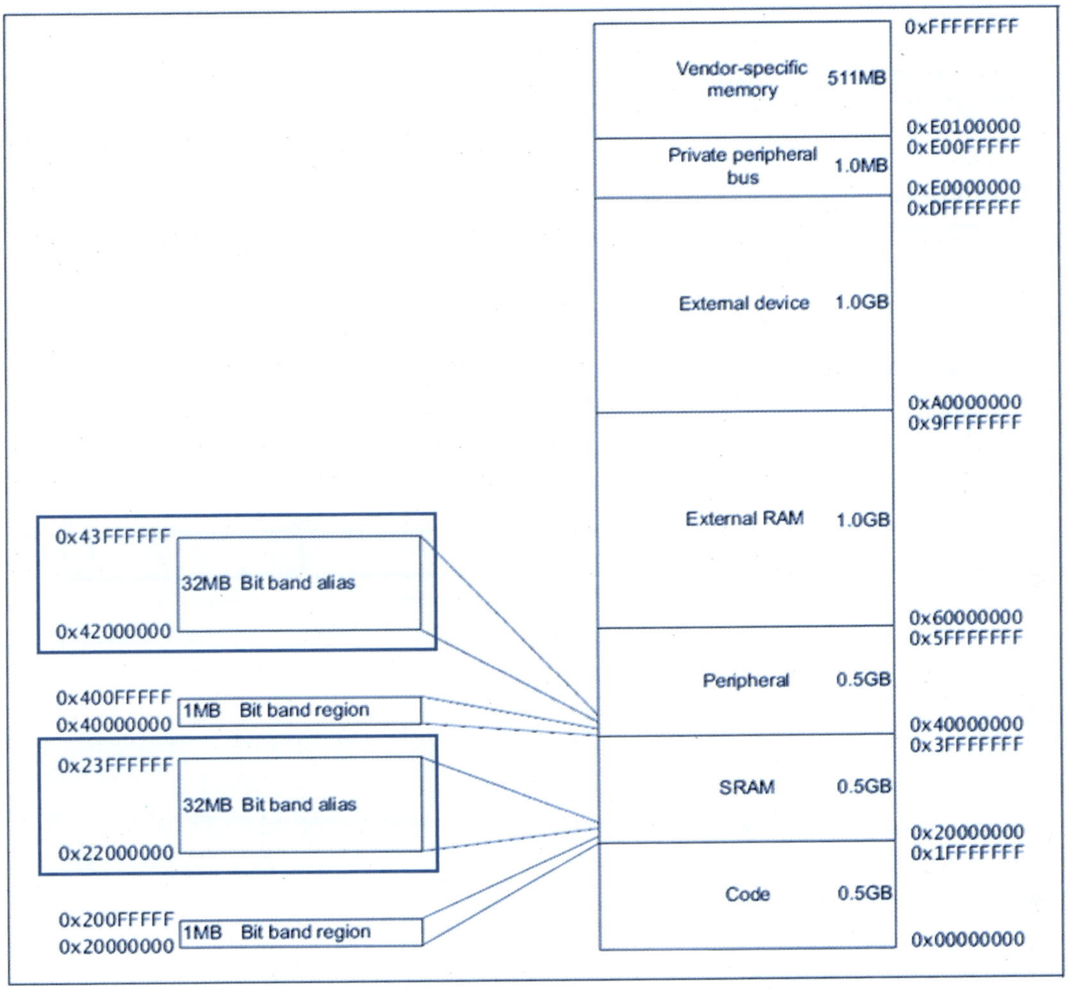
0xFFFFFFFF
Vendor-specific memory 511MB
0xE0100000
0xE00FFFFF
Private peripheral bus 1.0MB
0xE0000000
0xDFFFFFFF
External device 1.0GB
0xA0000000
0x9FFFFFFF
External RAM 1.0GB
0x60000000
0x5FFFFFFF
Peripheral 0.5GB
0x40000000
0x3FFFFFFF
SRAM 0.5GB
0x20000000
0x1FFFFFFF
Code 0.5GB
0x00000000
0x43FFFFFF
32MB Bit band alias
0x42000000
0x400FFFFF
1MB Bit band region
0x40000000
0x23FFFFFF
32MB Bit band alias
0x22000000
0x200FFFFF
1MB Bit band region
0x20000000

〈 Memory map 〉

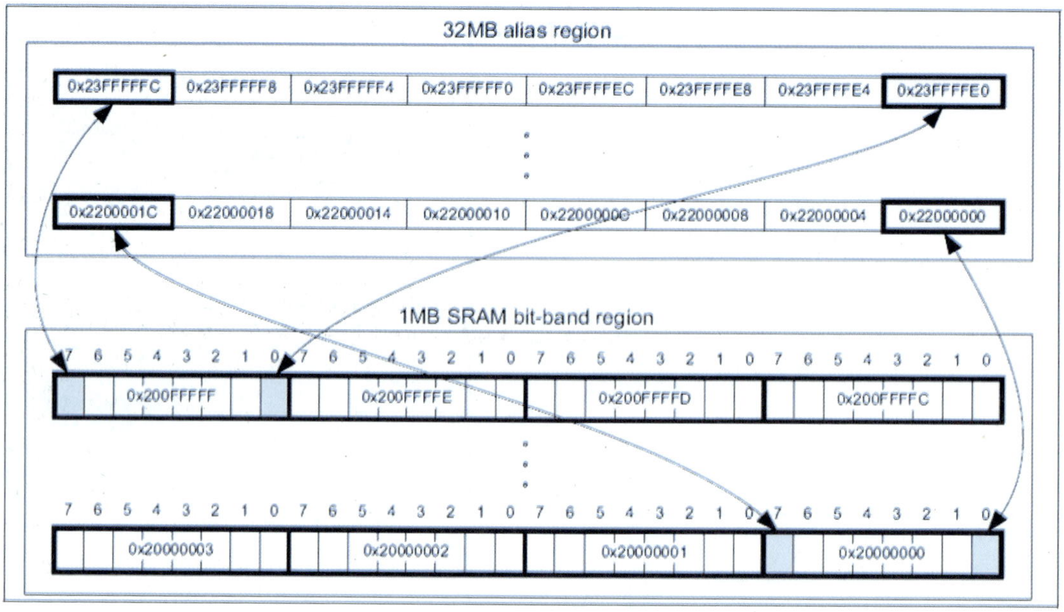

〈 Bit-band mapping 〉

3) RCC_RTCCLKConfig(RCC_RTCCLKSource_LSE) : RTC CLOCK Source를 LSE CLOCK Source을 설정한다.

Backup domain control register (RCC_BDCR) 레지스터의 비트(9 : 8) RTCSEL = 01, 즉 LSE 클럭으로 선택함을 볼 수 있다.

o RCC_RTCCLKSource_LSE를 찾아보면 stm32f10x.h 파일에 위치해 있다.

```
#define RCC_RTCCLKSource_LSE                    ((uint32_t)0x00000100)
#define RCC_RTCCLKSource_LSI                    ((uint32_t)0x00000200)
#define RCC_RTCCLKSource_HSE_Div128             ((uint32_t)0x00000300)
#define IS_RCC_RTCCLK_SOURCE(SOURCE) (((SOURCE) == RCC_RTCCLKSource_LSE)
|| ₩
 ((SOURCE) == RCC_RTCCLKSource_LSI) || ((SOURCE)
== RCC_RTCCLKSource_HSE_Div128))
```

o RCC ⇨ BDCR 구조체를 찾아보면 stm32f10x.h 파일에 위치해 있다.

```
typedef struct
{
  __IO uint32_t CR;
  __IO uint32_t CFGR;
  __IO uint32_t CIR;
  __IO uint32_t APB2RSTR;
  __IO uint32_t APB1RSTR;
  __IO uint32_t AHBENR;
  __IO uint32_t APB2ENR;
  __IO uint32_t APB1ENR;
  __IO uint32_t BDCR;
  __IO uint32_t CSR;
} RCC_TypeDef;
```

o RCC_RTCCLKConfig를 찾아보면 stm32f10x_rcc.c 파일에 위치해 있다.

```
void RCC_RTCCLKConfig(uint32_t RCC_RTCCLKSource)
{
  /* Check the parameters */
  assert_param(IS_RCC_RTCCLK_SOURCE(RCC_RTCCLKSource));
  /* Select the RTC clock source */
  RCC->BDCR |= RCC_RTCCLKSource;
}
```

31	30	29	28	27	26	25	24	23	22	21	20	19	18	17	16
Reserved															BDRST
															rw

15	14	13	12	11	10	9	8	7	6	5	4	3	2	1	0
RTC EN	Reserved					RTCSEL[1:0]		Reserved					LSE BYP	LSE RDY	LSEON
rw						rw	rw						rw	r	rw

〈 Backup domain control register (RCC_BDCR) 레지스터 〉

- Bits 9 : 8 RTCSEL[1 : 0] : RTC clock source selection
- Set by software to select the clock source for the RTC. Once the RTC clock source has been selected, it cannot be changed anymore unless the Backup domain is reset. The BDRST bit can be used to reset them.
- 00 : No clock
- 01 : LSE oscillator clock used as RTC clock
- 10 : LSI oscillator clock used as RTC clock
- 11 : HSE oscillator clock divided by 128 used as RTC clock

4) RCC_RTCCLKCmd(ENABLE) : RTC를 사용하겠다고 선언한다. 즉 Backup domain control register (RCC_BDCR)의 15번 비트 RTCEN(RTC clock enable)비트를 설정하게 되는 것이다.

o PERIPH_BB_BASE 를 찾아보면 stm32f10x.h 파일에 위치해 있다.

```
———stm32f10x.h 에 선언됨————
typedef enum {DISABLE = 0, ENABLE = !DISABLE} FunctionalState;

#define PERIPH_BASE ((uint32_t)0x40000000) /*!< Peripheral base address in the alias region */
#define AHBPERIPH_BASE (PERIPH_BASE + 0x20000)  설명=>0x40020000이 된다
#define PERIPH_BB_BASE ((uint32_t)0x42000000) /*!< Peripheral base address in the bit-band region */
```

o BDCR_RTCEN_BB 구조체를 찾아보면 stm32f10x_rcc.c 파일에 위치해 있다.

```
#define RCC_BASE (AHBPERIPH_BASE + 0x1000) 설명=>0x40021000이 되고
#define BDCR_OFFSET (RCC_OFFSET + 0x20)
#define RTCEN_BitNumber 0x0F
#define BDCR_RTCEN_BB (PERIPH_BB_BASE + (BDCR_OFFSET * 32) + (RTCEN_BitNumber * 4)) 설명 =>
PERIPH_BB_BASE는 0x42000000이므로 0x42000000+(0x21020*32)+(RTCEN _BitNumber * 4)) 된다. 결론적으로는 이 bit-band address를 변경하게 된다. RTCEN _BitNumber가 0x0F이므로 15번 비트, 즉 RTCEN 비트를 설정하게 된다. 물론 이 와 1:1 대응의 Bit band alias이겠다.
```

o RCC_RTCCLKCmd 를 찾아보면 stm32f10x_rcc.c 파일에 위치해 있다.

```
void RCC_RTCCLKCmd(FunctionalState     NewState)
{
  /* Check the parameters */
  assert_param(IS_FUNCTIONAL_STATE(NewState));
  *(__IO uint32_t *) BDCR_RTCEN_BB = (uint32_t)NewState;
}
```

31	30	29	28	27	26	25	24	23	22	21	20	19	18	17	16
Reserved															BDRST
															rw

15	14	13	12	11	10	9	8	7	6	5	4	3	2	1	0
RTC EN	Reserved					RTCSEL[1:0]		Reserved					LSE BYP	LSE RDY	LSEON
rw						rw	rw						rw	r	rw

〈 Backup domain control register (RCC_BDCR) 레지스터 〉

- Bit 15 RTCEN : RTC clock enable
- Set and cleared by software.
- 0 : RTC clock disabled
- 1 : RTC clock enabled

5) RTC_WaitForSynchro() : RTC CLOCK이 동기화될 때까지 기다린다. 다시 말해서 RTC control register low(RTC_CRL) 레지스터의 3번 비트 RSF 비트가 SET(1)이 될 때까지 기다린다.

RSF(Registers synchronized flag)의 값이 CLR(0)일 때 모든 RTC 레지스터들의 클럭 동기화를 시킨다. 따라서 RTC_WaitForSynchro 함수의 호출은 동기화를 시킬 목적으로 사용된다.

o RTC ⇨ CRL 레지스터의 구조체를 찾아보면 stm32f10x.h 파일에 위치해 있다.

```
typedef struct
{
  __IO uint16_t CRH;
  uint16_t      RESERVED0;
  __IO uint16_t CRL;
  uint16_t      RESERVED1;
  __IO uint16_t PRLH;
  uint16_t      RESERVED2;
  __IO uint16_t PRLL;
  uint16_t      RESERVED3;
  __IO uint16_t DIVH;
  uint16_t      RESERVED4;
  __IO uint16_t DIVL;
  uint16_t      RESERVED5;
  __IO uint16_t CNTH;
  uint16_t      RESERVED6;
  __IO uint16_t CNTL;
  uint16_t      RESERVED7;
  __IO uint16_t ALRH;
  uint16_t      RESERVED8;
  __IO uint16_t ALRL;
  uint16_t      RESERVED9;
```

o RTC_FLAG_RSF 플래그를 찾아보면 stm32f10x_rtc.h 파일에 위치해 있다.

```
#define RTC_FLAG_RTOFF ((uint16_t)0x0020)  /*!< RTC Operation OFF flag */
#define RTC_FLAG_RSF    ((uint16_t)0x0008)  /*!< Registers Synchronized flag */
#define RTC_FLAG_OW     ((uint16_t)0x0004)  /*!< Overflow flag */
#define RTC_FLAG_ALR    ((uint16_t)0x0002)  /*!< Alarm flag */
#define RTC_FLAG_SEC    ((uint16_t)0x0001)  /*!< Second flag */
#define IS_RTC_CLEAR_FLAG(FLAG)          ((((FLAG) & (uint16_t)0xFFF0) == 0x00)
&& ((FLAG) != 0x00))
#define IS_RTC_GET_FLAG(FLAG) (((FLAG) == RTC_FLAG_RTOFF) || ((FLAG)
== RT C_FLAG_RSF) || ₩
                                        ((FLAG) == RTC_FLAG_OW) || ((FLAG)
== RT C_FLAG_ALR) || ₩
                                        ((FLAG) == RTC_FLAG_SEC))
#define IS_RTC_PRESCALER(PRESCALER)     ((PRESCALER) <= 0xFFFFF)
```

o RTC_WaitForSynchro 함수를 찾아보면 stm32f10x_rtc.c 파일에 위치해 있다.

```
void RTC_WaitForSynchro(void)
{
  /* Clear RSF flag */
  RTC->CRL &=    (uint16_t)~RTC_FLAG_RSF;
  /* Loop until RSF flag is set */
  while ((RTC->CRL & RTC_FLAG_RSF) == (uint16_t)RESET) => 1일 될 때 까지 기다림
  {
  }
}
```

15	14	13	12	11	10	9	8	7	6	5	4	3	2	1	0
Reserved										RTOFF	CNF	RSF	OWF	ALRF	SECF
										r	rw	rc_w0	rc_w0	rc_w0	rc_w0

〈 RTC control register low (RTC_CRL)레지스터 〉

- Bit 3 RSF : Registers synchronized flag.
- This bit is set by hardware at each time the RTC_CNT and RTC_DIV registers are updated and cleared by software. Before any read operation after an APB1 reset or an APB1 clock stop, this bit must be cleared by software, and the user application must wait until it is set to be sure that the RTC_CNT, RTC_ALR or RTC_PRL registers are synchronized.
- 0 : Registers not yet synchronized.
- 1 : Registers synchronized.

6) RTC_WaitForLastTask() : write operation 값이 SET(1)이 될 때까지 기다린다. 다시 말해서 RTC control register low (RTC_CRL) 레지스터의 5번 비트 RTOFF 비트가 SET(1)될 때까지 기다린다.

이 비트가 SET(1)이 될 때 write operation 가동된 상태를 저장한다. 따라서 write operation가 수행되어 SET(1)이 저장되면 위 함수를 종료한다.

o RTC_FLAG_RTOFF 함수를 찾아보면 stm32f10x_rtc.c 파일에 위치해 있다

```
#define RTC_FLAG_RTOFF    ((uint16_t)0x0020)  /*!< RTC Operation OFF flag */
```

o RTC->CRL 레지스터의 구조체는 찾아보면 stm32f10x.h 파일에 위치해 있다.

```
typedef struct
{
__IO uint16_t CRL;
```

o RTC_WaitForLastTask 함수를 찾아보면 stm32f10x_rtc.c 파일에 위치해 있다.

```
void RTC_WaitForLastTask(void)
{
  /* Loop until RTOFF flag is set */
  while ((RTC->CRL &    RTC_FLAG_RTOFF) == (uint16_t)RESET)
  {
  }
}
```

15	14	13	12	11	10	9	8	7	6	5	4	3	2	1	0
Reserved										RTOFF	CNF	RSF	OWF	ALRF	SECF
										r	rw	rc_w0	rc_w0	rc_w0	rc_w0

〈 RTC control register low (RTC_CRL)레지스터 〉

- Bit 5 RTOFF : RTC operation OFF
- With this bit the RTC reports the status of the last write operation performed on its registers, I ndicating if it has been completed or not. If its value is '0' then it is not possible to write to any of the RTC registers. This bit is read only.
- 0 : Last write operation on RTC registers is still ongoing.
- 1 : Last write operation on RTC registers terminated.

제8장

GPIO

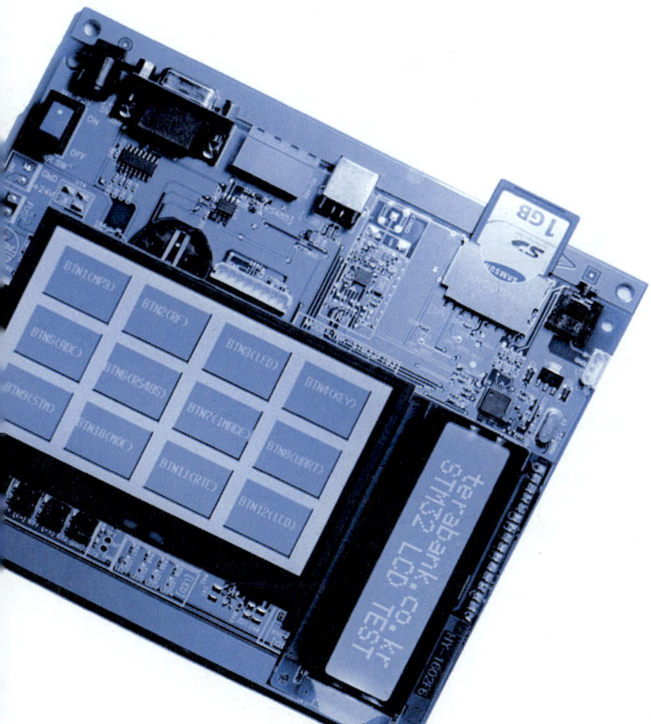

8.1 GPIO INPUT/OUTPUT

8.1.1 GPIO의 기초

가. GPIO 기본 특징

GPIO(general-purpose I/O)는 GPIOA~GPIOE까지, 그리고 GPIO 각 PORT별 16-[bit]식 총 80개의 I/O를 가지고 있다. 또한 GPIO의 출력 속도는 S/W에 의해 조정이 가능하며 2[MHz], 10[MHz], 50[MHz]까지 설정이 가능하며, 입출력 PIN별 특징으로 Input floating, Input pull-up, Input-pull-down, Analog, Output open-drain, Output push-pull, Alternate function push-pull, Alternate function open-drain을 설정할 수 있다.

다음 그림에서와 같이 GPIO는 SYSCLK(SYSTEM 주 CLOCK)과 같은 속도를 갖는 APB2 CLOCK 라인에 연결되어 있다. 그리고 GPIO는 5V 장치와도 곧바로 연결 될 수 있다. GPIO PIN별 remapping 기능도 있어서 부득이 특수 기능 핀을 다른 포트로 옮길 수도 있다.

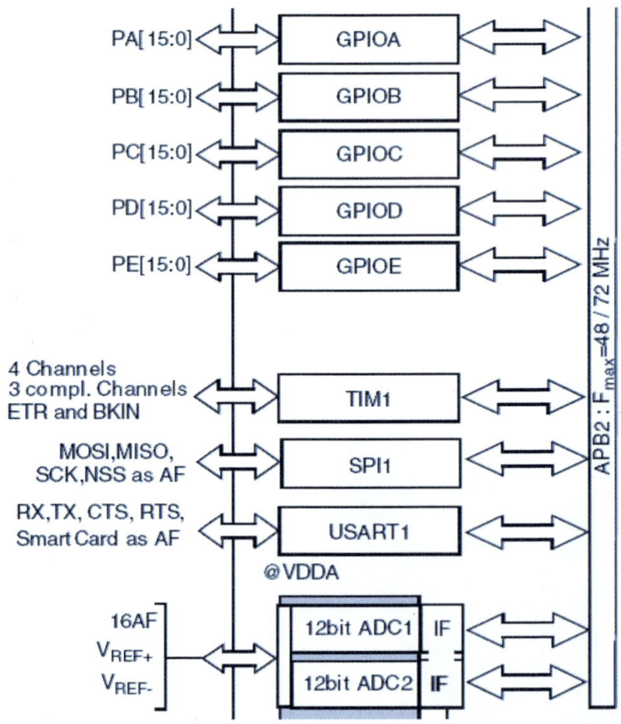

나. STM32F의 디바이스 별 GPIO 기능

STM32F103 시리즈 별 메모리 용량과 기능표를 보자 물론 GPIO의 일반적인 입출력 기능 외 특수 기능을 공통으로 가지며 이는 S/W 설정으로 가능하다. 하드웨어 설계시 PIN MAP을 보면서 우리가 구현할 특수 기능까지 고려하여 회로를 작성해야 할 것이다.

<table>
<tr><th rowspan="3">Pinout</th><th colspan="2">Low–density</th><th colspan="2">Medium–density</th><th colspan="3">High–density devices</th></tr>
<tr><th>16KB Flash</th><th>32KB Flash</th><th>64KB Flash</th><th>128KB Flash</th><th>256KB Flash</th><th>384KB Flash</th><th>512KB Flash</th></tr>
<tr><th>6KB RAM</th><th>10KB RAM</th><th>20KB RAM</th><th>20KB RAM</th><th>48KB RAM</th><th>64KB RAM</th><th>64KB RAM</th></tr>
<tr><td>144</td><td></td><td></td><td></td><td></td><td colspan="3" rowspan="3">5×USARTs
4×16-bit timers, 2×basic timers
3×SPIs, 2×I²Ss, 2×I2Cs
USB, CAN, 2×PWM timers
3×ADCs, 2×DACs, 1×SDIO
FSMC(100 and 144 pins)</td></tr>
<tr><td>100</td><td></td><td></td><td colspan="2" rowspan="4">3×USARTs
3×16-bit timers
2×SPIs, 2×I²Cs, USB
CAN, 1×PWM timer
2 x ADCs</td></tr>
<tr><td>64</td><td colspan="2" rowspan="3">2 × USARTs
2×16-bit timers
1×SPI, 1×I²C, USB
CAN, 1×PWM timer
2×ADCs</td></tr>
<tr><td>48</td><td></td><td></td><td></td></tr>
<tr><td>36</td><td></td><td></td><td></td></tr>
</table>

다. GPIO의 내부 기본 구조

필자는 GPIO 포트가 아날로그 입력이 가능한 것이 매력적이다. 이 아날로그 입력부로 ADC뿐만 아니라 PWM 입력 인터럽트도 가능하고 여러 장점이 많다.

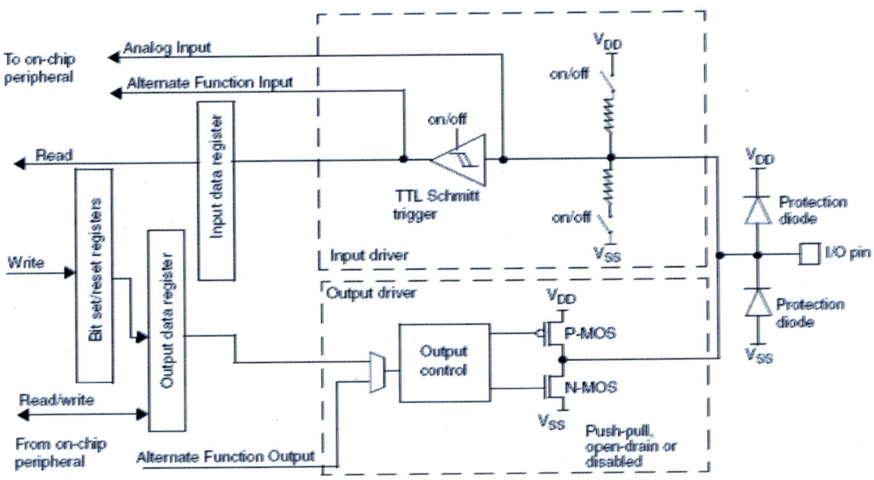

〈 INPUT 설정 시 〉

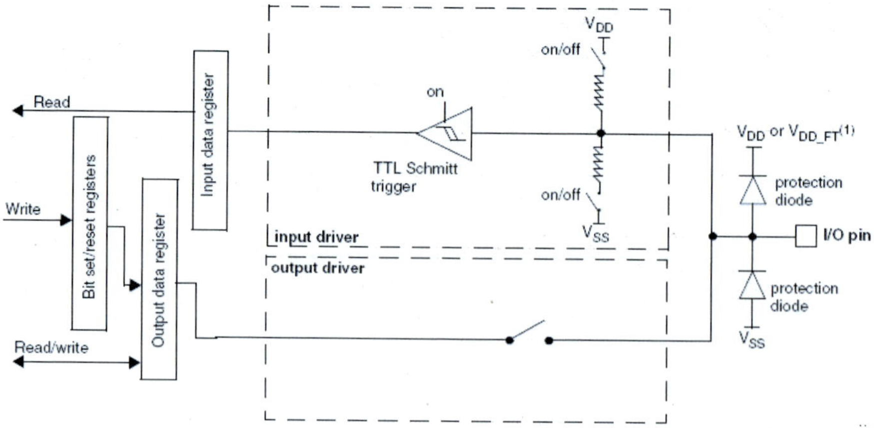
Read
Write
Read/write
Bit set/reset registers
Output data register
Input data register
on
TTL Schmitt trigger
V_{DD}
on/off
on/off
V_{SS}
input driver
output driver
V_{DD} or V_{DD_FT}(1)
protection diode
I/O pin
protection diode
V_{SS}

〈 OUTPUT 설정 시 〉

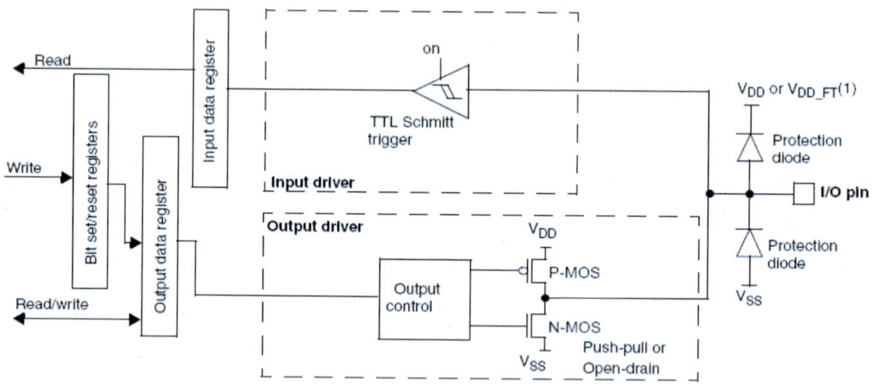
Read
Write
Read/write
Bit set/reset registers
Output data register
Input data register
on
TTL Schmitt trigger
Input driver
Output driver
V_{DD}
P-MOS
Output control
N-MOS
V_{SS}
Push-pull or Open-drain
V_{DD} or V_{DD_FT}(1)
Protection diode
I/O pin
Protection diode
V_{SS}

★ 특수 기능 별 설정 법 : GPIO 기능별 설정 방법을 예시한 것이다. GPIO 핀 설정은 아래 표와 같이 해주면 되겠다.

Advanced timers TIM1/TIM8

TIM1/8 pinout	configuration	GPIO configuration
TIM1/8_CHx	Input capture channel ×	Input floating
	Output compare channel ×	Alternate function push-pull
TIM1/8_CHxN	Complementary output channe l×	Alternate function push-pull
TIM1/8_BKIN	Break Input	Input floationg
TIM1/8_ETR	External trigger timer Input	Input floationg

General-purpose timers TIM2/3/4/5

TIM2/3/4/5 pinout	configuration	GPIO configuration
TIM2/3/4/5_CHx	Input capture channel ×	Input floating
	Output compare channel ×	Alternate function push-pull
TIM2/3/4/5_ETR	External trigger timer input	Input floating

USARTs

USART pinout	configuration	GPIO configuration
USARTx_TX	Full duplex	Alternate function push-pull
	Half duplex synchronous mode	Alternate function push-pull
USARTx_RX	Full duplex	Input floationg/Input full-up
	Half duplex synchronous mode	Not used. Can be used as a general IO
USARTx_CK	Complementary output channe l×	Alternate function push-pull
USARTx_RTS	Break Input	Alternate function push-pull
USARTx_CTS	External trigger timer Input	Input floationg/Input full-up

SPI

SPI pinout	configuration	GPIO configuration
SPIx_SCK	Master	Alternate function push-pull
	Slave	Input floating
SPIx_MOSI	Full duplex/Master	Alternate function push-pull
	Full duplex/Slave	Input floationg/Input full-up
	Simplex bidirectional data wire/Master	Input floationg/Input full-up
	Simplex bidirectional data wire/Slave	Not used. Can be used as a GPIO

SPI(continued)

SPI pinout	configuration	GPIO configuration
SPIx_MISO	Full duplex/Master	Input floationg/Input full-up
	Full duplex/Slave	Alternate function push-pull
	Simplex bidirectional data wire/Master	Not used. Can be used as a GPIO
	Simplex bidirectional data wire/Slave	Alternate function push-pull
SPIx_NSS	Full duplex/Slave	Input floationg/Input full-up/ Input pull-down
	Simplex bidirectional data wire/Master	Alternate function push-pull
	Simplex bidirectional data wire/Slave	Not used. Can be used as a GPIO

I2C

I2C pinout	configuration	GPIO configuration
I2Cx_SCL	I2C clock	Alternate function open draln
I2Cx_SDA	I2C Data I/O	Alternate function open draln

BxCAN

BxCAN pinout	GPIO configuration
CAN_TX(Transmit data line)	Alternate function push-pull
CAN_RX(Receive data line)	Input floationg/Input full-up

USB(1)

USB pinout	GPIO configuration
USB_DM.USB)DP	As soon as the USB is enabled, these pins are connected to the USB internal transceiver automatically.

ADC/DAC

ADC/DAC pin	GPIO configuration
ADC/DAC	Analog

Other IOs

Pins	Altermate function	GPIO configuration
TAMPER-RTC pin	RTC output	Forced by hardware when configuring the BKP_CR and BKP_RTCCR registers
	Tamper event input	
MCO	Clock output	Altermate function push-pull
EXIT input lines	External input interrupts	nput floationg/Input full-up/ Input pull-down

라. GPIO의 핀 설정

핀 설정은 아래 표와 같이 입출력에 따라 다르게 설정할 수 있다. GPIO 설정이 좀 복잡하긴 하지만 그런 기능까지 갖추어져 있어 놀랍다.

<table>
<tr><th colspan="2">configuration</th><th>CNF1</th><th>CNF0</th><th>MODE1</th><th>MODE0</th><th>Px0DR register</th></tr>
<tr><td rowspan="2">General purpose output</td><td>Push-pull</td><td rowspan="2">0</td><td>0</td><td colspan="2" rowspan="4">01
10
11
see</td><td>0 or 1</td></tr>
<tr><td>Open-drain</td><td>1</td><td>0 or 1</td></tr>
<tr><td rowspan="2">Altermate Function output</td><td>Push-pull</td><td rowspan="2">1</td><td>0</td><td>don't care</td></tr>
<tr><td>Open-drain</td><td>1</td><td>don't care</td></tr>
<tr><td rowspan="4">Input</td><td>Analog</td><td rowspan="2">0</td><td>0</td><td colspan="2" rowspan="4">00</td><td>don't care</td></tr>
<tr><td>Input floating</td><td>1</td><td>don't care</td></tr>
<tr><td>Input pull-down</td><td rowspan="2">1</td><td rowspan="2">0</td><td>0</td></tr>
<tr><td>Input pull-up</td><td>1</td></tr>
</table>

MODE[1:0]	Meaning
00	Reserved
01	Max. output speed 10MHz
10	Max. output speed 2MHz
11	Max. output speed 50 MHz

마. GPIO의 SPEED

각 BIT별 개별 설정이 가능하고 MAIN 문에서 50[MHz]로 설정하고 비트 제어를 해보면 최고 12[MHz]까지의 속도가 나옴을 확인할 수 있었다. 키, LED, 출력같이 느리게 동작하는 부분은 2[MHz]로 설정해도 충분하다.

8.1.1 GPIO의 레지스터

가. GPIOx_CRL 레지스터

GPIO 기본 핀 설정 레지스터이다. MODE로는 입출력을 설정하고, CNFy는 핀 별 입출력 방식을 설정하게 되는 것이다. 즉 MODE 2비트와 CNFy 2비트식이 GPIO PIN 1개 설정이 되는 것이다. 프로그램 작성 시 GPIOA ⇨ CRL(하위 7~0번핀) = 0X000000FA 이런 식으로 사용할 수도 있지만 ST사와 ARM사에서 기본 라이브러리 파일에는 구조체 형식으로 구현되어 있으므로 필자는 되도록 그들의 방법을 따라서 예제를 작성 할 것이다. 다음의 표는 하위 7~0번 핀만 예시하였다. 상위의 레지스터 이름은 (GPIOx_CRH)다. 설정 방식은 모두 하위 레지스터와 같다. 상위 설정은 데이터시트를 참조하자.

Port configuration register low(GPIOx_CRL)(x=A..G)

address offset : 0x00
Reset value : 0x4444 4444

31	30	29	28	27	26	25	24	23	22	21	20	19	18	17	16
CNF7[1:0]		MODE7[1:0		CNF6[1:0]		MODE6[1:0]		CNF5[1:0]		MODE5[1:0]		CNF4[1:0]		MODE4[1:0]	
rw	rw	rw	rw	rw	rw	rw	rw	rw	rw	rw	rw	rw	rw	rw	rw
15	14	13	12	11	10	9	8	7	6	5	4	3	2	1	0
CNF3[1:0]		MODE3[1:0]		CNF2[1:0]		MODE2[1:0]		CNF1[1:0]		MODE1[1:0]		CNF0[1:0]		MODE0[1:0]	
rw	rw	rw	rw	rw	rw	rw	rw	rw	rw	rw	rw	rw	rw	rw	rw

- Bits 31:30, 27:26, CNFy[1:0]: Port x configuration bits(y=0..7)
- 23:22, 19:18, 15:14, These bits are written by software to configure the corresponding I/O port.
- 11:10, 7:6, 3:2 Refer to Table 17 : Port bit configuration table on page 141.

In input mode (MODE[1:0]=00):
00 : Analog mode
01 : Floating input(reset state)
10 : Input with pull-up/pull-down
11 : Reserved
In output mode(MODE[1:0]〉00):
00 : General purpose output push-pull
01 : General purpose output Open-drain
10 : Alternate funtion output Push-pull
11:Alternate funtion output Open-drain

- Bits 29:28, 25:24, MODEy[1:0] : Port x mode bits(y=0..7)
- 21:20, 17:16, 13:12, These bits are written by software to configure the corresponding I/O port.
- 9:8, 5:4, 1:0 Refer to Table 17 : Port bit configuration table on page 141.

00 : Input mode(reset state)
01 : Output mode, max speed 10 MHz.
10 : Output mode, max speed 2 MHz.
11 : Output mode, max speed 50 MHz.

나. GPIOx_IDR 레지스터

GPIO 입력 데이터 레지스터이다. 입력 시에만 유용하며, IDRy는 각 핀별 입력 데이터 값이 들어오게 되는 것이다. 프로그램 작성시 I = GPIOA ⇨ IDR 이런 식으로 사용할 수 있다.

Port input data register(GPIOx_IDR)(x=A..G)

address offset : 0x08h
Reset value : 0x0000 XXXX

31	30	29	28	27	26	25	24	23	22	21	20	19	18	17	16
Reserved															
15	14	13	12	11	10	9	8	7	6	5	4	3	2	1	0
IDR 15	IDR 14	IDR 13	IDR 12	IDR 11	IDR 10	IDR 9	IDR 8	IDR 7	IDR 6	IDR 5	IDR 4	IDR 3	IDR 2	IDR 1	IDR 0
r	r	r	r	r	r	r	r	r	r	r	r	r	r	r	r

- Bits 31:16 Reserved, always read as 0.
- Bits 15:0 IDRy[15:0] : Port input data(y=0..15)
  These bits are read only and can be accessed in word mode only. They contain the input value of the corresponding I/O port.

다. GPIOx_ODR 레지스터

GPIO 출력 데이터 레지스터이다. 출력 시에만 유용하며, ODRy는 각 핀 별 출력 데이터 값이 출력되게 되는 것이다. 프로그램 작성 시 GPIOA ⇨ ODR = 0X000000FF 이런식으로 사용할 수 있다.

Port output data register(GPIOx_ODR)(x=A..G)

address offset : 0x0C
Reset value : 0x0000 0000

31	30	29	28	27	26	25	24	23	22	21	20	19	18	17	16
Reserved															
15	14	13	12	11	10	9	8	7	6	5	4	3	2	1	0
ODR 15	ODR 14	ODR 13	ODR 12	ODR 11	ODR 10	ODR 9	ODR 8	ODR 7	ODR 6	ODR 5	ODR 4	ODR 3	ODR 2	ODR 1	ODR 0
rw	rw	rw	rw	rw	rw	rw	rw	rw	rw	rw	rw	rw	rw	rw	rw

- Bits 31:16 Reserved, always read as 0.
- Bits 15:0 ODRy[15:0] : Port output data(y=0..15)
  These bits can be read and written by software and can be accessed in Word mode only.
  Note : For atomic bit set/reset, the ODR bits can be individually set and cleard by writing to the GPIOx_BSRR register(x=A..G).

라. GPIOx_BSRR 레지스터

이 레지스터는 GPIO 포트를 SET(1)로 출력 하고자 할 때 BRy PIN을 설정하므로 가능하다.

프로그램 작성 시 GPIOA ⇨ BSRR=0X00000001 이런 식으로 사용할 수 있다.

예를 들어 PORT 출력을 1을 내보내고자하면 BS 비트를 1로 설정하면 된다.

Port bit set/reset register(GPIOx_BSRR)(x=A..G)

address offset : 0x10
Reset value : 0x0000 0000

31	30	29	28	27	26	25	24	23	22	21	20	19	18	17	16
BR15	BR14	BR13	BR12	BR11	BR10	BR9	BR8	BR7	BR6	BR5	BR4	BR3	BR2	BR1	BR0
w	w	w	w	w	w	w	w	w	w	w	w	w	w	w	w

15	14	13	12	11	10	9	8	7	6	5	4	3	2	1	0
BS15	BS14	BS13	BS12	BS11	BS10	BS9	BS8	BS7	BS6	BS5	BS4	BS3	BS2	BS1	BS0
w	w	w	w	w	w	w	w	w	w	w	w	w	w	w	w

- Bits 31:16 BRy : Port x Reset bit y(y=0..15)
  These bits are write-only and can be accessed in Word mode only.
  0 : No action on the corresponding ODRx bit
  1 : Reset the corresponding ODRx bit
  Note : If both BSx and BRx are set, BSx has priority.
- Bits 15:0 BSy : Port x Set bit y(y=0..15)
  These bits are write-only and can be accessed in Word mode only.
  0 : No action on the corresponding ODRx bit
  1 : Set the corresponding ODRx bit

마. GPIOx_BRR 레지스터

GPIO 비트별 RESET(1)으로 설정할 수 있는 레지스터이다. BRy는 설정을 RESET 시 1로 설정한다. 프로그램 작성 시 GPIOA ⇨ BSR = 0X00000001 이런 식으로 사용할 수 있다.

이 비트가 SET(1)이 되면 출력 포트로 0이 출력된다.

Port bit reset register(GPIOx_BRR)(x=A..G)

address offset : 0x14
Reset value : 0x0000 0000

31	30	29	28	27	26	25	24	23	22	21	20	19	18	17	16
Reserved															

15	14	13	12	11	10	9	8	7	6	5	4	3	2	1	0
BS15	BS14	BS13	BS12	BS11	BS10	BS9	BS8	BS7	BS6	BS5	BS4	BS3	BS2	BS1	BS0
w	w	w	w	w	w	w	w	w	w	w	w	w	w	w	w

- Bits 31:16 Reserved
- Bits 31:16 BRy : Port x Reset bit y(y=0..15)
  These bits are write-only and can be accessed in Word mode only.
  0 : No action on the corresponding ODRx bit
  1 : Reset the corresponding ODRx bit

8.2 GPIO OUTPUT 실습

8.2.1 개요

아무리 설명하고 데이터시트를 찾아보고 하지만 누구나 동작을 눈으로 보고 싶어하는 마음은 같을 것이다.

이제 우리는 가장 기본이 되는 포트의 출력을 LED로 확인해 보고 GPIO 기본 설정은 어떻게 하는지 그리고 왜? 어떻게?라는 이론적인 공부보다는 그 질문들을 실습을 통해 하나하나 분석해보고 그 과정들의 결과물을 얻어낼 것이다.

8.2.2 회로도

너무나 간단하여 회로도라고 보기도 어려울 것이다. 어떠한 핀이든 하드웨어 위치만 다를 뿐 거의 동일하니 회로도와 같이 GPIOD 12~15번 핀이 LED에 연결되어 있음을 이해할 수 있다. 회로도에서 LED는 CPU와 330R 저항을 통해서 연결되어 있음을 볼 수 있으며 또 한쪽은 LED와 GND와 결선되었음을 확인했을 것이다. 그러므로 우리는 CPU에서 VDD 신호 +3.3[V]를 출력하면 LED가 켜질 수 있음을 알 수 있다. 보통 LED의 경우 20[mA] 이내의 전류를 흘릴 수 있으며 그 공식은 중고등학교 때 F=ma 만큼이나 들어서 외우고 있는 I=E/R이다. 하지만 출력 실습에서는 최대 밝기보다는 전반적인 전류 소모를 줄이고 그냥 ON/OFF만 확인하면 되므로 상당히 큰 저항을 LED 보호 목적으로 두었음을 밝혀둔다. 참고로 고휘도 LED의 최대 입력 허용 전류는 제조사 마다 조금씩 차이가 나지만 보통 다음과 같다. 필자는 CPU에서 1(3.3[V]) 출력으로 하드웨어를 제어하는 방법을 좋아하지 않는다. GND가 출력될 때 LED가 켜지게 하는 것이 좋다. 하지만 실습을 목적으로 알기 쉽게 하기 위해서 VDD 제어로 설계된 것이다.

적색 = 20[mA]/2.0[V]

청색 = 20[mA]/3.0[V]

녹색 = 20[mA]/3.0[V]

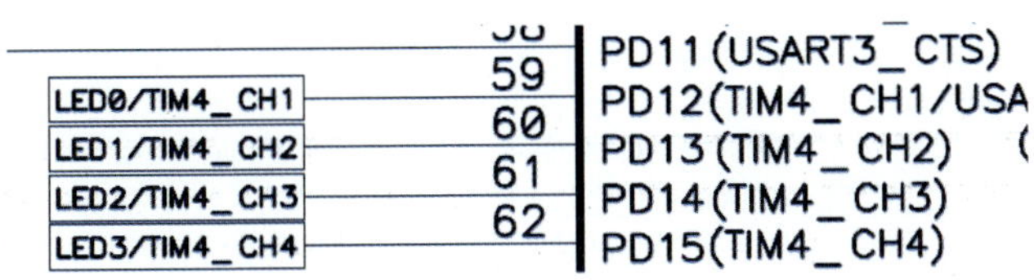

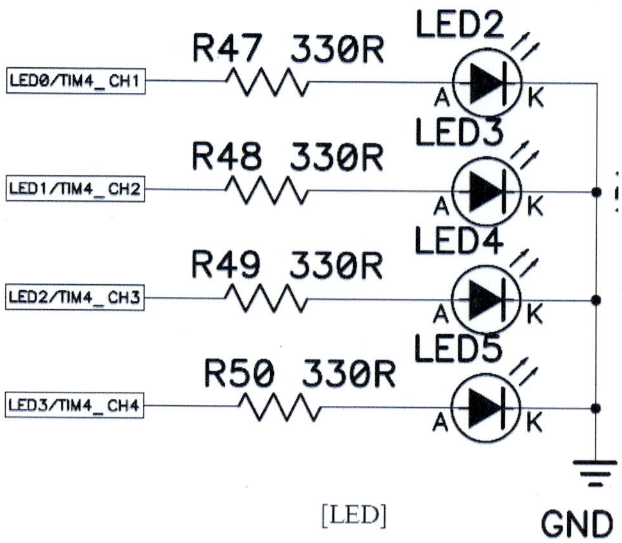

[LED]

8.2.3 동작사진

아래 PCB에서 좌측 LED1번이 GPIOD PIN12번이다. 강제로 delay를 주었으므로 약 0.5초간 LED가 점멸할 것이다.

8.2.4 PCB 사진

해당사항 없음.

8.2.5 파일의 위치

CDROM₩ source₩demo-103₩input_gpio_pin 디렉터리에 있다.

8.2.6 필요한 파일

main.c.main.h

테스트를 위해 필요한 파일은 아주 간단하게 main.c 파일뿐이다. 따라서 다음 기본적으로 필자는 main.c는 주 메인 파일로 두고 main.h 파일로 1:1 관리하며 이 main.h 파일에 필요한 모든 include 파일을 적어 둔다.

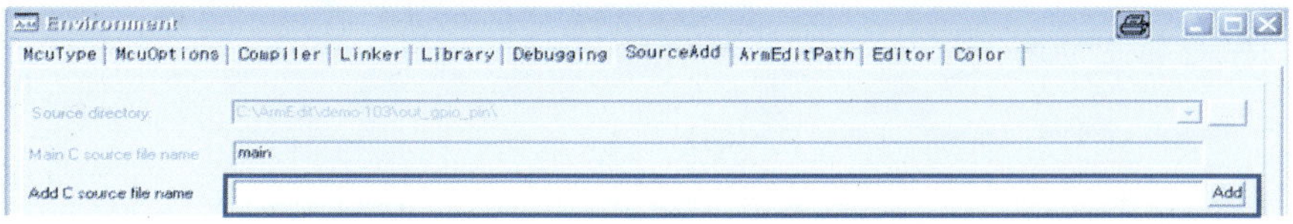

8.2.7 환경설정

CD에 포함된 소스는 makefile과 모든 환경설정도 예제에 맞게 설정되어 있으므로 main.c 파일만 열면 자동으로 설정될 것이다. 하지만 자신이 새롭게 파일을 작성하는 경우는 다음의 순서를 따르자.

가. 새 파일을 열고 프로그램을 작성한다.

나. SetUp ⇨ Environment Options ⇨ Mcu Type 아래와 같이 사용할 STM32F103XB를 선택한다. 그러면 아래에는 SRAM, FLASE 메모리 용량이 표시된다.

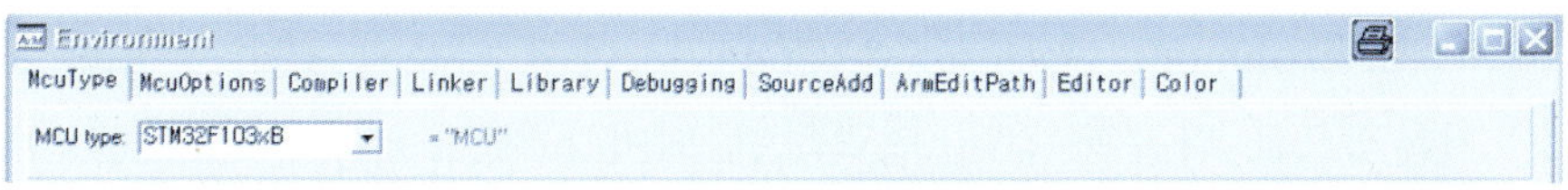

다. SetUp ⇨ Environment Options ⇨ McuOptions에서 다음과 같이 사용할 초기화 설정을 한다. 기본적으로 다음과 같이 입력하면 되며 Parameter option 부분은 default 버튼을 누른다. 더 상세한 부분은 ArmEdit의 사용설명서 장을 참조하자.

1) [MCU frequency] : 8000000[MHz]로 TBK보드의 외부 오실레이터(크리스탈) 속도이다.
2) [Output File format] : "ihex" 를 선택하며 확장자가 HEX 파일을 생성한다.
3) [mthumb option] : ARM사에서 개발된 형식으로 thumb2 모드는 YES를 선택한다.
4) [vector table option] : VECT_TAB_FLASH는 벡터 테이블을 FLASH 영역 즉 0X0800000번지 데이터를 생성한다.

5) [Parameter option]:STM32 관련 라이브러리의 설정 부분을 지정하는 것으로 이 자료를 기본으로 해서 컴파일한다.
6) [Makefile Options]: 항목은 "makefile"을 자동으로 생성할 것인지 사용자가 이미 만들어놓은 "makefile"을 그대로 사용할지 선택하는 부분이다. "Auto Create makefile"은 "makefile"을 자동으로 생성한다.

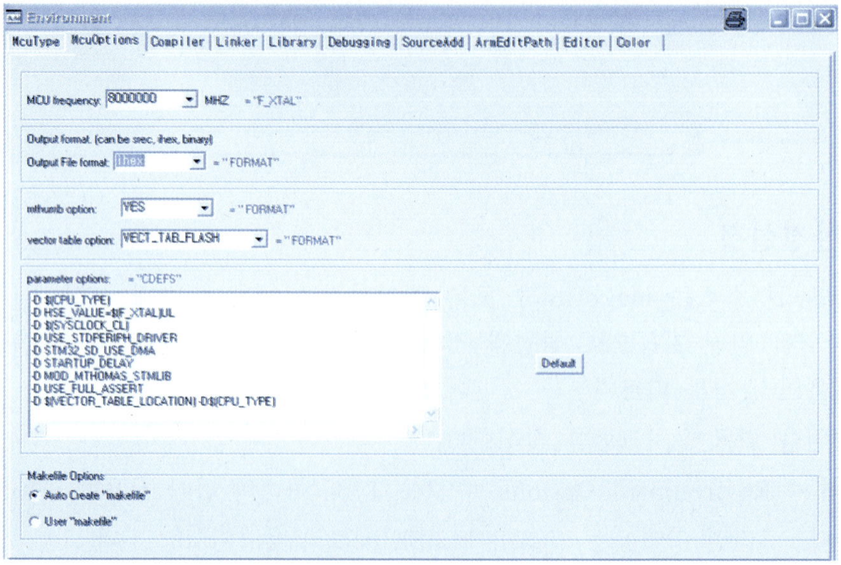

라. SetUp ⇨ Environment Options ⇨ Compiler에서 다음과 같이 사용할 초기화 설정을 한다. 기본적으로 다음과 같이 입력하면 되며 option 부분은 default 버튼을 누른다. 더 상세한 부분은 ArmEdit의 사용설명서 장을 참조하자.

1) ["C" Compiler Options] : C 옵션을 선택하는 부분이다. 그냥 default를 선택하자.
2) ["CPP" Compiler Options] : CPP 옵션을 선택하는 부분이다. 그냥 default를 선택하자.
3) ["C only" Compiler Options] : C only 옵션을 선택하는 부분이다. 그냥 default를 선택하자.
4) [Assembler Options] : Assembler 옵션을 선택하는 부분이다. 그냥 default를 선택하자.
5) [C Standard level] : -std=gnu99를 선택하자.
6) [Optimization level] : 보통은 S를 선택하면 된다.

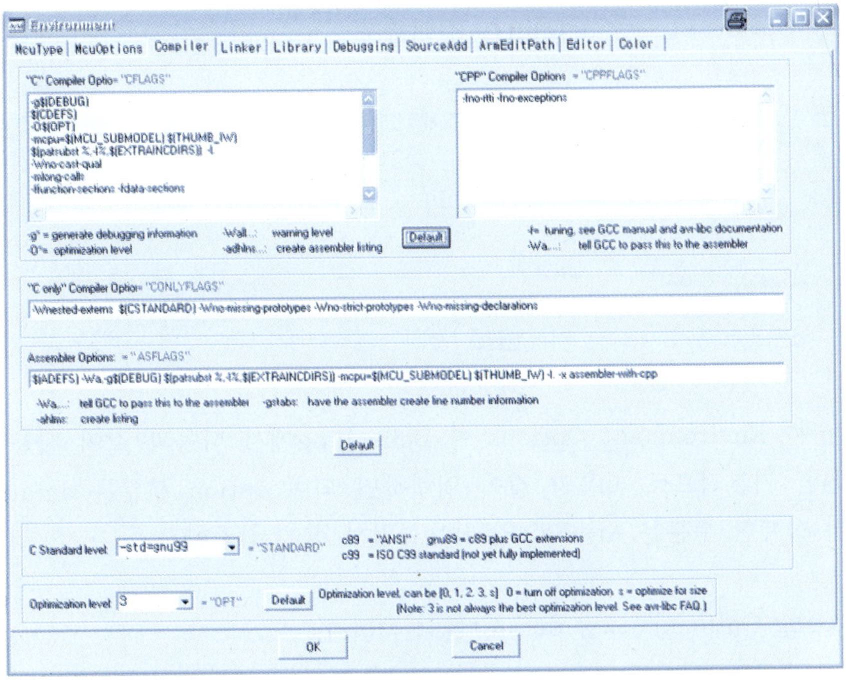

마. SetUp ⇨ Environment Options ⇨ Linker에서 다음과 같이 사용할 초기화 설정을 한다. 기본적으로 다음과 같이 입력하면 되며 option 부분은 default 버튼을 누른다. 더 상세한 부분은 ArmEdit의 사용설명서 장을 참조하자.

1) [Linker Options] : 그냥 default를 선택하자.

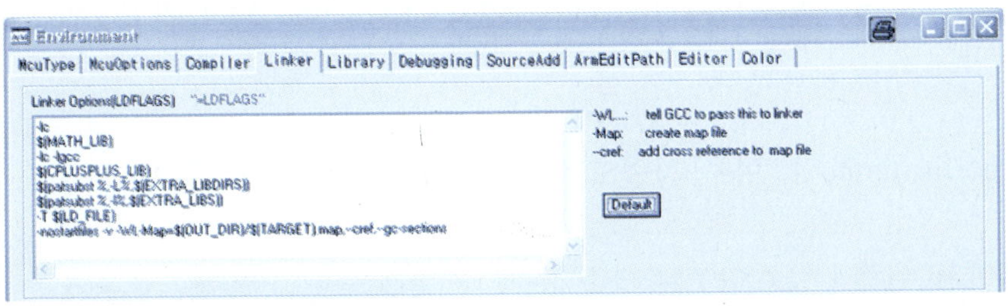

바. SetUp ⇨ Environment Options ⇨ Library에서 다음과 같이 사용할 초기화 설정을 한다. 기본적으로 다음과 같이 입력하면 되며 option 부분은 default 버튼을 누른다. 더 상세한 부분은 ArmEdit의 사용설명서 장을 참조하자.

1) [Library Options] : 그냥 default를 선택하자.

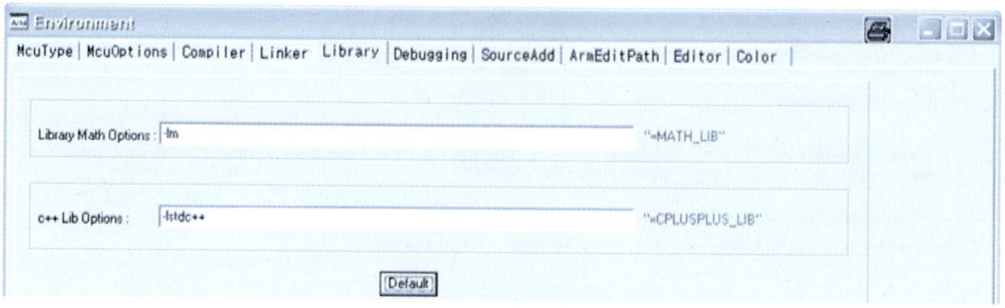

사. SetUp ⇨ Environment Options ⇨ Debugging에서 다음과 같이 사용할 초기화 설정을 한다. 기본적으로 다음과 같이 입력하면 되며 option 부분은 default 버튼을 누른다. 더 상세한 부분은 ArmEdit의 사용설명서 장을 참조하자.

1) [Debugging Options] : 그냥 default를 선택하자.

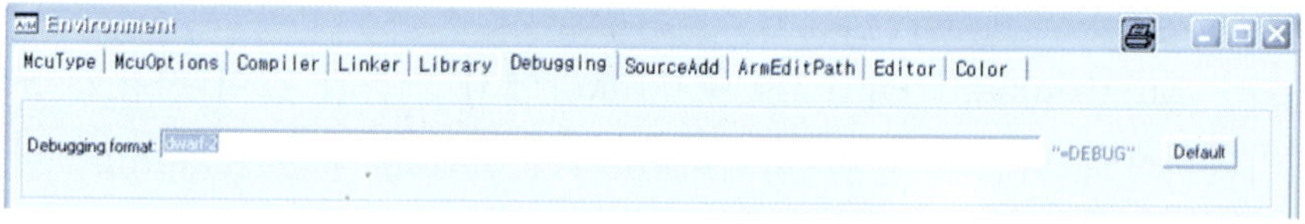

아. SetUp ⇨ Environment Options ⇨ SourceAdd에서 다음과 같이 사용할 초기화 설정을 한다. 이번 예제에서는 추가할 소스파일이 없지만 만약 main.c를 제외하고 추가될 소스파일은 여기에 추가한다. 그리고 다음 Add C++, Add Asm 파일들이 있으면 이곳에 추가한다.

1) [Add C source file name] : 아무 파일도 없으므로 그냥 공백으로 둔다.

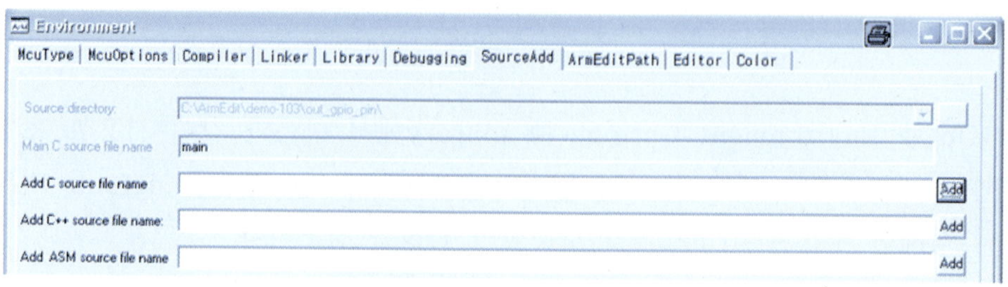

이제 모든 환경설정은 끝났다. "ok" 버튼을 누르고 환경설정을 마치고 빠져나오면 컴파일 대상 디렉터리에 makefile이 새로 생성되었을 것이다.

이제 컴파일을 진행해보자. 이 아이콘을 클릭하거나 단축키 F9를 누르면 컴파일이 진행되며 정상적으로 컴파일이 되면 main.hex 파일이 생성될 것이다. [에러라인 창]에서 에러가 없는데도 컴파일 시 HEX 파일이 생성되지 않으면 [컴파일 진행 창]의 에러를 확인하자. 다음과 같이 "Program size" 0 이상의 숫자가 나와야 컴파일이 정상적으로 이루어진 것이다. 이때 0이 나오면 에러가 발생한 것으로 [컴파일 진행 창]과 [에러라인 창]창을 확인하자.

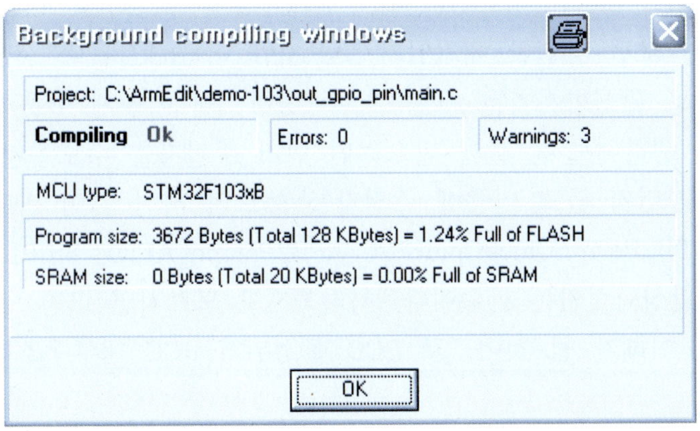

8.2.8 소스분석

가. main.c

1) 첫번째 줄에 main.h include 파일이 보인다.
2) RCC_Configuration() 함수 : 이 함수는 시스템 클럭 설정을 초기화 시키는 부분으로 RCC설정 부분에서 충분한 설명을 했다.
   중요한 부분만 다시 설명하겠다. RCC_DeInit(); 함수는 ARM사에서 제공하는 부분으로 RCC를 초기화하는 함수다.
   RCC_HSEConfig(RCC_HSE_ON);는 외부크리스탈(HSE)을 ON 시키는 함수이며 RCC_WaitForHSEStartUp(); HSE 클럭이 살아날 때까지 기다리는 함수로 성공하면 SUCCESS를 리턴한다. FLASH_PrefetchBufferCmd() 함수는 FLASH Buffer를 사용하겠다고 설정하고 FLASH_SetLatency(FLASH_Latency_2) 함수는 FLASH 쓰기 시간이 너무 짧으면 동작할 수 없어 시간 지연 함수로 그 시간을 늘리는 함수

고 RCC_HCLKConfig(RCC_SYSCLK_Div1)는 SYSCLK/1=HCLK(분주없이) 클럭으로 지정하는 함수이며 RCC_PCLK2Config(RCC_HCLK_Div1);는 PCLK2(APB2) 클럭은 최고 클럭이 72[MHz]로 SYSCLK와 같이 APB2 클럭으로 설정하는 부분이며 RCC_PCLK1Config(RCC_HCLK_Div2) 함수는 PCLK1, 즉 APB1 클럭은 최고 클럭 스피드가 36[MHz] 이므로 SYSCLK/2=36[MHz]로 만드는 것이다. 아래 흐린 부분은 STM32F105, 107 클럭 설정 부분으로 RCC 내부 구조를 보면 조금 다르다. 물론 STM32F105, 107 타입은 최고 크리스탈 25[MHz]까지 클럭을 지원하지만 우리가 예제에 사용하는 보드는 외부 크리스탈 클럭이 최고 16[MHz]까지 지원하므로 외부 25[MHz] 클럭은 사용될 수 없다.
아래 while() 클럭 설정이 살아날 때까지 대기하는 함수고 RCC_SYSCLKConfig(RCC_SYSCLKSource_PLLCLK)는 이제 SYSCLK를 PLLCLK으로 스위치 시켜주는 함수는 자세히 보면 당연한 얘기인지 모르지만 이 RCC 클럭 설정은 맨 마지막부터 HSE 측으로 활성화시키는 것을 볼 수 있다. 왜 이렇게 했을까? 예를 들어 물을 받을 때를 생각해보자. 물을 받으려면 먼저 주전자를 수도꼭지 밑에 놓고 물을 틀어야지 물을 먼저 틀고 나중에 주전자를 놓으려 하면 물이 바닥에 흘러내릴 것이다. RCC_APB2PeriphClockCmd(RCC_APB2Periph_AFIO, NABLE) 함수는 APB2 클럭 소스를 활성화시키는 함수이다. 어려울지도 모르지만 그림으로 보면서 설정하면 아주 쉽게 이해가 될 것이므로 RCC 설정부의 RCC 내부구조를 살펴보면 도움이 되겠다.

```
#include "main.h"
void RCC_Configuration(void)
{
  ErrorStatus    HSEStartUpStatus;
  RCC_DeInit();//RCC system     reset(for debug purpose)
  RCC_HSEConfig(RCC_HSE_ON);     //Enable HSE
  HSEStartUpStatus     = RCC_WaitForHSEStartUp();// Wait till HSE is ready
  if(HSEStartUpStatus == SUCCESS)
  {
    FLASH_PrefetchBufferCmd(FLASH_PrefetchBuffer_Enable);//Enable Prefetch Buffer
    FLASH_SetLatency(FLASH_Latency_2);//Flash     2 wait state
    RCC_HCLKConfig(RCC_SYSCLK_Div1);//HCLK = SYSCLK
    RCC_PCLK2Config(RCC_HCLK_Div1);//PCLK2 = HCLK
    RCC_PCLK1Config(RCC_HCLK_Div2);//PCLK = HCLK/2
#ifdef STM32F10X_CL //HSE=25MHZ
    RCC_PLLConfig(RCC_PLLSource_PREDIV1, RCC_PLLMul_9);//(2~16)PLLCLK
= 8MHz * 9 = 72 MHz
    RCC_PLL2Config(RCC_PLL2Mul_8);
    RCC_PREDIV2Config(RCC_PREDIV2_Div5);//PPL2     configuration: PLL2CLK
= (HSE / 5) * 8 = 40 MHz
    RCC_PLL2Cmd(ENABLE);     // Enable PLL2
#else //     STM32F10X_MD HSE=8MHZ
    //HSE=8MHz, HCLK=72MHz, PCLK2=72MHz,     PCLK1=36MHz
    RCC_PLLConfig(RCC_PLLSource_HSE_Div1, RCC_PLLMul_9);//PLLCLK = 8MHz * 9
= 72 MHz
    RCC_PLLCmd(ENABLE);//Enable     PLL
#endif
    while(RCC_GetFlagStatus(RCC_FLAG_PLLRDY) == RESET){}// Wait till PLL is ready
    RCC_SYSCLKConfig(RCC_SYSCLKSource_PLLCLK);//Select PLL as system clock
 source
    while(RCC_GetSYSCLKSource() != 0x08){}//Wait till PLL is used as system clock
source
  }
  RCC_APB2PeriphClockCmd(RCC_APB2Periph_AFIO, ENABLE);
}
```

3) NVIC_Configuration(void) : 이 함수는 Vector Table 위치를 지정하는 것으로 컴파일 시 FLASH영역 즉0x08000000로 설정하는 것이다. NVIC부는 인터럽트 등을 관리하는 기능을 하며 인터럽트를 사용하게 되면 NVIC를 호출하여 설정해준다. LED를 ON 시키는 단순한 출력 테스트로 이 부분은 다음과 같이 설정하면 되겠다.

```
void NVIC_Configuration(void)
{
#ifdef  VECT_TAB_RAM
    NVIC_SetVectorTable(NVIC_VectTab_RAM, 0x0);// Set    the Vector Table base
location at 0x20000000
#else  //VECT_TAB_FLASH
    NVIC_SetVectorTable(NVIC_VectTab_FLASH,     0x0);//Set the Vector Table base
location at 0x08000000
#endif
}
```

4) GPIO _Configuration(void) : 이 함수는 GPIO를 초기화하는 함수로 설명하자면 아래와 같다.

```
void GPIO_Configuration(void)
{
    GPIO_InitTypeDef GPIO_InitStructure;
    RCC_APB2PeriphClockCmd(RCC_APB2Periph_GPIOD,    ENABLE);// Enable GPIOC
clock
    GPIO_InitStructure.GPIO_Pin = GPIO_Pin_12;
    GPIO_InitStructure.GPIO_Speed =    GPIO_Speed_50MHz;
  GPIO_InitStructure.GPIO_Mode    = GPIO_Mode_Out_PP
    GPIO_Init(GPIOD, &GPIO_InitStructure);
}
```

• GPIO_InitTypeDef GPIO_InitStructure : "stm32f10x_gpio.h" 파일에 구조체로 선언되어 있다. 이 구조체를 우리는 사용하게 된다.

물론 GPIO 레지스터를 이용하여 직접 제어해도 되지만 호환성이 어렵고 설정이 번거로운 단점이 있다. 그래서 우리는 기본 제공하는 함수를 사용하기로 한다. 입출력 config 설정으로 풀업, 풀다운, 아날로그 입력 등의 기능을 선언해 놓았으므로 이것을 가져다 사용하면 아주 쉽게 구현할 수 있다. 몇 년을 주기로 새로운 CPU가 쏟아져 나오고 있다. 새로운 CPU를 배워서 완벽하게 사용할 때쯤 더 성능이 우수하고 값도 저렴한 CPU가 등장하게 된다면 어떡할 것인가? 필자는 후자를 선택할 것이다. 그래서 요즘 세상은 변화의 시대요, CPU의 외부 오실레이터(크리스탈) 처럼 멈추면 죽는다! 너무 극단적인 소리인가? 필자의 결론은 이것이다. 너무 깊이 파고들지 말자는 것이다.

대신에 새로운 정보를 빨리 습득하고 대세를 따르자는 것으로 너무 CPU의 내면에 집중하다 보면 아무 프로젝트도 완성하지 못한다. 필자는 현재 CORTEX-M3 즉 STM32를 사랑한다. 또한 함께 제공되는 기본 라이브러리가 너무 좋고 편하다. 또한 프로그램 코딩 시간을 줄여준다. 되도록이면 칩 제조사에서 제공하는 이것을 사용하기로 맘먹은 이유이다. 다음을 보자 이 얼마나 고마운 일인가! 나를 대신해서 코딩을 해두었다. 좀더 일찍 나를 퇴근 시키려는 제조사의 배려일까?

```
typedef enum
{ GPIO_Mode_AIN =      0x0,
      GPIO_Mode_IN_FLOATING = 0x04,
      GPIO_Mode_IPD = 0x28,
      GPIO_Mode_IPU = 0x48,
      GPIO_Mode_Out_OD = 0x14,
      GPIO_Mode_Out_PP = 0x10,
      GPIO_Mode_AF_OD = 0x1C,
      GPIO_Mode_AF_PP = 0x18
}GPIOMode_TypeDef;
```

• RCC_APB2PeriphClockCmd(RCC_APB2Periph_GPIOD,ENABLE) : "stm32f10x_rcc.c" 파일에 선언되어 있다. 이것을 우리는 대신 사용하게 된다. 그런데 "RCC->APB2ENR" 이것이 나오는데 다시 추적해 보자. 어쩔 수 없다. 한번쯤 궁금한 마음에 추적해 보면 어떨까? 보물 찾기 심정으로….

```
void RCC_APB2PeriphClockCmd(uint32_t RCC_APB2Periph, FunctionalState NewState)
{
    /* Check the parameters */
    assert_param(IS_RCC_APB2_PERIPH(RCC_APB2Periph));    //->설정이 바른지 검사
하는 함수라고 생각하자!
    assert_param(IS_FUNCTIONAL_STATE(NewState));
    if (NewState !=    DISABLE)
    {
      RCC->APB2ENR |= RCC_APB2Periph;
    }
    else
    {
      RCC->APB2ENR &= ~RCC_APB2Periph;
    }
}
```

앞부분에 "RCC" 로 되어 있으므로 혹 "stm32f10x_rcc.c" " stm32f10x_rcc.h" 이 파일에 있을까? 찾아보니 이 파일에는 이 선언이 없다. 그럼… "C:₩ArmEdit₩WinArm₩stm32lib₩CMSIS₩CM3₩DeviceSupport₩ST₩STM32F10x₩stm32f10x.h" 아마도 이곳에는 분명히 내 보물이 있으리라 생각한다. 있다! 찾았다! 내 기대를 저버리지 않았다. 역시 RCC 레지스터 구조체로 있다. 이제 데이터시트를 보자. "APB2ENR" 보물의 내용이 무엇인지 알아보자. 아마도 큼직한 금 덩어리가 들어 있지 않을까? 기대하며….

```
typedef struct
{
    __IO uint32_t CR;
    __IO uint32_t CFGR;
    __IO uint32_t CIR;
    __IO uint32_t APB2RSTR;
    __IO uint32_t APB1RSTR;
    __IO uint32_t AHBENR;
    __IO uint32_t APB2ENR;
    __IO uint32_t APB1ENR;
    __IO uint32_t BDCR;
    __IO uint32_t CSR;
```

찾았다. 그것도 한 개도 아니고 비트가 16개 들어있는 노다지를 찾은 것이다. RCC 레지스터 번지 0X18이다. 오! "18" 욕이라고? 그럼 "열팔" 로 읽자.

이제 분석해 볼 차례다! 그냥 18로 끝날지 어떨지 다음을 추적해 보자. 바로 RCC START Address번지를 찾는 것이다. 그러면 메모리 맵을 찾아 보아야 함은 당연할 것이다.

APB2 peripheral clock enable register (RCC_APB2ENR)0X18

31	30	29	28	27	26	25	24	23	22	21	20	19	18	17	16
Reserved															
15	**14**	**13**	**12**	**11**	**10**	**9**	**8**	**7**	**6**	**5**	**4**	**3**	**2**	**1**	**0**
ADC 3EN	USAR T1EN	TIM 8EN	SPI1 EN	TIM 1EN	ADC 2EN	ADC 1EN	IOP GEN	IOP FEN	IOP EEN	IOP DEN	IOP CEN	IOP BEN	IOP AEN	Res	AFI OEN
rw	rw	rw	rw	rw	rw	rw	rw	rw	rw	rw	rw	rw	rw		rw

- Bit 5 IOPDEN : I/O port D clock enable
- Set and cleared by software.
- 0 : I/O port D clock disabled
- 1 : I/O port D clock enabled

다시 메모리 맵으로 와보니 여기에 이놈을 숨겨두었다. 그런다고 내가 못 찾을 줄 알고…. 그래서 이 RCC 시작 번지(0X40021000 + (0X18)=0X40021018이 우리가 설정할 레지스터 어드레스다. 즉 APB2ENR=0X40021018이며 최종적으로 이 어드레스에 OPPDEN(BIT5)을 1로 설정하여 APB2의 PORTD CLOCK을 ENABLE 시키는 것이다. 함수 하나 찾아서 이렇게 설명해 보니 너무 길다.

찾는 방법을 알았으니 다른 부분은 각자 자신의 보물도 찾아보기 바란다. 달라고 하지 않을 테니 자신이 찾은 보물은 찾은 사람 몫으로 하자!

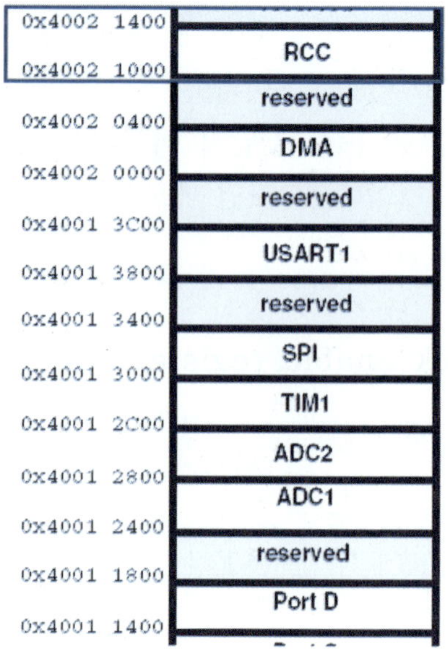

• GPIO_InitStructure.GPIO_Pin = 여기가 핀을 초기화하는 부분이다. GPIO_Pin_12: 이건 뭘까? 찾아볼까? 다음은 "stm32f10x_gpio.h" 에 선언된 내용이다. GPIO_Pin_12=0x1000임을 알 수 있을 것이다. GPIOx_CRL, GPIOx_CRH 레지스터를 보자.

```
#define GPIO_Pin_0          ((uint16_t)0x0001)  /*!< Pin 0 selected */
#define GPIO_Pin_1          ((uint16_t)0x0002)  /*!< Pin 1 selected */
#define GPIO_Pin_2          ((uint16_t)0x0004)  /*!< Pin 2 selected */
#define GPIO_Pin_3          ((uint16_t)0x0008)  /*!< Pin 3 selected */
#define GPIO_Pin_4          ((uint16_t)0x0010)  /*!< Pin 4 selected */
#define GPIO_Pin_5          ((uint16_t)0x0020)  /*!< Pin 5 selected */
#define GPIO_Pin_6          ((uint16_t)0x0040)  /*!< Pin 6 selected */
#define GPIO_Pin_7          ((uint16_t)0x0080)  /*!< Pin 7 selected */
#define GPIO_Pin_8          ((uint16_t)0x0100)  /*!< Pin 8 selected */
#define GPIO_Pin_9          ((uint16_t)0x0200)  /*!< Pin 9 selected */
#define GPIO_Pin_10         ((uint16_t)0x0400)  /*!< Pin 10 selected */
#define GPIO_Pin_11         ((uint16_t)0x0800)  /*!< Pin 11 selected */
#define GPIO_Pin_12         ((uint16_t)0x1000)  /*!< Pin 12 selected */
#define GPIO_Pin_13         ((uint16_t)0x2000)  /*!< Pin 13 selected */
#define GPIO_Pin_14         ((uint16_t)0x4000)  /*!< Pin 14 selected */
#define GPIO_Pin_15         ((uint16_t)0x8000)  /*!< Pin 15 selected */
#define GPIO_Pin_All        ((uint16_t)0xFFFF)  /*!< All pins selected */
```

GPIO_Pin_12번째 비트이므로 GPIOx_CRH 레지스터를 설정하는 것이다. 다음 네모

칸의 비트를 지정하고 다음으로 입력과 모드를 설정하게 되는 것이다. 다음은 모드 설정을 보자.

31	30	29	28	27	26	25	24	23	22	21	20	19	18	17	16
CNF15[1:0]		MODE15[1:0		CNF14[1:0]		MODE14[1:0]		CNF13[1:0]		MODE13[1:0]		CNF12[1:0]		MODE12[1:0]	
rw	rw	rw	rw	rw	rw	rw	rw	rw	rw	rw	rw	rw	rw	rw	rw
15	14	13	12	11	10	9	8	7	6	5	4	3	2	1	0
CNF11[1:0]		MODE11[1:0]		CNF10[1:0]		MODE10[1:0]		CNF9[1:0]		MODE9[1:0]		CNF8[1:0]		MODE8[1:0]	
rw	rw	rw	rw	rw	rw	rw	rw	rw	rw	rw	rw	rw	rw	rw	rw

Bits 31:30, 27:26,
23:22, 19:18, 15:14,
11:10, 7:6, 3:2
CNFy[1:0]: Port x configuration bits (y= 8 .. 15)
These bits are written by software to configure the corresponding I/O port.
Refer to Table 17: Port bit configuration table on page 141.
In input mode (MODE[1:0]=00):
00 : Analog mode
01 : Floating input (reset state)
10 : Input with pull-up / pull-down
11 : Reserved
In output mode (MODE[1:0] 〉 00):
00 : General purpose output push-pull
01 : General purpose output Open-drain
10 : Alternate function output Push-pull
11 : Alternate function output Open-drain
Bits 29:28, 25:24,
21:20, 17:16, 13:12,
9:8, 5:4, 1:0
MODEy[1:0]: Port x mode bits (y= 8 .. 15)
These bits are written by software to configure the corresponding I/O port.
Refer to Table 17: Port bit configuration table on page 141.
00 : Input mode (reset state)
01 : Output mode, max speed 10 MHz.
10 : Output mode, max speed 2 MHz.
11 : Output mode, max speed 50 MHz.

• GPIO_InitStructure.GPIO_Speed = GPIO_Speed_50[MHz] : 이제 GPIO PIN의 속도를 지정한다. 여기서는 최대 50[MHz]로 지정하며 각 PIN(BIT)별 제어가 가능하다. 이 부분도 구조체로 "stm32f10x_gpio.h" 파일에 정해 두었다.

```
typedef enum
{
	GPIO_Speed_10MHz = 1,
	GPIO_Speed_2MHz,
	GPIO_Speed_50MHz
}GPIOSpeed_TypeDef;
```

• GPIO_InitStructure.GPIO_Mode = GPIO_Mode_Out_PP : 포트를 출력으로 "GPIO_Mode_Out_PP" 모드로 지정한다. 즉 Push-pull 으로 설정하는 것이다. 잠시 GPIO 내부구조를 살펴보자.

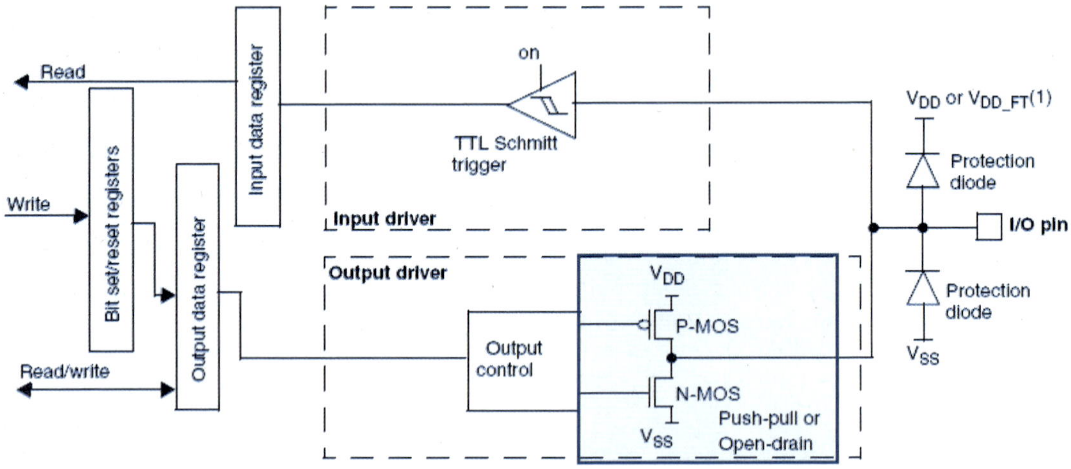

• GPIO_Init(GPIOD, &GPIO_InitStructure) : 이제 설정이 끝났으므로 구조체 메모리에 카피해서 초기화 한다. 이 설정이 끝나면 GPIO 설정이 모두 끝나게 되는 것이다. 여기서 잠깐 그러면 한 개의 핀 말고 여러 개 핀의 설정도 가능할까? 가능하다. 다음과 같이 처리하면 여러 개 핀을 동시에 설정할 수 있다.

★ 4개의 GPIO 핀을 출력으로 지정

```
void GPIO_Configuration(void)
{
      GPIO_InitTypeDef GPIO_InitStructure;
      RCC_APB2PeriphClockCmd(RCC_APB2Periph_GPIOD,    ENABLE);// Enable GPIOC
clock
      GPIO_InitStructure.GPIO_Pin    =    GPIO_Pin_12|    GPIO_Pin_13|    GPIO_Pin_14|
GPIO_Pin_15;
      GPIO_InitStructure.GPIO_Speed =    GPIO_Speed_50MHz;
  GPIO_InitStructure.GPIO_Mode     = GPIO_Mode_Out_PP
      GPIO_Init(GPIOD, &GPIO_InitStructure);
}
```

★ 모든 포트를 출력으로 지정

```
void GPIO_Configuration(void)
{
      GPIO_InitTypeDef GPIO_InitStructure;
      RCC_APB2PeriphClockCmd(RCC_APB2Periph_GPIOD,   ENABLE);//   Enable   GPIOC
clock
      GPIO_InitStructure.GPIO_Pin = GPIO_Pin_All;
      GPIO_InitStructure.GPIO_Speed =    GPIO_Speed_50MHz;
      GPIO_InitStructure.GPIO_Mode     = GPIO_Mode_Out_PP
      GPIO_Init(GPIOD, &GPIO_InitStructure);
}
```

★ 개별 속도 지정

```
void GPIO_Configuration(void)
{
      GPIO_InitTypeDef GPIO_InitStructure;
      RCC_APB2PeriphClockCmd(RCC_APB2Periph_GPIOD,      ENABLE);// Enable GPIOC
clock
      GPIO_InitStructure.GPIO_Pin = GPIO_Pin_12;
      GPIO_InitStructure.GPIO_Speed =      GPIO_Speed_10MHz;
   GPIO_InitStructure.GPIO_Mode      = GPIO_Mode_Out_PP
GPIO_Init(GPIOD, &GPIO_InitStructure);

GPIO_InitStructure.GPIO_Pin = GPIO_Pin_13;
GPIO_InitStructure.GPIO_Speed = GPIO_Speed_50MHz;
GPIO_Init(GPIOD, &GPIO_InitStructure);
}
```

★ main 함수 : RCC, NVIC, GPIO를 초기화 하고 while 문에서 GPIOD의 핀12번을 1(SET)로 출력 후 얼마간 delay를 가진 다음 GPIOD의 핀12번을 0(RESET)으로 하고 계속 루프를 돌게 되는 것이다. 그럼 여기서 GPIO_SetBits 함수를 찾아보자. 어디 있을까? GPIO 이름을 가진다면 아마도 GPIO 파일에 있을 것으로 가정하고 찾아보자.

```
int main(void)
{
      RCC_Configuration(); // RCC Configuration
      NVIC_Configuration();// NVIC Configuration
      GPIO_Configuration();// GPIO Configuration
      while (1)
      {
        GPIO_SetBits(GPIOD, GPIO_Pin_12);
        Delay(0xAFFFF);
        GPIO_ResetBits(GPIOD, GPIO_Pin_12);
        Delay(0xAFFFF);
}
```

함수는 바로 "stm32f10x_gpio.h" 파일에 있다. 하지만 "GPIOx ⇨ BSRR,BRR"는 어디 있을까? "stm32f10x.h" 파일에 있지 않을까?

```
void GPIO_SetBits(GPIO_TypeDef*    GPIOx, uint16_t GPIO_Pin)
{
    /* Check the parameters */
    assert_param(IS_GPIO_ALL_PERIPH(GPIOx));// 정확성 검증
    assert_param(IS_GPIO_PIN(GPIO_Pin));
    GPIOx->BSRR = GPIO_Pin;
}
void GPIO_ResetBits(GPIO_TypeDef*    GPIOx, uint16_t GPIO_Pin)
{
    /* Check the parameters */
    assert_param(IS_GPIO_ALL_PERIPH(GPIOx));
    assert_param(IS_GPIO_PIN(GPIO_Pin));
    GPIOx->BRR = GPIO_Pin;
}
```

이제 좀 숙달되어 바로 찾았다. 예상대로 "stm32f10x.h" 파일에 구조체 형식으로 선언되어 있다. 이제 BSRR, BRR 레지스터를 데이터시트에서 찾아보자.

```
typedef struct
{
    __IO uint32_t CRL;
    __IO uint32_t CRH;
    __IO uint32_t IDR;
    __IO uint32_t ODR;
    __IO uint32_t BSRR;
    __IO uint32_t BRR;
    __IO uint32_t LCKR;
} GPIO_TypeDef;
```

GPIO 출력을 RESET하는 레지스터가 있다. 여기에 원하는 비트에 SET(1)을 설정하면 출력이 0(RESET)이 된다.

Port bit reset register (GPIOx_BRR) (x=A..G)

31	30	29	28	27	26	25	24	23	22	21	20	19	18	17	16
Reserved															
15	14	13	12	11	10	9	8	7	6	5	4	3	2	1	0
BR 15	BR 14	BR 13	BR 12	BR 11	BR 10	BR 9	BR 8	BR 7	BR 6	BR 5	BR 4	BR 3	BR 2	BR 1	BR 0
w	w	w	w	w	w	w	w	w	w	w	w	w	w	w	w

GPIO 출력을 SET(1)하거나 RESET(0)하는 레지스터가 있다. 여기에 원하는 BR 비트에 1을 설정하면 출력이 0(RESET)되고 BS 비트에 SET(1)을 써넣으면 출력이 1(SET)되는 것이다.

Port bit set/reset register (GPIOx_BSRR) (x=A..G)

31	30	29	28	27	26	25	24	23	22	21	20	19	18	17	16
BR 15	BR 14	BR 13	BR 12	BR 11	BR 10	BR 9	BR 8	BR 7	BR 6	BR 5	BR 4	BR 3	BR 2	BR 1	BR 0
w	w	w	w	w	w	w	w	w	w	w	w	w	w	w	w
15	14	13	12	11	10	9	8	7	6	5	4	3	2	1	0
BS 15	BS 14	BS 13	BS 12	BS 11	BS 10	BS 9	BS 8	BS 7	BS 6	BS 5	BS 4	BS 3	BS 2	BS 1	BS 0
w	w	w	w	w	w	w	w	w	w	w	w	w	w	w	w

8.2.9 main.h

첫번째 줄에 stm32f10x.h include 파일이 보인다. 한 줄 외에는 아무것도 없다. 한 줄의 include 파일은 "C:₩ArmEdit₩WinArm₩stm32lib₩CMSIS₩CM3₩DeviceSupport₩ST₩STM32F10x₩ stm32f10x.h" 파일은 GPIO OUTPUT 실습에서 열심히 찾던 파일이다 그래서 include 해 준 것이다. 당연히 없으면 에러가 발생할 것이다. 그러면 stm32f10x_gpio.h와 stm32f10x_gpio.c 파일들은 include 하지 않았는데 왜 에러가 발생하지 않는지 의문이 생길 것이다.

"C:₩ArmEdit₩WinArm₩stm32lib₩STM32-OBJ₩ stm32_lib.a" 여기에 라이브러리 형태로 만들어져 있으며 우리는 main.c 파일을 컴파일할 때 makefile에서 가져와서 main.o와 결합하여 LINKER 후에 main.hex를 생성하기 때문이다.

```
#include "stm32f10x.h"
```

가. 포트 전체 출력하기

GPIO PIN 출력 제어는 실습을 통해서 모두 배웠다. 그러면 GPIO 포트 전체를 출력하기 위해서는 어떤 작업을 해야 할까?

다음을 보자. _InitStructure.GPIO_Pin = GPIO_Pin_All은 모든 포트를 설정하는 것으로 stm32f10x_gpio.h 함수에 선언되어 있음을 알 수 있을 것이다. 여기서 이 부분만 바꾸면 된다. 그리고 출력 포트는 GPIOE(LCD DATA부분)으로 정했다. 혹시 모를 데이터 충동을 방지하기 위해서다.

```
int main(void)
{
    RCC_Configuration(); // RCC Configuration
    NVIC_Configuration(); // NVIC Configuration
    GPIO_Configuration();
    while (1)
    {
        GPIO_ResetBits(GPIOE, GPIO_Pin_All);
        Delay(0xAFFFF);
        GPIO_SetBits(GPIOE, GPIO_Pin_All);
        Delay(0xAFFFF);
    }
}
```

GPIO_ResetBits(GPIOE, GPIO_Pin_All) 이렇게 모든 출력을 제어하기 위해서 PIN 번호가 아니라 모든 핀 즉 0XFFFF를 출력으로 내보내게 수정된 것이다. 이 부분의 소스는 CDROM₩source₩demo-103₩out_gpio_port에 있다.

```
void GPIO_Configuration(void)
{
    GPIO_InitTypeDef GPIO_InitStructure;
    RCC_APB2PeriphClockCmd(RCC_APB2Periph_GPIOE,     ENABLE);// Enable GPIOC
clock
    GPIO_InitStructure.GPIO_Pin      = GPIO_Pin_All;// 모든 포트 출력
    GPIO_InitStructure.GPIO_Speed =     GPIO_Speed_50MHz;
  GPIO_InitStructure.GPIO_Mode      = GPIO_Mode_Out_PP
    GPIO_Init(GPIOE, &GPIO_InitStructure);
}
```

나. 기존 출력 예제에서 문제점

우리가 시험하던 기존 함수의 문제점이 있다. 출력 시 함수 호출로 인한 delay가 발생하여 출력 속도가 느리다는 것이다. 기존 사용하던 함수 호출 예제가 다음과 같다면 최대 560[kHz] SPEED만 나오게 되어 빠른 출력을 갖는 프로그램에는 사용할 수가 없다. 겨우 560[kHz] 속도를 어디 쓴단 말인가! AVR CPU도 2[MHz]는 나오는데…. 그래서 다음과 같이 소스를 수정하였다.

```
while (1)
    {
        GPIO_ResetBits(GPIOE, GPIO_Pin_12);//ON 최대     560KHZ
GPIO_SetBits(GPIOE, GPIO_Pin_12);//OFF
}
```

다. 기존 출력 예제를 변경

기존 출력의 문제점을 개선하고자 다음처럼 BSRR, BRR 레지스터에 바로 접근하는 방법으로 문제점을 개선하였다. 다음의 예제는 함수의 호출 없이 BSRR, BRR 레지스터에 바로 써넣는 방법으로 최대 12[MHz]의 속도를 갖는 출력 제어다.

```
while (1)
    {
GPIOD->BSRR     = GPIO_Pin_12; //ON 12MHZ 최대
        GPIOD->BRR =     GPIO_Pin_12; //OFF
}
```

8.2.10 결론

이 장을 통해서 우리는 GPIO 출력 제어 실습을 해보았다. 특히 GPIO PIN 제어와 GPIO PORT 제어를 통해서 LED ON/ OFF 시험을 해보며 GPIO 레지스터 컨트롤, GPIO SPEED 설정, GPIO MODE 등 전반적인 STM32의 포트의 특징을 다루었고 우리는 ARM제조사에서 제공하는 라이브러리와 ST사에서 제공하는 라이브러리를 살펴보았고 AmrEdit 환경설정 방법도 배웠으며 기본 라이브러리를 사용해서 컴파일했을 때의 장단점을 살펴보았다. 여기까지 이해를 하고 코딩에 자신 있다면 CORTEX-M3 CPU를 90%정도 완성했다고 볼 수 있다. 이제 GPIO 출력 제어를 마무리하고 입력 제

어 실습을 해보겠다. 잘 이해가 되지 않으면 데이터시트를 찾아보면 잘 설명되어 있을 것이다.

8.3 GPIO INPUT 실습

8.3.1 개요

지난 장에서 우리는 GPIO 출력 시험을 LED ON/OFF 제어를 통해서 배웠다. 그러면 이제 포트 입력 즉 KEY 입력을 통해서 GPIO INPUT 제어를 해보자.

8.3.2 회로도

다음은 간단한 KEY부 회로도이다. 어떠한 핀이든 하드웨어 위치만 다를 뿐 거의 동일하니 회로도와 같이 GPIOC 4~7번 핀이 KEY에 연결되어 있음을 이해 할 수 있을 것이다. 회로도에서 KEY가 CPU와 연결되어 있음을 볼 수 있으며 또 한쪽은 KEY의 한쪽은 공통으로 GND와 결선되었음을 확인했을 것이다. 그러므로 우리는 CPU가 KEY가 눌려 졌을 때 GND 신호를 입력 받아서 키가 눌려졌음을 알 수 있는 것이다. 회로도에서 100[nF]와 100[R] 저항은 노이즈 제거용으로 사용된다. 그리고 한가지 좌측 AR4 어레이 저항이 회로도에 있지만 우리는 입력 모드를 풀업으로 지정하여 실습하므로 실제적으로는 이 회로가 필요가 없다.

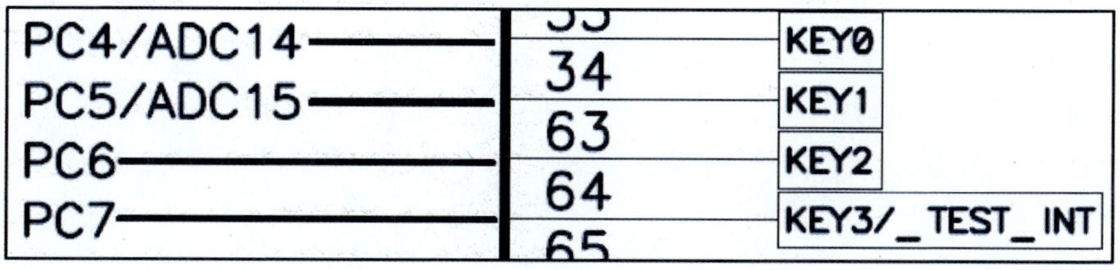

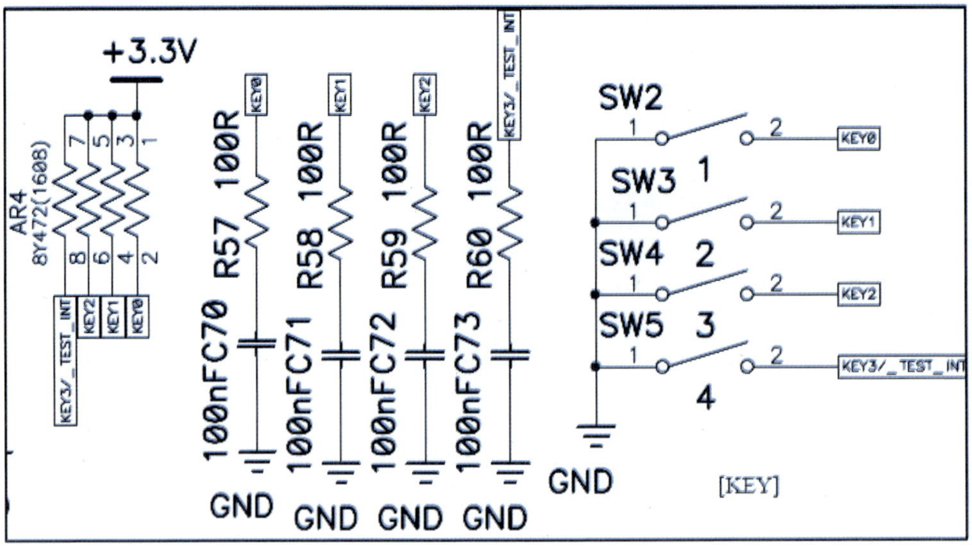

8.3.3 동작사진

다음 PCB에서 좌측 KEY SW2번이 GPIOC PIN4번이다.

8.3.4 PCB 사진

해당사항 없음.

8.3.5 파일의 위치

CDROM₩ source₩demo-103₩input_gpio_pin 디렉터리에 있다.

8.3.6 필요한 파일 : main.c.main.h

테스트를 위해 필요한 파일은 아주 간단하게 main.c 파일뿐이다. 따라서 다음 환경설정 ⇨ SourceAdd에서는 아무 것도 추가되지 않고 있음을 볼 수 있다. 기본적으로 필자는 main.c는 주 메인 파일로 두고 main.h 파일로 1:1 관리하며 이 main.h 파일에 필요한 모든 include 파일을 적어 둔다.

가. SetUp ⇨ Environment Options ⇨ SourceAdd에서 다음과 같이 사용할 초기화 설정을 한다. 이번 예제에서는 추가할 소스파일이 없지만 만약 main.c를 제외하고 추가될 소스파일은 여기에 추가한다. 그리고 다음 Add C++, Add Asm 파일들이 있으면 이곳에 추가한다.

[Add C source file name] : 아무 파일도 없으므로 그냥 공백으로 둔다.

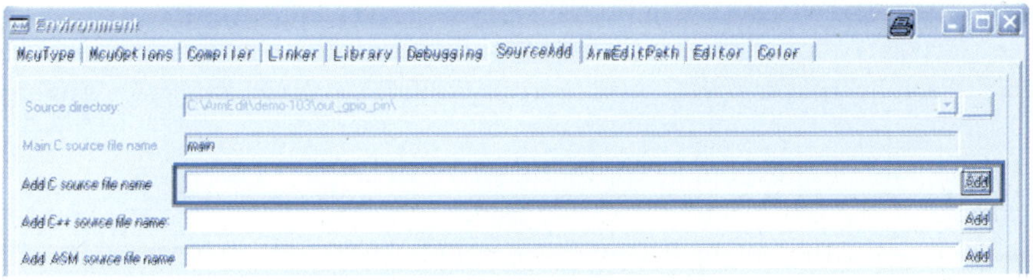

이제 모든 환경설정은 끝났다 "ok" 버튼을 누르고 환경설정을 마치고 빠져나오면 컴파일 대상 디렉터리에 makefile이 새로 생성되었을 것이다.

이제 컴파일을 진행해보자.  이 아이콘을 클릭하거나 단축키 F9를 누르면 컴파일이 진행되며 정상적으로 컴파일이 되면 main.hex 파일이 생성될 것이다.

8.3.7 소스분석

가. main.c

1) 첫번째 줄에 main.h include 파일이 보인다.
2) RCC_Configuration() 함수 : 이 함수는 시스템 클럭 설정을 초기화 시키는 부분으로 RCC 설정 부분에서 충분한 설명을 했다.
3) NVIC_Configuration(void) : 이 함수는 Vector Table 위치를 지정한다. 여기서는 FLASH 영역으로 설정한다.

4) GPIO _Configuration(void) : 이 함수는 GPIO를 초기화하는 함수로 출력부는 지난 장에서 배웠으므로 그냥 넘어 가겠다.

부분은 키가 눌려졌을 때 작동확인을 위한 LED출력을 설정하는 부분이다.
입력부 설명은 다음과 같다.

```
void GPIO_Configuration(void)
{
//---------- 출력 설정부분------------------------------------
  GPIO_InitTypeDef GPIO_InitStructure;
  RCC_APB2PeriphClockCmd(RCC_APB2Periph_GPIOD, ENABLE);// Enable GPIOD clock

  GPIO_InitStructure.GPIO_Pin = GPIO_Pin_12;
  GPIO_InitStructure.GPIO_Speed = GPIO_Speed_10MHz;
GPIO_InitStructure.GPIO_Mode = GPIO_Mode_Out_PP
GPIO_Init(GPIOD, &GPIO_InitStructure);
 //---------------여기서부터 입력 설정------------------------------
  RCC_APB2PeriphClockCmd(RCC_APB2Periph_GPIOC, ENABLE); // Enable GPIOC
clock
  GPIO_InitStructure.GPIO_Pin = GPIO_Pin_4;//KEY1번
  GPIO_InitStructure.GPIO_Speed = GPIO_Speed_10MHz;
GPIO_InitStructure.GPIO_Mode = GPIO_Mode_IPU //입력으로 설정
GPIO_Init(GPIOC, &GPIO_InitStructure);
}
```

• GPIO_InitTypeDef GPIO_InitStructure : "stm32f10x_gpio.h" 파일에 구조체로 선언되어 있다. 이것을 우리는 대신 사용하게 된다.

물론 GPIO 레지스터를 이용하여 직접 제어해도 되지만 호환성이 어렵고 설정이 번거로운 단점이 있다. 그래서 우리는 기본 제공하는 함수를 사용하기로 한다. 입출력 config 설정으로 풀업, 풀다운, 아날로그 입력 등의 기능을 선언해 놓았으므로 이것을 가져다 사용하면 되겠다.

```
typedef enum
{ GPIO_Mode_AIN = 0x0,
  GPIO_Mode_IN_FLOATING = 0x04,
  GPIO_Mode_IPD = 0x28,
  GPIO_Mode_IPU = 0x48,
  GPIO_Mode_Out_OD = 0x14,
  GPIO_Mode_Out_PP = 0x10,
  GPIO_Mode_AF_OD = 0x1C,
  GPIO_Mode_AF_PP = 0x18
}GPIOMode_TypeDef;
```

• RCC_APB2PeriphClockCmd(RCC_APB2Periph_GPIOC, ENABLE) : "stm32f10x_rcc.c" 파일에 선언되어 있다.

• GPIO_InitStructure.GPIO_Pin : 여기가 핀을 초기화하는 부분이다. GPIO_Pin_4: 이건 뭘까? 찾아볼까? 다음은 "stm32f10x_gpio.h" 에 선언된 내용이다. GPIO_Pin_4=0x0010임을 알 수 있을 것이다. GPIOx_CRL, GPIOx_CRH 레지스터를 보자.

```
#define GPIO_Pin_0      ((uint16_t)0x0001)  /*!< Pin 0 selected */
#define GPIO_Pin_1      ((uint16_t)0x0002)  /*!< Pin 1 selected */
#define GPIO_Pin_2      ((uint16_t)0x0004)  /*!< Pin 2 selected */
#define GPIO_Pin_3      ((uint16_t)0x0008)  /*!< Pin 3 selected */
#define GPIO_Pin_4      ((uint16_t)0x0010)  /*!< Pin 4 selected */
#define GPIO_Pin_5      ((uint16_t)0x0020)  /*!< Pin 5 selected */
#define GPIO_Pin_6      ((uint16_t)0x0040)  /*!< Pin 6 selected */
#define GPIO_Pin_7      ((uint16_t)0x0080)  /*!< Pin 7 selected */
#define GPIO_Pin_8      ((uint16_t)0x0100)  /*!< Pin 8 selected */
#define GPIO_Pin_9      ((uint16_t)0x0200)  /*!< Pin 9 selected */
#define GPIO_Pin_10     ((uint16_t)0x0400)  /*!< Pin 10 selected */
#define GPIO_Pin_11     ((uint16_t)0x0800)  /*!< Pin 11 selected */
#define GPIO_Pin_12     ((uint16_t)0x1000)  /*!< Pin 12 selected */
#define GPIO_Pin_13     ((uint16_t)0x2000)  /*!< Pin 13 selected */
#define GPIO_Pin_14     ((uint16_t)0x4000)  /*!< Pin 14 selected */
#define GPIO_Pin_15     ((uint16_t)0x8000)  /*!< Pin 15 selected */
#define GPIO_Pin_All    ((uint16_t)0xFFFF)  /*!< All pins selected */
```

• GPIO_Pin_4번째 비트이므로 GPIOx_CRL 레지스터를 설정하는 것이다. 다음 네모

칸의 비트를 지정하고 다음으로 입력과 모드를 설정하게 되는 것이다. 다음은 모드 설정을 보자.

31	30	29	28	27	26	25	24	23	22	21	20	19	18	17	16
CNF7[1:0]		MODE7[1:0		CNF6[1:0]		MODE6[1:0]		CNF5[1:0]		MODE5[1:0]		CNF4[1:0]		MODE4[1:0]	
rw	rw	rw	rw	rw	rw	rw	rw	rw	rw	rw	rw	rw	rw	rw	rw
15	14	13	12	11	10	9	8	7	6	5	4	3	2	1	0
CNF3[1:0]		MODE3[1:0]		CNF2[1:0]		MODE2[1:0]		CNF1[1:0]		MODE1[1:0]		CNF0[1:0]		MODE0[1:0]	
rw	rw	rw	rw	rw	rw	rw	rw	rw	rw	rw	rw	rw	rw	rw	rw

- Bits 31:30, 27:26,
- 23:22, 19:18, 15:14,
- 11:10, 7:6, 3:2
- CNFy[1:0]: Port x configuration bits (y= 0 .. 7)
- These bits are written by software to configure the corresponding I/O port.
- Refer to Table 17: Port bit configuration table on page 141.
- In input mode (MODE[1:0]=00):
- 00 : Analog mode
- 01 : Floating input (reset state)
- 10 : Input with pull-up / pull-down
- 11 : Reserved
- In output mode (MODE[1:0] 〉 0):
- 00 : General purpose output push-pull
- 01 : General purpose output Open-drain
- 10 : Alternate function output Push-pull
- 11 : Alternate function output Open-drain
- Bits 29:28, 25:24,
- 21:20, 17:16, 13:12,
- 9:8, 5:4, 1:0
- MODEy[1:0]: Port x mode bits (y= 0 .. 7)
- These bits are written by software to configure the corresponding I/O port.
- Refer to Table 17: Port bit configuration table on page 141.
- 00 : Input mode (reset state)
- 01 : Output mode, max speed 10 [MHz].
- 10 : Output mode, max speed 2 [MHz].
- 11 : Output mode, max speed 50 [MHz].

• GPIO_InitStructure.GPIO_Speed : GPIO_Speed_10[MHz] : 이제 GPIO PIN의 속도를 지정한다. 여기서는 최대 50[MHz]로 지정하며 각 PIN(BIT)별 제어가 가능하다. 이 부분도 구조체로 "stm32f10x_gpio.h"파일에 정해 두었다.

```
typedef enum
{
  GPIO_Speed_10MHz = 1,
  GPIO_Speed_2MHz,
  GPIO_Speed_50MHz
}GPIOSpeed_TypeDef;
```

- GPIO_InitStructure.GPIO_Mode = GPIO_Mode_IPU : 포트를 입력으로 "GPIO_Mode_IPU" 모드로 지정한다. 즉 Pull Up 으로 설정하는 것이다. 다음 그림에서 VDD를 연결하여 저항을 거처 풀업으로 설정됨을 이해 할 것이다. 잠시 GPIO 내부구조를 살펴보자.

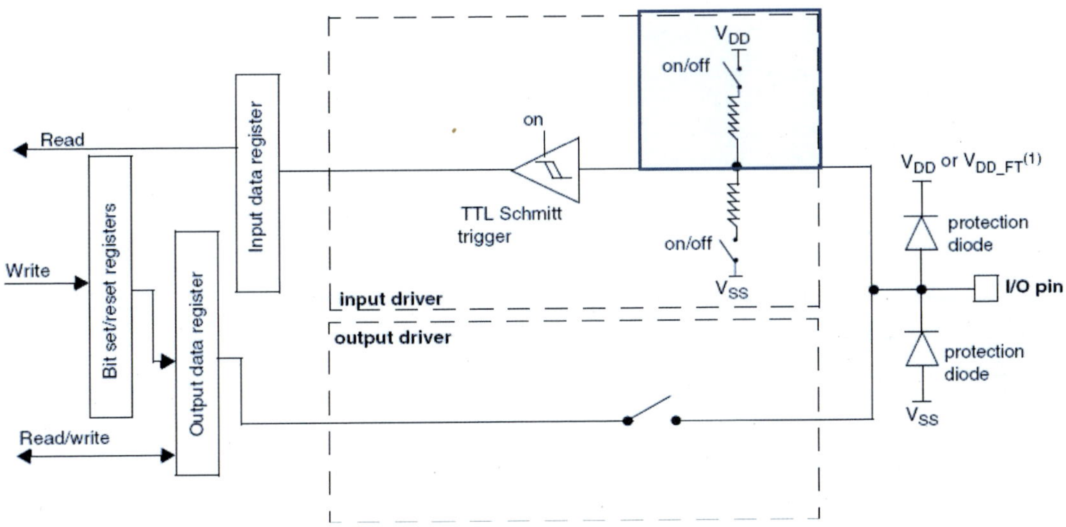

- GPIO_Init(GPIOC, &GPIO_InitStructure) : 이제 설정이 끝났으므로 구조체 메모리에 카피해서 초기화한다. 이 설정이 끝나면 GPIO 설정이 모두 끝나게 되는 것이다. 여기서 잠깐 그러면 한 개의 핀 말고 여러 개 핀의 설정도 가능할까? 가능하다. 다음과 같이 처리하면 여러 개 핀을 동시에 설정할 수 있다.

★ 4개의 GPIO 핀을 입력으로 지정

```
void GPIO_Configuration(void)
{
  GPIO_InitTypeDef GPIO_InitStructure;
  RCC_APB2PeriphClockCmd(RCC_APB2Periph_GPIOC, ENABLE);// Enable GPIOE clock

  GPIO_InitStructure.GPIO_Pin    =    GPIO_Pin_12|    GPIO_Pin_13|    GPIO_Pin_14|
GPIO_Pin_15;
  GPIO_InitStructure.GPIO_Speed = GPIO_Speed_10MHz;
GPIO_InitStructure.GPIO_Mode = GPIO_Mode_IPU
  GPIO_Init(GPIOC, &GPIO_InitStructure);
}
```

★ 모든 포트를 입력으로 지정

```
void GPIO_Configuration(void)
{
  GPIO_InitTypeDef GPIO_InitStructure;
  RCC_APB2PeriphClockCmd(RCC_APB2Periph_GPIOC, ENABLE);// Enable GPIOC clock
  GPIO_InitStructure.GPIO_Pin = GPIO_Pin_All;
  GPIO_InitStructure.GPIO_Speed = GPIO_Speed_10MHz;
GPIO_InitStructure.GPIO_Mode = GPIO_Mode_IPU
  GPIO_Init(GPIOC, &GPIO_InitStructure);
}
```

★ 개별 속도 지정

```
void GPIO_Configuration(void)
{
  GPIO_InitTypeDef GPIO_InitStructure;
  RCC_APB2PeriphClockCmd(RCC_APB2Periph_GPIOC, ENABLE);// Enable GPIOC clock

  GPIO_InitStructure.GPIO_Pin = GPIO_Pin_4;
  GPIO_InitStructure.GPIO_Speed = GPIO_Speed_10MHz;
GPIO_InitStructure.GPIO_Mode = GPIO_Mode_IPU
GPIO_Init(GPIOD, &GPIO_InitStructure);

GPIO_InitStructure.GPIO_Pin = GPIO_Pin_13;
GPIO_InitStructure.GPIO_Speed = GPIO_Speed_50MHz;
GPIO_Init(GPIOC, &GPIO_InitStructure);
}
```

8.3.8 main 함수

RCC, NVIC, GPIO를 초기화하고 while 문에서 GPIOC의 핀 4번을 0(RESET)이 되면 if문안으로 진입하여 LED ON 시키고 핀4번을 1(SET)이면 else 문으로 진입하여 LED를 OFF 하는 것이다. 그럼 여기서 if(GPIO_ReadInputDataBit(GPIOC, GPIO_Pin_4)==Bit_RESET)코딩에서 GPIO_ReadInputDataBit () 함수를 찾아보자. 어디 있을까? GPIO 이름을 가진다면 아마도 GPIO 파일에 있을 것으로 가정하고 찾아보자.

```
int main(void)
{
  RCC_Configuration(); // RCC Configuration
  NVIC_Configuration();// NVIC Configuration
  GPIO_Configuration();// GPIO Configuration
  while (1)
  {
    if(GPIO_ReadInputDataBit(GPIOC,GPIO_Pin_4)==Bit_RESET )
    {
      GPIO_SetBits(GPIOD, GPIO_Pin_12);
    {
      GPIO_ResetBits(GPIOD, GPIO_Pin_12
  }
}
```

함수는 바로 "stm32f10x_gpio.h" 파일에 있다. 이 함수에서 GPIO 포트를 읽고 그 비트와 &연산하여 그 값을 되돌려 주는 함수임을 이해할 수 있을 것이다. 하지만 "GPIOx ⇨ IDR" 어디 있을까? 아마도 "stm32f10x.h" 파일에 있지 않을까? 궁금하다 찾아보자.

```
uint8_t GPIO_ReadInputDataBit(GPIO_TypeDef* GPIOx, uint16_t GPIO_Pin)
{
  uint8_t bitstatus = 0x00;

  /* Check the parameters */
  assert_param(IS_GPIO_ALL_PERIPH(GPIOx));
  assert_param(IS_GET_GPIO_PIN(GPIO_Pin));

  if ((GPIOx->IDR & GPIO_Pin) != (uint32_t)Bit_RESET)
  {
    bitstatus = (uint8_t)Bit_SET;
  }
  else
  {
    bitstatus = (uint8_t)Bit_RESET;
  }
  return bitstatus;
}
```

예상대로 "stm32f10x.h" 파일에 구조체 형식으로 선언되어 있다. 이제 IDR 레지스터를 데이터시트를 찾아보자.

```
typedef struct
{
  __IO uint32_t DR;
  __IO uint8_t  IDR;
  uint8_t    RESERVED0;
  uint16_t   RESERVED1;
  __IO uint32_t CR;
} CRC_TypeDef;
```

GPIO 입력 데이터 값을 읽어오는 레지스터가 있다. 여기에 이 읽은 값이 최종 키값이 되는 것이다.

Port input data register (GPIOx_IDR) (x=A..G)

31	30	29	28	27	26	25	24	23	22	21	20	19	18	17	16
Reserved															
15	14	13	12	11	10	9	8	7	6	5	4	3	2	1	0
IDR 15	IDR 14	IDR 13	IDR 12	IDR 11	IDR 10	IDR 9	IDR 8	IDR 7	IDR 6	IDR 5	IDR 4	IDR 3	IDR 2	IDR 1	IDR 0
r	r	r	r	r	r	r	r	r	r	r	r	r	r	r	r

- Bits 15:0 IDRy[15:0]: Port input data (y= 0 .. 15)
- These bits are read only and can be accessed in Word mode only. They contain the input value of the corresponding I/O port.

8.3.9 main.h

첫번째 줄에 stm32f10x.h include 파일이 보인다. 한 줄 외에는 아무것도 없다.

```
#include "stm32f10x.h"
```

가. 포트 전체 입력 받기

GPIO 포트의 입력 제어는 실습을 통해서 모두 배웠다. 그러면 GPIO 포트 전체를 입력을 받기 위해서는 어떤 작업을 해야 할까?

다음을 보자. _InitStructure.GPIO_Pin = GPIO_Pin_All은 모든 포트를 설정하는 것으로 stm32f10x_gpio.h 함수에 선언되어 있음을 알 수 있을 것이다. 여기서 이 부분만 바꾸면 된다. 그리고 출력 포트는 GPIOC 으로 키 포트로 가정했다. 그런데 우리는 입출력 제어 실습을 통해서 GPIO 설정 부분에서 공통점을 발견했다. RCC_APB2-PeriphClockCmd 설정 부분과 GPIO_Init 설정 부분이 그것이다. 공통점과
변화되는 값이 무엇일까? 역시 눈치가 100단이다.

RCC_APB2PeriphClockCmd(RCC_APB2Periph_GPIOx, ENABLE GPIO_Init(GPIOx, &GPIO_InitStructure); 무엇이 다를까. 바로 강조된 부분에 GPIOA~GPIOG까지 포트 번호를 넣을 수 있는 것이다. 함수를 찾아보면 구조체 이름에 GPIOx라고 선언된 것을 보게 될 것이다. 이렇듯 앞으로 기본 라이브러리를 재사용할 때 이런 함수가 상당히 많다는 것을 발견할 것이다. 그만큼 코딩 시간이 줄어들고 편리한 점이 많다는 것을 몸으로 느낄 것이다.

```
void GPIO_Configuration(void)
{
  GPIO_InitTypeDef GPIO_InitStructure;
  RCC_APB2PeriphClockCmd(RCC_APB2Periph_GPIOC, ENABLE);// Enable GPIOC clock

  GPIO_InitStructure.GPIO_Pin = GPIO_Pin_All;// 모든 포트 출력
  GPIO_InitStructure.GPIO_Speed = GPIO_Speed_10MHz;
GPIO_InitStructure.GPIO_Mode = GPIO_Mode_IPU
  GPIO_Init(GPIOC, &GPIO_InitStructure);
}
```

GPIO_ReadInputData(GPIOx); 이렇게 포트 전체 데이터를 입력 받는 것이다.

```
int main(void)
{
  RCC_Configuration(); // RCC Configuration
  NVIC_Configuration(); // NVIC Configuration
  GPIO_Configuration();
  while (1)
  {
     u16 i=GPIO_ReadInputData (GPIOC);
}
```

8.3.10 결론

이 장을 통해서 우리는 GPIO 입력 제어 실습을 해보았다. 특히 GPIO PIN 제어와 GPIO PORT 제어를 통해서 KEY 눌림을 시험을 통해서 알아보았고 기본 라이브러리의 공통점을 발견하고 어떠한 장점이 있는지 공부하였다. 이제 기본적인 GPIO 입력도 마무리 하였으니 좀더 복잡하고 재미있는 기능들을 구현해 보고 좀더 CORTEX-M3에 가까이 다가가 보고자 한다.

제9장

NVIC INTERRUP

9.1 NVIC INTERRUP Controller

9.1 NVIC INTERRUP Controller

Processor mode	Used to execute	Privilege level for software execution	Stack used
Thread	Applications	Privileged or unprivileged(1)	Main stack or process stack(1)
Handler	Exception handlers	Always privileged	Main stack

9.1.1 Nested vectored interrupt controller(NVIC)의 기초

STM32의 Interrupt는 Nested vectored interrupt controller (NVIC)를 통해서 제어되며 그 기능은 다음과 같다. 그리고 NVIC의 Vector table은 명령어가 아니라 명령이 실행될 주소가 들어간다는 것이다. 이는 인터럽트 처리 시 시간을 줄여주기 위한 방법이다.

가. 인터럽트 개수 : 68개의 interrupt channels를 가진다.

나. 16단계(4[bit]설정)를 가지는 priority levels(0~15)가 있으며 priority level 0이 가장 높은 순이다. Priority Group 아래 표와 같이 Group Priority와 Sub priority 2가지 그룹을 가지며 4Bit의 Priority bit는 PRIGROUP의 설정에 의존하며 PRIGROUP 설정에 따라서 Group Priority와 Sub priority에 사용하는 BIT율이 변화된다. PRIGROUP[2~0bit] 값이 0B100 일 때 Group Priority의 BIT는 7~5[bit]가 유효한 값을 가지며 반대로 Sub priority의 4[bit] 값만 유효한 데이터가 된다고 이해하면 된다.

Priority grouping

PRIGROUP [2:0]	Interrupt priority level value, PRI_N[7:4]			Number of	
	Binary point(1)	Group priority bits	Subpriority bits	Group priorities	Sub priorities
0b011	0bxxxx	[7:4]	None	16	None
0b100	0bxxx.y	[7:5]	[4]	8	2
0b101	0bxx.yy	[7:6]	[5:4]	4	4
0b110	0bx.yyy	[7]	[6:4]	2	8
0b111	0b.yyyy	None	[7:4]	None	16

1. PRI_n[7:4] field showing the binary point. x denotes a group priority field bit, and y denotes a subpriority field bit

다. Low-latency exception and interrupt handling(tail-chaining, late arriving)

STM32는 인터럽트 발생시 Stack에 사용 중인 레지스터를 PUSH하고 vector Table의 해당되는 Interrupt vector로 점프하게 되는데 이때 이 동작을 하드웨어적으로 처리하고 또한 인터럽트 처리 후 POP 할 때도 하드웨어 적으로 처리하여 속도가 PUSH POP Cycles이 12 Cycles로 빨라졌다. 또한 tail-chaining 처리로 높은 순위의 IRQ1 처리 중에 낮은 순위 IRQ2이 인터럽트가 발생하면 바로 IQR1 종료 후 바로 우선순위가 낮은 인터럽트가 처리되어 Stack처리 없이 6Cycles 내에 전환될 수 있다. 다음 그림은 기존의 ARM과 CORTEX-M3 인터럽트 tail-chaining 처리 특징을 보이고 있다.

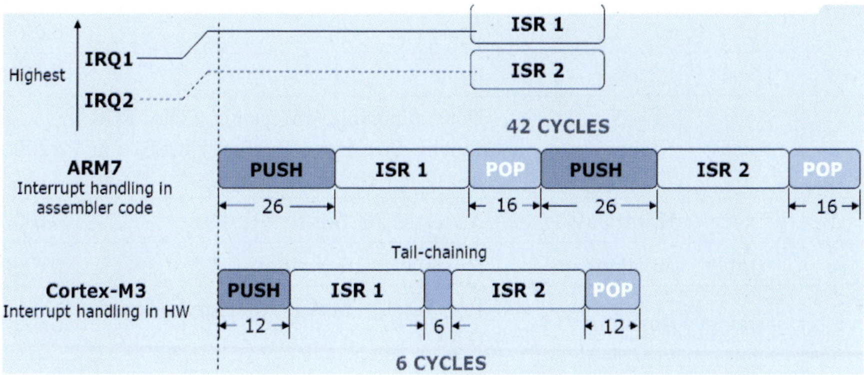

9.1.2 Vector Table

다음 표는 STM32는 미리 정의된 Vector Table이다. 회색 처리 부분이 Cortex-M3의 기본 Exception부분이며 이외 부분이 STM32F103XX 디바이스 영역이다. STM32F105, 107들은 USB OTG LAN 등이 더 있다.

가. Vector Table 표

Vector table for other STM32F10xxx devices

position	priority	Type of priority	Acronym	Description	Address
	-	-	-	Reserved	0x0000_0000
	-3	fixed	Reset	Reset	0x0000_0004
	-2	fixed	NMI	Non maskable interrupt. The RCC Clock Security System (CSS) is linked to the NMI vector.	0x0000_0008
	-1	fixed	HardFault	All class of fault	0x0000_000C
	0	settable	MemManage	Memory management	0x0000_0010
	1	settable	BusFault	Pre-fetch fault, memory access fault	0x0000_0014
	2	settable	UsageFault	Undefined instruction or illegal state	0x0000_0018
	-	-	-	Reserved	0x0000_001C - 0x0000_002B
	3	settable	SVCall	System service call via SWI instruction	0x0000_002C
	4	settable	Debug Monitor	Debug Monitor	0x0000_0030
	-	-	-	Reserved	0x0000_0034
	5	settable	PendSV	Pendable request for system service	0x0000_0038
	6	settable	SysTick	System tick timer	0x0000_003C
0	7	settable	WWDG	Window watchdog interrupt	0x0000_0040
1	8	settable	PVD	PVD through EXIT Line detection interrupt	0x0000_0044
2	9	settable	TAMPER	Tamper interrupt	0x0000_0048

Vector table for other STM32F10xxx devices(continued)

position	priority	Type of priority	Acronym	Description	Address
3	10	settable	RTC	RTC global interrupt	0x0000_004C
4	11	settable	FLASH	Flash global interrupt	0x0000_0050
5	12	settable	RCC	RCC global interrupt	0x0000_0054
6	13	settable	EXTI0	EXTI Line0 Interrupt	0x0000_0058
7	14	settable	EXTI1	EXTI Line1 Interrupt	0x0000_005C
8	15	settable	EXTI2	EXTI Line2 Interrupt	0x0000_0060
9	16	settable	EXTI3	EXTI Line3 Interrupt	0x0000_0064
10	17	settable	EXTI4	EXTI Line4 Interrupt	0x0000_0068
11	18	settable	DMA1_Channel1	DMA1 Channel1 global interrupt	0x0000_006C
12	19	settable	DMA1_Channel2	DMA1 Channel2 global interrupt	0x0000_0070
13	20	settable	DMA1_Channel3	DMA1 Channel3 global interrupt	0x0000_0074
14	21	settable	DMA1_Channel4	DMA1 Channel4 global interrupt	0x0000_0078
15	22	settable	DMA1_Channel5	DMA1 Channel5 global interrupt	0x0000_007C
16	23	settable	DMA1_Channel6	DMA1 Channel6 global interrupt	0x0000_0080
17	24	settable	DMA1_Channel7	DMA1 Channel7 global interrupt	0x0000_0084
18	25	settable	ADC1_2	ADC1 and ADC2 global interrupts	0x0000_0088
19	26	settable	USB_HP_CAN_TX	USB High Priority or CAN TX interrupt	0x0000_008C
20	27	settable	USB_LP_CAN_RX0	USB Low Priority or CAN RX0 interrupt	0x0000_0090
21	28	settable	CAN_RX1	CAN RX1 interrupt	0x0000_0094
22	29	settable	CAN_SCE	CAN SCE interrupt	0x0000_0098
23	30	settable	EXTI9_5	EXTI Line[9:5] interrupt	0x0000_009C
24	31	settable	TIM1_BRK	TIM1 Break interrupt	0x0000_00A0
25	32	settable	TIM1_UP	TIM1 Update interrupt	0x0000_00A4
26	33	settable	TIM1_TRG_COM	TIM1Trigger and Communication interrupt	0x0000_00A8
27	34	settable	TIM1_CC	TIM1 Capture Compare interrupt	0x0000_00AC
28	35	settable	TIM2	TIM2 global interrupt	0x0000_00B0
29	36	settable	TIM3	TIM3 global interrupt	0x0000_00B4
30	37	settable	TIM4	TIM4 global interrupt	0x0000_00B8
31	38	settable	I2C1_EV	I^2C1 event interrupt	0x0000_00BC
32	39	settable	I2C1_ER	I^2C1 event interrupt	0x0000_00C0
33	40	settable	I2C2_EV	I^2C1 event interrupt	0x0000_00C4
34	41	settable	I2C2_ER	I^2C1 event interrupt	0x0000_00C8

Vector table for other STM32F10xxx devices(continued)

position	priority	Type of priority	Acronym	Description	Address
35	42	settable	SPI1	SPI1 global interrupt	0x0000_00CC
36	43	settable	SPI2	SPI2 global interrupt	0x0000_00D0
37	44	settable	USART1	USART1 global interrupt	0x0000_00D4
38	45	settable	USART2	USART2 global interrupt	0x0000_00D8
39	46	settable	USART3	USART3 global interrupt	0x0000_00DC
40	47	settable	EXTI15_10	EXTI Line[15:10] Interrupt	0x0000_00E0
41	48	settable	RTCAlarm	RTC alarm through EXTI line Interrupt	0x0000_00E4
42	49	settable	USBWakeup	USB wakeup from suspend through EXTI line interrupt	0x0000_00E8
43	50	settable	TIM8_BRK	TIM8 Break interrupt	0x0000_00Ec
44	51	settable	TIM8_UP	TIM8 Update interrupt	0x0000_00F0
45	52	settable	TIM8_TRG_COM	TIM8 Trigger and Communication interrupts	0x0000_00F4
46	53	settable	TIM8_CC	TIM8 Capture Compare interrupt	0x0000_00F8
47	54	settable	ADC3	ADC3 global interrupt	0x0000_00FC
48	55	settable	FSMC	FSMC global interrupt	0x0000_0000
49	56	settable	SDIO	SDIO global interrupt	0x0000_0004
50	57	settable	TIM5	TIM5 global interrupt	0x0000_0008
51	58	settable	SPI3	SPI3 global interrupt	0x0000_000C
52	59	settable	UART4	UART4 global interrupt	0x0000_0010
53	60	settable	UART5	UART5 global interrupt	0x0000_0014
54	61	settable	TIM6	TIM6 global interrupt	0x0000_0018
55	62	settable	TIM7	TIM7 global interrupt	0x0000_001C
56	63	settable	DMA2_Channel1	DMA2 Channel1 global interrupt	0x0000_0020
57	64	settable	DMA2_Channel2	DMA2 Channel2 global interrupt	0x0000_0024
58	65	settable	DMA2_Channel3	DMA2 Channel3 global interrupt	0x0000_0028
59	66	settable	DMA2_Channel4_5	DMA2 Channel4 and DMA2 Channel5 global interrupts	0x0000_002C

나. NVIC레지스터

NVIC Register의 Base Address는 0xE000E100이다.

- ISER(Interrupt Set Enable Register) : 인터럽트 발생을 Enable 즉 SET(1) 할 수 있으며 현재의 값을 읽기도 가능.

- ICER(Interrupt Clear Enable Register) : 인터럽트 발생을 Disable 즉 RESET(0) 할 수 있으며 현재의 값을 읽기도 가능.
- ISPR(Interrupt Set Pending Register) : 인터럽트를 Pending상태를 Enable 즉 SET(1) 할 수 있으며 현재 Pending상태를 읽기도 가능.
- ICPR(Interrupt Clear Pending Register) : 인터럽트의 Pending 상태를 RESET(0) 할 수 있으며 현재의 Pending상태를 읽기도 가능.
- IABR(Interrupt Active Bit Register) : 인터럽트 상태를 읽을 수 있다.
- IP(Interrupt Priority Register) : 개별 인터럽트 채널의 Priority level을 설정한다.
- STIR(Software Trigger Interrupt Register) : ID bit에 쓰면 소프트웨어적으로 인터럽트를 발생시킨다.

1) 인터럽트 Enable 설정하는 레지스터가 바로 Interrupt set-enable registers (NVIC_ISERx)다. 인터럽트 원하는 RS번호에 SET(1)로 써넣는다.

Interrupt set-enable registers(NVIC_ISERx)

31	30	29	28	27	26	25	24	23	22	21	20	19	18	17	16
SETENA[31:16]															
rs	rs	rs	rs	rs	rs	rs	rs	rs	rs	rs	rs	rs	rs	rs	rs
15	14	13	12	11	10	9	8	7	6	5	4	3	2	1	0
SETENA[15:0]															
rs	rs	rs	rs	rs	rs	rs	rs	rs	rs	rs	rs	rs	rs	rs	rs

- Bits 31:0 SETENA[31:0] : Interrupt set-enable bits.
- Write :
- 0 : No effect
- 1 : Enable interrupt
- Read:
- 0 : Interrupt disabled
- 1 : Interrupt enabled.

2) 인터럽트를 Disable하는 레지스터가 Rising Interrupt clear-enable registers (NVIC_ICERx)다. 원하는 비트 RC_W1번호에 SET(1)로 써넣는다.

Interrupt clear-enable registers(NVIC_ICERx)

31	30	29	28	27	26	25	24	23	22	21	20	19	18	17	16
CLRENA[31:16]															
rc_w1	rc_w1	rc_w1	rc_w1	rc_w1	rc_w1	rc_w1	rc_w1	rc_w1	rc_w1	rc_w1	rc_w1	rc_w1	rc_w1	rc_w1	rc_w1
15	14	13	12	11	10	9	8	7	6	5	4	3	2	1	0
CLRENA[15:0]															
rc_w1	rc_w1	rc_w1	rc_w1	rc_w1	rc_w1	rc_w1	rc_w1	rc_w1	rc_w1	rc_w1	rc_w1	rc_w1	rc_w1	rc_w1	rc_w1

- Bits 31:0 CLRENA[31:0] : Interrupt clear-enable bits.
- Write :
- 0 : No effect
- 1 : Disable interrupt
- Read :
- 0 : Interrupt disabled
- 1 : Interrupt enabled

3) 인터럽트 Active 상태를 관리하는 레지스터가 Interrupt active bit registers(NVIC_IABRx)다. 읽기 전용이다.

Interrupt active bit registers(NVIC_IABRx)

31	30	29	28	27	26	25	24	23	22	21	20	19	18	17	16
ACTIVE[31:16]															
r	r	r	r	r	r	r	r	r	r	r	r	r	r	r	r
15	14	13	12	11	10	9	8	7	6	5	4	3	2	1	0
ACTIVE[15:0]															
r	r	r	r	r	r	r	r	r	r	r	r	r	r	r	r

- Bits 31:0 ACTIVE[31:0] : Interrupt active flags
- 0 : Interrupt not active
- 1 : Interrupt active

4) 인터럽트가 priority level을 설정하는 레지스터가 Interrupt priority registers (NVIC_IPRx)의 해당 IP비트가 priority level이다.

Interrupt priority registers(NVIC_IPRx)

NVIC_IPRx register mapping

	31 ... 24	23 ... 16	15 ... 8	7 ... 0
IPR16	IP[67]	IP[66]	IP[65]	IP[64]
⋮				
IPRm	IP[4m+3]	IP[4m+2]	IP[4m+1]	IP[4m]
⋮				
IPR0	IP[3]	IP[2]	IP[1]	IP[0]

Bits	Name	Function
[31:24]	Priority, byte offset 3	Each priority firld holds a priority value, 0-255. The lower the value, the greater the priority of the corresponding interrupt. The processor implements only bits[7:4] of each field, bits[3:0] read as zero and ignore writes.
[23:16]	Priority, byte offset 2	
[15:8]	Priority, byte offset 1	
[7:0]	Priority, byte offset 0	

5) 인터럽트 발생을 소프트웨어로 설정하는 레지스터가 Software trigger interrupt register (NVIC_STIR)다. 원하는 W비트에 INTID 번호를 써넣는다.

Software trigger interrupt register (NVIC_STIR)

31	30	29	28	27	26	25	24	23	22	21	20	19	18	17	16
Reserved															
15	**14**	**13**	**12**	**11**	**10**	**9**	**8**	**7**	**6**	**5**	**4**	**3**	**2**	**1**	**0**
Reserved							INTID[8:0]								
							w	w	w	w	w	w	w	w	w

- Bits 31:9 Reserved, must be kept cleared.
- Bits 8:0 NTID[8:0] Software generated interrupt ID
- Write to the STIR to generate a Software Generated Interrupt (SGI). The value to be written is
the Interrupt ID of the required

6) System Control Block(SCB) Register

SCB는 시스템 관련 레지스터들의 블록이다. 이들 중에 NVIC와 관련 있는 레지스터만 먼저 살펴보자.

SCB의 Base Address는 0xE000ED00가 시작 번지다.

- VTOR(Vector Table Offset Register) : Vector Table의 위치를 변경할 수 있다. 컴파일 시 NVIC 어드레스 번지를 지정하여 변경 가능.
- AIRCR(Application Interrupt/Reset Control Register) : PRIGROUP 값을 설정하며, Priority Grouping 정책을 결정하는 레지스터.

제10장

EXTERNAL INTERRUP

10.1 EXTERNAL INTERRUP

10.1.1 EXTERNAL INTERRUPT의 기초

가. External interrupt 구조

GPIO(general-purpose I/O) 16개의 외부 인터럽트 이벤트라인이 존재한다. GPIOA~GPIOG 각 PIN번호 0번이 인터럽트라인 0번이고 GPIOA~GPIOG 각 PIN 번호 15번이 인터럽트라인 15번까지 총 16개의 인터럽트 이벤트라인이 있고 아래 그림에서 총 20개 라인이 있다고 했는데 4개는, 즉 인터럽트 이벤트라인 16번에서 20번까지는 PVD, RTC, USB, Ethernet에 존재함을 아래 도표를 통해서 알 수 있다. 여기서 Ethernet 기능은 STM32F105, 107 디바이스에만 존재하는 기능으로 STM32F103 시리즈에는 없으며 GPIOF와 GPIOG도 STM32F103 시리즈에는 없다. 그런 이유로 전체 외부 인터럽트라인은 0~18 즉 19개가 된다.

또한 각개 독립적인 Rising trigger edged와 Falling trigger edge를 지원한다. 모두 알고 있는 사실이지만 Rising trigger edged와 Falling trigger edge 방식을 참조로 그림으로 그려 놓았으니 참고하길 바란다.

★ 총 20개 인터럽트 이벤트 라인을 보여주는 메모리 맵

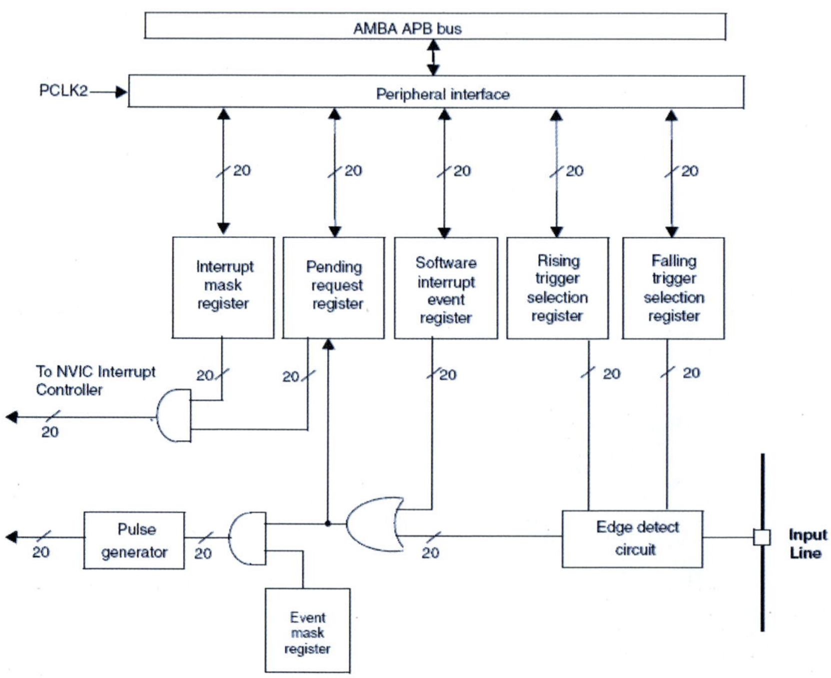

★ GPIO 라인에 존재하는 외부 인터럽트 이벤트 총 16개

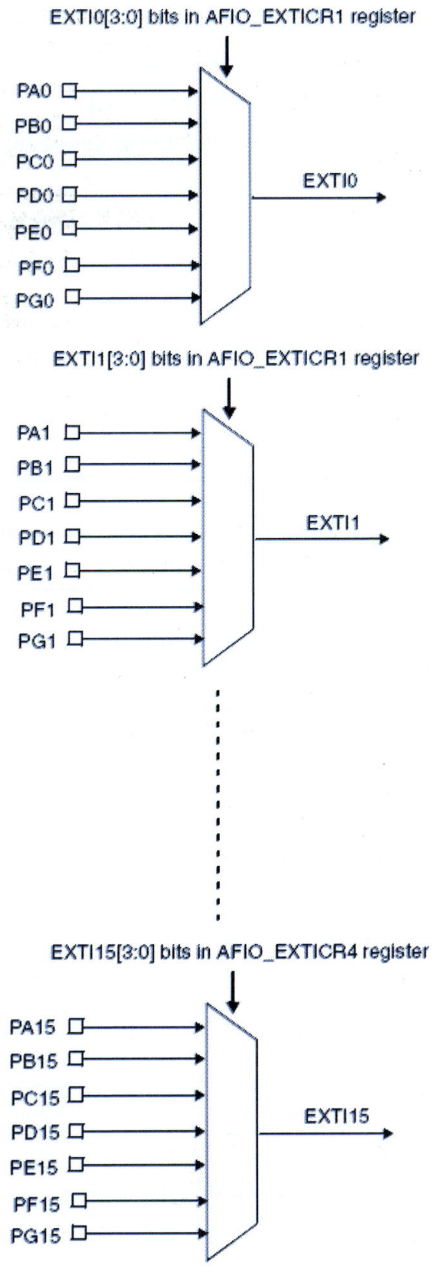

★ GPIO 외 외부 인터럽트 이벤트 라인 총 4개

EXTI line 16 is connected to the PVD output
EXTI line 17 is connected to the RTC Alarm event
EXTI line 18 is connected to the USB Wakeup event
EXTI line 19 is connected to the Ethernet Wakeup event (available only in connectivity line devices)

나. 외부 인터럽트 레지스터 메모리 맵

아래 메모리 맵에서와 같이 외부 인터럽트 레지스터의 시작 번지는 0X40010400번지임을 참조하자.

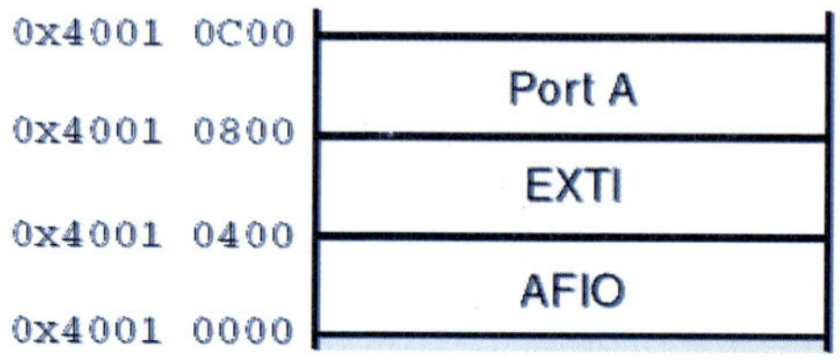

외부 인터럽트 발생을 허용 여부를 설정하는 레지스터가 바로 Interrupt mask register (EXTI_IMR)다. 인터럽트 발생을 원하는 MR 번호에 1(SET)을 써넣음으로써 가능하다. 그리고 0X40010400번지가 EXTI_IMR번지가 된다.

Interrupt mask register (EXTI_IMR)0x00

31	30	29	28	27	26	25	24	23	22	21	20	19	18	17	16
Reserved												MR 19	MR 18	MR 17	MR 16
												rw	rw	rw	rw
15	14	13	12	11	10	9	8	7	6	5	4	3	2	1	0
MR 15	MR 14	MR 13	MR 12	MR 11	MR 10	MR 9	MR 8	MR 7	MR 6	MR 5	MR 4	MR 3	MR 2	MR 1	MR 0
rw	rw	rw	rw	rw	rw	rw	rw	rw	rw	rw	rw	rw	rw	rw	rw

- Bits 31:20 Reserved, must be kept at reset value (0).
- Bits 19:0 MRx: Interrupt Mask on line x
- 0 : Interrupt request from Line x is masked
- 1 : Interrupt request from Line x is not masked
- Note : Bit 19 is used in connectivity line devices only and

다. 외부 인터럽트 이벤트 발생을 허용여부를 설정하는 레지스터가 바로 Event mask register(EXTI_EMR)다. 인터럽트 이벤트를 원하는 MR번호에 1(SET)을 써넣음으로써 가능하다. 0X40010404번지가 EXTI_EMR번지가 된다.

Event mask register (EXTI_EMR)0x04

31	30	29	28	27	26	25	24	23	22	21	20	19	18	17	16
Reserved												MR19	MR18	MR17	MR16
												rw	rw	rw	rw
15	**14**	**13**	**12**	**11**	**10**	**9**	**8**	**7**	**6**	**5**	**4**	**3**	**2**	**1**	**0**
MR15	MR14	MR13	MR12	MR11	MR10	MR9	MR8	MR7	MR6	MR5	MR4	MR3	MR2	MR1	MR0
rw	rw	rw	rw	rw	rw	rw	rw	rw	rw	rw	rw	rw	rw	rw	rw

- Bits 31:20 Reserved, must be kept at reset value (0).
- Bits 19:0 MRx: Event mask on line x
- 0 : Event request from Line x is masked
- 1 : Event request from Line x is not masked

라. 인터럽트를 Rising trigger edged로 설정하는 레지스터가 Rising trigger selection register(EXTI_RTSR)다. 원하는 TR비트에 1(SET)을 써넣음으로써 가능하다. 그리고 0X40010408번지가 EXTI_RTSR번지가 된다.

Rising trigger selection register (EXTI_RTSR)0x08

31	30	29	28	27	26	25	24	23	22	21	20	19	18	17	16
Reserved												TR19	TR18	TR17	TR16
												rw	rw	rw	rw
15	**14**	**13**	**12**	**11**	**10**	**9**	**8**	**7**	**6**	**5**	**4**	**3**	**2**	**1**	**0**
TR15	TR14	TR13	TR12	TR11	TR10	TR9	TR8	TR7	TR6	TR5	TR4	TR3	TR2	TR1	TR0
rw	rw	rw	rw	rw	rw	rw	rw	rw	rw	rw	rw	rw	rw	rw	rw

- Bits 31:20 Reserved, must be kept at reset value (0).
- Bits 19:0 TRx: Rising trigger event configuration bit of line x
- 0 : Rising trigger disabled (for Event and Interrupt) for input line
- 1 : Rising trigger enabled (for Event and Interrupt) for input line.
- Note : Bit 19 is used in connectivity line devices only and is reserved otherwise.

마. 인터럽트를 Falling trigger edge로 설정하는 레지스터가 Falling trigger selection register(EXTI_FTSR)다. 원하는 TR비트에 1(SET) 혹은 RESET을 써넣음으로써 가능하

다. 그리고 0X4001040C번지가 EXTI_FTSR번지가 된다.

Falling trigger selection register (EXTI_FTSR)0x0C

31	30	29	28	27	26	25	24	23	22	21	20	19	18	17	16
Reserved												TR 19	TR 18	TR 17	TR 16
												rw	rw	rw	rw

15	14	13	12	11	10	9	8	7	6	5	4	3	2	1	0
TR 15	TR 14	TR 13	TR 12	TR 11	TR 10	TR 9	TR 8	TR 7	TR 6	TR 5	TR 4	TR 3	TR 2	TR 1	TR 0
rw	rw	rw	rw	rw	rw	rw	rw	rw	rw	rw	rw	rw	rw	rw	rw

- Bits 31:20 Reserved, must be kept at reset value (0).
- Bits 19:0 TRx: Falling trigger event configuration bit of line x
- 0 : Falling trigger disabled (for Event and Interrupt) for input line
- 1 : Falling trigger enabled (for Event and Interrupt) for input line.
- Note : Bit 19 used in connectivity line devices and is reserved otherwise.

바. 인터럽트가 Rising 혹은 Falling trigger가 발생하면 Pending register (EXTI_PR)의 해당 PR 비트가 1(SET)된다. 그리고 0X40010414번지가 EXTI_PR번지가 된다.

Pending register (EXTI_PR)0X14

31	30	29	28	27	26	25	24	23	22	21	20	19	18	17	16
Reserved												PR 9	PR 18	PR 17	PR 16
												rc_1	rc_ w1	rc_ w1	rc_ w1

15	14	13	12	11	10	9	8	7	6	5	4	3	2	1	0
PR 15	PR 14	PR 13	PR 12	PR 11	PR 10	PR 9	PR 8	PR 7	PR 6	PR 5	PR 4	PR 3	PR 2	PR 1	PR 0
rc_ w1	rc_ w1	rc_ w1	rc_ w1	rc_ w1	rc_ w1	rc_ w1	rc_ w1	rc_ w1	rc_ w1	rc_ w1	rc_ w1	rc_ w1	rc_ w1	rc_ w1	rc_ w1

- Bits 31:20 Reserved, must be kept at reset value (0).
- Bits 19:0 PRx: Pending bit
- 0 : No trigger request occurred
- 1 : selected trigger request occurred
- This bit is set when the selected edge event arrives on the external interrupt line.

★ 참고 Falling trigger edged : 아래 그림에서와 같이 HI LEVEL(1)에서 LOW LEVEL(0)으로 바뀔 때 발생하는 방식이 Falling trigger edged이다. 키 입력으로 이 Falling trigger edged 모드로 외부 인터럽트를 설정하고 시험해 보면 곧바로 인터럽트가 발생됨을 알게 될 것이다.

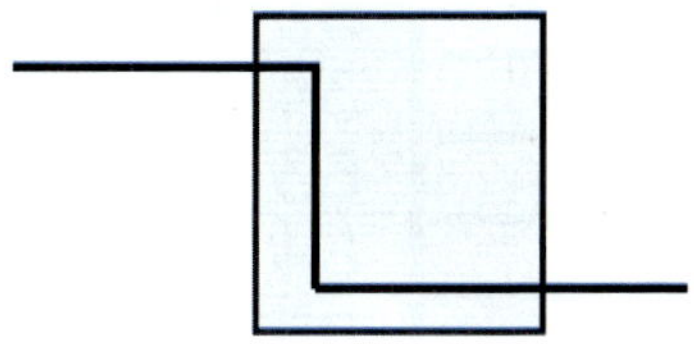

★ 참고 Rising trigger edged : 다음 그림에서와 같이 LOW LEVEL(0)에서 HI LEVEL(1)로 바뀔 때 발생하는 방식이 Rising trigger edged이다. 키 입력으로 이 Rising trigger edged 모드로 외부 인터럽트를 설정하고 시험해 보면 곧바로 인터럽트가 발생하지 않고 키 스위치를 놓으면 인터럽트가 발생할 것이다.

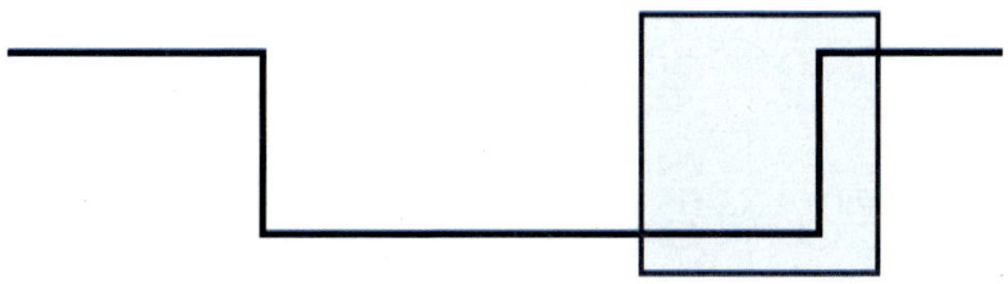

10.2 외부 INTERRUPT 실습

10.2.1 개요

지난 장에서 에서 우리는 GPIO 입/출력 시험을 LED ON/OFF 제어를 통해서 배웠다. 그러면 이제 포트 입력 즉 키 입력이 아닌 인터럽트를 통하여 외부 입력 인터럽트 발생 시험을 제어를 해보자.

10.2.2 회로도

다음의 인터럽트 회로는 간단하여 KEY3와 공통으로 사용되는 회로도이다. 회로도와 같이 GPIOC7번 핀이 KEY3번과 INTERRUPT 핀과 연결되어 있음을 이해할 수 있을 것이다. 회로도에서 KEY3/_TEST_INT가 CPU와 연결되어 있음을 볼 수 있으며 또 한쪽은 KEY3의 한쪽은 공통으로 GND와 결선되었음을 확인했을 것이다. 그러므로 우리는 CPU가 KEY3번이 눌려졌을 때 GND 신호를 입력받아서 키가 눌려 졌을 때와 KEY3/_TEST_INT 핀이 GND에 접속되었을 때가 같음을 알 수 있다. 어떠한 방법으로도 인터럽트 발생은 가능한 것이므로 쉬운 방법, 즉 키 누름 인터럽트를 선택하겠다. 이 부분의 키는 PCB의 실크 인쇄 SW5번이다.

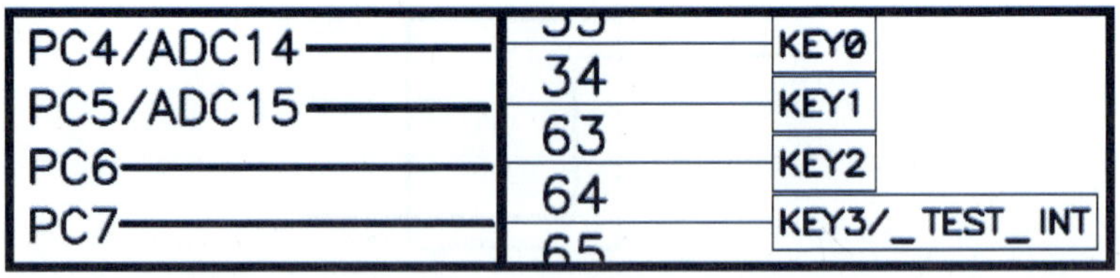
PC4/ADC14
PC5/ADC15
PC6
PC7
34
63
64
KEY0
KEY1
KEY2
KEY3/_TEST_INT

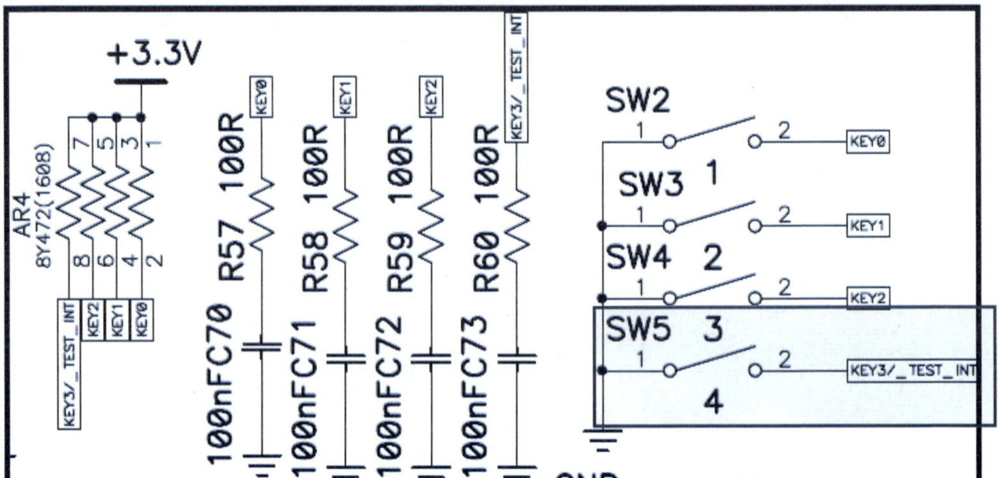
+3.3V
AR4
8Y472(1608)
R57 100R
R58 100R
R59 100R
R60 100R
100nFC70
100nFC71
100nFC72
100nFC73
KEY0
KEY1
KEY2
KEY3/_TEST_INT
SW2
SW3
SW4
SW5
GND
[KEY]

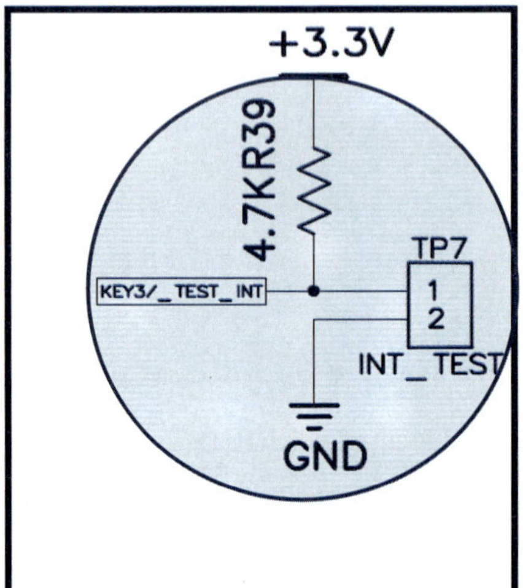
+3.3V
4.7K R39
TP7
KEY3/_TEST_INT
INT_TEST
GND
[INT-TEST]

10.2.3 동작사진

아래 PCB에서 좌측 KEY SW2번이 GPIOC PIN4번이다.

10.2.4 PCB 사진

동작사진 참조

10.2.5 파일의 위치

CDROM₩ source₩demo-103₩ext.interrupt 디렉터리에 있다.

10.2.6 필요한 파일 : main.c.main.h stm32f10x_it.c. stm32f10x_it.h

필요한 파일은 인터럽트 관련 파일로 main.c, stm32f10x_it.c 파일 2개가 필요하다. 따라서 아래 환경설정 ⇨ SourceAdd에서는 stm32f10x_it.c를 추가해 주어야 됨을 볼 수 있다. 기본적으로 필자는 main.c는 주 메인 파일로 두고 main.h 파일로 1:1 관리하며 이 main.h 파일에 필요한 모든 include 파일을 적어 둔다.

[SetUp ⇨ Environment Options ⇨ SourceAdd]에서 아래와 같이 사용할 초기화 설정을 한다. 이번 예제에서는 추가할 소스파일이 하나 있으므로 main.c를 제외하고 추가될 소스파일은 여기에 추가한다. 그리고 아래 Add C++, Add Asm 파일들이 있으면 이곳에 추가한다.

[Add C source file name] : 오른쪽 Add 버튼을 눌러서 stm32f10x_it.c 파일을 선택하여 추가한다. 이때 주의점은 파일과 파일 사이는 반드시 공백문자 space를 두어야 한다는 것과 주 컴파일 대상 "main.c"를 제외한 파일들을 입력해야 한다는 것이

다. 그리고 Add 버튼을 눌렸을 때 나타나는 모든 파일이 컴파일 대상 디렉터리 내, 즉 main.c 디렉터리 파일이다.

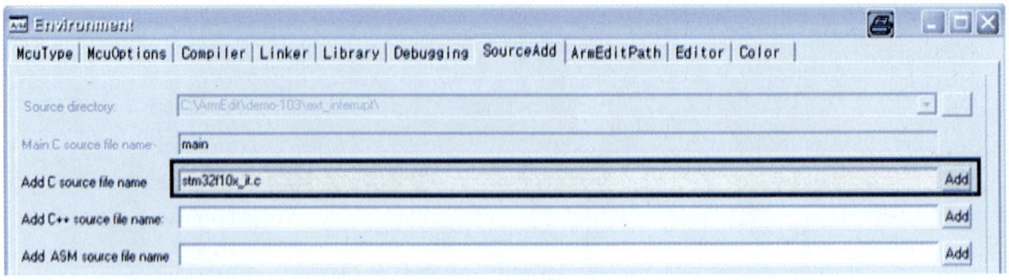

이제 모든 환경설정은 끝났다. “ok” 버튼을 누르고 환경설정을 마치고 빠져나오면 컴파일 대상 디렉터리에 makefile이 새로 생성되었을 것이다.

이제 컴파일을 진행해보자.  이 아이콘을 클릭하거나 단축키 F9를 누르면 컴파일이 진행되며 정상적으로 컴파일이 되면 main.hex 파일이 생성될 것이다.

10.2.7 소스 분석

가. main.c 파일

1) 첫번째 줄에 main.h include 파일이 보인다.
2) RCC_Configuration() 함수 : 이 함수는 시스템 클럭 설정을 초기화 함수다.
3) NVIC_Configuration(void) : 이 함수는 Vector Table 위치를 지정과 인터럽트 핸들러를 설정하는 함수이다.

```
void NVIC_Configuration(void)
{
 NVIC_InitTypeDef NVIC_InitStructure;
NVIC_PriorityGroupConfig(NVIC_PriorityGroup_1); // Priority Group : 1bit Premption
// 3bit Subpriority

 //EXTI0 IRQ 설정
 NVIC_InitStructure.NVIC_IRQChannel = EXTI9_5_IRQn;
 NVIC_InitStructure.NVIC_IRQChannelPreemptionPriority = 1;
 NVIC_InitStructure.NVIC_IRQChannelSubPriority = 1;
 NVIC_InitStructure.NVIC_IRQChannelCmd = ENABLE;
 NVIC_Init(&NVIC_InitStructure);
#ifdef  VECT_TAB_RAM
  NVIC_SetVectorTable(NVIC_VectTab_RAM, 0x0); //Set the Vector Table base
location at 0x20000000
#else //VECT_TAB_FLASH
  NVIC_SetVectorTable(NVIC_VectTab_FLASH, 0x0); //Set the Vector Table base
location at 0x08000000
#endif
```

- NVIC_InitStructure.NVIC_IRQChannel = EXTI9_5_IRQn : 이 설정은 외부 인터럽트 9~5번을 지정하는 부분이다. 우리가 사용할 인터럽트 번호는 인터럽트 번호 7번이지만 EXTI7_IRQ7번은 없다. 왜? EXTI9_5_IRQn 내부에 포함되므로 EXTI9_5_ IRQn을 사용하면 되겠다.

다음은 지정된 인터럽트 번호이다. 0~42까지, 즉 43개의 인터럽트가 지정되어 있음을 알 수 있으며 ST사의 표준함수 stm32f10x.h에 구조체 열거형으로 선언되었다.

```
typedef enum IRQn
{
/******              Cortex-M3       Processor       Exceptions       Numbers
***************************************************/
  NonMaskableInt_IRQn=-14, /*!< 2 Non Maskable Interrupt                          */
  MemoryManagement_IRQn=-12, /*!< 4 Cortex-M3 Memory Management Interrupt
*/
  BusFault_IRQn          =-11, /*!< 5 Cortex-M3 Bus Fault Interrupt              */
  UsageFault_IRQn        =-10, /*!< 6 Cortex-M3 Usage Fault Interrupt            */
  SVCall_IRQn            = -5, /*!< 11 Cortex-M3 SV Call Interrupt               */
  DebugMonitor_IRQn      =-4, /*!< 12 Cortex-M3 Debug Monitor Interrupt          */
  PendSV_IRQn            =-2, /*!< 14 Cortex-M3 Pend SV Interrupt                 */
  SysTick_IRQn           =-1, /*!< 15 Cortex-M3 System Tick Interrupt             */
/******STM32 specific Interrupt Numbers *********************************/
  WWDG_IRQn              =0, /*!< Window WatchDog Interrupt                       */
  PVD_IRQn               =1, /*!< PVD through EXTI Line detection Interrupt */
  TAMPER_IRQn            =2, /*!< Tamper Interrupt                                */
  RTC_IRQn               =3, /*!< RTC global Interrupt                            */
  FLASH_IRQn             =4, /*!< FLASH global Interrupt                          */
  RCC_IRQn               =5, /*!< RCC global Interrupt                            */
  EXTI0_IRQn             =6, /*!< EXTI Line0 Interrupt                             */
  EXTI1_IRQn             =7, /*!< EXTI Line1 Interrupt                             */
  EXTI2_IRQn             =8, /*!< EXTI Line2 Interrupt                            */
  EXTI3_IRQn             =9, /*!< EXTI Line3 Interrupt                            */
  EXTI4_IRQn             =10, /*!< EXTI Line4 Interrupt                           */
  DMA1_Channel1_IRQn     =11, /*!< DMA1 Channel 1 global Interrupt                 */
  DMA1_Channel2_IRQn     =12, /*!< DMA1 Channel 2 global Interrupt                */
  DMA1_Channel3_IRQn     =13, /*!< DMA1 Channel 3 global Interrupt                 */
  DMA1_Channel4_IRQn     =14, /*!< DMA1 Channel 4 global Interrupt                 */
  DMA1_Channel5_IRQn     =15, /*!< DMA1 Channel 5 global Interrupt                 */
  DMA1_Channel6_IRQn     =16, /*!< DMA1 Channel 6 global Interrupt                 */
  DMA1_Channel7_IRQn     =17, /*!< DMA1 Channel 7 global Interrupt                 */
  ADC1_2_IRQn            =18, /*!< ADC1 and ADC2 global Interrupt*/
  USB_HP_CAN1_TX_IRQn =19,   /*!<  USB  Device  High  Priority  or  CAN1  TX
Interrupts */
  USB_LP_CAN1_RX0_IRQn =20,   /*!<  USB  Device  Low  Priority  or  CAN1  RX0
Interrupts */
  CAN1_RX1_IRQn          =21, /*!< CAN1 RX1 Interrupt                              */
  CAN1_SCE_IRQn          =22, /*!< CAN1 SCE Interrupt                               */
  EXTI9_5_IRQn           =23, /*!< External Line[9:5] Interrupts                  */
  TIM1_BRK_IRQn          =24, /*!< TIM1 Break Interrupt                            */
  TIM1_UP_IRQn           =25, /*!< TIM1 Update Interrupt                           */
  TIM1_TRG_COM_IRQn      =26, /*!< TIM1 Trigger and Commutation Interrupt */
```

```
  TIM1_CC_IRQn          =27, /*!< TIM1 Capture Compare Interrupt          */
  TIM2_IRQn             =28, /*!< TIM2 global Interrupt                   */
  TIM3_IRQn             =29, /*!< TIM3 global Interrupt                   */
  TIM4_IRQn             =30, /*!< TIM4 global Interrupt                   */
  I2C1_EV_IRQn          =31, /*!< I2C1 Event Interrupt                    */
  I2C1_ER_IRQn          =32, /*!< I2C1 Error Interrupt                    */
  I2C2_EV_IRQn          =33, /*!< I2C2 Event Interrupt                    */
  I2C2_ER_IRQn          =34, /*!< I2C2 Error Interrupt                    */
  SPI1_IRQn             =35, /*!< SPI1 global Interrupt                   */
  SPI2_IRQn             =36, /*!< SPI2 global Interrupt                   */
  USART1_IRQn           =37, /*!< USART1 global Interrupt                 */
  USART2_IRQn           =38, /*!< USART2 global Interrupt                 */
  USART3_IRQn           =39, /*!< USART3 global Interrupt                 */
  EXTI15_10_IRQn        =40, /*!< External Line[15:10] Interrupts         */
  RTCAlarm_IRQn         =41, /*!<RTCAlarm through EXTI Line Interrupt     */
  USBWakeUp_IRQn        =42  /*!<  USB Device WakeUp from suspend through
EXTI Line Interrupt */
} IRQn_Type;
```

• NVIC_PriorityGroupConfig(NVIC_PriorityGroup_1 : PRIGROUP 설정 부분이다. Priority Group : 1[bit] Premption/3[bit] Subpriority로 설정한다.

이 부분은 Application interrupt and reset control register(SCB_AIRCR) 레지스트를 설정하는 부분으로 상세한 설명은 아래 내용을 보면서 이해하자.

• NVIC_InitStructure.NVIC_IRQChannelPreemptionPriority = 1 : pre-emption priority로 인터럽트 우선순위를 지정하는 부분으로 인터럽트 우선순위는 숫자가 작을수록 우선순위가 높으며 그 설정 방법은 Nested vectored interrupt controller (NVIC)에 소개하였다.

```
typedef struct
{
  uint8_t NVIC_IRQChannel;
                /*!< Specifies the IRQ channel to be enabled or disabled.
                     This parameter can be a value of @ref IRQn_Type
                     (For the complete STM32 Devices IRQ Channels list, please
                     refer to stm32f10x.h file) */
  uint8_t NVIC_IRQChannelPreemptionPriority;
                /*!< Specifies the pre-emption priority for the IRQ channel
                     pecified in NVIC_IRQChannel. This parameter can be a value
                     between 0 and 15 as described in the table @ref NVIC_Priority
                     _Table */
  uint8_t NVIC_IRQChannelSubPriority;
                /*!< Specifies the subpriority level for the IRQ channel specified
                     in NVIC_IRQChannel. This parameter can be a value
                     between 0 and 15 as described in the table @ref NVIC_Priority
                     _Table */
  FunctionalState NVIC_IRQChannelCmd;
               /*!< Specifies whether the IRQ channel defined in NVIC_IRQChannel
                    will be enabled or disabled.
                    This parameter can be set either to ENABLE or DISABLE */
} NVIC_InitTypeDef;
```

- NVIC_InitStructure.NVIC_IRQChannelSubPriority = 1 : subpriority level 인터럽트 우선순위를 지정하는 부분으로 인터럽트 우선순위는 숫자가 작을수록 높으며 테스트 목적으로 최우선순위를 지정한 것이다. 2개의 인터럽트를 만들고 우선순위를 지정해서 테스트 해보면 subpriority level이 쉽게 이해될 것이다. 실제 응용프로그램 개발 시에는 많은 고민을 하고 우선순위를 지정해야 한다.

Group Priority과 Sub priority은 "NVIC 기초"에서 설명된 부분이지만 다시 알아보자. 아래 도표와 같이 Group Priority과 Sub priority은 PRIGROUP 비트의 영향을 받는다는 것이다. 즉 PRIGROUP이 0b100으로 설정하였을 때 Group Priority는 bit[7~5]비트가 유효한 값이고 Sub priority는 bit[4]값만 유효한 값으로 된다. 이는 Group Priority는 그룹은 8개까지 지정 할 수 있고, Sub priority 그룹 지정은 2개까지 지정할 수 있다.

Priority grouping

PRIGROUP [2:0]	Interrupt priority level value, PRI_N[7:4]			Numbet of	
	Binary point[1]	Group priority bits	Subpriority bits	Group priorities	Sub priorities
0b011	0bxxxx	[7:4]	None	16	None
0b100	0bxxx.y	[7:5]	[4]	8	2
0b101	0bxx.yy	[7:6]	[5:4]	4	4
0b110	0bx.yyy	[7]	[6:4]	2	8
0b111	0b.yyyy	None	[7:4]	None	16

1. PRI_n[7:4] field showing the binary point. x denotes a group ptiority field bit, and y denotes a subpriority field bit

위의 Group Priority, Group Priority 설정이 잘 이해가 되지 않는가? 그럼 이렇게 생각해 보자. 대강의실 수업을 16개의 소그룹, 16개 강의로 다시 나눈다. 소그룹에는 16개 강의와 전자공학 교수님을 비롯하여 전문 분야의 교수님이 16분이 계신다고 가정할 때 가장 많은 학생이 청강하러 온 과목 순으로(여기서는 전자공학, 실제는 가장 적을지 모르지만….) 강의 시간을 나누고 16개의 소그룹 중에서 한명의 강의 신청도 없는 과목의 담당 교수님은 강의할 필요가 없는 것이다. 그래서 PRIGROUP은 이때의 상황을 봐가며 강의시간을 분배, 결정하는 것으로 한 명도 강의 신청자가 없는 소그룹의 시간은 할당하지 않게 한다는 의미로 이해하기 바란다. 이것이 효율적인 시스템이 되는 것이다. 아래 SCB_AIRCR "PRIGROUP"을 설정하는 부분이다. 대강의실의 시간을 배분하고 관리하는 관리자를 "PRIGROUP"로 이해하자.

또한 Bits 31:16 의 VECTKEYSTAT[15:0]/VECTKEY[15:0] Register라는 부분은 일종의 CheckSum과 같은 부분으로 0x05FA 중요한 설정으로 데이터 쓰기 오류를 없애기 위해서 필요한 것이다. 비트 NOT(Invert) 연산을 해보면 이해가 될 것이다. 초기 값은 0X05FA이다.

다음은 Application interrupt and reset control register (SCB_AIRCR) 레지스트를 보이고 있다.

31	30	29	28	27	26	25	24	23	22	21	20	19	18	17	16
VECTKEYSTAT[15:0](read)/VECTKEY[15:0](write)															
rw	rw	rw	rw	rw	rw	rw	rw	rw	rw	rw	rw	rw	rw	rw	rw

15	14	13	12	11	10	9	8	7	6	5	4	3	2	1	0
ENDIANESS	Reserved				PRIGROUP			Reserved					SYSRESETSEQ	VECTCLRACTIVE	VECTRESET
r					rw	rw	rw						w	w	w

★ Group Priority : Group Priority 설정 부분은 낮은(IRQ2) 인터럽트 처리 중에 더 높은 레벨을 갖는Group Priority(IRQ1)인터럽트가 발생되면 낮은 IRQ2 인터럽트는 잠시 중지하고 더 높은 Group Priority(IRQ1)를 먼저 실행하게 된다. 이때 지정하는 것이 Group Priority 우선순위 레벨인 것이다.

★ Sub priority : Sub priority는 낮은 인터럽트가 발생되어 실행될 때 같은 Group Priority를 갖는 인터럽트가 발생하여도 기존 인터럽트는 중지하지 않고 기존 인터럽트 실행을 계속 진행한다. 즉 Sub priority는 Group Priority 레벨이 같다면 인터럽트 처리는 중지되지 않는다. 따라서 Sub priority 레벨은 2개의 서로 다른 Sub priority 레벨을 갖는 인터럽트가 동시에 발생하였다고 가정하였을 때(Group Priority은 같고 Sub priority 다를 때) 우선순위가 높은 Sub priority를 가진 인터럽트가 먼저 실행된다. Group Priority과 Sub priority은 숫자가 낮을 때 우선순위가 높은 레벨을 갖는다.

• NVIC_InitStructure.NVIC_IRQChannelCmd = ENABLE : 이 설정은 인터럽트 사용을 허가하는 부분으로 ISER(Interrupt Set Enable Register) : 레지스터를 지정하며 이는 해당 비트를 Enable, 즉 SET(1) 하여 인터럽트를 발생을 허용하게 하는 것이다.

아래 ISER 레지스터를 보자.

31	30	29	28	27	26	25	24	23	22	21	20	19	18	17	16
SETENA[31:16]															
rs	rs	rs	rs	rs	rs	rs	rs	rs	rs	rs	rs	rs	rs	rs	rs
15	14	13	12	11	10	9	8	7	6	5	4	3	2	1	0
SETSNA[15:0]															
rs	rs	rs	rs	rs	rs	rs	rs	rs	rs	rs	rs	rs	rs	rs	rs

- Bits 31:0 SETENA[31:0]: Interrupt set-enable bits.
- Write:
- 0 : No effect
- 1 : Enable interrupt
- Read :
- 0 : Interrupt disabled
- 1 : Interrupt enabled

여기서 ISERx는 아래 정의되어 있다. 즉 x값은 8개고 총 240(255까지)의 인터럽트 중에서 우리가 사용할 ISERx는 0이다. 아래에 보면 0~31 내에 들어가는 인터럽트이므로 ISER[0]번이 우리가 설정해야 할 레지스터인 것이다. 또한 여기서 "EXTI9_5_

IRQn = 23 〈 External Line[9:5] Interrupts" 비트를 지정해야하므로 ISER[0]번의 레지스터에 23(0x17)번 비트를 SET(1)하여 인터럽트 발생을 Enable 할 수 있는 것이다. NVIC_Init() 함수의 아래 부분이다.

★ NVIC_Init()함수에서 ISERx 레지스터 설정부분

```
NVIC->ISER[NVIC_InitStruct->NVIC_IRQChannel >> 0x05] =
    (uint32_t)0x0 1 << (NVIC_InitStruct->NVIC_IRQChannel & (uint8_t)0x1F);
```

"NVIC->ISER[NVIC_InitStruct->NVIC_IRQChannel >> 0x05]" 은 ISER[x]번지를 찾는 내용이다. 즉 0x17=0b10111>>5 하면 결과는 0으로써 ISER[0]이 되게 된다. 그리고 "(uint32_t)0x01 << (NVIC_InitStruct->NVIC_IRQChannel & (uint8_t)0x1F);" 부분은 EXTI9_5_IRQn, 즉 0x17과 &0x1F 값과 연산하는 것은 유효한 값이 0~31개이므로 11111b 이상의 비트는 RESET(0)으로 클리어 하는 것이다.

Mapping of interrupts to the interrupt variables

Interrupts	CMSIS array elements[1]				
	Set-enable	Clear-enable	Set-pending	Clear-pending	Active Bit
0-31	ISER[0]	ICER[0]	ISPR[0]	ICPR[0]	IABR[0]
32-63	ISER[1]	ICER[1]	ISPR[1]	ICPR[1]	IABR[1]
64-67	ISER[2]	ICER[2]	ISPR[2]	ICPR[2]	IABR[2]

• NVIC_Init(&NVIC_InitStructure) : 아래는 NVIC를 초기화하는 함수로 misc.c 파일에 있다. 아래 else 아래 부분은 ICER 레지스터로 인터럽트를 Disable하는 내용으로 ISER 레지스터와 반대되는 레지스터이다. 내용은 ISER 레지스터와 다르지 않다.

```
void NVIC_Init(NVIC_InitTypeDef* NVIC_InitStruct)
{
  uint32_t tmppriority = 0x00, tmppre = 0x00, tmpsub = 0x0F;

  /* Check the parameters */
  assert_param(IS_FUNCTIONAL_STATE(NVIC_InitStruct->NVIC_IRQChannelCmd));

assert_param(IS_NVIC_PREEMPTION_PRIORITY(NVIC_InitStruct->NVIC_IRQChannelPr
eemptionPriority));

assert_param(IS_NVIC_SUB_PRIORITY(NVIC_InitStruct->NVIC_IRQChannelSubPriority
));

  if (NVIC_InitStruct->NVIC_IRQChannelCmd != DISABLE)
  {
    /* Compute the Corresponding IRQ Priority ----------------------*/
    tmppriority = (0x700 - ((SCB->AIRCR) & (uint32_t)0x700))>> 0x08;
    tmppre = (0x4 - tmppriority);
    tmpsub = tmpsub >> tmppriority;

    tmppriority = (uint32_t)NVIC_InitStruct->NVIC_IRQChannelPreemptionPriority
<< tmppre;
    tmppriority |= NVIC_InitStruct->NVIC_IRQChannelSubPriority & tmpsub;
    tmppriority = tmppriority << 0x04;

    NVIC->IP[NVIC_InitStruct->NVIC_IRQChannel] = tmppriority;

    /* Enable the Selected IRQ Channels ----------------------------*/
    NVIC->ISER[NVIC_InitStruct->NVIC_IRQChannel >> 0x05] =
      (uint32_t)0x01 << (NVIC_InitStruct->NVIC_IRQChannel & (uint8_t)0x1F);
  }
  else
  {
    /* Disable the Selected IRQ Channels ---------------------------*/
    NVIC->ICER[NVIC_InitStruct->NVIC_IRQChannel >> 0x05] =
      (uint32_t)0x01 << (NVIC_InitStruct->NVIC_IRQChannel & (uint8_t)0x1F);
  }
}
```

4) EXTI _Configuration(void) : 외부 인터럽트 관련 설정

```
void EXTI_Configuration(void)
{
 EXTI_InitTypeDef EXTI_InitStructure; //EXTICR 레지스터 설정 : PC7을 인터럽트 소
스로 사용
 GPIO_EXTILineConfig(GPIO_PortSourceGPIOC, GPIO_PinSource7);

//EXTI0 레지스터 설정
 EXTI_InitStructure.EXTI_Line = EXTI_Line7;
 EXTI_InitStructure.EXTI_Mode = EXTI_Mode_Interrupt;
 EXTI_InitStructure.EXTI_Trigger   =   EXTI_Trigger_Falling;//EXTI_Trigger_Falling,
EXTI_Trigger_Rising  edge
 EXTI_InitStructure.EXTI_LineCmd = ENABLE;
 EXTI_Init(&EXTI_InitStructure);
};
```

- EXTI_InitTypeDef EXTI_InitStructure : 외부 인터럽트 관련 구조체 선언부이다.
- GPIO_EXTILineConfig(GPIO_PortSourceGPIOC, GPIO_PinSource7) : 외부 인터럽트 관련 구조체 선언부이다. "GPIO_PinSource7" "stm32f10x_gpio.c" #define GPIO_Pin_7 ((uint16_t)0x0080) 이렇게 선언해 두었다. 어쨌든 PIN7번이다.

★ GPIO_EXTILineConfig()_함수는 "stm32f10x_gpio.c" 파일에 있다.

```
void GPIO_EXTILineConfig(uint8_t GPIO_PortSource, uint8_t GPIO_PinSource)
{
  uint32_t tmp = 0x00;
  /* Check the parameters */
  assert_param(IS_GPIO_EXTI_PORT_SOURCE(GPIO_PortSource));
  assert_param(IS_GPIO_PIN_SOURCE(GPIO_PinSource));

  tmp = ((uint32_t)0x0F) << (0x04 * (GPIO_PinSource & (uint8_t)0x03));
  AFIO->EXTICR[GPIO_PinSource >> 0x02] &= ~tmp;
  AFIO->EXTICR[GPIO_PinSource  >>  0x02]  |=  (((uint32_t)GPIO_PortSource)  <<
(0x04 * (GPIO_PinSource & (uint8_t)0x03)));
}
```

AFIO ⇨ EXTICR 레지스터는 아래와 같으며 EXTICR 1~4번까지 존재하며 이는 곧 0~16번 GPIO에 할당된 External interrupt 번호이다.

EXTICR 레지스터당 4개의 인터럽트를 제어할 수 있다. 따라서 우리가 사용하는 레지스터는 아래 번호의 AFIO_EXTICR2이다. 여기서 EXTI7[3~0] BIT는 GPIOC의 PIN7번 이므로 0x0010이 되겠다. 아래 부분 AFIO_EXTICR2를 설정하는 소스이다.

```
tmp = ((uint32_t)0x0F) << (0x04 * (GPIO_PinSource & (uint8_t)0x03));
  AFIO->EXTICR[GPIO_PinSource >> 0x02] &= ~tmp;
  AFIO->EXTICR[GPIO_PinSource >> 0x02] |= (((uint32_t)GPIO_PortSource) << (0x04
* (GPIO_PinSource & (uint8_t)0x03)));
```

External interrupt configuration register 2 (AFIO_EXTICR2)0x0C

31	30	29	28	27	26	25	24	23	22	21	20	19	18	17	16
Reserved															
15	14	13	12	11	10	9	8	7	6	5	4	3	2	1	0
EXTI7[3:0]				EXTI6[3:0]				EXTI5[3:0]				EXTI4[3:0]			
rw	rw	rw	rw	rw	rw	rw	rw	rw	rw	rw	rw	rw	rw	rw	rw

- Bits 31:16 Reserved
- Bits 15:0 EXTIx[3:0]: EXTI x configuration (x= 4 to 7)
- These bits are written by software to select the source input for EXTIx external interrupt.
- 0000 : PA[x] pin
- 0001 : PB[x] pin
- 0010 : PC[x] pin
- 0011 : PD[x] pin
- 0100 : PE[x] pin
- 0101 : PF[x] pin
- 0110 : PG[x] pin

• EXTI_InitStructure.EXTI_Line = EXTI_Line7 : 우리가 사용할 External interrupt EXTI_Line7번이다. 그 선언은 "stm32f10x_exti.h" 파일에 선언되어 있다.

```
#define EXTI_Line0       ((uint32_t)0x00001) /*!< External interrupt line 0 */
#define EXTI_Line1       ((uint32_t)0x00002) /*!< External interrupt line 1 */
#define EXTI_Line2       ((uint32_t)0x00004) /*!< External interrupt line 2 */
#define EXTI_Line3       ((uint32_t)0x00008) /*!< External interrupt line 3 */
#define EXTI_Line4       ((uint32_t)0x00010) /*!< External interrupt line 4 */
#define EXTI_Line5       ((uint32_t)0x00020) /*!< External interrupt line 5 */
#define EXTI_Line6       ((uint32_t)0x00040) /*!< External interrupt line 6 */
#define EXTI_Line7       ((uint32_t)0x00080) /*!< External interrupt line 7 */
#define EXTI_Line8       ((uint32_t)0x00100) /*!< External interrupt line 8 */
#define EXTI_Line9       ((uint32_t)0x00200) /*!< External interrupt line 9 */
#define EXTI_Line10      ((uint32_t)0x00400) /*!< External interrupt line 10 */
#define EXTI_Line11      ((uint32_t)0x00800) /*!< External interrupt line 11 */
#define EXTI_Line12      ((uint32_t)0x01000) /*!< External interrupt line 12 */
#define EXTI_Line13      ((uint32_t)0x02000) /*!< External interrupt line 13 */
#define EXTI_Line14      ((uint32_t)0x04000) /*!< External interrupt line 14 */
#define EXTI_Line15      ((uint32_t)0x08000) /*!< External interrupt line 15 */
#define EXTI_Line16      ((uint32_t)0x10000) /*!< External interrupt line 16 Conn
ected to the PVD Output */
#define EXTI_Line17      ((uint32_t)0x20000) /*!< External interrupt line 17 Conn
ected to the RTC Alarm event */
#define EXTI_Line18      ((uint32_t)0x40000) /*!< External interrupt line 18 Conn
ected to the USB Device/USB OTG FS
                                              Wakeup from suspend event */

#define EXTI_Line19      ((uint32_t)0x80000)  /*!<  External  interrupt  line  19
Connected to the Ethernet Wakeup event
```

• EXTI_InitStructure.EXTI_Mode = EXTI_Mode_Interrupt; : EXTI_Mode_Interrupt 모드의 선언은" stm32f10x_exti.h" 파일에 구조체 열거형 형식으로 선언되었다. 우리는 EXTI_Mode_Interrupt 모드를 사용할 것이다.

```
typedef enum
{
  EXTI_Mode_Interrupt = 0x00,
  EXTI_Mode_Event = 0x04
}EXTIMode_TypeDef;
```

• EXTI_InitStructure.EXTI_Trigger = EXTI_Trigger_Falling : EXTI_Trigger_Falling, EXTI_Trigger_Rising, EXTI_Trigger_Rising_Falling edge 모드를 사용 가능하며 우리는 EXTI_Trigger_Falling 모드를 사용할 것이다. 선언은 "stm32f10x_exti.h" 파일에 구조체 열거형 형식으로 선언되어 있다.

```
typedef enum
{
  EXTI_Trigger_Rising = 0x08,
  EXTI_Trigger_Falling = 0x0C,
  EXTI_Trigger_Rising_Falling = 0x10
}EXTITrigger_TypeDef;
```

• EXTI_InitStructure, EXTI_LineCmd = ENABLE: External interrupt Line7번을 Enable해 주는 것이다.

• EXTI_Init(&EXTI_InitStructure) : External interrupt 관련 구조체를 초기화 하는 부분이다. 선언은" stm32f10x_exti.h" 파일에 선언되었다. 이제 아래 소스를 보면서 각 레지스터를 찾아보자.

★ EXTI_Init() 함수는 "stm32f10x.h" 파일에 선언되어 있다.

```
void EXTI_Init(EXTI_InitTypeDef* EXTI_InitStruct)
{
  uint32_t tmp = 0;
  tmp = (uint32_t)EXTI_BASE;
if (EXTI_InitStruct->EXTI_LineCmd != DISABLE)
  {
    /* Clear EXTI line configuration */
    EXTI->IMR &= ~EXTI_InitStruct->EXTI_Line;
    EXTI->EMR &= ~EXTI_InitStruct->EXTI_Line;
    tmp += EXTI_InitStruct->EXTI_Mode;
    *(__IO uint32_t *) tmp |= EXTI_InitStruct->EXTI_Line;
    /* Clear Rising Falling edge configuration */
    EXTI->RTSR &= ~EXTI_InitStruct->EXTI_Line;
    EXTI->FTSR &= ~EXTI_InitStruct->EXTI_Line;
    /* Select the trigger for the selected external interrupts */
    if (EXTI_InitStruct->EXTI_Trigger == EXTI_Trigger_Rising_Falling)
    {
      /* Rising Falling edge */
      EXTI->RTSR |= EXTI_InitStruct->EXTI_Line;
      EXTI->FTSR |= EXTI_InitStruct->EXTI_Line;
    }
    else
    {
      tmp = (uint32_t)EXTI_BASE;
      tmp += EXTI_InitStruct->EXTI_Trigger;
      *(__IO uint32_t *) tmp |= EXTI_InitStruct->EXTI_Line;
    }
  }
  else
  {
    tmp += EXTI_InitStruct->EXTI_Mode;

    /* Disable the selected external lines */
    *(__IO uint32_t *) tmp &= ~EXTI_InitStruct->EXTI_Line;
  }
```

• EXTI_BASE는 stm32f10x.h" 파일에 선언되어 있다.

```
#define  PERIPH_BASE                 ((uint32_t)0x40000000)  /*!< Peripheral  base
address in the alias region */
#define APB1PERIPH_BASE        PERIPH_BASE
#define APB2PERIPH_BASE        (PERIPH_BASE + 0x10000)
#define AHBPERIPH_BASE         (PERIPH_BASE + 0x20000)

#define AFIO_BASE             (APB2PERIPH_BASE + 0x0000)
#define EXTI_BASE             (APB2PERIPH_BASE + 0x0400)
```

이 부분은 Interrupt mask register (EXTI_IMR) 설정하는 부분으로 우리가 설정하는 비트 7번만 SET(1)로 초기화 한다.

```
tmp = (uint32_t)EXTI_BASE;
      tmp += EXTI_InitStruct->EXTI_Trigger;
      *(__IO uint32_t *) tmp |= EXTI_InitStruct->EXTI_Line;
```

Interrupt mask register(EXTI_IMR)

31	30	29	28	27	26	25	24	23	22	21	20	19	18	17	16
Reserved												MR 19	MR 18	MR 17	MR 16
												rw	rw	rw	rw
15	**14**	**13**	**12**	**11**	**10**	**9**	**8**	**7**	**6**	**5**	**4**	**3**	**2**	**1**	**0**
MR 15	MR 14	MR 13	MR 12	MR 11	MR 10	MR 9	MR 8	MR 7	MR 6	MR 5	MR 4	MR 3	MR 2	MR 1	MR 0
rw	rw	rw	rw	rw	rw	rw	rw	rw	rw	rw	rw	rw	rw	rw	rw

- Bits 31:20 Reserved, must be kept at reset value (0).
- Bits 19:0 MRx: Interrupt Mask on line x
- 0 : Interrupt request from Line x is masked
- 1 : Interrupt request from Line x is not masked

EXTI->FTSR &= ~EXTI_InitStruct->EXTI_Line = 먼저 설정 비트를 RESET(0) 한다.

EXTI->FTSR |= EXTI_InitStruct->EXTI_Line = 다시 SET(1)로 하여 비트 SET(1)로 설정한다. 아래 EXTI_FTSR 레지스터를 보자.

```
EXTI->IMR &= ~EXTI_InitStruct->EXTI_Line;
EXTI->EMR &= ~EXTI_InitStruct->EXTI_Line;

EXTI->RTSR |= EXTI_InitStruct->EXTI_Line;
EXTI->FTSR |= EXTI_InitStruct->EXTI_Line;
```

Falling trigger selection register(EXTI_FTSR)

31	30	29	28	27	26	25	24	23	22	21	20	19	18	17	16
Reserved												TR19	TR18	TR17	TR16
												rw	rw	rw	rw

15	14	13	12	11	10	9	8	7	6	5	4	3	2	1	0
TR15	TR14	TR13	TR12	TR11	TR10	TR9	TR8	TR7	TR6	TR5	TR4	TR3	TR2	TR1	TR0
rw	rw	rw	rw	rw	rw	rw	rw	rw	rw	rw	rw	rw	rw	rw	rw

- Bits 31:20 Reserved, must be kept at reset value (0).
- Bits 19:0 TRx: Falling trigger event configuration bit of line x
- 0 : Falling trigger disabled (for Event and Interrupt) for input line
- 1 : Falling trigger enabled (for Event and Interrupt) for input line.
- Note : Bit 19 used in connectivity line devices and is reserved otherwise.

5) GPIO _Configuration(void) : 이 함수는 GPIO를 초기화 함수로 LED 출력부는 지난 장에서 배웠으므로 그냥 넘어 가겠다.

이 부분은 키가 눌려졌을 때 작동확인을 위한 LED출력을 설정하는 부분이다.

인터럽트 관련 설정부 설명은 아래와 같다.

```
void GPIO_Configuration(void)
{
  GPIO_InitTypeDef GPIO_InitStructure;

RCC_APB2PeriphClockCmd(RCC_APB2Periph_GPIOC|RCC_APB2Periph_GPIOD,ENABLE)
;
  //----------------LED 출력부------------------------------------
  GPIO_InitStructure.GPIO_Pin = GPIO_Pin_12;
GPIO_InitStructure.GPIO_Mode = GPIO_Mode_Out_PP
GPIO_InitStructure.GPIO_Speed = GPIO_Speed_50MHz;
  GPIO_Init(GPIOD, &GPIO_InitStructure);
  //-------------인터럽트 관련 설정부--------------------------------
  GPIO_InitStructure.GPIO_Pin = GPIO_Pin_7;  //interrupt pin
GPIO_InitStructure.GPIO_Mode =  GPIO_Mode_IPU
GPIO_InitStructure.GPIO_Speed = GPIO_Speed_50MHz;
  GPIO_Init(GPIOC, &GPIO_InitStructure);
}
```

• RCC_APB2PeriphClockCmd(RCC_APB2Periph_GPIOC|RCC_APB2Periph_GPIOD, ENABLE) : "stm32f10x_rcc.c" 파일에 선언되어 있었고 LED 출력부 포트는 GPIOD 이고 인터럽트 시험 포트는 GPIOC이다 그래서 2개의 포트에 모두 클럭을 공급해줘야 함은 당연하다. 처리하여 RCC_APB2Periph_GPIOC|RCC_APB2Periph_GPIOD 동시에 클럭을 작동시키는 것이다.

• GPIO_InitStructure.GPIO_Pin = GPIO_Pin_7 : GPIO_Pin_7는 인터럽트 라인 7번, 즉 EXTI_Line7번인 GPIOC의 PIN7번에 연결되어 이 핀 번호를 인터럽트로 사용한다.

• GPIO_InitStructure.GPIO_Mode = GPIO_Mode_IPU : GPIO_Mode_IPU는 풀업 입력으로 "stm32f10x_gpio.h" 선언되어 있다. 입력에서 유효한 값은 GPIO_Mode_AIN, GPIO_Mode_IN_FLOATING, GPIO_Mode_IPD, GPIO_Mode_IPU 등 4개의 값이다. 우리는 인터럽트에 Falling edge를 사용하므로 "EXTI_Trigger_Falling" GPIO_Mode_IPU 을 선택하여 평시에는 HI(3.3[V])를 풀업 시킨다. 따라서 키가 눌려지면 즉시 인터럽트가 발생되게 되는 것이다.

```
typedef enum
{ GPIO_Mode_AIN = 0x0,
  GPIO_Mode_IN_FLOATING = 0x04,
  GPIO_Mode_IPD = 0x28,
  GPIO_Mode_IPU = 0x48,
  GPIO_Mode_Out_OD = 0x14,
  GPIO_Mode_Out_PP = 0x10,
  GPIO_Mode_AF_OD = 0x1C,
  GPIO_Mode_AF_PP = 0x18
}GPIOMode_TypeDef;
```

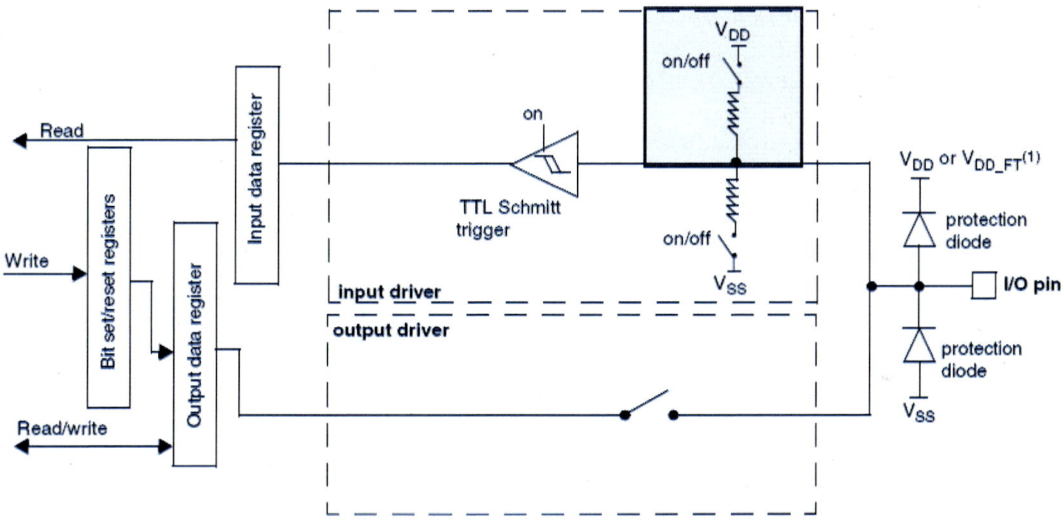

• GPIO_InitStructure.GPIO_Speed = GPIO_Speed_50[MHz] : 이제 GPIO PIN의 속도를 지정한다. 여기서는 최대 50[MHz]로 지정하며 각 PIN(BIT) 별 제어가 가능하다. 이 부분도 구조체로 "stm32f10x_gpio.h" 파일에 정해 두었다.

```
typedef enum
{
  GPIO_Speed_10MHz = 1,
  GPIO_Speed_2MHz,
  GPIO_Speed_50MHz
}GPIOSpeed_TypeDef;
```

• GPIO_Init(GPIOC, &GPIO_InitStructure) : 이제 설정이 끝났으므로 구조체 메모리에 카피해서 초기화 한다. 이 설정이 끝나면 GPIO 설정이 모두 끝나게 되는 것이다.

10.2.8 main.c 함수

모두 초기화 함수 외에는 아무것도 없다. 외부 인터럽트 처리를 테스트 할 목적으로 인터럽트 발생 시 EXTI9_5_IRQHandler(void)이 함수에서 처리하기 때문이다.

```
int main(void)
{
  RCC_Configuration();  // RCC Configuration
  NVIC_Configuration(); // NVIC Configuration
  GPIO_Configuration(); //GPIO_Configuration
  EXTI_Configuration(); //EXTI_Configuration
  GPIO_ResetBits(GPIOD, GPIO_Pin_12);
  while (1)
  {
}
}
```

10.2.9 main.h 파일

첫번째 줄에 stm32f10x.h include 파일이 보인다. 첫째 라인은 ST사에서 제공하는 라이브러리 파일인 stm32f10x.h이고 "C:₩ArmEdit₩WinArm₩stm32lib₩CMSIS₩CM3₩DeviceSupport₩ST₩STM32F10x₩stm32f10x.h" 디렉터리에 존재한다. 그리고 두 번째 라인의 인터럽트 관련 루틴 Handler 함수가 stm32f10x_it.h인 것이다. 그럼 외부 인터럽트가 어떻게 처리되는지. stm32f10x_it.c로 들어가 보자.

```
#include "stm32f10x.h"
#include "stm32f10x_it.h"
```

가. stm32f10x_it.c 파일

우리는 위 NVIC 설정에서 "NVIC_InitStructure.NVIC_IRQChannel = EXTI9_5_IRQn" 라고 선언했다. 이는 EXTI_Line9~5 번까지 인터럽트를 관리하는 Handler로 배워 알고있다. 그래서 외부 인터럽트 번호 EXTI_Line9~5가 발생하면 이곳으로 점프한다.

```
void EXTI9_5_IRQHandler(void)
{
   GPIOD->ODR ^= GPIO_Pin_12;
   EXTI_ClearITPendingBit(EXTI_Line7);
}
```

- GPIOD->ODR ^= GPIO_Pin_12; -> 만약 키(외부 인터럽트)가 눌려지면 인터럽트가 발생하여 LED로 ON/OFF로 토글한다.
- EXTI_ClearITPendingBit(EXTI_Line7) -> 이 부분은 처음 본다. 대충 짐작하겠지만 인터럽트가 발생하면 비트를 RESET(0)을 해주어야 한다.

이제 이 함수를 찾아보자. EXIT로 시작하니 아마도 "stm32f10x_exti.c" 이 파일 어딘가에 있을 것이다. 이제 도사가 다 되었다. 도사는 박사 위의 레벨이 분명하다. 학사 -> 석사 -> 박사 -> 도사. 모두 너무 열심히 따라해 주어서 "도사" 로 불리기 충분하다. 아! 혹시나가 역시나다.

EXTI_ClearITPendingBit() 함수를 찾아보니 EXTI -> PR 레지스터에 EXTI_Line(EXTI_Line9_5)를 넣고 있다. 그럼 다시 EXTI -> PR 이놈을 찾아보자.

구조체 형식이니 "stm32f10x.h" 파일에 있을 것이다.

```
void EXTI_ClearITPendingBit(uint32_t EXTI_Line)
{
  /* Check the parameters */
  assert_param(IS_EXTI_LINE(EXTI_Line));
  EXTI->PR = EXTI_Line;
}
```

찾았다. 이는 Pending register (EXTI_PR)로 0X14 의 Address offset을 가진다. 그럼 0X14는 또 무엇일까? 이것이 바로 Memory mapping 어드레스인 것이다. 이 Memory mapping은 STM32뿐만 아니라 모든 CPU의 뿌리다.

하지만 볼 줄만 알고 있으면 된다. 우리가 사용하는 컴퓨터도 모두 이를 근본으로 한다. 다시 말해서 집 주소처럼 철수네는 0x00 영희네는 0x1F 이런 식으로 구성하지만 STM32는 대전광역시쯤으로 0XFF(255)R개로 설정하니 턱없이 모자란다. 그래서 0X00000000~0XFFFFFFFF로 4,294,967,295가구까지 구현할 수 있는 것이다. 하지만 EXIT 끝 번지에서 PORTA 시작 번지까지는 0X400번지의 여유가 있다. 나중을 위해서 조금 여유를 둔 것이다. 이제 본론으로 돌아가서 EXIT External interrupt 시작 번지는 0X40010400번지가 EXIT 시작 번지 0X40010400(EXIT External interrupt Address) +0X14(Address offset)=0X400104014번지가 Pending register (EXTI_PR)가 되어 이 번지를 읽거나 쓰면 되는 것이다. 그럼 레지스터 구조를 살펴보자!

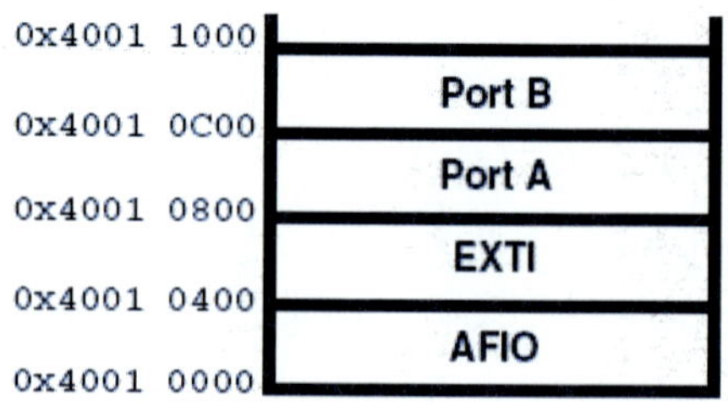


```
typedef struct
{
  __IO uint32_t IMR;
  __IO uint32_t EMR;
  __IO uint32_t RTSR;
  __IO uint32_t FTSR;
  __IO uint32_t SWIER;
  __IO uint32_t PR;
} EXTI_TypeDef;
```

Pending register (EXTI_PR)구조가 아래 표처럼 구성되었다. PR 비트가 SET(1)이면 인터럽트가 발생되었다는 것이다.

다시 SET(1)하여 설정해 준다. 거의 모든 인터럽트에는 ClearITPendingBit()라는 함수가 있으므로 인터럽트 루틴의 마지막 부분에 넣어준다.

Pending register(EXTI_PR)

31	30	29	28	27	26	25	24	23	22	21	20	19	18	17	16
Reserved												PR 19	PR 18	PR 17	PR 16
												rc_ w1	rc_ w1	rc_ w1	rc_ w1

15	14	13	12	11	10	9	8	7	6	5	4	3	2	1	0
PR 15	PR 14	PR 13	PR 12	PR 11	PR 10	PR 9	PR 8	PR 7	PR 6	PR 5	PR 4	PR 3	PR 2	PR 1	PR 0
rc_ w1	rc_ w1	rc_ w1	rc_ w1	rc_ w1	rc_ w1	rc_ w1	rc_ w1	rc_ w1	rc_ w1	rc_ w1	rc_ w1	rc_ w1	rc_ w1	rc_ w1	rc_ w1

- Bits 31:20 Reserved, must be kept at reset value (0).
- Bits 19:0 PRx: Pending bit
- 0 : No trigger request occurred
- 1 : selected trigger request occurred

10.2.10 결론

이 장을 통해서 우리는 외부 인터럽트 발생을 키 입력을 통해서 실습을 해보았다. 또한 인터럽트 발생 우선순위 처리에 관하여 Group Priority, Group Priority 레벨 설정과 Trigger_Falling, Trigger_Rising edge가 무엇인지도 이해하게 되었다. 특히 NVIC의 역할이 무엇인지도 배웠으며 Memory mapping이 왜 있는지도 상세히 알게되었다.

제11장

USART

11.1 USART

11.1.1 USART의 기초

Universal synchronous asynchronous receiver transmitter의 약자이다. synchronous와 asynchronous를 지원한다는 뜻이다. 보통은 RS232C라고도 한다. 그럼 RS232C의 정의와 두 통신방식의 차이점을 살펴보자.

가. RS232C 정의

직렬 전송 장치의 일종인 RS232C는 EIA(ElectronicIndustr- iesAssociation : 미국 전자공업협회)에 의해 규격화된 것으로 RS232B의 개정판으로 1969년에 발표, 1981년에 개정 승인한 규격이다. 정확하게는 EIA-RS232C이라고 불리며 이 규정은 전기적 특성, 기계적 특성, 인터페이스 회로의 기능 등을 규정하고 있다. 데이터 단말장치와 컴퓨터 간의 케이블 길이는 RS232C 규격에서는 최대거리는 15[m]까지로 제한되어 있지만 실제로 속도가 낮거나 실드가 있는 트위스트 케이블을 사용하면100[m] 이상 거리에서도 사용이 가능하다. 또한 RS232C 인터페이스 규격은 본래 데이터 단말장치와 모뎀(Modulator Demodulator)을 접속하기 위한 것으로, 이 경우 캐리어 수신의 확인 등 송신 측과 수신 측이 모뎀의 상태를 1대 1로 대응시켜서 접속하여야 한다. 대부분, 비동기 방식의 경우 개인용 컴퓨터 등에서는 RS232C의 규격의 일부를 사용하여 DSUB25핀의 경우는 핀2(SD), 3(RD), 7(SG)번 혹은 DSUB9핀의 경우는 2(RD), 3(SD), 5(SG)번 핀만을 사용하여 그 접속을 간단히 하여 사용한다. 그러나 모뎀에 접속하는 경우에는(DTE와 DCE의 접속) 접속 방법이 다르므로 주의하여야 한다.

★ DTE : Data circuit Termination Equipment

★ DCE : Data Terminal Equipment

★ MODEM : Modulation/Demodulation

-기계적 특성

RS-232C는 25핀 커넥터로서, 이론적으로는 DTE와 DCE가 25개의 선으로 연결되어야 함을 의미하나 실제 응용에서는 이보다 적은 수의 선을 이용해서도 상호 접속할 수 있다. 비동기 방식에는 주로 간략한 접속 방식을 따르고 있다.

-전기적 특성

RS-232C에서는 임의 신호를 입력(수신)하였을 때 그 신호 전압이 -3[V]이하이면 2진값 '1'로서 판정하고 +3[V]이상이면 '0'값으로 판정하게 된다.

- Synchronous(동기)

동기 방식에서 타임슬롯(Time slot)의 구분을 수신 측에 알려주기 위하여 Data신호선 외에 동기 체크용 신호선을 별도로 설치하는 방법이 있으나 현재는 많이 사용하지 않고 주로 Character 동기 방식이 사용 된다. 한번에 긴 Data를 송수신할 수 있으며 비동기 방식에 비하여 전송 효율이 높다. 전송 효율은 좋으나 컴퓨터 확장 보드에 동기 전용 보드를 설치하고 전용 모뎀을 통하여 전송한다. 주로 관공서나 은행 등 주로 전송량이 많고 고속을 전송이 필요할 때 많이 쓰인다.

- Asynchronous(비동기)

일정한 길이의 데이터(7 또는 8 Bit)의 앞뒤에 Start(0), Stop(1) Bit를 붙여서 전송하는 방법이다. 비동기식은 발생되는 기본 주파수를 외부에 결선하지 않고 자신의 시리얼 데이터 생성용으로 사용한다. 따라서 주로 저속통신용으로 이용하고 있으며 컴퓨터 혹은 마이크로프로세서서 시리얼 통신으로 주로 사용하고 있다.

EIA-RS232C 9PIN 규격

핀번호	약자	설명	비고(DTE-DCE)
1	DCD	케리어 검출(Carrier Detect)	<-
2	RD	수신 데이터(Received Data)	<-
3	SD	송신 데이터(Transmitted Data)	->
4	ER	데이터 터미널 준비 완료(Data Termainal Ready)	->
5	SG	신호선 접지(Signal Ground)	-
6	DR	데이터 셋 준비 완료(Data Set Ready)	<-
7	RS	송신 요구(Request to Send)	->
8	CS	송신 허가(Clear to Send)	<-
9	RI	전화신호인신(Ring Indicator)	<-

EIA-RS232C 25PIN 규격

핀번호	약자	설명	비고(DTE-DCE)
1	FG	Protective Ground	-
2	SD	송신 데이터(Transmitted Data)	->
3	RD	수신 데이터(Received Data)	<-
4	RS	송신요구(Request to Send)	->
5	CS	송신허가(Clear to Send)	<-
6	DR	데이터 셋 준비 완료(Data Set Ready)	<-
7	SG	신호선 접지(Signal Ground)	-
8	CD	데이터 채널 수신 캐리어 검출(Carrier Detect)	<-
9		시험용(Transmit Current Loop Data)	-
10		시험용(Transmit Current Loop Data)	-
11		미사용	-
12	BCD	역채널 수신캐리어 검출 (Secondary Recived Line Signal Detect)	<-
13	BCS	역채널 송신 가능(Secondary Clear To Send)	<-
14	BSD	역채널 송신 데이터 (Secondary Transmission Data)	->
15	ST2	DCE 송신신호 엘리먼트 타이밍 신호 (Transmission Signal Element Timing)	<-
16	BRD	역채널 수신 데이터(Secondary Recived Data)	<-
17	RT	DCE 수신신호 엘리먼트 타이밍 신호 (Receiver Signal Element Timing)	<-
18		미사용	-
19	BRS	역채널 송신요구(Secondary Request To Send)	->
20	ER	데이터 터미널 준비완료(Data Termainal Ready)	->
21	SQD	데이터 신호 품질 검출(Signal Quality Detector)	<-
22	CI	전화신호인식(Ring Indicator)	<-
23	SRS	데이터신호 속도 선택(Data Signal Rate Detctor)	<-
24	STI	DTE 송신신호 엘리먼트 타이밍 신호 (Transmit Signal Element Timing)	->
25		미사용	-

나. RS232C와 전송 방식

1) 통신의 형태

-반이중 방식(half-duplex system)

양방향으로 통신이 가능하나 한 순간의 시점에는 한 방향으로만 통신이 가능한 통신 방식을 반이중 통신이라고 한다.

예) 무전기, TRS 등

-전이중 방식(full-duplex system)

송신한 데이터를 상대측에서 기기가 반송. 송신측은 그 캐릭터가 확실히 보내졌는지 확인할 수 있다.

예) 전화기, 휴대폰 등

2) 통신의 방법

데이터를 바르게 송수신하려면 송신한 Bit열을 수신 측에서 정확하게 복원할 필요가 있다. 그 방법으로 수신측에서 수신 신호의 Time slot(1Bit 주기)을 분하는 방법에 따라 동기 방식과 비동기 방식으로 분류한다.

11.1.2 STM32의 USART

가. USART block diagram

아래 그림은 USART의 전체 블록 다이어그램이다.

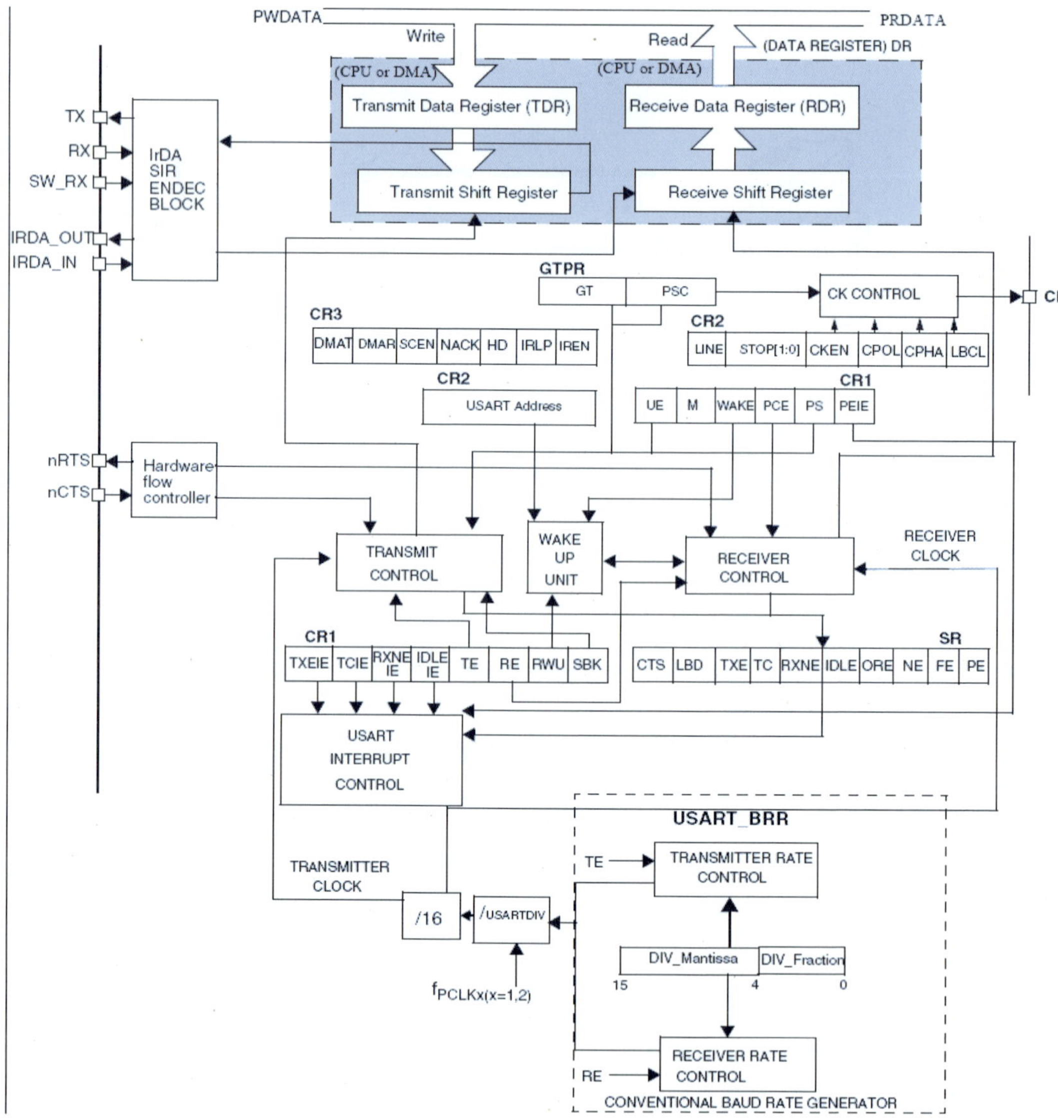

나. Word length programming

아래는 9비트 길이와 8비트 길이를 나타낸 것이다.

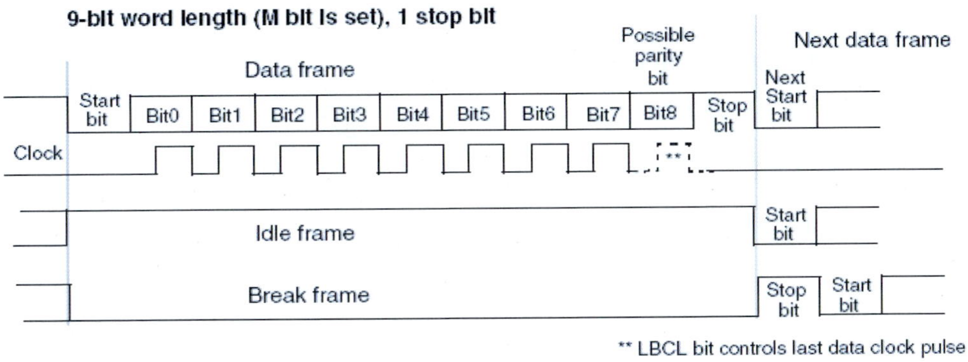

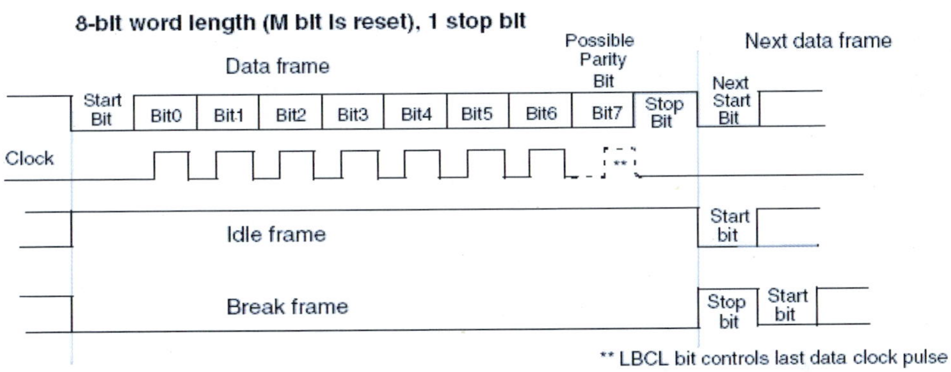

다. Configurable stop bits

0.5, 1, 1.5, 2 STOP BIT를 설정할 수 있음을 보이고 있다. 보통은 1 STOP BIT를 사용한다.

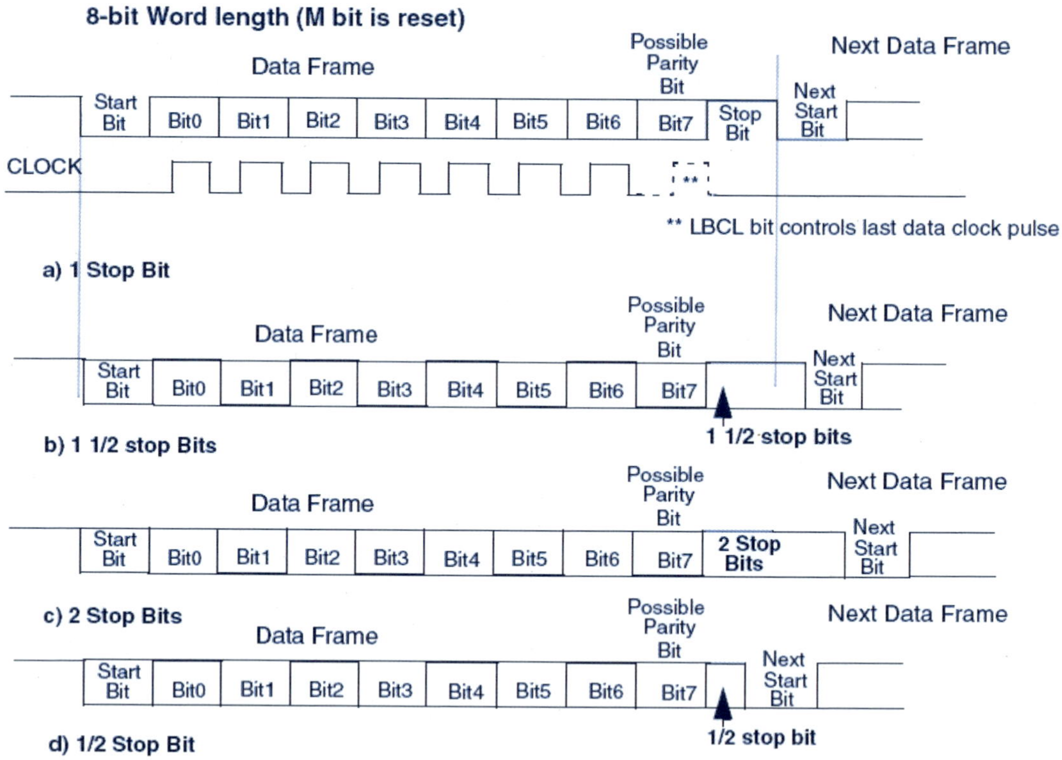

라. Fractional baud rate generation

STM32F103XX 시리즈의 결선도를 보면 USART2, 3, 4, 5는 PCLK1(36[Mhz])에 연결되고, USART1은 PCLK2(72[MHz])에 연결됨을 볼 수 있다. 따라서 Fck 값 USART 2, 3, 4, 5은 PCLK1(36[MHz])으로 설정하고 USART1은 PCLK2(72[MHz])로 설정하여 계산하여야 한다.

다음은 Baud rate을 계산하는 공식으로

Tx/ Rx baud(Baud rate) = Fck/(16*USARTDIV), 따라서 USARTDIV= Fck/16* Tx/ Rx baud(Baud rate)으로 계산하여 나온 값 USARTDIV을 Baud rate register (USART_BRR)에 저장한다.

마. Error calculation for programmed baud rates

아래는 Baud rate에 따른 에러 표이다. 최대한 에러가 없는 속도를 사용하여 Baud rate을 설정하여야 한다.

Error calculation for programmed baud rates

Baud rate		f_{PCLK} = 36MHz			f_{PCLK} = 72MHz		
S.No	In Kbps	Actual	Value programmed in the Baud Rate register	%Error = (Calculated –Desired_B. Rate/Desired B.Rate	Actual	Value programmed in the Baud Rate register	% Error
1.	2.4	2.400	937.5	0%	2.4	1875	0%
2.	9.6	9.600	234.375	0%	9.6	468.75	0%
3.	19.2	19.2	117.1875	0%	19.2	234.375	0%
4.	57.6	57.6	39.0625	0%	57.6	78.125	0%
5.	115.2	115.384	19.5	0.15%	115.2	39.0625	0%
6.	230.4	230.769	9.75	0.16%	230.769	19.5	0.16%
7.	460.8	461.538	4.875	0.16%	461.538	8.75	0.16%
8.	921.6	923.076	2.4375	0.16%	923.076	4.875	0.16%
9.	2250	2250	1	0%	2250	2	0%
10.	4500	NA	NA	NA	4500	1	0%

11.1.3 USART의 레지스터

가. USART 상태를 확인하는 레지스터가 Status register (USART_SR) 이다. 주로 TXE와 RXE를 많이 사용하며 그 기능은 다음과 같다.

TXE(Transmit data register empty)는 USART 송신 시 USART_DR 비트가 남았는지 검사하는 비트로 shift register 정상적으로 보내지면 SET(1)으로 된다. 따라서 연속해서 송신 시 이 비트가 RESET(1)이 될 때까지 기다려야 한다.

RXE(Read data register not empty) 는 TXE 설정과 동일하다.

Status register (USART_SR) 0X00

31	30	29	28	27	26	25	24	23	22	21	20	19	18	17	16
Reserced															
15	14	13	12	11	10	9	8	7	6	5	4	3	2	1	0
Reserved						CTS	LBD	TXE	TC	RX NE	IDL E	ORE	NE	FE	PE
Res.						rc_ w0	rc_ w0	r	rc_ w0	rc_ w0	r	r	r	r	r

- Bit 7 TXE: Transmit data register empty
- This bit is set by hardware when the content of the TDR register has been transfer red into The shift register. An interrupt is generated if the TXEIE bit =1 in the USART_CR1 register. It is cleared by a write to the USART_DR register.
- 0 : Data is not transferred to the shift register
- 1 : Data is transferred to the shift register)
- Bit 5 RXNE: Read data register not empty
- This bit is set by hardware when the content of the RDR shift register has been transferred to the USART_DR register. An interrupt is generated if RXNEIE=1 in the USART_CR1 register.
- It is cleared by a read to the USART_DR register. The RXNE flag can also be cleared by writing a zero to it. This clearing sequence is recommended only for multibuffer communication.
- 0 : Data is not received
- 1 : Received data is ready to be read.

나. USART 데이터 레지스터가 Data register (USART_DR) USART_DR로 데이터를 송신 혹은 수신 데이터 값이 들어가는 곳이다.

실제로는 USART_DR는 하나밖에 없다. 하지만 내부적으로 Transmitted Data Register (TDR) Receiver Data Register (RDR)로 처리된다. 아래 그림은 블록도 이다.

Data register (USART_DR) 0X04

31	30	29	28	27	26	25	24	23	22	21	20	19	18	17	16
Reserved															
15	14	13	12	11	10	9	8	7	6	5	4	3	2	1	0
Reserved							DR[8:0]								
Res.							rw	rw	rw	rw	rw	rw	rw	rw	rw

★ Transmitted Data Register (TDR) Receiver Data Register (RDR) 블록도

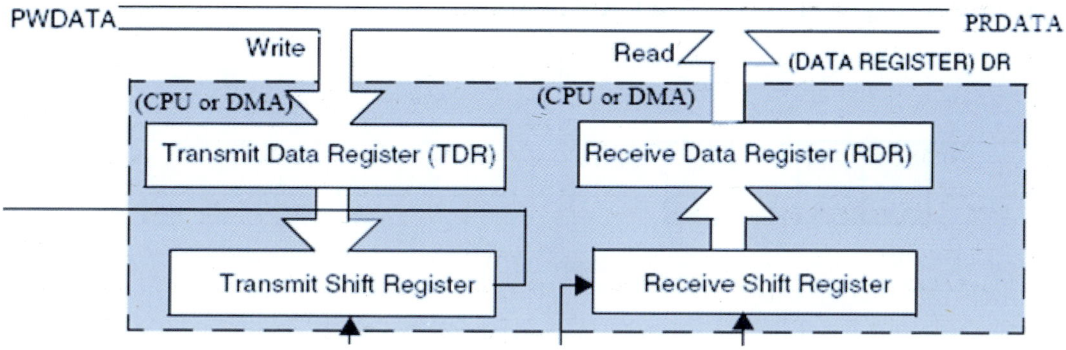

다. USARTDIV 값을 넣는 장소로 Baud rate register (USART_BRR)이다. 그 값을 넣는 방식은 아래와 같다.

USARTDIV 값 계산 공식은= Fck/16* Tx/ Rx baud(Baud rate)와 같고 Bits 15:4 DIV_Mantissa[11:0]:는 USARTDIV 값 중 소수점 제외 상위 값을 쓰고 Bits 3:0 DIV_Fraction[3:0]:는 USARTDIV 값 중 소수점 이하 값을 쓰는 곳이다.

Baud rate register (USART_BRR) 0X08

31	30	29	28	27	26	25	24	23	22	21	20	19	18	17	16
Reserved															
15	14	13	12	11	10	9	8	7	6	5	4	3	2	1	0
DIV_Mantissa[11:0]												DIV_Fraction[3:0]			
Res.							rw	rw	rw	rw	rw	rw	rw	rw	rw

- Bits 31:16 Reserved, forced by hardware to 0
- Bits 15:4 DIV_Mantissa[11:0]: mantissa of USARTDIV
- These 12 bits define the mantissa of the USART Divider (USARTDIV)
- Bits 3:0 DIV_Fraction[3:0]: fraction of USARTDIV
- These 4 bits define the fraction of the USART Divider (USARTDIV)

라. Control register 1 (USART_CR1)

USART enable 여부, Start bit 길이와 parity bit 송신과 수신 enable 설정 관련 값을 지정하는 레지스터다.

보통 비동기 통신의 설정은 8 Data bits, none Parity, 1 stop bit로 설정한다. 이 부분의 설정이 네모의 비트이다.

Control register 1 (USART_CR1) 0X0C

31	30	29	28	27	26	25	24	23	22	21	20	19	18	17	16
Reserved															
15	14	13	12	11	10	9	8	7	6	5	4	3	2	1	0
Reserved		UE	M	WAKE	PCE	PS	PEIE	TXEIE	YCIE	RXNEIE	IDLEIE	TE	RE	RMU	SBK
Res.		rw	rw	rw	rw	rw	rw	rw	rw	rw	rw	rw	rw	rw	rw

- Bits 31:14 Reserved, forced by hardware to 0.
- Bit 13 UE: USART enable
- When this bit is cleared the USART prescalers and outputs are stopped and the end of the current
- byte transfer in order to reduce power consumption. This bit is set and cleared by software.
- 0 : USART prescaler and outputs disabled
- 1 : USART enabled
- Bit 12 M: Word length
- This bit determines the word length. It is set or cleared by software.
- 0 : 1 Start bit, 8 Data bits, n Stop bit
- 1 : 1 Start bit, 9 Data bits, n Stop bit
- Note : The M bit must not be modified during a data transfer (both transmission and reception)
- Bit 11 WAKE : Wakeup method
- This bit determines the USART wakeup method, it is set or cleared by software.
- 0 : Idle Line
- 1 : Address Mark
- Bit 10 PCE : Parity control enable
- This bit selects the hardware parity control (generation and detection). When the parity control is enabled, the computed parity is inserted at the MSB position (9th bit if M=1; 8th bit if M=0) and parity is checked on the received data. This bit is set and cleared by software.
- Once it is set, PCE is active after the current byte (in reception and in transmission).
- 0 : Parity control disabled
- 1 : Parity control enabled
- Bit 9 PS : Parity selection
- This bit selects the odd or even parity when the parity generation/detection is enabled (PCE bit set). It is set and cleared by software. The parity will be selected after the current byte.
- 0 : Even parity
- 1 : Odd parity
- Bit 8 PEIE : PE interrupt enable
- This bit is set and cleared by software.
- 0 : Interrupt is inhibited

- 1 : An USART interrupt is generated whenever PE=1 in the USART_SR register
- Bit 7 TXEIE : TXE interrupt enable
- This bit is set and cleared by software.
- 0 : Interrupt is inhibited
- 1 : An USART interrupt is generated whenever TXE=1 in the USART_SR register
- Bit 6 TCIE : Transmission complete interrupt enable
- This bit is set and cleared by software.
- 0 : Interrupt is inhibited
- 1 : An USART interrupt is generated whenever TC=1 in the USART_SR register
- Bit 5 RXNEIE : RXNE interrupt enable
- This bit is set and cleared by software.
- 0 : Interrupt is inhibited
- 1 : An USART interrupt is generated whenever ORE=1 or RXNE=1 in the USART_SR register
- Bit 4 IDLEIE: IDLE interrupt enable
- This bit is set and cleared by software.
- 0 : Interrupt is inhibited
- 1 : An USART interrupt is generated whenever IDLE=1 in the USART_SR register
- Bit 3 TE : Transmitter enable
- This bit enables the transmitter. It is set and cleared by software.
- 0 : Transmitter is disabled
- 1 : Transmitter is enabled
- Note : 1 : During transmission, a "0" pulse on the TE bit ("0" followed by "1") sends a preamble (idle line) after the current word, except in smartcard mode.
- 2 : When TE is set there is a 1 bit-time delay before the transmission starts.
- Bit 2 RE : Receiver enable
- This bit enables the receiver. It is set and cleared by software.
- 0 : Receiver is disabled
- 1 : Receiver is enabled and begins searching for a start bit
- Bit 1 RWU : Receiver wakeup
- This bit determines if the USART is in mute mode or not. It is set and cleared by software and can be cleared by hardware when a wakeup sequence is recognized.
- 0 : Receiver in active mode
- 1 : Receiver in mute mode
- Note : 1 : Before selecting Mute mode (by setting the RWU bit) the USART must first receive a data byte, otherwise it cannot function in Mute mode with wakeup by Idle line detection.
- 2 : In Address Mark Detection wakeup configuration (WAKE bit=1) the RWU bit cannot be modified by software while the RXNE bit is set.
- Bit 0 SBK : Send break
- This bit set is used to send break characters. It can be set and cleared by software. It should be set by software, and will be reset by hardware during the stop bit of break.
- 0 : No break character is transmitted

- 1 : Break character will be transmitted

마. Control register 2(USART_CR2)

Start bit 방식과 각종 Clock 설정 관련 값을 설정하는 부분이다.
비동기 통신에서는 아래 비트중 1 stop bit다.

Control register 2 (USART_CR2) 0X10

31	30	29	28	27	26	25	24	23	22	21	20	19	18	17	16
Reserved															
15	14	13	12	11	10	9	8	7	6	5	4	3	2	1	0
Res.	LON EN	STOP[1:0]		CLK EN	CPO L	CPH A	LBC L	Res.	LBD IE	LBD L	Res.	ADD[3:0]			
	rw	rw	rw	rw	rw	rw	rw	rw	rw	rw	rw	rw	rw	rw	rw

- Bits 31:15 Reserved, forced by hardware to 0.
- Bit 14 LINEN: LIN mode enable
- This bit is set and cleared by software.
- 0 : LIN mode disabled
- 1 : LIN mode enabled
- The LIN mode enables the capability to send LIN Synch Breaks (13 low bits) using the SBK bit in the USART_CR1 register, and to detect LIN Sync breaks.
- Bits 13:12 STOP: STOP bits
- These bits are used for programming the stop bits.
- 00 : 1 Stop bit
- 01 : 0.5 Stop bit
- 10 : 2 Stop bits
- 11 : 1.5 Stop bit
- Note : The 0.5 Stop bit and 1.5 Stop bit are not available for UART4 & UART5.
- Bit 11 CLKEN : Clock enable
- This bit allows the user to enable the CK pin.
- 0 : CK pin disabled
- 1 : CK pin enabled
- Note : This bit is not available for UART4 & UART5.
- Bit 10 CPOL : Clock polarity
- This bit allows the user to select the polarity of the clock output on the CK pin in synchronous mode. It works in conjunction with the CPHA bit to produce the desired clock/data relationship
- 0 : Steady low value on CK pin outside transmission window.
- 1 : Steady high value on CK pin outside transmission window.
- Note : This bit is not available for UART4 & UART5.
- Bit 9 CPHA : Clock phase

- This bit allows the user to select the phase of the clock output on the CK pin in synchronous mode. It works in conjunction with the CPOL bit to produce the desired clock/data relationship (see figures 258 to 259)
- 0 : The first clock transition is the first data capture edge.
- 1 : The second clock transition is the first data capture edge.
- Note : This bit is not available for UART4 & UART
- Bit 8 LBCL : Last bit clock pulse
- This bit allows the user to select whether the clock pulse associated with the last data bit transmitted (MSB) has to be output on the CK pin in synchronous mode.
- 0 : The clock pulse of the last data bit is not output to the CK pin
- 1 : The clock pulse of the last data bit is output to the CK pin
- Note : 1 : The last bit is the 8th or 9th data bit transmitted depending on the 8 or 9 bit format selected by the M bit in the USART_CR1 register.
- 2 : This bit is not available for UART4 & UART5.
- Bit 7 Reserved, forced by hardware to 0.
- Bit 6 LBDIE: LIN break detection interrupt enable
- Break interrupt mask (break detection using break delimiter).
- 0 : Interrupt is inhibited
- 1 : An interrupt is generated whenever LBD=1 in the USART_SR register
- Bit 5 LBDL : lin break detection length
- This bit is for selection between 11 bit or 10 bit break detection.
- 0 : 10 bit break detection
- 1 : 11 bit break detection
- Bit 4 Reserved, forced by hardware to 0.
- Bits 3:0 ADD[3:0]: Address of the USART node
- This bit-field gives the address of the USART node.
- This is used in multiprocessor communication during mute mode, for wake up with
- address mark detection.

바. Control register 2 (USART_CR3)

USART CTS, RTS ,IR 모드 관련 값을 설정하는 부분이다.

Control register 2 (USART_CR3) 0X14

<table>
<tr><td>31</td><td>30</td><td>29</td><td>28</td><td>27</td><td>26</td><td>25</td><td>24</td><td>23</td><td>22</td><td>21</td><td>20</td><td>19</td><td>18</td><td>17</td><td>16</td></tr>
<tr><td colspan="16">Reserved</td></tr>
<tr><td>15</td><td>14</td><td>13</td><td>12</td><td>11</td><td>10</td><td>9</td><td>8</td><td>7</td><td>6</td><td>5</td><td>4</td><td>3</td><td>2</td><td>1</td><td>0</td></tr>
<tr><td colspan="5">Reserved</td><td>CTS
IE</td><td>CTS
E</td><td>RTS
E</td><td>DM
AT</td><td>DM
AR</td><td>SCE
N</td><td>NA
CK</td><td>HDS
EL</td><td>IRL
P</td><td>URE
N</td><td>EIE</td></tr>
<tr><td colspan="5">Res.</td><td>rw</td><td>rw</td><td>rw</td><td>rw</td><td>rw</td><td>rw</td><td>rw</td><td>rw</td><td>rw</td><td>rw</td><td>rw</td></tr>
</table>

- Bits 31:11 Reserved, forced by hardware to 0.
- Bit 10 CTSIE : CTS interrupt enable

- 0 : Interrupt is inhibited
- 1 : An interrupt is generated whenever CTS=1 in the USART_SR register
- Note : This bit is not available for UART4 & UART5.
- Bit 9 CTSE: CTS enable
- 0 : CTS hardware flow control disabled
- 1 : CTS mode enabled, data is only transmitted when the nCTS input is asserted (tied to 0). If the nCTS input is deasserted while a data is being transmitted, then the transmission is completed before stopping. If a data is written into the data register while nCTS is asserted, the transmission is postponed until nCTS is asserted.
- Note : This bit is not available for UART4 & UART5.
- Bit 8 RTSE: RTS enable
- 0 : RTS hardware flow control disabled
- 1 : RTS interrupt enabled, data is only requested when there is space in the receive buffer.
- The transmission of data is expected to cease after the current character has been transmitted. The nRTS output is asserted (tied to 0) when a data can be received.
- Note : This bit is not available for UART4 & UART5.
- Bit 7 DMAT: DMA enable transmitter
- This bit is set/reset by software
- 1 : DMA mode is enabled for transmission
- 0 : DMA mode is disabled for transmission
- Note : This bit is not available for UART5.
- Bit 6 DMAR : DMA enable receiver
- This bit is set/reset by software
- 1 : DMA mode is enabled for reception
- 0 : DMA mode is disabled for reception
- Note : This bit is not available for UART5.
- Bit 5 SCEN : Smartcard mode enable
- This bit is used for enabling Smartcard mode.
- 0 : Smartcard Mode disabled
- 1 : Smartcard Mode enabled
- Note : This bit is not available for UART4 & UART5.
- Bit 4 NACK : Smartcard NACK enable
- 0 : NACK transmission in case of parity error is disabled
- 1 : NACK transmission during parity error is enabled
- Note : This bit is not available for UART4 & UART5.
- Bit 3 HDSEL : Half-duplex selection
- Selection of Single-wire Half-duplex mode
- 0 : Half duplex mode is not selected
- 1 : Half duplex mode is selected
- Bit 2 IRLP : IrDA low-power
- This bit is used for selecting between normal and low-power IrDA modes
- 0 : Normal mode

- 1 : Low-power mode
- Bit 1 IREN : IrDA mode enable
- This bit is set and cleared by software.
- 0 : IrDA disabled
- 1 : IrDA enabled
- Bit 0 EIE : Error interrupt enable
- Error Interrupt Enable Bit is required to enable interrupt generation in case of a framing error, overrun error or noise error (FE=1 or ORE=1 or NE=1 in the USART_SR register) in case of Multi Buffer Communication (DMAR=1 in the USART_CR3 register).
- 0 : Interrupt is inhibited
- 1 : An interrupt is generated whenever DMAR=1 in the USART_CR3 register and FE=1 or ORE=1 or NE=1 in the USART_SR register.

11.2 USART 송신 실습

11.2.1 개요

이번 장에서 우리는 USART 인터럽트를 이용하여 TBK 보드에서 STM32 보드로 데이터를 송신하는 시험을 해 보겠다 그 설정 방법은 비동기, 8 Data bit, 1 Stop bits, 9600 baud rate, None Parity로 설정한다. 그리고 USART 장을 먼저 다루게 된 것은 USART 통신을 통해서 ADC, RTC 기타 데이터 값을 PC로 전송하여 나타내 보기 위함이다.

11.2.2 회로도

다음의 USART 시험은 3.3[V] TTL LEVEL을 +-12[V]로 변환해주는 MAX 232C IC를 사용하여 컴퓨터에 데이터를 보낼 것이다. 물론 TTL LEVEL과 통신을 위해서는 필요하지 않다. 또한 이 IC2 2개 회로의 입출력이 가능하다. 이 시험을 위해서는 제공된 컴퓨터와 케이블을 이용하여 1:1 CABALE을 사용하며 그 결선 방법은 아래와 같다. 또한 그 규격은 물리적 EIA-232 방식으로 DTE-DCE 규격으로 접속 방식을 따른다. 원칙적으로 아래와 같이 케이블을 접속한다면 CLOSE 케이블이 되어야 하나 CLOSE 케이블은 제작과 구매가 어려워 아예 TBK 보드 내에서 CLOSE로 만들어 주었다.

DTE측 PC 측(FEMALE 9핀) DCE 측 TBK보드 측(MALE 9핀)

3번핀(TX)---------------------------2번핀(RX)

2번핀(RX)---------------------------3번핀(TX)

5번핀(SG)---------------------------5번핀(SG)

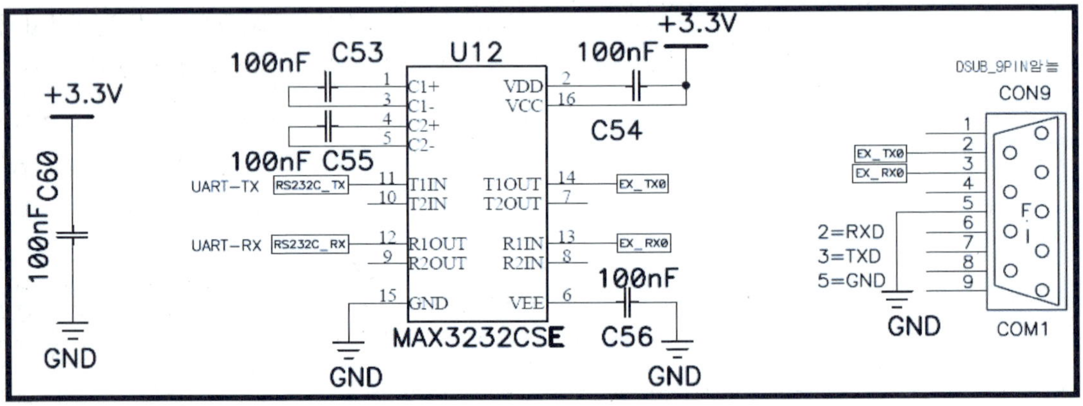

11.2.3 동작사진

아래 컴퓨터의 하이퍼터 터미널로 수신되는 데이터 화면이다.

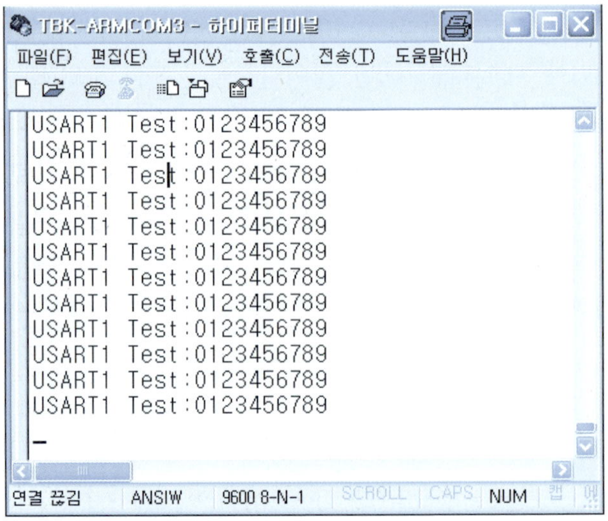

11.2.4 PCB 사진

11.2.5 파일의 위치

CDROM₩ source₩demo-103₩usart1 디렉터리에 있다.

11.2.6 필요한 파일

main.c.main.h stm32f10x_it.c. stm32f10x_it.h

인터럽트 관련 파일 main.c, stm32f10x_it.c이 필요하다. 따라서 아래 환경설정 ⇨ SourceAdd에서는 stm32f10x_it.c을 추가해 주어야 됨을 볼 수 있다.

가.

[SetUp ⇨ Environment Options ⇨ SourceAdd]에서 다음과 같이 사용할 초기화 설정을 한다. 이번 예제에서는 추가할 소스파일이 하나 있으므로 main.c를 제외하고 추가될 소스파일은 여기에 추가한다. 그리고 아래 Add C++, Add Asm 파일들이 있으면 이곳에 추가한다.

[Add C source file name] : 오른쪽 Add 버튼을 눌러서 stm32f10x_it.c 파일을 선택하여 추가한다. 이때 주의점은 파일과 파일 사이는 반드시 공백문자 space를 두어야 한다는 것이고 주 컴파일 대상 "main.c"를 제외한 파일들을 입력해야 한다는 것이다. 그리고 Add 버튼을 눌렀을 때 나타나는 모든 파일이 컴파일 대상 디렉터리 내, 즉 main.c 디렉터리 파일이다.

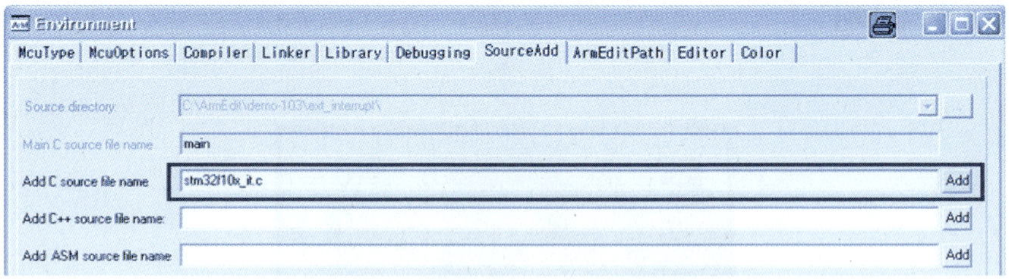

이제 모든 환경설정은 끝났다. “ok” 버튼을 누르고 환경설정을 마치고 빠져나오면 컴파일 대상 디렉터리에 makefile이 새로 생성되었을 것이다.

이제 컴파일을 진행해보자. 이 아이콘을 클릭하거나 단축키 F9를 누르면 컴파일이 진행되며 정상적으로 컴파일이 되면 main.hex 파일이 생성될 것이다.

11.2.7 main.c 파일

1) 첫번째 줄에 main.h include 파일이 보인다.
2) RCC_Configuration() 함수 : 이 함수는 시스템 클럭 설정을 초기화 함수다.
3) NVIC_Configuration(void) : 이 함수는 Vector Table 위치를 지정과 인터럽트 핸들러를 설정하는 함수이다.

```
void NVIC_Configuration(void)
{
 NVIC_InitTypeDef NVIC_InitStructure;
NVIC_PriorityGroupConfig(NVIC_PriorityGroup_1; // Priority Group : 1bit Premption
// 3bit Subpriority

 //EXTI0 IRQ 설정
 NVIC_InitStructure.NVIC_IRQChannel = USART1_IRQn;
 NVIC_InitStructure.NVIC_IRQChannelPreemptionPriority = 1;
 NVIC_InitStructure.NVIC_IRQChannelSubPriority = 1;
 NVIC_InitStructure.NVIC_IRQChannelCmd = ENABLE;
 NVIC_Init(&NVIC_InitStructure);
#ifdef  VECT_TAB_RAM
  NVIC_SetVectorTable(NVIC_VectTab_RAM, 0x0); //Set the Vector Table base
location at 0x20000000
#else  //VECT_TAB_FLASH
  NVIC_SetVectorTable(NVIC_VectTab_FLASH, 0x0); //Set the Vector Table base
location at 0x08000000
#endif
```

• NVIC_InitStructure.NVIC_IRQChannel = USART1_IRQn : 이 설정은 USART 인터럽트 USART1_IRQn번을 지정하는 부분이다.

우리가 사용할 인터럽트 번호를 USART1_IRQn 즉 37번으로 지정하는 것이다. 아래는 지정된 인터럽트 번호이다. 0~42까지 즉 43개의 인터럽트가 지정되어 있음을 알 수 있으며 ST사의 표준함수 stm32f10x.h에 구조체 열거형으로 선언되었다. 이 부분은 외부 인터럽트 실습에서 설명하였다.

```
typedef enum IRQn
{
/******              Cortex-M3        Processor        Exceptions        Numbers
*****************************************************/
.
.

I2C2_ER_IRQn               = 34,    /*!< I2C2 Error Interrupt                        */
  SPI1_IRQn                = 35,    /*!< SPI1 global Interrupt                       */
  SPI2_IRQn                = 36,    /*!< SPI2 global Interrupt                       */
  USART1_IRQn              = 37,    /*!< USART1 global Interrupt                     */
  USART2_IRQn              = 38,    /*!< USART2 global Interrupt                     */
  USART3_IRQn              = 39,    /*!< USART3 global Interrupt                     */
  EXTI15_10_IRQn           = 40,    /*!< External Line[15:10] Interrupts             */
  RTCAlarm_IRQn            = 41,    /*!< RTC Alarm through EXTI Line Interrupt */
  USBWakeUp_IRQn           = 42,    /*!< USB Device WakeUp from suspend through
EXTI Line Interrupt */
} IRQn_Type;
```

• NVIC_PriorityGroupConfig(NVIC_PriorityGroup_1 : PRIGROUP 설정 부분이다. Priority Group : 1[bit] Premption/3[bit] Subpriority로 설정한다.

이 부분은 Application interrupt and reset control register (SCB_AIRCR) 레지스트를 설정하는 부분으로 상세한 설명은 NVIC와 외부 인터럽트 실습장에서 설명하였다. PriorityGroup 값이 "NVIC_PriorityGroup_1;" 라는 것은 2개의 그룹을 지정할 수 있게 한다는 것임을 공부하였다.

• NVIC_InitStructure.NVIC_IRQChannelPreemptionPriority = 1 : pre-emption priority로 인터럽트 우선순위를 지정하는 부분으로 인터럽트 우선순위는 숫자가 작을수록 우선순위가 높으며 그 설정 방법으로 Nested vectored interrupt controller (NVIC)를 소개하였다.

```
typedef struct
{
  uint8_t NVIC_IRQChannel;
        /*!< Specifies the IRQ channel to be enabled or disabled.
             This parameter can be a value of @ref IRQn_Type
             (For the complete STM32 Devices IRQ Channels list, please
             refer to stm32f10x.h file) */
  uint8_t NVIC_IRQChannelPreemptionPriority;
        /*!< Specifies the pre-emption priority for the IRQ channel
             specified in NVIC_IRQChannel. This parameter can be a value
            between 0 and 15 as described in the table @ref NVIC_Priority_Table */
  uint8_t NVIC_IRQChannelSubPriority;
        /*!< Specifies the subpriority level for the IRQ channel specified
             in NVIC_IRQChannel. This parameter can be a value
            between 0 and 15 as described in the table @ref NVIC_Priority_Table */
  FunctionalState NVIC_IRQChannelCmd;
        /*!< Specifies whether the IRQ channel defined in NVIC_IRQChannel
             will be enabled or disabled.
             This parameter can be set either to ENABLE or DISABLE */
} NVIC_InitTypeDef;
```

• NVIC_InitStructure.NVIC_IRQChannelSubPriority = 1 : subpriority level 인터럽트 우선순위를 지정하는 부분으로 인터럽트 우선순위는 숫자가 작을수록 높으며 최우선순위를 지정한 것이다. 따라서 PRIGROUP을 1로 지정하였으므로 subpriority level은 3비트 총 8개 그룹을 지정할 수 있다. 숫자가 작을수록 우선순위가 높다는 것은 잘 알 것이다.

아래는 Application interrupt and reset control register (SCB_AIRCR) 레지스터를 보이고 있다.

31	30	29	28	27	26	25	24	23	22	21	20	19	18	17	16
VECTKEYSTAT[15:0](read)/VECTKEY[15:0](write)															
rw	rw	rw	rw	rw	rw	rw	rw	rw	rw	rw	rw	rw	rw	rw	rw
15	**14**	**13**	**12**	**11**	**10**	**9**	**8**	**7**	**6**	**5**	**4**	**3**	**2**	**1**	**0**
EN DIA	Reserved				PRIGROUP			Reserved					SYS RESET REQ	VECT CLR ACTIVE	VECT RESET
r					rw	rw	rw						w	w	w

• NVIC_InitStructure.NVIC_IRQChannelCmd = ENABLE : 이 설정은 인터럽트 사용을 허가하는 부분으로 ISER(Interrupt Set Enable Register) : 레지스터를 지정하며 이는 해당 비트를 Enable 즉 SET(1) 하여 인터럽트를 발생을 허용하게 하는 것이다.

다음 ISER 레지스터를 보자.

여기서 ISERx는 다음에 정의되어 있다. 즉 x값은 8개고 총 240(255까지)의 인터럽트 중에서 우리가 사용할 ISERx는 0이다. 아래 표를 보면 USART1_IRQn 37(0X25)번은 ISERx[0]에는 0~31 범위를 벗어나는 인터럽트이므로 ISER[1]번이 우리가 설정해야 할 레지스터인 것이다. 또한 여기서 레지스터에 37(0x25)번 비트를 SET(1)하여 인터럽트 발생을 Enable 할 수 있는 것이다. NVIC_Init() 함수의 아래 부분이다.

★ NVIC_Init()함수에서 ISERx 레지스터 설정부분

```
NVIC->ISER[NVIC_InitStruct->NVIC_IRQChannel >> 0x05] =
      (uint32_t)0x01 << (NVIC_InitStruct->NVIC_IRQChannel & (uint8_t)0x1F);
```

"NVIC->ISER[NVIC_InitStruct->NVIC_IRQChannel >> 0x05]" 은 ISER[x]번지를 찾는 내용이다. 즉 0x25=0b100101>>5 하면 결과적으로 37/31=1로써 ISER[1]이 된다. 그리고 "(uint32_t)0x01 << (NVIC_InitStruct->NVIC_IRQChannel & (uint8_t)0x1F);" 부분은 USART1_IRQn, 즉 0x25과 &0x1F 값과 연산하는 것은 유효한 값이 0~31개 이므로 11111b 이상의 비트는 RESET(0)으로 클리어 하는 것이다.

Mapping of interrupts to the interrupt variables

Interrupts	CMSIS array elements[1]				
	Set-enable	Clear-enable	Set-pending	Clear-pending	Active Bit
0-31	ISER[0]	ICER[0]	ISPR[0]	ICPR[0]	IABR[0]
32-63	ISER[1]	ICER[1]	ISPR[1]	ICPR[1]	IABR[1]
64-67	ISER[2]	ICER[2]	ISPR[2]	ICPR[2]	IABR[2]

• NVIC_Init(&NVIC_InitStructure) : 아래는 NVIC를 초기화하는 함수로 misc.c 파일에 있다. 아래 else 아래 부분은 ICER 레지스터로 인터럽트를 Disable하는 내용으로 ISER 레지스터와 반대되는 레지스터이다. 내용은 ISER 레지스터와 다르지 않다.

```
void NVIC_Init(NVIC_InitTypeDef* NVIC_InitStruct)
{
  uint32_t tmppriority = 0x00, tmppre = 0x00, tmpsub = 0x0F;

  /* Check the parameters */
  assert_param(IS_FUNCTIONAL_STATE(NVIC_InitStruct->NVIC_IRQChannelCmd));

assert_param(IS_NVIC_PREEMPTION_PRIORITY(NVIC_InitStruct->NVIC_IRQChannelPr
eemptionPriority));

assert_param(IS_NVIC_SUB_PRIORITY(NVIC_InitStruct->NVIC_IRQChannelSubPriority));

  if (NVIC_InitStruct->NVIC_IRQChannelCmd != DISABLE)
  {
    /* Compute the Corresponding IRQ Priority ------------------------*/

    tmppriority = (0x700 - ((SCB->AIRCR) & (uint32_t)0x700))>> 0x08;
    tmppre = (0x4 - tmppriority);
    tmpsub = tmpsub >> tmppriority;

    tmppriority = (uint32_t)NVIC_InitStruct->NVIC_IRQChannelPreemptionPriority <<
tmppre;
    tmppriority |=  NVIC_InitStruct->NVIC_IRQChannelSubPriority & tmpsub;
    tmppriority = tmppriority << 0x04;

    NVIC->IP[NVIC_InitStruct->NVIC_IRQChannel] = tmppriority;

    /* Enable the Selected IRQ Channels --------------------------------*/
    NVIC->ISER[NVIC_InitStruct->NVIC_IRQChannel >> 0x05] =
      (uint32_t)0x01 << (NVIC_InitStruct->NVIC_IRQChannel & (uint8_t)0x1F);
  }
  else
  {
    /* Disable the Selected IRQ Channels -------------------------------*/
    NVIC->ICER[NVIC_InitStruct->NVIC_IRQChannel >> 0x05] =
      (uint32_t)0x01 << (NVIC_InitStruct->NVIC_IRQChannel & (uint8_t)0x1F);
  }
}
```

4) USART1_Configuration(void) : USART 관련 설정 부분이다. 일단 USART 관련 GPIO부 설정도 이 함수에다 넣었다.

일단 분석해 보자. 이미 지금까지 많이 설명한 부분은 제외하겠다.

```
void USART1_Configuration(void)
{
  GPIO_InitTypeDef GPIO_InitStructure; //GPIO 구조체 선언
  USART_InitTypeDef USART_InitStructure;//USART관련 구조체 선언

  RCC_APB2PeriphClockCmd(RCC_APB2Periph_USART1 , ENABLE);
  RCC_APB2PeriphClockCmd(RCC_APB2Periph_GPIOA, ENABLE);

  GPIO_InitStructure.GPIO_Pin = GPIO_Pin_9;  //TX
  GPIO_InitStructure.GPIO_Speed = GPIO_Speed_50MHz;
  GPIO_InitStructure.GPIO_Mode = GPIO_Mode_AF_PP;
  GPIO_Init(GPIOA, &GPIO_InitStructure);

  GPIO_InitStructure.GPIO_Pin = GPIO_Pin_10; //RX
  GPIO_InitStructure.GPIO_Mode = GPIO_Mode_IN_FLOATING;
  GPIO_Init(GPIOA, &GPIO_InitStructure);

  USART_InitStructure.USART_BaudRate = 9600;
  USART_InitStructure.USART_WordLength = USART_WordLength_8b;
  USART_InitStructure.USART_StopBits = USART_StopBits_1;
  USART_InitStructure.USART_Parity = USART_Parity_No;
  USART_InitStructure.USART_HardwareFlowControl                    =
USART_HardwareFlowControl_None;
  USART_InitStructure.USART_Mode = USART_Mode_Rx | USART_Mode_Tx;

  //Configure the USART1
  USART_Init(USART1, &USART_InitStructure);
  USART_ITConfig(USART1, USART_IT_TXE, ENABLE);
  USART_Cmd(USART1, ENABLE); //Enable USART1
}
```

- USART_InitTypeDef USART_InitStructure : USART 관련 구조체 선언부이다. 기본 라이브러리 함수를 가져다 사용하겠다는 것이다.

  이 선언이 없으면 USART관련 함수 호출은 에러가 발생하는 부분도 생긴다.
- RCC_APB2PeriphClockCmd(RCC_APB2Periph_USART1, ENABLE) : USART 관련

CLOCK을 공급해주는 것이다.

APB2 peripheral clock enable register (RCC_APB2ENR)레지스터로 USART1EN은 APB2(PCLK2)에 연결되어 최고 72[MHz] 클럭이 공급된다고 설명했다. 이 부분이 잘 이해가 가지 않으면 STM32 관련 블록 다이어그램을 살펴보면 이해가 쉽게 될 것이다.

그러면 APB1과 APB2 2개 블록으로 크게 나눠진다는 사실도 알고 있을 것이다. 그럼 USART 2, 3은 어디에 연결되어 있는가? 바로 APB1에 연결되어 있다. 여기에 주의를 해야 한다. 다음 2개의 예제에서 무엇이 틀린가?

이것만 잘 이해하고 있으면 앞으로의 고생을 줄일 수 있다.

예1) RCC_APB1PeriphClockCmd(RCC_APB1Periph_GPIOA, ENABLE) : APB1에 결선되면 반드시 이 함수를 사용하여 설정해 주어야 한다.

예2) RCC_APB2PeriphClockCmd(RCC_APB2Periph_USART, ENABLE) : APB2에 결선되면 반드시 이 함수를 사용하여 설정해 주어야 한다.

그럼 위 예제에서 무엇이 잘못되었는가? 잘 이해가 되지 않으면 컴파일해서 한번 시험해 보라. GPIOA 포트는 APB2 블록에 연결되어 있으므로 예1번은 잘못된 설정이다. 그리고 또 한가지, 이 부분은 |처리하여 여러 개를 동시에 처리할 수 있다. 다음 예를 보자.

예3) RCC_APB2PeriphClockCmd(RCC_APB2Periph_USART1|RCC_APB2Periph_GPIOA| RCC_APB2Periph_GPIOC, ENABLE);

31	30	29	28	27	26	25	24	23	22	21	20	19	18	17	16
Reserced															
15	14	13	12	11	10	9	8	7	6	5	4	3	2	1	0
ADC3EN	USART1EN	TIM8EN	SPI1EN	TIM1EN	ADC2EN	ADC1EN	IOPGEN	IOPFEN	IOPEEN	IOPDEN	IOPCEN	IOPBEN	IOPAEN	Res.	AFIOEN
rw	rw	rw	rw	rw	rw	rw	rw	rw	rw	rw	rw	rw	rw		rw

- GPIO_InitStructure.GPIO_Pin = GPIO_Pin_9)와 GPIO_InitStructure.GPIO_Pin = GPIO_Pin_10 : 회로도와 같이 GPIO_Pin_9번은 USART TX GPIO_Pin_10번은 RX를 사용한다고 선언하는 내용이다.
- GPIO_InitStructure.GPIO_Mode = GPIO_Mode_AF_PP : 이는 GPIO 기초 장에서

설명하였다. USART 출력으로 설정한다.

◆ GPIO_InitStructure.GPIO_Mode = GPIO_Mode_IN_FLOATING : 이는 GPIO 기초 장에서 설명하였다. USART 입력으로 설정한다.

USART 관련 GPIO 설정은 아래처럼 지정되어 있다. 반드시 다음 설정법을 따라야 함을 잊지 말자.

USARTs

USART pinout	Configuration	FPIO configuration
USARTx_TX	Full duplex	Alternate funtion push-pull
	Half duplex synchronous mode	Alternate funtion push-pull
USARTx_RX	Full duplex	Input floating/Input pull-up
	Half duplex synchronous mode	Not used. Can be used as a general IO
USARTx_CK	synchronous mode	Alternate funtion push-pull
USARTx_RTS	Hardware flow control	Alternate funtion push-pull
USARTx_CTS	Hardware flow control	Input floating/Input pull-up

◆ GPIO_Init(GPIOA, &GPIO_InitStructure) : 설정한 값을 초기화하고 레지스터에 저장한다.

```
USART_InitStructure.USART_BaudRate = 9600;
  USART_InitStructure.USART_WordLength = USART_WordLength_8b;
  USART_InitStructure.USART_StopBits = USART_StopBits_1;
  USART_InitStructure.USART_Parity = USART_Parity_No;
  USART_InitStructure.USART_HardwareFlowControl =
  USART_HardwareFlowControl_None;
  USART_InitStructure.USART_Mode = USART_Mode_Rx | USART_Mode_Tx;
```

• USART_InitStructure.USART_BaudRate = 9600 : USART 속도를 9600[bps]로 설정한다. 담당 레지스터는 Baud rate register (USART_BRR)이고 이 공식은 USART 기초 장에서 설명하였다. 그리고 함수는 직접 찾아보기 바란다.

USARTDIV 값 계산 공식은= Fck/16* Tx/ Rx baud(Baud rate)와 같고 Bits 15:4 DIV_Mantissa[11:0]:는 USARTDIV 값 중 소수점 제외 상위 값을 쓰고 Bits 3:0 DIV_Fraction[3:0]:는 USARTDIV 값 중 소수점 이하 값을 쓰는 곳이다.

31	30	29	28	27	26	25	24	23	22	21	20	19	18	17	16
Reserced															
15	14	13	12	11	10	9	8	7	6	5	4	3	2	1	0
DIV_Mantissa[11:0]												DIV)Fraction[3:0]			
Res.		rw	rw	rw	rw	rw	rw	rw	rw	rw	rw	rw	rw	rw	rw

• USART_InitStructure.USART_WordLength = USART_WordLength_8b : USART의 데이터 길이를 지정한다. 담당 레지스터는 Control register 1(USART_CR1)이다.

31	30	29	28	27	26	25	24	23	22	21	20	19	18	17	16
Reserced															
15	14	13	12	11	10	9	8	7	6	5	4	3	2	1	0
Reserved		UE	M	WA KE	PCE	PS	PEI E	TXE IE	TCI E	RXN EIE	IDL EIE	TE	RE	RW U	SBK
Res.		rw	rw	rw	rw	rw	rw	rw	rw	rw	rw	rw	rw	rw	rw

• USART_InitStructure.USART_StopBits = USART_StopBits_1 : USART의 Stop Bit 길이를 지정한다. 담당 레지스터는 Control register 2(USART_CR2)이다.

31	30	29	28	27	26	25	24	23	22	21	20	19	18	17	16
Reserced															
15	14	13	12	11	10	9	8	7	6	5	4	3	2	1	0
Res.	LIN EN	STOP[1:0]		CLK EN	CPO L	CPH A	LBC L	Res.	LBD IE	LBD L	Res.	ADD[3:0]			
	rw	rw	rw	rw	rw	rw	rw		rw	rw	rw	rw	rw	rw	rw

• USART_InitStructure.USART_Parity = USART_Parity_No : USART의 Parity bit 설정 부분으로 담당 레지스터는 Control register 1(USART_CR1)이다.

31	30	29	28	27	26	25	24	23	22	21	20	19	18	17	16
Reserced															
15	14	13	12	11	10	9	8	7	6	5	4	3	2	1	0
Reserved		UE	M	WAKE	PCE	PS	PEIE	TXEIE	TCIE	RXNEIE	IDLEIE	TE	RE	RWU	SBK
Res.		rw	rw	rw	rw	rw	rw	rw	rw	rw	rw	rw	rw	rw	rw

• USART USART_InitStructure.USART_HardwareFlowControl = USART_HardwareFlowControl_None : USART의 FlowControl 설정 부분으로 담당 레지스터는 Control register 2(USART_CR3)이다.

31	30	29	28	27	26	25	24	23	22	21	20	19	18	17	16
Reserced															
15	14	13	12	11	10	9	8	7	6	5	4	3	2	1	0
Reserved					CTSIE	CTSE	RTSE	DMAT	DMAR	SCEN	NACK	HDSEL	IRLP	IREN	EIE
Res.					rw	rw	rw	rw	rw	rw	rw	rw	rw	rw	rw

• USART_InitStructure.USART_Mode = USART_Mode_Rx | USART_Mode_Tx : USART의 인터럽트 사용여부를 설정하는 부분으로 담당 레지스터는 Control register 1(USART_CR1)이다.

TE= TX Enable bit 이고, RE= RX Enable bit 이다.

31	30	29	28	27	26	25	24	23	22	21	20	19	18	17	16
Reserced															
15	14	13	12	11	10	9	8	7	6	5	4	3	2	1	0
Reserved		UE	M	WAKE	PCE	PS	PEIE	TXEIE	TCIE	RXNEIE	IDLEIE	TE	RE	RWU	SBK
Res.		rw	rw	rw	rw	rw	rw	rw	rw	rw	rw	rw	rw	rw	rw

11.2.8 main.c 파일의 함수

설정 초기화 함수와 USART 인터럽트 처리를 테스트 할 목적으로 USART 송신 함수 Usart1_PutStr, Usart1_PutStr 2개 있다. 그럼 이 2개의 함수를 살펴보자.

```
RCC_Configuration();    // RCC Configuration
  NVIC_Configuration(); // NVIC Configuration
  GPIO_Configuration(); //GPIO_Configuration
  USART1_Configuration();//USART1_Configuration
  while (1)
  {
    Usart1_PutStr("USART1 Test:");
    for(int i=0;i<10;i++)
    {
      Usart1_PutByte(0X30+i);
    }
    Usart1_PutStr("₩r₩n");
    Delay(0xFFFFF);
  }
```

가. Usart1_PutByte() 함수는 CORTEX-M3기본 제공하는 라이브러리 함수인 "USART_SendData" 를 이용하였다.

결국 USART_SendData 함수는 Data register(USART_DR) 레지스터에 데이터를 내보내는 역할을 한다. 따라서 USART_DR에 데이터가 들어가면 Status register (USART_SR)의 TXE BIT가 RESET(0)로 되어 BUSY 상태가 된다. shift register로 전송이 끝나면 USART_SR 레지스터가 자동으로 SET(1)이 되는 것이다.

"while (USART_GetFlagStatus(USART1, USART_FLAG_TXE) == RESET); "이 부분이 USART_SR 비트를 검사하는 부분이다. 주석처리 부분도 같은 내용이다.

```
void Usart1_PutByte(u8 Data)
{
  USART_SendData(USART1,Data);
  //while (!(USART1->SR & USART_FLAG_TXE));
  while (USART_GetFlagStatus(USART1, USART_FLAG_TXE) == RESET);
}
```

Status register (USART_SR)

31	30	29	28	27	26	25	24	23	22	21	20	19	18	17	16
Reserced															
15	**14**	**13**	**12**	**11**	**10**	**9**	**8**	**7**	**6**	**5**	**4**	**3**	**2**	**1**	**0**
Reserved						CTS	LBD	TXE	TC	RXNE	IDLE	ORE	NE	FE	PE
Res.						rc_w0	rc_w0	r	rc_w0	rc_w0	r	r	r	r	r

나. Usart1_ PutStr 함수는 String 문자열을 보내는 함수다.

```
void Usart1_PutStr(u8 *Data)
{
  while (*Data != '₩0')
  {
      Usart1_PutByte(*Data);
      Data ++;
  }
}
```

다. Usart1_PutByte(0X30+i);는 i값을 Ascii로 바꿔주는 부분이다. 즉 0x30, 0x31, … 0x39까지를 보내게 된다.

11.2.9 main.h 파일

첫번째 줄에 stm32f10x.h include 파일이 보인다. 첫째 라인은 ST사에서 제공하는 라이브러리 파일인 stm32f10x.h이고 "C:₩ArmEdit₩WinArm₩stm32lib₩CMSIS₩CM3₩DeviceSupport₩ST₩STM32F10x₩stm32f10x.h" 디렉터리에 존재한다. 그리고 두 번째 라인의 인터럽트관련 루틴 Handler 함수가 stm32f10x_it.h.인 것이다. 그럼 외부 인터럽트가 어떻게 처리되는지. stm32f10x_it.c로 들어가 보자.

```
#include "stm32f10x.h"
#include "stm32f10x_it.h"
```

11.2.10 stm32f10x_it.c 파일

우리는 앞의 NVIC 설정에서 "NVIC_InitStructure.NVIC_IRQChannel = USART1_IRQn" 라고 선언했다. 이는 USART1_IRQn번 인터럽트를 관리하는 Handler로 배워 알고 있다. 그래서 USART 인터럽트 번호 USART1_IRQn이 발생하면 이곳으로 점프한다.

아무 내용도 없다. 그냥 송신 시험으로 이곳의 내용이 없다. 만약 수신 시험을 한다면 이곳에 Flag를 하나 만들어 "Usart1Flag=1" 해서 이 비트가 SET(1)이 되면 main 함수에서 i=USART_DR; 이렇게 받아 읽으면 될 것이다.

```
void USART1_IRQHandler(void)
{
}
```

11.2.11 결론

이 장을 통해서 우리는 USART 송신 실습을 해보았다. 또한 USART 인터럽트 발생 시 Handler가 발생하고 그 루틴으로 진입하는 방법을 알았다. 또한 USART의 레지스터를 배웠고 Asynchronous(비동기)의 데이터 전송방법 Stop bit와 Data의 길이와 Parity 설정, 그리고 Baud rate 설정 등을 이해하였다. 그리고 EIA-232C 물리적 접속이 어떻게 이루어지는지 컴퓨터와 통신으로 시험해 보았다.

제12장

Analog-to-digital conveter

12.1 Analog-to-digital converter(ADC) 기초

12.1.1 개요

STM32 CPU에는 12[bit] ADC(analog-to-digital converter) 18개 채널이 존재하며 이는 ADC는 16개의 외부 채널과 2개의 내부 채널로 구분된다. 또한 Analog watchdog 기능도 내장되어 있다. APB2(PCLK2) 클럭을 받아서 divided하여 사용할 수 있는데 이 때 최고 클럭은 14[MHz]까지 지원한다. 따라서 ADC 클럭 설정 시 14[MHz] 이하로 설정하는 주의가 필요하다. Conversion 전후에 인터럽트를 발생시키는 End of Conversion 모드와 End of Injected conversion 모드 그리고 Analog watchdog 모드가 있다. ADC 전원은 2.4[V] to 3.6[V]가 가능하다. 아래는 ADC의 특징을 보이고 있다.

- 12[bit] resolution
- End of Conversion mode 와 End of Injected conversion mode 그리고 Analog watchdog event 모드
- Single 와 continuous conversion modes
- 자동 conversion 을 위한 Scan mode (channel 0 ~channel 'n' 까지)
- Self-calibration 지원
- Data alignment with in-built data coherency
- 프로그램 가능한 sampling time Channel
- regular 와 injected conversion 모드
- Discontinuous mode
- Dual mode 지원
- ADC conversion time:은 17.1[μ s] 이다.
- ADC 전원:: 2.4[V] to 3.6[V]
- ADC input 범위: VREF〈= VIN〈= VREF+ 값이 되어야 한다.
- conversion중에 DMA요청 생성

12.1.2 특징

가. ADC(analog-to-digital converter)의 클럭 설정

ADC CLK= APB2(PCLK2)/ ADC Prescaler는 12[MHz]=72[MHz]/6 클럭이 계산된다. 이는 APB2 블록은 최고 속도가 72[MHz]까지 지원하고 APB1 블록은 최고 36[MHz] 지원한다는 사실을 기억하자!

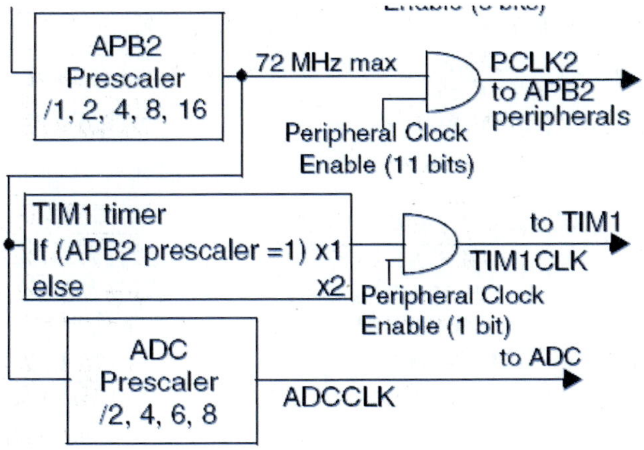

나. Single conversion mode(단일변환)

Single conversion mode는 하나의 ADC 변환을 수행한다. 이 모드는 설정은 ADC control register 2(ADC_CR2)의 CONT 비트를 RESET(0)으로 설정하면 된다. 변환 후에는 아래 레지스터가 설정된다.

- regular channel 이 변환 되었을 때

변환된 데이터는 레지스터 16비트 ADC_DR 레지스터에 저장된다. 이때 ADC status register(ADC_SR)의 EOC (End Of Conversion)비트 플래그가 설정된다. 만약 EOCIE 비트가 설정된 경우 인터럽트가 생성된다.

- injected channel 이 변환 되었을 때

변환된 데이터는 16비트에 ADC_DRJ1 레지스터에 저장된다. 이때 ADC status register(ADC_SR)의 JEOC(End Of Conversion Injected) 비트가 플래그가 설정된다. 만약 JEOCIE 비트가 설정된 경우 인터럽트가 생성된다.

다. Continuous conversion mode(연속 변환)

conversion mode는 ADC 변환 후 즉시 다른 채널을 conversion 시작한다. 이 모드는 외부 trigger 하거나 ADC control register 1(ADC_CR1)의 control register 2(ADC_CR2)의 CONT 비트를 SET(1)으로 설정하면 된다.

변환 후에는 다음 레지스터가 설정된다.

- regular channel 이 변환 되었을 때

변환된 데이터는 레지스터 16비트 ADC_DR 레지스터에 저장된다 이때 EOC (End

Of Conversion)비트 플래그가 설정된다

EOCIE 비트가 설정된 경우 인터럽트가 생성된다..

- injected channel 이 변환 되었을 때

변환된 데이터는 16비트에 ADC_DRJ1 레지스터에 저장된다 JEOC(End Of Conversion Injected) 비트가 플래그가 설정된다.

ADC control register 1(ADC_CR1)의 JEOCIE 비트가 설정된 경우 인터럽트가 생성된다.

★ 이벤트 컨트롤 비트 설정과 이벤트 플래그 비트

ADC interrupts

interrupts event	Event flag	Enable Control bit
End of conversion regular group	EOC	EOCIE
End of conversion injected group	JEOC	JEOCIE
Analog watchdog status bit set	AWD	AWDIE

라. Single ADC block diagram

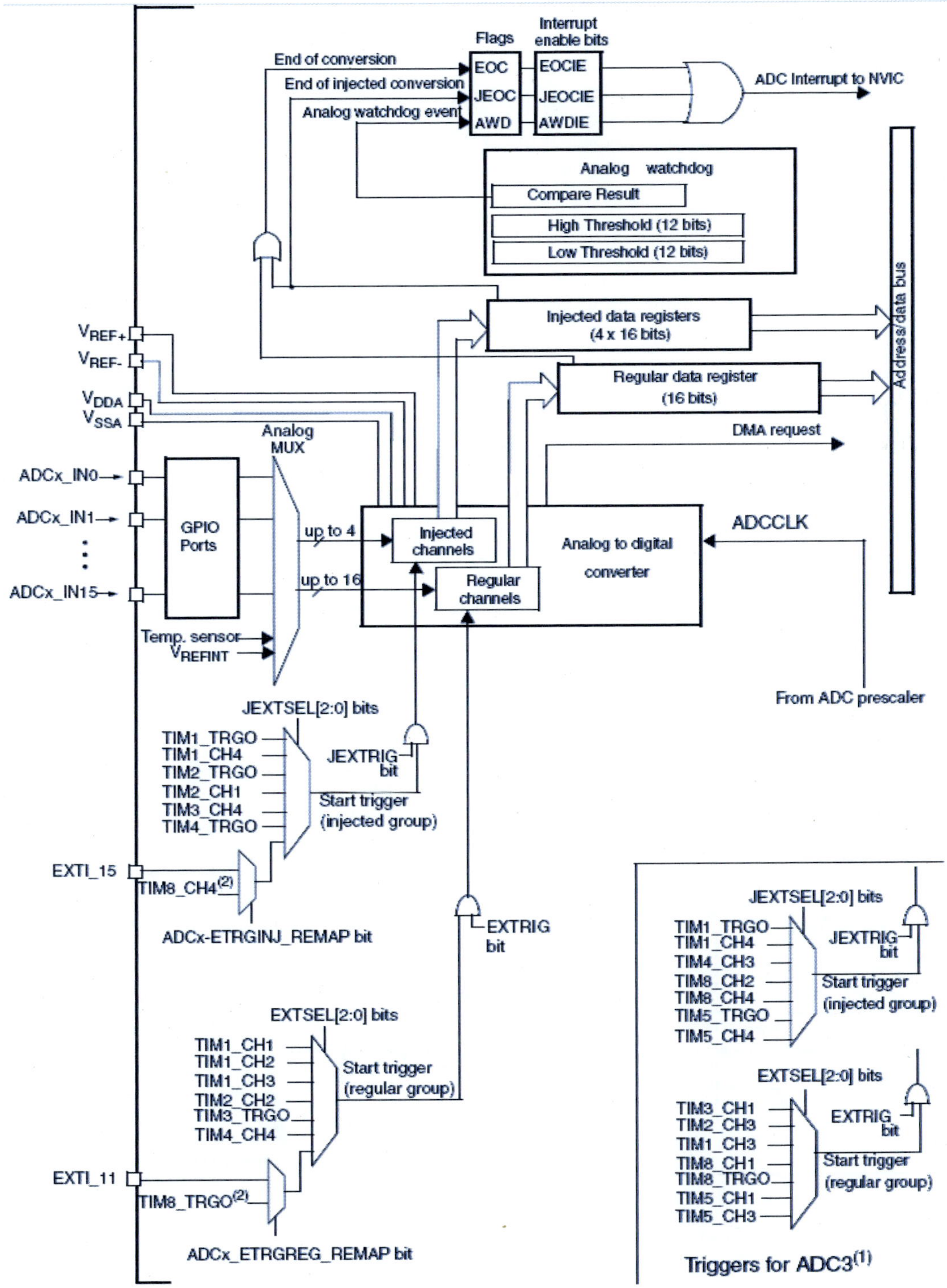

마. ADC PIN

ADC 관련 핀들의 설명으로 VDDA전원과 VREF관련 설명을 보이고 있다.

ADC pins

Name	Signal type	Remarks
V_{REF+}	Input, analog reference positive	The higher/positive reference voltage for the ADC, 2.4V≤VREF+≤VDDA
V_{DDA}(1)	Input, analog supply	Analog power supply equal to VDD and 2.4V ≤ VDDA≤3.6V
V_{REF-}	Input, analog reference negative	The lower/negative reference voltage for the ADC, VREF-=VSSA
V_{SSA}(1)	Input, analog supply ground	Ground for analog power supply equal to VSS
ADCx_IN[15:0]	Analog signals	16 analog channels

1. VDDA and VSSA have to be connected to VDD and VSS-respectively

바. Timing diagram

ADC converting 시작 전에 "tSTAB" 만큼의 안정화 시간이 필요한데 이 시간은 최소 14 clock cycles이 필요하다. 그리고 conversion 결과가 16[bit] ADC Data register 들어오고 EOC flag가 설정된다.

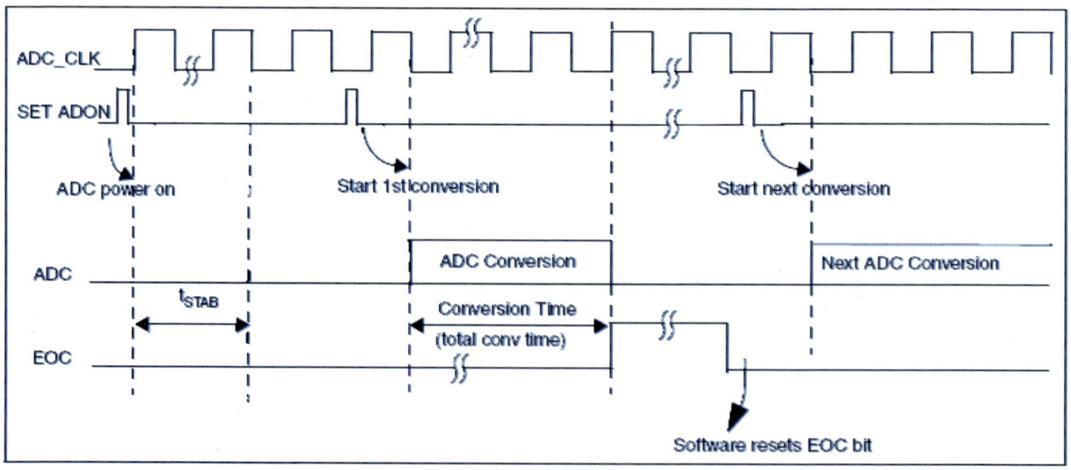

사. Analog watchdog mode

ADC analog watchdog 이벤트는 analog voltage converted ADC 값과 analog watchdog 설정 ADC 최고 값(ADC_HTR) 혹은 설정 최저 값 ADC_LTR을 지정하여 그 범위를 벗어났을 때 watchdog 인터럽트를 발생시키기 위한 것이다. 보통 임베디드 시스템에서 배터리를 주 전원으로 사용할 때 아주 유용한 기능이다.

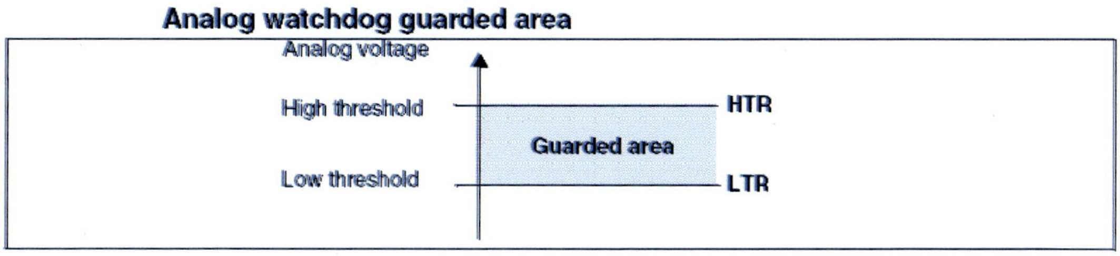

Analog watchdog channel selection

Channels to be guarded by analog watchdog	ADC_CR1 register control bits(x=don't care)		
	AWDSGL bit	AWDEN bit	JAWDEN bit
None	×	0	0
All injected channels	0	0	1
All regular channels	0	1	0
All regular and injected channels	0	1	1
Single[(1)] injected channel	1	0	1
Single[(1)] regular channel	1	1	0
Single[(1)] regular or injected channel	1	1	1

1. Selected by AWDCH[4:0] bits

아. Data alignment

Left 혹은 right aligned를 지원하며 ADC_CR2 register의 ALIGN bit를 설정하면 된다. alignment 를 선택했을 때 ADC conversion 값은 data레지스터에 Left 혹은 right 정렬하여 저장된다.

또한 ADC_JOFRx 레지스터의 SEXT 비트에 쓰여진 offset 설정 값이다. 바로 이것이 "SEXT" 가 된다." SEXT 비트는 Regular 모드일 때는 해당사항이 없으며 오직 Injected 모드일 때만 이 값이 유효하다. 보통은 오른쪽 정렬을 많이 사용한다.

Right alignment of data

Injected group

SE XT	SE XT	SE XT	SE XT	D11	D10	D9	D8	D7	D6	D5	D4	D3	D2	D1	D0

Regular group

0	0	0	0	D11	D10	D9	D8	D7	D6	D5	D4	D3	D2	D1	D0

Left alignment of data

Injected group

SE XT	D11	D10	D9	D8	D7	D6	D5	D4	D3	D2	D1	D0	0	0	0

Regular group

D11	D10	D9	D8	D7	D6	D5	D4	D3	D2	D1	D0	0	0	0	0

자. Calibration

ADC Calibration 기능은 ADC calibration 값의 오차를 줄이기 위한 한 방법으로 사용한다. ADC_CR2 register의 CAL bit를 설정함으로써 Active 된다.

Calibration timing diagram

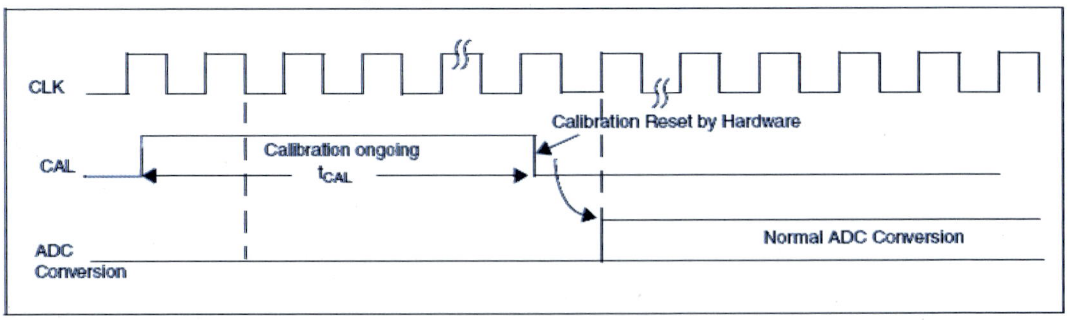

차. ADC의 메모리 맵

아래 메모리 맵에서와 같이 ADC 레지스터의 시작 번지는 0X40012400번지임을 참조하자.

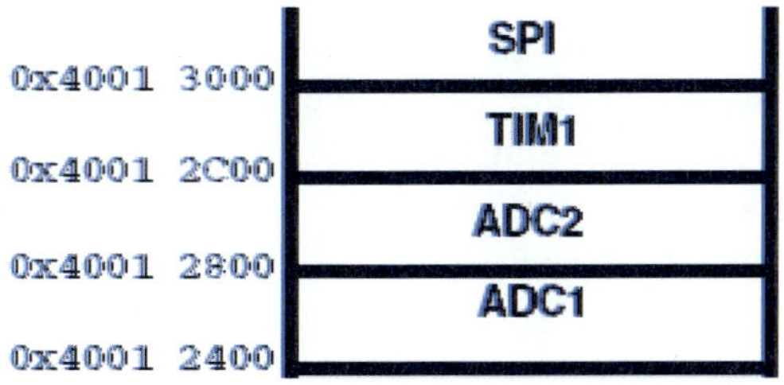

12.1.3 ADC 레지스터

가. ADC 상태와 관련된 레지스터가 바로 ADC status register(ADC_SR)다.

Injected regular flag

ADC status register (ADC_SR) 0X00

31	30	29	28	27	26	25	24	23	22	21	20	19	18	17	16
Reserced															
15	**14**	**13**	**12**	**11**	**10**	**9**	**8**	**7**	**6**	**5**	**4**	**3**	**2**	**1**	**0**
Reserced											STRT	JSTRT	JEOC	EOC	AWD
											rc_w0	rc_w0	rc_w0	rc_w0	rc_w0

- Bits 31:5 Reserved, must be kept cleared.
- Bit 4 STRT: Regular channel Start flag
- This bit is set by hardware when regular channel conversion starts. It is cleared by software.
- 0 : No regular channel conversion started
- 1 : Regular channel conversion has started
- Bit 3 JSTRT: Injected channel Start flag
- This bit is set by hardware when injected channel group conversion starts. It is cleared by software.
- 0 : No injected group conversion started
- 1 : Injected group conversion has started
- Bit 2 JEOC: Injected channel end of conversion
- This bit is set by hardware at the end of all injected group channel conversion. It is cleared by software.
- 0 : Conversion is not complete
- 1 : Conversion complete
- Bit 1 EOC: End of conversion
- This bit is set by hardware at the end of a group channel conversion (regular or injected). It is cleared by software or by reading the ADC_DR.
- 0 : Conversion is not complete
- 1 : Conversion complete

- Bit 0 AWD : Analog watchdog flag
- This bit is set by hardware when the converted voltage crosses the values programmed in the ADC_LTR and ADC_HTR registers. It is cleared by software.
- 0 : No Analog watchdog event occurred
- 1 : Analog watchdog event occurred

나. ADC 컨트롤 비트가 ADC control register 1(ADC_CR1)이다. 각종 ADC 컨트롤 관련 레지스터다. 아래 비트를 SET(1)로 설정하여 enable시킬 수 있다.

ADC control register 1 (ADC_CR1)0X04

31	30	29	28	27	26	25	24	23	22	21	20	19	18	17	16
Reserved								AWDEN	JAWDEN	Reserved		DUALMOD[3:0]			
Res.								rw	rw	Res.		rw	rw	rw	rw

15	14	13	12	11	10	9	8	7	6	5	4	3	2	1	0
DISCNUM[2:0]			JDISCEN	DISCEN	JAUTO	AWDSGL	SCAN	JEOCIE	AWDIE	EOCIE	AWDCH[4:0]				
rw	rw	rw	rw	rw	rw	rw	rw	rw	rw	rw	rw	rw	rw	rw	rw

- Bits 31:24 Reserved, must be kept cleared.
- Bit 23 AWDEN : Analog watchdog enable on regular channels
- This bit is set/reset by software.
- 0 : Analog watchdog disabled on regular channels
- 1 : Analog watchdog enabled on regular channels
- Bit 22 JAWDEN : Analog watchdog enable on injected channels
- This bit is set/reset by software.
- 0 : Analog watchdog disabled on injected channels
- 1 : Analog watchdog enabled on injected channels
- Bits 21:20 Reserved, must be kept cleared.
- Bits 19:16 DUALMOD[3:0] : Dual mode selection
- These bits are written by software to select the operating mode.
- 0000 : Independent mode.
- 0001 : Combined regular simultaneous + injected simultaneous mode
- 0010 : Combined regular simultaneous + alternate trigger mode
- 0011 : Combined injected simultaneous + fast interleaved mode
- 0100 : Combined injected simultaneous + slow Interleaved mode
- 0101 : Injected simultaneous mode only
- 0110 : Regular simultaneous mode only
- 0111 : Fast interleaved mode only
- 1000 : Slow interleaved mode only
- 1001 : Alternate trigger mode only
- Note : These bits are reserved in ADC2 and ADC3.

- In dual mode, a change of channel configuration generates a restart that can produce a loss of synchronization. It is recommended to disable dual mode before any configuration change.
- Bits 15:13 DISCNUM[2:0] : Discontinuous mode channel count
- These bits are written by software to define the number of regular channels to be converted in discontinuous mode, after receiving an external trigger.
- 000 : 1 channel
- 001 : 2 channels
- Bit 12 JDISCEN : Discontinuous mode on injected channels
- This bit set and cleared by software to enable/disable discontinuous mode on injected group channels
- 0 : Discontinuous mode on injected channels disabled
- 1 : Discontinuous mode on injected channels enabled
- Bit 11 DISCEN : Discontinuous mode on regular channels
- This bit set and cleared by software to enable/disable Discontinuous mode on regular channels.
- 0 : Discontinuous mode on regular channels disabled
- 1 : Discontinuous mode on regular channels enabled
- Bit 10 JAUTO: Automatic Injected Group conversion
- This bit set and cleared by software to enable/disable automatic injected group conversion after regular group conversion.
- 0 : Automatic injected group conversion disabled
- 1 : Automatic injected group conversion enabled
- Bit 9 AWDSGL: Enable the watchdog on a single channel in scan mode
- This bit set and cleared by software to enable/disable the analog watchdog on the channel identified by the AWDCH[4:0] bits.
- 0 : Analog watchdog enabled on all channels
- 1 : Analog watchdog enabled on a single channel
- Bit 8 SCAN : Scan mode
- This bit is set and cleared by software to enable/disable Scan mode. In Scan mode, the inputs selected through the ADC_SQRx or ADC_JSQRx registers are converted.
- 0 : Scan mode disabled
- 1 : Scan mode enabled
- Note : An EOC or JEOC interrupt is generated only on the end of conversion of the last channel if the corresponding EOCIE or JEOCIE bit is set
- Bit 7 JEOCIE : Interrupt enable for injected channels
- This bit is set and cleared by software to enable/disable the end of conversion interrupt for injected channels.
- 0 : JEOC interrupt disabled
- 1 : JEOC interrupt enabled. An interrupt is generated when the JEOC bit is set.
- Bit 6 AWDIE : Analog watchdog interrupt enable
- This bit is set and cleared by software to enable/disable the analog watchdog interrupt. In Scan mode if the watchdog thresholds are crossed, scan is aborted only if this bit is enabled.

- 0 : Analog watchdog interrupt disabled
- 1 : Analog watchdog interrupt enabled
- Bit 5 EOCIE : Interrupt enable for EOC
- This bit is set and cleared by software to enable/disable the End of Conversion interrupt.
- 0 : EOC interrupt disabled
- 1 : EOC interrupt enabled. An interrupt is generated when the EOC bit is set.
- Bits 4:0 AWDCH[4:0] : Analog watchdog channel select bits
- These bits are set and cleared by software. They select the input channel to be guarded by the Analog watchdog.
- 00000 : ADC analog Channel0
- 00001 : ADC analog Channel1

  ...
- 01111 : ADC analog Channel15
- 10000 : ADC analog Channel16
- 10001 : ADC analog Channel17
- Other values reserved.
- Note : ADC1 analog Channel16 and Channel17 are internally connected to the temperature sensor and to VREFINT, respectively.
- ADC2 analog inputs Channel16 and Channel17 are internally connected to VSS.
- ADC3 analog inputs Channel9, Channel14, Channel15, Channel16 and Channel17 are connected to VSS.

  ......
- 111 : 8 channels

다. ADC 컨트롤 비트가 ADC control register 2(ADC_CR2)이다. 각종 ADC 컨트롤 관련 레지스터다. 아래 비트를 SET(1)로 설정하여 enable시킬 수 있다.

ADC control register 2 (ADC_CR2)0X08

31	30	29	28	27	26	25	24	23	22	21	20	19	18	17	16
Reserved								TSVREFE	SWSTART	JSWSTART	EXTTRIG	EXTSEL[2:0]			Res.
Res.								rw	rw	rw	rw	rw	rw	rw	

15	14	13	12	11	10	9	8	7	6	5	4	3	2	1	0
JEXTTRIG	JEXTSEL[2:0]			ALIGN	Reserved		DMA	Reserved				RSTCAL	CAL	CONT	ADON
rw	rw	rw	rw	rw	Res.		rw	Res.				rw	rw	rw	rw

- Bits 31:24 Reserved, must be kept cleared.
- Bit 23 TSVREFE : Temperature sensor and VREFINT enable
- This bit is set and cleared by software to enable/disable the temperature sensor and VREFINT channel. In devices with dual ADCs this bit is present only in ADC1.
- 0 : Temperature sensor and VREFINT channel disabled

- 1 : Temperature sensor and VREFINT channel enabled
- Bit 22 SWSTART: Start conversion of regular channels
- This bit is set by software to start conversion and cleared by hardware as soon as conversion starts. It starts a conversion of a group of regular channels if SWSTART is selected as trigger event by the EXTSEL[2:0] bits.
- 0 : Reset state
- 1 : Starts conversion of regular channels
- Bit 21 JSWSTART: Start conversion of injected channels
- This bit is set by software and cleared by software or by hardware as soon as the conversion starts. It starts a conversion of a group of injected channels (if JSWSTART is selected as trigger event by the JEXTSEL[2:0] bits.
- 0 : Reset state
- 1 : Starts conversion of injected channels
- Bit 20 EXTTRIG: External trigger conversion mode for regular channels
- This bit is set and cleared by software to enable/disable the external trigger used to start conversion of a regular channel group.
- 0 : Conversion on external event disabled
- 1 : Conversion on external event enabled
- Bits 19:17 EXTSEL[2:0]: External event select for regular group
- These bits select the external event used to trigger the start of conversion of a regular group :
- For ADC1 and ADC2, the assigned triggers are:
- 000 : Timer 1 CC1 event
- 001 : Timer 1 CC2 event
- 010 : Timer 1 CC3 event
- 011 : Timer 2 CC2 event
- 100 : Timer 3 TRGO event
- 101 : Timer 4 CC4 event
- 110 : EXTI line11/TIM8_TRGO event (TIM8 TRGO is available only in high-density devices)
- 111 : SWSTART
- For ADC3, the assigned triggers are:
- 000 : Timer 3 CC1 event
- 001 : Timer 2 CC3 event
- 010 : Timer 1 CC3 event
- 011 : Timer 8 CC1 event
- 100 : Timer 8 TRGO event
- 101 : Timer 5 CC1 event
- 110 : Timer 5 CC3 event
- 111 : SWSTART
- Bit 16 Reserved, must be kept cleared.
- Bit 15 JEXTTRIG : External trigger conversion mode for injected channels
- This bit is set and cleared by software to enable/disable the external trigger used to start conversion of an injected channel group.

- 0 : Conversion on external event disabled
- 1 : Conversion on external event enabled
- Bits 14:12 JEXTSEL[2:0] : External event select for injected group
- These bits select the external event used to trigger the start of conversion of an injected group:
- For ADC1 and ADC2 the assigned triggers are:
- 000 : Timer 1 TRGO event
- 001 : Timer 1 CC4 event
- 010 : Timer 2 TRGO event
- 011 : Timer 2 CC1 event
- 100 : Timer 3 CC4 event
- 101 : Timer 4 TRGO event
- 110 : EXTI line15/TIM8_CC4 event (TIM8_CC4 is available only in High-density devices)
- 111 : JSWSTART
- For ADC3 the assigned triggers are:
- 000 : Timer 1 TRGO event
- 001 : Timer 1 CC4 event
- 010 : Timer 4 CC3 event
- 011 : Timer 8 CC2 event
- 100 : Timer 8 CC4 event
- 101 : Timer 5 TRGO event
- 110 : Timer 5 CC4 event
- 111 : JSWSTART
- Bit 11 ALIGN : Data alignment
- This bit is set and cleared by software. Refer to Figure 31.and Figure 32.
- 0 : Right Alignment
- 1 : Left Alignment
- Bits 10:9 Reserved, must be kept cleared.
- Bit 8 DMA : Direct memory access mode
- This bit is set and cleared by software. Refer to the DMA controller chapter for more details.
- 0 : DMA mode disabled
- 1 : DMA mode enabled
- Note : Only ADC1 and ADC3 can generate a DMA request.
- Bits 7:4 Reserved, must be kept cleared.
- Bit 3 RSTCAL : Reset calibration
- This bit is set by software and cleared by hardware. It is cleared after the calibration registers are initialized.
- 0 : Calibration register initialized.
- 1 : Initialize calibration register.
- Note : If RSTCAL is set when conversion is ongoing, additional cycles are required to clear the calibration registers.
- Bit 2 CAL: A/D Calibration

- This bit is set by software to start the calibration. It is reset by hardware after calibration is complete.
- 0 : Calibration completed
- 1 : Enable calibration
- Bit 1 CONT: Continuous conversion
- This bit is set and cleared by software. If set conversion takes place continuously till this bit is reset.
- 0 : Single conversion mode
- 1 : Continuous conversion mode
- Bit 0 ADON : A/D converter ON / OFF
- This bit is set and cleared by software. If this bit holds a value of zero and a 1 is written to it then it wakes up the ADC from Power Down state.
- Conversion starts when this bit holds a value of 1 and a 1 is written to it. The application should allow a delay of tSTAB between power up and start of conversion. Refer to Figure 27.
- 0 : Disable ADC conversion/calibration and go to power down mode.
- 1 : Enable ADC and to start conversion
- Note : If any other bit in this register apart from ADON is changed at the same time, then conversion is not triggered. This is to prevent triggering an erroneous conversion.

마. ADC sample time 값을 설정하는 레지스터가 ADC sample time register (ADC_SMPR1)이다.

SMPx[2:0] : 각 채널의 sample time 값을 기록한다. x값은 17~10번 채널 총 8개이다.

ADC sample time register 1 (ADC_SMPR1)0X0C

31	30	29	28	27	26	25	24	23	22	21	20	19	18	17	16
Reservef								SMP17[2:0]			SMP16[2:0]			SMP15[2:1]	
Res.								rw	rw	rw	rw	rw	rw	rw	rw

15	14	13	12	11	10	9	8	7	6	5	4	3	2	1	0
SMP 15_0	SMP14[2:0]			SMP13[2:0]			SMP12[2:0]			SMP11[2:0]			SMP10[2:0]		
rw	rw	rw	rw	rw	rw	rw	rw	rw	rw	rw	rw	rw	rw	rw	rw

- Bits 31:24 Reserved, must be kept cleared.
- Bits 23:0 SMPx[2:0]: Channel x Sample time selection
- These bits are written by software to select the sample time individually for each channel.
- During sample cycles channel selection bits must remain unchanged.
- 000 : 1.5 cycles
- 001 : 7.5 cycles
- 010 : 13.5 cycles

- 011 : 28.5 cycles
- 100 : 41.5 cycles
- 101 : 55.5 cycles
- 110 : 71.5 cycles
- 111 : 239.5 cycles
- Note : ADC1 analog Channel16 and Channel17 are internally connected to the temperature sensor and to VREFINT, respectively.
- ADC2 analog input Channel16 and Channel17 are internally connected to VSS.
- ADC3 analog inputs Channel14, Channel15, Channel16 and Channel17 are connected to VSS.

바. ADC sample time 값을 설정하는 레지스터가 ADC sample time register (ADC_SMPR2)이다.

SMPx[2:0] : 각 채널의 sample time 값을 기록한다. x값은 9~0번 채널 총 10개이다.

ADC sample time register 2 (ADC_SMPR2)0X10

<table>
<tr><td>31</td><td>30</td><td>29</td><td>28</td><td>27</td><td>26</td><td>25</td><td>24</td><td>23</td><td>22</td><td>21</td><td>20</td><td>19</td><td>18</td><td>17</td><td>16</td></tr>
<tr><td colspan="2">Reserved</td><td colspan="3">SMP9[2:0]</td><td colspan="3">SMP8[2:0]</td><td colspan="3">SMP7[2:0]</td><td colspan="3">SMP6[2:0]</td><td colspan="2">SMP5[2:0]</td></tr>
<tr><td colspan="2">Res.</td><td>rw</td><td>rw</td><td>rw</td><td>rw</td><td>rw</td><td>rw</td><td>rw</td><td>rw</td><td>rw</td><td>rw</td><td>rw</td><td>rw</td><td>rw</td><td>rw</td></tr>
<tr><td>15</td><td>14</td><td>13</td><td>12</td><td>11</td><td>10</td><td>9</td><td>8</td><td>7</td><td>6</td><td>5</td><td>4</td><td>3</td><td>2</td><td>1</td><td>0</td></tr>
<tr><td>SMP
5_0</td><td colspan="3">SMP4[2:0]</td><td colspan="3">SMP3[2:0]</td><td colspan="3">SMP2[2:0]</td><td colspan="3">SMP1[2:0]</td><td colspan="3">SMP0[2:0]</td></tr>
<tr><td>rw</td><td>rw</td><td>rw</td><td>rw</td><td>rw</td><td>rw</td><td>rw</td><td>rw</td><td>rw</td><td>rw</td><td>rw</td><td>rw</td><td>rw</td><td>rw</td><td>rw</td><td>rw</td></tr>
</table>

- Bits 31:30 Reserved, must be kept cleared.
- Bits 29:0 SMPx[2:0] : Channel x Sample time selection
- These bits are written by software to select the sample time individually for each channel.
- During sample cycles channel selection bits must remain unchanged.
- 000 : 1.5 cycles
- 001 : 7.5 cycles
- 010 : 13.5 cycles
- 011 : 28.5 cycles
- 100 : 41.5 cycles
- 101 : 55.5 cycles
- 110 : 71.5 cycles
- 111 : 239.5 cycles
- Note : ADC3 analog input Channel9 is connected to VSS.

사. injected channel data offset을 지정하는 ADC injected channel data offset register x(ADC_JOFRx)이다.

ADC injected channel data offset register x (ADC_JOFRx)(x=1..4)0X20

31	30	29	28	27	26	25	24	23	22	21	20	19	18	17	16
Reserced															
15	14	13	12	11	10	9	8	7	6	5	4	3	2	1	0
Reserved				JOFFSETx[11:0]											
Res.				rw	rw	rw	rw	rw	rw	rw	rw	rw	rw	rw	rw

- Bits 31:12 Reserved, must be kept cleared.
- Bits 11:0 JOFFSETx[11:0] : Data offset for injected channel x
- These bits are written by software to define the offset to be subtracted from the raw converted data when converting injected channels. The conversion result can be read from in the ADC_JDRx registers.

아. 아날로그 워치독 모드에서 ADC watchdog high threshold register(ADC_HTR)를 비교할 최대값이다.

HT[11:0] : Analog watchdog 12[bit] 비교 최대값이다. 이는 워치독 ADC 값과 비교 대상 다른 ADC값을 비교하며 watchdog Interrupt를 발생시키기 위한 것이다. 이 레지스터는 watchdog high 범위 값을 설정한다.

ADC watchdog high threshold register (ADC_HTR)0X24

31	30	29	28	27	26	25	24	23	22	21	20	19	18	17	16
Reserced															
15	14	13	12	11	10	9	8	7	6	5	4	3	2	1	0
Reserved				HT[11:0]											
				rw	rw	rw	rw	rw	rw	rw	rw	rw	rw	rw	rw

- Bits 31:12 Reserved, must be kept cleared.
- Bits 11:0 HT[11:0] : Analog watchdog high threshold
- These bits are written by software to define the high threshold for the analog watchdog.

자. 아날로그 워치독 모드에서 ADC watchdog low threshold register(ADC_LTR)를 비교할 최저값이다.

LT[11:0] : Analog watchdog 12[bit] 비교 최저값이다. 이는 워치독 ADC값과 비교 대상 다른 ADC값을 비교하며 watchdog Interrupt를 발생시키기 위한 것이다. 이 레지스터는 watchdog low 범위 값을 설정 한다.

ADC watchdog low threshold register (ADC_LTR)0X28

31	30	29	28	27	26	25	24	23	22	21	20	19	18	17	16
Reserced															
15	14	13	12	11	10	9	8	7	6	5	4	3	2	1	0
Reserved				LT[11:0]											
Res.				rw	rw	rw	rw	rw	rw	rw	rw	rw	rw	rw	rw

- Bits 31:12 Reserved, must be kept cleared.
- Bits 11:0 LT[11:0] : Analog watchdog low threshold
- These bits are written by software to define the low threshold for the analog watchdog.

차. ADC(regular) Scan mode일 때 Conversion 순서를 저장하는 ADC regular sequence register 1 (ADC_SQRx)이다.

총 3개의 ADC_SQR1~ ADC_SQR3 레지스터가 있다. ADC_SQR1은 아래 표와 같고 ADC_SQR2와 ADC_SQR3 레지스터는 SQ12[4~0]~SQ1[4~0]를 소유하고 있게 된다. 이는 conversion regular 채널이 16개가 있기 때문이다. 아래 외의 ADC_SQRx 레지스터를 데이터시트에서 찾아보라.

L[3:0] : Regular channel 길이를 적는다. 즉 Conversion 대상 총 channel 번호를 적는다.

SQx[4:0] : 16개의 Regular conversion 순서를 적는다. 낮은 SQ1번이 제일 먼저 Regular channel이 conversion된다. x값은 1~16이다.

ADC regular sequence register 1 (ADC_SQR1)0X2C,0x30,0x34

31	30	29	28	27	26	25	24	23	22	21	20	19	18	17	16
Reserved								L[3:0]				SQ16[4:1]			
Res.								rw	rw	rw	rw	rw	rw	rw	rw
15	14	13	12	11	10	9	8	7	6	5	4	3	2	1	0
SQ 16_0	SQ15[4:0]					SQ14[4:0]					SQ13[4:0]				
rw	rw	rw	rw	rw	rw	rw	rw	rw	rw	rw	rw	rw	rw	rw	rw

- Bits 31:24 Reserved, must be kept cleared.
- Bits 23:20 L[3:0] : Regular channel sequence length
- These bits are written by software to define the total number of conversions in the regular channel conversion sequence.
- 0000 : 1 conversion
- 0001 : 2 conversions

......

- 1111 : 16 conversions
- Bits 19:15 SQ16[4:0] : 16th conversion in regular sequence
- These bits are written by software with the channel number (0..17) assigned as the 16th in the conversion sequence.
- Bits 14:10 SQ15[4:0] : 15th conversion in regular sequence
- Bits 9:5 SQ14[4:0] : 14th conversion in regular sequence
- Bits 4:0 SQ13[4:0] : 13th conversion in regular sequence

카. ADC(Injected) mode일 때 Conversion 순서를 저장하는 ADC injected sequence register (ADC_ JSQR)이다.

conversion Injected 채널이 4개가 있다. 아래는 ADC_ JSQR 레지스터를 나타낸 표이다. 그 비트의 설정은

JL[1:0] : Injected channel 길이를 적는다. 즉 Conversion 대상 총 Injected channel번호를 적는다.

JSQx[4:0] : 4개의 Injected channel conversion 순서를 적는다. 낮은 SQ1번이 제일 먼저 Injected channel이 conversion된다. x값은 1~4이다.

ADC injected sequence register (ADC_JSQR)0X38

31	30	29	28	27	26	25	24	23	22	21	20	19	18	17	16
Reserved										JL[1:0]		JSQ4[4:1]			
										rw	rw	rw	rw	rw	rw

15	14	13	12	11	10	9	8	7	6	5	4	3	2	1	0
JSQ 4_0	JSQ3[4:0]					JSQ2[4:0]					JSQ1[4:0]				
rw	rw	rw	rw	rw	rw	rw	rw	rw	rw	rw	rw	rw	rw	rw	rw

- Bits 31:22 Reserved, must be kept cleared.
- Bits 21:20 JL[1:0] : Injected sequence length
- These bits are written by software to define the total number of conversions in the injected channel conversion sequence.
- 00 : 1 conversion
- 01 : 2 conversions
- 10 : 3 conversions
- 11 : 4 conversions
- Bits 19:15 JSQ4[4:0] : 4th conversion in injected sequence
- These bits are written by software with the channel number (0..17) assigned as the
- 4th in the sequence to be converted.
- Note : Unlike a regular conversion sequence, if JL[1:0] length is less than four, the channels are converted in a sequence starting from (4-JL). Example: ADC_ JSQR[21:0] = 10

- 00011 00011 00111 00010 means that a scan conversion will convert the following
- channel sequence : 7, 3, 3. (not 2, 7, 3)
- Bits 14:10 JSQ3[4:0] : 3rd conversion in injected sequence
- Bits 9:5 JSQ2[4:0] : 2nd conversion in injected sequence
- Bits 4:0 JSQ1[4:0] : 1st conversion in injected sequence

타. ADC injected mode일 때 Conversion 값이 injected data register (ADC_JDRx)에 저장된다.

상위 Bits 31~16은 사용하지 않으며 15:0 JDATA[15:0]는 injected data 값이 들어간다.

ADC injected data register x(ADC_JDRx) (x= 1..4)

0X3C, 0X40, 0X40, 0X48

31	30	29	28	27	26	25	24	23	22	21	20	19	18	17	16
Reserced															
15	14	13	12	11	10	9	8	7	6	5	4	3	2	1	0
JDATA[15:0]															
r	r	r	r	r	r	r	r	r	r	r	r	r	r	r	r

- Bits 31:16 Reserved, must be kept cleared.
- Bits 15:0 JDATA[15:0]: Injected data
- These bits are read only. They contain the conversion result from injected channel x. The Bdata is left or right-aligned as shown in Figure 31 and Figure 32.

파. ADC regular mode일 때 Conversion 값이 regular data register(ADC_DR)에 저장된다.

ADC2DATA15:0] 값은 오직 dual mode일 때 ADC2값이 유효한 데이터로 ADC2 Conversion 값이 들어가는 장소이다.

DATA[15:0] : 일반(Regular)적인 Conversion 값이 들어가는 장소이다.

ADC regular data register (ADC_DR)0X4C

31	30	29	28	27	26	25	24	23	22	21	20	19	18	17	16
ADC2DATA[15:0]															
r	r	r	r	r	r	r	r	r	r	r	r	r	r	r	r
15	14	13	12	11	10	9	8	7	6	5	4	3	2	1	0
DATA[15:0]															
r	r	r	r	r	r	r	r	r	r	r	r	r	r	r	r

- Bits 31:16 ADC2DATA[15:0]: ADC2 data

- In ADC1: In dual mode, these bits contain the regular data of ADC2. Refer to Section 11.9: Dual ADC mode
- In ADC2 and ADC3: these bits are not used

- Bits 15:0 DATA[15:0]: Regular data
- These bits are read only. They contain the conversion result from the regular channels. The data is left or right-aligned as shown in Figure 31 and Figure 32.

12.2 Analog-to-digital converter(ADC) 실습

12.2.1 개요

이번 장에서 우리는 Analog-to-digital converter를 이용하여 TBK 보드에서 가변저항을 이용하여 ADC 값을 읽어보고 읽은 값을 USART를 통해서 컴퓨터에 전송하는 실습을 해보겠다.

12.2.2 회로도

아래는 ADC 시험은 VR1을 이용하고 0~3.3V LEVEL의 전압의 변화를 측정하고 측정된 값을 USART 포트로 컴퓨터에 보낼 것이다.

GPIOC의 PIN0이 ADC PIN이 되겠다. 아래 회로에서 가변저항 한쪽은 +3.3[V] 또 한쪽은 GND와 결선되었고 R45번 330R 저항은 혹시 모를 CPU의 충돌을 방지할 목적으로 달아놓은 보호저항이다. 예를 들어 VR1의 최고값 즉(+3.3[V])로 가있을 때 CPU에서 GPIOC PIN0번에서 GND가 출력되면 바로 CPU에 충격을 주기 때문이다 그리고 맨 아래 회로에서는 VDDA와 VDD 그리고 GND와 GNDA를 코일과 콘덴서를 이용하여 전원을 분리하고 있는 회로다.

1) ADC 생성
 - ADC 볼트 변화는 VR1으로 오른쪽으로 돌리면 커진다.

2) 통신설정
 - 통신 프로토콜 설정 : 비동기, 8 Data bit, 1 Stop bits, 9600 baud rate, None Parity
 -케이블 결선

DTE측 PC 측(FEMALE 9핀)　　　　　DCE 측TBK보드 측(MALE 9핀)
2번핀(RX)----------------------------2번핀(TX)
3번핀(TX)----------------------------3번핀(RX)
5번핀(SG)----------------------------5번핀(SG)

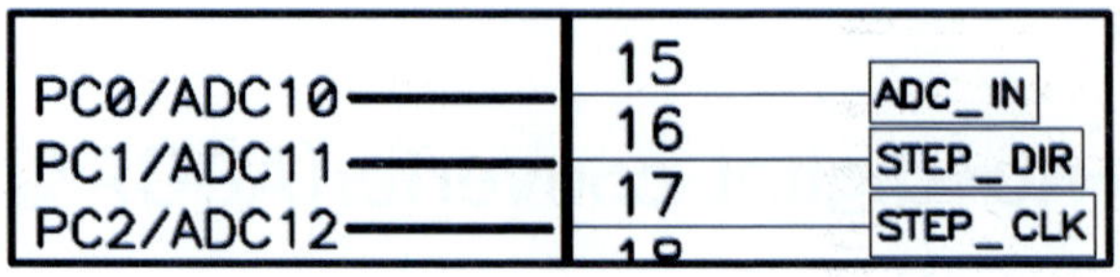

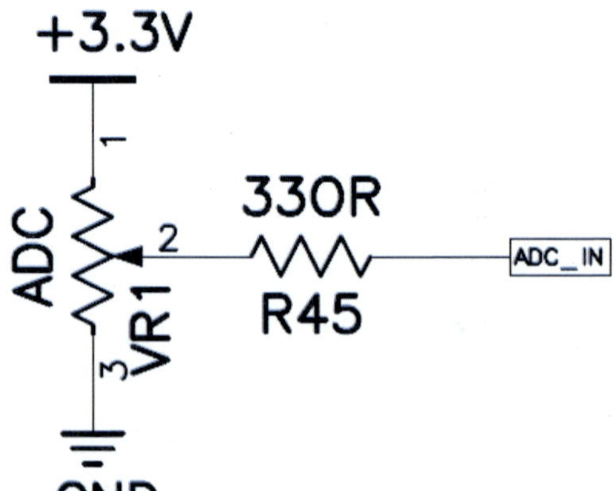

[ADC-TEST]

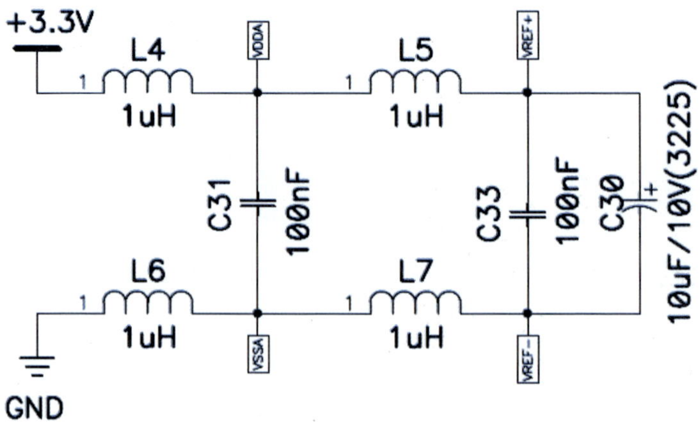

12.2.3 동작사진

아래 컴퓨터의 하이퍼터 터미널로 수신되는 데이터 화면이다. VR1을 좌우로 돌려보면 ADC값의 변화를 볼 수 있다. 이때 수신 데이터는 HEX 값이다. 물론 12[bit]의 분해능을 갖는 값이므로 최대값은 0x3FF(4096) 이내의 값일 것이다.

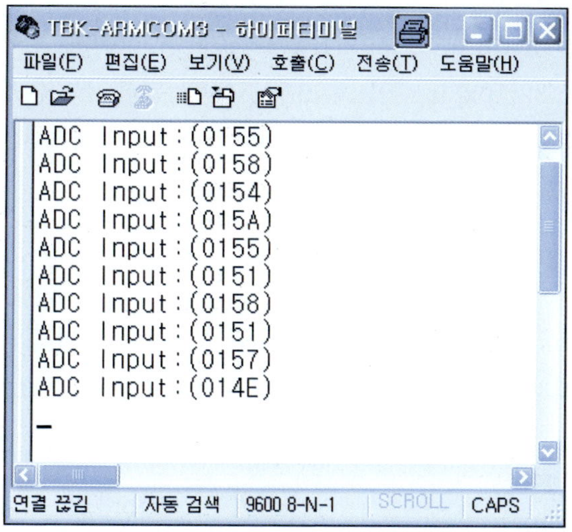

12.2.4 PCB 사진

오른쪽으로 돌리면 값이 커지고 좌측으로 돌리면 값이 줄어든다.

12.2.5 파일의 위치

CDROM₩ source₩demo-103₩adc_eoc 디렉터리에 있다.

12.2.6 필요한 파일

main.c.main.h stm32f10x_it.c. stm32f10x_it.h

인터럽트 관련 파일 main.c, stm32f10x_it.c이 필요하다. 따라서 아래 환경설정 ⇨ SourceAdd에서는 stm32f10x_it.c.을 추가해주어야 됨을 볼 수 있다. 기본적으로 필자는 main.c는 주 메인 파일로 두고 main.h 파일로 1:1 관리하며 이 main.h 파일에 필요한 모든 include 파일을 적어 둔다.

가.

[SetUp ⇨ Environment Options ⇨ SourceAdd]에서 아래와 같이 사용할 초기화 설정을 한다. 이번 예제에서는 추가할 소스파일이 하나 있으므로 main.c를 제외하고 추가될 소스파일은 여기에 추가한다. 그리고 아래 Add C++, Add Asm 파일들이 있으면 이곳에 추가한다.

[Add C source file name] : 오른쪽 Add 버튼을 눌러서 stm32f10x_it.c. 파일을 선택하여 추가한다. 이때 주의점은 파일과 파일사이는 반드시 공백문자 space를 두어야 한다는 것과 주 컴파일 대상 "main.c" 를 제외한 파일들을 입력해야한다는 것이다. 그리고 Add 버튼을 눌렀을 때 나타나는 모든 파일이 컴파일 대상 디렉터리 내, 즉 main.c 디렉터리 파일이다.

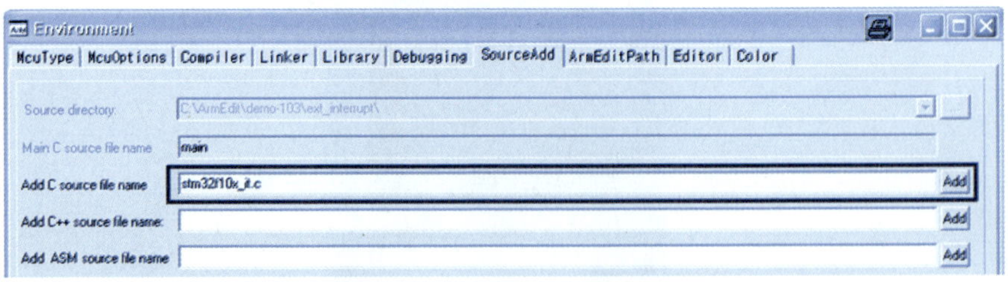

이제 모든 환경설정은 끝났다. "ok" 버튼을 누르고 환경설정을 마치고 빠져나오면 컴파일 대상 디렉터리에 makefile이 새로 생성되었을 것이다.

이제 컴파일을 진행해보자. 이 아이콘을 클릭하거나 단축키 F9를 누르면 컴파일이 진행되며 정상적으로 컴파일이 되면 main.hex 파일이 생성될 것이다.

12.2.7 소스 분석

가. main.c

1) 첫 번째 줄에 main.h include 파일이 보인다. 이 main.h에 필요한 모든 파일을 나열하는 나름대로의 규정을 정했다.
2) RCC_Configuration() 함수 : 이 함수는 시스템 클럭 설정의 초기화 함수다.
3) NVIC_Configuration(void) : 이 함수는 Vector Table 위치를 지정과 인터럽트 핸들러를 설정하는 함수이다. 아래는 NVIC 함수의 일부로 External interrupt 설정과 별 차이가 없다. 다만 이 부분 "InitStructure.NVIC_IRQChannel = ADC1_2_IRQn" 이 다르다. 이것은 무엇을 의미하는지 다 알고 있다. 바로 ADC 관련 인터럽트 발생을 허용하는 것이다. 그럼 잠깐 인터럽트 번호가 어떻게 되는지 찾아보자.

```
void NVIC_Configuration(void)
{
 NVIC_InitTypeDef NVIC_InitStructure;
 NVIC_PriorityGroupConfig(NVIC_PriorityGroup_1);// Priority Group : 1bit Premption
// 3bit Subpriority

 //ADC IRQ 설정
 NVIC_InitStructure.NVIC_IRQChannel = ADC1_2_IRQn;
 NVIC_InitStructure.NVIC_IRQChannelPreemptionPriority = 1;
 NVIC_InitStructure.NVIC_IRQChannelSubPriority = 1;
 NVIC_InitStructure.NVIC_IRQChannelCmd = ENABLE;
 NVIC_Init(&NVIC_InitStructure);
```

• 설명 : NVIC_InitStructure.NVIC_IRQChannel = ADC1_2_IRQn : 이 설정은 ADC인터럽트 ADC1_2_IRQn 번을지정하는 부분이다.

우리가 사용할 인터럽트 번호는 인터럽트 번호 ADC1_2_IRQn, 즉 18번으로 지정하는 것이다.

아래는 지정된 인터럽트 번호이다. 0~42까지 즉 43개의 인터럽트가 지정되어 있음을 알 수 있으며 ST사의 표준함수 stm32f10x.h에 구조체 열거형으로 선언되었다. 이 부분은 외부 인터럽트 실습에서 설명하였다. 그런데 "#ifdef STM32F10X_MD" 이렇게 선언된 내용이 있고 " #ifdef STM32F10X_CL" 이런 것도 있다. 이것은 CPU TYPE이다. STM32F103XX 시리즈는 STM32F10X_MD 명칭을 붙이고 STM32F10X_CL

은 STM32F105, 107 CPU TYPE이다. 이 명칭은 FLASH 메모리의 용량으로 구분한다고 하였다. STM32 특징 부분을 살펴보라. 필자가 나름 정리해둔 것이다. ArmEdit가 이 부분도 알아서 해준다. 그냥 참고만 하자. 그래서 우리는 "#ifdef STM32F10X_MD" 이렇게 선언된 내용을 보아야 한다.

```
typedef enum IRQn
{
#ifdef STM32F10X_MD
  ADC1_2_IRQn             = 18,    /*!< ADC1 and ADC2 global Interrupt */
  USB_HP_CAN1_TX_IRQn = 19,    /*!< USB Device High Priority or CAN1 TX
Interrupts */
  USB_LP_CAN1_RX0_IRQn= 20,    /*!< USB Device Low Priority or CAN1 RX0
Interrupts */
  CAN1_RX1_IRQn           = 21,    /*!< CAN1 RX1 Interrupt */
  CAN1_SCE_IRQn           = 22,    /*!< CAN1 SCE Interrupt */
  EXTI9_5_IRQn            = 23,    /*!< External Line[9:5] Interrupts */
  TIM1_BRK_IRQn           = 24,    /*!< TIM1 Break Interrupt
```

• NVIC_PriorityGroupConfig(NVIC_PriorityGroup_1 : PRIGROUP 설정 부분이다. Priority Group : 1[bit] Premption/3[bit] Subpriority 설정한다.

이 부분은 Application interrupt and reset control register (SCB_AIRCR) 레지스터를 설정하는 부분으로 상세한 설명은 NVIC와 외부 인터럽트 실습장에서 설명하였다. PriorityGroup 값이 "NVIC_PriorityGroup_1;" 라는 것은 2개의 그룹을 지정할 수 있게 한다는 것임을 공부하였다.

• NVIC_InitStructure.NVIC_IRQChannelPreemptionPriority = 1 : pre-emption priority로 인터럽트 우선순위를 지정하는 부분으로 인터럽트 우선순위는 숫자가 작을수록 우선순위가 높다.

• NVIC_InitStructure.NVIC_IRQChannelSubPriority = 1 : subpriority level 인터럽트 우선순위를 지정하는 부분으로 인터럽트 우선순위는 숫자가 작을수록 높으며 최우선순위를 지정한 것이다. 따라서 PRIGROUP을 1로 지정하였으므로 subpriority level은 3비트 총 8개 그룹을 지정할 수 있는 것이다. 숫자가 작을수록 우선순위가 높다는 것은 잘 알 것이다.

• NVIC_InitStructure.NVIC_IRQChannelCmd = ENABLE : 이 설정은 인터럽트 사용을 허가하는 부분으로 ISER(Interrupt Set Enable Register) : 레지스터를 지정하며

이는 해당 비트를 Enable 즉 SET(1) 하여 인터럽트를 발생을 허용하게 하는 것이다.

- NVIC_Init(&NVIC_InitStructure) : NVIC를 초기화하는 함수로 misc.c 파일에 있다.

4) USART1_Configuration(void) : USART 관련 설정 부분이다. ADC 값을 컴퓨터에 보내기 위한 USART를 이용한다. USART 실습장 소스 그대로 이용하였다.
5) ADC_Configuration(void) : ADC 관련 설정 부분이다. ADC를 초기화와 관련하여 처음 접하는 함수이다. 이제부터 한 줄씩 설명하겠다.

```
void ADC_Configuration(void)
{
  GPIO_InitTypeDef GPIO_InitStructure; //GPIO 구조체 선언
  ADC_InitTypeDef ADC_InitStructure; //ADC 구조체 선언

  RCC_APB2PeriphClockCmd(RCC_APB2Periph_ADC1, ENABLE);  // ADC CL0CK
  ADC_DeInit(ADC1); //ADC RESET

  RCC_APB2PeriphClockCmd(RCC_APB2Periph_GPIOC, ENABLE); //GPIO CLOCK
  GPIO_InitStructure.GPIO_Pin = GPIO_Pin_0;
  GPIO_InitStructure.GPIO_Speed = GPIO_Speed_50MHz;;
GPIO_InitStructure.GPIO_Mode = GPIO_Mode_AIN
GPIO_Init (GPIOC, &GPIO_InitStructure);
  // ---------------ADC_IT_EOC -----------------
  ADC_InitStructure.ADC_Mode = ADC_Mode_Independent;;
  ADC_InitStructure.ADC_ScanConvMode = ENABLE;//DISABLE;
  ADC_InitStructure.ADC_ContinuousConvMode = ENABLE;//DISABLE;
  ADC_InitStructure.ADC_ExternalTrigConv  =  ADC_ExternalTrigConv_None;//내부트리
거 설정
  ADC_InitStructure.ADC_DataAlign = ADC_DataAlign_Right; //데이타 오른쪽 정렬
  ADC_InitStructure.ADC_NbrOfChannel = 1; // 컨버전할 갯수1~16
  ADC_Init(ADC1, &ADC_InitStructure);  //구조체 저장

  ADC_ITConfig(ADC1,ADC_IT_EOC, ENABLE);  //ADC_IT_EOC
  ADC_Cmd(ADC1, ENABLE);    // Enable the ADC
  ADC_RegularChannelConfig(ADC1, ADC_Channel_10, 1, ADC_SampleTime_55Cycles5);
//ADC1 regular channel1 configuration
  ADC_ResetCalibration(ADC1); // Enable ADC1 reset calibaration register
  while(ADC_GetResetCalibrationStatus(ADC1));  //Check  the  end  of  ADC1  reset
calibration register
  ADC_SoftwareStartConvCmd(ADC1, ENABLE);  //Start the conversion
}
```

• RCC_APB2PeriphClockCmd(RCC_APB2Periph_ ADC1, ENABLE) : ADC1에 CLOCK을 공급해주는 것이다.

APB2 peripheral clock enable register(RCC_APB2ENR)의 ADC1EN 비트를 SET(1)로 하여 설정한다.

31	30	29	28	27	26	25	24	23	22	21	20	19	18	17	16
Reserved															
15	14	13	12	11	10	9	8	7	6	5	4	3	2	1	0
ADC 3EN	USAR T1EN	TIM 8EN	SPI1 EN	TIM 1EN	ADC 2EN	ADC 1EN	IOPG EN	IOP FEN	IOP EEN	IOPD EN	IOP CEN	IOP BEN	IOPA EN	Res.	AFIO EN
rw	rw	rw	rw	rw	rw	rw	rw	rw	rw	rw	rw	rw	rw		rw

• GPIO_InitStructure.GPIO_Mode = GPIO_Mode_AIN ⇨ 이부분은 ADC는 입력이지만 Analog 포트다. 따라서 입력 모드를 Analog 입력으로 설정한 것이다. GPIO 기초 부분에 설명이 된 부분이다. 아래 그림을 보자.

ADC/DAC

ADC/DAC pin	GPIO configuration
ADC/DAC	Analog

Analog 입력은 TTL회로를 거치지 않고 바로 Analog input로 들어감을 알 수 있다.

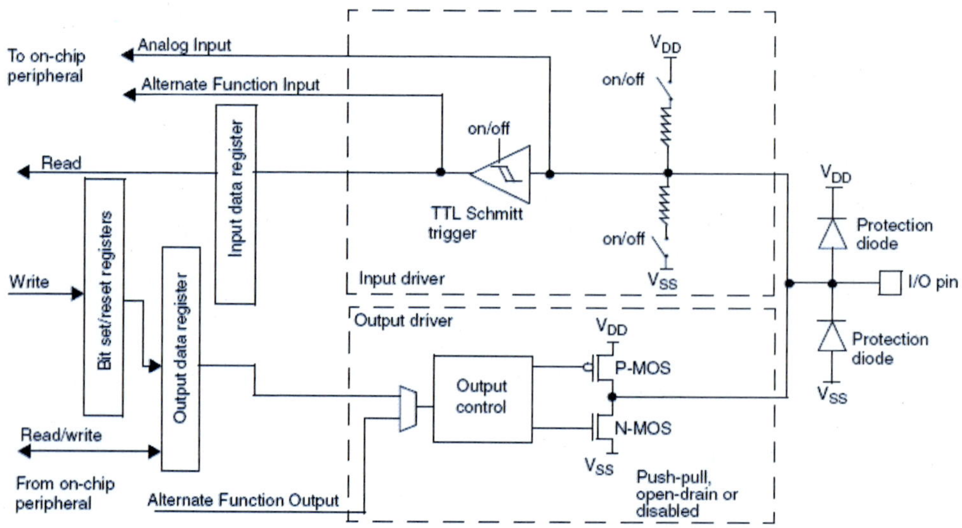

• ADC_InitStructure.ADC_Mode = ADC_Mode_Independent : Independent 모드를 선택하였다 이는 ADC_CR2 register의 ALIGN bit에 의존한다는 것이다. 즉 이 비트가 RESET(0)이면 Right Alignment를 SET(1)이면 Left Alignment를 하게 되는 것이다. 우리는 아래 라인에 "ADC_InitStructure.ADC_DataAlign = ADC_DataAlign_Right" 선언하였으므로 ADC_CR2 register의 ALIGN bit를 RESET(0)으로 설정하여 오른쪽 정열을 하는 것이다. 이것들은 "stm32f10x_adc.h" 파일에 선언되어 있다.

```
#define ADC_Mode_Independent                    ((uint32_t)0x00000000)
#define ADC_Mode_RegInjecSimult                 ((uint32_t)0x00010000)
#define ADC_Mode_RegSimult_AlterTrig            ((uint32_t)0x00020000)
#define ADC_Mode_InjecSimult_FastInterl         ((uint32_t)0x00030000)
#define ADC_Mode_InjecSimult_SlowInterl         ((uint32_t)0x00040000)
#define ADC_Mode_InjecSimult                    ((uint32_t)0x00050000)
#define ADC_Mode_RegSimult                      ((uint32_t)0x00060000)
#define ADC_Mode_FastInterl                     ((uint32_t)0x00070000)
#define ADC_Mode_SlowInterl                     ((uint32_t)0x00080000)
#define ADC_Mode_AlterTrig
```

★ **ADC control register 2(ADC_CR2)0X08**

31	30	29	28	27	26	25	24	23	22	21	20	19	18	17	16
Reserved								TSVREFE	SWSTART	JSWSTART	EXTTRIG	EXTSEL[2:0]			Res.
Res.								rw	rw	rw	rw	rw	rw	rw	rw

15	14	13	12	11	10	9	8	7	6	5	4	3	2	1	0
JEXTTRIG	JEXTSEL[2:0]			ALIGN	Reserved		DMA	Reserved				RSTCAL	CAL	CONT	ADON
rw	rw	rw	rw	rw	Res.		rw	Res.				rw	rw	rw	rw

• ADC_InitStructure.ADC_ScanConvMode = ENABLE : ADC Scan mode로 설정하고 이 모드는 채널을 순서대로 스켄하는 것으로 ADC_SQRx register와 ADC_JSQR register에서 선택된 채널을 순서대로 Conversion 한다는 의미이다. 그리고 참고로 ADC_SQRx레지스터는 총 3개가 있다는 것도 알아두자. Scan mode의 설정은 ADC_CR1 register의 bit8번 SCAN을 SET(1) 설정함으로써 가능하다.

★ ADC control register 1(ADC_CR1)0X04

31	30	29	28	27	26	25	24	23	22	21	20	19	18	17	16
Reserved								AWDEN	JAWDEN	Reserved		DUALMOD[3:0]			
Res.								rw	rw	Res.		rw	rw	rw	rw
15	**14**	**13**	**12**	**11**	**10**	**9**	**8**	**7**	**6**	**5**	**4**	**3**	**2**	**1**	**0**
DISCNUM[2:0]			JDISCEN	DISCEN	JAUTO	AWDSGL	SCAN	JEOCIE	AWDIE	EOCIE	AWDCH[4:0]				
rw	rw	rw	rw	rw	rw	rw	rw	rw	rw	rw	rw	rw	rw	rw	rw

• ADC_InitStructure.ADC_ContinuousConvMode = ENABLE) : End of Conversion 모드를 선택하여 Conversion 이후에 인터럽트를 발생시킨다. ADC_CR2 register의 bit CONT를 SET(1)로 함으로써 가능하다. 아래는 ADC_CR2 레지스터의 CONT 비트 설정 부분이다.

★ ADC control register 2 (ADC_CR2)0X08

31	30	29	28	27	26	25	24	23	22	21	20	19	18	17	16
Reserved								TSVREFE	SWSTART	JSWSTART	EXTTRIG	EXTSEL[2:0]			Res.
Res.								rw	rw	rw	rw	rw	rw	rw	
15	**14**	**13**	**12**	**11**	**10**	**9**	**8**	**7**	**6**	**5**	**4**	**3**	**2**	**1**	**0**
JEXTT	JEXTSEL[2:0]			ALIGN	Reserved		DMA	Reserved				RSTCAL	CAL	CONT	ADON
rw	rw	rw	rw	rw	Res		rw	Res.				rw	rw	rw	rw

• ADC_InitStructure.ADC_ExternalTrigConv = ADC_ExternalTrigConv_None : 내부 트리거 모드로 Start conversion에 의해 conversion됨을 의미한다. 즉 ADC_CR2 register가 SWSTART bit가 SET(1)되었을 때 conversion된다. 따라서 ADC_CR2 register의 EXTTRIG bit가 RESET(0)로 설정한다.

★ ADC control register 2 (ADC_CR2)0X08

31	30	29	28	27	26	25	24	23	22	21	20	19	18	17	16
Reserved								TSVREFE	SWSTART	JSWSTART	EXTTRIG	EXTSEL[2:0]			Res.
Res.								rw	rw	rw	rw	rw	rw	rw	
15	**14**	**13**	**12**	**11**	**10**	**9**	**8**	**7**	**6**	**5**	**4**	**3**	**2**	**1**	**0**
JEXTTRIG	JEXTSEL[2:0]			ALIGN	Reserved		DMA	Reserved				RSTCAL	CAL	CONT	ADON
rw	rw	rw	rw	rw	Res		rw	Res.				rw	rw	rw	rw

• ADC_InitStructure.ADC_DataAlign = ADC_DataAlign_Right : 데이터 오른쪽 정렬로 설정한다. ADC_CR2 register의 bit ALIGN를SET(1)로 설정함으로써 가능하다. 다음은 ADC_CR2 레지스터의 ALIGN 비트 설정 부분이다.

31	30	29	28	27	26	25	24	23	22	21	20	19	18	17	16
Reserved								TSVR EFE	SWST ART	JSWS TART	EXT TRIG	EXTSEL[2:0]			Res.
Res.								rw	rw	rw	rw	rw	rw	rw	
15	**14**	**13**	**12**	**11**	**10**	**9**	**8**	**7**	**6**	**5**	**4**	**3**	**2**	**1**	**0**
JEXT TRIG	JEXTSEL[2:0]			ALI GN	Reserved		DM A	Reserved				RST CAL	CAL	CO NT	AD ON
rw	rw	rw	rw	rw	Res		rw	Res.				rw	rw	rw	rw

• ADC_InitStructure.ADC_NbrOfChannel = 1 : 컨버젼할 갯수 1~16 길이를 지정한다. 담당 레지스터는 ADC_SQR1 register의 L bit[23~20]
설정함으로써 가능하다. 아래는 ADC_CR2 레지스터의 L bit[23~20]설정 부분이다. 테스트는 1개이므로 1을 기록한다.

★ ADC regular sequence register 1 (ADC_SQR1)0X2C.

31	30	29	28	27	26	25	24	23	22	21	20	19	18	17	16
Reserved								L[3:0]				SQ16[4:1]			
Res.								rw	rw	rw	rw	rw	rw	rw	rw
15	**14**	**13**	**12**	**11**	**10**	**9**	**8**	**7**	**6**	**5**	**4**	**3**	**2**	**1**	**0**
SQ16_0	SQ15[4:0]					SQ14[4:0]					SQ13[4:0]				
rw	rw	rw	rw	rw	rw	rw	rw	rw	rw	rw	rw	rw	rw	rw	rw

• ADC_Init(ADC1, &ADC_InitStructure); 설정한 부분을 저장 하는 함수다. 이는 기본라이브러리 함수이며 파일이며 "stm32f10x_adc.h" 파일에 선언되어 있다.

• ADC_ITConfig(ADC1,ADC_IT_EOC, ENABLE); ADC1의 모드는 ADC_IT_EOC 이 설정은 Conversion 완료 후 interrupt를 발생시키는 것으로
ADC_CR1 register의 EOCIE bit를 SET(1)로 하여 설정 할 수 있다.

• ADC_Cmd(ADC1, ENABLE); ADC1 interrupt를 Enable 시키는 것으로 담당 레지스터는 ADC_CR1 register의 ADON bit를 SET(1)로 하여 설정
할 수 있다.

• ADC_RegularChannelConfig(ADC1, ADC_Channel_10, 1, ADC_SampleTime_55Cycles5) : ADC 번호와 ADC_Channel 번호 그리고 ADC Sample Time을 지정하는 함

수다. 여기서 우리는 ADC 번호는 ADC1을 ADC_Channel은 회로로 같이 ADC10번을, 그리고 ADC Sample Time은 ADC_SampleTime_55Cycles5로 설정한다.

ADC regular sequence register 2(ADC_SQR2)0X34

31	30	29	28	27	26	25	24	23	22	21	20	19	18	17	16
Reserved		SQ12[4:0]					SQ11[4:0]					SQ10[4:1]			
		rw	rw	rw	rw	rw	rw	rw	rw	rw	rw	rw	rw	rw	rw
15	**14**	**13**	**12**	**11**	**10**	**9**	**8**	**7**	**6**	**5**	**4**	**3**	**2**	**1**	**0**
SQ10_0	SQ9[4:0]					SQ8[4:0]					SQ7[4:0]				
rw	rw	rw	rw	rw	rw	rw	rw	rw	rw	rw	rw	rw	rw	rw	rw

ADC sample time register 1 (ADC_SMPR1)0X0C

31	30	29	28	27	26	25	24	23	22	21	20	19	18	17	16
Reserved								SMP17[2:0]			SMP16[2:0]			SMP15[2:0]	
Res.								rw	rw	rw	rw	rw	rw	rw	rw
15	**14**	**13**	**12**	**11**	**10**	**9**	**8**	**7**	**6**	**5**	**4**	**3**	**2**	**1**	**0**
SMP15_0	SMP14[2:0]			SMP13[2:0]			SMP12[2:0]			SMP11[2:0]			SMP10[2:0]		
rw	rw	rw	rw	rw	rw	rw	rw	rw	rw	rw	rw	rw	rw	rw	rw

ADC Sample Time은 "stm32f10x_adc.h" 파일에 선언되어 있다.

```
#define ADC_SampleTime_1Cycles5          ((uint8_t)0x00)
#define ADC_SampleTime_7Cycles5          ((uint8_t)0x01)
#define ADC_SampleTime_13Cycles5         ((uint8_t)0x02)
#define ADC_SampleTime_28Cycles5         ((uint8_t)0x03)
#define ADC_SampleTime_41Cycles5         ((uint8_t)0x04)
#define ADC_SampleTime_55Cycles5         ((uint8_t)0x05)
#define ADC_SampleTime_71Cycles5         ((uint8_t)0x06)
#define ADC_SampleTime_239Cycles5        ((uint8_t)0x07)
```

- ADC_ResetCalibration(ADC1) : 더 정밀한 ADC 데이터 획득을 목적으로 Calibration을 사용한다. Calibration을 사용하기 위해서는 먼저 Calibration을 Reset한다. ADC_CR2 register의 RSTCAL bit를 SET(1)을 써넣음으로써 가능하다.

★ ADC control register 2 (ADC_CR2)0X08

31	30	29	28	27	26	25	24	23	22	21	20	19	18	17	16
Reserved								TSVR EFE	SWST ART	JSWS TART	EXT TRIG	EXTSEL[2:0]			Res.
Res.								rw	rw	rw	rw	rw	rw	rw	

15	14	13	12	11	10	9	8	7	6	5	4	3	2	1	0
JEXT TRIG	JEXTSEL[2:0]			ALI GN	Reserved		DM A	Reserved				RST CAL	CAL	CO NT	AD ON
rw	rw	rw	rw	rw	Res		rw	Res.				rw	rw	rw	rw

• while(ADC_GetResetCalibrationStatus(ADC1)) : Calibration이 완료되면 자동으로 Calibration 비트가 RESET(0)된다. 즉 ADC_CR2 register의 CAL bit가 RESET(0)이 된다. 그래서 이 소스 부분이 Calibration이 완료될 때까지 기다리는 것이다.

★ ADC control register 2 (ADC_CR2)0X08

31	30	29	28	27	26	25	24	23	22	21	20	19	18	17	16
Reserved								TSVR EFE	SWST ART	JSWS TART	EXT TRIG	EXTSEL[2:0]			Res.
Res.								rw	rw	rw	rw	rw	rw	rw	

15	14	13	12	11	10	9	8	7	6	5	4	3	2	1	0
JEXT TRIG	JEXTSEL[2:0]			ALI GN	Reserved		DM A	Reserved				RST CAL	CAL	CO NT	AD ON
rw	rw	rw	rw	rw	Res		rw	Res.				rw	rw	rw	rw

• ADC_SoftwareStartConvCmd(ADC1, ENABLE) : ADC conversion을 시작한다. 위에서 우리는 software start conversion을 선택하였으므로 Software에 의한 conversion 시작을 설정하는 것이다. ADC_CR2 register의 SWSTART : bit를 SET(1)을 써넣음으로써 가능하다.

★ ADC control register 2 (ADC_CR2)0X08

31	30	29	28	27	26	25	24	23	22	21	20	19	18	17	16
Reserved								TSVR EFE	SWST ART	JSWS TART	EXT TRIG	EXTSEL[2:0]			Res.
Res.								rw	rw	rw	rw	rw	rw	rw	

15	14	13	12	11	10	9	8	7	6	5	4	3	2	1	0
JEXT TRIG	JEXTSEL[2:0]			ALI GN	Reserved		DM A	Reserved				RST CAL	CAL	CO NT	AD ON
rw	rw	rw	rw	rw	Res		rw	Res.				rw	rw	rw	rw

나. main.c 함수

설정 초기화 함수와 USART 인터럽트 처리를 테스트 할 목적으로 USART 송신 함수 Usart1_PutStr, Usart1_PutStr 2개 있다. 그럼 이 2개의 함수를 살펴보자.

```
int main(void)
{
  RCC_Configuration(); // RCC Configuration
  NVIC_Configuration();// NVIC Configuration
  GPIO_Configuration();// GPIO Configuration
  ADC_Configuration();
  USART1_Configuration();

  while (1)
  {
    Usart1_PutStr("ADC Input:");
    Usart1_PutByte('(');
    Usart1_HexToAsciiPutByte( (ADC_Value>>8)&0x00ff); //16비트를 8비트로 변환
    Usart1_HexToAsciiPutByte( ADC_Value&0x00ff);
    Usart1_PutByte(')');
    Usart1_PutStr("₩r₩n");
    ADC_ClearITPendingBit(ADC1, ADC_IT_EOC);
    Delay(0xAFFFF);
  }
}
```

♦ Usart1_HexToAsciiPutByte() : 이 함수는 ADC 전체 값, 즉 16비트(실제 12BIT)의 HEX값을 4개의 Ascii 코드로 변환해서 컴퓨터로 전송해 주기 위한 함수이다. 하이퍼 터미널에서 HEX로 전송하면 스트링 문자를 알아보기 어렵기 때문이다.

```
void Usart1_HexToAsciiPutByte(u8 Data)
{
 Usart1_PutByte(HexToAscii[(Data>>4)&0x000f]);// 8비트의 hex를 4비트로 변환해서
Ascii로 변환한다
 Usart1_PutByte(HexToAscii[Data&0x000f]);
}
```

HexToAscii 지역 변수는 main.c 위에 선언되어 있다.

```
unsigned char HexToAscii[16] = {"0123456789ABCDEF"};//송신
```

• ADC_ClearITPendingBit(ADC1, ADC_IT_EOC)은 무엇일까? 일단 찾아보자. ADC가 붙었으니 "stm32f10x_adc.c" 이 파일을 찾아보면 있을 것이다.

```
void ADC_ClearITPendingBit(ADC_TypeDef* ADCx, uint16_t ADC_IT)
{
  uint8_t itmask = 0;
  /* Check the parameters */
  assert_param(IS_ADC_ALL_PERIPH(ADCx));
  assert_param(IS_ADC_IT(ADC_IT));
  /* Get the ADC IT index */
  itmask = (uint8_t)(ADC_IT >> 8);
  /* Clear the selected ADC interrupt pending bits */
  ADCx->SR = ~(uint32_t)itmask;
}
```

• itmask = (uint8_t)(ADC_IT >> 8)는 0x0220으로 "stm32f10x_adc.h" 선언되어 있다. 따라서 10 0010 0000b를 우로 8번 쉬프트하면 00 000 0010으로 EOC 비트를 설정하게 된다. "ADCx->SR = ~(uint32_t)itmask" 는 ECO 비트를 RESET(0) 한다. 이설정은 우리가 EOC 모드를 선택하였기 때문이다.

★ ADC status register (ADC_SR)0X00

31	30	29	28	27	26	25	24	23	22	21	20	19	18	17	16
Reserced															

15	14	13	12	11	10	9	8	7	6	5	4	3	2	1	0
Reserced											STRT	JSTRT	JEOC	EOC	AWD
											rc_w0	rc_w0	rc_w0	rc_w0	rc_w0

"stm32f10x_adc.h" 선언됨

```
#define ADC_IT_EOC                    ((uint16_t)0x0220)
#define ADC_IT_AWD                    ((uint16_t)0x0140)
#define ADC_IT_JEOC                   ((uint16_t)0x0480)
```

다. main.h 파일

첫번째 줄에 stm32f10x.h include 파일이 보인다. 첫째 라인은ST사에서 제공하는 라이브러리 파일인stm32f10x.h 이고 ADC_Value 전역변수는 ADC값을 여기에 저장할 것이다.

"C:₩ArmEdit₩WinArm₩stm32lib₩CMSIS₩CM3₩DeviceSupport₩ST₩STM32F10x₩stm32f10x.h" 디렉터리에 존재한다. 그리고 두 번째 라인의 인터럽트 관련 루틴 Handler 함수가 stm32f10x_it.h.인 것이다. 그럼 외부 인터럽트가 어떻게 처리되는지. stm32f10x_it.c로 들어가 보자.

```
#include "stm32f10x.h"
#include "stm32f10x_it.h"
unsigned int ADC_Value
```

라. stm32f10x_it.c 파일

우리는 앞의 NVIC 설정에서 "NVIC_InitStructure.NVIC_IRQChannel = ADC1_2_IRQn" 라고 선언했다. 이는 ADC1_2_IRQn번 인터럽트를 관리하는 Handler로 배워 알고있다. 그래서 ADC1_2_IRQn 인터럽트 번호 ADC1_2_IRQn 발생하면 이곳으로 점프한다.

```
void ADC1_2_IRQHandler(void)
{
  ADC_Value= ADC_GetConversionValue(ADC1)&0x0FFF;
}
```

• ADC_Value= ADC_GetConversionValue(ADC1)&0x0FFF 우리는 ADC Conversion 값을 ADC_Value 값에 넣어 최종적으로 이 값을 컴퓨터에 전송하는 것이다. “&0x0FFF” 12[bit] 이상은 클리어 하는 것이다.

그럼 “ADC_GetConversionValue()” 함수를 찾아보자! “stm32f10x_adc.c” 에 다음과 같이 선언되어 있다.

결국 ADCx ⇨ DR 레지스터 값을 리턴하는 것이다. 여기서 x는 ADC1을 사용함으로 ADC1값이 되는 것이다.

귀찮다면 “ADC_Value=ADC1->DR;” 이렇게 사용해도 관계없다.

```
uint16_t ADC_GetConversionValue(ADC_TypeDef* ADCx)
{
  /* Check the parameters */
  assert_param(IS_ADC_ALL_PERIPH(ADCx));
  /* Return the selected ADC conversion value */
  return (uint16_t) ADCx->DR;
}
```

12.2.8 결론

이 장을 통해서 우리는 가변저항 VR1을 통하여 전압의 변화를 ADC Conversion 하여 그 값을 컴퓨터에 송신하는 실습을 해보았다. 또한 ADC는 12[bit] resolution을 가지고 있고 총 16채널(내부 2채널 별도)이 있다는 사실을 이해하게 되었다.

제13장

Timer

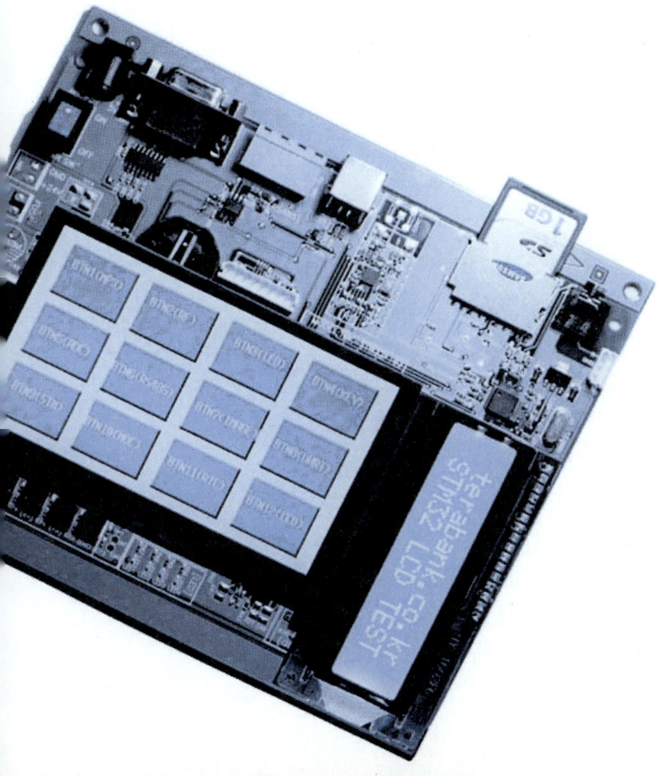

13.1 Timer 기초

13.1.1 개요

STM32 CPU는 Advanced-control timers(TIM2 & TIM8) Timer와 General-purpose timer(TIMx) Timer로 구분된다.

STM32F103FXX 디바이스의 경우 Advanced-control timers는 TIM1이고, General-purpose timer TIM 2, 3, 4이다. 모두 16[bit] Timer로 General-purpose timer는 16[bit] up, down 혹은 up/down으로도 작동된다. 보통의 타이머는 시간을 발생시키기 위해서 사용되지만 STM32의 타이머의 기능은 실로 엄청나다. PWM을 발생시키며 PWM 신호를 입력으로 받아 펄스를 계수할 수도 있으며 또한 엔코더 입력으로 응용될 수도 있다. 타이머와 카운터 그리고 PWM(펄스) 발생을 목적으로 사용한다고 기억해 두자.

- 16[bit] auto-reload counter.
- dead-time삽입 등 PWM 보정
- Pulse lengths 과 파형 측정
- 16[bit] up, down, up/down auto-reload counter.
- counter 값은 1~65535까지 설정된다.
- 채널 별 기능은 아래 모드를 설정할 수 있다.
  - -Input Capture
  - \- PWM Input Capture
  - -Output compare,
  - -PWM generation (Edge- and Center-aligned modes)
  - -One-pulse mode output
- 외부 신호 제어기와 여러 타이머 신호를 상호 연결하는 동기화 회로
- Interrupt/DMA generation
- encoder와 hall-sensor 회로에 응용 가능
  - \- Update Event, Capture Compare Events, Input Trigger
- TIM2, 3, 4는 36[MHz] Speed
- TIM1은 72[MHz] Speed

Advanced-control timers(TIM2 & TIM8) Timer와 General-purpose timer(TIMx)

Timer가 있지만 내용 설명은 Advanced-control timers(TIM2 & TIM8) Timer에 대하여 알아본다.

가. 타이머의 클럭 설정

TIM1 Timer의 경우 크게 Advanced-control timers, General-purpose timer로 나눠지는데 TIM1의 경우는 APB2의 클럭 소스에 연결되어 APB1에는 TIM2, 3, 4가 연결되어 있다. 따라서 APB2는 최고 72[MHz]를 사용하고 APB1은 최고 36[MHz]가 된다는 사실을 기억하자.

★ 주 : 실제 TIM1의 클럭은 APB2블록에 연결되어 72[MHz], 그리고 TIM 2, 3, 4 등은 APB1 블록에 연결되어 36[MHz]로 동작할 것 같지만 실은 TIM1과 TIM 2, 3, 4는 모두 73[MHz]로 작동된다. 그 이유는 APB1 prescaler와 APB2 prescaler에서 APB1 클럭에서 작동하면 ×2하여 UP CLOCK 해주고 반대로 ABP2 클럭에 작동되면 ×1하여 클럭을 생성하기 때문이다. 이 부분은 H/W에 의하여 작동되며 S/W로는 변경할 수 없다. 아래 예에서 상세하게 설명할 것이다.

물론 각 타이머마다 prescaler을 가지고 있어서 분주해서 사용 가능하다.

다음은 타이머 클럭이 어디에 연결되어 있는지를 보여주는 그림이다.

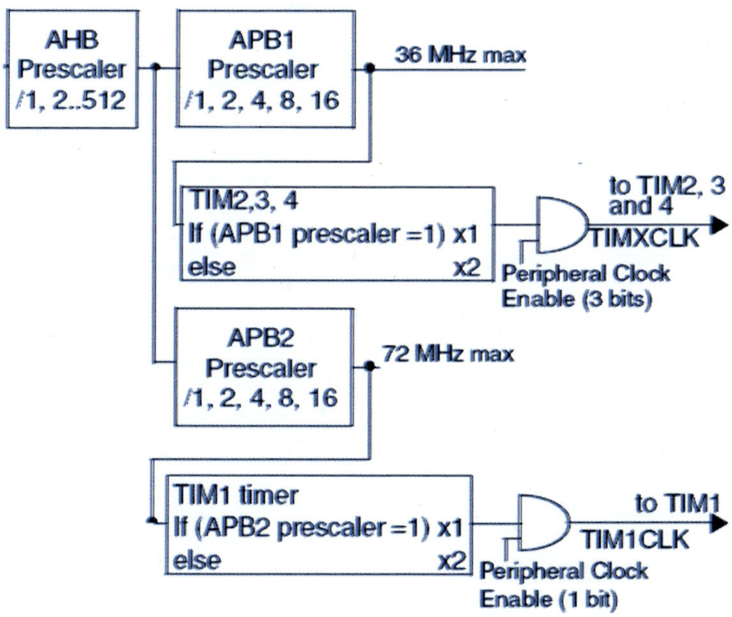

13.1.2 Advanced-control timer(TIM2, TIM3, TIM4) 설명

가. Advanced-control timer block diagram

아래 그림과 같이 Advanced-control timer의 타이머는 각 TIMx는 모두 3개의 TIMx_CH1~4까지의 채널이 있다. 각 개별의 채널들은 TIMx_CHx로 명명된 외부 핀 단자를 제공하고 input과 output 모드로 동작하게 된다. input 모드는 Input Capture를 할 수도 있으며 output 모드에서는 PWM generation를 생성할 수 있다. 각 채널의 Capture/Compare Register는 Counter 값과 비교하며 Counter 모드 up/down 변화 값과 CCR 레지스터와 비교하여 서로 동일한 값이 될 때 CCx 인터럽트가 발생되게 된다. 여기서 CK_INT는 최대 36[MHz]의 APB1 클럭을 공급받게 되고 PSC Prescaler 에서 분주하여 CK_CNK가 만들어 CNT counter의 카운트에 사용된다.

★ 이번 장에서 많이 사용되는 x의 뜻 - TIMx에서 x는 타이머 번호이며 CH 별 x는 채널 번호이다.

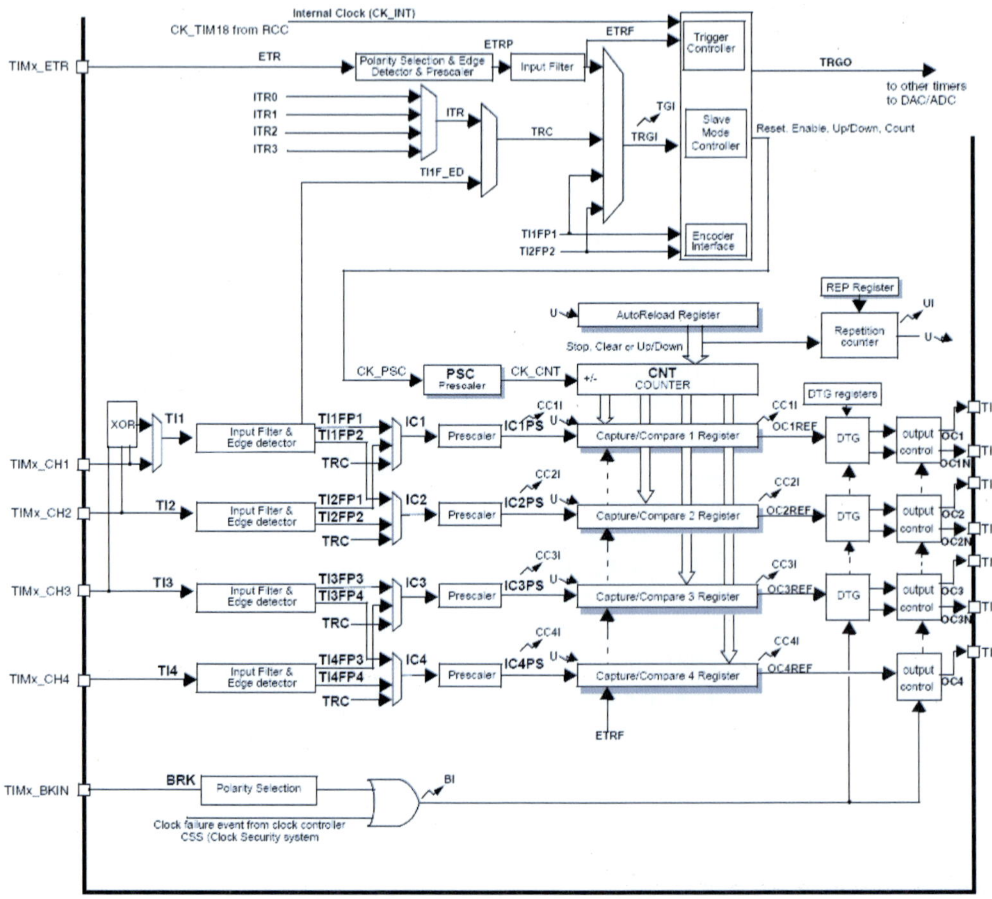

나. Time-base unit

advanced-control timer의 메인 블록은 auto-reload register와 연관된 16[bit] counter다. 위에서 설명했듯이 counter의 설정은 up/down count와 up 혹은 down count 동시에 지원한다. 그리고 counter의 클럭은 prescaler로 나누어 사용한다. 즉 APB1/PSC 값이 CK_CNT 클럭이 된다. prescaler 관련 레지터가 Prescaler register (TIMx_PSC)이다. Counter register(TIMx_CNT)는 up 혹은 down count 값을 넣으며 prescaler는 16[bit] 값 즉 1~65536사이의 카운터 클럭 주파수를 나눌 수 있다.

auto-reload register를 위해서는 TIMx_CR1 register의 ARPE 비트를 설정함으로써 가능하다. 또한 TIMx_CR1 register에 CEN 비트(카운터 Enable bit) 설정 후에 1 clock cycle을 카운트하기 시작한다.

- Counter register(TIMx_CNT)
- Prescaler register(TIMx_PSC)
- Auto-reload register(TIMx_ARR)
- Repetition counter register(TIMx_RCR)

다. Advanced-control timers(TIMx) 타이밍도

Counter timing diagram with prescaler division change from 1 to 2

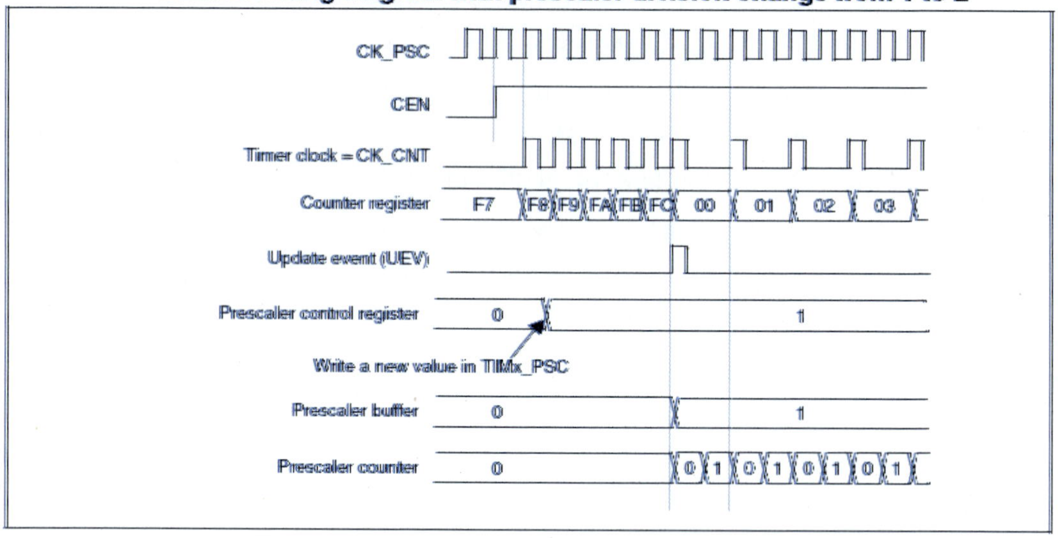

Counter timing diagram with prescaler division change from 1 to 4

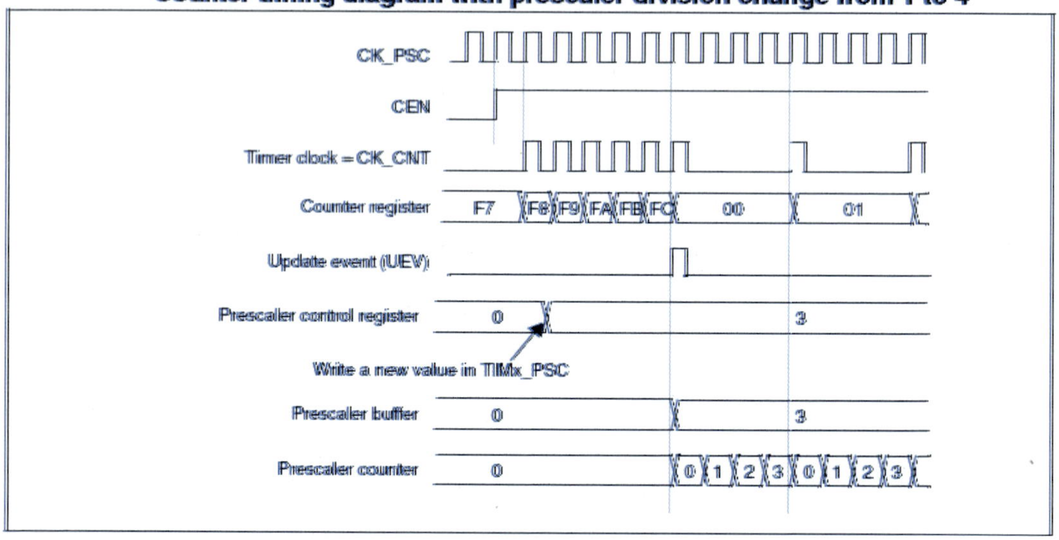

라. Counter mode

1) Upcounting mode

auto-reload register(TIMx_ARR) 값이 36일 때 다음 그림에서와 같이 카운터가 계속 증가하여 Count register가 0이 되는 순간 타이머 카운터는 overflow event와

Update event를 발생시키고 카운터 값은 다시 0으로 돌아가 카운트가 시작된다. 그리고 이 모드를 사용하기 위해서는 TIMx control register 1(TIMx_CR1)의 DIR bit를 RESET(0)으로 설정(Upcounting 설정)하여야 한다. 위 그림은 CK_PSC와 CK_CNT의 값이 같을 때의 예를 나타낸 그림이고 아래 그림은 CK_PSC/2가 CK_CNT로 설정했을 때의 모습이다.

Counter timing diagram, internal clock divided by 1

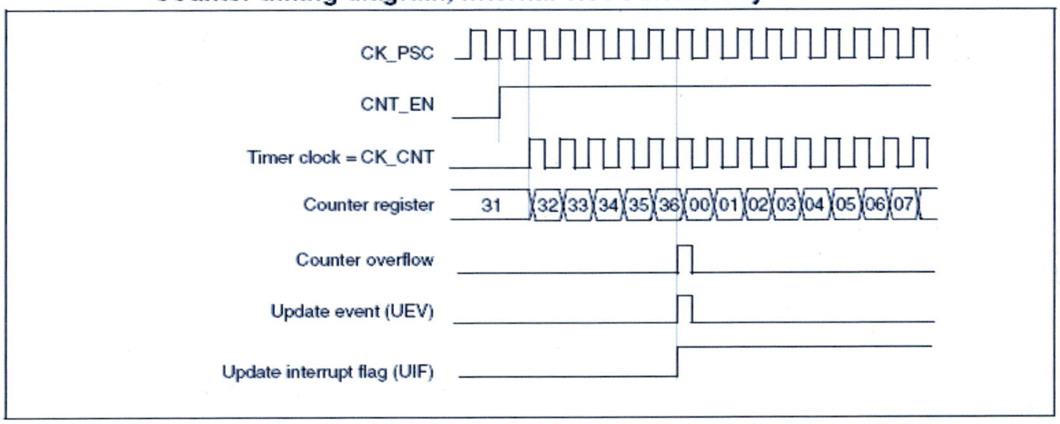

Counter timing diagram, internal clock divided by 2

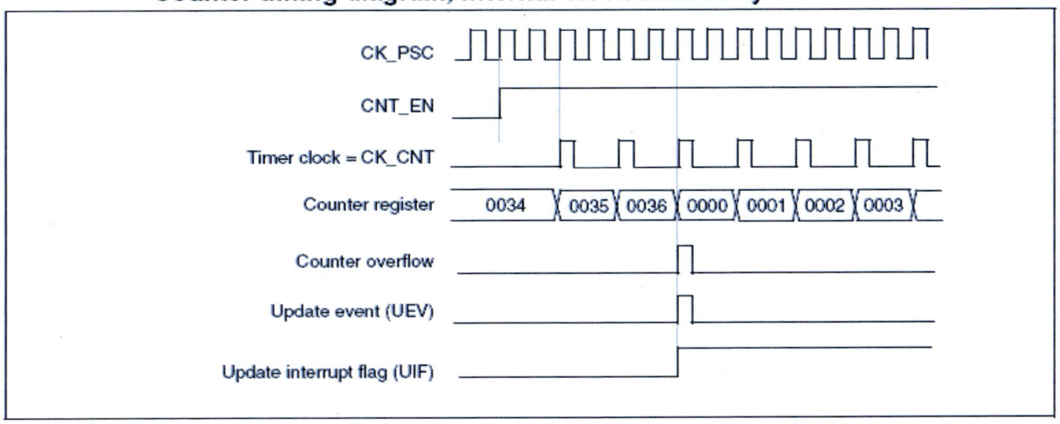

2) Downcounting mode

auto-reload register(TIMx_ARR) 값이 36일 때 다음 그림에서와 같이 카운터가 계속 감소하여 Count register가 36이 되는 순간에 타이머 카운터는 overflow event와 Update event를 발생시키고 카운터 값은 다시 auto-reload register에 설정된 값 36으로 카운트가 시작된다.

TIMx control register 1(TIMx_CR1)의 DIR bit를 SET(1)으로 설정(Downcounting로 설정)하여야 한다. 위 그림은 CK_PSC와 CK_CNT의 값이 같을 때의 예를 나타낸 그림이고 아래 그림은 CK_PSC/2가 CK_CNT로 설정했을 때의 모습이다. 다른 부분에서는 Upcounting mode와 Downcounting mode 별반 차이가 없다. 보통은 Upcounting mode를 많이 사용한다.

Counter timing diagram, internal clock divided by 1

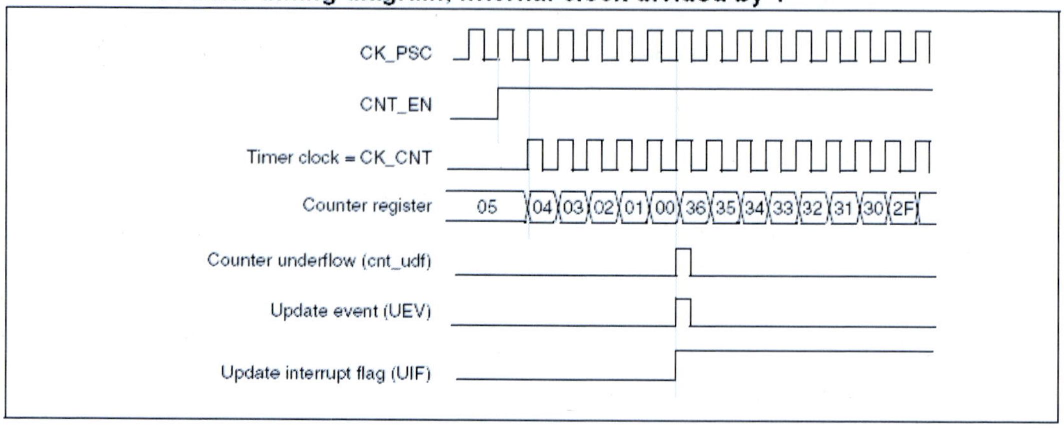

Counter timing diagram, internal clock divided by 2

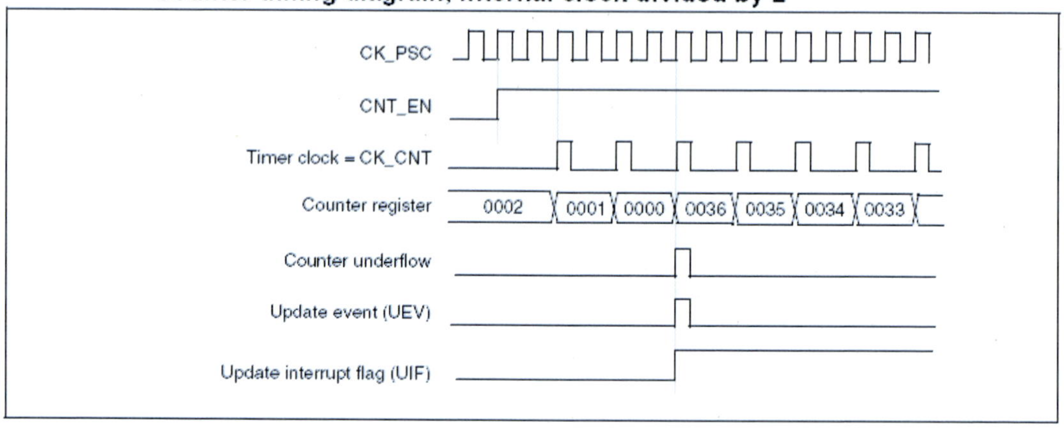

3) Center-aligned mode (up/down counting)

이 모드는 좀 특이하게도 upcounting mode와 downcounting mode 모두 가능하다.

auto-reload register(TIMx_ARR) 값이 6일 때 아래 그림에서 카운터가 계속 감소하여 Count register가 0이 되는 순간에 타이머 카운터는 Counter underflow와 Update event를 발생시키고 카운터 값은 다시 1씩 증가하게 되고, 계속 진행하다가 타이머 카운터는 TIMx_ARR이 되는 순간 이번에는 overflow event와 Update event

를 발생 시킨다. 위 그림은 CK_PSC와 CK_CNT의 값이 같을 때의 예를 나타낸 그림이고 아래 그림은 CK_PSC/2가 CK_CNT로 설정했을 때의 모습이다. 이 모드에서는 TIMx control register 1(TIMx_CR1)의 DIR bit를 사용할 수 없다. 또한 이 모드를 사용하기 위해서는 TIMx control register 1(TIMx_CR1) CMS:bit[6~5]를 설정하여야 하는데 그 설정 방법은 다음과 같다.

- CMS:bit[6~5]=00 Edge-aligned mode0 : 이 모드는 TIMx_CR1의 DIR bit 설정에 따라 달라진다. 즉 DIR bit가 RESET(0)이면 Upcounting mode가 되고 SET(1) Downcounting mode가 된다.
- CMS:bit[6~5]=01 Center-aligned mode1 : Output compare 모드일 때 (TIMx_CCMRx register가 CCxS=00으로 설정되었을 때)만 Down counting일 때 채널의 interrupt flags가 생성된다.
- CMS:bit[6~5]=10 Center-aligned mode2 : Output compare 모드일 때(TIMx_CCMRx register가 CCxS=00으로 설정되었을 때), Up counting일 때 채널의 interrupt flags가 생성된다.
- CMS:bit[6~5]=11 Center-aligned mode 3 : Output compare 모드일 때(TIMx_CCMRx register가 CCxS=00으로 설정 되었을 때) Down counting, Up counting일 때 모두 채널의 interrupt flags가 생성된다.

★ counter가 enabled (CEN=1)일 때 edge-aligned mode 에서 center-aligned mode로 변환하면 안된다.

Counter timing diagram, internal clock divided by 1, TIMx_ARR = 0x6

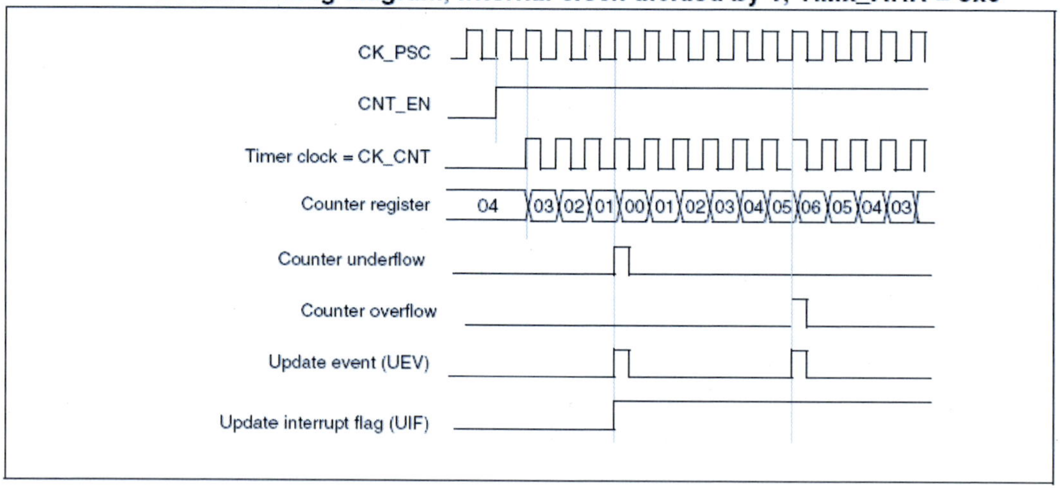

1. Here, center-aligned mode 1 is used (for more details refer to *Section 13.4: TIM1&TIM8 registers on page 297*).

Counter timing diagram, internal clock divided by 2

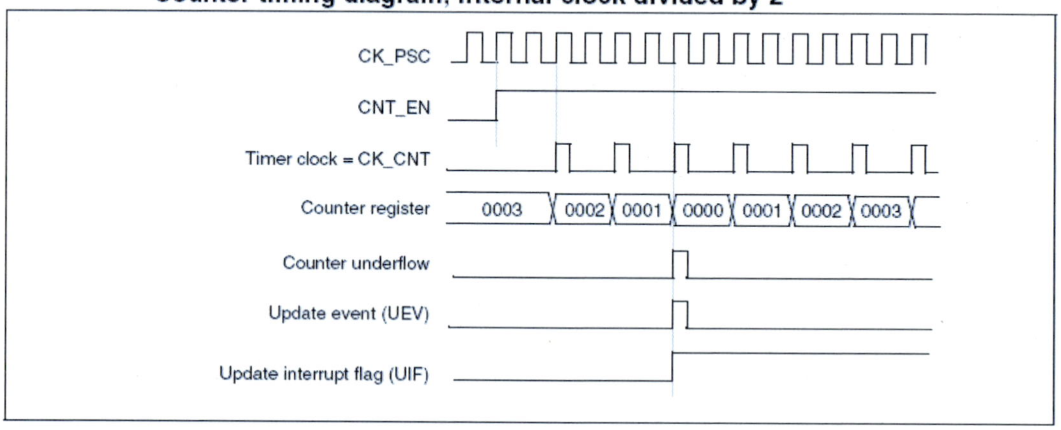

4) Repetition counter

아래 그림은 Time-base unit은 update event(UEV)가 생성하는 방법에 대해 설명으로 카운터 overflows/underflows와 연관된다. UEV는 카운트가 0을 되풀이 할 때 자체적으로 생성 된다.

이는 PWM 신호를 생성할 때에 유용하다.

이것은 shadow register가 preload registers로 전송된다는 것을 뜻한다. (TIMx_ARR auto-reload register, TIMx_PSC prescaler register, 또한 compare mode에서 TIMx_CCRx capture/compare registers) 모든 N counter overflows 혹은 underflows N은 TIMx_RCR repetition counter register의 x값이다. 결국

TIMx_RCR레지스터의 값에 따라서 update event(UEV)의 발생시점이 달라지는데 이 값은 최대 128개수로 제한된다.

- upcounting mode에서 각 counter overflow 발생시
- downcounting mode에서 각 counter overflow 발생시
- center-aligned mode에서 각 counter underflow 시

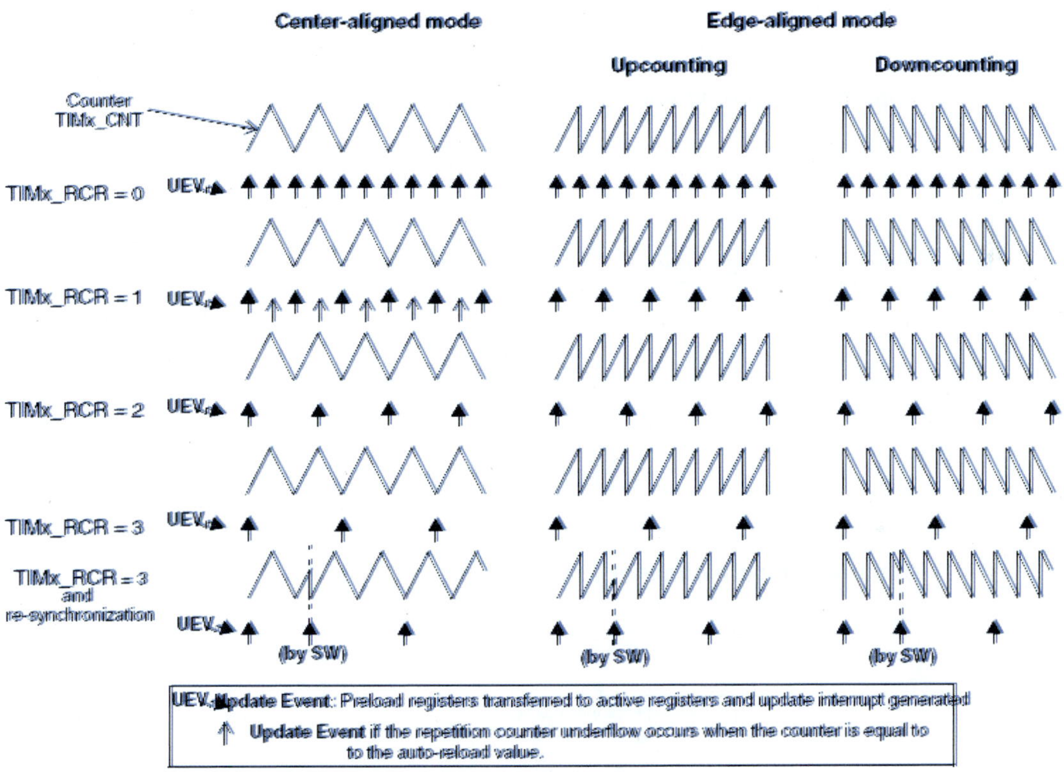

5) Capture/compare channels

각 Capture/Compare는 input capture/comparator와 output capture/comparator로 사용된다.

- input capture는 digital filter와 multiplexing 그리고 prescaler를 사용하며 capture/compare register에 저장한다.
- output capture는 comparator와 output control을 사용한다. 아래 그림은 input capture와 comparator에 대한 것이다.
- input capture mode에서 Capture 가 발생했을 때 Capture/Compare Registers

(TIMx_CCRx)는 ICx신호에 의해서 감지되고 카운트 값을 Latch로 사용하게 된다. Capture가 발생했을 TIMx_SR register의 비트 CCXIF flag가 설정되고 interrupt가 발생하거나 혹은 CCXIF flag 설정되어 있을 때 DMA request를 보낼 수 있다. 만약 Capture가 발생하여 CCxIF flag를 설정하는 동안 CCxIF 먼저 high가 되어 있다면 TIMx_SR register의 비트 CCxOF flag가 설정된다. Software에 의해서 CCxIF 비트에 RESET(0)을 써넣음으로써 클리어 할 수 있다. 그리고 TIMx_CCRx register의 capture된 데이터 값을 읽음으로써 자동 클리어 된다. CCxOF 비트에 RESET(0)을 써넣음으로써 클리어 할 수 있다.

Capture/compare channel (example: channel 1 input stage)

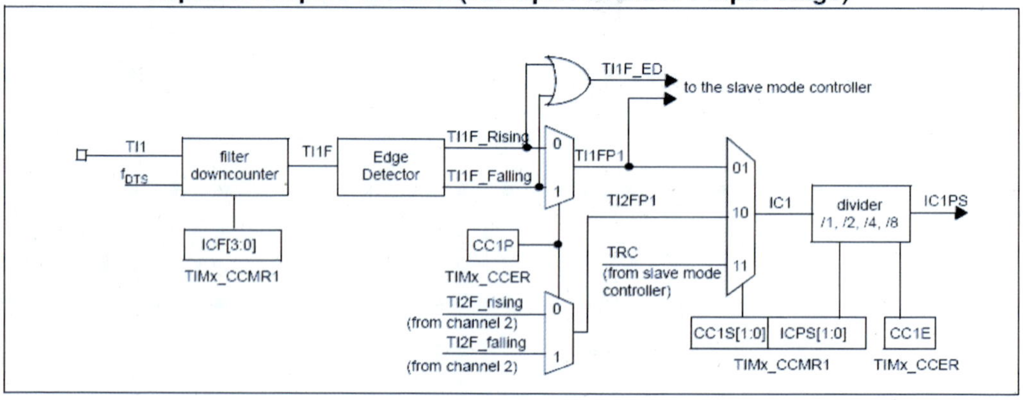

Capture/compare channel 1 main circuit

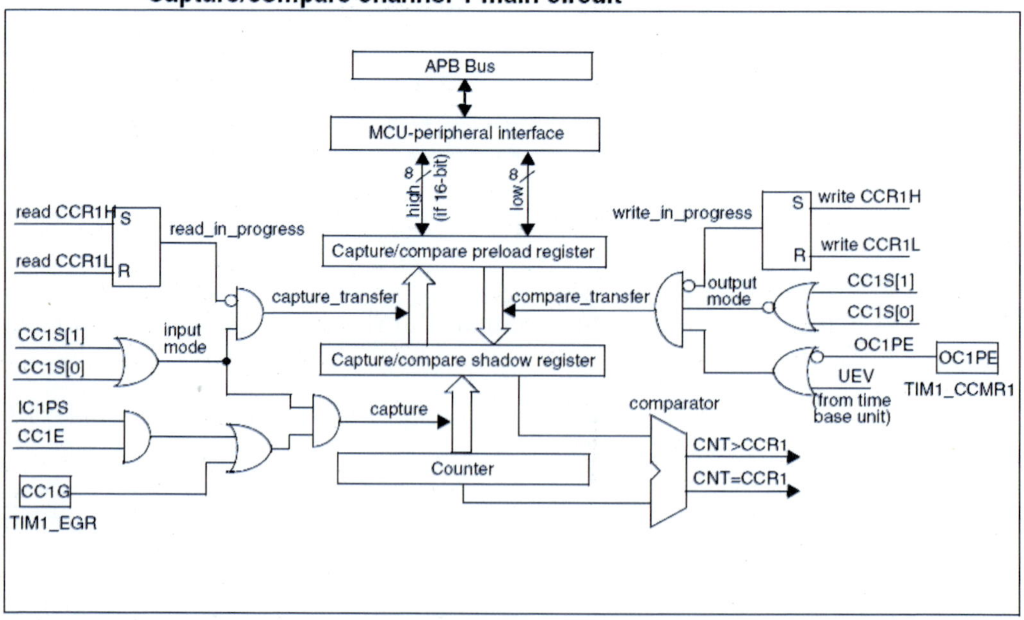

6) output capture

이 모드의 사용은 capture/compare register와 counter가 일치할 때 출력되는 비교기를 만들고자 할 때 사용한다.

등록 절차는 다음과 같이 설정한다.

1) counter의 clock을 internal, external, prescaler 중 하나를 선택한다.

2) TIMx_ARR와 TIMx_CCRx registers에 원하는 데이터를 쓴다.

3) interrupt 요청을 생성하기 위해서는 CCxIE bit를 설정한다.

4) output mode를 선택한다.

-OCxM = 011 CNT와 CCRx 일치할 때 OCx 출력 pin toggle

-OCxPE = 0 preload register를 disable로 설정

-CCxP = 0 polarity을 active high로 선택

-CCxE = 1 출력 Enable 설정

5) TIMx_CR1 register의 CEN bit를 설정하여 counter를 Enable 시킨다.

★ output capture 모드에서는 update event UEV는 OCxREF 및 OCX 출력에는 아무런 영향을 미치지 않는다. 또한 타이밍 해상도는 카운터 중 하나다.

Output stage of capture/compare channel (channel 1 to 3)

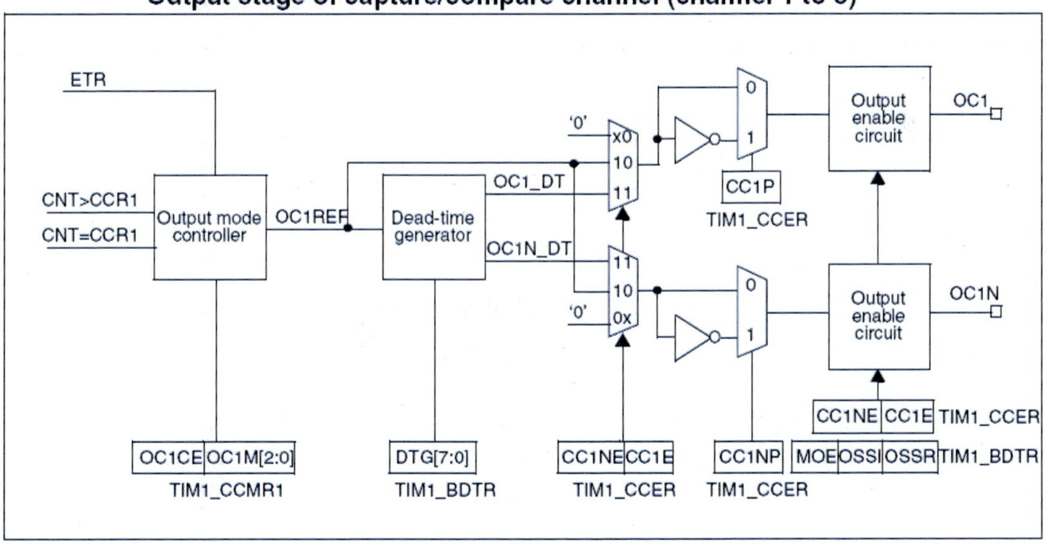

Output stage of capture/compare channel (channel 4)

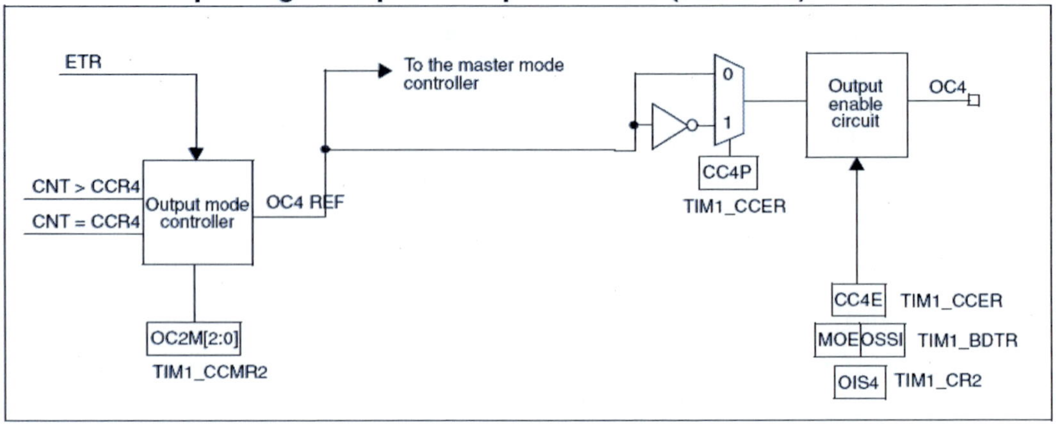

* 다음은 비교기로 사용할 때의 그림이다. TIM1_CNT와 TIM1_CCR1의 값이 일치할 때 OC1이 SET(1)되는 출력을 보인다.

Output compare mode, toggle on OC1.

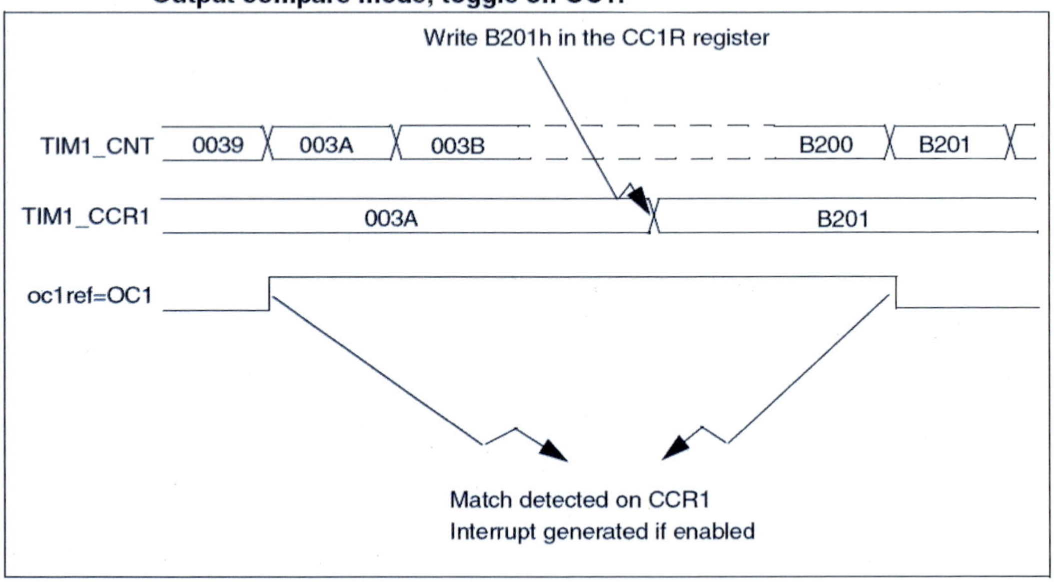

7) PWM mode

PWM(PWM edge-aligned) 모드는 Counter modes에서와 같이 Edge-aligned PWM, Center-aligned PWM 모드를 지원한다.

Pulse Width Modulation mode는 원하는 TIMx_ARR register와 TIMx_CCRx register 값에 의해 duty cycle로 주파수를 만들 수 있다.

PWM mode 선택은 TIMx_CCMRx registerd의 OCxM bits 설정으로 가능하다. TIMx_CCMRx register의 OCxPE bit를 설정해주어야 주기적인 펄스를 만들 수 있는 것이다. 마지막으로 TIMx_CR1 register ARPE bit를 설정해야 한다.

이 설정은 auto-reload preload register(upcounting 혹은 center-aligned modes)를 활성화시키기 위함이다.

카운트 시작 전에 update event가 발생되었을 때만 preload registers는 shadow registers로 전송된다.

TIMx_EGR register의 UG bit를 설정하여 registers들을 초기화해 주어야 한다. OCx polarity는 TIMx_CCER register의 CCxP bit로 설정하여 반전 혹은 비반전 모드를 지정할 수 있다. 이 비트의 설정은 output 혹은 input 모드에 따라서 달라지는데 output로 설정되면 이 비트가 RESET(0)일 때 비반전 신호를 받고 SET(1)일 때 반전 신호를 받는다. 즉 SET(1)이면 NOT 회로를 거쳐 반전된다는 것이다.

또한 TIMx_CCER register의 CCxE bit를 SET(1)로하여 출력을 output PIN으로 내보낸다. TIMx_CCER register의 CCxNE bit와 TIMx_BDTR registers의 MOE, OSSI, OSSR bit들의 조합으로 output이 설정된다. 더 자세한 내용은 데이터시트 TIMx_CCER, TIMx_BDTR registers를 참조하자.

그러므로 TIMx_CCRx, TIMx_CNT, TIMx_CNT, TIMx_CCRx는 카운터 방향에 따라 다르다.

★ TIMx_CR1 register의 CMS bits 설정에 따라 edge-aligned mode 혹은 center-aligned mode PWM을 생성할 수 있다.

TIMx_CCMRx register의 OCxM bits[6~4]=110: PWM mode 1으로 설정 할 경우 Upcounting 모드에서는 채널 x는 TIMx_CNT<TIMx_CCRx일 경우에는 OC1REF=1로 활성화되고 이외는 OC1REF='0으로 비활성화된다.

Downcounting 모드에서는 채널 x는 TIMx_CNT>TIMx_CCRx일 경우에는 OC1REF='0으로 비활성화되고 이외는 OC1REF=1로 활성화된다. 따라서 Upcounting 모드에서는 TIMx_CNT=TIMx_CCRx 같은 경우는 OC1REF='0으로 비활성화되지만 반대로 Downcounting 모드에서는 OC1REF=1로 활성화되는 것이다.

TIMx_CCMRx register의 OCxM bits[6~4]= 111: PWM mode 2로 설정할 경우 Upcounting 모드에서 채널 x는 TIMx_CNT<TIMx_CCRx경우에는 OC1REF=0으로 비활성화되고 이외는 OC1REF='1로 활성화된다.

Downcounting 모드에서는 채널 x는 TIMx_CNT>TIMx_CCRx 경우에는 OC1REF='1로 활성화되고 이외는 OC1REF=0으로 비활성화된다. 따라서 Upcounting 모드에서는

TIMx_CNT=TIMx_CCRx 같은 경우는 OC1REF='1로 활성화되지만 반대로 Downcounting 모드에서는 OC1REF=0으로 비활성화되는 것이다.

① PWM edge-aligned mode

• Upcounting mode로 설정 : Upcounting 모드 선택은 TIMx_CR1 register의 DIR bit를 RESET(0)으로 설정하면 된다.

-설정순서 : PWM mode 1을 선택하고 TIMx_CNT〈TIMx_CCRx 경우에는 PWM signal OCxREF는 OC1REF=1로 활성화되고 이외는 OC1REF='0으로 비활성화된다. 이 부분은 PWM mode에서 충분히 설명하였다.

만약 compare TIMx_CCRx register 값이 TIMx_ARR register(auto-reload value) 값보다 크면 OC1REF=1로 활성화되고 만약compare 값이 0이면 OC1REF=0으로 비활성화된다.

만약에 TIMx_CCRx 값이 TIMx_ARR register(auto-reload value)값보다 크면 OC1REF=1로 활성화된다.

PWM edge-aligned mode의 아래는 TIMx_ARR=8일 때 그림이다.

Figure 84. Edge-aligned PWM waveforms (ARR=8)

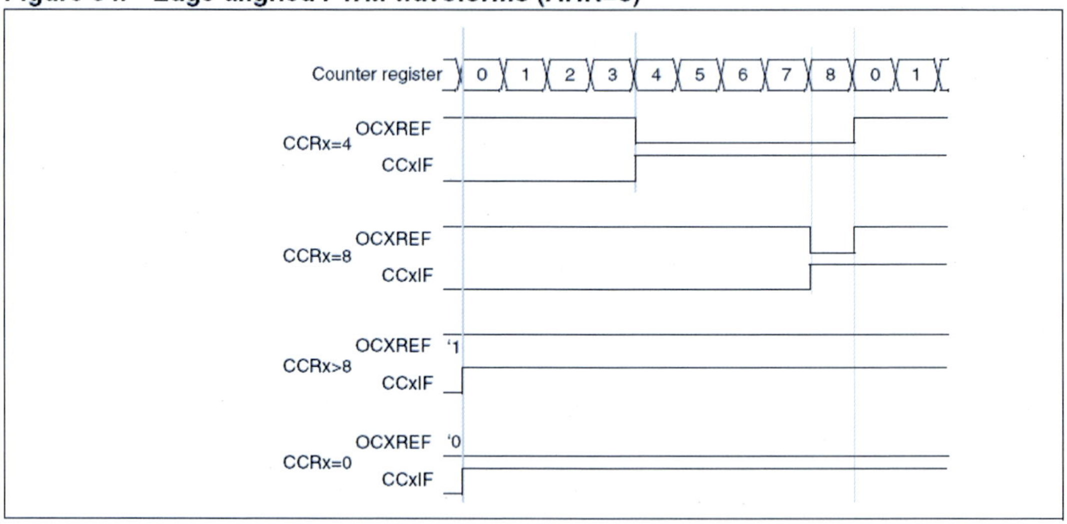

• Downcounting mode 설정

Downcounting mode 선택은 TIMx_CR1 register의 DIR bit를 SET(1)으로 설정하면 된다.

-설정순서 : PWM mode 1을 선택하고 TIMx_CNT〉TIMx_CCRx일 경우에는 PWM

signal OCxREF는 OC1REF=0으로 비활성화되고 이외는 OC1REF='1로 활성화된다. 이 부분은 PWM mode에서 충분히 설명하였다.

만약 compare TIMx_CCRx register 값이 TIMx_ARR register(auto-reload value) 값보다 크면 OC1REF=1로 활성화된다.

이 모드에서 PWM 0[%]의 설정은 불가능하다.

② PWM center-aligned mode

Center-aligned mode의 설정은 TIMx_CR1 register의 CMS bits 설정을 함으로써 가능하다. Center-aligned mode의 설정방법은 Edge-aligned mode에서는 CMS bits 설정을 '00' 으로 설정하지만(모든 나머지 구성은 ocxref/OCx 신호선에서는 동일한 효과를 냄) Center-aligned mode에서는 01, 10, 11 중 하나로 이 설정이 다르다.

이 compare flag는 카운트 counts up, counts down 혹은 둘 모두일 때 가능하다. 이 모드 선택은 CMS bits 구성에 따른다.

또한 TIMx_CR1 register의 bit(DIR)는 hardware에 의하여 updateb 되고 software로는 바꿀 수 없다.

다음은 center-aligned PWM 모드의 설정 방법과 동작 그림이다.

- TIMx_ARR=8로 지정한다.
- PWM mode 는 PWM mode 1로 설정한다. 이는 TIMx_CCMRx register의 OCxM bits[6~4]= 110으로 지정하면 된다.
- Center-aligned mode 1로 선택 : TIMx_CR1 register의 CMS=01로 지정한다.

이 flag는 center-aligned 정렬로 카운터는 counts down일 때 설정된다.

Figure 85. Center-aligned PWM waveforms (ARR=8)

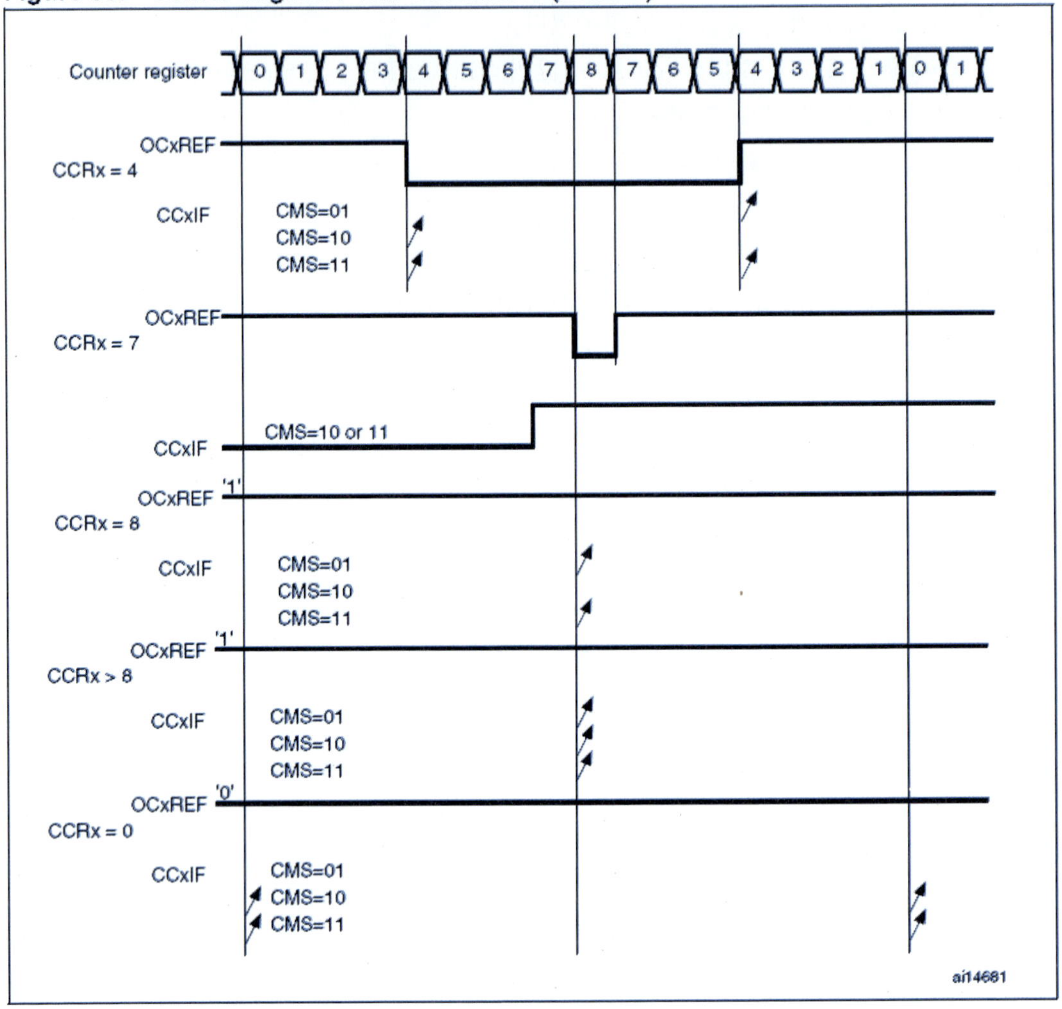

8) TIMx and external trigger synchronization

TIMx timer는 Reset mode, Gated mode와 Trigger mode에서 동기화될 수 있다.

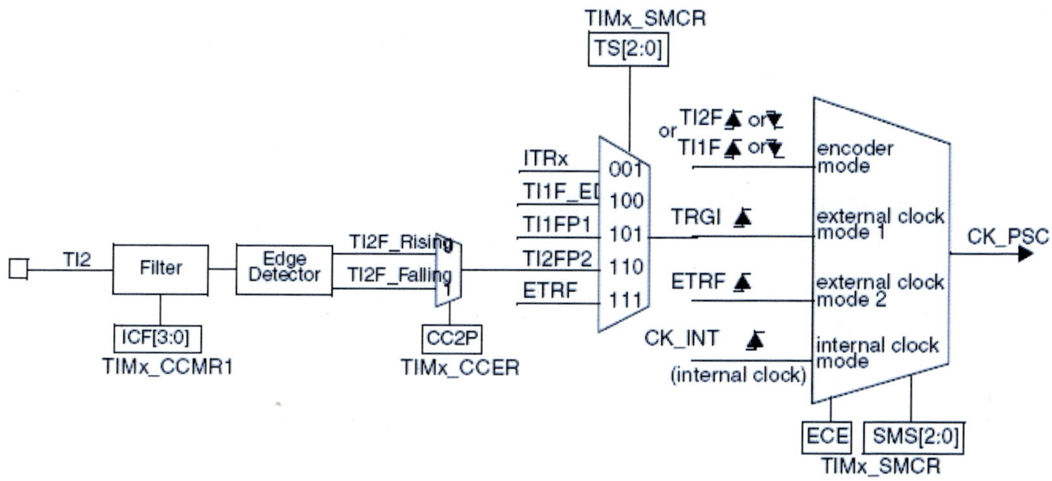

① Slave mode : Reset mode

카운터 및 prescaler는 입력 trigger event의 응답으로 초기화 될 수 있다. 또한 TIMx_CR1 register의 URS bit가 low의 경우 update event(UEV)가 생성된다. 그런 다음 모든 preloaded registers TIMx_ARR, TIMx_CCRx registers가 update된다. upcounter는 TI1 입력의 rising edge에서 클리어 된다.

• TI1의 rising edges에서 감지하는 channel 1의 구성 예

먼저, input filter 설정해야 하지만 이번 설정 예에서는 어떠한 filter도 사용하지 않으므로 IC1F=0000으로 설정한다.

Capture prescaler는 트리거를 사용하지 않기 때문에 설정하지 않아도 된다.

input capture에서 소스의 선택은 TIMx_CCMR1 register의 비트 CC1S=01 설정으로 한다.

TIMx_CCER register의 비트 CC1P=0 설정은 rising edges에서 감지하기 위해서 설정한다.

reset mode에서 타이머의 설정은 TIMx_SMCR register의 SMS=100으로 써넣음으로써 가능하다.

TI1의 input 소스 선택은 TIMx_SMCR register의 비트 TS=101로 설정한다

• TIMx_CR1 register의 CEN=1 설정으로 카운트가 시작된다.

internal clock으로 카운터가 카운터 될 때 TI1가 rising edge에서 시작하여 정상 동작한다.

TI1이 상승하면 카운터는 클리어 되고 카운터는 0에서 다시 시작된다. 그리고 TIMx_SR register의 trigger flag(TIF bit)를 SET(1) 설정한다.

그리고 TIMx_DIER register의 TIE 와 TDE bits가 설정된 경우 interrupt와 DMA 요청 신호를 보낼 수 있다.

Figure 96. Control circuit in reset mode

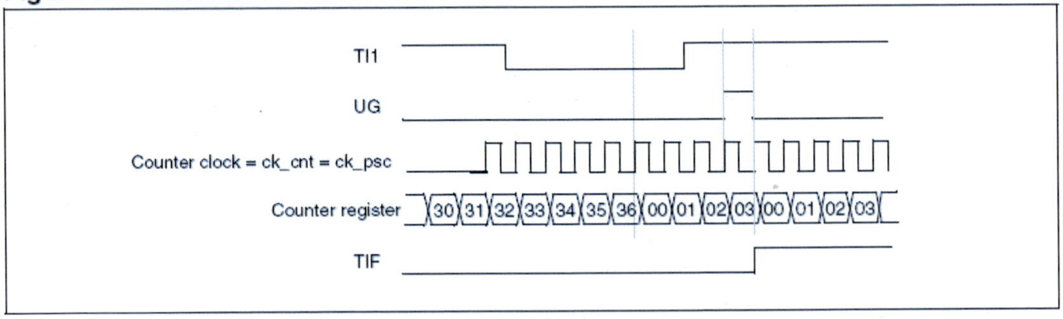

② Slave mode : Gated mode

이 모드는 카운터는 input 선택 레벨에 따라 사용할 수 있다.

카운터 및 prescaler는 trigger 입력 event에 의해 초기화된다. 또한 TIMx_CR1 register의 URS bit RESET()으로 설정되어 있다면 update event UEV는 생성된다. 그런 다음 모든 preloaded registers TIMx_ARR, TIMx_CCRx registers가 update된다.

TI1 입력 레벨이 LOW일 경우 카운터는 Upcounter이다.

• TI1의 low levels에서 감지하는 channel 1의 구성 예

먼저, input filter를 설정해야 하지만 이번 설정 예에서는 어떠한 filter도 사용하지 않으므로 IC1F=0000으로 설정한다.

Capture prescaler는 트리거를 사용하지 않기 때문에 설정하지 않아도 된다.

input capture에서 소스의 선택은 TIMx_CCMR1 register의 비트 CC1S=01 설정으로 한다.

TIMx_CCER register의 비트 CC1P=1 설정은 low level에서 감지하기 위해서 설정한다.

gated mode에서 타이머의 설정은 TIMx_SMCR register의 SMS=101으로 써넣음으로써 가능하다.

TI1의 input 소스 선택은 TIMx_SMCR register의 비트 TS=101로 설정한다.

- TIMx_CR1 register의 CEN=1 설정으로 카운트가 시작된다.

gated mode에서는 카운터가 시작되지 않는 경우는 CEN=0일 때와 trigger input level일 때이다.

카운터는 internal clock으로 시작하자마자 TI1가 LOW가 되고 TI1가 HI될 때까지 바로 정지한다.

TIMx_SR register의 TIF flag는 카운터가 시작하거나 중지할 때 모두 설정된다.

TI1가 input일 때 재동기화로 인하여 정지에서 rising edge사이에서 카운터는 지연이 발생하게 된다.

Figure 97. Control circuit in gated mode

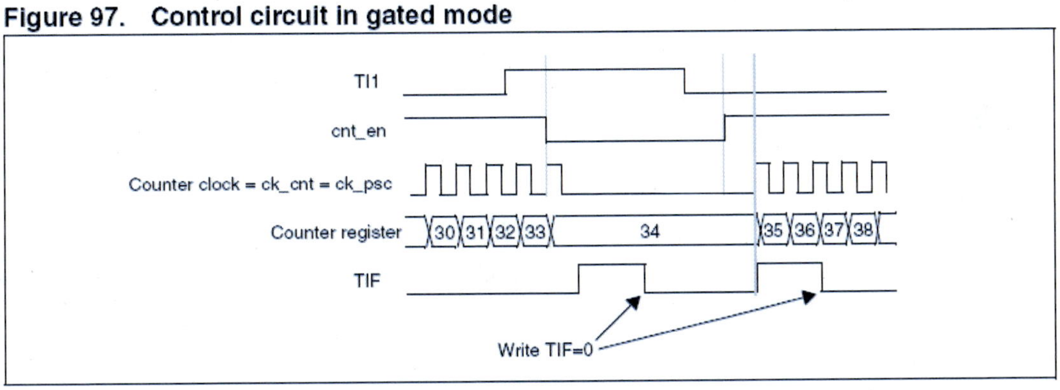

③ Slave mode : Trigger mode

카운터는 input으로 선택되었을 때 입력 event로 발생한다.

TI2 input 입력의 rising edge에서 upcounter로 시작하는 설정.

- TI2의 rising edges에서 동작하는 channel 2를 설정한다.

먼저, input filter를 설정해야 하지만 이번 설정 예에서는 어떠한 filter도 사용하지 않으므로 IC2F=0000으로 설정한다.

Capture prescaler는 트리거를 사용하지 않기 때문에 설정하지 않아도 된다.

input capture에서 소스의 선택은 TIMx_CCMR1 register의 비트 CC2S=01 설정으로 한다.

TIMx_CCER register의 비트 CC2P=1 설정은 low level에서 감지하기 위해서 설정한다.

Trigger rmode에서 타이머의 설정은 TIMx_SMCR register의 SMS=110으로 써넣음으로써 가능하다.

TI2의 input 소스 선택은 TIMx_SMCR register의 비트 TS=110로 설정한다.

internal clock으로 카운터가 카운터 될 때 TI2가 rising edge에서 시작(출발)하여 장상으로 동작한다.

TI2가 input일 때 재동기화로 인하여 정지에서 rising edge사이에서 카운터는 지연이 발생하게 된다.

Figure 98. Control circuit in trigger mode

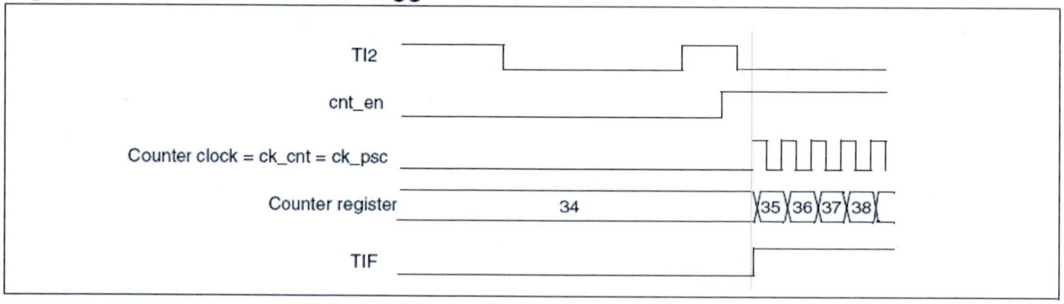

④ Slave mode : external clock mode 2 + trigger mode

external clock mode 2는 slave mode에서(External clock mode 1과 encoder mode 제외) 사용된다. 이번 경우에는 ETR 입력은 external clock으로 사용된다. trigger 입력으로 사용되는 모드는 reset mode, gated mode, trigger mode이다.

TIMx_SMCR register의 TS bits를 통해서 TRGI(trigger input)로 ETR(External Trigger) 선택을 하지 않는 것이 좋다.

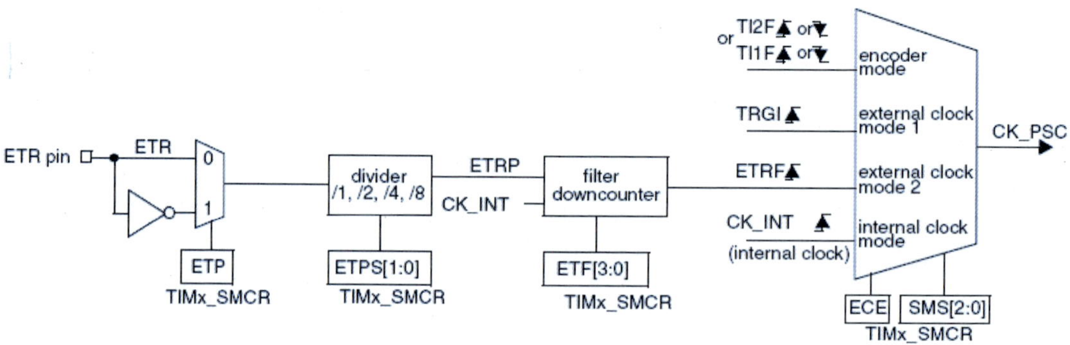

이번 예제에서는 upcounter는 TI1 신호의 rising edge에서 곧바로 시작하여 ETR 클럭의 각 rising edge에서 증가하게 된다.

- TIMx_SMCR register의 external trigger input 회로를 구성한다.
- TIMx_SMCR의 비트 ETF = 0000으로 설정하여 no filter
- TIMx_SMCR의 비트 ETPS=00으로 설정하여 prescaler disable
- TIMx_SMCR 의 비트 ETP=0으로 설정하여 rising edges에서 신호 감지 및 ETR=1과 ECE=1로 설정하여 external clock mode 2로 선택한다.
- TI의 rising edges에서 감지하기 위하여 channel1을 설정한다.
- IC1F=0000으로 설정하여 no filter.
- capture prescaler는 설정할 필요가 없다.
- TIMx_CCMR1 register의 비트 CC1S=01로 설정하여 input capture 모드로 선택한다.
- TIMx_CCER register의 비트 CC1P=0으로 설정하여 rising edge에서 감지하도록 설정.
- TIMx_SMCR register의 비트 SMS=110으로 설정하여 input으로 지정한다.

카운터는 TI1의 rising edge에서 enable하여 TIF flag를 발생시키고 ETR 신호의 rising edges에서 발생시점에서 카운트 시킨다.

Control circuit in external clock mode 2 + trigger mode

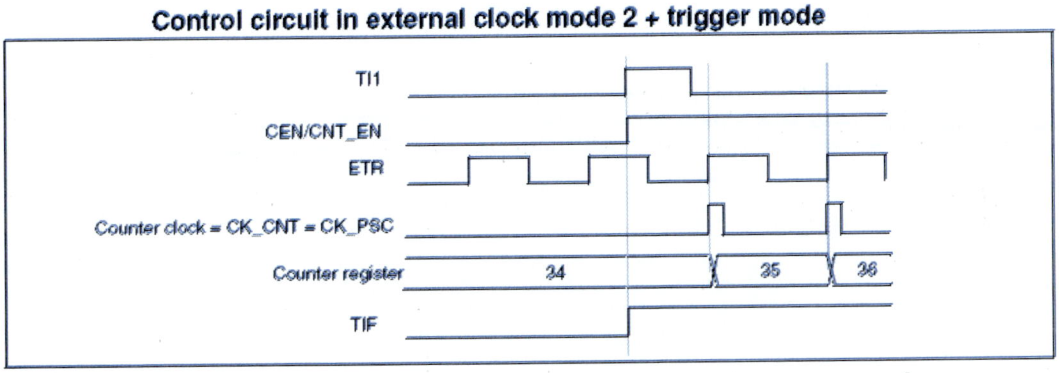

13.1.3 Timer의 메모리 맵

다음 메모리 맵에서와 같이 Timer 레지스터의 시작 번지는 아래와 같다.

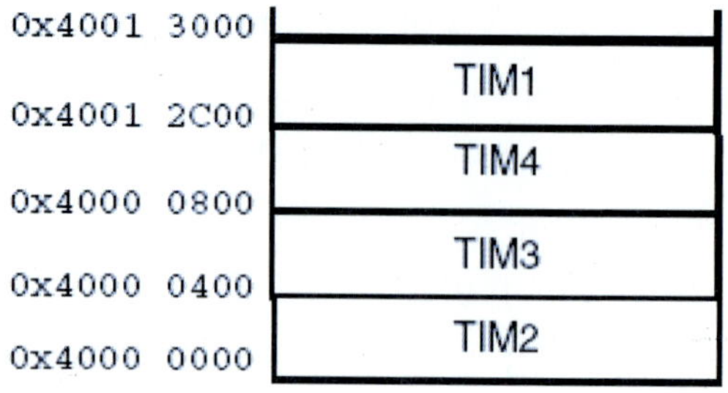

13.1.4 Advanced-control timers TIM1&TIM8 register map

Timer 레지스터 Advanced-control timers register와 General-purpose timer register로 구분되는데 아주 많은 레지스터들을 소유하고 있다. 지면관계상 모두 나열하지 못하고 전체 블록도만 표시하였다. 이 레지스터 이름으로 데이터시트를 검색해 보면 쉽게 찾을 수 있다.

TIM1&TIM8 register map and reset values

Offset	Register	31	30	29	28	27	26	25	24	23	22	21	20	19	18	17	16	15	14	13	12	11	10	9	8	7	6	5	4	3	2	1	0
0x00	TIMx_CR1	Reserved																						CKD [1:0]		ARPE	CMS [1:0]		DIR	OPM	URS	UDIS	CEN
	Reset value																							0	0	0	0	0	0	0	0	0	0
0x04	TIMx_CR2	Reserved																	OIS4	OIS3N	OIS3	OIS2N	OIS2	OIS1N	OIS1	TI1S	MMS[2:0]			CCDS	CCUS	Reserved	CCPC
	Reset value																		0	0	0	0	0	0	0	0	0	0	0	0	0		0
0x08	TIMx_SMCR	Reserved																ETP	ECE	ETPS [1:0]		ETF[3:0]				MSM	TS[2:0]			Reserved	SMS[2:0]		
	Reset value																	0	0	0	0	0	0	0	0	0	0	0	0		0	0	0
0x0C	TIMx_DIER	Reserved																	TDE	COMDE	CC4DE	CC3DE	CC2DE	CC1DE	UDE	BIE	TIE	COMIE	CC4IE	CC3IE	CC2IE	CC1IE	UIE
	Reset value																		0	0	0	0	0	0	0	0	0	0	0	0	0	0	0
0x10	TIMx_SR	Reserved																			CC4OF	CC3OF	CC2OF	CC1OF	Reserved	BIF	TIF	COMIF	CC4IF	CC3IF	CC2IF	CC1IF	UIF
	Reset value																				0	0	0	0		0	0	0	0	0	0	0	0
0x14	TIMx_EGR	Reserved																								BG	TG	COM	CC4G	CC3G	CC2G	CC1G	UG
	Reset value																									0	0	0	0	0	0	0	0

0x18	TIMx_CCMR1 Output Compare mode	Reserved	OC2CE	OC2M [2:0]			OC2PE	OC2FE	CC2S [1:0]		OC1CE	OC1M [2:0]			OC1PE	OC1FE	CC1S [1:0]	
	Reset value		0	0	0	0	0	0	0	0	0	0	0	0	0	0	0	0
	TIMx_CCMR1 Input Capture mode	Reserved	IC2F[3:0]				IC2 PSC [1:0]		CC2S [1:0]		IC1F[3:0]				IC1 PSC [1:0]		CC1S [1:0]	
	Reset value		0	0	0	0	0	0	0	0	0	0	0	0	0	0	0	0
0x1C	TIMx_CCMR2 Output Compare mode	Reserved	O24CE	OC4M [2:0]			OC4PE	OC4FE	CC4S [1:0]		OC3CE	OC3M [2:0]			OC3PE	OC3FE	CC3S [1:0]	
	Reset value		0	0	0	0	0	0	0	0	0	0	0	0	0	0	0	0
	TIMx_CCMR2 Input Capture mode	Reserved	IC4F[3:0]				IC4 PSC [1:0]		CC4S [1:0]		IC3F[3:0]				IC3 PSC [1:0]		CC3S [1:0]	
	Reset value		0	0	0	0	0	0	0	0	0	0	0	0	0	0	0	0
0x20	TIMx_CCER	Reserved			CC4P	CC4E	CC3NP	CC3NE	CC3P	CC3E	CC2NP	CC2NE	CC2P	CC2E	CC1NP	CC1NE	CC1P	CC1E
	Reset value				0	0	0	0	0	0	0	0	0	0	0	0	0	0
0x24	TIMx_CNT	Reserved	CNT[15:0]															
	Reset value		0	0	0	0	0	0	0	0	0	0	0	0	0	0	0	0
0x28	TIMx_PSC	Reserved	PSC[15:0]															
	Reset value		0	0	0	0	0	0	0	0	0	0	0	0	0	0	0	0
0x2C	TIMx_ARR	Reserved	ARR[15:0]															
	Reset value		0	0	0	0	0	0	0	0	0	0	0	0	0	0	0	0
0x30	TIMx_RCR	Reserved									REP[7:0]							
	Reset value										0	0	0	0	0	0	0	0
0x34	TIMx_CCR1	Reserved	CCR1[15:0]															
	Reset value		0	0	0	0	0	0	0	0	0	0	0	0	0	0	0	0
0x38	TIMx_CCR2	Reserved	CCR2[15:0]															
	Reset value		0	0	0	0	0	0	0	0	0	0	0	0	0	0	0	0
0x3C	TIMx_CCR3	Reserved	CCR3[15:0]															
	Reset value		0	0	0	0	0	0	0	0	0	0	0	0	0	0	0	0
0x40	TIMx_CCR4	Reserved	CCR4[15:0]															
	Reset value		0	0	0	0	0	0	0	0	0	0	0	0	0	0	0	0
0x44	TIMx_BDTR	Reserved	MOE	AOE	BKP	BKE	OSSR	OSSI	LOCK [1:0]		DT[7:0]							
	Reset value		0	0	0	0	0	0	0	0	0	0	0	0	0	0	0	0
0x48	TIMx_DCR	Reserved				DBL[4:0]					Reserved			DBA[4:0]				
	Reset value					0	0	0	0	0				0	0	0	0	0
0x4C	TIMx_DMAR	Reserved	DMAB[15:0]															
	Reset value		0	0	0	0	0	0	0	0	0	0	0	0	0	0	0	0

13.1.5 General-purpose timer TIMx register map

TIMx register map and reset values

Offset	Register	31	30	29	28	27	26	25	24	23	22	21	20	19	18	17	16	15	14	13	12	11	10	9	8	7	6	5	4	3	2	1	0
0x00	TIMx_CR1	Reserved																						CKD[1:0]		ARPE	CMS[1:0]		DIR	OPM	URS	UDIS	CEN
	Reset value																							0	0	0	0	0	0	0	0	0	0
0x04	TIMx_CR2	Reserved																								TI1S	MMS[2:0]			CCDS	Reserved		
	Reset value																									0	0	0	0	0			
0x08	TIMx_SMCR	Reserved																ETP	ECE	ETPS[1:0]		ETF[3:0]				MSM	TS[2:0]			Reserved	SMS[2:0]		
	Reset value																	0	0	0	0	0	0	0	0	0	0	0	0		0	0	0
0x0C	TIMx_DIER	Reserved																	TDE	COMDE	CC4DE	CC3DE	CC2DE	CC1DE	UDE	Reserved	TIE	Reserved	CC4IE	CC3IE	CC2IE	CC1IE	UIE
	Reset value																		0	0	0	0	0	0	0		0		0	0	0	0	0
0x10	TIMx_SR	Reserved																			CC4OF	CC3OF	CC2OF	CC1OF	Reserved		TIF	Reserved	CC4IF	CC3IF	CC2IF	CC1IF	UIF
	Reset value																				0	0	0	0			0		0	0	0	0	0
0x14	TIMx_EGR	Reserved																									TG	Reserved	CC4G	CC3G	CC2G	CC1G	UG
	Reset value																										0		0	0	0	0	0
0x18	TIMx_CCMR1 *Output Compare mode*	Reserved																OC2CE	OC2M [2:0]			OC2PE	OC2FE	CC2S [1:0]		OC1CE	OC1M [2:0]			OC1PE	OC1FE	CC1S [1:0]	
	Reset value																	0	0	0	0	0	0	0	0	0	0	0	0	0	0	0	0
	TIMx_CCMR1 *Input Capture mode*	Reserved																IC2F[3:0]				IC2 PSC [1:0]		CC2S [1:0]		IC1F[3:0]				IC1 PSC [1:0]		CC1S [1:0]	
	Reset value																	0	0	0	0	0	0	0	0	0	0	0	0	0	0	0	0

13.2 TIMER 실습

13.2.1 개요

이번 장에서 우리는 Advanced-control timers TIM2의 Timer 인터럽트를 이용하여 1초의 시간을 만들어 TBK보드에서 컴퓨터로 데이터를 송신해보는 실습을 해 보겠다. 또한 1초에 한번씩 깜박이는 LED를 구현해 보겠다.

통신 설정은 비동기, 8 Data bit, 1 Stop bits, 9600 baud rate, None Parity로 하고 케이블 연결은 USART 실습에서와 같이 1:1 케이블을 사용하면 되겠다.

13.2.2 회로도

내부의 타이머를 이용하여 실습을 하기 때문에 따로 회로도는 없다.

13.2.3 동작사진

아래 사진은 인터럽트 타이머 발생 시 컴퓨터로 전송된 모습이다. 1초 타이머를 만들었으므로 1초마다 전송한다.

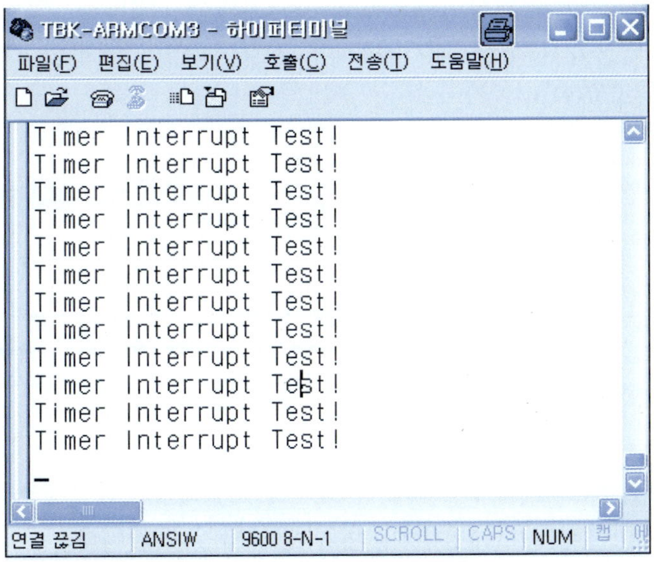

13.2.4 PCB 사진

해당사항 없음.

13.2.5 파일의 위치

CDROM₩ source₩demo-103₩Timer 디렉터리에 있다.

13.2.6 필요한 파일

main.c.main.h stm32f10x_it.c. stm32f10x_it.h

인터럽트관련 파일 main.c, stm32f10x_it.c이 필요하다. 따라서 아래 환경설정 ⇨ SourceAdd에서는 stm32f10x_it.c을 추가해 주어야 된다.

가.

[SetUp ⇨ Environment Options ⇨ SourceAdd]에서 아래와 같이 사용할 초기화 설정을 한다. 이번 예제에서는 추가할 소스파일이 하나 있으므로 main.c를 제외하고

추가될 소스파일은 여기에 추가한다. 그리고 아래 Add C++, Add Asm 파일들이 있으면 이곳에 추가한다.

[Add C source file name] : 오른쪽 Add 버튼을 눌러서 stm32f10x_it.c 파일을 선택하여 추가한다. 이때 주의점은 파일과 파일 사이는 반드시 공백문자 space를 두어야 한다는 것과 주 컴파일 대상 "main.c"를 제외한 파일들을 입력해야한다는 것이다. 그리고 Add 버튼을 눌렀을 때 나타나는 모든 파일이 컴파일 대상 디렉터리 내, 즉 main.c 디렉터리 파일이다.

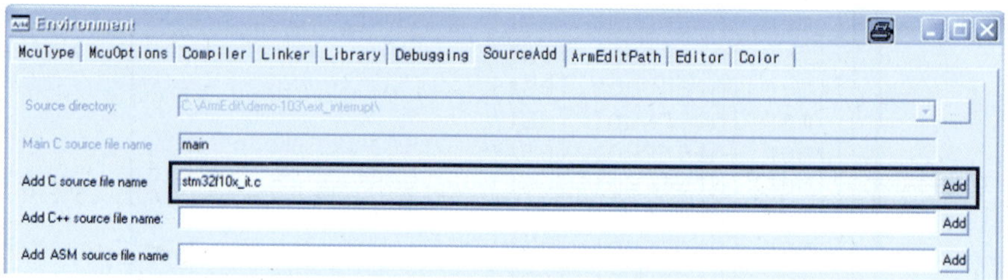

이제 모든 환경설정은 끝났다. "ok" 버튼을 누르고 환경설정을 마치고 빠져나오면 컴파일 대상 디렉터리에 makefile이 새로 생성되었을 것이다.

이제 컴파일을 진행해보자.  이 아이콘을 클릭하거나 단축키 F9를 누르면 컴파일이 진행되며 정상적으로 컴파일이 되면 main.hex 파일이 생성될 것이다.

13.2.7 main.c 파일

1) 첫번째 줄에 main.h include 파일이 보인다.
2) RCC_Configuration() : 이 함수는 시스템 클럭 설정을 초기화하는 함수다.
3) NVIC_Configuration() : 이 함수는 Vector Table 위치를 지정과 인터럽트 핸들러를 설정하는 함수이다.

```
void NVIC_Configuration(void)
{
  NVIC_InitTypeDef NVIC_InitStructure;
#ifdef  VECT_TAB_RAM
  NVIC_SetVectorTable(NVIC_VectTab_RAM, 0x0); //Set the Vector Table base
location at 0x20000000
#else  //VECT_TAB_FLASH
  NVIC_SetVectorTable(NVIC_VectTab_FLASH, 0x0); //Set the Vector Table base
location at 0x08000000
#endif

  NVIC_PriorityGroupConfig(NVIC_PriorityGroup_1);
  NVIC_InitStructure.NVIC_IRQChannel=TIM2_IRQn;
  NVIC_InitStructure.NVIC_IRQChannelPreemptionPriority=0;
  NVIC_InitStructure.NVIC_IRQChannelSubPriority=1;
  NVIC_InitStructure.NVIC_IRQChannelCmd=ENABLE;
  NVIC_Init(&NVIC_InitStructure);
}
```

- NVIC_InitStructure.NVIC_IRQChannel=TIM2_IRQn : 이 설정은 TIM2_IRQn 인터럽트 TIM2_IRQn를 지정하는 부분이다.

우리가 사용할 타이머의 인터럽트 번호가 인터럽트 번호 TIM2_IRQn 즉 28번으로 지정하는 것이다.

아래는 지정된 인터럽트 번호이다. 0~42까지 즉 43개의 인터럽트가 지정되어 있음을 알 수 있으며 ST사의 표준함수 stm32f10x.h에 구조체 열거형으로 선언되었다. 이 부분은 외부 인터럽트 실습에서 설명하였다.

```
typedef enum IRQn
{
/******  Cortex-M3 Processor Exceptions Numbers ***************************/
.
.

TIM1_TRG_COM_IRQn        = 26,  /*!< TIM1 Trigger and Commutation Interrupt */
  TIM1_CC_IRQn           = 27,  /*!< TIM1 Capture Compare Interrupt         */
  TIM2_IRQn              = 28,  /*!< TIM2 global Interrupt                  */
  TIM3_IRQn              = 29,  /*!< TIM3 global Interrupt                  */
  TIM4_IRQn              = 30,  /*!< TIM4 global Interrupt                  */
  I2C1_EV_IRQn           = 31,  /*!< I2C1 Event Interrupt                   */
} IRQn_Type;
```

• NVIC_PriorityGroupConfig(NVIC_PriorityGroup_1 : PRIGROUP 설정 부분이다. Priority Group : 1[bit] Premption/3[bit] Subpriority 설정한다.

이 부분은 Application interrupt and reset control register(SCB_AIRCR)를 설정하는 부분으로 상세한 설명은 NVIC와 외부 인터럽트 실습장에서 설명하였다. PriorityGroup 값이 "NVIC_PriorityGroup_1;" 라는 것은 즉 2개의 그룹을 지정할 수 있게 한다는 것임을 공부하였다.

• NVIC_InitStructure.NVIC_IRQChannelPreemptionPriority = 1 : pre-emption priority로 인터럽트 우선순위를 지정하는 부분으로 인터럽트 우선순위는 숫자가 작을수록 우선순위가 높으며 그 설정 방법으로 Nested vectored interrupt controller(NVIC)를 설명하였다.

• NVIC_InitStructure.NVIC_IRQChannelSubPriority = 1 : subpriority level 인터럽트 우선순위를 지정하는 부분으로 인터럽트 우선순위는 숫자가 작을수록 높으며 최우선순위를 지정한 것이다. 따라서 PRIGROUP을 1로 지정하였으므로 subpriority level은
3비트 총 8개 그룹을 지정할 수 있는 것이다. 숫자가 작을수록 우선순위가 높다는 것은 잘 알 것이다.

다음은 Application interrupt and reset control register (SCB_AIRCR) 레지스트를 보이고 있다.

• NVIC_InitStructure.NVIC_IRQChannelCmd = ENABLE : 이 설정은 인터럽트 사용

을 허가하는 부분으로 ISER(Interrupt Set Enable Register) 레지스터를 지정하며 이는 해당 비트를 Enable 즉 SET(1) 하여 인터럽트를 발생을 허용하게 하는 것이다.

- NVIC_Init(&NVIC_InitStructure): 아래는 NVIC를 초기화하는 함수로 misc.c 파일에 있다.

4) TIMER_Configuration(void) : TIMER 관련 설정 함수부분이다.

```
void TIMER_Configuration(void)
{
  TIM_TimeBaseInitTypeDef   TIM_TimeBaseStructure;
  RCC_APB1PeriphClockCmd(RCC_APB1Periph_TIM2,ENABLE);

TIM_TimeBaseStructure.TIM_Prescaler = 10000-1;// 1~65535
TIM_TimeBaseStructure.TIM_CounterMode = TIM_CounterMode_Up;
  TIM_TimeBaseStructure.TIM_Period =7200-1; //1Sec
  TIM_TimeBaseStructure.TIM_ClockDivision = TIM_CKD_DIV1;
  TIM_TimeBaseStructure.TIM_RepetitionCounter = 0;
  TIM_TimeBaseInit(TIM2, &TIM_TimeBaseStructure);

  TIM_ITConfig(TIM2,TIM_IT_Update,ENABLE);
  TIM_Cmd(TIM2, ENABLE);//TIM1 counter enable
}
```

- TIM_TimeBaseInitTypeDef TIM_TimeBaseStructure : TIMER 관련 구조체 선언부다. 기본 라이브러리 함수를 가져다 사용하겠다는 것이다. 이 선언이 없으면 TIMER 관련 함수 호출은 에러가 발생하는 부분도 생긴다.
- RCC_APB1PeriphClockCmd(RCC_APB1Periph_TIM2, ENABLE) : TIMER 관련 CLOCK을 설정한다.

TIMER 부분에서 가장 중요한 부분이 그림의 네모 부분이다. 이 CLOCK 설정은 하드웨어적으로 고정되어 프로그래머가 설정할 수 없는 부분이다. 설명하자면 만약 Timer부 TIMx가 APB2 CLOCK을 공급받고 있으면 APB2*1=TIMx CLOCK이 되고 그렇지 않고 TIMx가 APB1 클럭을 공급받고 있으면 APB1*2=TIMx CLOCK가 되는 것이다. 즉 TIMx가 어느 블록에 연결되어 있든지 CLOCK은 SYSTEM CLOCK의 최고 CLOCK으로 설정된다는 것이다. 이는 72[MHz] CLOCK이 된다. 그러므로 이 부분을 이해하지 못하면 Timer CLOCK 설정은 엉망이 된다. 필자는 ST사에서 가장 잘못 설계한 부분이 이 부분이 아닌가 한다. 물론 장단점이 있겠지만 모든 CLOCK SOURCE 2개의 같은 CLOCK BLOCK에서 받아오게 하면 될 것을…. RCC 관련 데이터시트를 찾으면 상세한 내용이 있다.

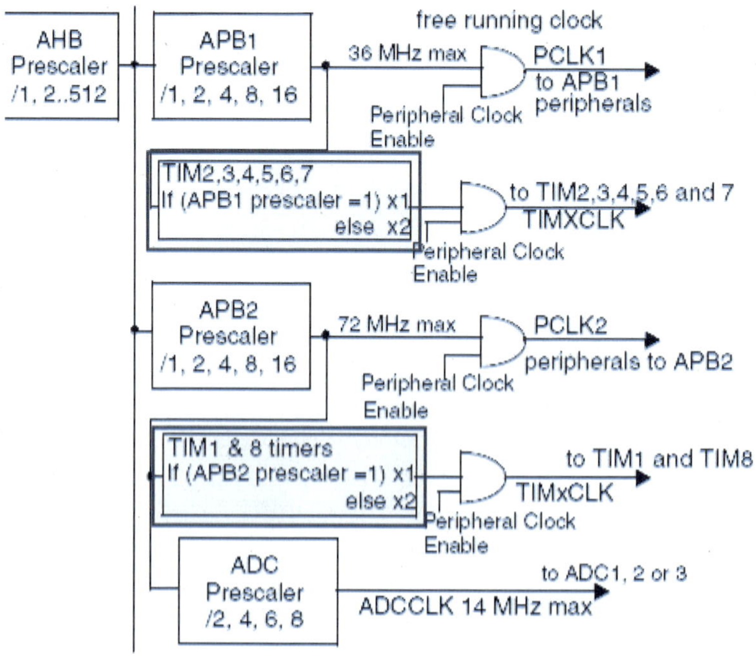

이러한 이유로 인하여 실제 TIM2는 APB1 블록에 연결되어 36[MHz]로 동작할 것 같지만 실은 72[MHz] CLOCK가 되어 APB1 peripheral clock enable register(RCC_APB1ENR)로 TIM2는 APB1(PCLK1*2)에 연결되었지만 최고 72[MHz] 클럭이 공급되게 된다. 따라서 APB1 블럭의 TIMER TIM2의 클럭을 TIM2EN 비트를 설정하여 클럭을 공급시켜 주는 것이다.

APB1 peripheral clock enable register (RCC_APB1ENR) 0X1C

31	30	29	28	27	26	25	24	23	22	21	20	19	18	17	16
Reserved		DAC EN	PW REN	BKPE N	Res.	CAN EN	Res.	USB EN	I2C 2EN	I2C1 EN	UART 5EN	UART 4EN	USAR T3EN	USAR T2EN	Res.
		rw	rw	rw	Res.	rw	Res.	rw	rw	rw	rw	rw	rw	rw	Res.

15	14	13	12	11	10	9	8	7	6	5	4	3	2	1	0
SPI 3EN	SPI 2EN	Reserved		WWW DGEN	Reserved					TIM 7EN	TIM6 EN	TIM5 EN	TIM4 EN	TIM3 EN	TIM 2EN
rw	rw	Res.		rw	Res.					rw	rw	rw	rw	rw	rw

TIM_TimeBaseStructure.TIM_Prescaler=10000-1 : Timer TIM2의 Prescaler를 설정하는 부분으로 TIM2_PSC레지스터에 16[bit]의 값을 저장한다.

아래 그림과 같이 Prescaler로 나눠진 값이 결국은 타이머의 클럭, 즉 CK_PSC로 공급되게 된다. 일단 계산해 보자. 1[Sec] 클럭을 만들려면 우리는 7200= 72,000,000[Hz] /10000하면 된다. 그러면 이 클럭이 타이머의 CK_PSC 클럭으로 설정되는 것이다. 타이머는 TIM_Period와 연계된다.

아래 TIM_Period부분 설정을 보자.

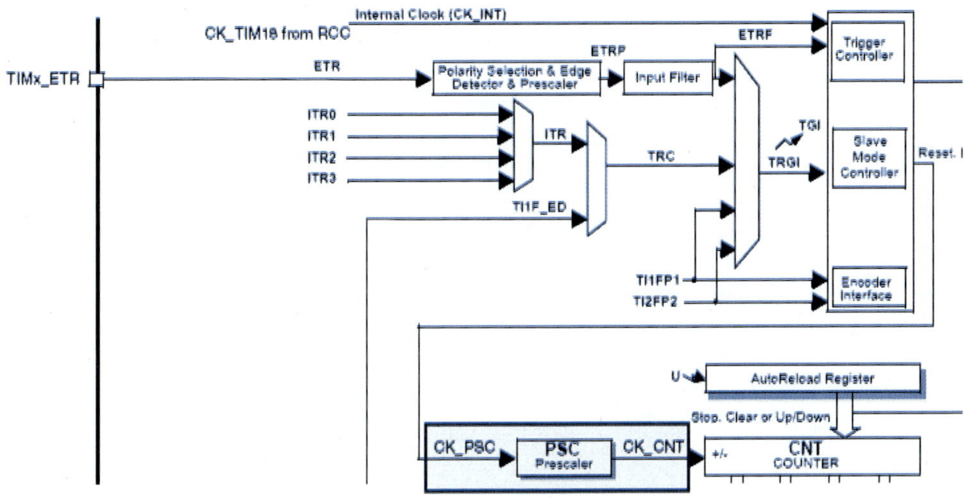

TIM1&TIM8 prescaler (TIMx_PSC)0X28

15	14	13	12	11	10	9	8	7	6	5	4	3	2	1	0
PCS[15:0]															
rw	rw	rw	rw	rw	rw	rw	rw	rw	rw	rw	rw	rw	rw	rw	rw

• TIM_TimeBaseStructure.TIM_CounterMode=TIM_CounterMode_Up : 타이머의 모드를 설정하는 부분으로 Upcounting mode를 선택한 것이다. 따라서 0에서 시작하여 증가하다가 설정한 값과 같아지면 인터럽트를 발생시키고 다시 0으로 재설정되어 다시 카운터를 증가하게 된다.

그리고 TIMx control register 1(TIMx_CR1)의 DIR bit를 RESET(0)으로 하여 Up-counting 모드로 지정한다. SET(1)이면 downCounter 모드가 된다. 아래는 Upcounting mode 시 타이머의 블록도이다.

1) CK_PSC가 Prescaler, 즉 TIMER CLK(72[MHz])/x(16[bit] 값)로 나눈 값이다.
2) CNT_EN는 TIMx_CR1 레지스터의 비트 CEN이다. 즉 타이머 Enable 비트이다. 당연히 모든 설정이 끝나면 마지막에 시작하라고 명령하는 것이다.
3) CK_CNT는 우리가 설정한 "TIM_Period" 부분으로 CK_PSC를 분주한 값이다. 이 값은 TIMx_ARR 레지스터의 값이다.
4) Counter register는 TIMx_ARR 값과 비교된다.
5) 기타 아래의 이벤트가 발생된다. 즉 Counter registr는 계속 증가하다가 Counter register=TIMx_ARR 순간 0으로 설정되고 인터럽트가 발생한다.

그림을 보면서 이해하자.

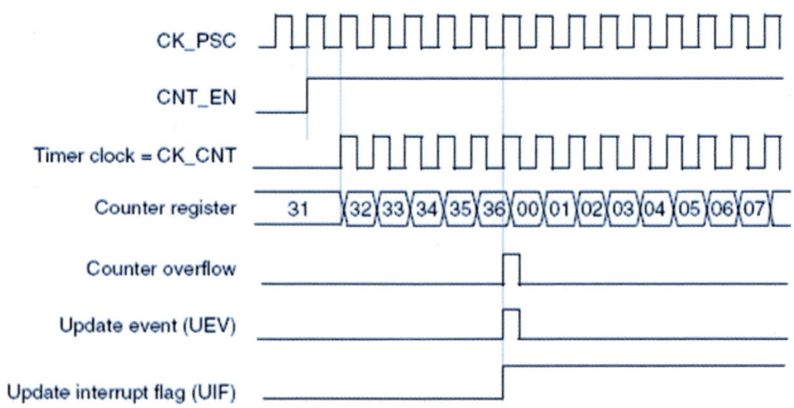

• TIM_TimeBaseStructure.TIM_Period=7200-1 : 카운터 값을 설정하는 부분으로. 이는 TIMx_ARR 레지스터에 값을 쓰는 것이다. 이 값은 실제 타이머 카운터 값으로 upCounter Mode로 설정되었을 때 0에서 시작하여 이 값과 같아지면 타이머 인터럽트가 발생하고 다시 타이머 카운터는 0으로 재설정된다.

만약 downCounter 모드라면 타이머 카운터는 TIMx_ARR 값으로 시작하여 다운카운터를 하여 0이 되었을 때 카운터는 TIMx_ARR 값으로 초기화한다. 이때 auto-reload register(TIMx_ARR)의 이름과 같이 자동으로 재설정하는 기능을 한다. TIM_Prescaler 클럭으로 CK_PSC 클럭이 되어 7200하면 1초가 만들어지는 것이다. 여기서 -1 값은 카운터가 1부터 시작하지 않고 0부터 시작하여 카운트하기 때문이다. 계산 공식은 1초=10000(TIM_Prescaler)/7200(TIM_Period)가 된다.

TIM1&TIM8 auto-reload register (TIMx_ARR)0X2C

15	14	13	12	11	10	9	8	7	6	5	4	3	2	1	0
ARR[15:0]															
rw	rw	rw	rw	rw	rw	rw	rw	rw	rw	rw	rw	rw	rw	rw	rw

• TIM_TimeBaseStructure.TIM_ClockDivision=TIM_CKD_DIV1 : 타이머의 digital filter에 사용되는 Clock division를 설정하는 부분으로 여기서는 TIM_CKD_DIV1=0으로 설정한다. 타이머 카운트 모드에서는 사용되지 않는다.

TIM1&TIM8 control register 1 (TIMx_CR1)

15	14	13	12	11	10	9	8	7	6	5	4	3	2	1	0
Reserved						CKD[1:0]		ARPE	CMS[1:0]		DIR	OPM	URS	UDIS	CEN
						rw	rw	rw	rw	rw	rw	rw	rw	rw	rw

- Bits 9:8 CKD[1:0] : Clock division
- 00 : tDTS=tCK_INT
- 01 : tDTS=2*tCK_INT
- 10 : tDTS=4*tCK_INT
- 11 : Reserved

• TIM_TimeBaseStructure.TIM_RepetitionCounter=0 : 타이머의 Repetition counter 모드를 설정하는 부분으로 이번 예제와는 관련이 없지만 PWM 모드 시 사용하는 모드다. 즉 아래 그림과 같이 언제 update event(UEV)를 발생시키는가는 결국 TIMx_ CR 레지스터의 값에 따라서 update event(UEV)의 발생시점이 달라지는데 이 값은 최대 128개수로 제한된다.

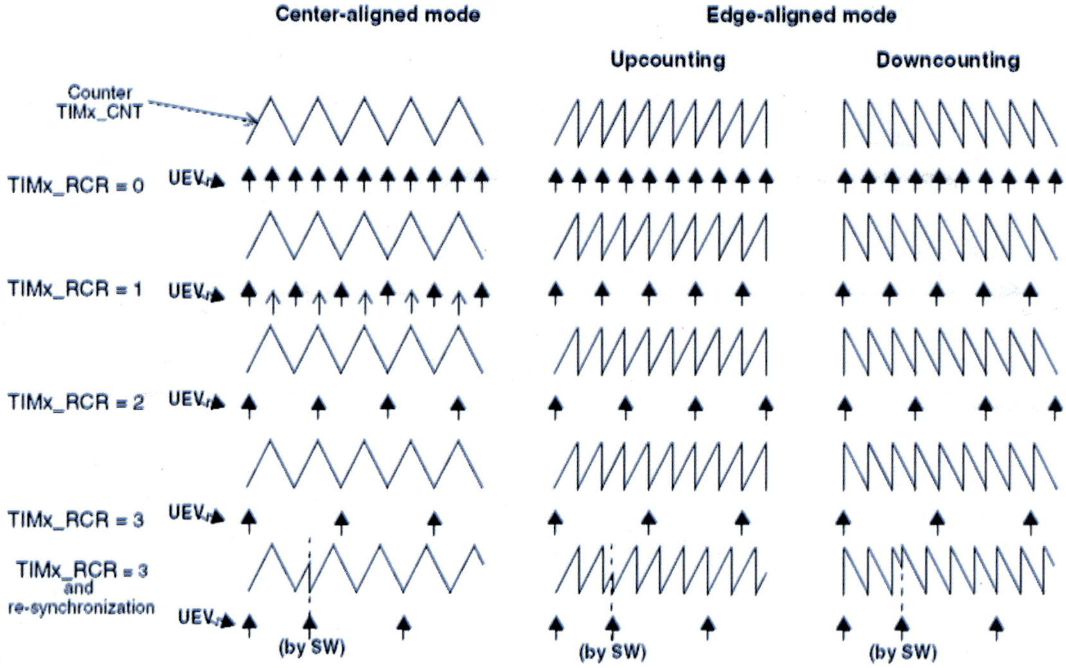

TIM1&TIM8 repetition counter register (TIMx_RCR)0X30

15	14	13	12	11	10	9	8	7	6	5	4	3	2	1	0
Reserved								REP[7:0]							
								rw	rw	rw	rw	rw	rw	rw	rw

• TIM_TimeBaseInit(TIM2, &TIM_TimeBaseStructure) : 설정한 값을 초기화하고 레지스터에 저장한다. 이 함수는 "stm32f10x_tim.c" 에 위치해 있다.

```
void        TIM_TimeBaseInit(TIM_TypeDef*        TIMx,        TIM_TimeBaseInitTypeDef*
TIM_TimeBaseInitStruct)
{
  uint16_t tmpcr1 = 0;
  /* Check the parameters */
  assert_param(IS_TIM_ALL_PERIPH(TIMx));

assert_param(IS_TIM_COUNTER_MODE(TIM_TimeBaseInitStruct->TIM_CounterMode));
  assert_param(IS_TIM_CKD_DIV(TIM_TimeBaseInitStruct->TIM_ClockDivision));
  tmpcr1 = TIMx->CR1;  //레지스터 값을 먼저 읽어온다
  if((TIMx == TIM1) || (TIMx == TIM8)|| (TIMx == TIM2) || (TIMx == TIM3)||
     (TIMx == TIM4) || (TIMx == TIM5))
  {
    /* Select the Counter Mode */
    tmpcr1 &= (uint16_t)(~((uint16_t)(TIM_CR1_DIR | TIM_CR1_CMS)));// Upcounting
모드 CMS[1:0]: Edge-aligned mode 선택
    tmpcr1 |= (uint32_t)TIM_TimeBaseInitStruct->TIM_CounterMode;
  }
  if((TIMx != TIM6) && (TIMx != TIM7))// 진입 안함
  {
    /* Set the clock division */
    tmpcr1 &= (uint16_t)(~((uint16_t)TIM_CR1_CKD));
    tmpcr1 |= (uint32_t)TIM_TimeBaseInitStruct->TIM_ClockDivision;
  }
  TIMx->CR1 = tmpcr1; // 설정 값을 레지시터에 저장
  /* Set the Autoreload value */
  TIMx->ARR = TIM_TimeBaseInitStruct->TIM_Period ; //TIMx_ARR값 저장 ,즉 타이
머 설정 값
   /* Set the Prescaler value */
  TIMx->PSC = TIM_TimeBaseInitStruct->TIM_Prescaler;// APB1 CLK/ Prescaler
if ((TIMx == TIM1) || (TIMx == TIM8)|| (TIMx == TIM15)|| (TIMx == TIM16) ||
(TIMx == TIM17))
  {
    /* Set the Repetition Counter value */
    TIMx->RCR = TIM_TimeBaseInitStruct->TIM_RepetitionCounter;
  }
  /* Generate an update event to reload the Prescaler and the Repetition counter
     values immediately */
  TIMx->EGR = TIM_PSCReloadMode_Immediate;
}
```

TIM_TimeBaseInit() 함수에서 TIM_CR1_DIR은 upCounter 모드로 RESET(0)값이 되고 TIM_CR1_CMS는 Edge-aligned 모드로 설정하는 것이다. 두 번째 줄은 우리가 카운트 모드를 OR(|)해서 넣는다. 우리는 타이머 설정 부분에서 TIM_TimeBaseInitStruct->TIM_CounterMode=TIM_CounterMode_Up; 대입하는데 그럼 TIM_CounterMode_Up 값도 찾아보자. 지난번 보물찾기처럼 Timer관련 파일에 있을 것이다.

```
tmpcr1 &= (uint16_t)(~((uint16_t)(TIM_CR1_DIR | TIM_CR1_CMS)));// Upcounting 모
드 CMS[1:0]: Edge-aligned mode 선택
    tmpcr1 |= (uint32_t)TIM_TimeBaseInitStruct->TIM_CounterMode;
```

찾아보니 "stm32f10x_tim.h" 파일에 선언되었다. TIM_CounterMode_Up=0x0000으로 TIMx control register 1(TIMx_CR1)의 DIR bit를 RESET(0)이 되어 Upcounting 모드가 설정되는 것이다.

```
define TIM_CounterMode_Up                 ((uint16_t)0x0000)
#define TIM_CounterMode_Down               ((uint16_t)0x0010)
#define TIM_CounterMode_CenterAligned1     ((uint16_t)0x0020)
#define TIM_CounterMode_CenterAligned2     ((uint16_t)0x0040)
#define TIM_CounterMode_CenterAligned3     ((uint16_t)0x0060)
```

TIMx->ARR=레지스터에 타이머 설정 값을 저장하는 부분이고 TIMx->PSC=APB1 CLK/Prescaler를 해서 실제 타이머 카운터의 클럭이 된다는 것을 이해하면 되겠다.

```
/* Set the Autoreload value */
  TIMx->ARR = TIM_TimeBaseInitStruct->TIM_Period ; //TIMx_ARR값 저장 ,즉 타이
머 설정 값
   /* Set the Prescaler value */
  TIMx->PSC = TIM_TimeBaseInitStruct->TIM_Prescaler;// APB1 CLK/ Prescaler
```

마지막으로 아래의 설정 부분은 Repetition counter 모드를 설정하는 부분으로 update event(UEV)를 발생시킬지, 시점을 설정하는 부분이다.

```
TIMx->RCR = TIM_TimeBaseInitStruct->TIM_RepetitionCounter;
TIMx->EGR = TIM_PSCReloadMode_Immediate;
```

13.2.8 main.c 함수

설정 초기화 함수와 타이머 인터럽트 처리를 테스트 할 목적으로 USART 를 사용하였다.

TimerFlage 변수는 main.h에 선언되어 있고 타이머 인터럽트가 발생하면 1로 설정되어 main함수에서 비교하여 이때 usart로 전송하고 LED도 같이 한번씩 깜박이게 프로그램했다. 이 부분은 설명이 필요 없을 듯하다.

```
int main(void)
{
  RCC_Configuration();    // RCC Configuration
  NVIC_Configuration(); // NVIC Configuration
  GPIO_Configuration(); //GPIO_Configuration
  USART1_Configuration();
  TIMER_Configuration();  //ADC_Configuration
  TimerFlage=0;
  Usart1_PutByte('1');
  while (1)
  {
     if(TimerFlage)
     {
        TimerFlage=0;
        GPIOD->ODR ^= GPIO_Pin_12;
        Usart1_PutStr("Timer Interrupt Test!");
        Usart1_PutStr("₩r₩n");
     }
  }
}
```

13.2.9 main.h 파일

첫번째 줄에 stm32f10x.h include 파일이 보인다. 첫째 라인은 ST사에서 제공하는 라이브러리 파일인 stm32f10x.h 이고 "C:₩ArmEdit₩WinArm₩stm32lib₩CMSIS₩CM3₩DeviceSupport₩ST₩STM32F10x₩ stm32f10x.h" 디렉터리에 존재한다. 그리고 두 번째 라인의 인터럽트 관련 루틴 Handler 함수가 stm32f10x_it.h.인 것이다. 그럼 Timer 인터럽트가 어떻게 처리되는지. stm32f10x_it.c로 들어가 보자.

```
#include "stm32f10x.h"
#include "stm32f10x_it.h"
__IO u8 TimerFlage;
```

13.2.10 stm32f10x_it.c 파일

우리는 위 NVIC 설정에서 "NVIC_InitStructure.NVIC_IRQChannel=TIM2_IRQn" 라고 선언했다. 이는 TIM2_IRQn번 인터럽트를 관리하는 Handler로 배워 알고있다. 그래서 타이머 인터럽트 번호로 TIM2_IRQn이 발생하면 이곳으로 점프한다.

아무 내용도 없다. 그냥 송신시험으로 이곳의 내용이 없다. 만약 수신 시험을 한다면 이곳에 Flag를 하나 만들어 "TimerFlage =1" 해서 이 비트가 1이 되면 main 함수에서 비교하여 처리한다. 그럼 다음의 TIM_ClearITPendingBit(TIM2, TIM_IT_Update) 부분으로 일단 함수를 찾아보자.

```
void TIM2_IRQHandler(void)
{
  TimerFlage=1;
  TIM_ClearITPendingBit(TIM2, TIM_IT_Update);
}
```

결국은 이 함수는 TIMx_SR 레지스터의 Update flag를 클리어 시키는 것이다.

```
void TIM_ClearITPendingBit(TIM_TypeDef* TIMx, uint16_t TIM_IT)
{
  /* Check the parameters */
  assert_param(IS_TIM_ALL_PERIPH(TIMx));
  assert_param(IS_TIM_IT(TIM_IT));
  /* Clear the IT pending Bit */
  TIMx->SR = (uint16_t)~TIM_IT;
}
```

TIM1&TIM8 status register (TIMx_SR)0X10

15	14	13	12	11	10	9	8	7	6	5	4	3	2	1	0
Reserved			CC4 OF	CC3 OF	CC2 OF	CC1 OF	Res.	BIF	TIF	CO MIF	CC4 IF	CC3 IF	CC2 IF	CC1 IF	UIF
			rc-w0	rc-w0	rc-w0	rc-w0	Res.	rc-w0	rc-w0	rc-w0	rc-w0	rc-w0	rc-w0	rc-w0	rc-w0

13.2.11 결론

이 장을 통해서 우리는 Timer를 발생시켜 1초의 시간을 만들어 USART로 전송하고 LED ON/OFF를 제어해 보았다. 또한 타이머 카운터와 관련된 레지스터를 설정해 보았고 타이머의 모드 Upcounting를 선택하여 어떠한 시점에 인터럽트가 발생하는지 그 시점도 알아 보았다.

그리고 Prescaler의 기능과 역할이 무엇이고 Prescaler의 이를 이용해서 타이머 카운트 생성 시 어떠한 변화가 있는지도 실습을 통하여 알아보았다.

13.3 PWM 실습

13.3.1 개요

이번 장에서우리는 Advanced-control timers TIM4의 Timer 인터럽트를 이용하여 PWM 펄스를 생성하여 출력하는 시험을 해보겠다. PWM신호를 이용하면 DC MOTOR의 속도 제어와 LED 밝기 조절에 응용될 수 있다.

13.3.2 회로도

PWM신호는 아래의 그림처럼 GPIOD 포트의 PIN12~15번에 결선된 TIM4_CH1~TIM4_CH4을 이용할 것이며 이 출력부는 LED와 공통으로 사용된다. 아래 그림에서 원래는 TIM4_CH1~TIM4_CH4번은 PB6번~PB9번으로 설정되었음을 볼 수 있다. 따라서 우리는 TIM4을 Remap으로 지정하여 PD12~15번으로 옮길 것이다.

가. TIM4번의 실제 지정된 포트

Pins						Pin name	Type[1]	I/O Level[2]	Main function[3] (after reset)	Alternate function[4]	
LFBGA100	LQFP48/VFQFPN48	TFBGA64	LQFP64	LQFP100	VFQFPN36					Default	Remap
B5	42	D3	58	92	33	PB6	I/O	FT	PB6	I2C1_SCL[8]/ TIM4_CH1[8]	USART1_TX
A5	43	C3	59	93	34	PB7	I/O	FT	PB7	I2C1_SDA[8]/ TIM4_CH2[8]	USART1_RX
D5	44	B4	60	94	35	BOOT0	I		BOOT0		
B4	45	B3	61	95	-	PB8	I/O	FT	PB8	TIM_CH3[8]	I2C1_SCL/CAMRX
A4	46	A3	62	96	-	PB9	I/O	FT	PB9	TIM_CH4[8]	I2C1_SDA/CANTX

나. TIM4번의 Remap 지정된 포트

Pins						Pin name	Type[1]	I/O Level[2]	Main function[3] (after reset)	Alternate function[4]	
LFBGA100	LQFP48/VFQFPN48	TFBGA64	LQFP64	LQFP100	VFQFPN36					Default	Remap
K10	-	-	-	59	-	PD12	I/O	FT	PD12		TIM4_CH1/ USART3_RTS
J10	-	-	-	60	-	PD13	I/O	FT	PD13		TIM4_CH2
H10	-	-	-	61	-	PD14	I/O	FT	PD14		TIM4_CH3
G19	-	-	-	62	-	PD15	I/O	FT	PD15		TIM4_CH4

다. Remap으로 변경된 TIM4번 회로도

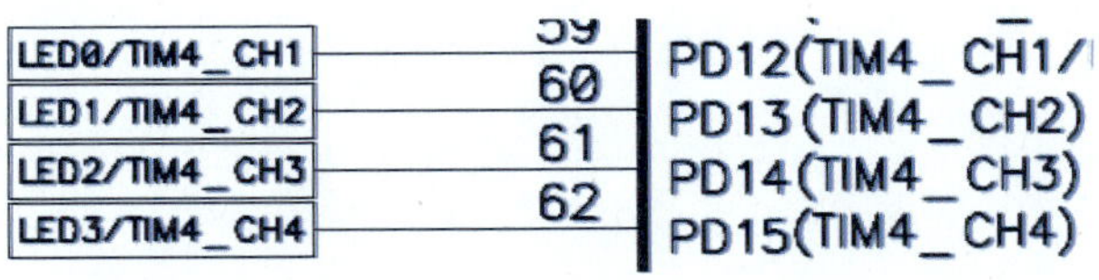

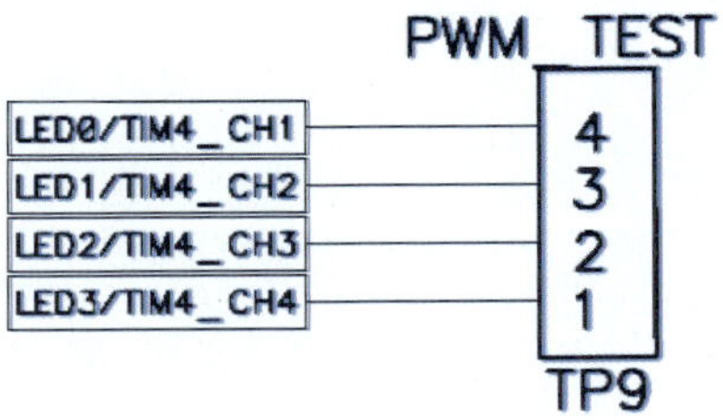

[PWM-TEST]

13.3.3 동작사진

CH1의 주파수가 10[kHz]이고 Duty Cycle 50[%]의 오실로스코프의 사진

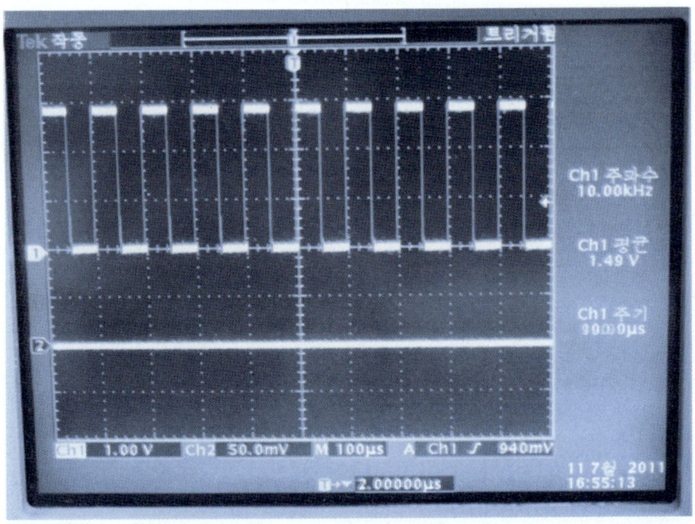

CH2의 주파수가 10[kHz]이고 Duty Cycle 40[%]의 오실로스코프의 사진

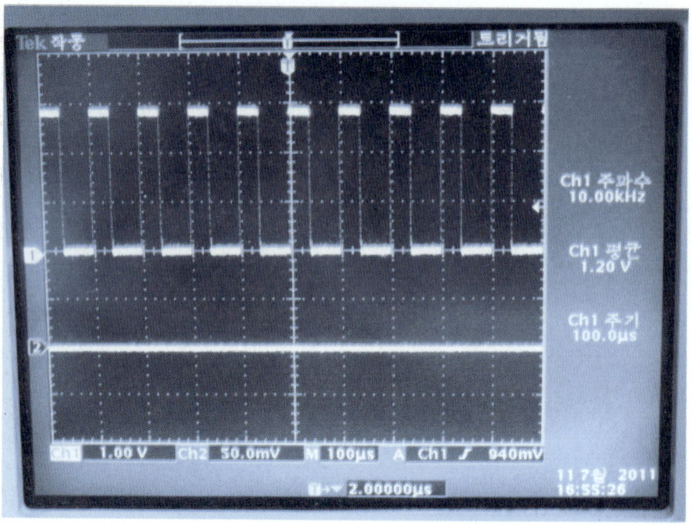

CH3의 주파수가 10[kHz]이고 Duty Cycle 25[%]의 오실로스코프의 사진

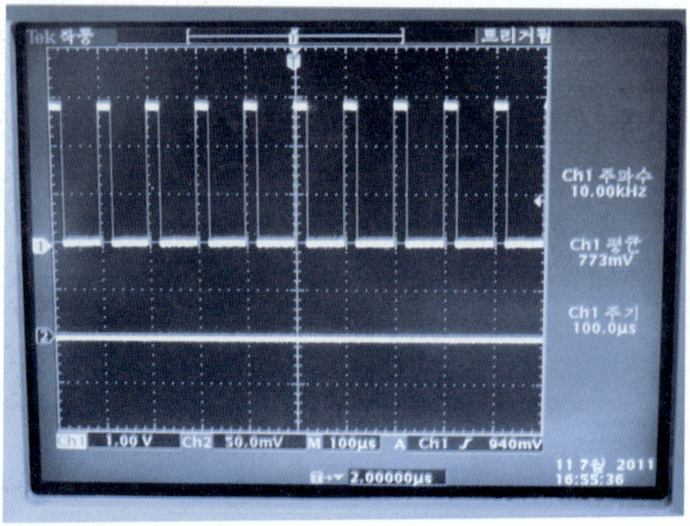

CH4의 주파수가 10[kHz]이고 Duty Cycle 10[%]의 오실로스코프의 사진

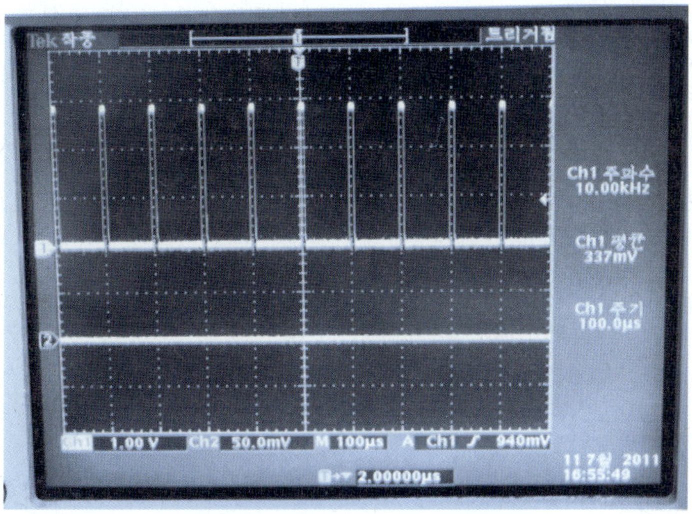

13.3.4 PCB 사진

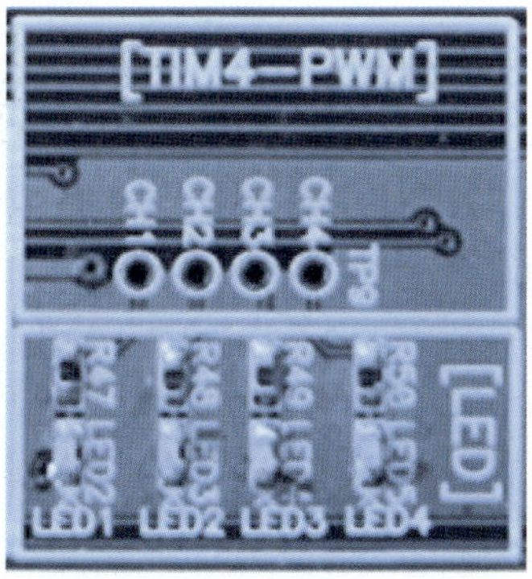

13.3.5 파일의 위치

CDROM₩ source₩demo-103₩Pwm 디렉터리에 있다.

13.3.6 필요한 파일

main.c.main.h stm32f10x_it.c. stm32f10x_it.h

13.3.7 main.c 파일

1) RCC_Configuration() : 이 함수는 시스템 클럭 설정을 초기화하는 함수다.

2) NVIC_Configuration() : 인터럽트 핸들러를 설정부분이다.

3) GPIO_Configuration() : GPIO 초기화 함수이다. 다른 부분은 예제에서 다루었던 부분이지만 처음 보는 GPIO_PinRemapConfig() 함수가 있다.

```
void GPIO_Configuration(void)
{
  GPIO_InitTypeDef GPIO_InitStructure;//구조체 선언
  RCC_APB2PeriphClockCmd(RCC_APB2Periph_GPIOD,ENABLE); //TIMER4 GPIO CLK
설정
  GPIO_InitStructure.GPIO_Pin  =  GPIO_Pin_12  |  GPIO_Pin_13  |  GPIO_Pin_14  |
GPIO_Pin_15;
  GPIO_InitStructure.GPIO_Mode =  GPIO_Mode_AF_PP;
  GPIO_InitStructure.GPIO_Speed = GPIO_Speed_50MHz;
  GPIO_Init(GPIOD, &GPIO_InitStructure);
  GPIO_PinRemapConfig(GPIO_Remap_TIM4,ENABLE);//REMAP
}
```

• GPIO_PinRemapConfig(GPIO_Remap_TIM4,ENABLE) : 이것은 말 그대로 다른 GPIO 포트로 옮길 수 있다는 것이고 이 함수가 바로 GPIO_PinRemapConfig() 함수라는 것이다. 이번 예제의 회로도에서 살펴보았지만 모든 포트가 옮겨지는 것은 아니고 특정 핀(특수기능) 일부만이 옮겨갈 수 있다. 원칙적으로 우리가 사용하는 타이머 TIM4는 GPIOB에 연결되어 있다. 하지만 이번 예제에서 GPIOD 포트로 옮겨서 시험하는 것이다.

4) TIMER_Configuration(void) : TIMER를 이용하여 PWM 파형을 생성하는 함수이다.

```
void PWM_Configuration(void)
{
  TIM_TimeBaseInitTypeDef  TIM_TimeBaseStructure;//구조체 선언
  TIM_OCInitTypeDef  TIM_OCInitStructure;
  TIM_BDTRInitTypeDef TIM_BDTRInitStructure;

  RCC_APB1PeriphClockCmd(RCC_APB1Periph_TIM4, ENABLE); //TIM4 CLK ENABLE

  TIM_TimeBaseStructure.TIM_Prescaler =72-1;//1MHZ=72MHZ/72  TIMx->PSC
  TIM_TimeBaseStructure.TIM_CounterMode = TIM_CounterMode_Up;//TIMx->CR1
  TIM_TimeBaseStructure.TIM_Period =100-1;//10000HZ; TIMx->ARR
  TIM_TimeBaseStructure.TIM_ClockDivision = TIM_CKD_DIV1;//TIMx->CR1=0;
  TIM_TimeBaseInit(TIM4, &TIM_TimeBaseStructure);

  TIM_OCInitStructure.TIM_OCMode = TIM_OCMode_PWM1; //CH1 TIMx->CCMR1

  TIM_OCInitStructure.TIM_OutputState = TIM_OutputState_Enable;//TIMx->CCER
  TIM_OCInitStructure.TIM_Pulse = 50;//50%
  TIM_OCInitStructure.TIM_OCNPolarity = TIM_OCPolarity_High;//TIMx->CCER
  TIM_OC1Init(TIM4, &TIM_OCInitStructure);
  TIM_OC1PreloadConfig(TIM4, TIM_OCPreload_Enable); //TIMx->CCMR1

  TIM_OCInitStructure.TIM_OutputState = TIM_OutputState_Enable;
  TIM_OCInitStructure.TIM_Pulse =40;//40%
  TIM_OCInitStructure.TIM_OCPolarity = TIM_OCPolarity_High;
  TIM_OC2Init(TIM4, &TIM_OCInitStructure);
  TIM_OC2PreloadConfig(TIM4, TIM_OCPreload_Enable);

  TIM_OCInitStructure.TIM_OutputState = TIM_OutputState_Enable;
  TIM_OCInitStructure.TIM_Pulse = 25;//25%
  TIM_OCInitStructure.TIM_OCPolarity = TIM_OCPolarity_High;
  TIM_OC3Init(TIM4, &TIM_OCInitStructure);
  TIM_OC3PreloadConfig(TIM4,TIM_OCPreload_Enable);

  TIM_OCInitStructure.TIM_OutputState = TIM_OutputState_Enable;
  TIM_OCInitStructure.TIM_Pulse = 10;//10%
  TIM_OCInitStructure.TIM_OCPolarity = TIM_OCPolarity_High;
  TIM_OC4Init(TIM4, &TIM_OCInitStructure);
  TIM_OC4PreloadConfig(TIM4,TIM_OCPreload_Enable);

  TIM_ARRPreloadConfig(TIM4, ENABLE);
  TIM_Cmd(TIM4, ENABLE);//TIM4 counter enable
}
```

• TIM_TimeBaseInitTypeDef TIM_TimeBaseStructure : TIMER 관련 구조체 선언부다. 기본 라이브러리 함수를 가져다 사용하겠다는 것이다.

이 선언이 없으면 TIMER 관련 함수 호출은 에러가 발생하는 부분도 생긴다.

• RCC_APB1PeriphClockCmd(RCC_APB1Periph_TIM4, ENABLE) : TIMER 관련 CLOCK을 설정한다.

TIMER 부분에서 가장 중요한 부분이 그림의 네모 부분이다. 이 CLOCK 설정은 하드웨어적으로 고정되어 프로그래머가 설정할 수 없는 부분이다. 설명하자면 만약 Timer부 TIMx가 APB2 CLOCK을 공급받고 있으면 APB2*1=TIMx CLOCK이 되고
그렇지 않고 TIMx가 APB1 클럭을 공급받고 있으면 APB1*2=TIMx CLOCK이 되는 것이다. 즉 TIMx가 어느 블록에 연결되어 있든지 CLOCK은 SYSTEM CLOCK의 최고 CLOCK으로 설정된다는 것이다. 이는 72[MHz] CLOCK이 된다. 그러므로 이 부분을 이해하지 못하면 Timer CLOCK 설정은 엉망이 된다. 필자는 ST사에서 가장 잘못 설계한 부분이 이 부분이 아닌가 한다. 물론 장단점이 있겠지만 모든 CLOCK SOURCE 2개의 같은 CLOCK BLOCK에서 받아오게 하면 될 것을… RCC 관련 데이터시트를 찾으면 상세한 내용이 있다.

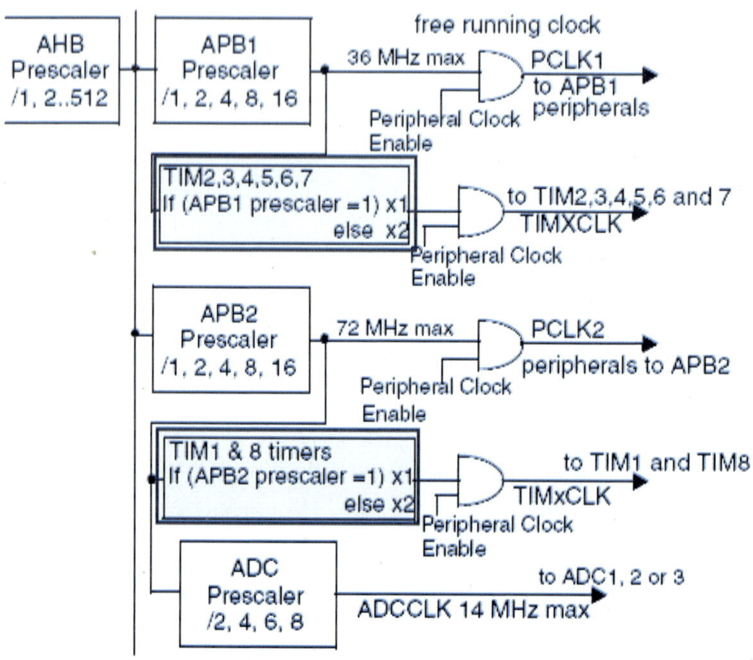

이러한 이유로 인하여 실제 TIM4는 APB1 블록에 연결되어 36[MHz]로 동작할 것

같지만 실은 72[MHz] CLOCK이 되어 APB1 peripheral clock enable register (RCC_APB1ENR)로 TIM4는 APB1(PCLK1*2)에 연결되었지만 최고 72[MHz] 클럭이 공급되게 된다. 따라서 APB1 블럭의 TIMER TIM4의 클럭을 TIM4EN 비트를 설정하여 클럭을 공급시켜 주는 것이다.

APB1 peripheral clock enable register (RCC_APB1ENR) 0X1C

31	30	29	28	27	26	25	24	23	22	21	20	19	18	17	16
Reserved		DAC EN	PW REN	BKPE N	Res.	CAN EN	Res.	USB EN	I2C 2EN	I2C1 EN	UART 5EN	UART 4EN	USAR T3EN	USAR T2EN	Res.
		rw	rw	rw	Res.	rw	Res.	rw	rw	rw	rw	rw	rw	rw	Res.

15	14	13	12	11	10	9	8	7	6	5	4	3	2	1	0
SPI 3EN	SPI 2EN	Reserved		WWW DGEN	Reserved					TIM 7EN	TIM6 EN	TIM5 EN	TIM4 EN	TIM3 EN	TIM 2EN
rw	rw	Res.		rw	Res.					rw	rw	rw	rw	rw	rw

• TIM_TimeBaseStructure.TIM_Prescaler=72-1 : Timer TIM4의 Prescaler를 설정하는 부분으로 TIM4_PSC 레지스터에 16[bit]의 값을 저장한다.

아래 그림과 같이 Prescaler로 나눠진 값이 결국은 타이머의 클럭, 즉 CK_PSC로 공급되게 된다. 일단 계산해 보자. 1[MHz] 클럭을 만들려면 우리는 1[MHz]= 72,000,000[Hz] /72-1(72번)하면 된다. 그러면 이 클럭이 타이머의 CK_PSC 클럭으로 설정되는 것이다. 이렇게 설정함으로써 이제부터는 1[MHz]가 TIM4의 CLOCK가 된다. 즉 1[MHz]가 CK_CNT이 되는 것이다.

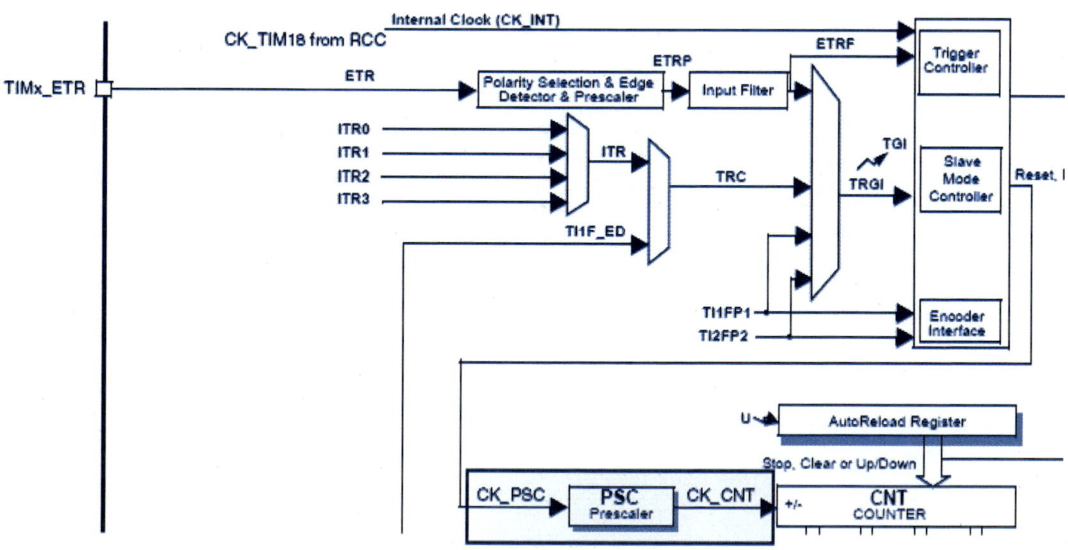

TIM1&TIM8 prescaler (TIMx_PSC)0X28

15	14	13	12	11	10	9	8	7	6	5	4	3	2	1	0
PCS[15:0]															
rw	rw	rw	rw	rw	rw	rw	rw	rw	rw	rw	rw	rw	rw	rw	rw

- TIM_TimeBaseStructure.TIM_CounterMode=TIM_CounterMode_Up : 타이머의 모드를 설정하는 부분으로 이 설정은 Upcounting mode를 선택한 것이다. 따라서 Counter 레지스터는 0에서 시작하여 증가하다가 설정한 값과 같아지면 인터럽트를 발생시키고 다시 0으로 재설정되어 카운터가 증가하게 된다.

그리고 TIMx control register 1(TIMx_CR1)의 DIR bit를 RESET(0)으로 하여 Upcounting 모드로 지정한다. SET(1)이면 downCounter 모드가 된다. 아래는 Upcounting mode 시 타이머의 블록도이다.

1) CK_PSC가 Prescaler, 즉 TIM CLOCK(72[MHz])/x(16[bit] 값)로 나눈 값이다.
2) CNT_EN는 TIMx_CR1 레지스터의 비트 CEN이다. 즉 타이머 Enable 비트이다. 당연히 모든 설정이 끝나면 마지막에 시작하라고 명령하는 것이다.
3) CK_CNT는 우리가 설정한 "TIM_Period" 부분으로 CK_PSC를 분주한 값이다. 이 값은 TIMx_ARR 레지스터의 값이다.
4) Counter register는 TIMx_ARR 값과 비교된다.
5) 기타 아래의 이벤트가 발생된다. 즉 Counter register는 계속 증가하다가 Counter register=TIMx_ARR 순간 0으로 설정되고 인터럽트가 발생한다.

그림을 보면서 이해하자.

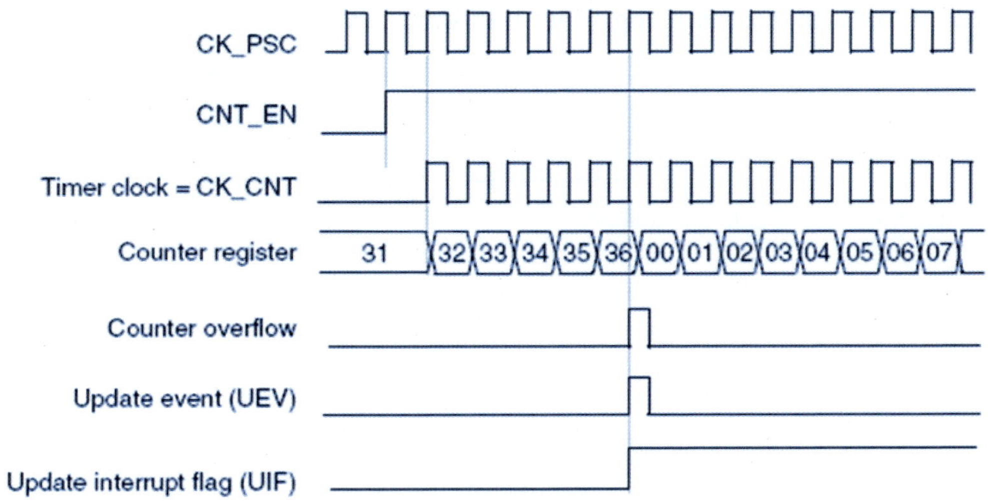

• TIM_TimeBaseStructure.TIM_Period=100-1 : 카운터 값을 설정하는 부분으로 이는 TIMx_ARR 레지스터에 값을 쓰는 것이다. 이 값은 실제 타이머 카운터 값으로 upCounter Mode로 설정되었을 때 0에서 시작하여 이 값과 같아지면 타이머 인터럽트가 발생하고 다시 타이머 카운터는 0으로 재설정된다. 만약 downCounter 모드라면 타이머 카운터는 TIMx_ARR 값으로 시작하여 다운 카운터를 하여 0이 되었을 때 카운터는 TIMx_ARR값으로 초기화한다. 이때 auto-reload register(TIMx_ARR)의 이름과 같이 자동으로 재설정하는 기능을 하는 것이다. TIM_Prescaler 클럭으로 CK_PSC 클럭이 되어 100-1하면 10[KHz]가 만들어 지는 것이다. 여기서 -1 값은 카운터가 1부터 시작하지 않고 0부터 시작하여 카운트하기 때문이다. 최종 공식은 1[MHz](PSC)/100(Period)=10[kHz]가 된다.

TIM1&TIM8 auto-reload register (TIMx_ARR)0X2C

15	14	13	12	11	10	9	8	7	6	5	4	3	2	1	0
ARR[15:0]															
rw	rw	rw	rw	rw	rw	rw	rw	rw	rw	rw	rw	rw	rw	rw	rw

• TIM_TimeBaseStructure.TIM_ClockDivision=TIM_CKD_DIV1 : 타이머의 digital filter에 사용되는 Clock division 설정하는 부분으로 여기서는 TIM_CKD_DIV1=0으로 설정한다. PWM 모드에서는 사용되지 않는다.

TIM1&TIM8 control register 1 (TIMx_CR1)

15	14	13	12	11	10	9	8	7	6	5	4	3	2	1	0
Reserved						CKD[1:0]		ARPE	CMS[1:0]		DIR	OPM	URS	UDIS	CEN
						rw	rw	rw	rw	rw	rw	rw	rw	rw	rw

- Bits 9:8 CKD[1:0] : Clock division
- 00 : tDTS=tCK_INT
- 01 : tDTS=2*tCK_INT
- 10 : tDTS=4*tCK_INT
- 11 : Reserved

• TIM_TimeBaseInit(TIM2, &TIM_TimeBaseStructure) : 설정한 값을 초기화하고 레지스터에 저장한다. 이 함수는 "stm32f10x_tim.c" 에 위치해 있다.

TIM_TimeBaseInit() 함수에서 TIM_CR1_DIR은 upCounter 모드로 RESET(0)값이 되고 TIM_CR1_CMS는 Edge-aligned 모드로 설정하는 것이다. 두 번째 줄은 우리가 카운트 모드를 OR(|)해서 넣는다. 우리는 타이머 설정 부분에서 TIM_TimeBaseInitStruct->TIM_CounterMode=TIM_CounterMode_Up; 대입하는데 그럼 TIM_CounterMode_Up 값도 찾아보자.

```
tmpcr1 &= (uint16_t)(~((uint16_t)(TIM_CR1_DIR | TIM_CR1_CMS)));// Upcounting 모드 CMS[1:0]: Edge-aligned mode 선택
    tmpcr1 |= (uint32_t)TIM_TimeBaseInitStruct->TIM_CounterMode;
```

찾아보니 "stm32f10x_tim.h" 파일에 선언되었다. TIM_CounterMode_Up=0x0000으로 TIMx control register 1(TIMx_CR1)의 DIR bit를 RESET(0)이 되어 Upcounting 모드가 설정되는 것이다.

```
define TIM_CounterMode_Up                  ((uint16_t)0x0000)
#define TIM_CounterMode_Down                ((uint16_t)0x0010)
#define TIM_CounterMode_CenterAligned1      ((uint16_t)0x0020)
#define TIM_CounterMode_CenterAligned2      ((uint16_t)0x0040)
#define TIM_CounterMode_CenterAligned3      ((uint16_t)0x0060)
```

TIMx->ARR= 레지스터에 타이머 설정 값을 저장하는 부분이고 TIMx->PSC= TIM CLK/ Prescaler를 해서 실제 타이머 카운터의 클럭이 된다는 것을 이해하면 되겠다.

```
/* Set the Autoreload value */
  TIMx->ARR = TIM_TimeBaseInitStruct->TIM_Period ; //TIMx_ARR값 저장 ,즉 타이
머 설정 값
   /* Set the Prescaler value */
  TIMx->PSC = TIM_TimeBaseInitStruct->TIM_Prescaler;// APB1 CLK/ Prescaler
```

아래의 설정 부분은 Repetition counter 모드를 설정하는 부분으로 update event (UEV)를 발생시킬지, 시점을 설정하는 부분이다.

```
TIMx->RCR = TIM_TimeBaseInitStruct->TIM_RepetitionCounter;
TIMx->EGR = TIM_PSCReloadMode_Immediate;
```

• TIM_OCInitStructure.TIM_OCMode = TIM_OCMode_PWM1 : 이는 TIMx_CCMR1 레지스터의 Bits(6~:4) OC1M를 110으로 설정하여 PWM mode 1으로 지정하는 것이다. 아래는 "stm32f10x_tim.h" 에 선언된 내용과 TIMx_CCMR1 레지스터이다.

```
#define TIM_OCMode_Timing                ((uint16_t)0x0000)
#define TIM_OCMode_Active                ((uint16_t)0x0010)
#define TIM_OCMode_Inactive              ((uint16_t)0x0020)
#define TIM_OCMode_Toggle                ((uint16_t)0x0030)
#define TIM_OCMode_PWM1                  ((uint16_t)0x0060)
#define TIM_OCMode_PWM2                  ((uint16_t)0x0070)
```

TIMx capture/compare mode register 1 (TIMx_CCMR1)0x18

15	14	13	12	11	10	9	8	7	6	5	4	3	2	1	0
OC_2 CE	$OC_2M[2:0]$			OC_2 PE	OC_2 FE	$CC_2S[1:0]$		OC_1 CE	$OC_1M[2:0]$			OC_1 PE	OC_1 FE	$CC_1S[1:0]$	
$IC_2F[3:0]$				$IC_2PSC[1:0]$					$IC_1F[3:0]$			$IC_1PSC[1:0]$			
rw	rw	rw	rw	rw	rw	rw	rw	rw	rw	rw	rw	rw	rw	rw	rw

- Bits 6:4 OC1M: Output compare 1 mode
- 110 : PWM mode 1
- 111 : PWM mode 2

• TIM_OCInitStructure.TIM_OutputState=TIM_OutputState_Enable : IMx->CCER 레지스터의 CC1E 비트를 SET(1)로 하는 것으로 CH1번을 예를 들자면 CC1E(Capture /Compare 1 output enable)를 설정함으로써 PWM이 가동하게 된다. 그리고 CC1E=1로 설정함으로써 출력이 활성화되어 출력이 나가게 된다.

CH2, CH3, CH4번도 모두 같이 설정하면 된다. TIM_OC2Init(), TIM_OC3Init(), TIM_OC4Init();이 그것이다. 다음 그림을 보면 CC1P와 CC1E가 잘 표현되어있다.

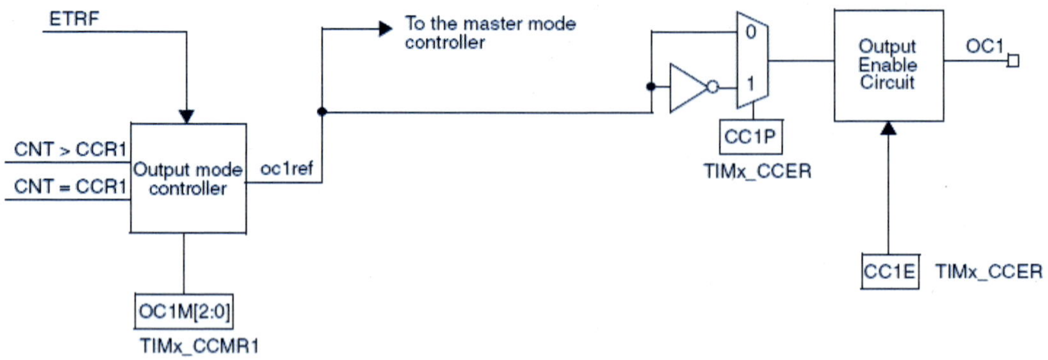


```
#define TIM_OutputState_Disable          ((uint16_t)0x0000)
#define TIM_OutputState_Enable           ((uint16_t)0x0001)
```

TIMx capture/compare enable register (TIMx_CCER)0x20

15	14	13	12	11	10	9	8	7	6	5	4	3	2	1	0
Reserved		CC4P	CC4E	Reserved		CC3P	CC3E	Reserved		CC2P	CC2E	Reserved		CC1P	CC1E
		rw	rw			rw	rw			rw	rw			rw	rw

• TIM_OCInitStructure.TIM_Pulse=50; Duty Cycle를 50[%]로 설정하는 것으로 TIMx->CCR1 레지스터를 설정함으로써 가능하다. 위에서 선언한 "TIM_TimeBase Structure.TIM_Period=100-1" 설정과 연계되며, 즉 Period값을 100으로 설정하였다. 여기서 50이면 50[%]의 값이 HI(1) CLOCK가 생성되고 나머지 50[%]는 LOW(0)이 출

력되게 되는 것이다. 그리고 CH2번은 Period 값을 40 으로 설정하였으므로 40[%]의 HI(1)출력이 되게 되는 것이다. 만약 Period 값을 1000으로 지정하였다면 CH1이 50[%] 갖는 HI(1)값을 출력하려면 1000값의 절반인 500을 설정해야 할 것이다. 이 공식은 D(Duty Cycle)= TIMx_CCR1/TIMx_ARR이 될 것이다.

TIMx capture/compare register 1 (TIMx_CCR1)0x34

15	14	13	12	11	10	9	8	7	6	5	4	3	2	1	0
CCR[15:0]															
rw	rw	rw	rw	rw	rw	rw	rw	rw	rw	rw	rw	rw	rw	rw	rw

• TIM_OCInitStructure.TIM_OCNPolarity=TIM_OCPolarity_High : IMx->CCER 레지스터의 CC1P 비트를 SET(1)로 하는 것으로 CH1번을 예를 들자면 비트 CC1P(Capture/Compare 1 output polarity)를 설정하는 것으로 CC1P=0 이면 OC1 출력을 active high로 설정하고 반대로 1로 설정하면 OC1 출력을 active low로 되게 된다. TIM_OCInitStructure.TIM_OutputState=TIM_OutputState_Enable 설정부분의 그림을 참조하자. stm32f10x_tim.h 선언된 내용이다.

```
#define TIM_OCPolarity_High                ((uint16_t)0x0000)
#define TIM_OCPolarity_Low                 ((uint16_t)0x0002)
```

TIM1&TIM8 capture/compare enable register (TIMx_CCER)0x20

15	14	13	12	11	10	9	8	7	6	5	4	3	2	1	0
Reserved		CC4P	CC4E	Reserved		CC3P	CC3E	Reserved		CC2P	CC2E	Reserved		CC1P	CC1E
		rw	rw			rw	rw			rw	rw			rw	rw

• TIM_OC1Init(TIM4, &TIM_OCInitStructure) : 설정한 내용을 각 레지스터에 저장한다.
• TIM_OC1PreloadConfig(TIM4, TIM_OCPreload_Enable) : TIMx->CCMR1 레지스터의 Bit 3 OC1PE(Output Compare 1 preload enable)를 설정하는 부분으로 이 비트를 설정함으로써 TIMx_CCR1 레지스터 값이 Update 이벤트가 발생할 때마다 TIMx_ARR 레지스터의 값으로 설정하게 된다.

TIM1&TIM8 capture/compare mode register 1 (TIMx_CCMR1)0x18

<table>
<tr><td>15</td><td>14</td><td>13</td><td>12</td><td>11</td><td>10</td><td>9</td><td>8</td><td>7</td><td>6</td><td>5</td><td>4</td><td>3</td><td>2</td><td>1</td><td>0</td></tr>
<tr><td>OC$_2$ CE</td><td colspan="3">OC$_2$M[2:0]</td><td>OC$_2$ PE</td><td>OC$_2$ FE</td><td colspan="2" rowspan="2">CC$_2$S[1:0]</td><td>OC$_1$ CE</td><td colspan="3">OC$_1$M[2:0]</td><td>OC$_1$ PE</td><td>OC$_1$ FE</td><td colspan="2" rowspan="2">CC$_1$S[1:0]</td></tr>
<tr><td colspan="4">IC$_2$F[3:0]</td><td colspan="2">IC$_2$PSC[1:0]</td><td></td><td colspan="3">IC$_1$F[3:0]</td><td colspan="2">IC$_1$PSC[1:0]</td></tr>
<tr><td>rw</td><td>rw</td><td>rw</td><td>rw</td><td>rw</td><td>rw</td><td>rw</td><td>rw</td><td>rw</td><td>rw</td><td>rw</td><td>rw</td><td>rw</td><td>rw</td><td>rw</td><td>rw</td></tr>
</table>

13.3.8 main 함수

기본 설정함수와 PWM 초기화 함수 외에는 없다. PWM_Configuration()의 호출이 끝남과 동시에 CH1~CH4번 CH에서는 PWM 파형이 생성될 것이다.

```
int main(void)
{
  RCC_Configuration();    // RCC Configuration
  NVIC_Configuration(); // NVIC Configuration
  GPIO_Configuration(); //GPIO_Configuration
  PWM_Configuration();   //PWM_Configuration
  while (1)
  {
  }
}
```

13.3.9 결론

이 장을 통해서 우리는 Timer를 이용하여 PWM 파형을 발생시켜 10[kHz]의 주파수를 만들고 각 CH별 Duty Cycle를 다르게 발생시키는 방법을 제어해 보았다. PWM 파형을 응용하여 모터의 가동을 빠르게, 혹은 느리게 회전할 수 있는 방법을 습득하게 되었다.

제14장

RTC Timer

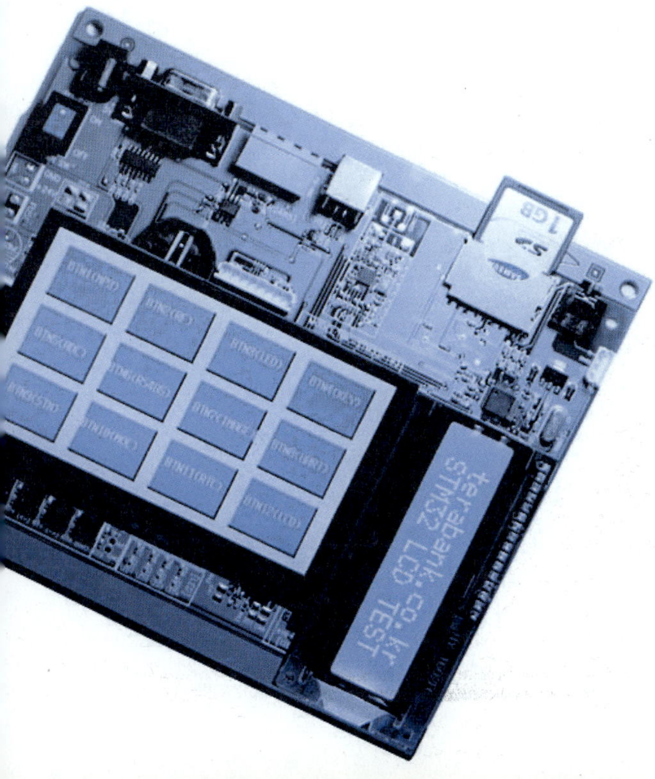

14.1 RTC Timer 기초

14.1.1 개요

real-time clock은 독립적으로 동작하는 타이머다. RTC 를 이용하면 타이머 달력을 만들 수 있다.

아래는 RTC의 전반전인 특징을 나열한 것이다.

- 20[bit]로 나눌 수 있는 Programmable prescaler
- 아주 오랜시간 까지 관리할 수 있는 32[bit]의 counter
- PCLK1(APB1)와 RTC Clock으로 설정이 가능하다.
- 아래의 RTC clock source를 선택 할 수 있다.
  - HSE clock 128 divided
  - LSE oscillator clock
  - LSI oscillator clock
- reset types
  -APB1 reset by system reset
  -RTC Core(Prescaler, Alarm, Counter 그리고 Divider)의 reset은 오직 Backup domain reset에 의해서만 reset 된다.
- 3개의 interrupt
  - Alarm interrupt
  - Seconds interrupt
  - Overflow interrupt

가. RTC 유닛

RTC는 2개의 메인 유닛으로 나눠지는데 첫번째 유닛은 APB1 bus로 사용되는 APB1 Interface다. 이 유닛은 APB1 bus와 연결되어 16[bit] registers로 읽거나 쓰게 된다. APB1 interface는 PB1 bus를 통해서 클럭이 제공된다.

두번째 유닛은 RTC Core로 2개의 메인 블럭으로 프로그램이 가능한 32[bit] counters로 구성되고 RTC prescaler 블럭으로 TR_CLK를 생성해 주는 것으로 1초를 가지도록 프로그램 할 수 있다. 이 RTC prescaler는 20[bit]로 프로그램 가능한 divider(RTC Prescaler)다. RTC_CR control register의 해당 비트 Seconds interrupt가 설정되어있다면 1초의 시간을 생성해 낼 수 있다.

메인 블럭 중 또 다른 하나는 32[bit] programmable counter로 구성된 것으로 이는 현재의 시스템 시간으로 초기화 할 수 있다.

시스템 시간은 TR_CLK rate 발생 시 증가하고, alarm interrupt를 생성하기 위하여 RTC_CR control register의 해당 비트가 Alarm interrupt Seconds interrupt, Overflow interrupt Enable되어 있다면 RTC_ALR register 값과 비교하여 각 alarm interrupt를 생성한다.

Figure 156. RTC simplified block diagram

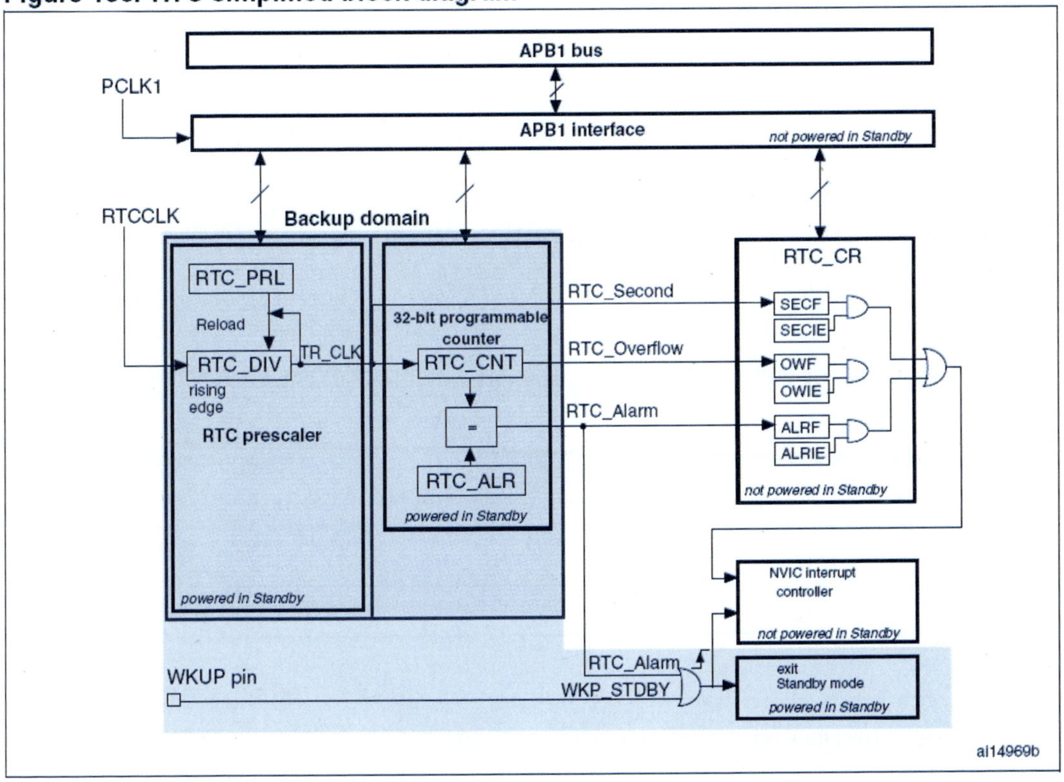

나. Configuring RTC registers

RTC_PRL, RTC_CNT, RTC_ALR registers에 쓰기 위해서는 반드시 Configuration Mode를 설정해야 한다.

이는 RTC_CRL register 의 CNF bit를 설정함으로 완성된다.

RTC register에 쓸 때는 오직 이전 쓰기작업을 종료해야만 enable 된다.

RTOFF 비트가 이러한 동작을 확인하기 위해서 사용된다. 즉 RTOFF가 1 상태가 되었을 때 RTC registers에 쓸 수가 있다.

- RTOFF가 1이 될 때까지 기다린다.
- configuration mode로 진입하기 위해서 CNF bit를 설정한다.
- RTC registers를 설정한다.
- configuration mode에서 종료하기 위해서 CNF bit를 클리어 한다.
- 쓰기 작업 끝을 확인하기 위해서 RTOFF가 1이 될 때까지 대기한다.

다. RTC flag assertion

아래는 RTC Second flag(SECF)는 RTC Counter가 update 되기 전에 발생 상황을 보여주는 그림이다.

아래 그림은 RTC Overflow flag(OWF)는 counter(RTC_CNT) 값이 0x0000이 되기 전에 발생되는 상황을 보여주고 있다. 이는 Counter 값은 RTC Overflow flag(OWF)가 발생하고 난 이후에 0X0000이 되는 것이다.

RTC_Alarm의 RTC Alarm flag(ALRF)는 Alarm register(RTC_ALR+1) 값과 counter가 일치되기 전에 발생한다.

RTC second and alarm waveform example with PR=0003, ALARM=00004

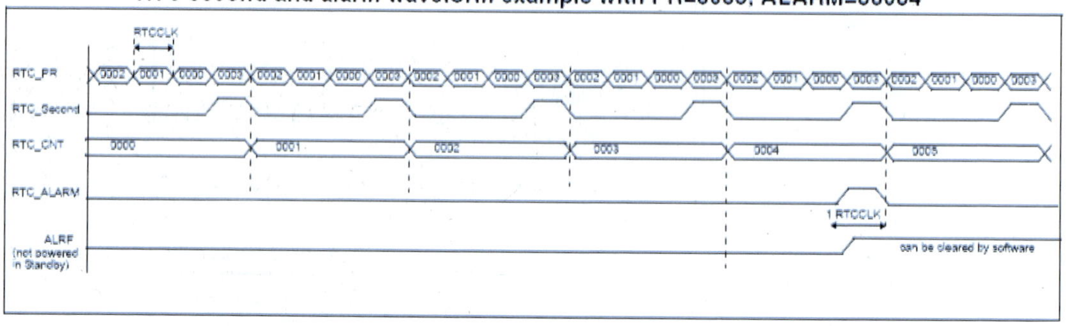

RTC Overflow waveform example with PR=0003

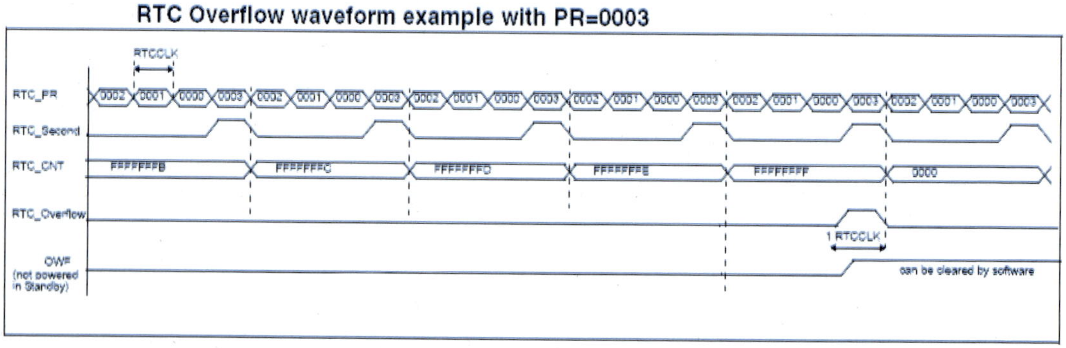

14.1.2 RTC 의 메모리 맵

아래 메모리 맵에서와 같이 Timer 레지스터의 시작 번지는 0X4002800이고 아래와 같다.

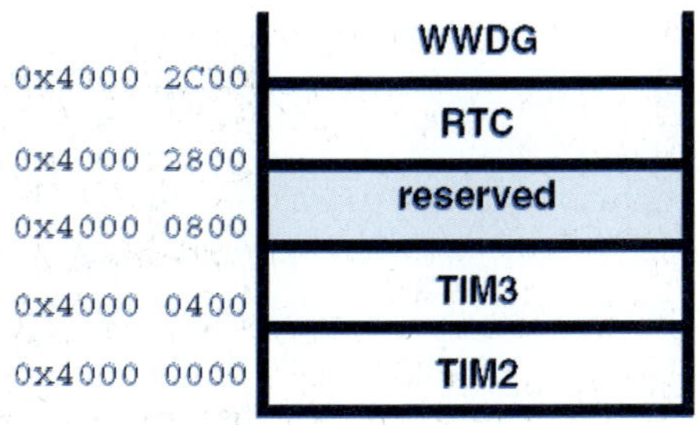

14.1.3 RTC register

16[bit] or words 32[bit]로 구성되었다.

RTC control register high (RTC_CRH)0X00

15	14	13	12	11	10	9	8	7	6	5	4	3	2	1	0
Reserved													OWIE	ALRIE	SECIE
													rw	rw	rw

- Bits 15:3 Reserved, forced by hardware to 0.
- Bit 2 OWIE : Overflow interrupt enable
- 0 : Overflow interrupt is masked.
- 1 : Overflow interrupt is enabled.
- Bit 1 ALRIE : Alarm interrupt enable
- 0 : Alarm interrupt is masked.
- 1 : Alarm interrupt is enabled.
- Bit 0 SECIE : Second interrupt enable
- 0 : Second interrupt is masked.
- 1 : Second interrupt is enabled.

RTC control register low (RTC_CRL)0X04

15	14	13	12	11	10	9	8	7	6	5	4	3	2	1	0
Reserved										RTOFF	CNF	RSF	OWF	ALRF	SECF
										r	rw	rc_w0	rc_w0	rc_w0	rc_w0

- Bits 15:6 Reserved, forced by hardware to 0.
- Bit 5 RTOFF : RTC operation OFF
- With this bit the RTC reports the status of the last write operation performed on its registers, indicating if it has been completed or not. If its value is '0' then it is not possible to write to any of the RTC registers. This bit is read only.
- 0 : Last write operation on RTC registers is still ongoing.
- 1 : Last write operation on RTC registers terminated.
- Bit 4 CNF : Configuration flag
- This bit must be set by software to enter in configuration mode so as to allow new values to be written in the RTC_CNT, RTC_ALR or RTC_PRL registers. The write operation is only executed when the CNF bit is reset by software after has been set.
- 0 : Exit configuration mode (start update of RTC registers).
- 1 : Enter configuration mode.
- Bit 3 RSF : Registers synchronized flag
- This bit is set by hardware at each time the RTC_CNT and RTC_DIV registers are updated and cleared by software. Before any read operation after an APB1 reset or an APB1 clock stop, this bit must be cleared by software, and the user application must wait until it is set to be sure that the RTC_CNT, RTC_ALR or RTC_PRL registers are synchronized.
- 0 : Registers not yet synchronized.
- 1 : Registers synchronized.
- Bit 2 OWF : Overflow flag
- This bit is set by hardware when the 32-bit programmable counter overflows. An interrupt is generated if OWIE=1 in the RTC_CRH register. It can be cleared only by software. Writing '1' has no effect.
- 0 : Overflow not detected
- 1 : 32-bit programmable counter overflow occurred.
- Bit 1 ALRF : Alarm flag
- This bit is set by hardware when the 32-bit programmable counter reaches the threshold set in the RTC_ALR register. An interrupt is generated if ALRIE=1 in the RTC_CRH register. It can be cleared only by software. Writing '1' has no effect.
- 0 : Alarm not detected
- 1 : Alarm detected
- Bit 0 SECF : Second flag
- This bit is set by hardware when the 32-bit programmable prescaler overflows,

thus incrementing the RTC counter. Hence this flag provides a periodic signal with a period corresponding to the resolution programmed for the RTC counter (usually one second). An interrupt is generated if SECIE=1 in the RTC_CRH register. It can be cleared only by software. Writing '1' has no effect.

- 0 : Second flag condition not met.
- 1 : Second flag condition met.

RTC prescaler load register high (RTC_PRLH)0X08

15	14	13	12	11	10	9	8	7	6	5	4	3	2	1	0
Reserved												PRL[19:16]			
												w	w	w	w

- Bits 15:4 Reserved, forced by hardware to 0.
- Bits 3:0 PRL[19:16] : RTC prescaler reload value high
- These bits are used to define the counter clock frequency according to the following formula : fTR_CLK = fRTCCLK/(PRL[19:0]+1)
- Caution : The zero value is not recommended. RTC interrupts and flags cannot be asserted correctly.

RTC prescaler load register low (RTC_PRLL)0X0C

15	14	13	12	11	10	9	8	7	6	5	4	3	2	1	0
PRR[15:0]															
w	w	w	w	w	w	w	w	w	w	w	w	w	w	w	w

- Bits 15:0 PRL[15:0]: RTC prescaler reload value low
- These bits are used to define the counter clock frequency according to the following formula : fTR_CLK = fRTCCLK/(PRL[19:0]+1)

RTC prescaler divider register high (RTC_DIVH)0X10

15	14	13	12	11	10	9	8	7	6	5	4	3	2	1	0
Reserved												RTC_DIV[19:16]			
												r	r	r	r

- Bits 15:4 Reserved
- Bits 3:0 RTC_DIV[19:16] : RTC clock divider high

RTC prescaler divider register low (RTC_DIVL)0X14

15	14	13	12	11	10	9	8	7	6	5	4	3	2	1	0
RTC_DIV[15:0]															
r	r	r	r	r	r	r	r	r	r	r	r	r	r	r	r

- Bits 15:0 RTC_DIV[15:0] : RTC clock divider low

RTC counter register high (RTC_CNTH)0X18

15	14	13	12	11	10	9	8	7	6	5	4	3	2	1	0
RTC_CNT[31:6]															
rw	rw	rw	rw	rw	rw	rw	rw	rw	rw	rw	rw	rw	rw	rw	rw

- Bits 15:0 RTC_CNT[31:16] : RTC counter high
- Reading the RTC_CNTH register, the current value of the high part of the RTC Counter register is returned. To write to this register it is necessary to enter configuration mode

RTC counter register low (RTC_CNTL)0X1C

15	14	13	12	11	10	9	8	7	6	5	4	3	2	1	0
RTC_CNT[15:0]															
rw	rw	rw	rw	rw	rw	rw	rw	rw	rw	rw	rw	rw	rw	rw	rw

- Bits 15:0 RTC_CNT[15:0] : RTC counter low
- Reading the RTC_CNTL register, the current value of the lower part of the RTC Counter register is returned. To write to this register it is necessary to enter configuration mode

RTC alarm register high (RTC_ALRH)0X20

15	14	13	12	11	10	9	8	7	6	5	4	3	2	1	0
RTC_ALR[31:6]															
w	w	w	w	w	w	w	w	w	w	w	w	w	w	w	w

- Bits 15:0 RTC_ALR[31:16]: RTC alarm high
- The high part of the alarm time is written by software in this register. To write to this register it is necessary to enter configuration mode

RTC alarm register low (RTC_ALRL)0X24

15	14	13	12	11	10	9	8	7	6	5	4	3	2	1	0
RTC_ALR[15:0]															
w	w	w	w	w	w	w	w	w	w	w	w	w	w	w	w

- Bits 15:0 RTC_ALR[15:0]: RTC alarm low
- The low part of the alarm time is written by software in this register. To write to this register it is necessary to enter configuration mode

14.2 RTC TIMER 실습

14.2.1 개요

이번 장에서 우리는 real-time clock(RTC) timers를 이용하여 1초의 시간을 만들어 TBK 보드에서 컴퓨터로 데이터를 송신해보는 실습을 해보겠다.

통신 설정은 비동기, 8 Data bit, 1 Stop bits, 9600 baud rate, None Parity로 하고 케이블 연결은 USART 실습에서와 같이 1:1 케이블을 사용하면 되겠다.

14.2.2 회로도

RTC CLOCK는 외부 오실레이터를 이용하여 1초 시간을 만들기 때문에 32[kHz]의 오실레이터를 달았다. 그리고 정확한 시간을 만들기 위해서는 C50과 C51의 콘덴셔를 바꿔가며 최대한 발진 주파수가 32768[Hz]가 나오도록 조정이 필요하다. 물론 오실레이터는 온도에도 민감하게 반응하기 때문에 이 부분도 충분이 고려하여 설계를 해야 한다.

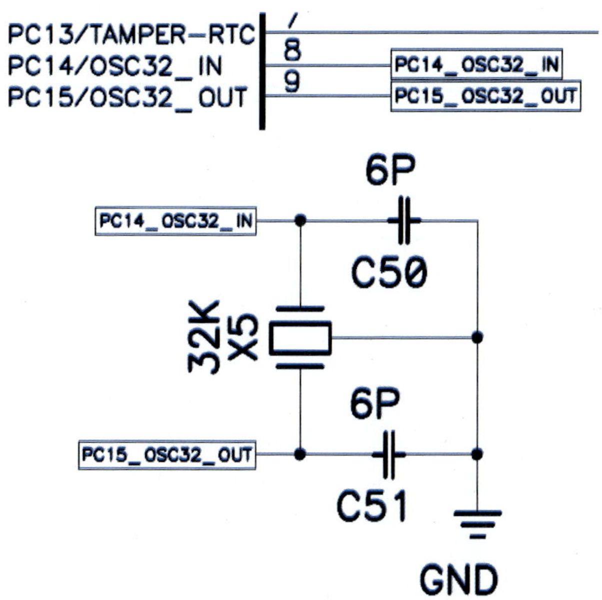

14.2.3 동작사진

아래 사진은 RTC의 1초 인터럽트 발생시 컴퓨터로 전송된 모습이다. 1초 타이머를 만들었으므로 1초마다 전송한다.

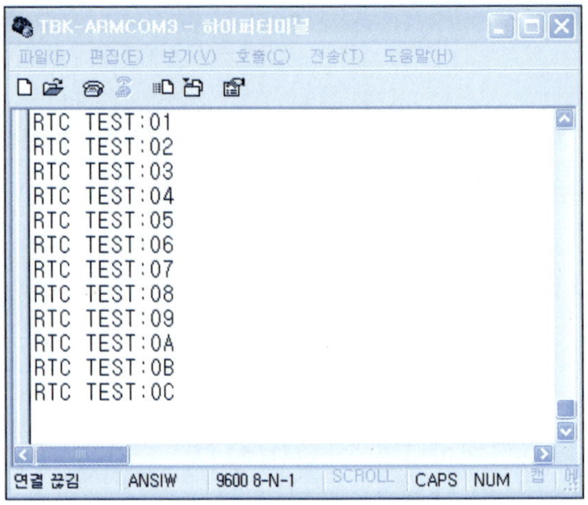

14.2.4 PCB 사진

해당사항 없음.

14.2.5 파일의 위치

CDROM₩ source₩demo-103₩RTC 디렉터리에 있다.

14.2.6 필요한 파일

main.c.main.h stm32f10x_it.c. stm32f10x_it.h

인터럽트관련 파일 main.c, stm32f10x_it.c이 필요하다. 따라서 아래 환경설정 ⇨ SourceAdd에서는 stm32f10x_it.c를 추가해 주어야 됨을 볼 수 있다.

가.

[SetUp ⇨ Environment Options ⇨ SourceAdd]에서 아래와 같이 사용할 초기화 설정을 한다. 이번 예제에서는 추가할 소스파일이 하나 있으므로 main.c를 제외하고 추가될 소스파일은 여기에 추가한다. 그리고 아래 Add C++, Add Asm 파일들이 있으면 이곳에 추가한다.

[Add C source file name] : 오른쪽 Add 버튼을 눌러서 stm32f10x_it.c 파일을 선택하여 추가한다. 이때 주의점은 파일과 파일 사이는 반드시 공백문자 space를 두어야 한다는 것과 주 컴파일 대상 “main.c”를 제외한 파일들을 입력해야한다는 것이다. 그리고 Add 버튼을 눌렀을 때 나타나는 모든 파일이 컴파일 대상 디렉터리 내,

즉 main.c 디렉터리 파일이다.

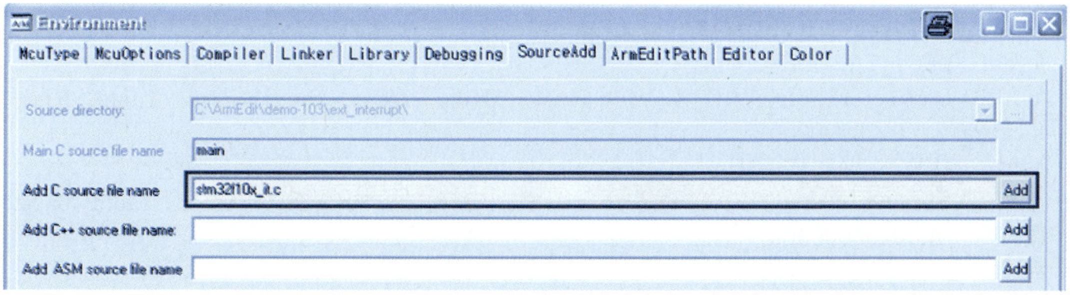

이제 모든 환경설정은 끝났다 “ok” 버튼을 누르고 환경설정을 마치고 빠져나오면 컴파일 대상 디렉터리에 makefile이 새로 생성되었을 것이다.

이제 컴파일을 진행해보자.  이 아이콘을 클릭하거나 단축키 F9를 누르면 컴파일이 진행되며 정상적으로 컴파일이 되면 main.hex 파일이 생성될 것이다.

14.2.7 소스 분석

가. main.c 파일

1) 첫 번째 줄에 main.h include 파일이 보인다.
2) RCC_Configuration() : 이 함수는 시스템 클럭 설정을 초기화 하는 함수다.
3) NVIC_Configuration(void) : 이 함수는 Vector Table 위치를 지정과 인터럽트 핸들러를 설정하는 함수이다.

```
void NVIC_Configuration(void)
{
 NVIC_InitTypeDef NVIC_InitStructure;
#ifdef  VECT_TAB_RAM
  NVIC_SetVectorTable(NVIC_VectTab_RAM, 0x0); //Set the Vector Table base
location at 0x20000000
#else  //VECT_TAB_FLASH
  NVIC_SetVectorTable(NVIC_VectTab_FLASH, 0x0); //Set the Vector Table base
location at 0x08000000
#endif
 NVIC_PriorityGroupConfig(NVIC_PriorityGroup_1);// Priority Group : 1bit Premption
// 3bit Subpriority
 NVIC_InitStructure.NVIC_IRQChannel = RTC_IRQn;
 NVIC_InitStructure.NVIC_IRQChannelPreemptionPriority = 0;
 NVIC_InitStructure.NVIC_IRQChannelSubPriority = 1;
 NVIC_InitStructure.NVIC_IRQChannelCmd = ENABLE;
 NVIC_Init(&NVIC_InitStructure);
});
```

• NVIC_InitStructure.NVIC_IRQChannel=RTC_IRQn : 이 설정은 다른 시험과 별반 다르게 없다. 다만 우리가 사용할 RTC 인터럽트 번호 중 인터럽트 번호 RTC_IRQn 즉 3번만 다르고 모두 같다.

다음은 지정된 인터럽트 번호이다. 0~42까지 즉 43개의 인터럽트가 지정되어 있음을 알 수 있으며 ST사의 표준함수 stm32f10x.h에 구조체 열거형으로 선언되었다. 이 부분은 외부 인터럽트 실습에서 설명하였다.

```
typedef enum IRQn
{
/******  Cortex-M3 Processor Exceptions Numbers ***************************/
TAMPER_IRQn                = 2, /*!< Tamper Interrupt                      */
  RTC_IRQn                 = 3, /*!< RTC global Interrupt                  */
  FLASH_IRQn               = 4, /*!< FLASH global Interrupt                */
  RCC_IRQn                 = 5, /*!< RCC global Interrupt                  */
} IRQn_Type;
```

• NVIC_PriorityGroupConfig(NVIC_PriorityGroup_1 : PRIGROUP 설정 부분이다. Priority Group : 1[bit] Premption/3[bit] Subpriority 설정한다.

이 부분은 Application interrupt and reset control register(SCB_AIRCR)를 설정

하는 부분으로 상세한 설명은 NVIC와 외부 인터럽트 실습장에서 설명하였다. PriorityGroup 값이 "NVIC_PriorityGroup_1;" 라는 것은 즉 2개의 그룹을 지정할 수 있게 한다.

- NVIC_InitStructure.NVIC_IRQChannelPreemptionPriority=1 : pre-emption priority로 인터럽트 우선순위를 지정하는 부분으로 인터럽트 우선순위는 숫자가 작을수록 우선순위가 높으며 그 설정 방법으로 Nested vectored interrupt controller (NVIC)를 설명하였다.
- NVIC_InitStructure.NVIC_IRQChannelSubPriority=1 : subpriority level 인터럽트 우선순위를 지정하는 부분으로 인터럽트 우선순위는 숫자가 작을수록 높으며 최우선순위를 지정한 것이다. 따라서 PRIGROUP을 1로 지정하였으므로 subpriority level은 3[bit] 총 8개 그룹을 지정할 수 있는 것이다. 숫자가 작을수록 우선순위가 높다는 것은 잘 알 것이다.
- NVIC_InitStructure.NVIC_IRQChannelCmd=ENABLE : 이 설정은 인터럽트 사용을 허가하는 부분으로 ISER(Interrupt Set Enable Register)를 지정하며 이는 해당 비트를 Enable 즉 SET(1) 하여 인터럽트 발생을 허용하게 하는 것이다.
- NVIC_Init(&NVIC_InitStructure) : 아래는 NVIC를 초기화하는 함수로 misc.c 파일에 있다.

4) RTC_Configuration(void) : RTC 관련 설정 함수 부분이다.

```
void RTC_Configuration(void)
{
  RCC_APB1PeriphClockCmd(RCC_APB1Periph_PWR | RCC_APB1Periph_BKP,
ENABLE); // CK_RTC clock selection
  PWR_BackupAccessCmd(ENABLE); // Allow access to BKP Domain
  BKP_DeInit(); // Reset Backup Domain
  RCC_LSEConfig(RCC_LSE_ON);// Enable the LSE OSC
RCC_LSE_ON,RCC_LSE_OFF,RCC_LSE_Bypass
  RCC_LSICmd(DISABLE);// Disable the LSI OSC ENABLE, DISABLE
  RCC_RTCCLKConfig(RCC_RTCCLKSource_LSE);// Select the RTC Clock Source
RCC_RTCCLKSource_LSI,RCC_RTCCLKSource_LSE
  RCC_RTCCLKCmd(ENABLE);  // Enable the RTC Clock
  RTC_WaitForSynchro(); // Wait for RTC registers synchronization
  RTC_WaitForLastTask();// Wait until last write operation on RTC registers has
finished
  RTC_ITConfig(RTC_IT_SEC, ENABLE); // Enable the RTC overflow interrupt
  RTC_SetPrescaler(0x7FFF);//Set 32768 prescaler - for one second interupt
}
```

RCC_APB1PeriphClockCmd(RCC_APB1Periph_PWR | RCC_APB1Periph_BKP, ENABLE);->RTC는 관련 CLOCK을 설정한다.

• PWR_BackupAccessCmd(ENABLE) : RTC에 access 및 backup domain enable 한다. 이 함수는 "stm32f10x_pwr.c" 에 선언되어 있다.

그럼 "CR_DBP_BB" 를 찾아보자. Bit-band 메모리를 엑세스해서 써넣는 듯하다.

```
void PWR_BackupAccessCmd(FunctionalState NewState)
{
  /* Check the parameters */
  assert_param(IS_FUNCTIONAL_STATE(NewState));
  *(__IO uint32_t *) CR_DBP_BB = (uint32_t)NewState;
}
```

아래와 같이 선언된 내용이 나오는데 CR_DBP_BB를 역추적해서 레지스터 어드레스를 계산해 보면 Power control register(PWR_CR) 0X40007000번지가 된다. 따라서 이 레지스터의 비트8번 DBP(Disable backup domain write protection)를 SET(1)로 하여 RTC에 access 및 backup domain enable 시키는 것을 볼 수 있다.

이 함수가 PWR_BackupAccessCmd()이다. 참고로 아래에 보면 DBP_BitNumber라는 것은 9PWR_CR)레지스터의 8번째 비트를 말하고 CR_OFFSET 값은 0X00으로 PWR 시작 메모리 번지에서 00번을 더한 메모리란 뜻이다.

```
======== stm32f10x.h 에 선언됨===============
#define PERIPH_BASE              ((uint32_t)0x40000000)
#define APB1PERIPH_BASE           PERIPH_BASE
#define APB2PERIPH_BASE           (PERIPH_BASE + 0x10000)
#define AHBPERIPH_BASE            (PERIPH_BASE + 0x20000)
#define PERIPH_BB_BASE           ((uint32_t)0x42000000)

#define PWR_BASE                 (APB1PERIPH_BASE + 0x7000)
======== stm32f10x_pwr.c 에 선언됨==============
/* --------- PWR registers bit address in the alias region ---------- */
#define PWR_OFFSET                 (PWR_BASE - PERIPH_BASE) //0x7000
/* --- CR Register ---*/
/* Alias word address of DBP bit */
#define CR_OFFSET                  (PWR_OFFSET + 0x00) //7000
#define DBP_BitNumber              0x08
#define CR_DBP_BB    (PERIPH_BB_BASE+(CR_OFFSET * 32)+(DBP_BitNumber * 4))
```

Power control register (PWR_CR)0X00

31	30	29	28	27	26	25	24	23	22	21	20	19	18	17	16
Reserced															
15	14	13	12	11	10	9	8	7	6	5	4	3	2	1	0
Reserced							DBP	PLS[2:0]			PVDE	CSBF	CWUF	PDDS	LPDS
							rw	rw	rw	rw	rw	rc_w1	rc_w1	rw	rw

• TIM BKP_DeInit() : Backup Domain Reset한다. 이 함수를 추적해보면 “stm32f10x_rtc.c” 에 선언되어 있다.

```
oid BKP_DeInit(void)
{
  RCC_BackupResetCmd(ENABLE);
  RCC_BackupResetCmd(DISABLE);
}
```

• RCC_BackupResetCmd 함수를 다시 추적해 보면 아래 내용이 보인다.

"BDCR_BDRST_BB" 이렇게 선언된 내용에 대입함을 볼 수 있다. 이 부분은 아마도 Bit-band 메모리를 엑세스하는 듯하다. 다시 추적해 보자.

```
void RCC_BackupResetCmd(FunctionalState NewState)
{
  /* Check the parameters */
  assert_param(IS_FUNCTIONAL_STATE(NewState));
  *(__IO uint32_t *) BDCR_BDRST_BB = (uint32_t)NewState;
}
```

아래와 같이 선언된 내용이 나오는데 BDCR_BDRST_BB를 역추적해서 레지스터 어드레스를 계산해 보면 Backup domain control register(RCC_BDCR) 0X40021020 번지가 된다. 따라서 이 레지스터의 비트 15번 RTCEN(RTC clock enabled)를 RESET(0)으로 하여 CLOCK Disable 하는 것을 볼 수 있다. 이 함수가 TIM BKP_DeInit() 함수인 것이다.

```
======== stm32f10x.h 에 선언됨===============
#define PERIPH_BASE              ((uint32_t)0x40000000)
#define APB1PERIPH_BASE           PERIPH_BASE
#define APB2PERIPH_BASE          (PERIPH_BASE + 0x10000)
#define AHBPERIPH_BASE           (PERIPH_BASE + 0x20000)
#define PERIPH_BB_BASE           ((uint32_t)0x42000000)

#define RCC_BASE                 (AHBPERIPH_BASE + 0x1000)
======== stm32f10x_rcc.c 에 선언됨==============
#define RCC_OFFSET                    (RCC_BASE - PERIPH_BASE)

/* Alias word address of RTCEN bit */
#define BDCR_OFFSET                   (RCC_OFFSET + 0x20)

#define RTCEN_BitNumber               0x0F
#define    BDCR_RTCEN_BB    (PERIPH_BB_BASE+(BDCR_OFFSET    *    32)    +
(RTCEN_BitNumber * 4))
/* Alias word address of BDRST bit */
#define BDRST_BitNumber               0x10
#define    BDCR_BDRST_BB    (PERIPH_BB_BASE+(BDCR_OFFSET    *    32)    +
(BDRST_BitNumber * 4))
```

Backup domain control register (RCC_BDCR)0X20

31	30	29	28	27	26	25	24	23	22	21	20	19	18	17	16
Reserced															BDR ST
															rw

15	14	13	12	11	10	9	8	7	6	5	4	3	2	1	0
RTC EN	Reserced					RTCSEL[1:0]		Reserced					LSE BYP	LSE RDY	LSE ON
rw						rw	rw						rw	r	rw

• RCC_LSEConfig(RCC_LSE_ON) : RTC CLOCK 설정은 외부 32[kHz] 오실레이터로 설정한다. 아래 그림에서 보면 LSE OSC 부분이 되겠다. 이 CLOCK Enable시키는 것이다.

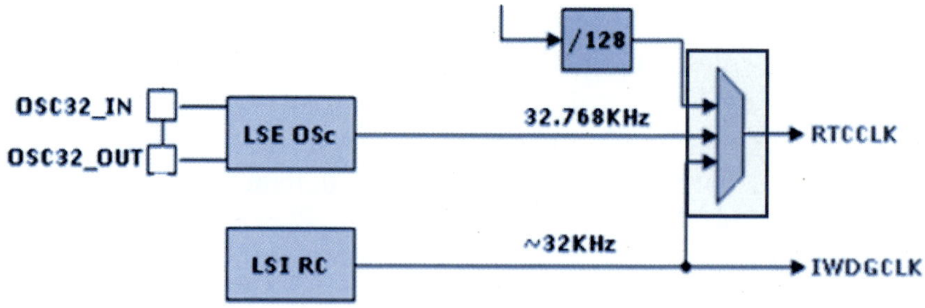

• RCC_RTCCLKConfig(RCC_RTCCLKSource_LSE) : RTC CLOCK은 LSI 혹은 LSE 그리고 SYSCLK/128 중 하나를 선택할 수 있는데 여기서는 외부 LSE를 선택하는 것이다. 이것이 최종 RTCCLK가 되겠다. 앞 그림의 표시한 부분이다.

• RCC_RTCCLKCmd(ENABLE) : RTC CLOCK 설정 마지막 부분으로 RTCCLK를 Enable 시킨다.

• RTC_WaitForSynchro() : RTC CLOCK 활성화될 때까지 기다린다. 이 비트는 결국 RTC control register low(RTC_CRL)의 synchronized flag(RSF) 비트로 활성화가 되면 SET(1)된다. 아래 함수는 "stm32f10x_rtc.c" 에 있다.

```
void RTC_WaitForSynchro(void)
{
  /* Clear RSF flag */
  RTC->CRL &= (uint16_t)~RTC_FLAG_RSF;
  /* Loop until RSF flag is set */
  while ((RTC->CRL & RTC_FLAG_RSF) == (uint16_t)RESET)
  { }
}
```

RTC control register low (RTC_CRL)0X04

15	14	13	12	11	10	9	8	7	6	5	4	3	2	1	0
Reserved										RTOFF	CNF	RSF	OWF	ALRF	SECF
										r	rw	rc_w0	rc_w0	rc_w0	rc_w0

• RTC_WaitForLastTask() : RTC registers 쓰기 작업이 종료될 때까지 대기한다.

RTC control register low(RTC_CRL)의 RTC operation OFF flag(RTOFF) RTC registers의 쓰기 작업 종료를 확인하기 위해서 사용되며 쓰기 작업이 종료되면 SET(1)된다. 이 비트는 읽기 전용이다. 아래 함수는 "stm32f10x_rtc.c" 에 있다.

```
void RTC_WaitForLastTask(void)
{
  /* Loop until RTOFF flag is set */
  while ((RTC->CRL & RTC_FLAG_RTOFF) == (uint16_t)RESET)
  {
  }
}
```

- RTC_ITConfig(RTC_IT_SEC, ENABLE) : Second interrupt Enable시킨다. 즉 1초당 한 번씩 인터럽트를 발생시키는 것이다.

RTC control register low(RTC_CRH)의 Second interrupt enable flag(SECIE) 비트를 SET(1)한다.

아래 함수는 "stm32f10x_rtc.c" 에 있다.

```
void RTC_ITConfig(uint16_t RTC_IT, FunctionalState NewState)
{
  /* Check the parameters */
  assert_param(IS_RTC_IT(RTC_IT));
  assert_param(IS_FUNCTIONAL_STATE(NewState));

  if (NewState != DISABLE)
  {
    RTC->CRH |= RTC_IT;
  }
  else
  {
    RTC->CRH &= (uint16_t)~RTC_IT;
  }
}
```

RTC control register high (RTC_CRH)0X00

15	14	13	12	11	10	9	8	7	6	5	4	3	2	1	0
Reserved													OWIE	ALRIE	SECIE
													rw	rw	rw

• RTC_SetPrescaler(0x7FFF) : RTC prescaler를 설정하는 부분으로 실제 prescaler =32768이 된다. 이는 0부터 시작점으로 32767로 끝나기 때문이다. 즉 우리는 1초당 한 번씩 인터럽트가 발생되고 이것이 1초 카운터 값이 된다. 여기서 주의가 필요한 부분이 Second interrupt enable flag(SECIE)의 발생 시점이다. RTC_CNT는 SECIE Flag가 발생하고 카운터 된다. 따라서 인터럽트가 발생하고 나서 읽으면 그 다음 초가 될 수도 있다. 물론 바로 읽으면 가능할 수도 있지만 이 점을 주의하자.

```
void RTC_SetPrescaler(uint32_t PrescalerValue)
{
  /* Check the parameters */
  assert_param(IS_RTC_PRESCALER(PrescalerValue));

  RTC_EnterConfigMode();
  /* Set RTC PRESCALER MSB word */
  RTC->PRLH = (PrescalerValue & PRLH_MSB_MASK) >> 16;
  /* Set RTC PRESCALER LSB word */
  RTC->PRLL = (PrescalerValue & RTC_LSB_MASK);
  RTC_ExitConfigMode();
}
```

RTC prescaler load register high (RTC_PRLH)0X08

15	14	13	12	11	10	9	8	7	6	5	4	3	2	1	0
Reserved												PRL[19:16]			
												w	w	w	w

RTC prescaler load register low (RTC_PRLL)0X0C

15	14	13	12	11	10	9	8	7	6	5	4	3	2	1	0
PRL[15:0]															
w	w	w	w	w	w	w	w	w	w	w	w	w	w	w	w

14.2.8 main.c 파일의 main 함수

설정 초기화 함수와 타이머 인터럽트 처리를 테스트 할 목적으로 USART 를 사용하였다.

TimerFlage 변수는 main.h에 선언되어 있고 타이머 인터럽트가 발생하면 1로 설정되어 main 함수에서 비교하여 이때 usart로 전송하고 LED도 같이 한 번씩 깜박이게 프로그램 했다. 이 부분은 설명이 필요 없을 듯하다.

```
int main(void)
{
 RCC_Configuration();    // RCC Configuration
 NVIC_Configuration(); // NVIC Configuration
 RTC_Configuration(); // RTC Configuration
 GPIO_Configuration(); //GPIO_Configuration
 USART1_Configuration();
RTC_SecIntFlage=0;
 u32 ii ;
  while (1)
  {
     if(RTC_SecIntFlage)
     {
       RTC_SecIntFlage=0;
       ii=RTC_GetCounter();
       Usart1_PutStr("RTC TEST:");
       Usart1_HexToAsciiPutByte((ii>>24)&0x000000FF);
       Usart1_HexToAsciiPutByte((ii>>16)&0X000000FF);
       Usart1_HexToAsciiPutByte((ii>>8)&0X000000FF);
       Usart1_HexToAsciiPutByte(ii&0X000000FF);
       Usart1_PutStr("₩r₩n");
       GPIOD->ODR ^= GPIO_Pin_12;
     }
}
}
```

if(RTC_SecIntFlage) 부분은 1초 인터럽트가 발생하면 1로 설정되므로 여기서 비교하는 것이다. 그래서 ii=RTC_GetCounter(); 카운트 값을 읽어오는 부분이 되겠다. RTC->CNT 레지스터는 32[bit]의 길이를 가짐으로 상위와 하위 값을 읽어서 리턴 해주고 있는 것이다.

그럼 잠깐 레지스터도 찾아보자.

```
uint32_t RTC_GetCounter(void)
{
  uint16_t tmp = 0;
  tmp = RTC->CNTL;
  return (((uint32_t)RTC->CNTH << 16 ) | tmp) ;
}
```

RTC counter register high (RTC_CNTH)0X18

15	14	13	12	11	10	9	8	7	6	5	4	3	2	1	0
RTC_CNT[31:16]															
rw	rw	rw	rw	rw	rw	rw	rw	rw	rw	rw	rw	rw	rw	rw	rw

RTC counter register low (RTC_CNTL)0X1C

15	14	13	12	11	10	9	8	7	6	5	4	3	2	1	0
RTC_CNT[15:0]															
rw	rw	rw	rw	rw	rw	rw	rw	rw	rw	rw	rw	rw	rw	rw	rw

14.2.9 main.h 파일

첫번째 줄에 stm32f10x.h include 파일이 보인다. 첫째 라인은 ST사에서 제공하는 라이브러리 파일인 stm32f10x.h이고 "C:₩ArmEdit₩WinArm₩stm32lib₩CMSIS₩CM3₩DeviceSupport₩ST₩STM32F10x₩stm32f10x.h" 디렉터리에 존재한다. 그리고 두 번째 라인의 인터럽트 관련 루틴 Handler 함수가 stm32f10x_it.h인 것이다. 그럼 RTC Timer 인터럽트가 어떻게 처리되는지 stm32f10x_it.c로 들어가 보자.

```
#include "stm32f10x.h"
#include "stm32f10x_it.h"
__IO  u8 RTC_SecIntFlage;
```

14.2.10 stm32f10x_it.c 파일

우리는 위 NVIC 설정에서 "NVIC_InitStructure.NVIC_IRQChannel=RTC_IRQn" 라고 선언했다. 이는 RTC_IRQn번 인터럽트를 관리하는 Handler로 배워 알고있다. 그래서 타이머 인터럽트 번호로 RTC_IRQn이 발생하면 이곳으로 점프한다.

이 아래에 RTC_ClearITPendingBit(RTC_IT_SEC) 부분으로 RTC control register low(RTC_CRL)의 Bit 0 SECF(Second flag)를 클리어 시키는 부분이다.

```
void RTC_IRQHandler(void)
{
    RTC_ClearITPendingBit(RTC_IT_SEC);
    RTC_SecIntFlage=1;
}
```

RTC control register low (RTC_CRL)0X04

15	14	13	12	11	10	9	8	7	6	5	4	3	2	1	0
Reserved										RTOFF	CNF	RSF	OWF	ALRF	SECF
										r	rw	rc_w0	rc_w0	rc_w0	rc_w0

14.2.11 결론

이 장을 통해서 우리는 real-time clock(RTC) timers를 발생시켜 1초의 시간을 만들어 USART로 전송과 LED ON/OFF를 제어해 보았다. 또한 RTC와 관련된 레지스터를 설정해 보았고 RTC Prescaler와 인터럽트 핸들러 처리를 어떻게 하는지도 알아보았다. 이것들을 활용하여 달력을 만들 수 있는 기초를 배우게 된 것이다. 물론 오차율을 줄여 상품성을 갖는 제품이 된다면 더 없이 신나는 일이 될 것이다.

제15장

12C 통신

15.1 I2C 통신의 기초

15.1.1 개요

I2C(inter-integrated circuit)의 약자로 microcontroller와 통신을 위한 interface 규격으로 필립스사에서 최초로 만든 2선식 Serial interface로 주로 데이터 전송량이 적은 EEPROM 혹은 온습도계 IC 등에 사용된다. 좀더 빠른 통신 SPI 방식이 있다.

기본 전송 속도는 100~400[kHz]를 갖는다. STM32F103XX 디바이스에는 기본적으로 I2C 통신 포트가 2개 있다.

- Master/Slave 모드 지원
- Generation and detection of 7[bit]/10[bit] addressing 모드 지원
- Standard Speed(100[kHz])와 Fast Speed(400[kHz]) 속도 지원
- 에러 상황에 대한 감지 기능
- 인터럽트 벡터 지원

가. I2C Protocol 아래 그림에서 와 같이 I2C 통신은 아래 4가지 조건이 거의 모두로 간단하다. 기본 동작은 맨 처음 START 신호를 준 뒤 어드레스를 보내고(7~10[bit]) 데이터를 보내고 ACK를 받은 뒤 STOP을 받으면 전송이 끝난다.

1) Start 신호
2) Address 7~10[bit]
3) Data 8[bit]
4) Stop 신호
5) ACK 신호 혹은 NACK 신호

아래 그림에서 보면 SCL 시호가 HI일 때 SDA HI에서 LOW로 떨어뜨려 START로 다음부터 어드레스와 데이터를 보내고 ACK 신호를 받고 STOP 신호를 내보내는 동작이다. SCL CLOCK는 모두 Master에서 공급 받으며 SDA 신호선은 송신 시와 수신 시는 바꾸어 주어야 한다.

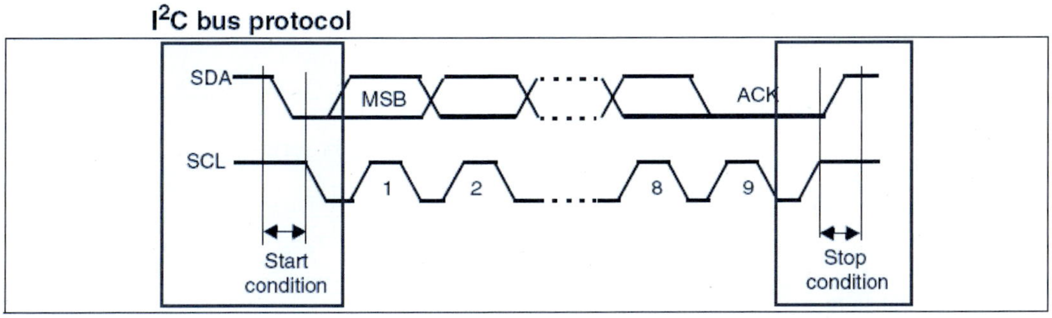

나. Mode selection

원칙적으로는 Master 모드와 Slave 모드가 있지만 결국 아래 4가지 형태가 된다.

- Slave transmitter
- Slave receiver
- Master transmitter
- Master receiver

다. Communication flow

- Master mode에서는 Master에서 I2C는 데이터를 전송하고 SCL CLOCK를 생성한다.
- 처음 시작은 START 신호를 마지막에는 STOP신호를 보낸다. START, STOP 신호는 모두 Master에서 보내게 된다.
- Slave mode에서는 7 혹은 10[bit]의 자체 어드레스를 가지며, addresses 7~10[bit]를 인식 가능하다.
- General Call address를 사용할 수 있지만 소프트웨어적으로 Enable 혹은 Disable 할 수도 있다.

라. I2C slave mode

기본적으로 I2C는 Slave mode에서 작동되며, Slave mode에서 전환하려면 Master mode에서 Start condition 신호를 생성해 주어야 한다.

정확한 시간을 생성하려면 I2C_CR2 register의 FREQ[5~0] : Peripheral clock frequency 비트를 프로그램 해야만 하는데 100[kHz]에서는 2[MHz]를 선택하고 400[kHz]에서는 4[MHz]를 선택한다.

start condition가 감지되면 바로 SDA line에서 address값을 받아서 shift register로 보내면 받은 주소와 OAR1의 주소와 비교한다. 만약 ENDUAL=1이면 OAR2 값과

혹은 (ENGC=1인 경우)General Call address 값과 비교한다.

마. Slave transmitter

다음 그림은 Slave에서 송신을 보여주고 있다. 위 그림은 7[bit] 어드레스 방식이고 아래는 10[bit] 어드레스 방식이다.

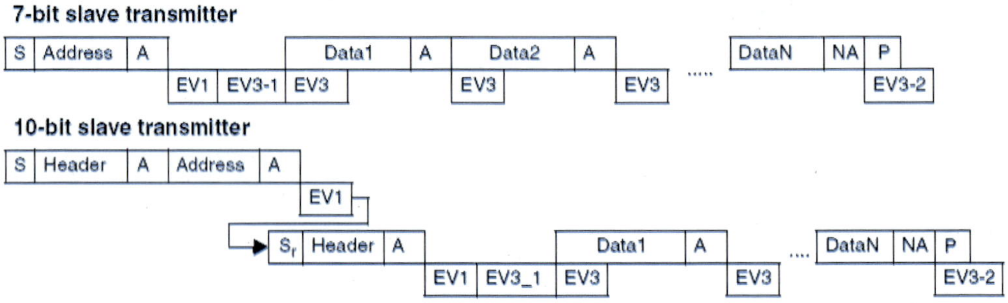

Legend: S= Start, S_r = Repeated Start, P= Stop, A= Acknowledge, NA= Non-acknowledge, EVx= Event (with interrupt if ITEVFEN=1)

EV1: ADDR=1, cleared by reading SR1 followed by reading SR2
EV3-1: TxE=1, shift register empty, data register empty, write DR.
EV3: TxE=1, shift register not empty, data register empty, cleared by writing DR
EV3-2: AF=1; AF is cleared by writing '0' in AF bit of SR1 register.

Notes: 1- The EV1 and EV3_1 events stretch SCL low until the end of the corresponding software sequence.
2- The EV3 software sequence must complete before the end of the current byte transfer.

바. Slave receiver

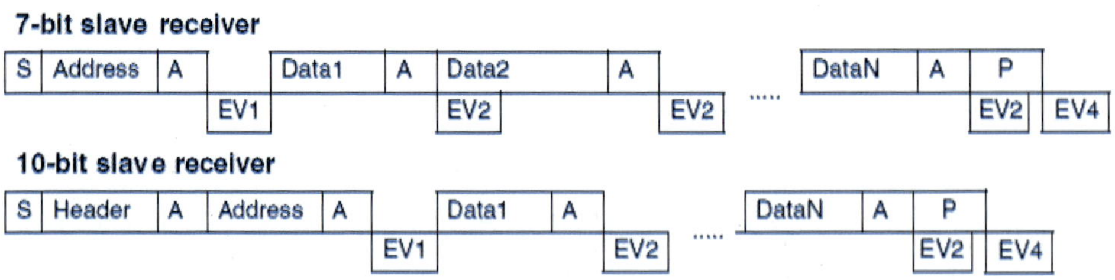

Legend: S= Start, S_r = Repeated Start, P= Stop, A= Acknowledge, NA= Non-acknowledge, EVx= Event (with interrupt if ITEVFEN=1)

EV1: ADDR=1, cleared by reading SR1 followed by reading SR2
EV2: RxNE=1 cleared by reading DR register.
EV4: STOPF=1, cleared by reading SR1 register followed by writing to the CR1 register

Notes: 1- The EV1 event stretches SCL low until the end of the corresponding software sequence.
2- The EV2 software sequence must complete before the end of the current byte transfer.

사. I2C Master mode

Master mode에서는 SCL CLOCK를 생성한다. 그리고 Start condition과 Stop condition을 생성하며 시작은 Start, 종료는 Stop condition을 내보낸다. Master mode에서는 Start condition을 SDA 라인을 통해서 보내고 이 신호를 받은 Slave에서는 시작임을 인지한다.

물론 I2C_CR1 register의 Bit 8 START : Start generation를 SET(1)하여 Start condition을 생성할 수 있다.

- I2C_CR2 register의 FREQ[5~0]: Peripheral clock frequency 비트를 프로그램 하는데 100[kHz]에서는 2[MHz]를 선택하고 400[kHz]에서는 4[MHz]를 선택한다.
- Clock control register (I2C_CCR)의 Bits 11:0 CCR[11:0]번을 설정하여 SCL CLOCK 100KHZ 혹은 400KHZ를 선택한다.
- TRISE register (I2C_TRISE)의 Bits 5:0 TRISE[5:0]를 설정한다.
- I2C_CR1 registe의 Bit 0 PE: Peripheral enable를 SET(1)로 설정한다.
- I2C_CR1 register 의 Bit 8 START: Start generation를 SET(1)하여 Start condition을 생성한다.

1) Master transmitter

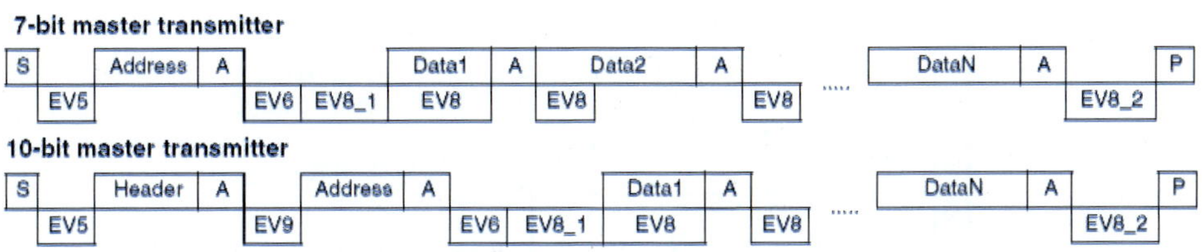

Legend: S= Start, S_r = Repeated Start, P= Stop, A= Acknowledge, NA= Non-acknowledge,
EVx= Event (with interrupt if ITEVFEN = 1)

EV5: SB=1, cleared by reading SR1 register followed by writing DR register with Address.
EV6: ADDR=1, cleared by reading SR1 register followed by reading SR2.
EV8_1: TxE=1, shift register empty, data register empty, write DR.
EV8: TxE=1, shift register not empty, data register empty, cleared by writing DR register
EV8_2: TxE=1, BTF = 1, Program Stop request. TxE and BTF are cleared by hardware by the Stop condition
EV9: ADD10=1, cleared by reading SR1 register followed by writing DR register.

Notes: 1- The EV5, EV6, EV9, EV8_1 and EV8_2 events stretch SCL low until the end of the corresponding software sequence.
2- The EV8 software sequence must complete before the end of the current byte transfer.

2) Master receiver

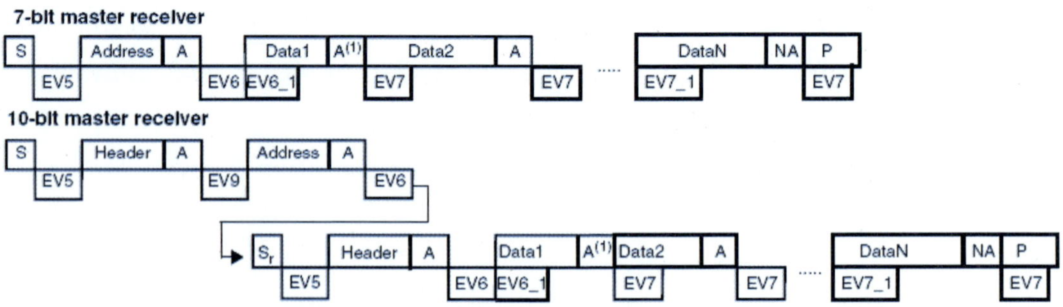

Legend: S= Start, S_r = Repeated Start, P= Stop, A= Acknowledge, NA= Non-acknowledge, EVx= Event (with interrupt if ITEVFEN=1)

EV5: SB=1, cleared by reading SR1 register followed by writing DR register.

EV6: ADDR=1, cleared by reading SR1 register followed by reading SR2. In 10-bit master receiver mode, this sequence should be followed by writing CR2 with START = 1.

EV6_1: no associated flag event, used for 1 byte reception only. The Acknowledge disable and Stop condition generation are made just after EV6, that is after ADDR is cleared.

EV7: RxNE=1 cleared by reading DR register.

EV7_1: RxNE=1 cleared by reading DR register, program ACK=0 and STOP request

EV9: ADD10=1, cleared by reading SR1 register followed by writing DR register.

15.1.2 CLOCK I2C

APB1 브럭에 결선되어 최고 36[MHz] CLOCK을 공급받고 있다.

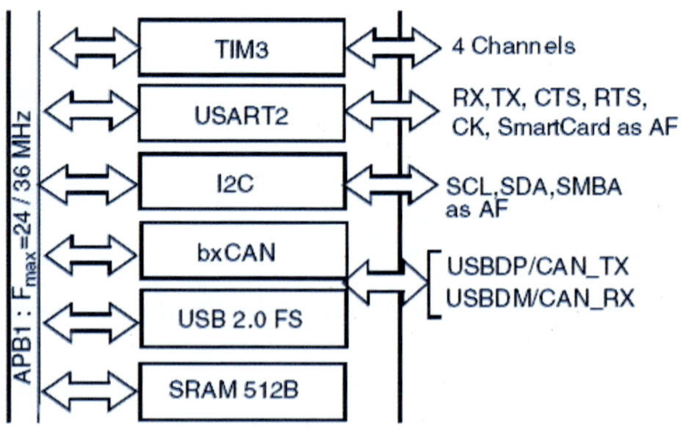

15.1.3 I2C block diagram

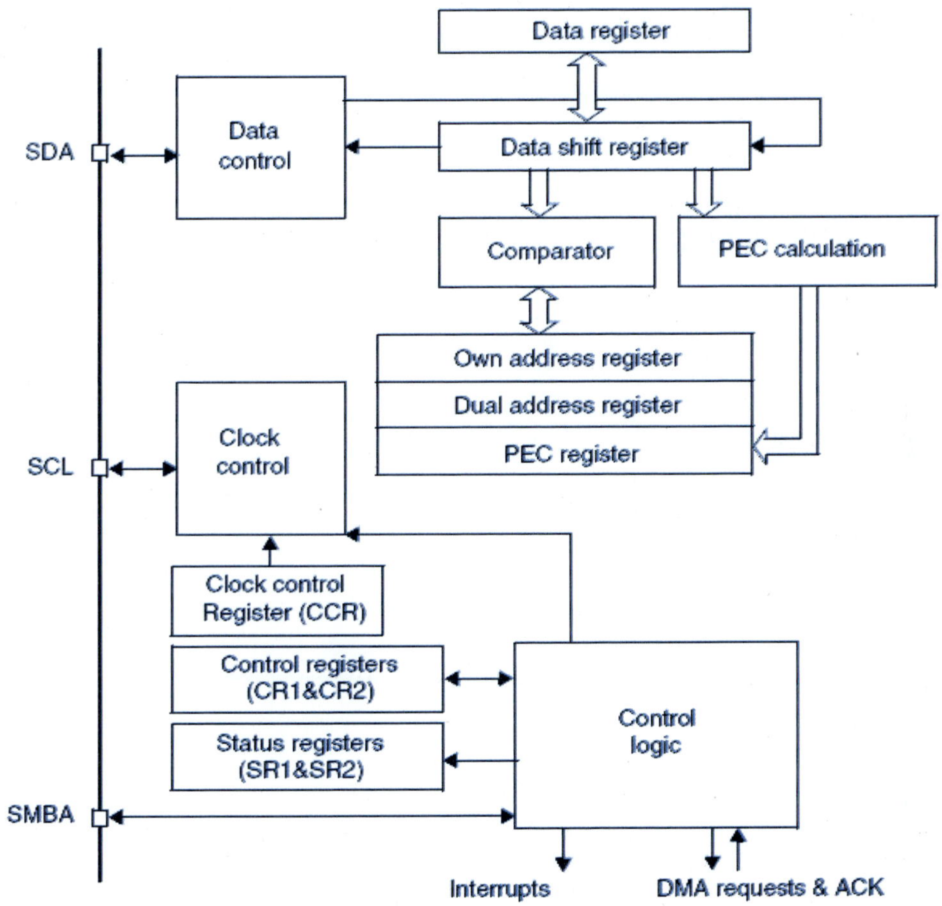

15.1.4 I2C Data Write

- Byte Write

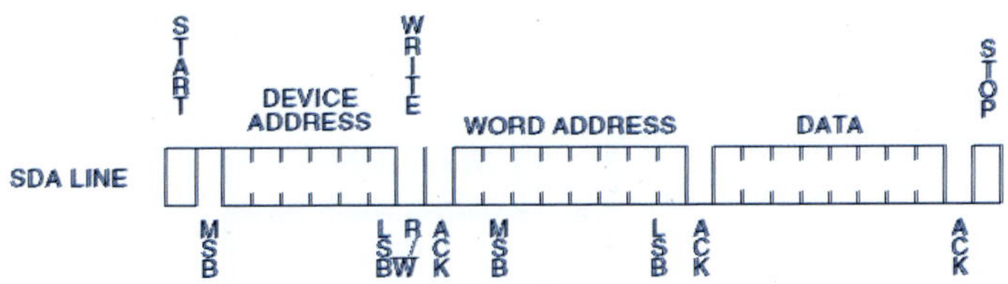

- N Byte Write

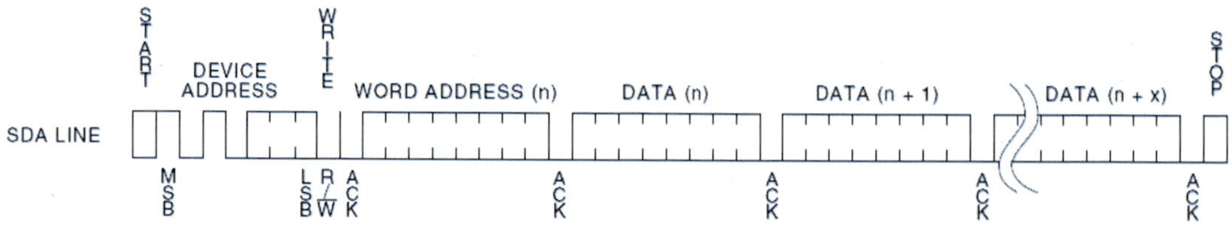

15.1.5 I2C의 Data Read

- Byte Read

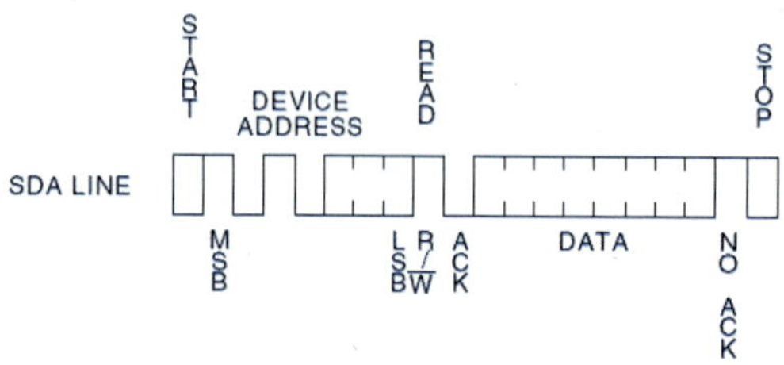

- N Byte Read

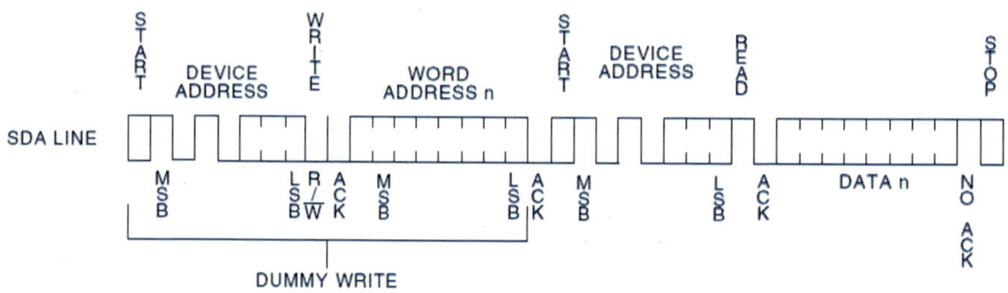

15.1.6 I2C의 메모리 맵

아래 메모리 맵에서와 같이 I2C 레지스터의 시작 번지 0X40005400이고 아래와 같다.

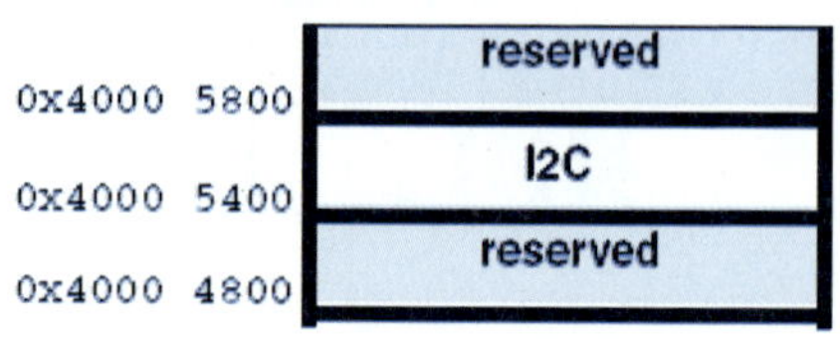

15.1.7 I2C register

16[bit] or words 32[bit]로 구성되었다.

Control register 1 (I2C_CR1) 0X00

15	14	13	12	11	10	9	8	7	6	5	4	3	2	1	0
Reserved													OWIE	ALR IE	SEC IE
													rw	rw	rw

- Bit 15 SWRST : Software reset
- When set, the I2C is under reset state. Before resetting this bit, make sure the I2C lines are released and the bus is free.
- 0 : I2C Peripheral not under reset
- 1 : I2C Peripheral under reset state
- Note : This bit can be used in case the BUSY bit is set to '1 when no stop condition has been detected on the bus.
- Bit 14 Reserved, forced by hardware to 0.
- Bit 13 ALERT: SMBus alert
- This bit is set and cleared by software, and cleared by hardware when PE=0.
- 0 : Releases SMBA pin high. Alert Response Address Header followed by NACK.
- 1 : Drives SMBA pin low. Alert Response Address Header followed by ACK.
- Bit 12 PEC: Packet error checking
- This bit is set and cleared by software, and cleared by hardware when PEC is transferred or by a START or Stop condition or when PE=0.
- 0 : No PEC transfer
- 1 : PEC transfer (in Tx or Rx mode)
- Note : PEC calculation is corrupted by an arbitration loss
- Bit 11 POS : Acknowledge/PEC Position (for data reception)
- This bit is set and cleared by software and cleared by hardware when PE=0.
- 0 : ACK bit controls the (N)ACK of the current byte being received in the shift register. The PEC bit indicates that current byte in shift register is a PEC.
- 1 : ACK bit controls the (N)ACK of the next byte which will be received in the shift register. The PEC bit indicates that the next byte in the shift register is a PEC
- Note : The POS bit must be used only in 2-byte reception configuration and must be configured before data reception starts.
- To NACK the 2nd byte, the ACK bit must be cleared after ADDR is cleared.
- To check the 2nd byte as PEC, the PEC bit must be set during the ADDR stretch event after configuring the POS bit.
- Bit 10 ACK : Acknowledge enable
- This bit is set and cleared by software and cleared by hardware when PE=0.
- 0 : No acknowledge returned
- 1 : Acknowledge returned after a byte is received (matched address or data)

- Bit 9 STOP : Stop generation
- The bit is set and cleared by software, cleared by hardware when a Stop condition is detected, set by hardware when a timeout error is detected.
- In Master Mode :
- 0 : No Stop generation.
- 1 : Stop generation after the current byte transfer or after the current Start condition is sent.
- In Slave mode :
- 0 : No Stop generation.
- 1 : Release the SCL and SDA lines after the current byte transfer.
- Note : When the STOP, START or PEC bit is set, the software must not perform any write access to I2C_CR1 before this bit is cleared by hardware. Otherwise there is a risk of setting a second STOP, START or PEC request.
- Bit 8 START : Start generation
- This bit is set and cleared by software and cleared by hardware when start is sent or PE=0.
- In Master Mode :
- 0 : No Start generation
- 1 : Repeated start generation
- In Slave mode :
- 0 : No Start generation
- 1 : Start generation when the bus is free
- Bit 7 NOSTRETCH : Clock stretching disable (Slave mode)
- This bit is used to disable clock stretching in slave mode when ADDR or BTF flag is set, until it is reset by software.
- 0 : Clock stretching enabled
- 1 : Clock stretching disabled
- Bit 6 ENGC : General call enable
- 0 : General call disabled. Address 00h is NACKed.
- 1 : General call enabled. Address 00h is ACKed.
- Bit 5 ENPEC: PEC enable
- 0 : PEC calculation disabled
- 1 : PEC calculation enabled
- Bit 4 ENARP : ARP enable
- 0 : ARP disable
- 1 : ARP enable
- SMBus Device default address recognized if SMBTYPE=0
- SMBus Host address recognized if SMBTYPE=1
- Bit 3 SMBTYPE : SMBus type
- 0 : SMBus Device
- 1 : SMBus Host
- Bit 2 Reserved, forced by hardware to 0.
- Bit 1 SMBUS: SMBus mode
- 0 : I2C mode

- 1 : SMBus mode
- Bit 0 PE : Peripheral enable
- 0 : Peripheral disable
- 1 : Peripheral enable: the corresponding I/Os are selected as alternate functions depending on SMBus bit.

Control register 2 (I2C_CR2)

15	14	13	12	11	10	9	8	7	6	5	4	3	2	1	0
Reserced			LACT	DMAEN	ITBUFEN	ITEVTEN	ITRPEN	Reserced		FREQ[5:0]					
			rw	rw	rw	rw	rw			rw	rw	rw	rw	rw	rw

- Bits 15:13 Reserved, forced by hardware to 0.
- Bit 12 LAST: DMA last transfer
- 0 : Next DMA EOT is not the last transfer
- 1 : Next DMA EOT is the last transfer
- Note : This bit is used in master receiver mode to permit the generation of a NACK on the last received data.
- Bit 11 DMAEN: DMA requests enable
- 0 : DMA requests disabled
- 1 : DMA request enabled when TxE=1 or RxNE =1
- Bit 10 ITBUFEN : Buffer interrupt enable
- 0 : TxE = 1 or RxNE = 1 does not generate any interrupt.
- 1 : TxE = 1 or RxNE = 1 generates Event Interrupt (whatever the state of DMAEN)
- Bit 9 ITEVTEN : Event interrupt enable
- 0 : Event interrupt disabled
- 1 : Event interrupt enabled
- This interrupt is generated when :

  SB = 1 (Master)
  ADDR = 1 (Master/Slave)
  ADD10= 1 (Master)
  STOPF = 1 (Slave)
  BTF = 1 with no TxE or RxNE event
  TxE event to 1 if ITBUFEN = 1
  RxNE event to 1if ITBUFEN = 1
- Bit 8 ITERREN : Error interrupt enable
- 0 : Error interrupt disabled
- 1 : Error interrupt enabled
- This interrupt is generated when :

  BERR = 1
  ARLO = 1
  AF = 1

OVR = 1
PECERR = 1
TIMEOUT = 1
SMBALERT = 1

- Bits 7:6 Reserved, forced by hardware to 0.
- Bits 5:0 FREQ[5:0] : Peripheral clock frequency
- Input clock frequency must be programmed to generate correct timings
- The allowed range is between 2 MHz and 36 MHz
- 000000 : Not allowed
- 000001 : Not allowed
- 000010 : 2 MHz
  ...
- 100100 : 36 MHz
- Higher than 100100 : Not allowed

Own address register 1 (I2C_OAR1) 0X08

15	14	13	12	11	10	9	8	7	6	5	4	3	2	1	0
ADDMODE	Reserced					ADD[9:8]		ADD[7:1]							ADD0
rw						rw	rw	rw	rw	rw	rw	rw	rw	rw	rw

- Bit 15 ADDMODE Addressing mode (slave mode)
- 0 : 7-bit slave address (10-bit address not acknowledged)
- 1 : 10-bit slave address (7-bit address not acknowledged)
- Bit 14 Should always be kept at 1 by software.
- Bits 13:10 Reserved, forced by hardware to 0.
- Bits 9:8 ADD[9:8] : Interface address
- 7-bit addressing mode : don' t care
- 10-bit addressing mode : bits9:8 of address
- Bits 7:1 ADD[7:1] : Interface address
- bits 7:1 of address
- Bit 0 ADD0 : Interface address
- 7-bit addressing mode : don' t care
- 10-bit addressing mode : bit 0 of address

Own address register 2 (I2C_OAR2) 0X0C

15	14	13	12	11	10	9	8	7	6	5	4	3	2	1	0
Reserced								ADD[7:1]							ENDUAL
								rw	rw	rw	rw	rw	rw	rw	rw

- Bits 15:8 Reserved, forced by hardware to 0.
- Bits 7:1 ADD2[7:1] : Interface address

- bits 7:1 of address in dual addressing mode
- Bit 0 ENDUAL : Dual addressing mode enable
- 0 : Only OAR1 is recognized in 7-bit addressing mode
- 1 : Both OAR1 and OAR2 are recognized in 7-bit addressing mode

Data register (I2C_DR) 0X10

15	14	13	12	11	10	9	8	7	6	5	4	3	2	1	0
Reserced								DR[7:0]							
								rw	rw	rw	rw	rw	rw	rw	rw

- Bits 15:8 Reserved, forced by hardware to 0.
- Bits 7:0 DR[7:0] 8-bit data register
- Byte received or to be transmitted to the bus.

Transmitter mode: Byte transmission starts automatically when a byte is written in the DR register. A continuous transmit stream can be maintained if the next data to be transmitted is put in DR once the transmission is started (TxE=1)

Receiver mode : Received byte is copied into DR (RxNE=1). A continuous transmit stream can be maintained if DR is read before the next data byte is received (RxNE

Status register 1 (I2C_SR1) 0X14

15	14	13	12	11	10	9	8	7	6	5	4	3	2	1	0
SMBA LERT	TIME OUT	Res.	PEC ERR	OV R	AF	ARL O	BER R	TxE	RxN E	Res.	STO PF	AD D10	BTF	AD DR	SB
rc_w 0	rc_w 0		rc_ w0	rc_ w0	rc_ w0	rc_ w0	rc_ w0	r	r		r	r	r	r	r

- Bit 15 SMBALERT : SMBus alert
- In SMBus host mode :
- 0 : no SMBALERT
- 1 : SMBALERT event occurred on pin
- In SMBus slave mode :
- 0 : no SMBALERT response address header
- 1 : SMBALERT response address header to SMBALERT LOW received

  Cleared by software writing 0, or by hardware when PE=0.
- Bit 14 TIMEOUT : Timeout or Tlow error
- 0 : No timeout error
- 1 : SCL remained LOW for 25 ms (Timeout)

  or

  Master cumulative clock low extend time more than 10 ms (Tlow:mext)

  or

  Slave cumulative clock low extend time more than 25 ms (Tlow:sext)

  When set in slave mode : slave resets the communication and lines are released

by hardware
When set in master mode: Stop condition sent by hardware
Cleared by software writing 0, or by hardware when PE=0.

- Bit 13 Reserved, forced by hardware to 0.
- Bit 12 PECERR: PEC Error in reception
- 0 : no PEC error: receiver returns ACK after PEC reception (if ACK=1)
- 1 : PEC error: receiver returns NACK after PEC reception (whatever ACK)
  Cleared by software writing 0, or by hardware when PE=0.
- Bit 11 OVR : Overrun/Underrun
- 0 : No overrun/underrun
- 1 : Overrun or underrun
  Set by hardware in slave mode when NOSTRETCH=1 and:
  In reception when a new byte is received (including ACK pulse) and the DR register has not been read yet. New received byte is lost.
  In transmission when a new byte should be sent and the DR register has not been written yet. The same byte is sent twice.
  Cleared by software writing 0, or by hardware when PE=0.
- Bit 9 ARLO : Arbitration lost (master mode)
- 0 : No Arbitration Lost detected
- 1 : Arbitration Lost detected
- Set by hardware when the interface loses the arbitration of the bus to another master
  Cleared by software writing 0, or by hardware when PE=0.
- After an ARLO event the interface switches back automatically to Slave mode (M/SL=0).
- Note : In SMBUS, the arbitration on the data in slave mode occurs only during the data phase or the acknowledge transmission (not on the address acknowledge).
- Bit 8 BERR : Bus error
- 0 : No misplaced Start or Stop condition
- 1 : Misplaced Start or Stop condition
  Set by hardware when the interface detects a misplaced Start or Stop condition
  Cleared by software writing 0, or by hardware when PE=0.
- Bit 7 TxE : Data register empty (transmitters)
- 0 : Data register not empty
- 1 : Data register empty
  Set when DR is empty in transmission. TxE is not set during address phase.
  Cleared by software writing to the DR register or by hardware after a start or a stop condition or when PE=0.
- TxE is not set if either a NACK is received, or if next byte to be transmitted is PEC (PEC=1)
- Note : TxE is not cleared by writing the first data being transmitted, or by writing data when BTF is set, as in both cases the data register is still empty.
- Bit 6 RxNE : Data register not empty (receivers)
- 0 : Data register empty

- 1 : Data register not empty

  Set when data register is not empty in receiver mode. RxNE is not set during address phase.

  Cleared by software reading or writing the DR register or by hardware when PE=0.
- RxNE is not set in case of ARLO event.
- Note : RxNE is not cleared by reading data when BTF is set, as the data register is still full.
- Bit 5 Reserved, forced by hardware to 0.
- Bit 4 STOPF: Stop detection (slave mode)
- 0 : No Stop condition detected
- 1 : Stop condition detected

  Set by hardware when a Stop condition is detected on the bus by the slave after an acknowledge (if ACK=1).

  Cleared by software reading the SR1 register followed by a write in the CR1 register, or by hardware when PE=0
- Note : The STOPF bit is not set after a NACK reception
- Bit 3 ADD10 : 10-bit header sent (Master mode)
- 0 : No ADD10 event occurred.
- 1 : Master has sent first address byte (header).

  Set by hardware when the master has sent the first byte in 10-bit address mode.

  Cleared by software reading the SR1 register followed by a write in the DR register of the second address byte, or by hardware when PE=0.

Status register 2 (I2C_SR2) 0X18

15	14	13	12	11	10	9	8	7	6	5	4	3	2	1	0
PEC[7:0]								DU ALF	SMBH OST	SMBDE FAULT	GENC ALL	Res.	TRA	BUS Y	MSL
r	r	r	r	r	r	r	r	r	r	r	r		r	r	r

- Bits 15:8 PEC[7:0] Packet error checking register
- This register contains the internal PEC when ENPEC=1.
- Bit 7 DUALF: Dual flag (Slave mode)
- 0 : Received address matched with OAR1
- 1 : Received address matched with OAR2

  Cleared by hardware after a Stop condition or repeated Start condition, or when
- PE=0.
- Bit 6 SMBHOST: SMBus host header (Slave mode)
- 0 : No SMBus Host address
- 1 : SMBus Host address received when SMBTYPE=1 and ENARP=1.

  Cleared by hardware after a Stop condition or repeated Start condition, or when PE=0.

- Bit 5 SMBDEFAULT: SMBus device default address (Slave mode)
- 0 : No SMBus Device Default address
- 1 : SMBus Device Default address received when ENARP=1
  Cleared by hardware after a Stop condition or repeated Start condition, or when PE=0.
- Bit 4 GENCALL: General call address (Slave mode)
- 0 : No General Call
- 1 : General Call Address received when ENGC=1
  Cleared by hardware after a Stop condition or repeated Start condition, or when PE=0.
- Bit 3 Reserved, forced by hardware to 0.
- Bit 2 TRA: Transmitter/receiver
- 0 : Data bytes received
- 1 : Data bytes transmitted
- This bit is set depending on the R/W bit of the address byte, at the end of total address phase.
- It is also cleared by hardware after detection of Stop condition (STOPF=1), repeated Start condition, loss of bus arbitration (ARLO=1), or when PE=0.
- Bit 1 BUSY: Bus busy
- 0 : No communication on the bus
- 1 : Communication ongoing on the bus
  Set by hardware on detection of SDA or SCL low
  cleared by hardware on detection of a Stop condition.
- It indicates a communication in progress on the bus. This information is still updated when the interface is disabled (PE=0).
- Bit 0 MSL : Master/slave
- 0 : Slave Mode
- 1 : Master Mode
  Set by hardware as soon as the interface is in Master mode (SB=1).
  Cleared by hardware after detecting a Stop condition on the bus or a loss of arbitration(ARLO=1), or by hardware when PE=0.

Clock control register (I2C_CCR) 0X1C

15	14	13	12	11	10	9	8	7	6	5	4	3	2	1	0
F/S	DUTY	Reserced		CCR[11:0]											
rw	rw			rw	rw	rw	rw	rw	rw	rw	rw	rw	rw	rw	rw

- Bit 15 F/S: I2C master mode selection
- 0 : Standard Mode I2C
- 1 : Fast Mode I2C
- Bit 14 DUTY: Fast mode duty cycle
- 0 : Fast Mode tlow/thigh = 2

- 1 : Fast Mode tlow/thigh = 16/9 (see CCR)
- Bits 13:12 Reserved, forced by hardware to 0.
- Bits 11:0 CCR[11:0] : Clock control register in Fast/Standard mode (Master mode)
- Controls the SCL clock in master mode.
- Standard mode or SMBus :
- Thigh = CCR * TPCLK1
- Tow = CCR * TPCLK1
- Fast mode :
- If DUTY = 0 :
- Thigh = CCR * TPCLK1
- Tow = 2 * CCR * TPCLK1
- If DUTY = 1 : (to reach 400 kHz)
- Thigh = 9 * CCR * TPCLK1
- Tow = 16 * CCR * TPCLK1
- For instance : in standard mode, to generate a 100 kHz SCL frequency:
- If FREQR = 08, TPCLK1 = 125 ns so CCR must be programmed with 0x28
- (0x28 〈=〉 40d x 125 ns = 5000 ns.)
- Note : 1. The minimum allowed value is 0x04, except in FAST DUTY mode where the
- minimum allowed value is 0x01
- 2. thigh = tr(SCL) + tw(SCLH). See device datasheet for the definitions of parameters
- 3. tlow = tf(SCL) + tw(SCLL). See device datasheet for the definitions of parameters
- 4. These timings are without filters.
- 5. The CCR register must be configured only when the I2C is disabled (PE = 0).
- 6. fCK = a multiple of 10 MHz is required to generate the fast clock at 400 kHz.

TRISE register (I2C_TRISE) 0X20

15	14	13	12	11	10	9	8	7	6	5	4	3	2	1	0
Reserced										TRISE[5:0]					
										rw	rw	rw	rw	rw	rw

- Bits 15:6 Reserved, forced by hardware to 0.
- Bits 5:0 TRISE[5:0] : Maximum rise time in Fast/Standard mode (Master mode)
- These bits must be programmed with the maximum SCL rise time given in the I2C bus specification, incremented by 1.
- For instance : in standard mode, the maximum allowed SCL rise time is 1000 ns.
- If, in the I2C_CR2 register, the value of FREQ[5:0] bits is equal to 0x08 and TPCLK1 = 125 ns therefore the TRISE[5:0] bits must be programmed with 09h.
- (1000 ns / 125 ns = 8 + 1)
- The filter value can also be added to TRISE[5:0].
- If the result is not an integer, TRISE[5:0] must be programmed with the integer part, in order to respect the tHIGH parameter.
- Note : TRISE[5:0] must be configured only when the I2C is disabled (PE = 0).

15.2 RTC TIMER 실습

15.2.1 개요

이번 장에서는 I2C 통신을 이용하여 EEPROM에 데이터 값을 저장해보고 EEPROM에 저장된 값들을 읽어서 TBK 보드에서 컴퓨터로 데이터를 송신해보는 실습을 해 보겠다. 물론 I2C 방식을 지원하는 IC와는 모두 가능하다. 응용 프로그램에서 TOUCH IC인 TSC2003도 I2C 방식을 지원하는 IC이다.

통신 설정은 비동기, 8 Data bit, 1 Stop bits, 9600 baud rate, None Parity로 하고 케이블 연결은 USART 실습에서와 같이 1:1 케이블을 사용하면 되겠다.

15.2.2 회로도

GPIOB의 PIN6번은 SCL로 PIN7번은 SDA 라인으로 연결되어 있다. 그리고 각 라인에는 4.7[K] 저장으로 풀업되어 있음을 유념하자. I2C 디바이스 회사마다 조금씩 다르지만 I2C 통신을 위해서는 반드시 풀업 저항을 달아야 한다. 그리고 I2C EEPROM 24C02는 2[kbit]의 용량을 가진다. 이 부분의 좀더 상세한 내용은 24C02 데이터시트를 참조하자.

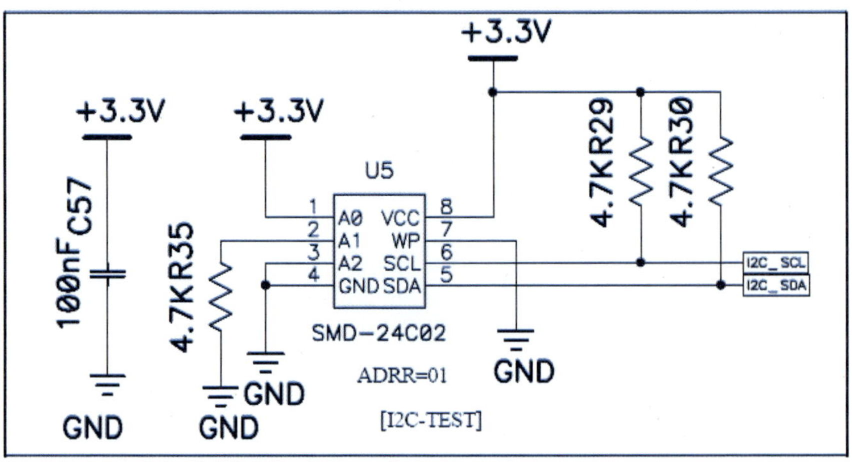

15.2.3 동작사진

아래 사진은 CPU RESET 후 한번 EEPROM에 기록되고 계속해서 EEPROM 값을 읽어 컴퓨터로 전송된 모습이다.

보통 EEPROM의 경우는 기록하는 데 한계가 있다. 보통의 FLASH 메모리가 그러하듯 10만번 정도 기록할 수 있다.

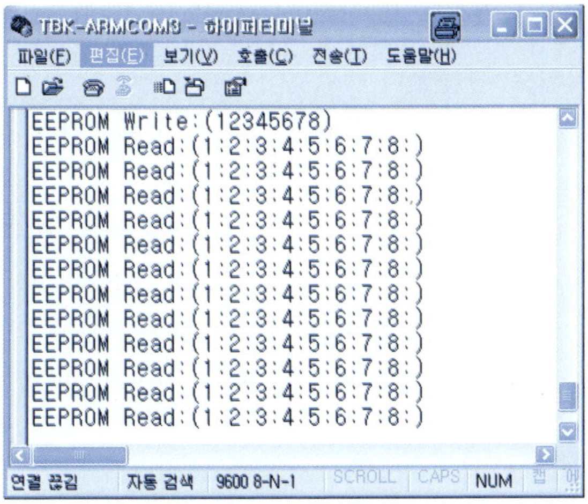

15.2.4 PCB 사진

15.2.5 파일의 위치

CDROM₩ source₩demo-103₩i2c_eeprom 디렉터리에 있다.

15.2.6 필요한 파일

main.c, main.h, stm32f10x_it.c, stm32f10x_it.h,i2c_eeprom.c, i2c_eeprom.h, usart1.c, usart1.h, delay.c, delay.h

- stm32f10x_it.c : 인터럽트관련 파일
- i2c_eeprom.c : I2C방식의 EEPROM 관련 파일
- usart1.c : USART1 통신 관련 파일, 우리는 main.c 파일에 있던 것을 따로 빼내서 재사용할 수 있도록 파일로 만들었다.
- delay.c : 딜레이 파일이다. 강제로 딜레를 만들어 사용한다.

인터럽트 관련 파일 main.c, stm32f10x_it.c가 필요하다. 따라서 아래 환경설정 ⇨ SourceAdd에서는 "stm32f10x_it.c delay.c i2c_eeprom.c usart1.c"를 추가해 주어야 됨을 볼 수 있다. 기본적으로 필자는 main.c는 주 메인 파일로 두고 main.h 파일로 1:1 관리하며 이 main.h 파일에 필요한 모든 include 파일을 적어 둔다.

가.

[SetUp Environment Options ⇨ SourceAdd]에서 아래와 같이 사용할 초기화 설정을 한다. 이번 예제에서는 추가 할 소스파일이 하나 있으므로 main.c를 제외하고 추가될 소스파일은 여기에 추가한다. 그리고 아래 Add C++, Add Asm 파일들이 있으면 이곳에 추가한다.

[Add C source file name] : 오른쪽 Add 버튼을 눌러서 stm32f10x_it.c 파일을 선택하여 추가한다. 이때 주의점은 파일과 파일 사이는 반드시 공백문자 space를 두어야 한다는 것과 주 컴파일 대상 "main.c" 제외한 파일들을 입력해야 한다는 것이다. 그리고 Add 버튼을 눌렀을 때 나타나는 모든 파일이 컴파일 대상 디렉터리 내, 즉 main.c 디렉터리 파일이다.

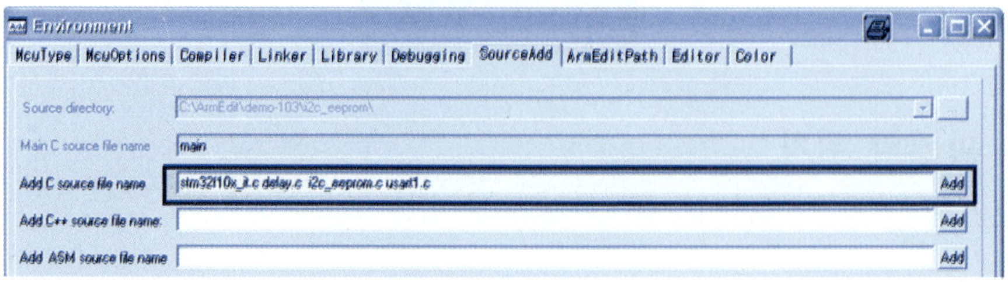

이제 모든 환경설정은 끝났다 "ok" 버튼을 누르고 환경설정을 마치고 빠져나오면 컴파일 대상 디렉터리에 makefile이 새로 생성되었을 것이다.

이제 컴파일을 진행해보자.  이 아이콘을 클릭하거나 단축키 F9를 누르면 컴파일이 진행되며 정상적으로 컴파일이 되면 main.hex 파일이 생성될 것이다.

15.2.7 main.c

1) 첫번째 줄에 main.h include 파일이 보인다. Main.h 파일에 필요한 헤더파일이 선언되어 있다.

2) RCC_Configuration() 함수 : 이 함수는 시스템 클럭 설정을 초기화 함수다.

3) NVIC_Configuration(void) : 이 함수는 Vector Table 위치를 지정한다. 우리는 FLASH Vector 영역0x08000000영역에 올릴 HEX 파일을 생성할 것이다.

```
void NVIC_Configuration(void)
{
 NVIC_InitTypeDef NVIC_InitStructure;
#ifdef  VECT_TAB_RAM
  NVIC_SetVectorTable(NVIC_VectTab_RAM, 0x0); //Set the Vector Table base
location at 0x20000000
#else  //VECT_TAB_FLASH
  NVIC_SetVectorTable(NVIC_VectTab_FLASH, 0x0); //Set the Vector Table base
location at 0x08000000
#endif
}
```

4) EEPROM_Init(void) : EEROM 관련 설정 함수 부분이다. I2C, GPIO 설정 부분을 이 함수 하나에 모두 넣었다.

```
void EEPROM_Init(I2C_TypeDef *I2Cx)
{
 ErrorStatus HSEStartUpStatus;
 GPIO_InitTypeDef GPIO_InitStructure;
 I2C_InitTypeDef I2C_InitStructure;

 RCC_APB1PeriphClockCmd(RCC_APB1Periph_I2C1,ENABLE);
 RCC_APB2PeriphClockCmd(RCC_APB2Periph_GPIOB,ENABLE);

 I2C_InitStructure.I2C_Mode = I2C_Mode_I2C;

I2C_InitStructure.I2C_DutyCycle=I2C_DutyCycle_2;//I2C_DutyCycle_16_9,I2C_DutyCycle_2
 I2C_InitStructure.I2C_OwnAddress1 = EEPROM_SLAVE_ADDRESS7;  //first device
own address.  7-bit or 10-bit address
 I2C_InitStructure.I2C_Ack =I2C_Ack_Enable;// I2C_Ack_Disable
 I2C_InitStructure.I2C_AcknowledgedAddress = I2C_AcknowledgedAddress_7bit;
 I2C_InitStructure.I2C_ClockSpeed = EEPROM_Speed;

 I2C_Cmd(I2Cx, ENABLE); //I2C Peripheral Enable
 I2C_Init(I2Cx, &I2C_InitStructure); //Apply I2C configuration after enabling it
 I2C_ITConfig(I2Cx,I2C_IT_EVT,ENABLE);

 GPIO_InitStructure.GPIO_Pin =  GPIO_Pin_6 | GPIO_Pin_7;
 GPIO_InitStructure.GPIO_Speed = GPIO_Speed_50MHz;
 GPIO_InitStructure.GPIO_Mode = GPIO_Mode_AF_OD;
 GPIO_Init(GPIOB, &GPIO_InitStructure);
}
```

- RCC_APB1PeriphClockCmd(RCC_APB1Periph_I2C1,ENABLE) : I2C에 CLOCK을 공급한다. APB1 블록에 연결되어 있음을 기억하자.
- I2C_InitStructure.I2C_Mode=I2C_Mode_I2C : I2C Mode로 설정한다.

Control register 1(I2C_CR1)의 Bit 1 SMBUS(SMBus mode) 비트를 설정한다. 이 비트가 RESET(0)이면 I2C Mode가 선택되고 SET(1)이면 SMBus mode가 선택된다. 따라서 I2C Mode를 선택한다. 다음은 "stm32f10x_i2c.h" 에 선언된 내용이다.

```
#define I2C_Mode_I2C                    ((uint16_t)0x0000)
#define I2C_Mode_SMBusDevice            ((uint16_t)0x0002)
#define I2C_Mode_SMBusHost              ((uint16_t)0x000A)
```

Control register 1 (I2C_CR1)0X00

15	14	13	12	11	10	9	8	7	6	5	4	3	2	1	0
SW RST	Res.	ALE RT	PEC	POS	ACK	STO P	STA RT	NOSTRE NGTCH	EN GC	ENP EC	EN ARP	SMBT YPE	Res.	SM BUS	PE
rw		rw	rw	rw	rw	rw	rw	rw	rw	rw	rw	rw		rw	rw

◆ I2C_InitStructure.I2C_DutyCycle=I2C_DutyCycle_2 : DutyCycle을 Fast Mode2:1을 선택한다.

Clock control register(I2C_CCR)의 Bit 14 DUTY(Fast mode duty cycle) 비트를 설정한다. 이 비트가 RESET(0)이면 Fast Mode2:1이 선택되고 SET(1)이면 Fast Mode 16/9가 된다. 아래는 "stm32f10x_i2c.h"에 선언된 내용이다.

```
#define I2C_DutyCycle_16_9 ((uint16_t)0x4000) /*!< I2C fast mode Tlow/Thigh=16/9
*/
#define I2C_DutyCycle_2 ((uint16_t)0xBFFF) /*!< I2C fast mode Tlow/Thigh=2 */
```

Clock control register (I2C_CCR) 0X1C

15	14	13	12	11	10	9	8	7	6	5	4	3	2	1	0
F/S	DUTY	Reserced		CCR[11:0]											
rw	rw			rw	rw	rw	rw	rw	rw	rw	rw	rw	rw	rw	rw

◆ I2C_InitStructure.I2C_OwnAddress1=EEPROM_SLAVE_ADDRESS7 : EEPROM I2C의 Address를 선택한다.

다음 그림은 EEPROM 제조사에서 제공하는 어드레스 설정법이다.

여기서 비트7~4번까지는 고정되어 바꿀 수 없고 A2, A1, A0 값의 조합으로 어드레스를 지정할 수 있다. 마지막 비트 R/W 0번 비트는 읽을 때는 1이고 쓸 때는 0으로 하면 된다.

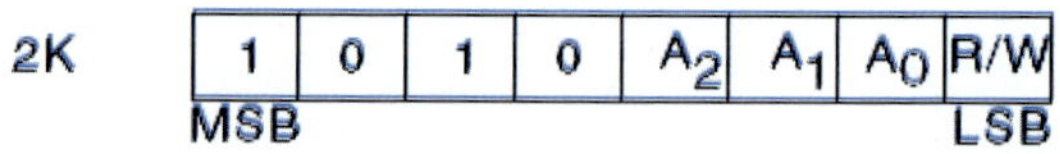

아래 회로도에서 A2와 A1은 GND에 연결되고 A0는 VDD에 연결되어 결국의 주소 값은 1010001xb가 된다. 즉 0XA2가 되는 것이다. 그리고 I2C 모드에서 읽거나 쓸 때 RW 비트는 STM32에서 자동으로 쓸 때는 0으로 읽을 때는 1로 해서 어드레스에 실어서 보내준다.

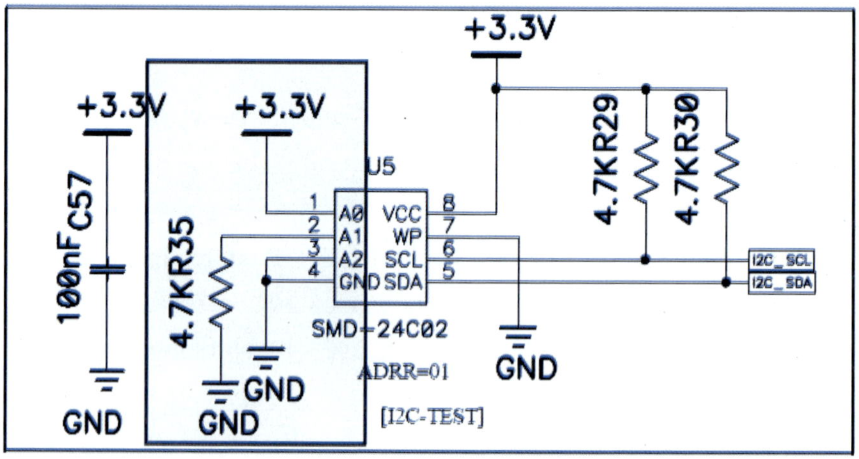

아래는 EEPROM 어드레스가 선언된 내용이다 . i2c_eeprom.h에 선언되어 있다.

```
#define EEPROM_SLAVE_ADDRESS7       0XA2
```

• I2C I2C_InitStructure.I2C_Ack=I2C_Ack_Enable : ACK 신호를 사용하게 설정한다.

Clock control register (I2C_CR1)의 Bit 10 ACK(Acknowledge enable) 비트를 설정한다. 이 비트가 RESET(0)이면 No acknowledge return이 선택되고 SET(1)이면 Acknowledge return가 선택된다. 이 설정으로 한 바이트를 수신하고 ACK를 보내게 된다. 아래는 "stm32f10x_i2c.h" 에 선언된 내용이다.

```
#define I2C_Ack_Enable              ((uint16_t)0x0400)
#define I2C_Ack_Disable             ((uint16_t)0x0000)
```

Control register 1 (I2C_CR1)0X00

15	14	13	12	11	10	9	8	7	6	5	4	3	2	1	0
SW RST	Res.	ALE RT	PEC	POS	ACK	STO P	STA RT	NOSTRE NGTCH	EN GC	ENP EC	EN ARP	SMBT YPE	Res.	SM BUS	PE
rw		rw	rw	rw	rw	rw	rw	rw	rw	rw	rw	rw		rw	rw

• I2C_InitStructure.I2C_AcknowledgedAddress=I2C_AcknowledgedAddress_7bit : 7 bit의 주소 값으로 설정.

Own address register 1(I2C_OAR1)의 Bit 15 ADDMOD(Addressing mode) 비트를 설정한다. 이 비트가 RESET(0)이면 7[bit] slave address가 선택되고 SET(1)이면 10[bit] slave address가 선택된다. 즉 7[bit] slave address를 선택하게 되면 I2C_OAR1 레지스터의 ADD[7:1]값만 유효한 어드레스가 된다.

Own address register 2(I2C_OAR2)의 Bit 0 ENDUAL(Dual addressing mode enable) 비트가 RESET(0)이면 오직 7[bit] addressing mode로 I2C_OAR1 레지스터만 선택되고 반대로 Bit 0 ENDUAL(Dual addressing mode enable)비트가 SET(1)이면 7[bit] addressing mode로 I2C_OAR1, I2C_OAR2와 같이 선택하여 I2C_OAR2 레지스터의 AAD2[7~1]이 어드레스로 사용하게 된다.

다음은 "stm32f10x_i2c.h" 에 선언된 내용이다.

```
#define I2C_AcknowledgedAddress_7bit     ((uint16_t)0x4000) //->0x0000
#define I2C_AcknowledgedAddress_10bit    ((uint16_t)0xC000)//->0x8000
```

Own address register 1 (I2C_OAR1)0X08

15	14	13	12	11	10	9	8	7	6	5	4	3	2	1	0
ADDM ODE	Reserced					ADD[9:8]		ADD[7:1]							AD D0
rw						rw	rw	rw	rw	rw	rw	rw	rw	rw	rw

Own address register 2 (I2C_OAR2)0x0C

15	14	13	12	11	10	9	8	7	6	5	4	3	2	1	0
Reserced								ADD2[7:1]							END UAL
								rw	rw	rw	rw	rw	rw	rw	rw

• I2C_InitStructure.I2C_ClockSpeed=EEPROM_Speed : 2C의 통신 속도를 400[kHz]로 지정한다.

i2c_eeprom.h에 선언되어 있다.

```
#define EEPROM_Speed              400000
```

Power control register (PWR_CR)0X00

31	30	29	28	27	26	25	24	23	22	21	20	19	18	17	16
Reserced															
15	**14**	**13**	**12**	**11**	**10**	**9**	**8**	**7**	**6**	**5**	**4**	**3**	**2**	**1**	**0**
Reserced							DBP	PLS[2:0]			PVDE	CSBF	CWUF	PDDS	LPDS
							rw	rw	rw	rw	rw	rw	rw	rw	rw

• I2C_Cmd(I2C1, ENABLE) () : Peripheral enable 한다.

Control register 1 (I2C_CR1)

15	14	13	12	11	10	9	8	7	6	5	4	3	2	1	0
SWRST	Res.	ALERT	PEC	POS	ACK	STOP	START	NOSTRENGTCH	ENGC	ENPEC	ENARP	SMBTYPE	Res.	SMBUS	PE
rw		rw	rw	rw	rw	rw	rw	rw	rw	rw	rw	rw		rw	rw

• I2C_Init(I2C1, &I2C_InitStructure) : I2C 관련 설정해 준 값을 저장한다.

• I2C_ITConfig(I2C1, I2C_IT_EVT,ENABLE) : Event interruptF를 발생시킨다.

Control register 2 (I2C_CR2)0X04

15	14	13	12	11	10	9	8	7	6	5	4	3	2	1	0
Reserced			LACT	DMAEN	ITBUFEN	ITEVTEN	ITRPEN	Reserced		FREQ[5:0]					
			rw	rw	rw	rw	rw			rw	rw	rw	rw	rw	rw

• void EEPROM_Write() : 이 함수는 EEPROM에 데이터 값을 저장하는 함수로 “i2c_eeprom.c” 에 있다.

```
void   EEPROM_Write(I2C_TypeDef   *I2Cx,   unsigned   char   Device,unsigned   char
Addr,unsigned char Data)
{
  unsigned char  d;
while(I2C_GetFlagStatus(I2Cx, I2C_FLAG_BUSY)); //While the bus is busy
  I2C_GenerateSTART(I2Cx, ENABLE);//Send START condition
  while(!I2C_CheckEvent(I2Cx,  I2C_EVENT_MASTER_MODE_SELECT  ));//EV5(BUSY,
MSL and SB flag) Test on EV5 and clear it
   I2C_Send7bitAddress(I2Cx,  Device,  I2C_Direction_Transmitter);//Send  EEPROM
address for write
  w h i l e ( ! I 2 C _ C h e c k E v e n t ( I 2 C x ,
I2C_EVENT_MASTER_TRANSMITTER_MODE_SELECTED));//EV6(BUSY,  MSL,  ADDR,
TXE and TRA flags) Test on EV6 and clear it
  I2C_SendData(I2Cx, Addr); //Send the EEPROM's internal address to read from:
Only one byte address
  while(!I2C_CheckEvent(I2Cx,  I2C_EVENT_MASTER_BYTE_TRANSMITTED));  //Test
on EV8 and clear it
  I2C_SendData(I2Cx, Data);
  while(!I2C_CheckEvent(I2Cx,         I2C_EVENT_MASTER_BYTE_TRANSMITTED));
//EV8_2(RA, BUSY, MSL, TXE and BTF flags)
  I2C_GenerateSTOP(I2Cx, ENABLE);// Send STOP Condition
}
```

- 여기서 I2Cx 값은 I2C1 혹은 I2C2 값 중 하나다. 여기서는 I2C1이 선택되겠다.

  while(I2C_GetFlagStatus(I2Cx, I2C_FLAG_BUSY)) : busy 상태를 검사한다. Status register 2(I2C_SR2)의 Bit 1 BUSY(Bus busy) 비트가 SET(1)인지 검사한다.

Status register 2 (I2C_SR2)0X18

15	14	13	12	11	10	9	8	7	6	5	4	3	2	1	0
PEC[7:0]								DUALF	SMBHOST	SMBDEFAULT	GENCALL	Res.	TRA	BUSY	MSL
r	r	r	r	r	r	r	r	r	r	r	r		r	r	r

- I2C_GenerateSTART(I2Cx, ENABLE) : Start 신호를 보낸다. 아래 그림의 1번이다.
- while(!I2C_CheckEvent(I2Cx, I2C_EVENT_MASTER_MODE_SELECT)) : ACK 신호를 받을 때까지 대기한다. 다음 그림의 3번이다.

- I2C_Send7bitAddress(I2Cx, Device, I2C_Direction_Transmitter) : 7[bit] 어드레스를 내보낸다. 이 값은 0XA2이고 아래 그림의 2번이다. 이 어드레스 번호는 EEPROM의 고유 어드레스다. 예를 들어 같은 SDA, SCL 신호선에 여러 개의 디바이스가 연결되어 있다면 이 어드레스 번지로 구분하는 것이다.
- while(!I2C_CheckEvent(I2Cx, I2C_EVENT_MASTER_TRANSMITTER_MODE_SELECTED)) : 다시 ACK 신호를 받을 때까지 기다린다. 아래 그림의 3번이다.
- I2C_SendData(I2Cx, Addr) : 이번의 8[bit] 데이터가 EEPROM Address 번지이다. 이 번지에 데이터를 쓰는 것이다. 우리가 선택한 EEPROM은 256BYTE Address 번지까지 데이터를 기록할 수 있다. 다음 그림의 4번이다.
- while(!I2C_CheckEvent(I2Cx, I2C_EVENT_MASTER_BYTE_TRANSMITTED)) : ACK 신호를 받을 때까지 기다린다. 다음 그림의 5번이다.
- I2C_SendData(I2Cx, Data) : 위에서 Address를 지정했으므로 이 값을 지정한 어드레스에 기록하는 것이다. 다음 그림의 6번이다.
- while(!I2C_CheckEvent(I2Cx, I2C_EVENT_MASTER_BYTE_TRANSMITTED)) : 다시 ACK 신호를 기다린다. 다음 그림의 7번이다.
- I2C_GenerateSTOP(I2Cx, ENABLE) : 마지막 ACK 신호를 수신하면 종료 신호인 STOP을 보낸다. 아래 그림의 8번이다.

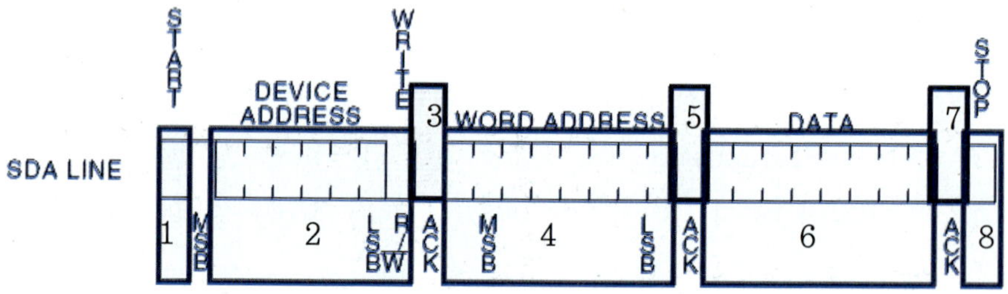

- 3,5,7번은 SLAVE(EEPROM)에서 수신하는 ACK 신호이다.

이제 I2C 통신 방식으로 EEPROM에 기록함수를 구현하였다. 하지만 기록한 내용을 확인해 보는 읽기 함수도 필요할 것이다.

그럼 읽기 함수도 구현해 보자.

◆ Void EEPROM_Read() 함수

```
unsigned char EEPROM_Read(I2C_TypeDef *I2Cx, unsigned char Device,unsigned
char Addr)
{
  unsigned char d;
while(I2C_GetFlagStatus(I2Cx, I2C_FLAG_BUSY));//While the bus is busy
  I2C_GenerateSTART(I2Cx, ENABLE);//Send START condition
  while(!I2C_CheckEvent(I2Cx, I2C_EVENT_MASTER_MODE_SELECT ));//EV5(BUSY,
MSL and SB flag) EV5 Test on EV5 and clear it
  I2C_Send7bitAddress(I2Cx, Device, I2C_Direction_Transmitter);//Send EEPROM
address for write
  while(!I2C_CheckEvent(I2Cx, I2C_EVENT_MASTER_TRANSMITTER_MODE_SELECTED))
;//EV6(BUSY, MSL, ADDR, TXE and TRA flags)EV6 Test on EV6 and clear it
  I2C_SendData(I2Cx,Addr); //Send the EEPROM's internal address to read from:
Only one byte address
  while(!I2C_CheckEvent(I2Cx, I2C_EVENT_MASTER_BYTE_TRANSMITTED)); //Test
on EV8 and clear it
  I2C_GenerateSTART(I2Cx, ENABLE);// Send STRAT condition a second time
  while(!I2C_CheckEvent(I2Cx, I2C_EVENT_MASTER_MODE_SELECT));//EV5(BUSY,
MSL and SB flag) EV5 Test on EV5 and clear it
  I2C_Send7bitAddress(I2Cx, Device, I2C_Direction_Receiver);// Send EEPROM
address for read
  while(!I2C_CheckEvent(I2Cx, I2C_EVENT_MASTER_RECEIVER_MODE_SELECTED))
;//EV6(BUSY, MSL and ADDR flags)Test on EV6 and clear it
  while(!I2C_CheckEvent(I2Cx, I2C_EVENT_MASTER_BYTE_RECEIVED));
  I2C_AcknowledgeConfig(I2Cx, DISABLE);//Disable Acknowledgement
  I2C_GenerateSTOP(I2Cx, ENABLE);// Send STOP Condition
  d=I2C_ReceiveData(I2Cx);//Read a byte from the EEPROM
return d;
}
```

◆ I2C_GenerateSTART(I2Cx, ENABLE) : Start 신호를 보낸다. 다음 그림의 1번이다

◆ while(!I2C_CheckEvent(I2Cx, I2C_EVENT_MASTER_MODE_SELECT)) : Mastar 신호를 받을 때까지 대기한다.

◆ I2C_Send7bitAddress(I2Cx, Device, I2C_Direction_Transmitter) : 7[bit] 어드레스를 내보낸다. 이 값은 0XA2이고 다음 그림의 2번이다. 이 어드레스 번호는 EEPROM의 고유 어드레스다. 예를 들어 같은 SDA, SCL 신호선에 여러 개의 디바이스가 연결되어 있다면 이 어드레스 번지로 구분하는 것이다.

- while(!I2C_CheckEvent(I2Cx, I2C_EVENT_MASTER_TRANSMITTER_MODE_SELECTED)) : 다시 ACK 신호를 받을 때까지 기다린다. 아래 그림의 3번이다.
- I2C_SendData(I2Cx, Addr) : 이번의 8[bit] 데이터가 EEPROM Address 번지이다. 이 번지에 데이터를 쓴다. 우리가 선택한 EEPROM은 256[byte] Address 번지까지 데이터를 기록할 수 있다. 다음 그림의 4번이다.
- while(!I2C_CheckEvent(I2Cx, I2C_EVENT_MASTER_BYTE_TRANSMITTED)) : ACK 신호를 받을 때까지 기다린다. 다음 그림의 5번이다.
- I2C_GenerateSTART(I2Cx, ENABLE) : 다시 Start 신호를 보낸다. 다음 그림의 6번이다.
- I2C_Send7bitAddress(I2Cx, Device, I2C_Direction_Receiver) : 다시 7[bit] 어드레스를 내보낸다. 다음 그림의 7번이다.
- while(!I2C_CheckEvent(I2Cx, I2C_EVENT_MASTER_RECEIVER_MODE_SELECTED)) : ACK 신호를 받을 때까지 기다린다. 다음 그림의 8번이다.
- while(!I2C_CheckEvent(I2Cx, I2C_EVENT_MASTER_BYTE_RECEIVED)) : 한 바이트를 수신할 때까지 대기한다. 다음 그림에서 10번이다.
  이 함수가 처리되면 수신이 모두 된 것이다.
- 2C_AcknowledgeConfig(I2Cx, DISABLE) : No acknowledge(NACK) 신호다. 이는 SDA 라인에 HI로 하여 데이터 수신 종료를 알리는 역할을 한다. 다음 그림의 10번이다.
- I2C_GenerateSTOP(I2Cx, ENABLE) : 마지막 ACK 신호를 수신하면 종료 신호인 STOP을 보낸다. 다음 그림의 11번이다.
- d=I2C_ReceiveData(I2Cx) : 저장된 데이터를 읽어와서 리턴 시킨다.

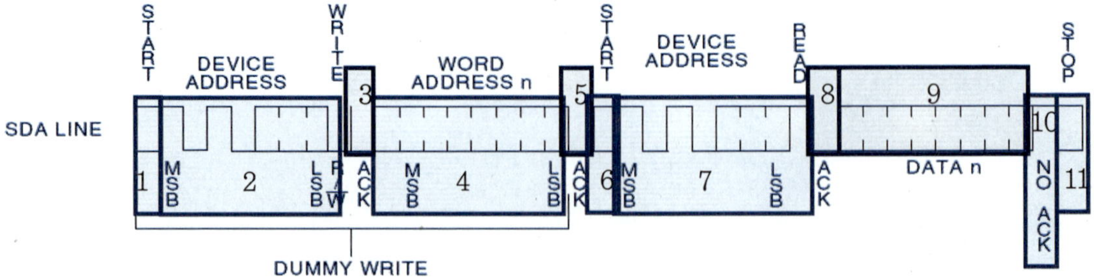

- 1, 2, 4, 6, 7, 10, 11번은 Master에서 보내고 3, 5, 8, 9번은 Slave(EEPROM)에서 받는 신호다.

15.2.8 main.c 파일의 main함수

아래 while 문 진입하기 전에 EEPROM_Write()함수는 EEPROM에 값을 기록하는 부분이다. 그리고 EEPROM_Read() 부분은 방금 전에 기록한 데이터를 읽어와서 USART를 통해서 컴퓨터로 보내는 부분이다. 크게 어려운 부분이 없으므로 설명은 생략한다.

```
int main(void)
{
  unsigned char ii;
  RCC_Configuration();    // RCC Configuration
  NVIC_Configuration(); // NVIC Configuration
  GPIO_Configuration(); //GPIO_Configuration
  Usart1_GpioInit(9600); / GPIO_Configuration
  EEPROM_Init(I2C1); //I2C,GPIO 초기화
  Usart1_PutStr("EEPROM Write:(12345678)");
  EEPROM_Write(I2C1, EEPROM_SLAVE_ADDRESS7,0X00,'1'); // EEPROM Address
0x00번지에 0x01 값을 쓴다.
  EEPROM_Write(I2C1, EEPROM_SLAVE_ADDRESS7,0X01,'2');
  EEPROM_Write(I2C1, EEPROM_SLAVE_ADDRESS7,0X02,'3');
  EEPROM_Write(I2C1, EEPROM_SLAVE_ADDRESS7,0X03,'4');
  EEPROM_Write(I2C1, EEPROM_SLAVE_ADDRESS7,0X04,'5');
  EEPROM_Write(I2C1, EEPROM_SLAVE_ADDRESS7,0X05,'6');
  EEPROM_Write(I2C1, EEPROM_SLAVE_ADDRESS7,0X06,'7');
  EEPROM_Write(I2C1, EEPROM_SLAVE_ADDRESS7,0X07,'8');
  Usart1_PutStr("₩r₩n");
  while (1)
  {
    Usart1_PutStr("EEPROM Read:");
    Usart1_PutByte('(');
    for(ii=0;ii<8;ii++)
    {
      Usart1_PutByte(EEPROM_Read(I2C1,EEPROM_SLAVE_ADDRESS7,ii)); //EEPROM
데이터를 읽어서 USART로 전송
      Usart1_PutByte(':');
    }
    Usart1_PutByte(')');
    Usart1_PutStr("₩r₩n"); //다음 라인으로 이동
    delay_ms(1000);    // 1초 정도 딜레이를 준다.
  }}
```

15.2.9 main.h 파일

첫 번째 줄에 stm32f10x.h 등 여러 include 파일이 보인다. 첫째 라인은 ST사에서 제공하는 라이브러리 파일인 stm32f10x.h이고 "C:₩ArmEdit₩WinArm₩stm32lib₩CMSIS₩CM3₩DeviceSupport₩ST₩STM32F10x₩stm32f10x.h" 디렉터리에 존재한다. 그리고 두 번째 라인의 인터럽트 관련 루틴 Handler 함수가 stm32f10x_it.h이다.

```
#include "stm32f10x.h"
#include "stm32f10x_it.h"
#include "i2c_eeprom.h"
#include "usart1.h"
#include "delay.h"
```

15.2.10 stm32f10x_it.c 파일

예제에서는 인터럽트 핸들러를 사용하지 않고 직접 구현하였으므로 이 부분은 사용하지 않는다.

15.2.11 결론

이 장을 통해서 우리는 I2S 통신 방식으로 EEPROM에 값을 기록하거나 읽어 그 값을 USART로 전송하여 컴퓨터에 확인해 보았다.

I2C 통신은 간단하고 구현하기 쉬우며 2개 라인만 있으면 통신이 가능하다는 사실을 배웠다. 사실 I2C를 H/W 인터럽트 처리 방식으로 처리를 하다보니 좀 어렵게 느껴지지만 원래는 상당히 간단한 프로토콜 통신이다. I2C 구현 방법을 이해하였다면 S/W방식으로 직접 구현해 보는 것도 많은 도움이 될 것이다. 필자는 USART, SPI 통신 다음으로 많이 사용하는 방식이므로 반드시 숙지해서 자신의 것으로 만들어야 할 것으로 본다.

제16장

SPI 통신

16.1 SPI 통신의 기초

16.1.1 개요

Serial peripheral interface(SPI)는 microcontroller와 통신을 위한 interface 규격으로 4선식 방식으로 데이터 전송량이 많은 곳에 사용된다. 전송 속도는 최고 18[MHz]를 지원한다. STM32F103XX 디바이스에는 기본적으로 SPI 통신 포트가 2개 있다.

MOSI, MISO, SCK, NSS의 4개의 라인으로 이루어진다. SD CARD, 가속도 센서 등의 IC에 주로 사용된다.

★ SPI 통신과 더불어 I2S라는 명칭의 전송 방법이 나오는데 이 전송 방법은 오디오에 관한 프로토콜쯤으로 생각하자. 이 프로토콜은 한쪽 방향으로만 보내게 되는데 MCK, LR, CK, SD 4선으로 구성되며 상당히 빠른 데이터 전송 속도를 갖는다.

STM32F103XX 시리즈에는 장착되어 있지 않지만 항상 SPI 모드와 연관되어(함수가 같은 경우도 많다.) 사용된다.

- Master/Slave 모드 지원
- 8[bit] 혹은16[bit] 모드 지원
- 최고 18[MHz] 통신 속도
- MSB-first 혹은 LSB-first shifting 지원
- Hardware CRC

SPI 통신은 아래 그림에서와 같이 4개의 PIN으로 구성되고 Master 혹은 Slave 모드로 동작한다.

1) MOSI : Master 출력 핀이다.
2) MISO : Master 입력 핀이다.
3) SCK : CLOCK 핀이다.
4) NSS : CHIP SELECT 핀으로 SLAVE 어드레스를 선택하는 핀이다. 이 핀은 여러 개의 SLAVE가 연결되었을 때 이 핀을 사용하지 않고 S/W로 GPIO PIN을 할당하여 직접 구현해서 사용할 수 있다. RESET(0)일 때 CHIP이 선택된다.

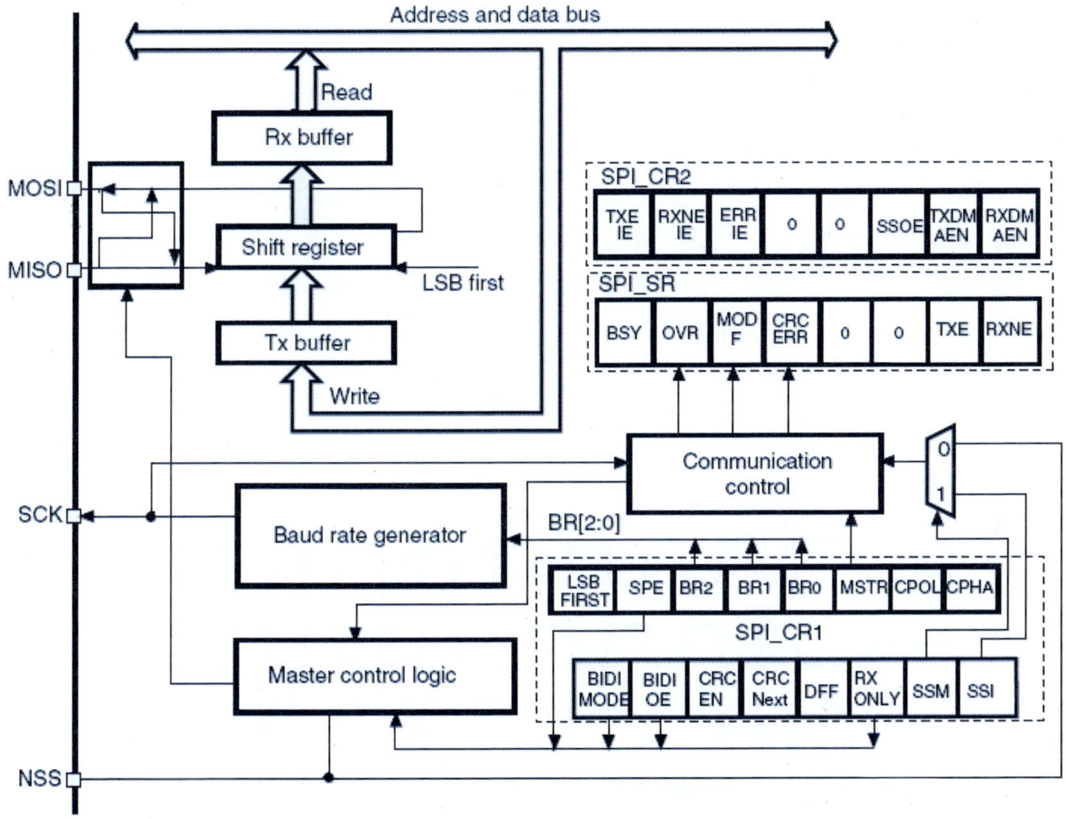

가. Single master/ single slave application

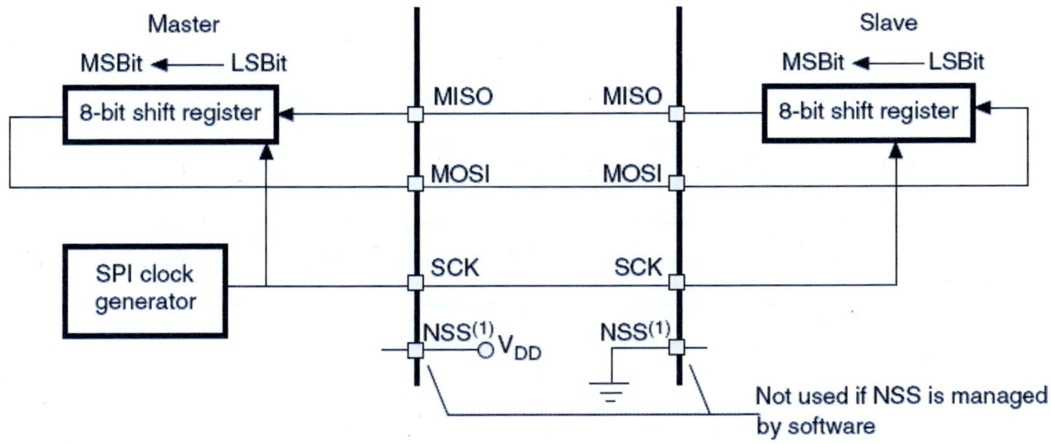

나. Data clock timing diagram

아래 그림을 간단히 정리해 보면 CPOL=1일 때는 아래 그림과 같이 SCK CLOCK을 시작할 때 HI(1)에서 시작되고 CPOL=0일 때는 SCK CLOCK을 시작할 때는 LOW(0)에서 시작됨을 볼 수 있다.

이 SCK CLOCK을 설정하는 비트가 CPOL이다. 그리고 CPHA는 falling edge, rising edge를 선택하는 것으로 만약 CPHA가 RESET(0)이고 CPOL bit가 SET(1)이면 falling edge에서 CPOL bit가 RESET(0)이면 rising edge에서 Data가 latche된다. 그리고 Data frame format으로 MSB를 먼저 내보낼지 아니면 LSB를 먼저 내보낼지를 선택하는 것은 SPI_CR1 Register의 LSBFIRST bit로 결정짓는다. SPI_CR1 register의 DFF bit의 설정으로 data frame Size 즉 8~16 [bit]를 결정하게 된다.

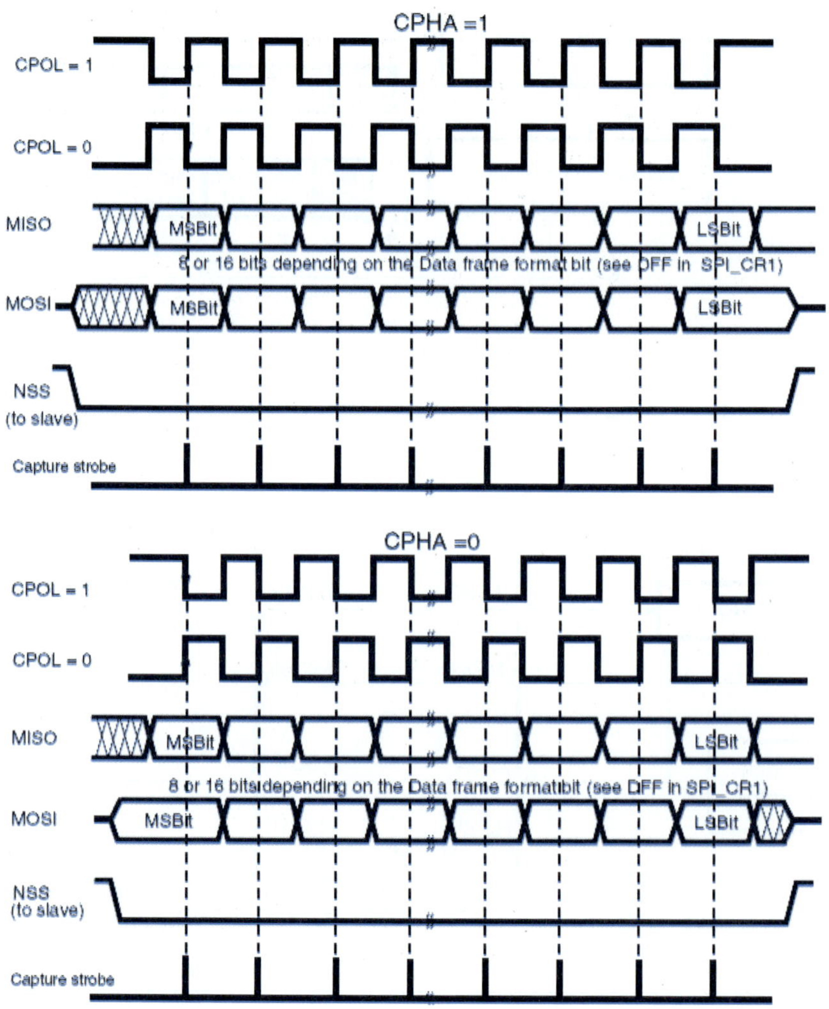

다. SPI slave mode 설정

Master device에서 SCK를 수신함으로 결정된다. SPI_CR1 register의 BR[2:0] bits를 설정함으로 Baud rate를 지정할 수 있다.

DFF를 설정하여 8/16[bit] data frame format을 지정한다.

- CPOL 와 CPHA bit를 선택한다.
- SPI_CR1 register의 LSBFIRST bit를 설정하여 frame format(MSB-first 혹은 LSB-first)을 결정한다.
- NSS PIN을 선택한다. SPI_CR1의 SSI bit RESET(0)하고 SSM bit를 SET(1)한다.
- SPI_CR1 register의 SPE bit는 SET(1)으로 MSTR bit RESET(0)으로 설정한다.

SALAVE MODE에서는 MOSI 데이터 입력 핀이고 MISO는 데이터 출력 핀으로 설정된다.

하드웨어 모드에서 Slave Device 선택(NSS 핀)은 데이터를 전송하는 동안 LOW(0)을 유지해야 한다.

소프트웨어 모드에서는 SPI_CR1 레지스터의 SSM 비트는 SET(1)로 SSI 비트는 RESET(0)으로 설정한다.

- SSM 비트가 설정되면, NSS 핀 입력은 SSI 비트의 값으로 대체된다. 즉 이 비트는 SSM 비트가 설정된 경우에만 효력이 발생된다. NSS 핀 및 NSS 핀의 I/O 값은 무시된다.

1) Slave transmitter

slave device는 항상 Master에서 clock signal을 받을 때 시작하고 송신 버퍼의 데이터는 shift-register로 전송된다.

만약 SPI_CR2 register의 TXEIE bit가 설정되어 있다면 Tx Buffer에서 shift register로 전송이 완료되면 SPI_SR register의 TXE flag가 SET(1)이 된다.

2) Slave receiver

- shift register에 있는 데이터가 Rx Buffer로 전송되고 나면 SPI_SRregister의 RXNE flag가 SET(1)된다.
- SPI_CR2 register의 RXNEIE bit가 설정되어 있다면 RXNE Interrupt가 생성된다.

마지막 clock edge에서 RXNE비트가 설정되고 shift register는 Rx buffer로 데이터

값을 복사한다. 그리고 SPI_DR register를 읽으면 SPI peripheral 버퍼링된 값을 반환한다. SPI_DR register의 값을 읽으면 RXNE bit의 값은 클리어 된다.

라. SPI Master mode 설정

- SPI_CR1 register의 BR[2:0] bits를 설정하여 baud rate 속도를 지정한다.
- CPOL와 CPHA bit를 선택한다.
- DFF를 설정하여 8/16 bit data frame format을 지정한다.
- SPI_CR1 register의 LSBFIRST bit를 설정하여 frame format(MSB-first 혹은 LSB-first) 결정한다.
- NSS PIN을 설정한다. SPI_CR1의 SSI bit SET(1)하고 SSM bit를 SET(1)한다.

하드웨어 모드에서 Slave Device 선택(NSS 핀)은 데이터를 전송하는 동안 LOW(0)을 유지해야 한다.

소프트웨어 모드에서는 SPI_CR1 레지스터의 SSM 와 SSI 비트는 SET(1)으로 설정한다.

NSS 핀은 입력 모드에 필요한 경우, 하드웨어 모드에서 NSS 핀을 연결하여 전체 바이트 전송 시퀀스 동안 HI(1) 신호를 유지하고 NSS 소프트웨어 모드에서 SPI_CR1 레지스터의 SSM와 SSI 비트를 SET(1)로 설정한다.

NSS 핀이 출력 모드에 필요한 경우 SSOE 비트는 설정해야 한다.

- 만약 우리가 CHIP SELECT 핀을 GPIO에서 따로 설정하여 사용하는 경우는 NSS 핀은 무시해도 된다.

예를 들어 SS_/CS 핀을 따로 만들었다면 SPI Master 모드에서 Slave로 데이터는 보내는 동안 LOW(0)을 유지해야 한다. 즉 시작 시 LOW(0)하고 종료 시 HI(1)로 한다.

1) Master transmitter

송신 시 Tx Buffer에 보낼 데이터를 쓰고 transmit sequence가 시작된다. SPI_CR1 register의 LSBFIRST bit 설정에 따라 shift register는 순차적으로 MOSI pin으로 MSB first 먼저 출력될지 아니면 LSB first가 먼저 출력될지 결정된다. 만약 SPI_CR2 register의 TXEIE bit가 설정되어 있다면 Tx Buffer에서 shift register로 데이터를 전송하고 나면 TXE flag가 설정되어 인터럽트가 발생된다.

2) Master receiver

- shift register에서 RX Buffer로 데이터를 전송하고 나면 RXNE flag가 SET(1)된다.

• SPI_CR2 register RXNEIE bit가 설정되어 있다면 interrupt가 발생된다.

마지막 clock edge에서 RXNE 비트가 설정되고 shift register는 Rx buffer로 데이터 값을 복사한다. 그리고 SPI_DR register를 읽으면 SPI peripheral 버퍼링된 값을 반환한다. SPI_DR register의 값을 읽으면 RXNE bit의 값은 클리어 된다.

16.1.3 SPI의 메모리 맵

다음 메모리 맵에서와 같이 SPI 레지스터의 시작 번지 0X40013000이고 아래와 같다.

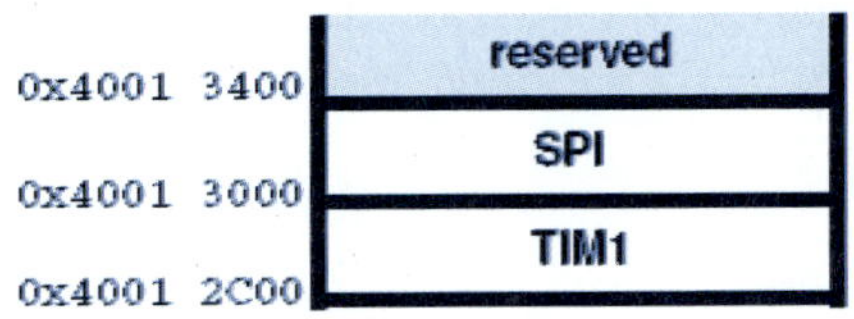

16.1.4 SPI register

16[bit] or words 32[bit]로 구성되었다.

SPI control register 1 (SPI_CR1)0X00

15	14	13	12	11	10	9	8	7	6	5	4	3	2	1	0
BIDIMODE	BIDIOE	CRCEN	CRCNEXT	DFF	RXONLY	SSM	SSI	LSBFIRST	SPE	BR[2:0]			MSTR	CPOL	CPHA
rw	rw	rw	rw	rw	rw	rw	rw	rw	rw	rw	rw	rw	rw	rw	rw

- Bit 15 BIDIMODE : Bidirectional data mode enable
- 0 : 2-line unidirectional data mode selected
- 1 : 1-line bidirectional data mode selected
- Note: Not used in I2S mode
- Bit 14 BIDIOE : Output enable in bidirectional mode
- This bit combined with the BIDImode bit selects the direction of transfer in bidirectional mode
- 0 : Output disabled (receive-only mode)
- 1 : Output enabled (transmit-only mode)
- Note : In master mode, the MOSI pin is used and in slave mode, the MISO pin is used.
- Not used in I2S mode
- Bit 13 CRCEN : Hardware CRC calculation enable
- 0 : CRC calculation disabled
- 1 : CRC calculation Enabled

- Note : This bit should be written only when SPI is disabled (SPE = '0') for correct operation
- Not used in I2S mode
- Bit 12 CRCNEXT : Transmit CRC next
- 0 : Next transmit value is from Tx buffer
- 1 : Next transmit value is from Tx CRC register
- Note : This bit has to be written as soon as the last data is written into the SPI_DR register.
- Not used in I2S mode
- Bit 11 DFF : Data frame format
- 0 : 8-bit data frame format is selected for transmission/reception
- 1 : 16-bit data frame format is selected for transmission/reception
- Note : This bit should be written only when SPI is disabled (SPE = '0') for correct operation
- Not used in I2S mode
- Bit 10 RXONLY : Receive only
- This bit combined with the BIDImode bit selects the direction of transfer in 2-line
- unidirectional mode. This bit is also useful in a multislave system in which this particular slave is not accessed, the output from the accessed slave is not corrupted.
- 0 : Full duplex (Transmit and receive)
- 1 : Output disabled (Receive-only mode)
- Note : Not used in I2S mode
- Bit 9 SSM : Software slave management
- When the SSM bit is set, the NSS pin input is replaced with the value from the SSI bit.
- 0 : Software slave management disabled
- 1 : Software slave management enabled
- Bit 8 SSI : Internal slave select
- This bit has an effect only when the SSM bit is set. The value of this bit is forced onto the NSS pin and the I/O value of the NSS pin is ignored.
- Note : Not used in I2S mode
- Bit 7 LSBFIRST : Frame format
- 0 : MSB transmitted first
- 1 : LSB transmitted first
- Note : This bit should not be changed when communication is ongoing.
- Not used in I2S mode
- Bit 6 SPE : SPI enable
- 0 : Peripheral disabled
- 1 : Peripheral enabled
- Note : 1- Not used in I2S mode.
- Note : 2- When disabling the SPI, follow the procedure described in Section 23.3.8:
- Disabling the SPI.
- Bits 5:3 BR[2:0] : Baud rate control
- 000 : fPCLK/2

- 001 : fPCLK/4
- 010 : fPCLK/8
- 011 : fPCLK/16
- 100 : fPCLK/32
- 101 : fPCLK/64
- 110 : fPCLK/128
- 111 : fPCLK/256
- Note : These bits should not be changed when communication is ongoing.
- Not used in I2S mode
- Bit 2 MSTR : Master selection
- 0 : Slave configuration
- 1 : Master configuration
- Note : This bit should not be changed when communication is ongoing.
- Not used in I2S mode
- Bit1 CPOL : Clock polarity
- 0 : CK to 0 when idle
- 1 : CK to 1 when idle
- Note : This bit should not be changed when communication is ongoing.
- Not used in I2S mode
- Bit 0 CPHA : Clock phase
- 0 : The first clock transition is the first data capture edge
- 1 : The second clock transition is the first data capture edge

SPI control register 2 (SPI_CR2)0X04

<table>
<tr><td>15</td><td>14</td><td>13</td><td>12</td><td>11</td><td>10</td><td>9</td><td>8</td><td>7</td><td>6</td><td>5</td><td>4</td><td>3</td><td>2</td><td>1</td><td>0</td></tr>
<tr><td colspan="8" rowspan="2">Reserced</td><td>TXE
IE</td><td>RXN
EIE</td><td>ERR
IE</td><td colspan="2" rowspan="2">Reserced</td><td>SSO
E</td><td>TXDM
AEN</td><td>RXDM
AEN</td></tr>
<tr><td>rw</td><td>rw</td><td>rw</td><td>rw</td><td>rw</td><td>rw</td></tr>
</table>

- Bits 15:8 Reserved. Forced to 0 by hardware.
- Bit 7 TXEIE: Tx buffer empty interrupt enable
- 0 : TXE interrupt masked
- 1 : TXE interrupt not masked. Used to generate an interrupt request when the TXE
- flag is set.
- Bit 6 RXNEIE : RX buffer not empty interrupt enable
- 0 : RXNE interrupt masked
- 1 : RXNE interrupt not masked. Used to generate an interrupt request when the RXNE flag is set.
- Bit 5 ERRIE : Error interrupt enable
- This bit controls the generation of an interrupt when an error condition occurs (CRCERR, OVR, MODF in SPI mode and UDR, OVR in I2S mode).
- 0 : Error interrupt is masked
- 1 : Error interrupt is enabled.
- Bits 4:3 Reserved. Forced to 0 by hardware.

- Bit 2 SSOE : SS output enable
- 0 : SS output is disabled in master mode and the cell can work in multimaster configuration
- 1 : SS output is enabled in master mode and when the cell is enabled. The cell cannot work in a multimaster environment.
- Note : Not used in I2S mode
- Bit 1 TXDMAEN : Tx buffer DMA enable
- When this bit is set, the DMA request is made whenever the TXE flag is set.
- 0 : Tx buffer DMA disabled
- 1 : Tx buffer DMA enabled
- Bit 0 RXDMAEN : Rx buffer DMA enable
- When this bit is set, the DMA request is made whenever the RXNE flag is set.
- 0 : Rx buffer DMA disabled
- 1 : Rx buffer DMA enabled

SPI status register (SPI_SR)0X08

15	14	13	12	11	10	9	8	7	6	5	4	3	2	1	0
Reserced								BSY	OVR	MODF	CRCERR	UDR	CHSIDE	TXE	RXNE
								r	r	r	rc_w0	r	r	r	r

- Bits 15:8 Reserved. Forced to 0 by hardware
- Bit 7 BSY : Busy flag
- 0 : SPI (or I2S) not busy
- 1 : SPI (or I2S) is busy in communication or Tx buffer is not empty
- This flag is set and cleared by hardware.
- Note : BSY flag must be used with caution: refer to Section 23.3.7: Status flags and Section 23.3.8 : Disabling the SPI.
- Bit 6 OVR : Overrun flag
- 0 : No overrun occurred
- 1 : Overrun occurred
- This flag is set by hardware and reset by a software sequence. Refer to Section 23.4.7 on page 627 for the software sequence.
- Bit 5 MODF : Mode fault
- 0 : No mode fault occurred
- 1 : Mode fault occurred
- This flag is set by hardware and reset by a software sequence. Refer to Section 23.3.10 on page 609 for the software sequence.
- Note : Not used in I2S mode
- Bit 4 CRCERR : CRC error flag
- 0 : CRC value received matches the SPI_RXCRCR value
- 1 : CRC value received does not match the SPI_RXCRCR value
- This flag is set by hardware and cleared by software writing 0.

- Note : Not used in I2S mode
- Bit 3 UDR : Underrun flag
- 0 : No underrun occurred
- 1 : Underrun occurred
- This flag is set by hardware and reset by a software sequence. Refer to Section 23.4.7 on page 627 for the software sequence.
- Note : Not used in SPI mode
- Bit 2 CHSIDE : Channel side
- 0 : Channel Left has to be transmitted or has been received
- 1 : Channel Right has to be transmitted or has been received
- Note : Not used for the SPI mode. No meaning in PCM mode
- Bit 1 TXE : Transmit buffer empty
- 0 : Tx buffer not empty
- 1 : Tx buffer empty
- Bit 0 RXNE : Receive buffer not empty
- 0 : Rx buffer empty
- 1 : Rx buffer not empty

SPI data register (SPI_DR)0X0C

15	14	13	12	11	10	9	8	7	6	5	4	3	2	1	0
DR[15:0]															
rw	rw	rw	rw	rw	rw	rw	rw	rw	rw	rw	rw	rw	rw	rw	rw

- Bits 15:0 DR[15:0] : Data register
- Data received or to be transmitted.
- The data register is split into 2 buffers – one for writing (Transmit Buffer) and another one for reading (Receive buffer). A write to the data register will write into the Tx buffer and a read from the data register will return the value held in the Rx buffer.

SPI CRC polynomial register (SPI_CRCPR) 0X10

15	14	13	12	11	10	9	8	7	6	5	4	3	2	1	0
CRCPOLY[15:0]															
rw	rw	rw	rw	rw	rw	rw	rw	rw	rw	rw	rw	rw	rw	rw	rw

- Bits 15:0 CRCPOLY[15:0] : CRC polynomial register
- This register contains the polynomial for the CRC calculation.
- The CRC polynomial (0007h) is the reset value of this register. Another polynomial can be configured as required

SPI Rx CRC register (SPI_RXCRCR) 0X14

15	14	13	12	11	10	9	8	7	6	5	4	3	2	1	0
RzCRC[15:0]															
rw	rw	rw	rw	rw	rw	rw	rw	rw	rw	rw	rw	rw	rw	rw	rw

- Bits 15:0 RXCRC[15:0]: Rx CRC register
- When CRC calculation is enabled, the RxCRC[15:0] bits contain the computed CRC value of the subsequently received bytes. This register is reset when the CRCEN bit in SPI_CR1 register is written to 1. The CRC is calculated serially using the polynomial programmed in the SPI_CRCPR register.
- Only the 8 LSB bits are considered when the data frame format is set to be 8-bit data (DFF bit of SPI_CR1 is cleared). CRC calculation is done based on any CRC8 standard.
- The entire 16-bits of this register are considered when a 16-bit data frame format is selected (DFF bit of the SPI_CR1 register is set). CRC calculation is done based on any CRC16 standard.

SPI Tx CRC register (SPI_TXCRCR)0X18

15	14	13	12	11	10	9	8	7	6	5	4	3	2	1	0
TzCRC[15:0]															
rw	rw	rw	rw	rw	rw	rw	rw	rw	rw	rw	rw	rw	rw	rw	rw

- Bits 15:0 TxCRC[15:0] : Tx CRC register
- When CRC calculation is enabled, the TxCRC[7:0] bits contain the computed CRC value of the subsequently transmitted bytes. This register is reset when the CRCEN bit of SPI_CR1 is written to 1. The CRC is calculated serially using the polynomial programmed in the SPI_CRCPR register.
- Only the 8 LSB bits are considered when the data frame format is set to be 8-bit data (DFF bit of SPI_CR1 is cleared). CRC calculation is done based on any CRC8 standard.
- The entire 16-bits of this register are considered when a 16-bit data frame format is selected (DFF bit of the SPI_CR1 register is set). CRC calculation is done based on any CRC16

16.2 SPI 실습

16.2.1 개요

이번 장에서는 SPI 통신으로 SD CARD를 이용하여 SD CARD의 데이터 값을 읽어 보고 그 값들을 TBK 보드에서 컴퓨터로 데이터를 송신해보는 실습을 해보겠다. SD 카드는 2G 이하에서 시험했으며 속도가 빠르거나 제조사에 따라 인식이 안 될 수도 있다. 필자는 삼성 1G 제품과 SANDISK 2G 제품으로 테스트했다. 반드시 컴퓨터에서 SD CARD를 FAT32로 포맷한다.

통신 설정은 비동기, 8 Data bit, 1 Stop bits, 9600 baud rate, None Parity로 하고 케이블 연결은 USART 실습에서와 같이 1:1 케이블을 사용하면 되겠다. 여기서 주의할 점은 하이퍼터미널 수신 모드를 ASCII 로 설정하는 것이다.

16.2.2 회로도

일단 PA5는 SCK로 PA6는 MISO로, PA7번은 MOSI 핀으로 결선한다. 그리고 NSS 단자는 사용하지 않고 S/W로 구현할 것이다. PD4번 핀을 SD_/CS 핀으로 설정하였다. 이 SS_/CS 핀이 SD 카드를 선택하게 한다. SPI에 데이터를 보낼 때는 이 핀이 가장 먼저 LOW(0)으로 되어야 한다.

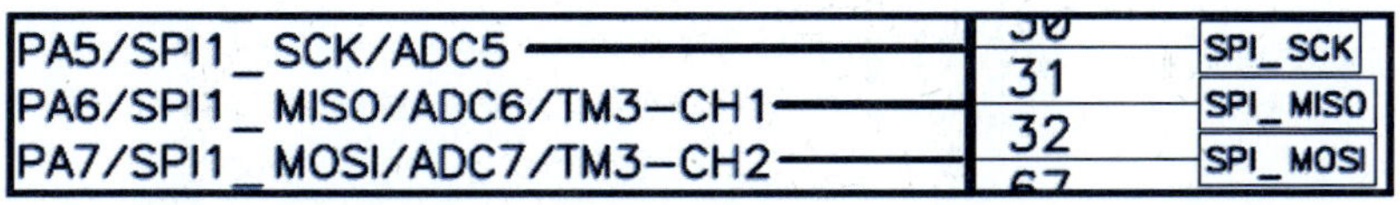

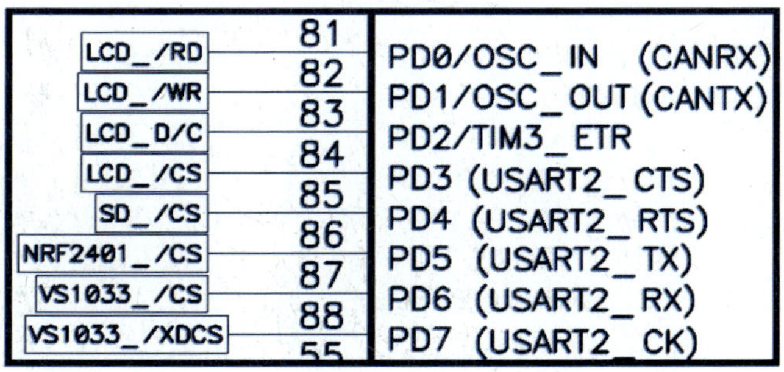

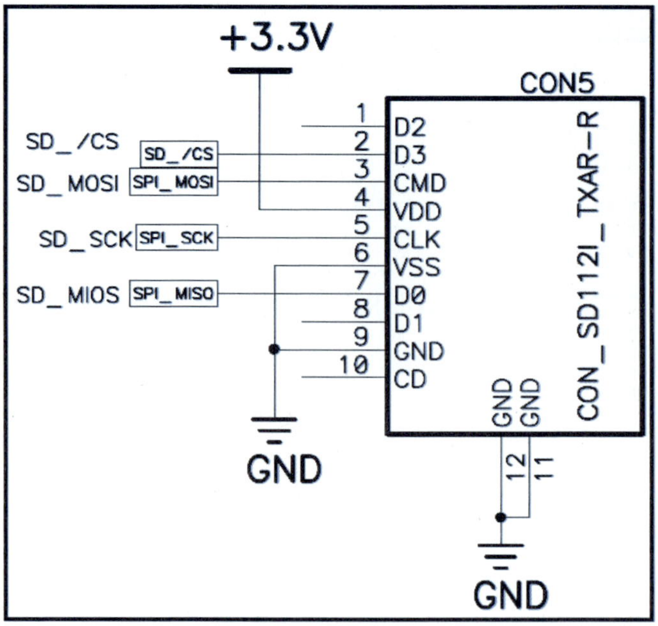

16.2.3 동작사진

아래 사진은 SD CARD에서 SPI 통신 방식으로 512[byte]를 읽은 뒤 USART에서 수신된 데이터 내용이다. 전체 512[byte]에서 446번부터가 유효한 데이터로 FAT32 포맷방식 및 섹터의 시작번호와 전체 섹터수를 표시됨을 볼 수 있다. 511번째 바이트 55AA는 CHECKSUM으로 보면 되겠다.

Boot Flag	CHS Begin			Type Code	CHS End			시작 LBA 섹터 번호				섹터 수			
0X00	0X003D03			0B	0XDADD1D			0X000000F9				0X001E5807			
0	1	2	3	4	5	6	7	8	9	10	11	12	13	14	15
00	03	3D	00	0B	1D	DD	DA	F9	00	00	00	07	5B	1E	00
NO BOOT				FAT32				섹터의 시작 번호				섹터 수-시작 번호 = 용량			

```
SD CARD init
CMD0 start!CMD55 OK!SD CARD init OK!
0000:00 00 00 00 00 00 00 00 00 00 00 00 00 00 00 00
0010:00 00 00 00 00 00 00 00 00 00 00 00 00 00 00 00
0020:00 00 00 00 00 00 00 00 00 00 00 00 00 00 00 00
0030:00 00 00 00 00 00 00 00 00 00 00 00 00 00 00 00
0040:00 00 00 00 00 00 00 00 00 00 00 00 00 00 00 00
0050:00 00 00 00 00 00 00 00 00 00 00 00 00 00 00 00
0060:00 00 00 00 00 00 00 00 00 00 00 00 00 00 00 00
0070:00 00 00 00 00 00 00 00 00 00 00 00 00 00 00 00
0080:00 00 00 00 00 00 00 00 00 00 00 00 00 00 00 00
0090:00 00 00 00 00 00 00 00 00 00 00 00 00 00 00 00
00A0:00 00 00 00 00 00 00 00 00 00 00 00 00 00 00 00
00B0:00 00 00 00 00 00 00 00 00 00 00 00 00 00 00 00
00C0:00 00 00 00 00 00 00 00 00 00 00 00 00 00 00 00
00D0:00 00 00 00 00 00 00 00 00 00 00 00 00 00 00 00
00E0:00 00 00 00 00 00 00 00 00 00 00 00 00 00 00 00
00F0:00 00 00 00 00 00 00 00 00 00 00 00 00 00 00 00
0100:00 00 00 00 00 00 00 00 00 00 00 00 00 00 00 00
0110:00 00 00 00 00 00 00 00 00 00 00 00 00 00 00 00
0120:00 00 00 00 00 00 00 00 00 00 00 00 00 00 00 00
0130:00 00 00 00 00 00 00 00 00 00 00 00 00 00 00 00
0140:00 00 00 00 00 00 00 00 00 00 00 00 00 00 00 00
0150:00 00 00 00 00 00 00 00 00 00 00 00 00 00 00 00
0160:00 00 00 00 00 00 00 00 00 00 00 00 00 00 00 00
0170:00 00 00 00 00 00 00 00 00 00 00 00 00 00 00 00
0180:00 00 00 00 00 00 00 00 00 00 00 00 00 00 00 00
0190:00 00 00 00 00 00 00 00 00 00 00 00 00 00 00 00
01A0:00 00 00 00 00 00 00 00 00 00 00 00 00 00 00 00
01B0:00 00 00 00 00 00 00 00 00 00 00 00 00 00 00 03
01C0:3D 00 0B 1D DD DA F9 00 00 00 07 5B 1E 00 00 00
01D0:00 00 00 00 00 00 00 00 00 00 00 00 00 00 00 00
01E0:00 00 00 00 00 00 00 00 00 00 00 00 00 00 00 00
01F0:00 00 00 00 00 00 00 00 00 00 00 00 00 00 55 AA
```

16.2.4 PCB 사진

아래 그림과 같이 PC에서 FAT32 방식으로 포맷하고 아무 파일은 없어도 됨 아래 소켓에 꽂은 다음 RESET KEY를 누르면 TBK 보드가 읽어서 USART로 읽을 값을 HEX파일로 보내준다.

16.2.5 파일의 위치

CDROM₩ source₩demo-103₩SPI 디렉터리에 있다.

16.2.6 필요한 파일

main.c.main.h, stm32f10x_it.c, stm32f10x_it.h,spi.c, spi.h, sd.c, sd.h, usart1.c, usart1.h, delay.c, delay.h, tbk_sys.c, tbk_sys.h

- stm32f10x_it.c : 인터럽트 관련 파일
- spi : spi 관련 파일
- sd : sd card 관련 파일
- tbk_sys.h: spi,usart,sd card 등 gpio pin들이 설정되어 있다.
- usart1.c,: USART1 통신 관련 파일
- delay.c : 딜레이 파일이다. 강제로 딜레이를 만들어 사용한다.

인터럽트 관련 파일 main.c, stm32f10x_it.c이 필요하다. 따라서 아래 환경설정 ⇨ SourceAdd에서는 "stm32f10x_it.c delay.c i2c_eeprom.c usart1.c" 를 추가해 주어야 됨을 볼 수 있다.

가.

[SetUp ⇨ Environment Options ⇨ SourceAdd]에서 아래와 같이 사용할 초기화 설정을 한다. 이번 예제에서는 추가 할 소스파일이 하나 있으므로 main.c를 제외하고 추가될 소스파일은 여기에 추가한다. 그리고 아래 Add C++, Add Asm 파일들이 있으면 이곳에 추가한다.

[Add C source file name] : 오른쪽 Add 버튼을 눌러서 stm32f10x_it.c 파일을 선택하여 추가한다. 이때 주의점은 파일과 파일 사이는 반드시 공백문자 space를 두어야 한다는 것과 주 컴파일 대상 "main.c" 제외한 파일들을 입력해야 한다는 것이다. 그리고 Add 버튼을 눌렀을 때 나타나는 모든 파일이 컴파일 대상 디렉터리 내, 즉 main.c 디렉터리 파일이다.

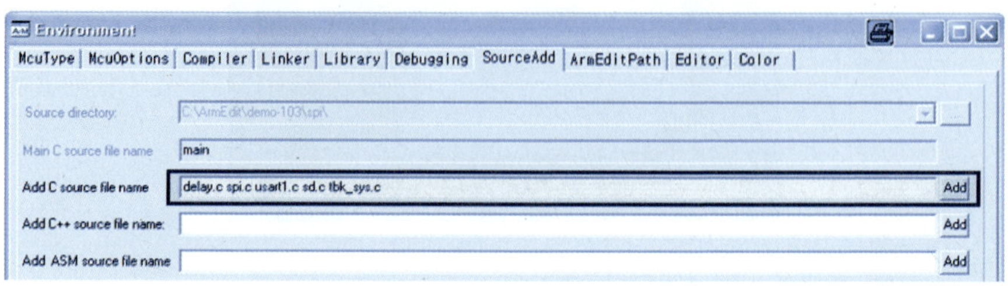

이제 모든 환경설정은 끝났다 "ok" 버튼을 누르고 환경설정을 마치고 빠져나오면

컴파일 대상 디렉터리에 makefile이 새로 생성되었을 것이다.

이제 컴파일을 진행해보자.  이 아이콘을 클릭 하거나 단축키 F9를 누르면 컴파일이 진행되며 정상적으로 컴파일이 되면 main.hex 파일이 생성될 것이다.

16.2.7 소스 분석

가. main.c

1) 첫번째 라인에 "main.h "include 파일이 보인다.
2) RCC_Configuration() : 이 함수는 시스템 클럭 설정 초기화 함수다.
3) NVIC_Configuration(void) : 이 함수는 Vector Table 위치를 지정과 인터럽트 핸들러를 설정하는 함수이다.
4) void SPII_Init(void) : RTC SPI 통신 관련 초기화시키는 함수로 "spi.c" 파일에 있다.

아래에서 RCC, GPIO 초기화가 있다. 지난 실습에서 많이 다루었던 부분으로 생략한다. "tbk-sys.h" 파일에 define 되어 있는 부분도 있으므로 반드시 확인해 보기 바란다. SPI 관련 핀들이 "tbk-sys.h" 파일에 선언된 모습이다.

```
#define SPI_DATA_RCCPERIPH    RCC_APB2Periph_GPIOA
#define SPI_DATA_GPIO          GPIOA
#define SPI_SCK               GPIO_Pin_5
#define SPI_MISO              GPIO_Pin_6
#define SPI_MOSI              GPIO_Pin_7
```

```
void SPI1_Init(void)
{
   GPIO_InitTypeDef GPIO_InitStructure;
   SPI_InitTypeDef  SPI_InitStructure;

   RCC_APB2PeriphClockCmd(RCC_APB2Periph_SPI1, ENABLE);
   RCC_APB2PeriphClockCmd(SPI_DATA_RCCPERIPH, ENABLE);

   GPIO_InitStructure.GPIO_Pin = SPI_SCK|SPI_MISO|SPI_MOSI;//A6,7,8
   GPIO_InitStructure.GPIO_Speed = GPIO_Speed_50MHz;
   GPIO_InitStructure.GPIO_Mode = GPIO_Mode_AF_PP;
   GPIO_Init(SPI_DATA_GPIO, &GPIO_InitStructure);

  SPI_I2S_DeInit(SPI1);
  SPI_InitStructure.SPI_Direction = SPI_Direction_2Lines_FullDuplex;
  SPI_InitStructure.SPI_Mode = SPI_Mode_Master;
  SPI_InitStructure.SPI_DataSize = SPI_DataSize_8b;//SPI_DataSize_16b
  SPI_InitStructure.SPI_CPOL = SPI_CPOL_Low;//SPI_CPOL_Low;// SPI_CPOL_High;
  SPI_InitStructure.SPI_CPHA = SPI_CPHA_1Edge;// SPI_CPHA_2Edge;
  SPI_InitStructure.SPI_NSS = SPI_NSS_Soft; //SPI_NSS_Hard
  SPI_InitStructure.SPI_BaudRatePrescaler = SPI_BaudRatePrescaler_8;
  SPI_InitStructure.SPI_FirstBit = SPI_FirstBit_MSB;
  SPI_InitStructure.SPI_CRCPolynomial = 7;
  SPI_Init(SPI1, &SPI_InitStructure);
  SPI_Cmd(SPI1, ENABLE);// Enable SPI2
}
```

- SPI_I2S_DeInit(SPI1) : SPI RESET으로 시작한다.
- SPI_InitStructure.SPI_Direction=SPI_Direction_2Lines_FullDuplex : 2line 방식으로 설정하고 TX, RX 양방향 통신으로 설정한다.

control register 1(SPI_CR1)의 Bit 15 BIDIMODE(2line unidirectional data mode selected)비트와 bit10 RXONLY(Transmit and receive)를 설정한다.

아래는 "stm32f10x_spi.h" 에 선언된 내용이다.

```
#define SPI_Direction_2Lines_FullDuplex ((uint16_t)0x0000)
#define SPI_Direction_2Lines_RxOnly      ((uint16_t)0x0400)
#define SPI_Direction_1Line_Rx           ((uint16_t)0x8000)
#define SPI_Direction_1Line_Tx           ((uint16_t)0xC000)
```

control register 1 (SPI_CR1)0X00

15	14	13	12	11	10	9	8	7	6	5	4	3	2	1	0
BIDIMODE	BIDIOE	CRCEN	CRCNEXT	DFF	RXONLY	SSM	SSI	LSBFIRST	SPE	BR[2:0]			MSTR	CPOL	CPHA
rw	rw	rw	rw	rw	rw	rw	rw	rw	rw	rw	rw	rw	rw	rw	rw

- SPI_InitStructure.SPI_Mode=SPI_Mode_Master : Mode_Master로 설정한다.
  SPI_CR1 레지스터의 Bit 2 MSTR 비트를 SET(1)로 설정하여 Master로 지정한다.
- SPI_InitStructure.SPI_DataSize=SPI_DataSize_8b: 8[bit] data frame format 방식으로 지정한다. 8[bit] 혹은 10[bit] 선택이 가능하다.
  SPI_CR1 레지스터의 Bit 11 DFF(Data frame format)를 RESET(0)으로 설정하여 8[bit] data frame format으로 지정한다.

Control register 1 (I2C_CR1)0X00

15	14	13	12	11	10	9	8	7	6	5	4	3	2	1	0
BIDIMODE	BIDIOE	CRCEN	CRCNEXT	DFF	RXONLY	SSI	SSI	LSBFIRST	SPE	BR[2:0]			MSTR	CPOL	CPHA
rw	rw	rw	rw	rw	rw	rw	rw	rw	rw	rw	rw	rw	rw	rw	rw

- SPI_InitStructure.SPI_CPOL=SPI_CPOL_Low : SPI CLOCK 출력 시 시작점을 LOW로 출발한다.
  "stm32f10x_spi.h" 에 선언된 내용이다.

```
#define SPI_CPOL_Low                ((uint16_t)0x0000)
#define SPI_CPOL_High               ((uint16_t)0x0002)
```

- SPI_InitStructure.SPI_CPHA=SPI_CPHA_1Edge : CLK CLOCK이 rising edge에서 Data 획득으로 설정한다.
  "stm32f10x_spi.h" 에 선언된 내용이다.

```
#define SPI_CPHA_1Edge              ((uint16_t)0x0000)
#define SPI_CPHA_2Edge              ((uint16_t)0x0001)
```

다음 그림의 CPOL은 RESET(0)값, 즉 "SPI_CPOL_Low" 값이고 CPHA가 RESET(0) 값일 때의 "SPI_CPHA_1Edge" 데이터 획득에 관한 그림이다. 다음 그림에서 CPOL(SCK)이 LOW(0)에서 시작되고 rising edge에서 데이터를 취함을 볼 수 있다. 이 부분을 설정하는 것이다.

Slave IC에 따라서 조금씩 차이가 나므로 각 제품의 데이터시트에 따라 설정해 주면 되겠다.

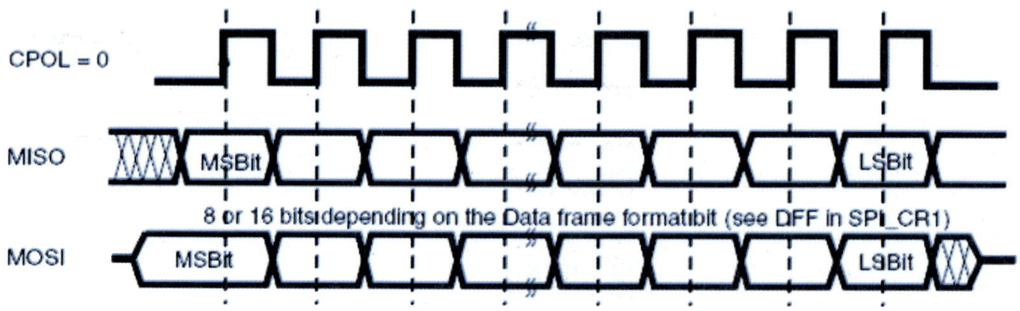

Control register 1 (I2C_CR1)0X00

15	14	13	12	11	10	9	8	7	6	5	4	3	2	1	0
BIDIMODE	BIDIOE	CRCEN	CRCNEXT	DFF	RXONLY	SSM	SSI	LSBFIRST	SPE	BR[2:0]			MSTR	CPOL	CPHA
rw	rw	rw	rw	rw	rw	rw	rw	rw	rw	rw	rw	rw	rw	rw	rw

- SPI_InitStructure.SPI_NSS=SPI_NSS_Soft : NSS(Slave CHIP SELECT PIN) S/W로 설정한다. 이렇게 설정함으로 이 핀을 사용하지 않음으로 설정, 우리는 이 핀의 기능으로 따로 지정하여 사용한다. 이 핀이 SD_/CS이 되겠다. Slave와 통신을 위해서는 데이터 시작 전은 LOW(0)으로 선택하고 끝나면 HI(1)로 선택해 주어야 한다.

"stm32f10x_spi.h" 에 선언된 내용이다.

```
#define SPI_NSS_Soft                    ((uint16_t)0x0200)
#define SPI_NSS_Hard                    ((uint16_t)0x0000)
```

- SPI_InitStructure.SPI_BaudRatePrescaler=SPI_BaudRatePrescaler_8 : SPI Baud Rate를 지정하는 것으로 9[MHz]로 설정한다.

이 부분은 "stm32f10x_spi.h" 에 선언된 내용이다

```
#define SPI_BaudRatePrescaler_2         ((uint16_t)0x0000)
#define SPI_BaudRatePrescaler_4         ((uint16_t)0x0008)
#define SPI_BaudRatePrescaler_8         ((uint16_t)0x0010)
#define SPI_BaudRatePrescaler_16        ((uint16_t)0x0018)
#define SPI_BaudRatePrescaler_32        ((uint16_t)0x0020)
#define SPI_BaudRatePrescaler_64        ((uint16_t)0x0028)
#define SPI_BaudRatePrescaler_128       ((uint16_t)0x0030)
#define SPI_BaudRatePrescaler_256       ((uint16_t)0x0038))
```

Baud Rate 설정은 아래 그림에서 SPI는 APB2 블록에 결선되어 있다. 따라서 클럭은 72[MHz]가 되고 계산 방법은 Baud Rate=72[MHz]/8하면 9[MHz]가 바로 SPI Baud Rate 속도가 된다. 여기서 8은 위에서 지정한 값이 되겠다. STM32에서 SPI 최고 속도는 18[MHz]까지 지원한다. 따라서 이 속도 이하를 지정해 주면 되겠다. 물론 IC 종류에 따라서 최고 속도 이하를 설정해 주어야 함은 당연하다.

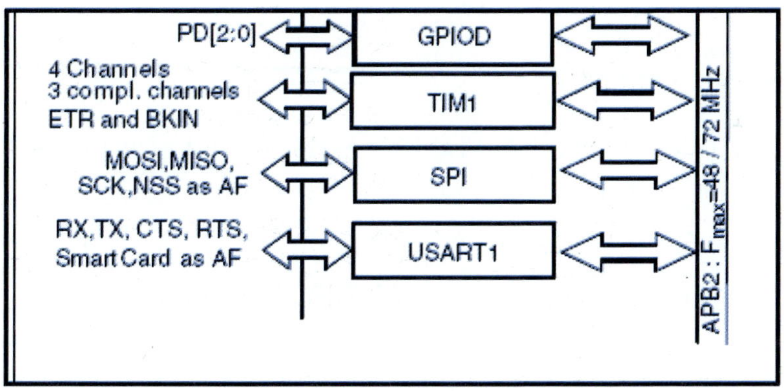

이 부분의 설정은 SPI control register 1(SPI_CR1)의 Bits 5~3 BR[2:0](Baud rate control) 비트를 설정하면 된다.

SPI control register 1(SPI_CR1) 0X00

15	14	13	12	11	10	9	8	7	6	5	4	3	2	1	0
BIDIMODE	BIDIOE	CRCEN	CRCNEXT	DFF	RXONLY	SSM	SSI	LSBFIRST	SPE	BR[2:0]			MSTR	CPOL	CPHA
rw	rw	rw	rw	rw	rw	rw	rw	rw	rw	rw	rw	rw	rw	rw	rw

• SPI_InitStructure.SPI_FirstBit=SPI_FirstBit_MSB : 내보낼 데이터 순서가 MSB. First로 설정한다.

이 부분은 “stm32f10x_spi.h” 에 선언된 내용이다.

```
#define SPI_FirstBit_MSB                    ((uint16_t)0x0000)
#define SPI_FirstBit_LSB                    ((uint16_t)0x0080)
```

• SPI control register 1(SPI_CR1)의 Bit 7 LSBFIRST(Frame format) 비트를 설정하면 된다. 이 값이 RESET(0)이면 MSB transmitted first가 선택된다.

SPI control register 1(SPI_CR1)0X00

15	14	13	12	11	10	9	8	7	6	5	4	3	2	1	0
BIDIMODE	BIDIOE	CRCEN	CRCNEXT	DFF	RXONLY	SSM	SSI	LSBFIRST	SPE	BR[2:0]			MSTR	CPOL	CPHA
rw	rw	rw	rw	rw	rw	rw	rw	rw	rw	rw	rw	rw	rw	rw	rw

• SPI_InitStructure.SPI_CRCPolynomial=7 ⇨ : CRC를 설정하는 부분이다. 초기 값을 기록한다.

이 레지스터가 CRC 계산에 대한 다항식이 포함되어 있다. CRC 다항식 0007h는 이 레지스터의 RESET 시 값이다.

SPI CRC polynomial register (SPI_CRCPR) 0X10

15	14	13	12	11	10	9	8	7	6	5	4	3	2	1	0
CRCPOLY[15:0]															
rw	rw	rw	rw	rw	rw	rw	rw	rw	rw	rw	rw	rw	rw	rw	rw

• SPI_Init(SPI1, &SPI_InitStructure) : SPI 구조체에서 설정한 값으로 저장한다. SPI 설정에서는 거의 SPI control register 1(SPI_CR1)에 저장되어 I2C 설정보다 상당히 간단하다.

• SPI_Cmd(SPI1, ENABLE) : SPI Enable하여 시작한다.

• SPI control register 1(SPI_CR1)의 Bit 6 SPE(SPI enable)를 SET(1)로 설정하여 Enable시킨다.

SPI control register 1(SPI_CR1)0X00

15	14	13	12	11	10	9	8	7	6	5	4	3	2	1	0
BIDIMODE	BIDIOE	CRCEN	CRCNEXT	DFF	RXONLY	SSM	SSI	LSBFIRST	SPE	BR[2:0]			MSTR	CPOL	CPHA
rw	rw	rw	rw	rw	rw	rw	rw	rw	rw	rw	rw	rw	rw	rw	rw

- SPI_PutByte() : 이 함수는 SPI로 한 바이트를 출력하는 함수로 "spi.c" 에 있다.
- while(SPI_I2S_GetFlagStatus(SPI1, SPI_I2S_FLAG_TXE)=RESET) : 이 부분은 송신 버퍼가 비워져 있는지 검사하는 부분이다. 비워져 있지 않으면 대기한다.
- SPI_I2S_SendData(SPI1, Data) : 이 부분은 SPI 송신버퍼로 한 바이트 보내는 역할을 한다.

원래는 여기까지가 송신부의 끝이다. 하지만 SPI에 어떤 값을 보내면 반드시 다시 어떤 값이 수신된다. 따라서 위 함수는 송신과 수신을 동시에 제어하는 함수로 구성되었다. 이제 수신부를 보자.

- SPI_I2S_GetFlagStatus(SPI1, SPI_I2S_FLAG_RXNE)=RESET : 이 부분은 수신이 완료되면 인터럽트가 발생하여 SPI_I2S_FLAG_RXNE가 설정된다. 따라서 이 비트가 설정되면 i=SPI_I2S_ReceiveData(SPI1)해서 읽어오면 된다. 이 함수는 u16 리턴 값을 가지고 있어 return i&0x00FF 해서 하위만 취득하여 리턴하고 있다. SPI_GetByte() 함수가 따로 필자가 만들어 두었지만 사용하지 않는다. 이제 SPI 관련 설정과 함수 작성은 완료되었다.

```
u8 SPI_PutByte(uint8_t Data)
{
  uint16_t  i;
  while(SPI_I2S_GetFlagStatus(SPI1, SPI_I2S_FLAG_TXE) == RESET); // Loop while
DR register in not emplty
  SPI_I2S_SendData(SPI1, Data);//// Send byte through the SPI1 peripheral
  while(SPI_I2S_GetFlagStatus(SPI1, SPI_I2S_FLAG_RXNE) == RESET); // Wait to
receive a byte
  i= SPI_I2S_ReceiveData(SPI1); // Return the byte read from the SPI bus
  return i&0X00FF;// SPI1->DR;
}
```

◆ SD_GpioInit() 함수

SD_CS PIN은 push-pul 출력으로 지정하였고 시작 시는 HI(1)로 하여 DISABLE로 선택하였다. 여기서 우리는 주의해야 할 부분이 있다.

SPI과는 3개의 Slave Device가 연결되었다 VS1033, NRF2401 그리고 SD CARD가 MOSI, MISO, SCK는 공통으로 같이 사용한다. 다만 각자의 CS 핀으로 Master가 Slave를 선택하게 된다. 그래서 사용하지 않는 Device는 항상 CS 핀이 HI(1)로 유지되게 설정한 부분이다. 이번 예제에서는 사용치 않는 것이지만 혹시 모를 충돌을 피하기 위함이다. 아래 함수는 "sd.c"에 있으며 각 핀들의 설정은 "tbk_sys.h"에 선언되어 있다.

```
void SD_GpioInit(void)
{
    GPIO_InitTypeDef GPIO_InitStructure;
    SPI_InitTypeDef  SPI_InitStructure;
    RCC_APB2PeriphClockCmd(SD_CS_RCCPERIPH,ENABLE);
    // Configure  push-pull CS
    GPIO_InitStructure.GPIO_Pin = SD_CS;
    GPIO_InitStructure.GPIO_Speed = GPIO_Speed_50MHz;
    GPIO_InitStructure.GPIO_Mode = GPIO_Mode_Out_PP;
    GPIO_Init(SD_CS_GPIO, &GPIO_InitStructure);
    SD_CS_HI();
     //======= VS1033, NRF2401 CS PIN SET HI ================
    GPIO_InitStructure.GPIO_Pin = NRF2401_CS|VS1033_CS;
    GPIO_InitStructure.GPIO_Speed = GPIO_Speed_50MHz;
    GPIO_InitStructure.GPIO_Mode = GPIO_Mode_Out_PP;
    GPIO_Init(SD_CS_GPIO, &GPIO_InitStructure);
    NRF2401_HI();
    VS1033_HI();
}
```

16.2.8 main.c 함수

SD_ReadSector(0X00,Buf) : 이 함수는 SD CARD를 한 섹터(512[byte])를 읽어 들인다. 이것을 가지고 FAT32 포맷 구조로 분석하면 시작번지와 섹터 수, 부트 코드 등을 확인해 볼 수 있는 것이다. 따라 주석을 달아 두었으므로 어려운 부분은 없으리라 생각된다. Usart1_HexToAsciiPutInt() 이 함수를 사용한 것은 PC의 하이퍼터미널에서 HEX 값을 바로 주면 ASCII코드가 아니어 알아보기 어렵다. 그래서 모두 ASCII코드로 전송되게 한 것이다. HEX값 0F는 ASCII. 값 0X30 0X46이 전송된다.

```
int main(void)
{
  u16 ii,jj;
  jj=0;
  u8 Buf[512];
  RCC_Configuration();  // RCC Configuration
  NVIC_Configuration(); // NVIC Configuration
  GPIO_Configuration(); //GPIO_Configuration
  USART1_GpioInit(9600);
  SPII_Init(); //SPI 초기화
  SD_GpioInit(); //SD CARD GPIO 초기화
  Usart1_PutStr("SD CARD init");
  Usart1_PutStr("₩r₩n"); //다음 라인
  while(SD_Init()==1); //SD카드 정상검사 0=정상
  Usart1_PutStr("SD CARD init OK!");
  SD_ReadSector(0X00,Buf); //0X00 섹터를 512바이트 읽는다.
  Usart1_PutStr("₩r₩n");// 다음 라인
  for(ii=0; ii<512; ii++)// 읽은 값 PC로 전송
  {
      if(jj==0)
      {
        Usart1_HexToAsciiPutInt(ii); Usart1_PutByte(':'); //어드레스 출력
      }
      Usart1_HexToAsciiPutByte(Buf[ii]); Usart1_PutByte(' '); jj++; // 데이터 출력
      if(jj>15) // 데이터를 한줄에 16바이트씩 보낸다
      {
        jj=0;
        Usart1_PutStr("₩r₩n");
      }
  }
  while (1)
  {

  }
}
```

16.2.9 main.h 파일

첫째 라인은 ST사에서 제공하는 라이브러리 파일인 stm32f10x.h이고 "C:₩ArmEdit₩WinArm₩stm32lib₩CMSIS₩CM3₩DeviceSupport₩ST₩STM32F10x₩stm32f10x.h" 디렉터리에 존재한다. 그리고 두 번째 라인의 인터럽트 관련 루틴 Handler 함수가 stm32f10x_it.h이다.

```
#include "stm32f10x_it.h"
#include "stm32f10x.h"
#include "usart1.h"
#include "delay.h"
#include "spi.h"
#include "sd.h"
#include "tbk_sys.h"
```

16.2.10 stm32f10x_it.c 파일

예제에서는 인터럽트 핸들러를 사용하지 않고 직접 구현하였으므로 이 부분은 사용하지 않는다.

16.2.11 결론

이 장을 통해서 우리는 SPI 통신 방식으로 SD CARD 값을 읽어 그 값을 USART로 전송하여 컴퓨터에 확인해 보았다.

SPI 통신은 4선식 구성되며 MOSI, MISO, SCK이 있고 NSS(CHIP SELCET)가 있다는 것을 배웠다. 그리고 이 핀의 중요한 역할이 무엇인지 S/W로 이 핀을 대체하여 설정하여 사용하였다. SPI 통신은 I2C 통신 방식에 비해 빠른 전송 속도를 갖는 DEVICE와 데이터 전송을 목적으로 활용도가 증대되고 있다.

제17장

TBK-STM32F103 보드

17.1 TBK-STM32F103 보드의 특징

17.1.1 TBK-STM32F103 특징

TBK-STM32F103의 가장 큰 특징 중의 하나는 ArmEdit 컴파일러와 JTAG Interface와 하나로 통합되어 있고 처음 접하는 개발자에게 보다 STM32와 쉽게 접근할 수 있도록 노력하였다는 것이다. 기본적인 기능 습득은 1주일 이면 충분하다고 생각한다. 처음으로 STM32를 접했을 때 가장 어려운 부분은 컴파일은 어떻게 하고 또 CPU에 Write는 어떻게, 혹은 어떤 제품을 선택해야 하는지 고민하게 되는 점인데 이제 그런 걱정은 없을 것이다. 필자가 ARM 시리즈를 처음 개발하게 되었을 때 BGA TYPE으로 되어있어 당혹했고 또한 O/S를 탑재했을 때의 각종 Driver의 제작과 특정 부품의 단종으로 어려움을 겪었던 시절을 상기해보며 이제 이 모든 소스와 회로도가 당신의 것이 될 수 있도록 최선을 다해 노력할 것이다. 일전에 STM32로 제작된 중국산 보드를 구매하게 되었는데 소스도 그렇고 설명서도 중국어로 제작되었으며 컴파일러도 KEIL이나 IAR로 되어 있었고 몇몇은 컴파일러에 내장된 라이브러리 함수를 그대로 사용할 수 없어 당황한 적이 있는데 구입해서 사용해 보지도 못하고 그냥 서랍속에서 그대로 잠자고 있다.

가. 컴파일러를 제공한다.

무료 컴파일러 ArmEdit를 제공하며 누구나 어디서나 사용 할 수 있다. 물론 업그레이드도 계속해 나갈 것이다.

나. JTAG 다운로더를 제공한다.

ArmEdit에 내장된 FlashLoader를 사용하여 쉽게 HEX 파일을 다운로드 해 볼 수 있다. 한 두 번의 마우스 버튼만으로 STM32를 동작해 볼 것이다.

다. C 언어로 작성된 소스를 제공한다.

풍부한 C언어 소스와 각기 사용방법을 예시를 통해서 설명해 나갈 것이다.

라. 회로도를 기본 제공한다.

회로도를 공개하며 이를 응용하면 누구나 자신만의 것으로 만들 수 있을 것이다.

17.1.2 TBK-STM32F103 기능

가. PCB에서의 기능

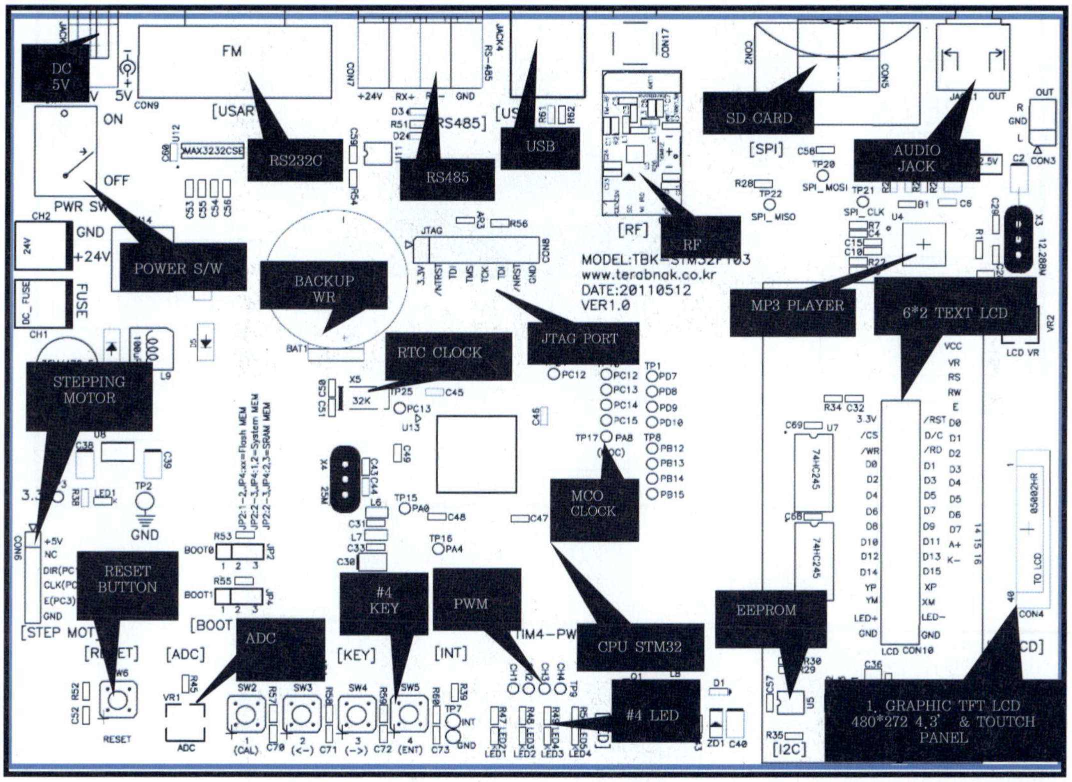

나. TBK 보드의 전체 구성도

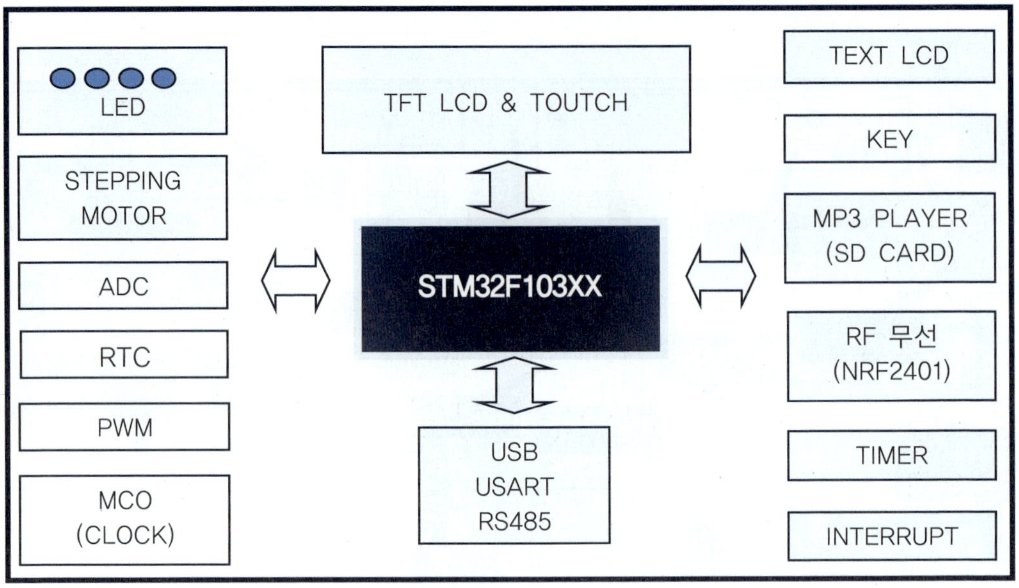

다. 보드의 기능(소스 제공)

- GPIO INPUT TESET(KEY)
- GPIO OUTPUT TEST(LED)
- ADC TEST
- RTC TEST
- MCO CLOCK TEST
- PWM OUTPUT TEST
- I2C TEST(EEPROM 24C02)
- SPI(SD CARD) TEST
- MP3 PLAYER (SD CARD) TEST
- RF(NRF2401) TX TEST
- RS232C(USART) TEST
- RS485 TEST(DMX512 구현가능)
- USB(VCP 가상 COM PORT) TEST
- TFT LCD TEST(480*272)
- TEXT LCD TEST(16*2)
- TOUTCH PANEL TESET(BUTTON 구현)

- 16[bit] TIMER TEST
- External input interrupt TEST
- STEPPING MOTOR TEST

17.1.3 기능별 설명

1) GPIO INPUT TESET(KEY)

KEY 입력을 통하여 GPIO PORT의 입력 시험이 가능하다.

2) GPIO OUTPUT TEST(LED)

GPIO PORT의 출력을 LED를 제어해 볼 수 있다.

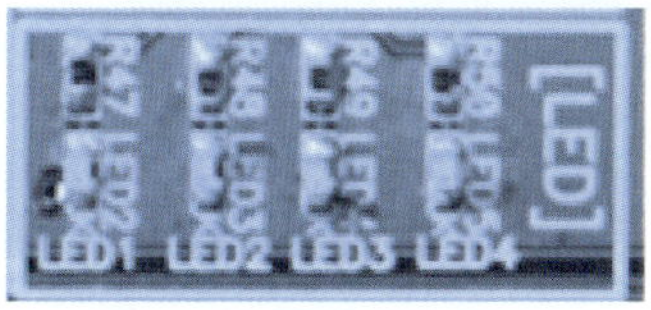

3) ADC TEST

가변저항을 통하여 변화된 전압의 변화를 ADC(Analog-to-digital converter) 통하여 디지털 값으로 변환하고 이를 LCD 혹은 USART를 통해서 DISPLAY가 가능하다. STM32 12[bit] 분해능의 16개의 채널이 있다.

4) RTC TEST

STM32 CPU에 내장된 RTC를 이용하여 1초를 만들어 LCD 화면 혹은 USART를 통해서 DISPLAY가 가능하다.

5) MCO CLOCK TEST

STM32 CPU 내장된 CLOCK 출력 핀으로 각종 CLOCK을 확인해 볼 수 있다.

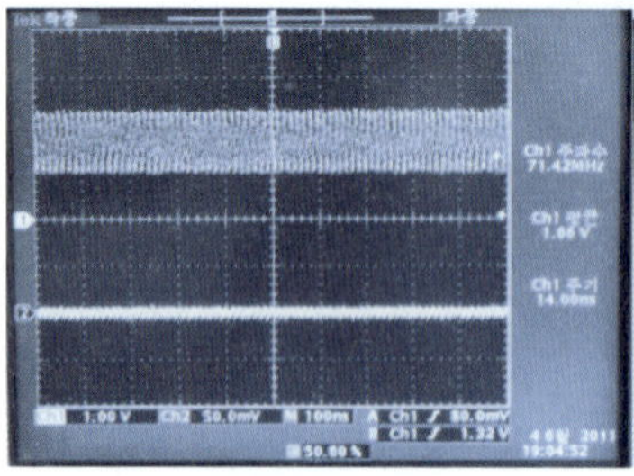

〈 SYSTEM CLOCK 〉

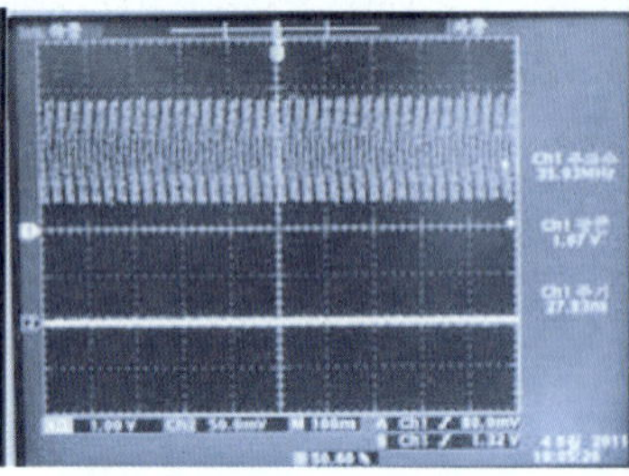

〈 PBA1 CLOCK 〉

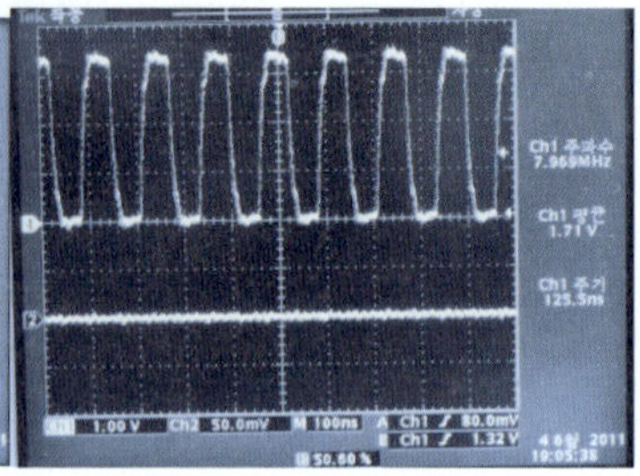

〈 HSE OSC CLOCK 〉

6) PWM OUTPUT TEST

PWM 파형을 만들어 출력 포트로 보낼 수 있다. DC 모터 속도 및 LED 밝기 등에 응용해 볼 수 있다.

7) I2C TEST(EEPROM 24C02)

EEPROM(24C02)를 I2C 통신 방식으로 구현하여 EEPROM에 기록하거나 저장된 기록을 읽을 수 있다.

8) SPI(SD CARD)TEST

SD CARD를 통하여 SPI 통신 방식으로 구현하여 읽어 USART로 전송 시험을 할 수 있다.

9) MP3 PLAYER (SD CARD)TEST

SD CARD를 통하여 SPI 통신 방식으로 구현하여(MP3 CODEC CHIP이용) MP3 파일을 PLAYER 시켜 볼 수 있다.

아래는 MP3 PLAYER 버튼을 눌렀을 때의 LCD 화면이다. 다른 버튼을 누르면 복구한다.

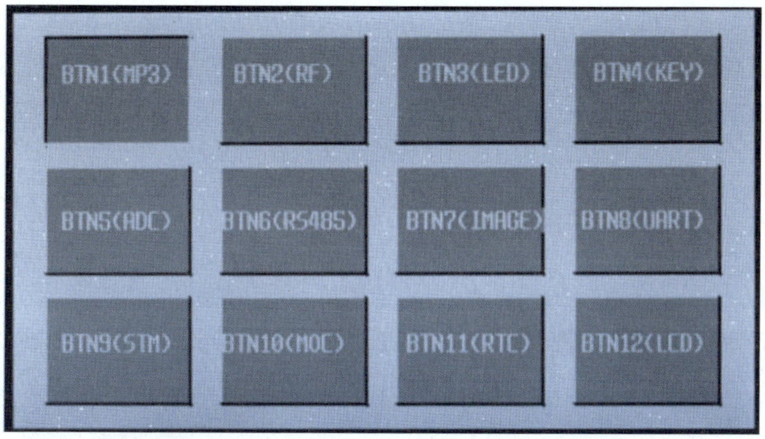

10) RF(NRF2401) TX TEST

NRF2401 IC를 통하여 SPI 통신 방식으로 구현하여 근거리 무선 통신을 할 수 있다.

11) RS232C(USART) TEST

USART를 이용하여 RS232C 통신을 시험해 볼 수 있다.

12) RS485 TEST(DMX512 구현 가능)

USART PORT를 이용하여 RS485 통신을 구현하여 DMX512 등 RS485 통신을 시험해 볼 수 있다.

13) USB(VCP 가상 COM PORT) TEST

STM32 CPU에 내장된 USB2.0 FULL SPEED PORT를 통하여 가상 통신 포트(VCP)를 만들어 PC와 데이터를 주고받을 수 있다.

14) TFT LCD TEST(480*272)

4.3인치(해상도 480*272)를 이용하여 LCD화면에 표시할 수 있다.

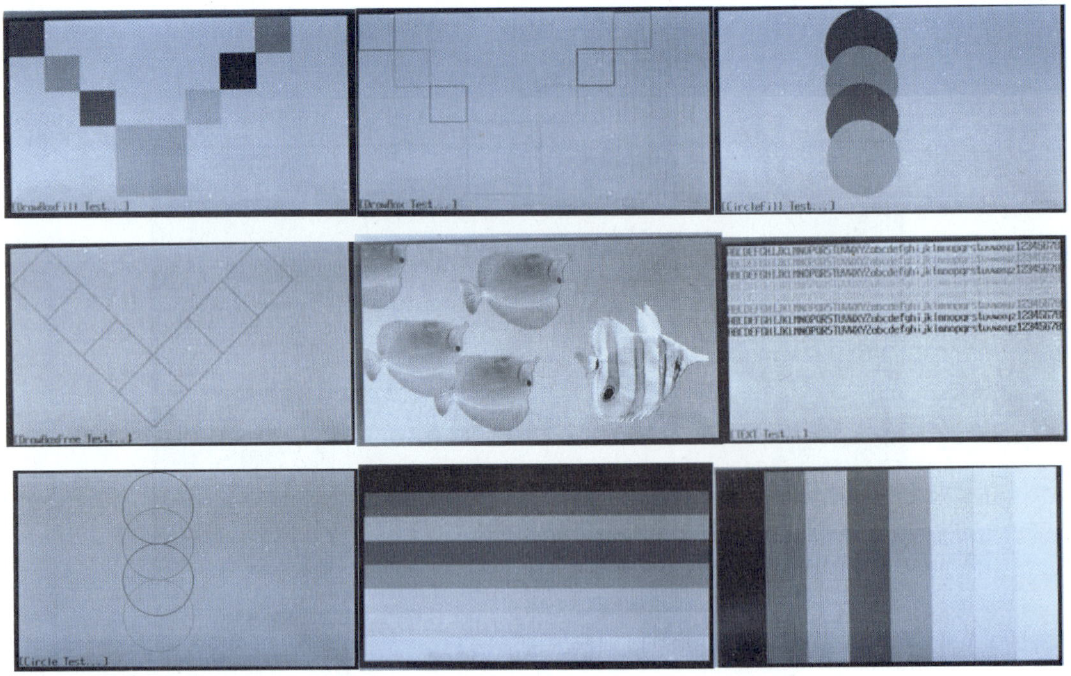

15) TEXT LCD TEST(16*2)

TEXT LCD에 글자를 써 볼 수 있다.

16) TOUTCH PANEL TEST(BUTTON 구현)

TOUTCH PANEL를 이용하여 BUTTON을 구현해 보고 키 눌림에 작동하는 여러 버튼을 만들어 볼 수 있다.

TBK에서 제공하는 함수를 사용하면 1~99개의 버튼을 꾸밀 수 있다.

17) 16[bit] TIMER TEST

16[bit] TIMER를 이용해서 매 1초간 인터럽트가 발생되는 프로그램을 완성해 보고 이때 발생하는 시간을 USART를 통해서 컴퓨터로 송신하는 시험을 해볼 수 있다.

18) External input interrupt TEST

외부 interrupts를 시험해 보기위해 매 인터럽트 발생 시 LED 혹은 USART를 통해서 컴퓨터에 보내는 시험을 해 볼 수 있다.

19) STEPPING MOTOR TEST

GPIO PORT를 통해서 STEPPING MOTOR를 제어할 수 있다.(좌/우/정지 등)

17.1.4 TBK 보드의 실제 사진

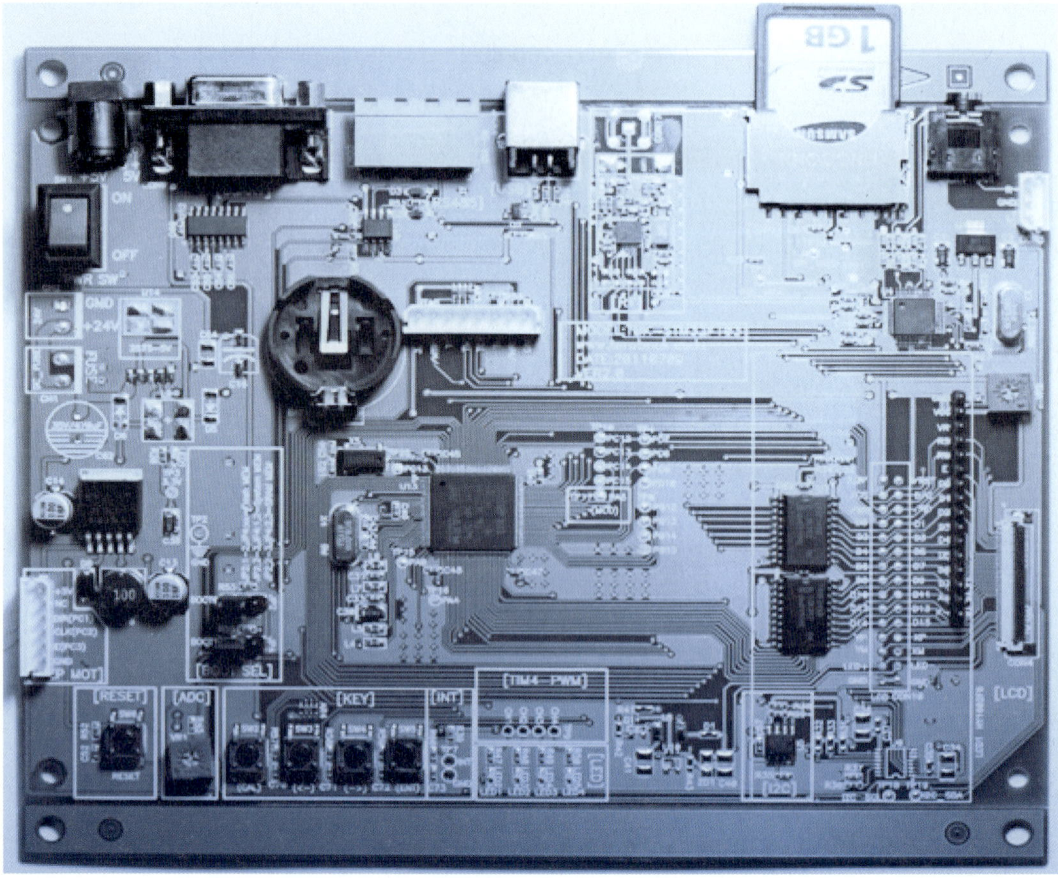

17.2 TBK-STM32F103 보드 실습

17.2.1 개요

TBK-STM32F103 보드를 앞으로의 명칭은 통상 "TBK"로 부를 것이다.

이번 장에서는 전체적으로 시험해 볼 수 있도록 12개의 TOUCH PANEL 버튼을 구성하여 시험 항목을 12개로 정하고 각 버튼에 개별 시험 항목을 1:1로 지정해두고 버튼이 눌려지며(BTN1~BTN12) 각 버튼에 연결된 테스트 항목들이 실행될 것이다.

다음은 각 시험 항목별 BTN의 기능을 나열하였다. 선택 버튼이 실행되고 있을 때 다른 버튼을 누르면 누른 버튼이 실행되지만 이미지 시험 항목과 LCD 시험에서는 터치버튼이 없기 때문에 다른 버튼을 누를 수 없다. 이때는 TBK 보드의 SW5번을 누르고 있으면 메인 화면으로 돌아간다.

• BTN1(MP3) : MP3 PLAYER (SD CARD)TEST SD CARD에 MP3 FILE을 PC에서 복사해 넣고 이 버튼을 누르면 MP3가 PLAY 된다.
• BTN2(RF) : 무선 송신RF(NRF2401) TX TEST 이 버튼을 누르면 "0X31" 이 전송된다.
• BTN3(LED) : GPIO OUTPUT TEST(LED) 이 버튼을 누르면 LED가 순차적으로 점등된다.
• BTN4(KEY) : GPIO INPUT TESET(KEY) 이 버튼을 누르면 TBK 보드의 SW 입력을 받을 수 있다.
• BTN5(ADC) : ADC TEST 이 버튼을 누르면 ADC 값이 LCD 화면에 나타난다.
• BTN6(RS485) : RS485 TEST 이 버튼을 누르면 RS485로 "0X31" 이 출력된다.
• BTN7(IMAGE) : SD CARD에 ima ge FILE을 PC에서 복사해 넣고 이 버튼을 누르면 image가 Display 된다.
  빠져 나가려면 TBK보드의 SW5번을 누르면 된다.
• BTN8(UART) : RS232C(USART) TEST 누르면 USART로 "0X31" 이 출력된다.
• BTN9(STM) : STEPPING MOTOR TEST CON6번 콘넥터에 STM2978 보드를 연결하고 이 버튼을 누르면 스텝모터를 돌릴 수 있다.
- TBK보드의 SW3(⇦)번을 누르면 좌측으로 회전한다.
- TBK보드의 SW4(⇨)번을 누르면 우측으로 회전한다.
- TBK보드의 SW5(ENT)번을 누르면 모터를 정지 시킨다.
• BTN10(MOC) : MCO CLOCK TEST 이 버튼을 누르고 TBK보드의 SW를 누르면 MCO 출력 포트로 SW에 해당하는 CLOCK가 출력된다.
  - TBK보드의 SW2번을 누르면 SYSCLK/2 클럭이 출력된다.
  - TBK보드의 SW3번을 누르면 HIS 클럭이 출력된다.
  - TBK보드의 SW4번을 누르면 HSE 클럭이 출력된다.
  - TBK보드의 SW5번을 누르면 MCO 를 끝낸다..
• BTN 11(RTC) : RTC TEST 이 버튼을 누르면 1초 카운트가 LCD 화면에 표시된다
• BTN 12(LCD) : TFT LCD TEST 이 버튼을 누르면 LCD 테스트 항목에 진입한다. 이 버튼을 누르고 보드의 SW2번을 누를 때 마다 LCD테스트 항목이 변한다. TBK보드의 SW5번을 누르고 있거나 RESET 버튼을 눌러야 빠져 나갈 수 있다.

17.2.2 회로도

회로도는 CD-ROM을 참조하자.

17.2.3 동작사진

아래 사진은 BTN1(MP3) 버튼을 눌렀을 때의 모습으로 이때부터 MP3 PLAYER 작동하게 된다.

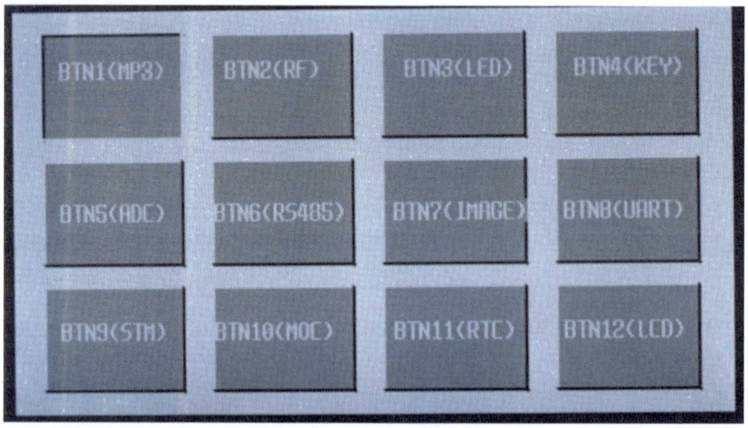

17.2.4 PCB 사진

보드 전체

17.2.5 파일의 위치

CDROM₩ source₩tbk-sys₩.디렉터리에 있다.

17.2.6 필요한 파일

delay.c, stm32f10x_it.c, usart1.c, tbk_sys.c, sd.c, fat32.c, vs1033.c, spi.c, i2c.c, tsc2003.c, nRF24L01P.c, ssd1963.c, bitmap.c, steping.c, rs485.c, tbk_TftLib.o(오브젝트파일)

TBK 보드 전체를 시험하는 장으로 필요한 파일은 "tbk-sys" 디렉터리 모든 파일이 되겠다.

- stm32f10x_it.c : 인터럽트 관련 파일

- vs1033.c : vs1033 IC 관련 파일
- sd.c : SD CARD 관련 파일
- spi : spi 통신 관련 파일
- tbk_sys.h : spi,usart,sd card 등 gpio pin들이 설정되어 있다
- fat32.c, : fat32 관련 파일,.
- delay.c : 지연 관련 파일이다. 강제로 지연을 시킬 때 사용한다.
- bitmap.c : IMAGE 포맷 분석 파일
- ssd1963.c : TFT LCD 관련 파일
- i2c.c : I2C 통신 관련 파일
- nRF24L01P.c : 무선송수신 파일
- tbk_TftLib.o : TBK_BUTTON 등 오브젝트 파일
- tsc2003.c : 터치 관련 파일
- eeprom.c : 터치 초기화 값 저장 파일

인터럽트 관련 파일 stm32f10x_it.c이 필요하다. 따라서 아래 환경설정 ⇨ SourceAdd에서는 "stm32f10x delay.c stm32f10x_it.c usart1.c tbk_sys.c sd.c fat32.c vs1033.c spi.c i2c.c tsc2003.c eeprom.c nRF24L01P.c ssd1963.c bitmap.c steping.c rs485.c"를 추가해 주어야 한다.

가.

[SetUp ⇨ Environment Options ⇨ SourceAdd]에서 아래와 같이 사용할 초기화 설정을 한다. main.c를 제외하고 추가될 소스파일은 여기에 추가한다. 그리고 아래 Add C++, Add Asm 파일들이 있으면 이곳에 추가한다. 이때 주의점은 파일과 파일 사이는 반드시 공백문자 space를 두어야 한다는 것과 주 컴파일 대상 "main.c" 제외한 파일들을 입력해야 한다는 것이다. 그리고 Add 버튼을 눌렀을 때 나타나는 모든 파일이 컴파일 대상 디렉터리 내, 즉 main.c가 존재하는 디렉터리 파일이다. 그리고 [Add Object File Name]란이 있는데 이곳에 tbk_sys 디렉터리의 "tbk_TftLib.o" object 파일을 추가해야 한다. 이 파일은 버튼생성 함수와 터치 관련 함수, 라인과 원 그리기 등 함수가 내장된 OBJ 파일로 이 부분의 소스는 공개하지 않고 있다. 필자가 공개하지 않는 부분은 이 파일이 유일하다.

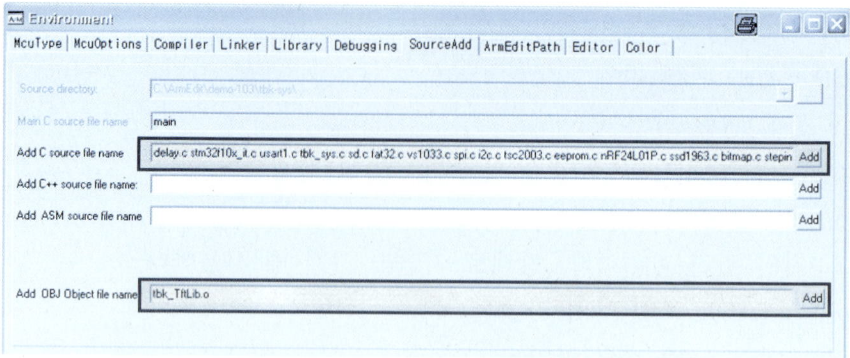

이제 모든 환경설정은 끝났다 "ok" 버튼을 누르고 환경설정을 마치고 빠져나오면 컴파일 대상 디렉터리에 makefile이 새로 생성되었을 것이다.

이제 컴파일을 진행해보자.  이 아이콘을 클릭하거나 단축키 F9를 누르면 컴파일이 진행되며 정상적으로 컴파일이 되면 main.hex 파일이 생성될 것이다.

17.2.7 소스 분석

지금까지 다루었던 RCC, GPIO 설정 등은 설명에서 제외하도록 하겠다. 이러한 설정은 모두가 잘 알고 있는 부분일 것이다. main.c 파일의 내용을 보자.

가. 버튼 생성 함수 MainMenuButton_Crtate()

이 함수는 버튼을 생성하는 함수로 내용은 구조체 형식으로 필자가 만든 것이다. TBK_BUTTON은 터치버튼을 자동으로 만들어 주는 버튼 생성 함수이다. 일단 구조체의 원형은 "tbk_TftLib.h. 파일에 선언해 두었다.

버튼이 생성되면 버튼에 맞게 터치 값도 동시에 생성된다. 예를 들어 버튼을 1개 만들면 그 한 개에 해당하는 버튼 안에서 터치를 해야만 터치가 작동하게 된다. 우리는 12개의 버튼을 생성하여 시험한다.

```
void MainMenuButton_Crtate(void)
{
 TBK_BUTTON.Name[1]="BTN1(MP3)";
 TBK_BUTTON.Name[2]="BTN2(RF)";
 TBK_BUTTON.Name[3]="BTN3(LED)";
 TBK_BUTTON.Name[4]="BTN4(KEY)";
 TBK_BUTTON.Name[5]="BTN5(ADC)";
 TBK_BUTTON.Name[6]="BTN6(RS485)";
 TBK_BUTTON.Name[7]="BTN7(IMAGE)";
 TBK_BUTTON.Name[8]="BTN8(UART)";
 TBK_BUTTON.Name[9]="BTN9(STM)";
 TBK_BUTTON.Name[10]="BTN10(MOC)";
 TBK_BUTTON.Name[11]="BTN11(RTC)";
 TBK_BUTTON.Name[12]="BTN12(LCD)";
 TBK_BUTTON.Count=12;
 TBK_BUTTON.Row=3;
 TBK_BUTTON.Col=4;
 TBK_BUTTON.SpaceX=15;
 TBK_BUTTON.SpaceY=20;
 TBK_BUTTON.Width=94;
 TBK_BUTTON.Height=70;
 TBK_BUTTON.Color=LCD_RGBu32To565CodeChang(0xFF00FF);
 TBK_BUTTON.StrColor=LCD_RGBu32To565CodeChang(0xFFFFFF);
 TBK_ButtonCreate(&TBK_BUTTON,0);
}-
```

- TBK_BUTTON.Name[1]="BTN1(MP3) : 1번 버튼의 이름이다. 이렇게 이름을 지정하면 버튼이 생성되고 각 버튼에 이름이 나타난다. 버튼의 크기에 따라서 적당한 이름을 넣으면 될 것이다. 버튼의 이름은 버튼의 중간에 나열되며 수정할 수 없다.
- TBK_BUTTON.Count=12 : 버튼을 생성할 총 개수다. 최대 99개까지 생성 가능하다.
- TBK_BUTTON.Row=3 : 행 개수다. 총 3행이 되겠다.
- TBK_BUTTON.Col=4 : 열 개수다. 총 4열이 생성된다.
- TBK_BUTTON.SpaceX=15 : X축의 버튼과 버튼 사이의 간격이다. 수학에서의 X축이 아니고 PC에서의 X축이다. 좌측 상단이 X0이고 좌측 하단이 Xn이다.
- TBK_BUTTON.SpaceY=15 : Y축의 버튼과 버튼의 간격이다. 수학에서의 Y축이 아니고 PC에서 Y축이다. 좌측이 Y0이고 우측이 Yn이 된다.
- TBK_BUTTON.Width=94 : 버튼의 폭(길이)이다. 버튼의 가로 길이가 되겠다.

• TBK_BUTTON.Height=70 : 버튼의 높이(길이)이다. 버튼의 높이가 되겠다.

• TBK_BUTTON.Color=LCD_RGBu32To565CodeChang(0xFF00FF) : 버튼의 색이다. 즉 RGB 값으로 보라색이 되겠다.

0xFF00FF 값은 맨 좌측이 FF는 R값이고 다음이 G, 맨 마지막이 B값이다. 3개의 값으로 색을 조정할 수 있다.

• TBK_BUTTON.StrColor=LCD_RGBu32To565CodeChang(0xFFFFFF) : 버튼의 글자색이다. RGB 값으로 백색이 되겠다.

• TBK_ButtonCreate(&TBK_BUTTON, 0) : 설정한 값으로 버튼을 생성한다.

최종적으로 생성된 버튼은 아래 그림이 될 것이다. 버튼을 1개 혹은 2개 이상을 주고 이 함수를 실행해 보라.

버튼의 생성에 따라 터치버튼의 명령도 같이 달라짐을 느낄 것이다. 즉 버튼이 생성된 곳을 제외하고 터치는 실행되지 않는다. 버튼이 만들어진 네모 박스에서만 터치가 작동된다.

다음 TBK_BUTTON의 원형으로 tbk_TftLib.h 파일에 구조체 형식으로 선언되어 있다.

```
typedef struct { //버튼생성 함수의 구조체
   u8  *Name[20];
   u8   Count;
   u8   Row;
   u8   Col;
   u8   SpaceX;
   u8   SpaceY;
   u16  Width;
   u16  Height;
u16 x1;
u16 y1;
   u16 x2;
   u16 y2;
   u16 Color;
   u8 *Str;
   u16 StrColor;
}TTBK_BUTTON;
void TBK_Button(TTBK_BUTTON *Button, u8 ClickNumer);// 함수의 원형
```

나. 사각형 그리기 함수 DrawBox_Create ()

이 함수는 사각형을 그리는 함수로 박스의 형태는 채워지지 않는 사각형을 생성한다.

내용은 구조체 형식으로 필자가 만든 것이다. 구조체의 원형은 tbk_TftLib.h 파일에 선언해 두었다.

```
void DrawBox_Create(u16 x1, u16 y1, u16 x2, u16 y2, u16 Color)
{
 TTBK_DRAWBOX TBK_DRAWBOX;// 사각형 그리기 구조체 선언
 TBK_DRAWBOX.x1=x1; //X축의 시작점
 TBK_DRAWBOX.y1=y1//Y축의 시작점
 TBK_DRAWBOX.x2=x2; //X축의 끝점
 TBK_DRAWBOX.y2=y2; //Y축의 끝점
 TBK_DRAWBOX.Color=Color;//사각형의 색
 TBK_DrawBox(&TBK_DRAWBOX);//박스를 그린다.
}
```

```
typedef struct {// 사각형 그리기 구조체
    u16 x1;
    u16 y1;
    u16 x2;
    u16 y2;
    u16 Color;
}TTBK_DRAWBOX;
void TBK_DrawBox(TTBK_DRAWBOX *DrawBox);// 원형
```

다. 채워진 사각형 그리기 함수 DrawBoxFill_Create ()

이 함수는 사각형을 그리는 함수로 박스의 형태는 채워진 사각형을 생성한다.

내용은 구조체 형식으로 필자가 만든 것이다. 구조체의 원형은 tbk_TftLib.h 파일에 선언해 두었다.

```
void DrawBoxFill_Create(u16 x1, u16 y1, u16 x2, u16 y2, u16 Color)
{
TTBK_DRAWBOXFILL TBK_DRAWBOXFILL; //사각형 그리기 구조체 선언
 TBK_DRAWBOXFILL.x1=x1; //X축의 시작점이다
 TBK_DRAWBOXFILL.y1=y1; ;//Y축의 시작점
 TBK_DRAWBOXFILL.x2=x2; //X축의 끝점
 TBK_DRAWBOXFILL.y2=y2; //Y축의 끝점
 TBK_DRAWBOXFILL.Color=Color;  //각형의 색
 TBK_DrawBoxFill(&TBK_DRAWBOXFILL); //채워진 사각형 그린다.
}
```

```
typedef struct {// 채워진 사각형 그리기 구조체
    u16 x1;
    u16 y1;
    u16 x2;
    u16 y2;
    u16 Color;
}TTBK_DRAWBOXFILL;
void TBK_DrawBoxFill(TTBK_DRAWBOXFILL *DrawBoxFill);//채워진 사각형 그리기 원형
```

라. 다이아몬드 형태 그리기 함수 DrawBoxFree _Create ()

이 함수는 다이아몬드 형태를 그리는 함수로 박스의 형태는 채워지지 않는 다이아몬드 형태를 생성한다. 내용은 구조체 형식으로 필자가 만든 것이다. 구조체의 원형은 tbk_TftLib.h 파일에 선언해 두었다.

```
void DrawBoxFree_Create(u16 x1, u16 y1, u16 radius, u16 Color)
{
 TTBK_DRAWBOXFREE TBK_DRAWBOXFREE;// 다이아몬드 형태 그리기 구조체 선언
 TBK_DRAWBOXFREE.x1=x1; // CENTER의 X축의 시작점이다
 TBK_DRAWBOXFREE.y1=y1; ;//CENTER의 Y축의 시작점
 TBK_DRAWBOXFREE.Radius=radius;//크기
 TBK_DRAWBOXFREE.Color=Color; //다이아몬드 형의 색
 TBK_DrawBoxFree(&TBK_DRAWBOXFREE);//다이아몬드 형태를 그린다
}
```

```
typedef struct {// 다이아몬드 형태 그리기 구조체
    u16 x1;
    u16 y1;
    u16 Radius;
    u16 Color;
}TTBK_DRAWBOXFREE;
void TBK_DrawBoxFree(TTBK_DRAWBOXFREE *DrawBoxFree);//다이아몬드 형태 그리
기 원형
```

마. 원 그리기 함수 Circle _Create ()

이 함수는 원을 그리는 함수로 채워지지 않는 원을 생성한다. 내용은 구조체 형식으로 필자가 만든 것이다. 구조체의 원형은 tbk_TftLib.h 파일에 선언해 두었다.

```
void Circle_Create(u16 x1, u16 y1, u16 radius, u16 Color)
{
 TTBK_CIRCLE TBK_CIRCLE; ;// 원그리기 구조체 선언
 TBK_CIRCLE.x1=x1; // CENTER의 X축의 시작점이다
 TBK_CIRCLE.y1=y1; ;//CENTER의 Y축의 시작점
 TBK_CIRCLE.Radius=radius; ;//원의 크기
 TBK_CIRCLE.Color=Color;//원의 색
 TBK_Circle(&TBK_CIRCLE);//원을 그린다.
}
```

```
typedef struct {// 원 그리기 구조체
    u16 x1;
    u16 y1;
    u16 Radius;
    u16 Color;
}TTBK_CIRCLE;
void TBK_Circle(TTBK_CIRCLE *Circle);//원 그리기 함수 원형
```

바. 채워진 원 그리기 함수 CircleFill _Create ()

이 함수는 채워진 원을 그리는 함수로 채워진 원을 생성한다. 내용은 구조체 형식으로 필자가 만든 것이다. 구조체의 원형은 tbk_TftLib.h 파일에 선언해 두었다.

```
void CircleFill_Create(u16 x1, u16 y1, u16 radius, u16 Color)
{
 TTBK_CIRCLEFILL TBK_CIRCLEFILL; ;// 채워진 원 그리기 구조체 선언
 TBK_CIRCLEFILL.x1=x1; // CENTER의 X축의 시작점이다
 TBK_CIRCLEFILL.y1=y1; CENTER의 Y축의 시작점
 TBK_CIRCLEFILL.Radius=radius; ;//원의 크기
 TBK_CIRCLEFILL.Color=Color; //원의 색
 TBK_CircleFill(&TBK_CIRCLEFILL);;//원을 그린다
}
```

```
typedef struct {// 채워진 원 그리기 구조체
    u16 x1;
    u16 y1;
    u16 Radius;
    u16 Color;
}TTBK_CIRCLEFILL;
void TBK_CircleFill(TTBK_CIRCLEFILL *Circle);// 채워진 원 그리기 함수 원형
```

사. 선 그리기 함수 DrawLine _Create ()

이 함수는 선을 그리는 함수로 선을 x, y에서 시작하여 길이만큼 선을 긋는다.

내용은 구조체 형식으로 필자가 만든 것이다. 구조체의 원형은 tbk_TftLib.h 파일에 선언해 두었다.

```
void DrawLine_Create(u16 x1, u16 y1, u16 length, u8 direct, u16 Color)
{
 TTBK_DROWLINE TBK_DROWLINE;// 선 그리기 구조체 선언
 TBK_DROWLINE.x1=x1;//X축 선의 시작점
 TBK_DROWLINE.y1=y1;//Y축 선의 시작점
 TBK_DROWLINE.Length=length; //선의 길이
 TBK_DROWLINE.Direct=direct;  //선그리기 방향 이 값이 0이면 X축 1이면 Y축으로 그
린다
 TBK_DROWLINE.Color=Color;//선의 색
 TBK_DrawLine(&TBK_DROWLINE);//선을 그린다.
}
```

```
typedef struct {// 선 그리기 구조체
    u16 x1;
    u16 y1;
    u16 Length;
    u8 Direct;
    u16 Color;
}TTBK_DROWLINE;
void TBK_DrawLine(TTBK_DROWLINE *DrawLine);// 선그리기 함수의 원형
```

아. 터치버튼 번호 검사 함수 TBK_ButtonTouchCheck ()

이 함수는 터치버튼의 번호를 리턴해 준다. 즉 12개의 버튼 중에 방금 누른 버튼 번호를 되돌려 주는 함수다. 함수의 원형은 tbk_TftLib.h 파일에 선언해 두었다.

X, Y 값은 터치 IC에서 터치를 통해서 읽은 ADC 값이다. 그 값을 X, Y에 넣으면 버튼의 번호가 되돌려진다.

```
u8 TBK_ButtonTouchCheck(TTBK_BUTTON *Button,u16 x,u16 y);
```

자. 터치버튼 눌림 실행 함수 TBK_ButtonClick ()

이 함수는 TBK_ButtonTouchCheck()에 의해 돌려 받은 버튼으로 눌려지면 Click을 "1" 눌려지지 않으면 "0" 으로 해서 Number와 같이 실행되면 눌림 버튼과 눌리지 않은 버튼을 생성해 준다. 그리고 각 버튼 별 함수를 실행하게 된다. 버튼 별 실행 함수가 Button_Main()이다.

버튼 번호를 되돌려 주는 함수다. 함수의 원형은 tbk_TftLib.h 파일에 선언해 두었다.

X, Y 값은 터치 IC에서 터치를 통해서 읽은 ADC 값이다. 그 값을 X, Y에 넣으면 버튼의 번호가 되돌려진다.

```
u8 TBK_ButtonClick(TTBK_BUTTON *Button,u8 Number,u8 Click);
```

아래 그림은 좌측은 눌려진 버튼의 모양과 우측은 눌려지지 않았을 때의 버튼 모양이다.

17.2.8 main.c 파일

1) main 함수

초기화 함수와 터치스크린과 LCD 초기화 등의 함수 등이 보인다. NRF2401, LCD (SSD1963)와 터치스크린 및 MP3 은 다음 장에 따로 설명해 나갈 것이다.

주석을 달아 두었으므로 어려운 부분은 없으리라 생각된다.

```
int main(void)
{
  uint16_t ii;
  RCC_Configuration();  // RCC Configuration
  NVIC_Configuration(); // NVIC Configuration
  GPIO_Configuration(); //GPIO_Configuration
  RTC_Configuration(); //RTC_Configuration

  StepMotor_Init();// 스텝모터 초기화
  USART1_GpioInit(9600);
  RS485_GpioInit(9600);
ADC_Configuration();  //ADC초기화
SPII_Init();//SPI 초기화
  SD_GpioInit();//SD CARD 초기화
  I2C_GpioInit();
TSC2003_GpioInit();// 터치 초기화
  VS1033_GpioInit(); //MP3 코덱 IC 초기화(GPIO)
  NRF2410P_GpioInit();//무선송수신 IC 초기화(GPIO)
  VS1033_Init();//MP3 코덱 IC 초기화
  NRF2401P_Init(); //무선송수신 IC 초기화
  SSD1963_Init(); // TFT CONTROL IC 초기화
  while(SD_Init()!=0);// SD CARD 삽입여부 검사. 있으면 0
  LCD_AllClear();  //TFT LCD 모두 지움
  Touch_Calibration();// 터치패널 초기화 SW2번을 누르고 RESET하면 Calibration진행
EEPROM에 값 저장
  LCD_AllClear();
  MainMenuButton_Create();//12개의 메인 버튼생성
  while (1)
  {
    TSC2003_ReadXY();// 터치 값 읽어오기 함수


BUTTON_ClickNumber=TBK_ButtonTouchCheck(&TBK_BUTTON,TouchX,TouchY);// 눌
린 버튼 번호를 알아냄
```

```
    TouchX=0,TouchY=0;
    if(BUTTON_ClickNumber<0xFF)// 터치가 눌려지지 않으면 진입
    {
        if(BUTTON_ClickNumber!=BUTTON_ClickOldNumber) //이전 버튼 눌린 값과 현
재 눌린 값 비교
        {
          TouchClickNumer[BUTTON_ClickOldNumber]=0;// 이전 눌린 터치 값 클리어

Button_Click(BUTTON_ClickOldNumber,TouchClickNumer[BUTTON_ClickOldNumber]);
//이전 누른 값 복구

Button_Click(BUTTON_ClickNumber,TouchClickNumer[BUTTON_ClickNumber]);// 눌린
버튼을 생성
          BUTTON_ClickOldNumber=BUTTON_ClickNumber;//현재 누른 버튼 값을 저장
          BUTTON_RunNumber=BUTTON_ClickNumber; //현재 눌림 버튼 값이 여기에
저장
        }
    }
    Button_Main(BUTTON_RunNumber); //12개의 버튼 중 눌린버튼 실행
  }
}
}
```

2) Button_Main 함수

12개 버튼의 실행 함수 main()함수에서 호출된 Button_Main()의 내용이다. 각 버튼에 해당하는 함수가 실행되는 것을 볼 수 있다. 이제 각 함수를 찾아보고 내용을 살펴보자.

```
void Button_Main(u8 Button)
{
  switch (Button)
  {
    case 1:
          Button_MP3();//1
          break;
    case 2:
          Button_RF();//2
        break;
    case 3:
          Button_LED();//3
        break;
    case 4:
          Button_KEY();//4
          break;
    case 5:
          Button_ADC();//5
          break;
    case 6:
          Button_RS485();//6
        break;
    case 7:
          Button_IMAGE();//7
        break;
    case 8:
          Button_UART();//8
          break;
    case 9:
          Button_STM();//9
          break;
    case 10:
          Button_MOC();//10
        break;
    case 11:
          Button_RTC();//11
        break;
    case 12:
          Button_LCD();//12
          break                    ;
    case 255:
break;
  }
}
```

3) Button_MP3() 함수

1 버튼의 실행 함수로 MP3 PLAYER가 작동된다. 함수 내부에 주석문으로 설명 하였으니 참조하자.

그리고 MP3 파일은 라인센스가 있으므로 주의하자. 상세한 설명은 따로 MP3 PLAYER 부분에서 다룰 것이다.

```
void Button_MP3(void)//1
{
  u16 i;
  switch (SwitchCount)
  {
    case 0:
         fat32_get_descriptor(&FAT_DESC, 0); //FAT32의 구조체다. FAT32 포맷구조
를 참조해야 이해가 된다.
     SwitchCount++;
         break;
    case 1:
PlayFileName="HWANG    MP3"; //반드시 SD CARD안에 "HWANG.MP3" 파일이 있어
야 한다.
    SPI_Speed(1); //hi speed 재생 시는 최고속도 18MHZ이하
        NextCluster = 0x0ffffff8;// 클러스터 초기화
    fat32_get_device_partition_info(&PATTTION_DESC, 0);
    NextCluster  =  fat32_find_file(&FAT_DESC,"",  PlayFileName,  &DIR_DESC);//
HWANG   MP3파일을 찾아온다.
    SD_ReadSector(fat32_cluster2lba(&FAT_DESC,    NextCluster),    File_Buff);//SD
CARD로부터 512바이트를 읽는다.
VS1033_SetVolume(0Xfc); //AUDIO CODEC IC의 볼륨 최고 값은 0xfe
        SectorCount=0;SectorOffset=0;
        SwitchCount++;
        break;
    case 2:
    while(VS1033_DATA_DREQ_CHECK()) //vs1033의 버퍼가 full이 아니면 진입
    {
        VS1033_XDCS_LOW();
         SPI_PutByte(File_Buff[SectorCount++]); //VS1033으로 MP3 파일 32바이트 전
송,VS1033 전송은 32바이트
        VS1033_XDCS_HI();
        Readt32Count += 32; //그래서 32바이트 씩 내보낸다.
        if( NextCluster >= 0x0ffffff8) //곡이 끝나면
```

```
            {
              Button_Stop(); //MP3 PLAYER 종료
              SwitchCount=0;
          break;
        }
        if (SectorCount >= 512) // 읽음 값을 VS1033으로 모두 전송했으면
        {
         SectorOffset++; //섹터 값 증가
         SD_ReadSector(fat32_cluster2lba(&FAT_DESC, NextCluster) + SectorOffset,
File_Buff);// 다시 512바이트 읽음
         SectorCount = 0;
        }
    }
        break;
  }
}
```

MP3 버튼을 눌렀을 때의 실행 모습. MP3의 버튼이 눌려져 있는 것을 볼 수 있다. MP3가 종료되거나 다른 버튼을 누르면 빠져 나온다.

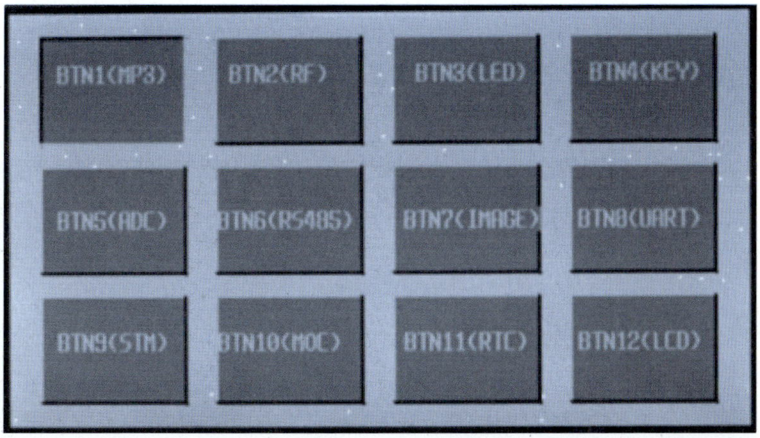

4) Button_RF()함수

2 버튼의 실행 함수로 무선송신 시험이 되겠다. 1초마다 한번씩 0X31 값이 출력 된다. 주석문을 참조하고 상세한 설명은 NRF2401 무선 송수신에서 다시 다룰 것이다.

```
void Button_RF(void)//2
{
  switch (SwitchCount)
  {
    case 0:  // EV1
         NRF2401P_ConfigureTX(); //NRF2401을 송신모드로 설정
         delay_ms(10);
         SwitchCount++;
         break;
    case 1:      // EV1
        RF_Send();// 함수호출 0X31이 송신된다.
        delay_ms(1000);//1초간 딜레이
        SwitchCount=0;
        break;
  }
}
```

무선송신 버튼을 눌렀을 때의 실행 모습. 다른 버튼을 누르면 빠져 나온다.

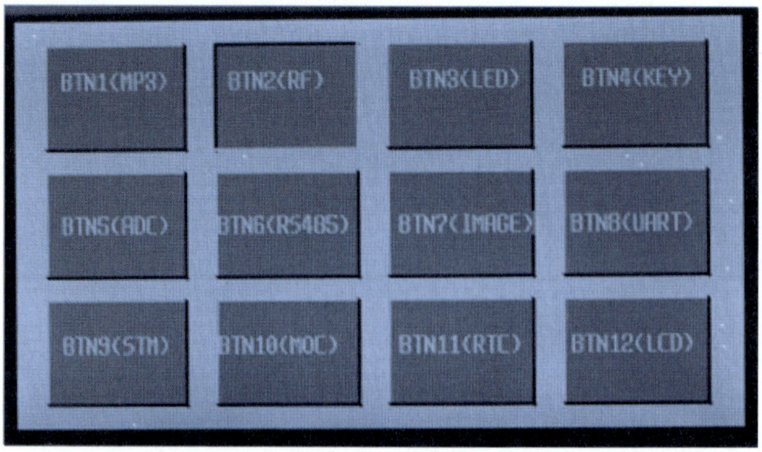

5) Button_ LED () 함수

3 버튼의 실행 함수로 LED ON/OFF 시험이 되겠다. 0.5초마다 한번씩 LED 1~4번까지 순차 출력된다.

```
void Button_LED(void)//3
{
  switch (SwitchCount)
  {
    case 0:
         LED0_ON();LED1_OFF(); LED2_OFF(); LED3_OFF(); //LED1번 ON
         delay_ms(500);
         SwitchCount++;
         break;
    case 1:
         LED0_OFF();LED1_ON(); LED2_OFF(); LED3_OFF();//LED2번 ON
         delay_ms(500);
         SwitchCount++;
        break;
    case 2:
         LED0_OFF();LED1_OFF(); LED2_ON(); LED3_OFF();//LED3번 ON
         delay_ms(500);
         SwitchCount++;
        break;
    case 3:
         LED0_OFF();LED1_OFF(); LED2_OFF(); LED3_ON();//LED4번 ON
         delay_ms(500);
         SwitchCount=0;
         break;
  }
}
```

LED0_ON() 과 LED1_OFF() 함수는 tbk_sys.h에 선언되어 있다. GPIOD->BSRR와 GPIOD->BRR 레지스터는 GPIO 기초에서 참조하자.

```
#define LED0            GPIO_Pin_12 //GPIOD 포트가 LED1번
#define LED1            GPIO_Pin_13
#define LED2            GPIO_Pin_14
#define LED3            GPIO_Pin_15

#define LED0_ON()       LED_GPIO->BSRR= LED0// GPIOD->BSRR 레지스터로 
여기서는 1로 출력한다
#define LED0_OFF()      LED_GPIO->BRR= LED0// GPIOD->BRR 레지스터로 여
기서는 0로 출력한다
#define LED1_ON()       LED_GPIO->BSRR= LED1
#define LED1_OFF()      LED_GPIO->BRR= LED1
#define LED2_ON()       LED_GPIO->BSRR= LED2
#define LED2_OFF()      LED_GPIO->BRR= LED2
#define LED3_ON()       LED_GPIO->BSRR= LED3
#define LED3_OFF()      LED_GPIO->BRR= LED3
```

BTN3(LED) 버튼을 눌렀을 때의 실행 모습. 다른 버튼을 누르면 빠져 나온다. TBK 보드의 LED가 순차 점등하는지 확인한다.

빠져 나가려면 다른 버튼을 누른다.

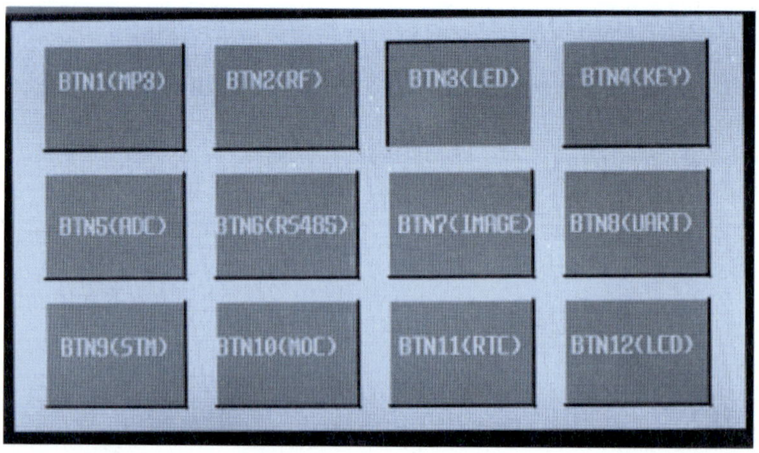

6) Button_ KEY () 함수

4 버튼의 실행 함수로 TBK 보드의 SW2~SW5번을 누르면 LED ON/OFF(LED1~4)번까지 순차 출력된다.

KEY0_CHECK() 부분도 tbk_sys.h에 선언되어 있다. GPIOC 4~7번이 SW2~SW5번 핀이다.

```
void Button_KEY(void)//4
{
  if(KEY0_CHECK()==0)  //SW2번을 누르면
  {
    LED0_ON();LED1_OFF(); LED2_OFF(); LED3_OFF();  //LED1번 ON
  }
  else if(KEY1_CHECK()==0)
  {
    LED0_OFF();LED1_ON(); LED2_OFF(); LED3_OFF();
  }
  else if(KEY2_CHECK()==0)
  {
    LED0_OFF();LED1_OFF(); LED2_ON(); LED3_OFF();
  }
  else if(KEY3_CHECK()==0)
  {
    LED0_OFF();LED1_OFF(); LED2_OFF(); LED3_ON();
  }
}
```

BTN4(KEY) 버튼을 눌렀을 때의 실행 모습. 다른 버튼을 누르면 빠져 나온다. TBK 보드의 SW2~5번을 누르면 LED가 순차 점등하는지 확인한다.

종료하려면 다른 버튼을 누른다.

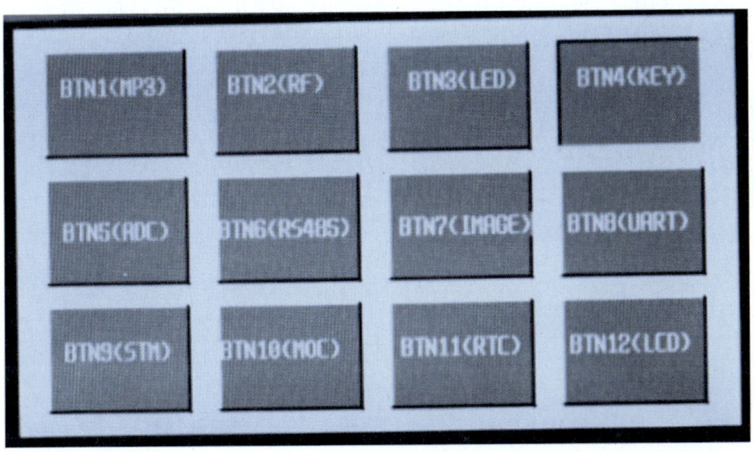

7) Button_ ADC() 함수

5 버튼의 실행 함수로 ADC VR을 좌우로 돌리면 BTN5(ADC) 버튼 아래에 ADC 값이 표시된다.

상세한 내용은 ADC실습 부분을 참조하자.

LCD_PutStrH16_8() 이 함수는 처음 접하는 것으로 9는 X축 번호로 이것은 순수한 X축 값 0~271 값이 아니고 FONT 사이즈이다. 즉 FONT의 사이즈는 가로8*세로16 픽셀의 크기로 정해져 있다. 따라서 9값은 9*16=144의 X축 필셀 값이다. 4 값은 4*8=32의 Y축 픽셀 값이 된다. 다음으로 LCD_RGBu32To565CodeChang(0xFF00FF) 함수는 32[bit]의 크기의 RGB 값을 16[bit]로 바꿔주는 것이다. 이 포맷이 565 포맷이다. 이 함수는 "ssd1963.h" 에 선언되어 있고 TFT LCD 설명에서 상세히 다룰 것이다. 이 값은 바탕의 색이다. 마지막에 있는 LCD_RGBu32To565CodeChang 함수는 글자의 색이다.

LCD_PutHexToDec() 함수는 ADC HEX 값을 ASCII 값으로 변환해 주는 함수이다. "ssd1963.h" 에 선언되어 있다.

```
void Button_ADC(void)//5
{
    if(ADC_Flage) //ADC 인터럽트가 발생하면
    {
            LCD_PutStrH16_8(9, 4, "ADC:", LCD_RGBu32To565CodeChang(0xFF00FF),
LCD_RGBu32To565CodeChang(0xFFFFFF));
            LCD_PutHexToDec(9, 8, ADC_Value, LCD_RGBu32To565CodeChang(0xFF00FF),
LCD_RGBu32To565CodeChang(0xFFFFFF));
            delay_ms(500);
            ADC_ClearITPendingBit(ADC1, ADC_IT_EOC);// 인터럽트 클리어
            ADC_Flage=0;
    }
}
```

BTN5(ADC) 버튼을 눌렀을 때의 실행 모습. TBK 보드의 ADC VR을 돌려보면 ADC 변화 값을 LCD를 통해서 확인이 가능하다. 종료하려면 다른 버튼을 누른다.

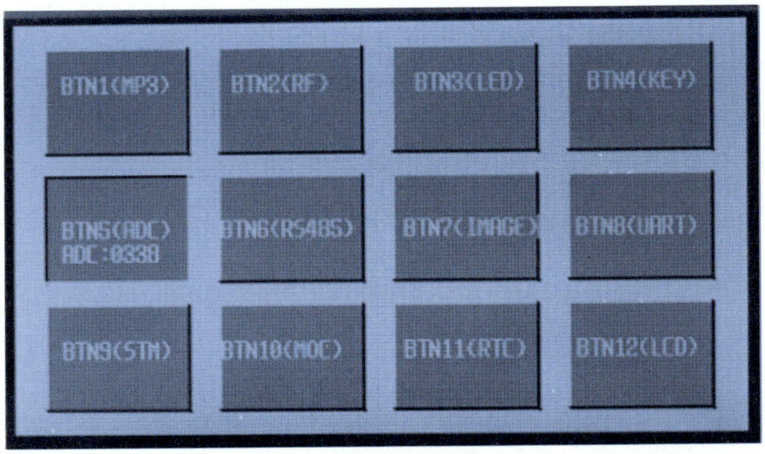

8) Button_ RS485 () 함수

6 버튼의 실행 함수로 TBK 보드에서 RS485 출력 포트로 0X35가 전송된다.

RS485는 USART2번을 이용하고 있으며 USART1 실습 부분과 다르지 않다. 다만 틀린 부분은 RS485통신 IC는 단방향 통신으로 송신과 수신 때 ENABLE 핀이 따로 존재 한다는 것이다. MAX485 IC의 2번 핀을 송신 때는 HI(1)로 하고 수신 때는 LOW(0)하여야 한다는 것이다. 그리고 또 한가지 반드시 120옴의 종단 저항을 달아 주어야 한다. 여러 개의 RS485 장치가 있으면 맨 마지막에 달아주면 된다.

RS485 통신 규약을 보면 최고 250[kbps]로 전송 속도를 규정하고 또한 최대 전송 거리는 1.2[km]로 RS232C에 비해 상당히 먼거리를 전송할 수 있다. 회로도 참조.

```
void Button_RS485(void)//6
{
 RS485_PutByte('5'); //0X35 을 485포트로 송신한다
 delay_ms(200);
}
```

```
//================" rs485.h"========================
#define RS485_DIR_TX()            RS485_GPIO->BSRR= RS485_DIR// 비트를 SET(1)
로 한다
#define RS485_DIR_RX()            RS485_GPIO->BRR= RS485_DIR//비트를 RESET(0)
으로 한다.
//================" rs485.c"========================
void RS485_PutByte(u8 Data)
{
  RS485_DIR_TX(); //송신 모드
  delay_us(10);
  USART_SendData(USART2,Data);// 한 바이트 송신
  while (!(USART2->SR & USART_FLAG_TXE)); // 송신버퍼가 비워져 있는지 검사
  delay_us(10);
  RS485_DIR_RX(); //수신 모드로 전환
}
```

RS485 회로도에서 R51번이 120R 종단 저항이며 R54는 풀업 회로를 달아서 수신을 우선으로 선택하고 있다. 그리고 CON7번을 이용하여 DMX512 프로토콜을 이용하여 LED 조명 제어를 할 수 있다. 24[V]의 전원은 DMX 수신 장치의 전원부로 통상 12~24[V]를 연결하면 된다.

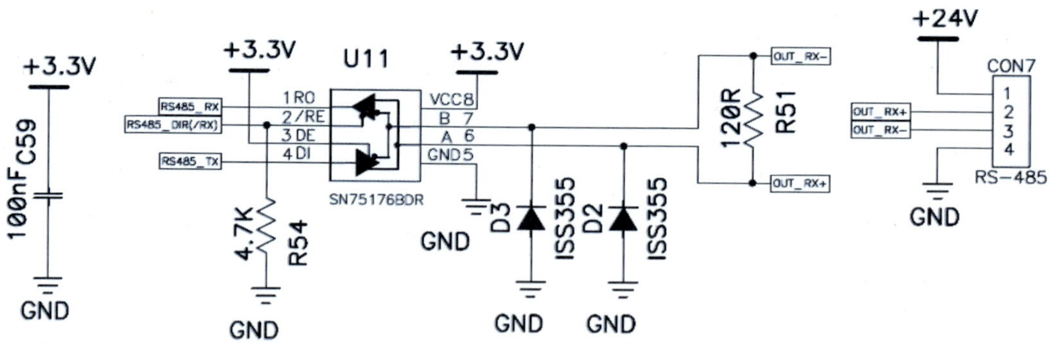

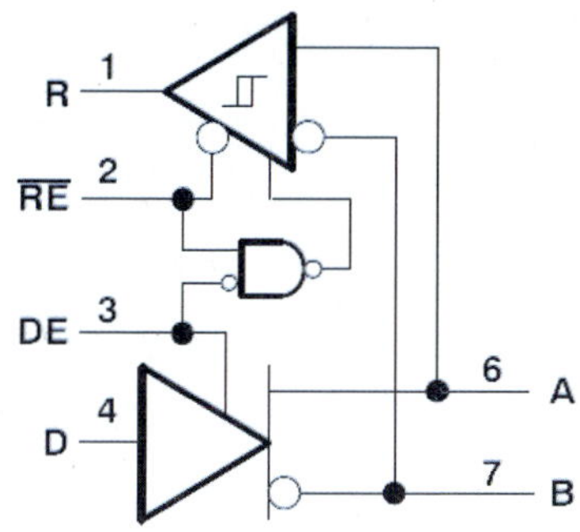

〈 RS485 IC의 내부 구조 〉

BTN6(RS485) 버튼을 눌렀을 때의 실행 모습. 다른 버튼을 누르면 빠져나온다.

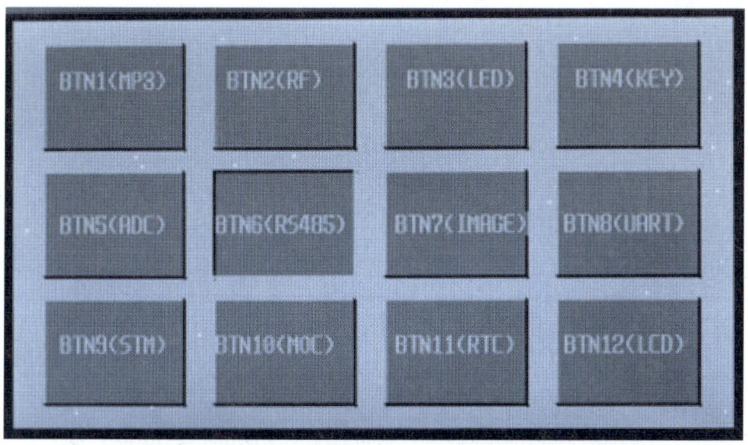

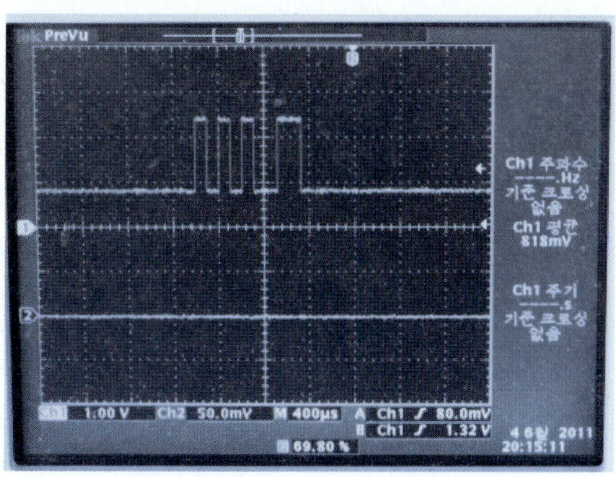

〈 RS485 송신 데이터 스코프 화면 〉

9) Button_ IMAGE () 함수

7 버튼의 실행 함수로 IMAGE 파일이 표시된다. 함수 내부에 주석문으로 설명 하였으니 참조하자.

이 이미지를 보려면 먼저 PC에서 FAT32로 포맷하고 "IMAGE480.BMP" 이름으로 이미지를 저장한다. 이제 복사한 SD CARD를 TBK 보드 SD 소켓에 꽂는다. 그리고 BTN7(IMAGE) 버튼을 누르면 된다.

```
void Button_IMAGE(void)//7
{
  u16 i;
  switch (SwitchCount)
  {
    case 0:
          fat32_get_descriptor(&FAT_DESC, 0);// FAT32의 구조체다. FAT32 포맷구조를
참조해야 이해가 된다.
     SwitchCount++;
          break;
    case 1:
    PlayFileName="IMAGE480BMP" //반드시 SD CARD안에 "IMAGE480.BMP" 파일이
있어야 한다.
    SPI_Speed(1); //hi speed 재생 시는 최고속도 18MHZ이하
         NextCluster = 0x0ffffff8; ;// 클러스터 초기화
    fat32_get_device_partition_info(&PATTTION_DESC, 0);
    NextCluster = fat32_find_file(&FAT_DESC,"", PlayFileName, &DIR_DESC); );//
IMAGE480.BMP파일을 찾아온다
    LCD_BmpPut(fat32_cluster2lba(&FAT_DESC, NextCluster),0,0); );// IMAGE FILE
을 열고 LCD화면에 표시한다.
    delay_ms(1000);
    SwitchCount++;
         break;
    case 2:
         if(KEY3_CHECK()==0) //SW5번을 누르고 있으면 종료한다.
            Button_Stop();
         else
            SwitchCount=0;
         break;
  }
}
```

LCD_BmpPut() 함수에서는 아래 BMP_OpenFile ()함수가 호출되고 있다. 이 함수가 이미지 정보를 알아내는 함수다.

이 함수의 위치는 "ssd1963.c" 에 선언되어 있다.

```
void LCD_BmpPut(u32 sector,u16 x,u16 y)
{
    TBITMAP_HEADER BMP;// 이미지 파일 구조체 선언
    u8  buf[512];//메모리 버퍼 512바이트
    u16 StartPixel,SectorCnt,pixel;
    u32 i;
    u8  BmpSW; //CASE문에 사용
    u32 SectorNum;// 섹터 번호

    SD_ReadSector(sector++, buf); // 맨 처음 SD CARD에서 512바이트를 읽어 온다.

    BMP_OpenFile(&BMP, buf);// 읽어온 512바이트의 buf 값을 함수에 넣어 구조체형식
으로 이미지 정보를 돌려받는다
    StartPixel = BMP.Offset;// 이것이 우리가 필요한 정보다. 이미지의 시작번지
//----------이하 중략-----------
}
```

BMP_OpenFile() 함수는 "bitmap.c" 파일에 위치하고 있고 이 함수는 IMAGE FILE을 열고 LCD 화면에 표시하는 함수다. 여기서 주의를 해야 하는 부분이 STM32는 Little-endian 구조로 되어있다는 점이다. 물론 한 바이트 메모리는 상관없지만 2바이트 이상은 상, 하위를 바꿔야 한다. 아래 BMP_OpenFile() 함수는 Buff(512[byte])를 읽어서 아래 함수를 통과하며 IMAGE 정보가 구조체 형식에 저장되게 되는 것이다. 함수의 내용을 보면 모두 상, 하위를 바꾸는 부분이 보인다. 아래 이미지 정보 중에 우리가 필요한 부분은 가져와 사용하게 되는 것이다.

```
void BMP_OpenFile(TBITMAP_HEADER *BITMAP_HEADER, u8 *Buff)
{
    BITMAP_HEADER->Type =        (u16)Buff[1]  + ((u16)Buff[0]  << 8); //0 1 // 상위와 하위 바꿈
    BITMAP_HEADER->FileSize =     (u32)Buff[2]   + ((u32)Buff[3]   << 8) + ((u32)Buff[4]  << 16) + ((u32)Buff[5]  << 24); //2 3 4 5
    BITMAP_HEADER->Reserved =     (u32)Buff[6]   + ((u32)Buff[7]   << 8) + ((u32)Buff[8]  << 16) + ((u32)Buff[9]  << 24); //6 7 8 9
    BITMAP_HEADER->Offset =          (u32)Buff[10]  + ((u32)Buff[11]  << 8) + ((u32)Buff[12] << 16) + ((u32)Buff[13] << 24);//10 11 12 13
    BITMAP_HEADER->HeadSize =       (u32)Buff[14]  + ((u32)Buff[15]  << 8) + ((u32)Buff[16] << 16) + ((u32)Buff[17] << 24);//14 15 16 17
    BITMAP_HEADER->Width =            (u32)Buff[18]  + ((u32)Buff[19]  << 8) + ((u32)Buff[20] << 16) + ((u32)Buff[21] << 24);//18 19 20 21
    BITMAP_HEADER->Height =           (u32)Buff[22]  + ((u32)Buff[23]  << 8) + ((u32)Buff[23] << 16) + ((u32)Buff[25] << 24);//22 23 24 25
    BITMAP_HEADER->Planes =      (u16)Buff[27] + ((u16)Buff[26] << 8); //26 27

    BITMAP_HEADER->BitPerPixel =(u16)Buff[29] + ((u16)Buff[28] << 8); //28 29
    BITMAP_HEADER->CompresType  =(u32)Buff[30]  + ((u32)Buff[31]  << 8) + ((u32)Buff[32] << 16) + ((u32)Buff[33] << 24);//30 31 32 33
    BITMAP_HEADER->DataSize =       (u32)Buff[34]  + ((u32)Buff[35]  << 8) + ((u32)Buff[36] << 16) + ((u32)Buff[37] << 24);//34 35 36 37
    BITMAP_HEADER->HResolution  =(u32)Buff[38]  + ((u32)Buff[39]  << 8) + ((u32)Buff[40] << 16) + ((u32)Buff[41] << 24);//38 39 40 41
    BITMAP_HEADER->VResolution  =(u32)Buff[42]  + ((u32)Buff[43]  << 8) + ((u32)Buff[44] << 16) + ((u32)Buff[45] << 24);//42 43 44 45
    BITMAP_HEADER->Colors =           (u32)Buff[46]  + ((u32)Buff[47]  << 8) + ((u32)Buff[48] << 16) + ((u32)Buff[49] << 24);//46 47 48 49
    BITMAP_HEADER->ImportColor  =(u32)Buff[50]  + ((u32)Buff[51]  << 8) + ((u32)Buff[52] << 16) + ((u32)Buff[53] << 24);//50 51 52 53
}
```

다음의 이미지 관련 구조체는 "bitmap.h" 파일에 선언되어 있다.

```
typedef struct { //이미지 파일의 구조체
    u16 Type;       // offset:0x00 0x4d42,"BM"
    u32 FileSize;  // offset:0x02
    u32 Reserved; // offset:0x06  must be 0
    u32 Offset;     // offset:0x0a  BMP START ADDRESS
    u32 HeadSize; // offset:0x0e  0x28
    u32 Width;      // offset:0x12
    u32 Height;     // offset:0x16
    u16 Planes;     // offset:0x1a
    u16 BitPerPixel;// offset:0x1c
    u32 CompresType;// offset:0x1e
    u32 DataSize; // offset:0x22
    u32 HResolution;// offset:0x26
    u32 VResolution;// offset:0x2a
    u32 Colors;      // offset:0x2e 8bit100H 256
    u32 ImportColor;// offset:0x32
    //COLORTABLE ColorTable;
}TBITMAP_HEADER;
```

다음 그림은 이미지 파일의 정보를 보여주고 있다.

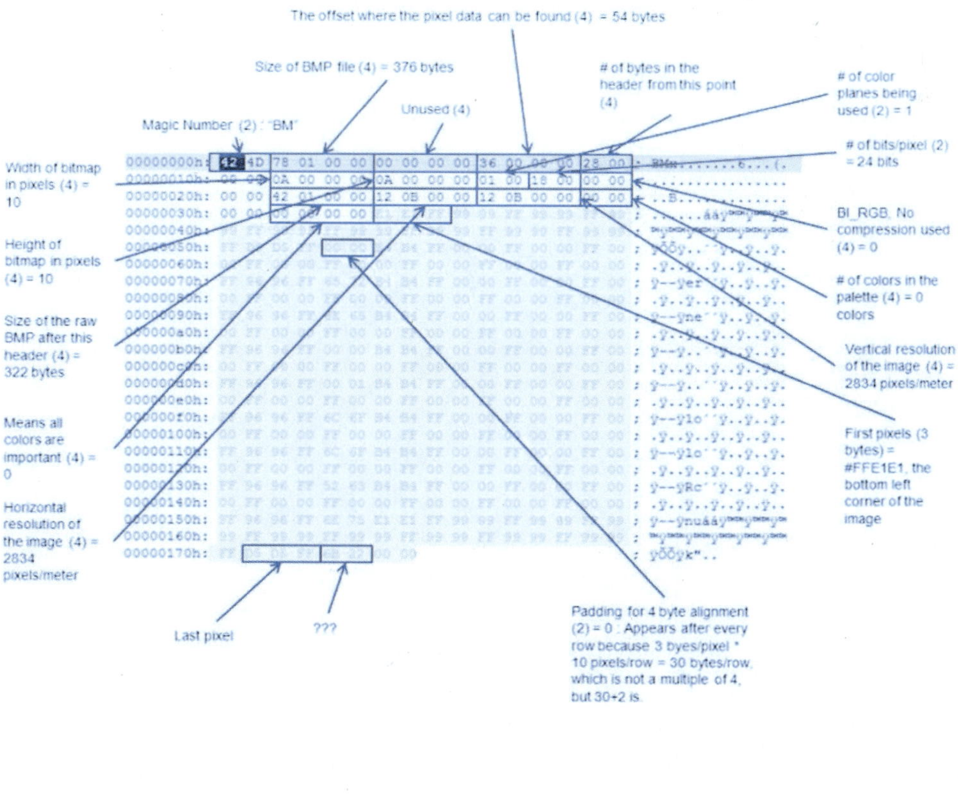

BTN7(IMAGE) 버튼을 눌렀을 때의 실행 모습. TBK 보드의 SW5번을 누르고 있으면 빠져 나온다.

10) Button_ USART() 함수

8 버튼의 실행 함수로 1초 간격으로 USART 포트로 0X31이 출력된다. 보다 상세한 내용은 USART 실습을 참조하자.

```
void Button_USART(void)//8
{
  Usart1_PutStr("USART1 Test:");
  Usart1_PutByte('1');
  Usart1_PutStr("₩r₩n");
  delay_ms(1000);
}
```

BTN8(UART) 버튼을 눌렀을 때의 실행 모습. 다른 버튼을 누르면 빠져 나온다.

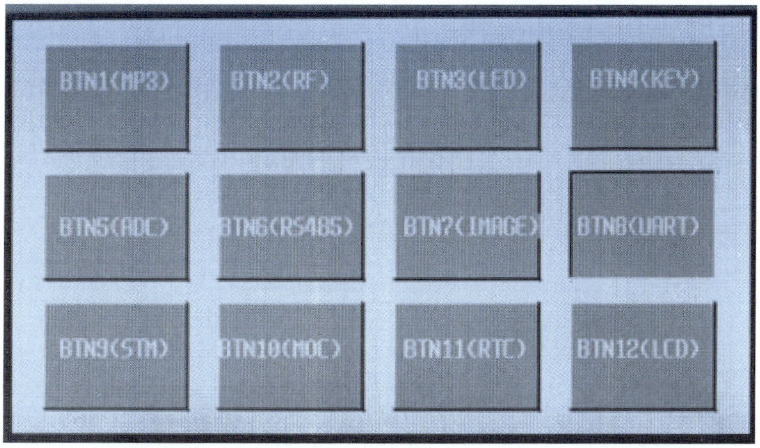

하이퍼터미널에서 USART가 수신된 모습.

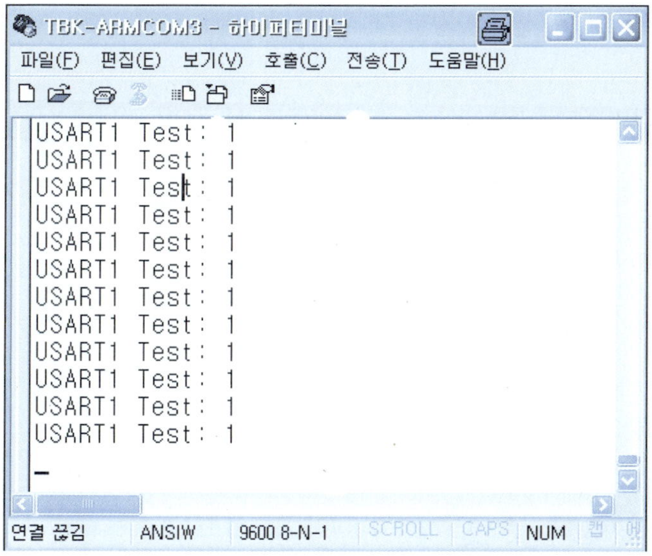

11) Button_ STM () 함수

9 버튼의 실행 함수로 STEPPING MOTOR를 회전시킨다. 보다 상세한 내용은 STEPPING MOTOR에서 설명하겠다.

```
void Button_STM(void)//9
{
  if(KEY1_CHECK()==0) //SW2를 누르면 좌회전
  {
     STEPMOTOR_DIR_LOW();
     STEPMOTOR_E_HI();
     SwitchCount=1;
  }
  else if(KEY2_CHECK()==0) //SW3을 누르면 좌회전
  {
     STEPMOTOR_DIR_HI();
     STEPMOTOR_E_HI();
     SwitchCount=2;
  }
  else if(KEY3_CHECK()==0) //SW4를 누르면 정지
  {
     STEPMOTOR_E_LOW();
     SwitchCount=0;
  }
  switch (SwitchCount)
  {
    case 0:
            STEPMOTOR_E_LOW(); //STEPPING MOTOR ENABLE
          break;
    case 1: //우측으로 회전
          STEPMOTOR_CLK_LOW();
          delay_ms(1);
          STEPMOTOR_CLK_HI();
          delay_ms(1);
         break;
    case 2:  //좌측으로 회전
          STEPMOTOR_CLK_LOW();
          delay_ms(1);
          STEPMOTOR_CLK_HI();
          delay_ms(1);
         break;
  }
}
```

BTN9(STM) 버튼을 눌렀을 때의 실행 모습. 다른 버튼을 누르면 빠져나온다.

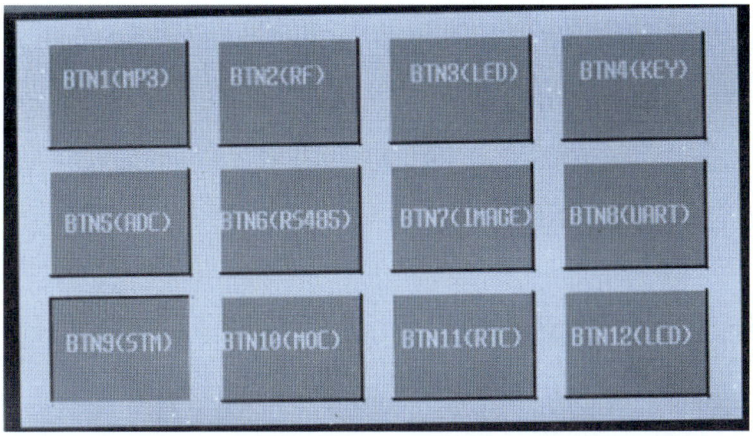

STEPPING MOTOR를 테스트하기 위해서는 STEPPING MOTOR와 구동 STM2978_BD 보드가 있어야 가능하다.

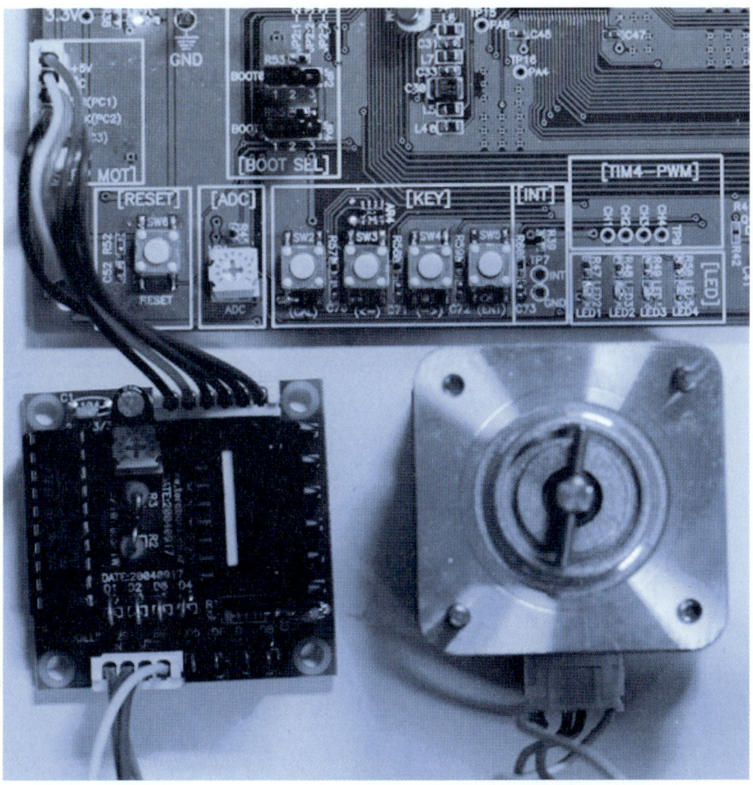

12) Button_ MCO() 함수

10 버튼의 실행 함수로 MCO 출력 포트로 클럭을 출력할 수 있다.

CLOCK이 잘 작동하는지 테스트하기 위한 경우에 사용될 수 있다. 이 MCO 출력 핀은 GPIOA의 8번 핀이다.

```
void Button_MOC(void)//10
{
   if(KEY0_CHECK()==0) //SW2번이 눌려지면 PLLCLK/2 송출
     RCC_MCOConfig(RCC_MCO_PLLCLK_Div2);// else if(KEY1_CHECK()==0) //SW2
번이 눌려지면 SYSCLK 송출
else if(KEY1_CHECK()==0)// SW3번이 눌려지면 HIS(내부클럭)
     RCC_MCOConfig(RCC_MCO_HSI);
   else if(KEY2_CHECK()==0) //SW4번이 눌려지면 HSE (외부 오실레이터) 송출
     RCC_MCOConfig(RCC_MCO_HSE);
   else if(KEY3_CHECK()==0) SW5번 스위치를 누르면 정지
     Button_Stop();
   else
     RCC_MCOConfig(RCC_MCO_SYSCLK);//SYSCLK 송출.
}
```

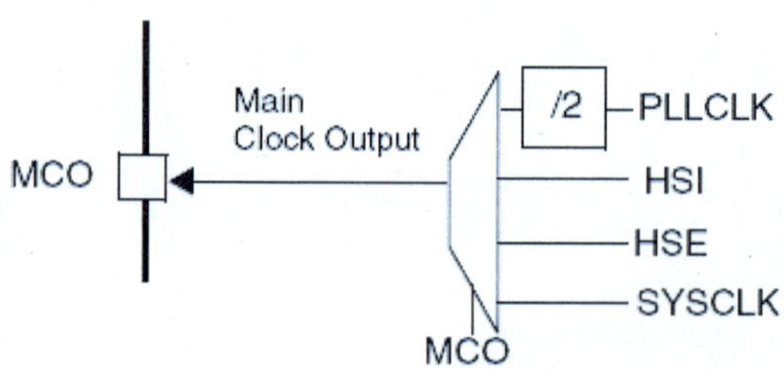

〈 MCO부 블록 다이어그램 〉

MCO CLOCK의 GPIO PIN MAP GPIO의 PA8번이 MCO출력 핀이다.

29	41	D7	20	PA8	I/O	FT	PA8	USART1_CK/ TIM1_CH1/MCO	

BTN10(MCO) 버튼을 눌렀을 때의 실행 모습. TBK 보드의 SW5번을 누르면 빠져 나온다.

PLLCLK/2 송출, 즉 36[MHz]가 된다.

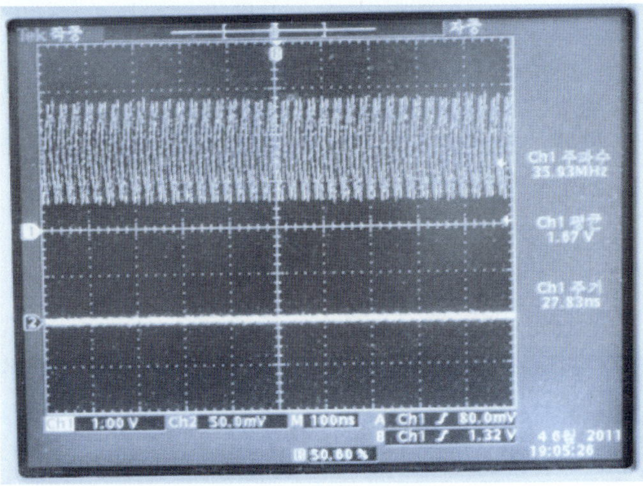

SYSCLK 송출, 즉 72[MHz]가 된다.

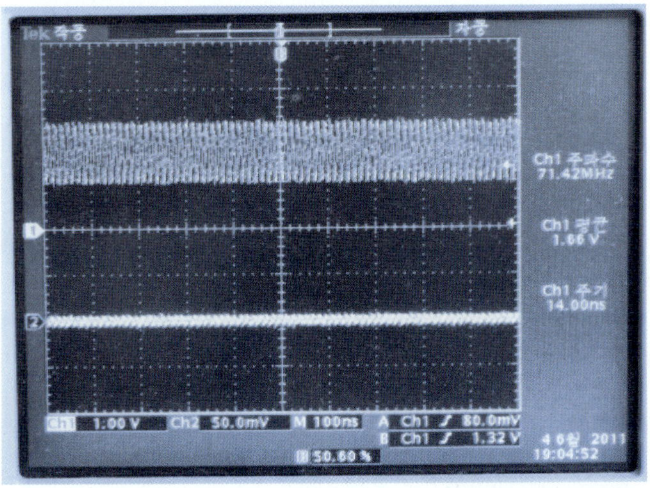

HSE (외부 오실레이터) 송출, 즉 8[MHz]가 된다.

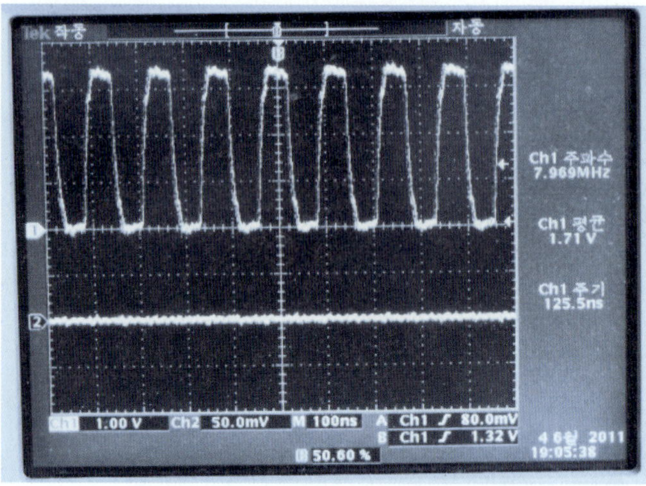

13) Button_ RTC () 함수

11 버튼의 실행 함수로 RTC(real-time clock)을 이용하여 1초를 만들어 LCD 화면에 나타낸다.

```
void Button_RTC(void)//11
{
      if(RTC_SecIntFlage)// 인터럽트가 발생하면
      {
        RTC_SecIntFlage=0;
        LCD_PutStrH16_8(14,
32,"SEC:",LCD_RGBu32To565CodeChang(0xFF00FF),LCD_RGBu32To565CodeChang(0xF
FFFFF));

LCD_PutHexToDec(14,36,RTC_SecCount++,LCD_RGBu32To565CodeChang(0xFF00FF),L
CD_RGBu32To565CodeChang(0xFFFFFF));
      }
      if(RTC_SecCount>59)//59초가 넘으면 0
        RTC_SecCount=0;
}
```

BTN11(RTC) 버튼을 눌렀을 때의 실행 모습. 다른 버튼을 누르면 빠져나온다.

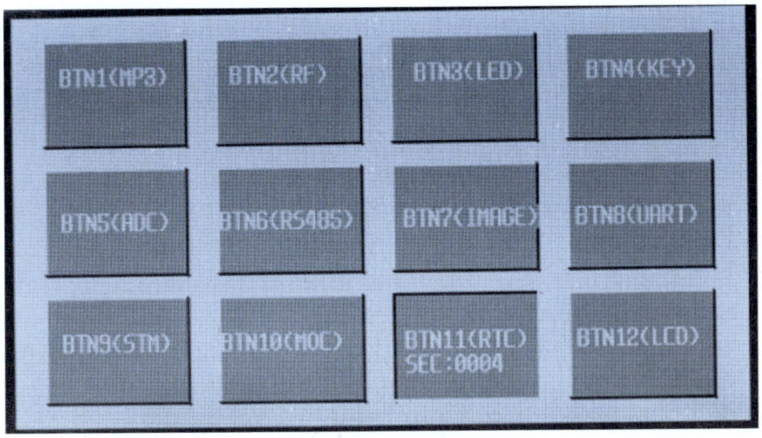

14) Button_ LCD () 함수

12 버튼의 실행 함수로 TFT LCD를 테스트 한다. 이 부분은 모드가 여러가지로 TBK SW2번으로 다음 단계로 넘어 갈 수 있다.

여기서 LCD_Test() 함수를 호출하는데 "ssd1963.c" 에 선언되어 있다. 이 함수는 결국 DrawBox_Create, ,DrawBoxFill_Create, DrawBoxFree_Create, Circle_Create, CircleFill_Create, DrawLine_Create들을 이용하여 TFT LCD에 표시하게 되는 것이다.

```
void Button_LCD(void)//12
{
  LCD_Test(0,0,272,480);
  if(KEY3_CHECK()==0) //SW5번을 누르고 있으면 종료한다.
     Button_Stop();
}
```

```
void LCD_Test(u16 x, u16 y, u16 SizeX, u16 SizeY)
{
//----------이하중략---------------
delay_ms(500);
 while(1){ if(KEY0_CHECK()==0) break; } //TBK보드의 SW2번을 누르면 다음 단계로 진입한다
 LCD_AllClear();   //모두 지운다
 LCD_PutStrH16_8(16,0,"[DrawBoxFill     Test...]",     LCD_RGBu32To565CodeChang(0XFFFFFF), LCD_RGBu32To565CodeChang(0xFF0000));
 DrawBoxFill_Create(0,0, 50, 50, LCD_RGBu32To565CodeChang(0xFF0000));
 DrawBoxFill_Create(50,50, 100, 100, LCD_RGBu32To565CodeChang(0x00FF00));
 DrawBoxFill_Create(100,100, 150, 150, LCD_RGBu32To565CodeChang(0x0000FF));
 DrawBoxFill_Create(150,150, 250, 250, LCD_RGBu32To565CodeChang(0xFFFF00));
 DrawBoxFill_Create(100,250, 150, 300, LCD_RGBu32To565CodeChang(0x00FFFF));
 DrawBoxFill_Create(50,300, 100, 350, LCD_RGBu32To565CodeChang(0x000000));
 DrawBoxFill_Create(0,350, 50, 400, LCD_RGBu32To565CodeChang(0xFF00FF));
 delay_ms(500);
//--------------이하중략----------------------
}
```

〈 Horizontal Test 〉

〈 Vertical Test 〉

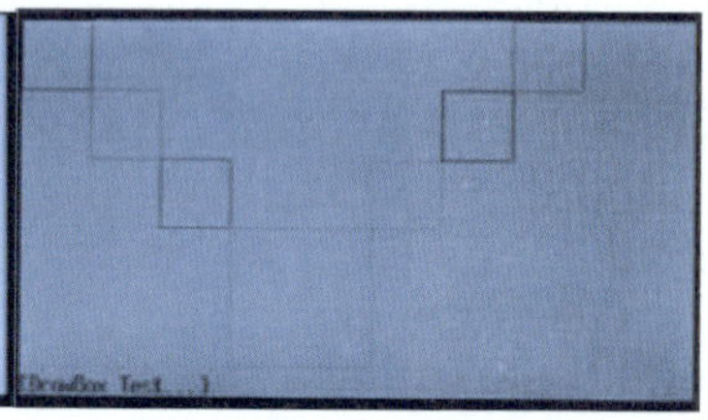

〈 DrawBox_Create 〉

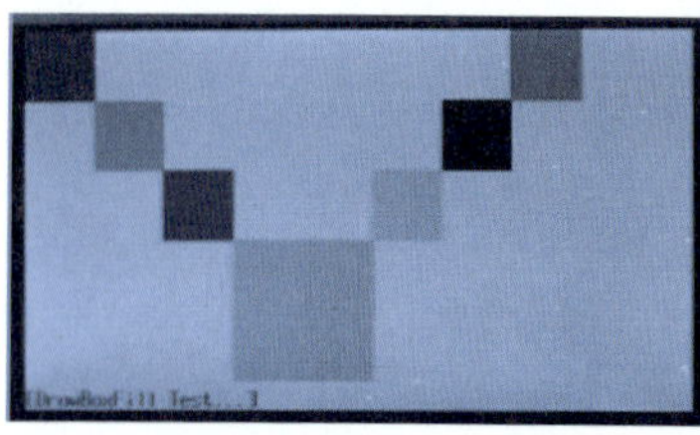

〈 DrawBoxFill_Create 〉

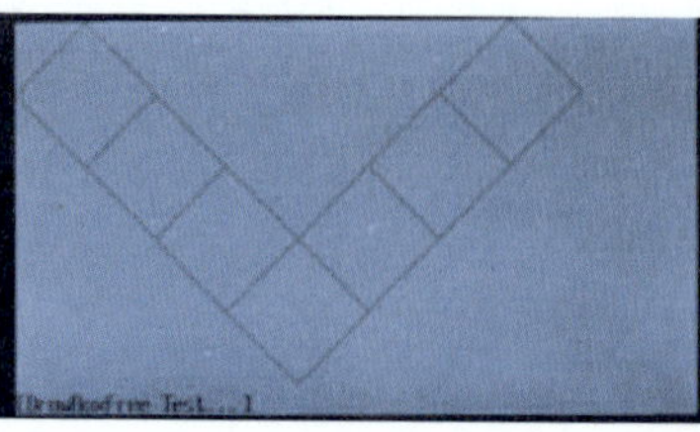

〈 DrawBoxFree_Create 〉

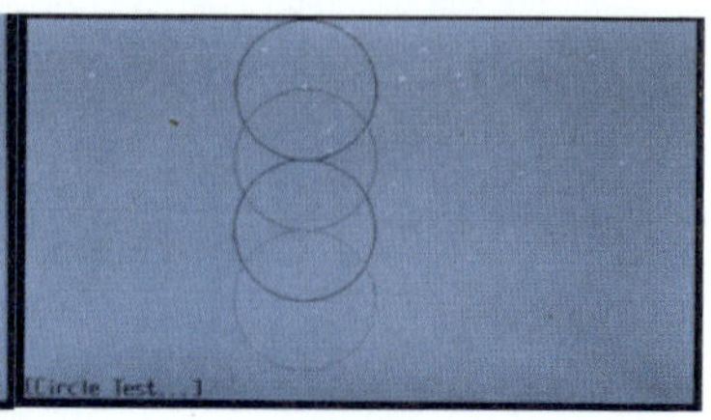

〈 Circle_Create 〉

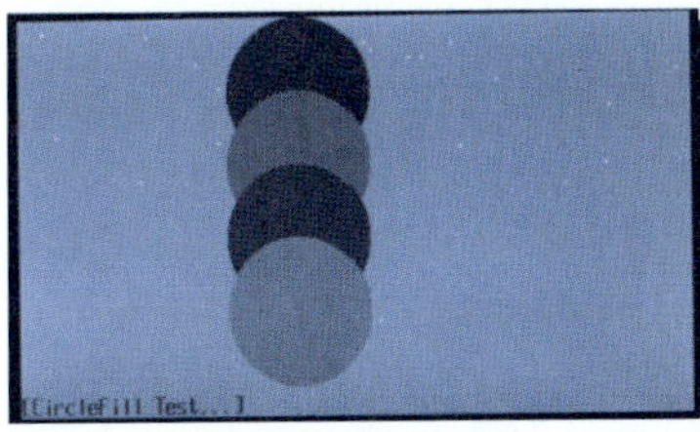

〈 CircleFill_Create 〉

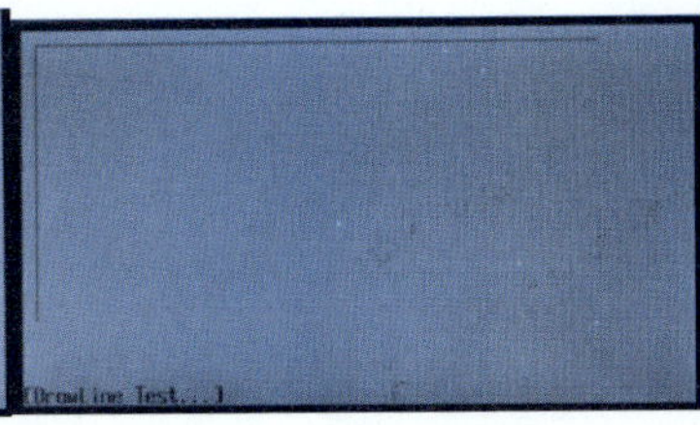

〈 DrawLine_Create 〉

〈 Font_Test 〉

15) Button_ Stop () 함수

이 버튼은 버튼을 초기화하는 함수다. 각 항목의 실행이 끝남과 동시에 호출된다.

```
void Button_Stop(void)
{
  LCD_AllClear();
  MainMenuButton_Create(); //12개 버튼 메뉴 생성
  SwitchCount=0;
  ADC_Flage=0;//ADC
  ADC_Value=0;//ADC
  RTC_SecCount=0;//RTC
  RTC_SecIntFlage=0;//RTC
  RCC_MCOConfig(RCC_MCO_NoClock);// MCO DISABLE
BUTTON_ClickNumber=0XFF;
  BUTTON_ClickOldNumber=0XFF;
  BUTTON_RunNumber=0xff;
}
```

17.2.9 main.h 파일

필요한 include 파일 외에 몇 가지 필요한 변수가 선언되어 있다.

```
//=========#include 선언 중략=================
u8  ADC_Flage; //ADC Flage
u16 ADC_Value; // ADC 값
u8  RTC_SecCount; //RTC 1초 Counter
u8  RTC_SecIntFlage; //RTC 1초 Flage
void DrawBox_Create(u16 x1, u16 y1, u16 x2, u16 y2, u16 Color);
void DrawBoxFill_Create(u16 x1, u16 y1, u16 x2, u16 y2, u16 Color);
void DrawBoxFree_Create(u16 x1, u16 y1, u16 radius, u16 Color);
void Circle_Create(u16 x1, u16 y1, u16 radius, u16 Color);
void CircleFill_Create(u16 x1, u16 y1, u16 radius, u16 Color);
void DrawLine_Create(u16 x1, u16 y1, u16 length, u8 direct, u16 Color);
void MainMenuButton_Create(void);
```

17.2.10 stm32f10x_it.c 파일

예제에서는 인터럽트 ADC, RTC 등 핸들러를 사용하고 있다.

17.2.11 결론

이 장을 통해서 우리는 TFT LCD와 터치스크린을 이용하여 하드웨어적이 방식이 아니라 언제나 변경이 가능한 소프트웨어 방식의 버튼을 구현해 보고 작동 원리를 이해하게 되었다. 이를 응용한다면 상당한 시제품도 만들 수 있을 것이다. 이제 필자의 머릿속에 있는 95[%]의 정보는 여러분의 것이 되었으리라 믿는다. 이제 필자는 머리가 텅 빈 것 같다. 그래도 기쁘다.

17.3 MP3 PLAYER 기본

17.3.1 개요

VS1033 MP3 CODEC CHIP는 MP3와 WAV 파일 포맷을 지원하며 최고 48[kHz]의 샘플링 속도를 갖는다. SNR는 -70DB로 음질은 썩 좋은 편이 아니지만 산업용 및 기본 MP3 PLAYER에서는 충분한 S/N다. 원칙적으로 좋은 오디오의 조건이 -110정도는 되어야 들을 만한 수준이 된다. 하지만 이러한 DAC IC 한 개의 가격이 5만원을 호가하므로 그냥 여기서 만족하자. VS1033 IC의 가장 단점은 전원이 3.3[V]는 디지털 전원 그리고 2.5[V]는 아날로그부의 전원으로 따로 전원부를 만들어줘야 한다는 것이다. 물론 VS1003의 경우는 3가지의 전원을 사용했지만 그래도 전원부만큼은 신경을 써줘야 한다.

가. VS1033의 특징

- MP3 및 WAV 파일 지원
- 3.3[V] 및 2.5[V] 전원
- 최고 48[kHz] 샘플링 속도
- SPI interface
- 출력 I2S 포맷 지원
- AMP 내장

나. 내부구조

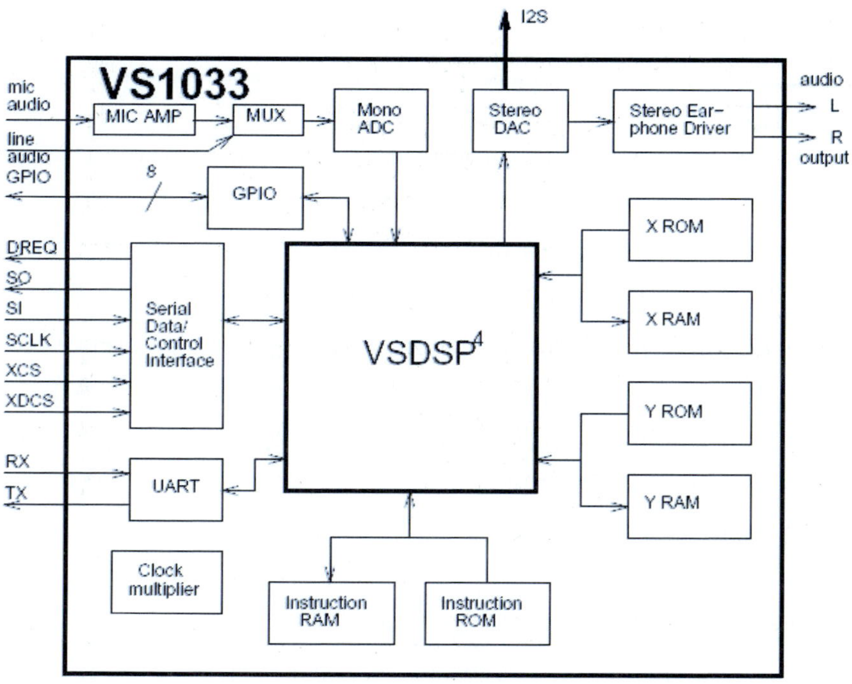

17.3.2 MP3 PLAYER (SD CARD)TEST

VS1033 CODEC CHIP은 MP3 CODEC과 AMP가 일체형으로 내장되어 또 다른 AMP가 필요치 않아 필자는 VS1033 CHIP으로 선택하였다. 값이 저렴한 STA013도 좋은 CHIP이긴 하지만 AMP를 따로 장착하여야 하고 I2C 방식으로 설정해야 하는 것이 다른 점이다. 2011년 오디오 동호인들의 요청으로 DAC를 만들게 되었는데 STM32F103 모델에는 내장되지 않았지만 STM32F105, 107 모델에는 SPI와 공통으로 I2S 통신이 내장되어 있다.

오디오는 소리가 아니라 음질에 있어서 DAC 하나가 수천만원을 호가하는 경우도 있다. 이러한 시스템에 적용하는 것이 I2S 포맷으로 전송되는 오디오 규약인 것이다. 최고 384[kHz]의 샘플링 속도에 32BIT의 분해능으로 데이터 전송이
이루어져 우리가 다루게 될 48KHZ의 샘플링 속도를 갖는 VS1033 IC와는 게임이 되지 않을 만큼 음질의 차이가 발생한다.
필자도 수천만원대의 오디오 시스템을 꾸며 보았지만 음성과 영상분야는 과히 장난이 아닌 듯 하였다. 우리는 STM32 CPU에 대한 공부를
하는 입장으로 CODEC CHIP에 대해서는 상세히 설명하지 않겠다. 여기서 가장 중요한 것은 SPI통신이지 MP3파일의
재생이 아니기 때문이다. 하지만 지난 장에서 배운 SPI통신으로 얼마든지 응용제품을 개발할 수 있다
MP3 PLAYER (SD CARD)를 동작시키기 위해서는 몇 가지 사전작업을 해야 한다.

1) 먼저 SD CARD를 PC에서 FAT32방식으로 포맷한다.
2) PC에서 MP3 FILE을 복사해 넣는다.
3) 복사한 SD CARD를 가지고 TBK보드의 SD CARD 소켓에 삽입한다.
4) TBK-SYS 디렉터리의 "main.hex" 파일을 TBK보드에 다운로더 한다.
5) TBK 보드의 JACK1(AUDIO JACK)에 이어폰을 꽂는다.
6) BTN1(MP3) 버튼을 누른다.
7) MP3를 청취한다.

가. TBK보드의 회로도

MISO, MOSI, SCK 핀으로 RF 시험과 SD CARD와 모두 공통으로 결선한다. 그리고 NSS 단자는 사용하지 않고 S/W로 구현할 것이다. PD6번 핀이 VS1033_/CS 핀으로 설정하였다. 이 VS1033_/CS 핀이 LOW(0)일 때 VS1033 CHIP가 선택된다.

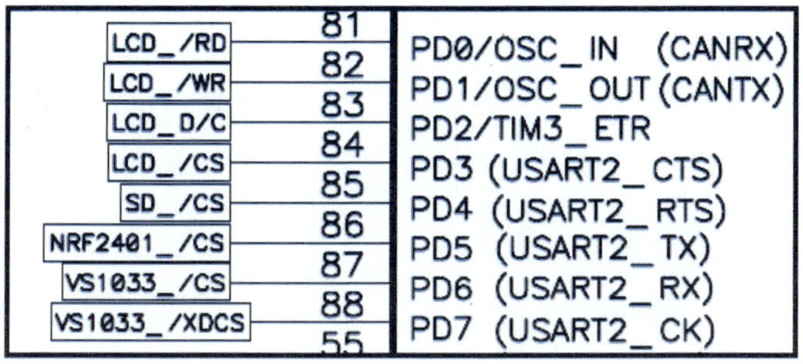

VS1033_/RESET 핀은 VS1033을 RESET시키는 역할을 한다. 물론 LOW(0)의 신호가 입력되면 RESET이 된다. 8051 CPU의 경우는 HI(1) RESET의 경우도 있지만 거의 모든 CPU는 LOW(0)신호가 입력되면 RESET이 된다. 그리고 VS1033_DREQ(Data request)신호가 있는데 이 핀이 VS1033이 받을 준비가 되면 HI(1)이 된다. VS1033 내부에는 FIFO 메모리가 2048[byte]가 있는데 이것이 FULL이 되면 LOW(0)가 된다. CPU에서는 입력이다. 또 다른 핀 중에 VS1033_/XDCS 핀이다. 이 핀의 기능은 VS1033으로 SPI 전송을 시킬 때 32BYTE로 전송하고자 할 때 이 신호는 LOW(0)이 되어야 한다.

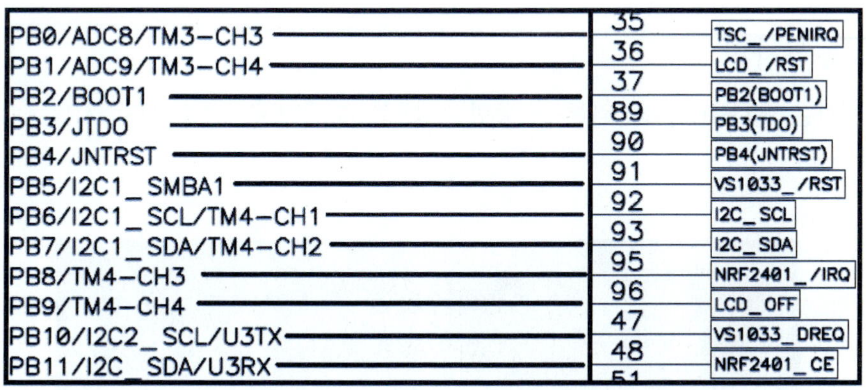

TBK 보드의 MP3 PLAYER의 회로도는 아래와 같다. 전원부는 3.3[V] 전원과 2.5[V] 전원이 연결되어 있는 것을 볼 수 있다.

U1의 경우 입력 측 전원을 3.3[V]가 아니고 5[V]에 연결되어 있는 것이 좀 이상하게 보일지 모르지만 3.3[V]를 입력하게 되면 3.3[V]*1.414(루트2)를 곱하면 3.525[V] 이상은 되어야 한다. 따라서 5[V] 입력을 사용한 것이다. 이 부분에 대한 데이터시트를 찾아보면 최소 2.4[V] 이상의 전원을 연결하라고 나와있다.

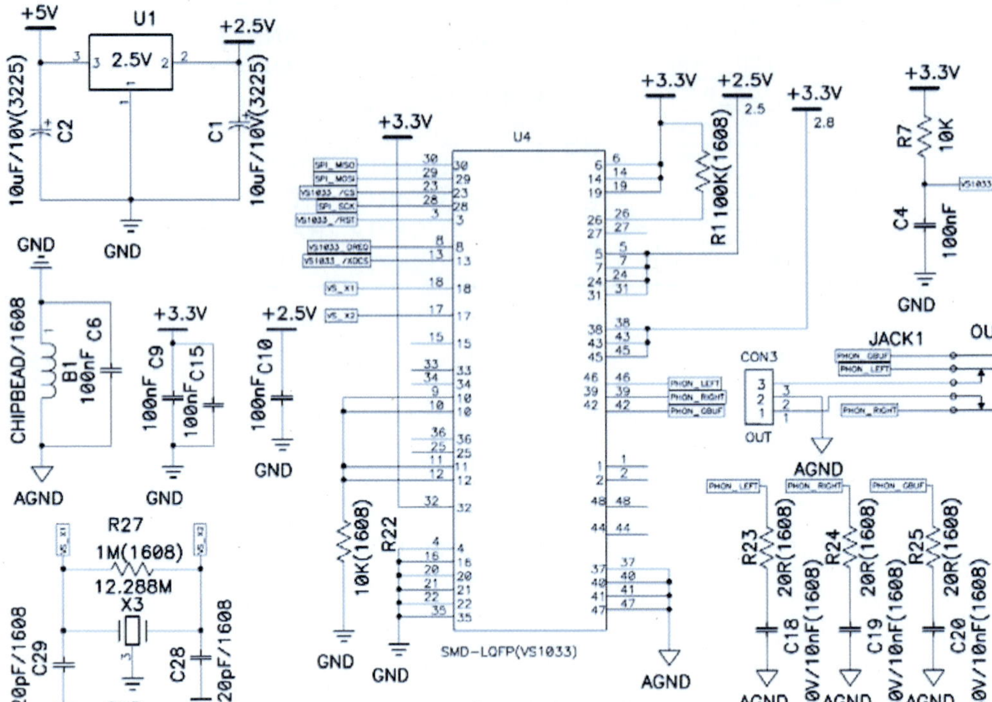

[AUDIO-TEST]

17.3.3 동작사진

아래 사진은 BTN1(MP3) 버튼을 눌렀을 때의 모습으로 이때부터 MP3 PLAYER가 작동하게 된다.

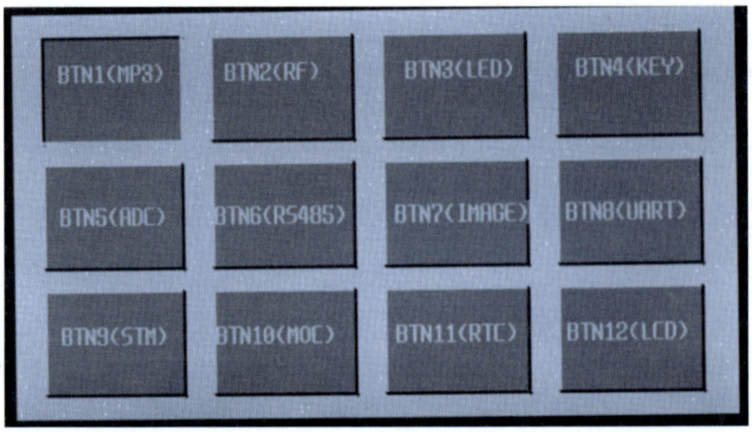

17.3.4 PCB 사진

아래 그림과 같이 PC에서 FAT32 방식으로 포맷하고 MP3 파일이 들어있는 SD CARD가 장착된 모습을 보이고 있다.

JACK1에 이어폰을 꽂았을 때 소리가 들려야 정상적인 상태다.

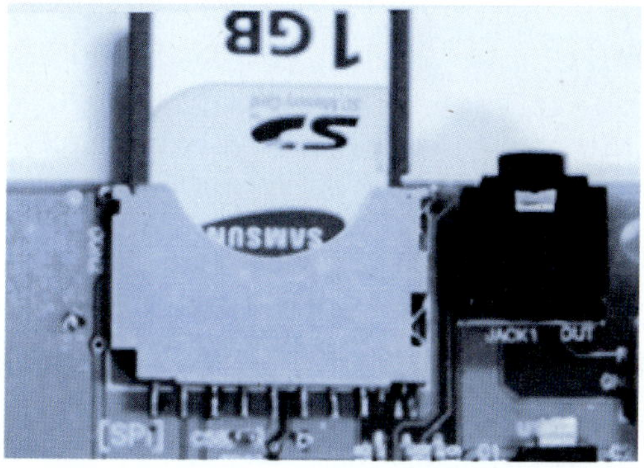

17.3.5 소스 분석

지금까지 다루었던 RCC, GPIO와 main.c의 설명은 제외하겠다.

가. Vs1033.c

나. Vs1033 IC의 PIN MAP

tbk_sys.h 파일에 선언해 두었다.

```
#define VS1033_RST_RCCPERIPH      RCC_APB2Periph_GPIOB
#define VS1033_RST_GPIO            GPIOB
#define VS1033_RST                 GPIO_Pin_5
#define VS1033_CTL_RCCPERIPH     RCC_APB2Periph_GPIOD
#define VS1033_CS                  GPIO_Pin_6 //AUDIO CODEC
#define VS1033_CS_GPIO             GPIOD
#define VS1033_XDCS                GPIO_Pin_7 //AUDIO CODEC
#define VS1033_XDCS_GPIO           GPIOD
```

tbk_sys.h 파일에 선언의 내용이다. 이 부분도 더 이상 설명이 없을 듯하다.

```
#define VS1033_RST_HI()                    VS1033_RST_GPIO->BSRR = VS1033_RST
#define VS1033_RST_LOW()                   VS1033_RST_GPIO->BRR = VS1033_RST
.
#define VS1033_CS_HI()            VS1033_CS_GPIO->BSRR = VS1033_CS
#define VS1033_CS_LOW()                    VS1033_CS_GPIO->BRR = VS1033_CS

#define VS1033_XDCS_HI()                              VS1033_XDCS_GPIO->BSRR   =
VS1033_XDCS
#define VS1033_XDCS_LOW()                              VS1033_XDCS_GPIO->BRR   =
VS1033_XDCS

#define  VS1033_DATA_DREQ_CHECK()                     (VS1033_DREQ_GPIO->IDR  &
VS1033_DREQ)
```

VS1033 IC의 Reset() 함수다. LOW(0)을 주고 10[ms] 후에 다시 HI(1)로 주면 된다. RESET의 최소 값은 1.6[ms] 이상 주어야 한다.

```
void VS1033_Reset(void)
{
  VS1033_RST_LOW();
  delay_ms(10);
  VS1033_RST_HI();
}
```

VS1033_Init() : VS1033의 초기화 함수다. RESET을 하고 MP3의 Bit rate를 설정해 주면 된다. 여기서는 44[kHz]로 선택했다.

```
void VS1033_Init(void)
{
  uint16_t i;
  VS1033_Reset();
  delay_ms(10);
  SCI_Write(0x03, 0xAC80);// 0x9800, 0xAC45=41KH,0xAC80=44KH
}
```

SCI_Write(0함수 : 아래의 〈VS1033 SCI Write〉 도표에서 보면 먼저 CS 핀을 LOW(0)으로 하고 다음으로 쓰기 명령 0X02를 내보내고, 어드레스를 주고, 데이터를 쓰면 되는데 DATA의 길이는 2[byte]다. 다 보내고 다시 CS 핀을 HI(1)로 하면 된다.

```
void SCI_Write(uint8_t addr, uint16_t Data)
{
     SPI_Speed(0); //low speed SYSCLK/8=9MHZ
     VS1033_CS_LOW();            // xCS = low, xCS핀 활성화
     SPI_PutByte(0x02);        // 쓰기 명령 전송
     SPI_PutByte(addr);        // 어드레스 선택
     SPI_PutByte(Data>>8); // 상위 1바이트 전송
     SPI_PutByte(Data);      // 하위 1바이트 전송
     VS1033_CS_HI();             // xCS = high, xCS핀 비활성화
     SPI_Speed(1); //hi speed  SYSCLK/128=562KHZ
}
```

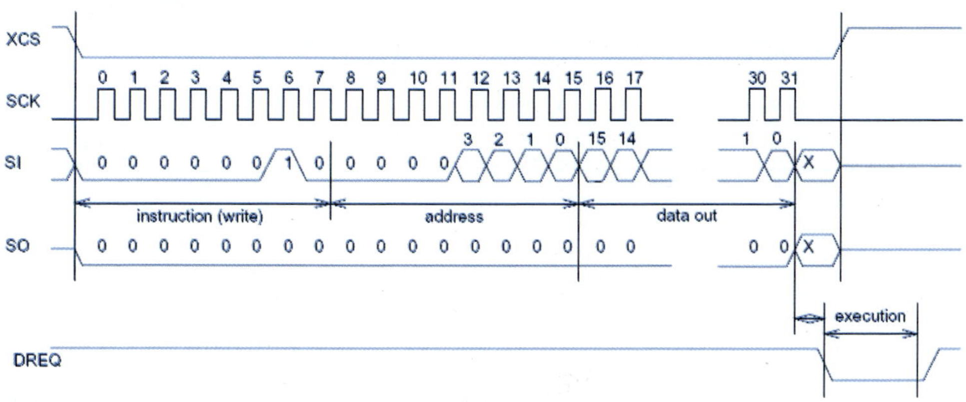

〈 VS1033 SCI Write 〉

SCI_ Read (0함수 : 아래의 〈VS1033 SCI Write〉 도표에서 보면 먼저 CS 핀을 LOW(0)으로 하고 다음으로 쓰기 명령 0X03을 내보내고, 어드레스를 주고, 데이터를 쓰면 되는데 DATA의 길이는 2[byte]이다. 다 보내고 다시 CS 핀을 HI(1)로 하면 된다. 쓰기 함수와 별반 다를 것이 없다.

```
uint16_t SCI_Read(uint8_t Addr)
{
      uint8_t d0,d1;
      uint16_t i;
      SPI_Speed(0); //low speed
      VS1033_CS_LOW();              // xCS = low, xCS핀 활성화
      SPI_PutByte(0x03);        // 읽기 명령 전송
      SPI_PutByte(Addr);        // 어드레스 선택
      d1= SPI_PutByte(0xff); // 상위 1바이트 수신
      d0= SPI_PutByte(0xff); // 하위 1바이트 수신
      VS1033_CS_HI();              // xCS = high, xCS핀 비활성화
      SPI_Speed(1); //hi speed
      i=(d1<<8)&0x00ff;
      i=i|d0;
      return i;
}
```

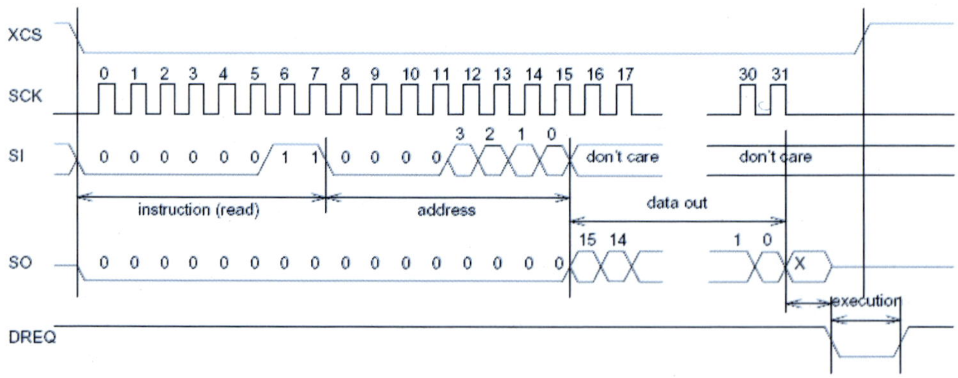

〈 VS1033 SCI Read 〉

• VS1033_SetVolume() : MP3의 볼륨을 설정한다. 볼륨 설정 레지스터 값은 0X0B이고 볼륨 값은 좌우 동일 1[byte]로 합해서 16[bit]가 된다. 따라서 볼륨의 최대값은 0x00이고 0~0XFE 값이다. 작을수록 볼륨이 크다는 것을 기억하자.

```
void VS1033_SetVolume(u8 Data)
{
    u16 i;
    i=Data;
    SCI_Write(0x0B, (i<<8) | i);
}
```

17.4 NRF24L01 기본

17.4.1 개요

NRF24L01 무선 송수신 CHIP은 NORDIC사에서 생산하는 것으로 최대 특징은 2.4[GHz]의 대역을 사용하고 최대 전류가 12.3[mA]로 전력소비가 아주 작다는 것이다. 배터리를 사용하는 이동형 기기에서 소비전력이 작다는 것은 큰 매력이 아닐 수 없다. 휴대폰의 무선 이어폰, 오디오의 무선 마이크 및 무선 이어폰에 응용하여 많이 사용하는 이유가 바로 소비전류가 적은 이유이다. 하지만 성능도 상당히 우수하다 20PIN이면서 사이즈도 아주 작고 출력도 최대 0DB로 인빌딩에서는 100M 정도로 거리에서 송수신이 가능하다. CPU와는 SPI 통신으로 이루어진다.

아래는 NRF24L01의 특징이다.

가. 특징

- Worldwide 2.4[GHz] ISM band
- 2[Mbps] data rate SPI interface
- 12.3[mA] RX at 2[Mbps] air data rate]
- 11.3[mA] TX at 0[dBm] output power
- 900[nA] in power down, 22[μ]A in standby-I
- 1.9 to 3.6[V] supply range
- 5V tolerant input
- Compact 20-pin 4x4mm QFN package

나. 내부구조

Enhanced ShockBurst 장치와 일반적인 버퍼 방식으로 전송이 가능한데 이

Enhanced ShockBurst는 노르딕사에서 정한 프로토콜로 보면 된다. 일반적인 방식 혹은 Enhanced ShockBurst 모드 방식 아무거나 선택하면 되겠다.

일단 SPI 포트로 들어온 송신 데이터는 TX FIFO 버퍼를 거치고 GFSK 방식로 변환한 뒤 TX Filter를 거쳐서 if신호를 2.4[GHz] 대역으로 변환하고 PA부로 송신한다. 수신부는 LNA(low noise amplifier)로 들어와서 TX와 반대의 과정을 거치고 만약 RX FIFO에 수신된 데이터가 들어오면 IRQ 신호를 LOW(0)으로 SET 한다. 이 핀으로 STM32 인터럽트 라인으로 연결하여 수신 값을 읽으면 된다.

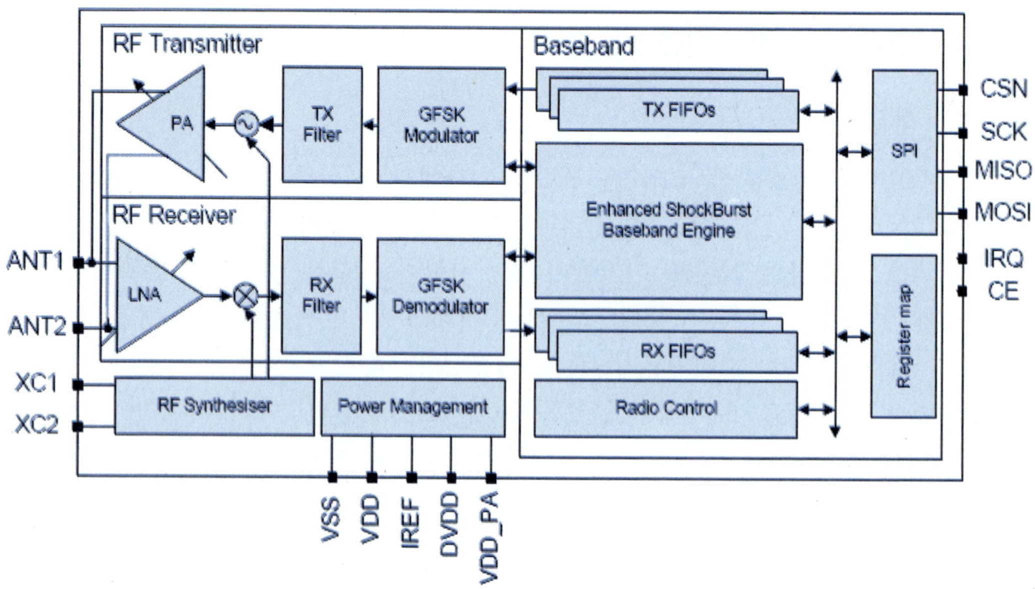

다. Power Down Mode

Power Down Mode는 SPI에서 사용할 레지스터 값은 유지되고 SPI는 활성화할 수 있지만 모든 nRF24L01 전원은 차단된다.

Power down mode로의 진입은 Address 0x00의 PWR_UP bit를 LOW(0)으로 하면 된다.

라. Standby Mode

Standby-1 mode : Standby-1 mode로의 진입은 Address 0x00의 PWR_UP bit를 LOW(1)으로 하면 Standby-1 mode로 진입한다.

이 모드에서는 수정 발진기가 활성화된다. 이 모드는 TX 또는 RX 모드에서 nRF24L01 CE 핀이 LOW(0)일 때 진입하게 된다.

Standby-2 mode : 모드에서 별도의 클럭 버퍼는 Standby-1 mode에 비해 활성화되고 더 많은 전류가 소모된다.

Standby-2 mode는 CE 핀이 HI(1)이고 TX FIFO가 비었을 때 진입한다. 이 모드에서 TX FIFO에 새로운 packet이 TX FIFO 버퍼에 들어오며, PLL가 시작되고 packet이 전송된다.

마. RX mode

NRT24L01의 수신 모드이다. 설정 방법은 아래와 같다.

- PWR_UP BIT SET(1)로 설정
- PRIM_RX BIT SET(1)로 설정
- CE PIN HI(1)로 유지
- 수신부 설정
- Rx Settling delay time 130μ sec 유지
- 수신 대기

이 모드에서는 RF 채널로부터 수신된 신호를 복조한다. baseband protocol engine은 지속적으로 유효한 packet을 검사하고 유효한 packet이 발견되면(주소가 일치하고, CRC 값이 맞으면) RX_FIFO 버퍼에 저장한다. 만약 RX_FIFO가 가득 차면 받은 packet 은 버려진다.

standby-1 mode 혹은 power down mode로 변경되기 전까지는 nRF24L01는 RX 모드로 남아있게 된다.

automatic protocol features(Enhanced ShockBurst™)가 활성화 되어 있으면 nRF24L01이 프로토콜을 실행하기 위해 다른 모드를 입력할 수 있다.

바. TX mode

이 모드는 RF 채널로 송신 데이터를 내보낸다. 설정 방법은 아래와 같다.

- PWR_UP BIT SET(1)로 설정
- Start Up Delay time 약 1.5[mSEC] 유지 안정화를 위해서
- PRIM_RX BIT RESET(0)로 설정
- CE PIN HI(1)로 유지

- 송신부 설정
- Tx Settling delay time 130μ sec 유지
- 송신 시작

송신모드 시 현재의 packet을 전송 완료 때까지 nRF24L01는 TX 모드에서 유지된다. 만약 CE PIN이 LOW(0)로 설정되어 있다면 nRF24L01은 standby-1 mode로 진입하고 CE PIN이 HI(1)로 되어 있다면 TX FIFO의 상태에 따라 다음 동작을 결정하게 된다. TX FIFO가 비워져 있지 않다면 다음 packet을 전송하고 TX FIFO 버퍼가 비워져 있다면 standby-2 mode로 진입한다.

17.4.2 NRF24L01(무선송신) TEST

SPI, I2C,RS232C, RS485 통신 방식은 모두 유선의 형태로 통신이 이루어진다. 이 통신 방식은 케이블을 직접 포설하여야 하는 문제점이 있다. 물론 통신의 안전성이 월등히 우수한 것은 사실이다. 하지만 부득이하게 케이블을 포설하지 못하는 환경에서는 무선통신은 꼭 필요하다. 무선통신을 애기하니 필자가 1996년 10월01일 세계최초로 CDMA망을 구축하기 위해서 분주히 열심히 일하던 시절이 생각난다. 밤낮으로 기지국을 건설하기 위하여 땅을 구입하고(이를 치국이라 말함) 다음으로 그 땅에 건물을 짓고 BTS(기지국 장비를 말함)를 공사하고 무선장비를 이용하여 측정하고 테스트를 반복하던 그 시절, 아마도 무선통신은 그때부터 우리생활에 엄청난 변화를 몰고 왔다. 이제는 이동통신 기기가 없는 세상은 상상할 수 없으리만큼 비약적인 발전을 이루어진 것도 사실이지만. 어째든 CDMA와 같은 어려운 통신방식은 아닐지라도 한번쯤 직접 무선통신 장치를 만들어 보고 데이터를 전송해보는 것도 꼭 필요하지 않을까 생각해 본다.

가. PIN MAP

- CE PIN : 이 핀은 CHIP Enable 핀이다. NRF24L01가 송신을 하기 위해서는 LOW(1)을 선택하는 것이다. LOW(1)일 때 Enable이 된다.
- CSN : SPI 통신에서 CS핀(NRF2401 선택)이다. 여러 개의 SPI 통신하는 SLAVE DEVICE를 선택하는 것이다. LOW(0)일 때 선택된다.
- IRQ : 이 핀은 수신 모드일 때 수신 버퍼에 데이터가 수신되면 IRQ가 LOW(0)로 된다. 이 핀이 LOW(0)이 되면 CPU에서 버퍼의 값을 읽어서 처리하면 될 것이다.

Pin	Name	Pin function	Description
1	CE	Digital Input	Chip Enable Activates RX or TX mode
2	CSN	Digital Input	SPI Chip Select
3	SCK	Digital Input	SPI Clock
4	MOSI	Digital Input	SPI Slave Data Input
5	MISO	Digital Output	SPI Slave Data Output, with tri=state option
6	IRQ	Digital Output	Maskable interrupt pin. Active low

나. TBK 보드의 회로도

MISO, MOSI, SCK 핀으로 RF시험과 SD CARD와 모두 공통으로 결선한다. 그리고 NSS 단자는 사용하지 않고 S/W로 구현할 것이다. PD5번 핀이 NRF2401_/CS 핀으로 설정하였다. 이 NRF2401_/CS 핀이 LOW(0)일 때 SPI의 Master는 NRF24L01 CHIP가 선택하게 된다.

그리고 이와 비슷한NRF2401_CE 핀이 있다. 위에서 설명했듯이 NRF2401 CHIP ENABLE 핀이 되겠다.

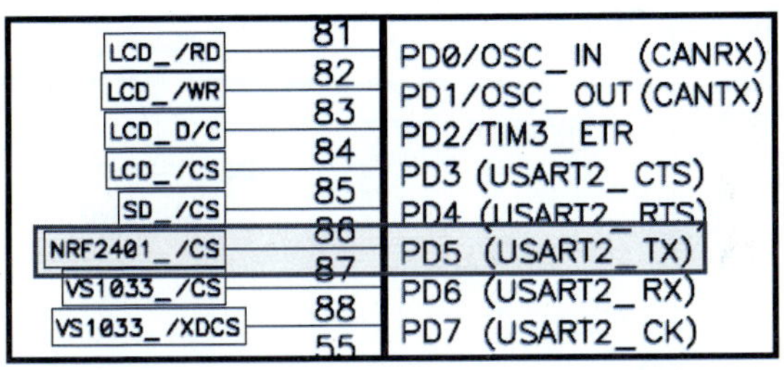

아래 회로도에서 IRQ 신호는 수신에만 사용한다. 이 핀이 바로 수신 데이터가 발생하면 LOW(0)로 된다.

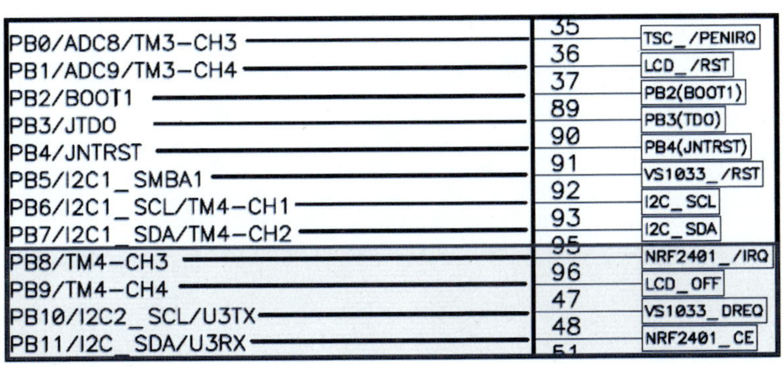

TBK 보드의 무선통신의 회로도는 아래와 같다. 전원부는 3.3[V]로 연결되고 MISO, MOSI, SCK, NRF2401_/CS 핀들은 SPI 통신을 위해서 연결되고 NRF2401_CE 핀은 NRF2401을 사용하게 하는 핀이 되겠다. 상당히 간단한 회로로 보이지만 무선회로의 설계는 상당한 기술을 요하는 부분이다. 패턴의 굵기나 R, C 오차 값도 큰 영향을 끼친다는 것을 기억하자.

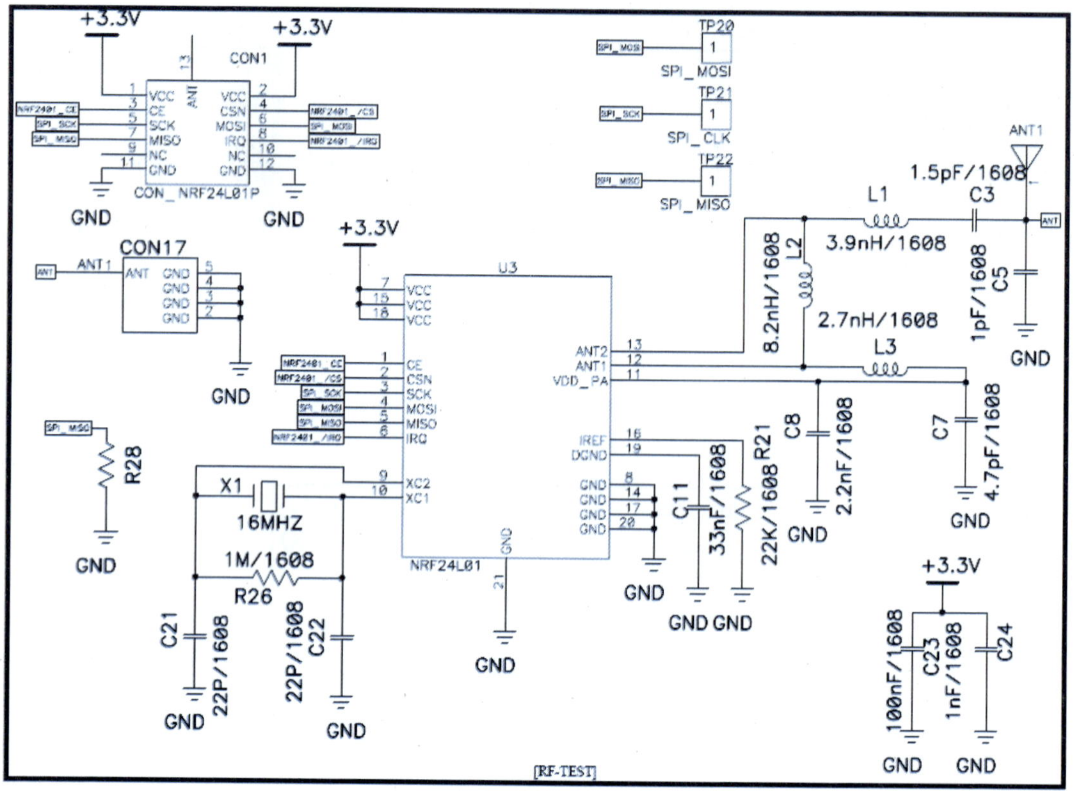

17.4.3 동작사진

아래 사진은 BTN2(RF) 버튼을 눌렀을 때의 모습으로 이때부터 무선으로 0X01 값이 전송된다.

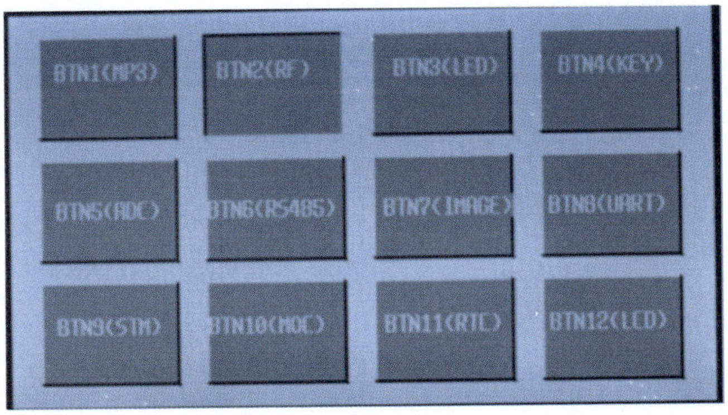

17.4.4 PCB 사진

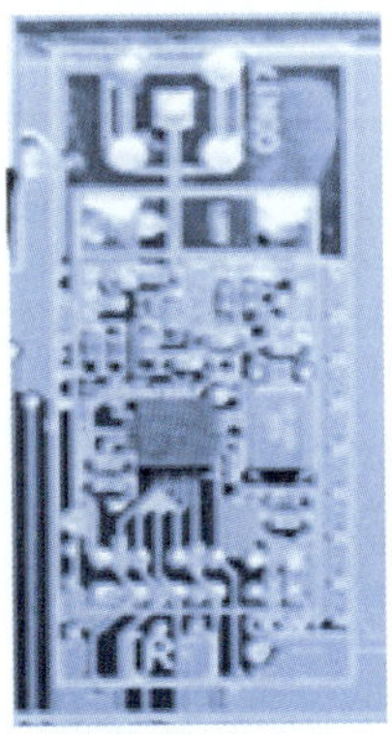

17.4.5 Nrf24l01p.c 파일 분석

NRF24L01 IC의 PIN MAP은 tbk_sys.h 파일에 선언해 두었다.

```
#define NRF2401_CE_RCCPERIPH       RCC_APB2Periph_GPIOB
#define NRF2401_CE_GPIO            GPIOB
#define NRF2401_CE                 GPIO_Pin_
#define NRF2401_IRQ_RCCPERIPH      RCC_APB2Periph_GPIOB
#define NRF2401_IRQ_GPIO           GPIOB
#define NRF2401_IRQ                GPIO_Pin_8
#define NRF2301_RCCPERIPH          RCC_APB2Periph_GPIOD
#define NRF2401_CS                 GPIO_Pin_5 //RF
#define NRF2401_CS_GPIO            GPIOD
```

Nrf24l01p.h. 파일에 선언의 내용이다. 이 부분도 더 이상 설명이 없을 듯하다.

```
#define NRF2401_CE_HI()             NRF2401_CE_GPIO->BSRR = NRF2401_CE
#define NRF2401_CE_LOW()            NRF2401_CE_GPIO->BRR = NRF2401_CE

#define NRF2401_CS_HI()             NRF2401_CS_GPIO->BSRR = NRF2401_CS
#define NRF2401_CS_LOW()            NRF2401_CS_GPIO->BRR = NRF2401_CS
#define  NRF2401_IRQ_CHECK()                NRF2401_IRQ_GPIO->IDR  &
NRF2401_IRQ
```

• NRF2401P_Init () : 초기화 함수 NRF2401 IC의 Reset은 VDD가 1.9[V] 이상 되면 자동으로 RESET된다. CE는 LOW(0)을 CS는 HI(1) 주고 10[ms] 후에 다시 HI(1)로 주면 된다. start up delay 최소값은 1.5[ms] 이상 주어야 한다.

```
void NRF2401P_Init(void)
{
  NRF2401_CE_LOW();// NRF2401 CHIP DISABLE
  delay_ms(2);// 1.5 msec 이상의 start up delay
  NRF2401_CS_HI(); // 아직은 SPI DISABLE
NRF2401P_IntFlage=0; //수신 인터럽트 플레그 초기화
  RF_BufClear(); //버퍼를 모두 지움
}
```

• ReadByte()함수 : NRF2401로부터 한 바이트를 읽는다. nrfR_REGISTER 값이 읽을 때는 0X00 Command를 주면 되고 쓸 때는 0X20을 주면 쓸 수 있다. READ/WRITE COMMAND의 000 A AAAAb의 값은 레지스터 값이다.

아래 NRF2401 SPI READ/WRITE COMMAND와 NRF2401 SPI Read 타이밍을 참조하자.

```
u8 NRF2401P_ReadByte(u8 Reg)
{
    u8 i;
    NRF2401_CS_LOW(); //SPI는 NRF2401을 선택
    delay_us(10);// 워낙 빨라서 조금 딜레이를 준다.
    i=SPI_PutByte(nrfR_REGISTER + Reg);// #define nrfR_REGISTER  0x00 +Reg번
호 하면 (읽기명령 +어드레스)
    i=SPI_PutByte(0XFF); // DUMMY
    delay_us(10);
    NRF2401_CS_HI();
    return i;
}
```

NRF2401 SPI READ/WRITE COMMAND

Command name	Command word(binary)	#Data bytes	Operation
R_REGISTER	000A AAAA 읽을 때=0X00	1 to 5	Read command and status registers. AAAAA=5 bit Register Map Address
W_REGISTER	001A AAAA 쓸 때=0X20	1 to 5 LSByte first	Write command and status registers. AAAAA=5 git Register Map Address Executable in power down or standby modes only.

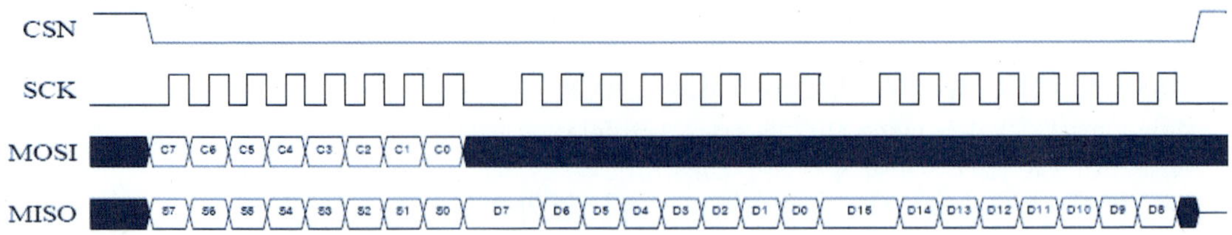

〈 NRF2401 SPI Read 〉

• NRF2401P_RegWriteByte ()함수 : 쓰기 위해서는 먼저 0X20값을 주고 다음으로 값을 쓰면 된다.

```
void NRF2401P_RegWriteByte(u8 Reg, u8 Value)
{
    NRF2401_CS_LOW();
    delay_us(10);
    SPI_PutByte(nrfW_REGISTER + Reg);// #define nrfW_REGISTER    0x20 +Reg번
호 하면 (쓰는명령 +어드레스)
    SPI_PutByte(Value);
    delay_us(10);
    NRF2401_CS_HI();
}
```

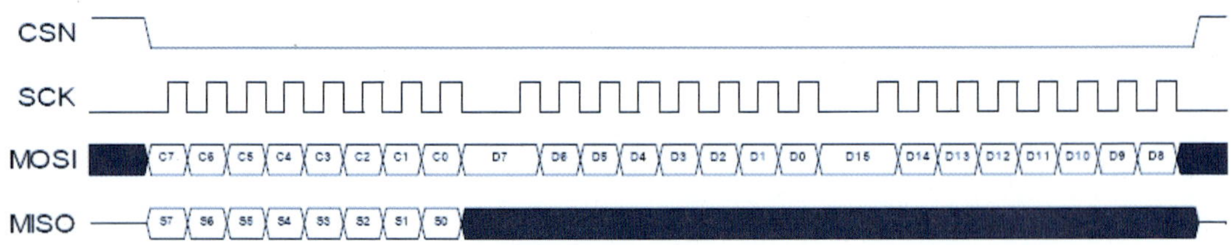

〈 NRF2401 SPI Write 〉

• NRF2401P_ConfigureTX ()함수 : 이 함수는 NRF2401 IC를 송신 모드로 설정하는 함수이다. 현재까지 생산된 NRF2401 시리즈는 총 3종류가 있다.
그 중에 구버젼은 SPI가 지원이 안 되는 NRF2401이 그 것이고 다음에 생산된 제품인 NRF24L01 모델이 있는데 이것은 SPI는 지원하지만 최고 속도가(AIR)상에서 1[mbps]고 맨 마지막에 생산된 모델이 NRF24L01+ 버전이다. 이것이 최고 2[mbps]속도를 지

원한다. 데이터시트를 보면 레지스터 값이 조금씩 다른 부분도 있다. 크게 다른 것이 아니고 조금 다르다. 우리가 테스트 할 제품이 맨 마지막 버전인 NRF24L01+ 버전이다. TBK 보드 내장형은 NRF24L01 제품으로 출고될 수도 있다.

이 제품으로 출고 시에는 따로 소스를 만들어 업데이트 할 것이다. 아래 소스를 봐도 무슨 말인지 잘 모를 것이다. 일단 다음을 보자.

```
void NRF2401P_ConfigureTX(void)// 송신모드로 설정
{
u8 reg;
NRF2401_CE_LOW();  // 아직은 Power down mode
r                                   e                                   g
=(0<<7)|(1<<bMASK_RX_DR)|(1<<bMASK_TX_DS)|(1<<bMASK_MAX_RT)|(1<<bEN_CRC)
|(0<<bCRCO)|(1<<bPWR_UP)|(0<<bPRIM_RX);
NRF2401P_RegWriteByte( nrfCONFIG,reg);//0x38 // PTX, CRC enabled, mask a
couple of ints
delay_ms(2); //1.5mSEC wait for stanbay mode
NRF2401P_RegWriteByte(nrfEN_AA,0x00);//0X01  disable  auto-ack,  RX  mode
shouldn't have to do this, but it won't TX if you don't

reg =(0<<7)|(0<<6)|(0<<5)|(0<<4)|(0<<3)|(0<<2)|(1<<bAW1)|(1<<bAW0);
NRF2401P_RegWriteByte(nrfSETUP_AW,reg);////0X003 //address width = 5 bytes

r                                   e                                   g
=(0<<bARD3)|(0<<bARD2)|(1<<bARD1)|(1<<bARD0)|(0<<bARC3)|(1<<bARC2)|(1<<bARC1
)|(1<<bARC0);
NRF2401P_RegWriteByte( nrfSETUP_RETR,reg);//0X04 //Automatic Retransmission=
1msec /Auto Retransmit Count=3

NRF2401P_RegWriteByte(   nrfRF_CH, NRF2401P_CH);//0X005 CH //set channel 2,
this is default but we did it anyway...

r                                   e                                   g
=(0<<bCONT_WAVE)|(0<<6)|(0<<bTX_SPEED1)|(0<<bPLL_LOCK)|(0<<bTX_SPEED0)|(0
<<bRF_PWR1)|(0<<bRF_PWR0)|(0<<bLNA_HCURR);
NRF2401P_RegWriteByte( nrfRF_SETUP,reg);//0x07 //data rate = 1M BPS, 0db

NRF2401P_AddrWrite(nrfTX_ADDR, RX_ADDRESS); //0X10 5byte addr //set address
E7E7E7E7E7, also default...
delay_us(130); // tx delay
}
```

일단 제공하는 데이터시트를 보면 아래와 같이 비트 표를 보자. 이제 CONFIG 어드레스가 0x00이 나온다.

그리고 비트의 설정이 나오는데 이 비트에 맞게 설정하면 될 것이다. 이제 TBK 보드의 define 설정을 보자.

CONFIG(0X00)Configuration 레지스터의 BIT설정

Address (Hex)	Mnemonic	Bit	Reset Value	Type	Description
00	CONFIG				Configuration Register
	Reserved	7	0	R/W	Only '0' allowed
	MASK_RX_DR	6	0	R/W	Mask interrupt caused by RX_DR 1: Interrupt not reflected on the IRQ pin 0: Reflect RX_DR as active low interrupt on the IRQ pin
	MASK_TX_DS	5	0	R/W	Mask interrupt caused by TX_DR 1: Interrupt not reflected on the IRQ pin 0: Reflect TX_DS as active low interrupt on the IRQ pin
	MASK_MAX_RT	4	0	R/W	Mask interrupt caused by MAX_RT 1: Interrupt not reflected on the IRQ pin 0: Reflect MAX_RT as active low interrupt on the IRQ pin
	EN_CRC	3	1	R/W	Enable CRC. Forced high if one of the bits in the EN AA is high
	CRCO	2	0	R/W	CRC encoding scheme '0'-1byte '1'-2bytes
	PWR_UP	1	0	R/W	1: POWER UP, 0: POWER DOWN
	PRIM_RX	0	0	R/W	RX/TX control 1: PRX, 0: PTX

위 비트맵을 보고 필자가 설정한 부분이다. 그대로 가져와 붙인 것이다 다르지 않다. 이 부분은 "NRF24L01P.h" 파일에 선언되어 있다.

```
#define nrfCONFIG       0x00 // CONFIG 어드레스

//bcReserved7            7// NOT USE
#define  bMASK_RX_DR  6//1: Interrupt not reflected on the IRQ pin,0: Reflect RX_DR as active low interrupt on the
#define  bMASK_TX_DS  5//1: Interrupt not reflected on the IRQ pin 0: Reflect TX_DS as active low interrupt on the
#define  bMASK_MAX_RT 4//1: Interrupt not reflected on the IRQ pin 0: Reflect MAX_RT as active low interrupt on the
#define  bEN_CRC       3//1 R/W Enable CRC. Forced high if one of the bits in
#define  bCRCO         2//0 R/W CRC encoding scheme
#define  bPWR_UP       1//0 R/W 1: POWER UP, 0:POWER DOWN
#define  bPRIM_RX      0//1: PRX, 0: PTX
```

이제 함수를 보자. 윗부분을 읽어보면 대충 이해가 될 것이다. Reg=(0<<7) 이것은 7번 비트 여기서는 Reserved 비트다. 따라서 7번 비트를 RESET(0)으로 설정하는 것이다. 그 다음 bMASK_RX_DR 이 부분은 CONFIG 어드레스 6번 비트로 RX 시 인터럽트를 사용하지 않는다고 설정했다.

왜냐하면 우리는 TX 송신 테스트를 위해서는 필요없기 때문이다. 만약 수신 모드에서 RF로 무선 데이터가 수신되면 IRQ를 설정해서 CPU에서 외부 인터럽트를 이용해서 인터럽트가 발생하면 수신 데이터가 있으니 읽으면 될 것이다. GPIO 설정 부분에 필자가 막아놓은 부분이 이 인터럽트에 관한 것이다. 1<<bEN_CRC은 CRC 검사함, 0<<Bcrco는 CRC 길이 1[byte], 1<<bPWR_UP는 POWE UP, 0<<bPRIM_RX는 TX 모드로 설정하는 부분이다. 설명을 하니 더 어려운 것 같다.

- CONFIG(0X00) 설정

```
reg=(0<<7)|(1<<bMASK_RX_DR)|(1<<bMASK_TX_DS)|(1<<bMASK_MAX_RT)|(1<<bEN_CRC)|(0<<bCRCO)|(1<<bPWR_UP)|(0<<bPRIM_RX);
NRF2401P_RegWriteByte( nrfCONFIG,reg);//0x38 // PTX, CRC enabled, mask a couple of int  위에 설정한 비트를 이제 쓴다.
```

• EN_AA(0x02)설정

아래는 "Auto Acknowledgment" 모두 DISABLE 설정했다. 이 부분은 NRF2401 칩에는 없었던 부분으로 RF 수신 장치가 자동으로 "ACK"를 리턴 해주는 것으로 정상적이면 ACK 신호를 보내준다.

```
NRF2401P_RegWriteByte(nrfEN_AA,0x00);//
```

• SETUP_AW(0X03) 설정

부분으로 우리는 비트 1과 0을 11b로 설정하여 5[byte] 어드레스 길이로 설정한다.

```
reg =(0<<7)|(0<<6)|(0<<5)|(0<<4)|(0<<3)|(0<<2)|(1<<bAW1)|(1<<bAW0);
NRF2401P_RegWriteByte(nrfSETUP_AW,reg);//0X03 //address width = 5 bytes
```

SETUP(0X03) Setup of Address Widths 레지스터의 BIT설정

Address (Hex)	Mnemonic	Bit	Reset Value	Type	Description
	ERX_P1	1	1	R/W	Enable data pipe 1.
	ERX_P0	0	1	R/W	Enable data pipe 0.
03	SETUP_AN				Setup of Address Widths (common for all data pipes)
	Reserved	7:2	000000	R/W	Only '000000' allowed
	AW	1:0	11	R/W	RX/TX Address field width '00'-illegal '01'-3bytes '10'-4bytes '11'-5bytes LSByte is used if address width is below 5bytes

• SETUP_PTR(0X04) 설정

Auto Retransmit Delay 값과 Auto Retransmit Count 값을 설정하는 부분이다. Auto Retransmit Delay 값은 재전송되기 전에 PTX가 ACK packet를 기다리는 시간을 설정하는 부분이고 Auto Retransmit Count는 몇 번을 재전송시킬 것인가 지정하는 부분이 되겠다. 우리는 00(DISABLE)번의 Auto Retransmit Count와 Auto Retransmit Delay는 00(250[μ sec])으로 설정한다.

```
reg =(0<<bARD3)|(0<<bARD2)|(1<<bARD1)|(1<<bARD0)|(0<<bARC3)|(1<<bARC2)|
(1<<bARC1)|(1<<bARC0);
NRF2401P_RegWriteByte( nrfSETUP_RETR,reg);//0X04 //Automatic Retransmission=
1msec /Auto Retransmit Count=3
```

SETUP_PTR(0X04) Setup of Automatic Retransmission 레지스터의 BIT 설정

Address (Hex)	Mnemonic	Bit	Reset Value	Type	Description
04	SETUP_RETE				Setup of Automatic Retransmission
	ARD[a]	7:4	0000	R/W	Auto Retransmit Delay '0000'-Wait 250μ S '0001'-Wait 500μ S '0010'-Wait 750μ S .... '1111'-Wait 4000μ S (Delay defined from end of transmission to atart of next transmission)[b]
	ARC	3:0	0011	R/W	Auto Retransmit Count '0000'-Re-Transmit on fail of AA ...... '1111'-Up to 15 Re-Transmit on fail of AA

• RF_CH(0x05)RF Channel 설정

총 127개(실제는 127CH 안됨)의 채널을 지정할 수 있다. "#define NRF2401P_CH 2" 하였으므로 우리는 2CH을 사용하여 전송한다. 참고로 NRF2401은 전체 2400~2525[GHz]까지의 대역폭이 가진다. 당연히 채널이 바뀌면 주파수 대역도 당연히 바뀐다. 또한 채널당 대역폭은 250[kbps]에서는 1[MHz] 이며 2[mbps]에서는 2[MHz]의 band width를 갖는다.

```
NRF2401P_RegWriteByte(   nrfRF_CH, NRF2401P_CH);//0X005 CH //set channel 2,
this is default but we did it anyway...
```

RF_CH(0x05)RF Channel 레지스터의 BIT 설정

Address (Hex)	Mnemonic	Bit	Reset Value	Type	Description
05	RF_CH				RF Channel
	Reserved	7	0	R/W	Only '0' allowed
	RF_CH	6:0	000010	R/W	Sets the frequency channel nRF24L01 + operates on

• RF_SETUP(0x05) RF Setup Register 설정

```
reg =(0<<bCONT_WAVE)|(0<<6)|(0<<bTX_SPEED1)|(0<<bPLL_LOCK)|(0<<bTX_SPEED0)
|(1<<bRF_PWR1)|(1<<bRF_PWR0)|(0<<bLNA_HCURR);
NRF2401P_RegWriteByte( nrfRF_SETUP,reg);//0x07 //data rate = 1M BPS, 0db
```

• RF_SETUP(0x06) RF Setup Register레지스터의 BIT 설정

여기서 CONT_WAVE 비트와 PLL_LOCK 비트는 테스트 모드 시 사용하는 것으로 이는 무선국 검사를 필요로 할 때 사용하게 된다.

즉 아무리 공동대역 허가가 필요 없는 주파수 대역이지만 정부의 형식검정에는 반드시 들어간다. 기본적으로 주파수 정밀도 및 신호대 잡음비 -65DB 이하 이런 검사항목을 위해서 필요한 것으로 우리는 사용하지 않는다. 다음으로 RF_DR_LOW와 RF_DR_HIGHT 비트는 RF AIR상 속도를 지정하는 부분으로 2비트의 조합으로 이루어진다.

(0<<bTX_SPEED1) |(0<<bTX_SPEED0) 우리는 이 비트를 둘 모두 00으로 지정하였으므로 1[MHz]의 전송 속도가 되겠다.

RF_PWR1(BIT2) 비트와 RF_PWR0(BIT1) 2개의 비트의 조합으로 RF POWER를 지정한다. 둘 다 00로 지정하였으므로 -18DB가 되겠다.

숫자가 클수록 큰 출력을 내보낸다.

Address (Hex)	Mnemonic	Bit	Reset Value	Type	Description
06	RF_SETUP				RF Setup Register
	CONT_WAVE	7	0	R/W	Enables continuous carrier transmit when high.
	Reserved	6	0	R/W	Only '0' allowed
	RF_DR_LOW	5	0	R/W	Set RF Data Rate to 250kbps. See RF_DR_HIGH for encording.
	PLL_LOCK	4	0	R/W	Force PLL lock signal. Only used in test
	RF_DR_HIGH	3	1	R/W	Select between the high speed data rates. This bit is don't care if RF_DR_LOW is set. Encoding: [RF_DR_LOW, RF_DR_HIGH]: '00'-1Mbps '01'-2Mbps '10'-250kbps '11'-Reserved
	RF_PWR	2:1	11	R/W	Set RF output power in TX mode '00'- -18dBm '01'- -12dBm '10'- -6dBm '11'- 0dBm
	Obsoete	0		R/W	Don't care

RF_SETUP(0x06) RF Setup Register는 TX_ADDRESS RX_ADDRESS 설정하는 것으로 SETUP(0X03) 레지스터 bit[1~0]에서 5[byte] 길이로 지정하였고 각 어드레스는 NRF24L01P.c 상단에 선언해 두었다. 이 부분을 설정하는 것이다.

```
NRF2401P_AddrWrite(nrfTX_ADDR, RX_ADDRESS); //0X10 5byte addr //set address
E7E7E7E7E7, also default...
```

TX와 RX ADDRSSS 선언된 내용

```
u8 TX_ADDRESS[5]  = {0xbb,0xbb,0xbb,0xbb,0xbb}; // Define a static TX address
u8 RX_ADDRESS[5]  = {0xbb,0xbb,0xbb,0xbb,0xbb}; // Define a static RX address
```

- RF_Send() 함수 : 이 함수는 단순하게 보낼 버퍼에 값을 넣고 NRF2401P_ TxPacket() 함수를 호출하는 것이다.

왜 길이를 8[byte]로 했는가 하면 이전 NRF2401 버전으로 만든 수신 보드가 있는데 이 보드의 수신 바이트 수가 8[byte]로 정해져 있는 이유이다.

그냥 1[byte]로 정해서 보내도 되겠다,

```
void RF_Send(void)
{
   NRF2401P_TxBuff[0]=1;
   NRF2401P_TxBuff[1]=1;
   NRF2401P_TxBuff[2]=1;
   NRF2401P_TxBuff[3]=1;
   NRF2401P_TxBuff[4]=1;
   NRF2401P_TxBuff[5]=1;
   NRF2401P_TxBuff[6]=1;
   NRF2401P_TxBuff[7]=1;
   NRF2401P_TxPacket(NRF2401P_TxBuff);
}
```

• NRF2401P_TxPacket() 함수 : bPWR_UP=1해서 NRF24L01을 깨우는 부분이 있는데 실제는 필요없는 부분이다. 그 이유는 송신 초기화 부분에서 설정하였고 또 다른 이유는 NRF2401은 TX 버퍼 데이터를 보내면 자기가 알아서 StandBy mode에서 깨어 송신을 모두 완료 후 다시 StnadBy mode로 진입하게 된다. 즉 버퍼가 비워져 있으면 StandBy mode로 진입하고 버퍼가 비워져 있지 않으면 다시 송신 모드로 진입한다. 자동이다.

"NRF2401P_LENGTH" 이는 송신 바이트의 길이로 위에서 지정했듯이 총 8[byte]의 "0x01" 값을 전송하게 된다. 길이는 "#define NRF2401P_LENGTH 8" 이렇게 "nrf24L01P.h" 파일에 선언되어 있다.

```
void NRF2401P_TxPacket(u8 *Buff)
{
  u8 reg;
  NRF2401_CE_LOW();
  delay_us(10);
  NRF2401P_RegWriteByte(nrfSTATUS,NRF2401P_TX_CLEAR);//clear previous ints

  r                                   e                                   g
=(0<<7)|(1<<bMASK_RX_DR)|(1<<bMASK_TX_DS)|(1<<bMASK_MAX_RT)|(1<<bEN_CRC)
|(0<<bCRCO)|(1<<bPWR_UP)|(0<<bPRIM_RX);
  NRF2401P_RegWriteByte( nrfCONFIG,reg);//PWR_UP = 1
  delay_ms(2); //1.5mSEC wait for stanbay mode
  NRF2401P_RegWriteCmd(nrfFLUSH_TX);

  NRF2401P_WriteBuff(nrfW_TX_PAYLOAD, Buff, NRF2401P_LENGTH);
  delay_us(10);
}
```

17.4.5 결론

이제 우리는 SPI 통신을 이용해서 NRF2401 IC를 이용하여 무선 테이터 전송을 시험해 보았다. RS232C, RS485 유선통신에 이어 무선통신까지 테스트 해봄으로써 통신은 거의 마무리 되었다. WIFI, ZIGBEE 통신이 모두 이러한 무선통신 기반에서 프로토콜을 정해서 이루어지는 것임을 기억하자. 그리고 무선통신의 최대 단점은 보안성이 취약한 것 왜에 주파수 대역을 공통으로 사용한다는 것이다.

장점도 많겠지만 가장 큰 문제점은 우리가 사용하자고자 하는 채널을 누군가가 사용할 수 있다는 것이다. 다시 말해서 나를 위한 회선이 아니고 누구나 공동으로 사용되어지기 때문에 무선통신 구현 시 항상 이러한 문제점에 대비하여 프로그램 되어야 한다는 것이다. 무선통신의 기본은 오랫동안 채널을 잡고 있으면 안 된다. 그리고 되도록 RF POWER를 낮게 설정하고 또한 송, 수신시 채널을 번갈아 가면서 사용해야 한다는 것이다.

TV의 경우 한 방송사 자신의 고유채널을 할당 받아 사용하는데 누군가가 방송사의 채널을 이용하여 오랫동안 주파수를 내보낸다면 어떻게 되겠는가! 상상만 해도 끔직한 일이다. 마지막으로 예전에 보면 TV 선전에서 이통사에서 기지국이 많다고 선전하는데 이는 소비자를 완전 무식하게 생각하는 것으로 기지국의 출력은 기본 43DB의 출력을 갖는다. 이정도의 출력이라면 보통 50[km]까지는 통신이 충분히 가능하다. 하지만 CDMA에서는 채널당 가입자가 한 명씩 통화 할 때마다 출력이 낮아진다. 물론 EC/IO에 대한 문제이지만 한 사람당 평균 이러한 출력 변화로 서울 시내에서는 가입자 수에 따라 2[km]정도로 극히 제한적이고 짧다. 가장 효율적인 방법은 우리나라(아니 전세계에서) 한 개의 기지국을 설치하는 것이 가장 좋다. 어떻게 수많은 가입자를 수용하는 것이 문제겠지만…. 또 한가지 우리가 사용하는 주파수는 2.4[GHz] 대역으로 많은 정보량을 처리할 수 있지만 먼거리 전송과 INBUILDIG에서는 상당히 취약한 것도 사실이다. 실제 해변에서는 NRF2401로 무선통신은 1[km] 이상의 거리에서도 가능하지만 건물 내에서는(특히 가려진 곳) 10[m]도 전송을 못하는 경우도 있다. 따라서 유선과 무선을 적절히 이용하는 것도 좋은 방법이 되겠다.

17.5 TOUCH PANEL 기본

17.5.1 Touch Panel의 원리

가. 기본원리

유리나 투명한 플라스틱 판 위에 저항 물질을 덮어 쉬운 뒤 폴리에스틸렌 필름을 부어 넣은 형태로 아래위 두 장의 판으로 제작하며 두 장이 서로 닿지 않도록 일정한 간격에 절연봉을 설치한다. 터치의 패널의 양단에 전류를 흘려주면 저항 성분으로 인한 전압의 변화가 생기게 된다. 이를 이용하여 ADC 입력으로 받으면 터치가 눌려진 위치를 파악하게 된다. 저항망 방식과 정전형이 있는데 정전형은 부드럽게 움직이는 장점이 있으나 아직은 고가로 많이 사용하지 않고 보통은 저항망 방식을 사용한다. 요즘 고가의 스마트폰 등에는 정전형을 사용하기도 한다.

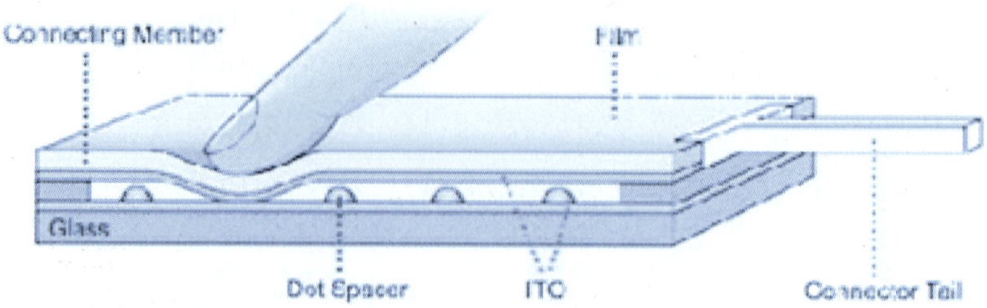

나. 구조

아래그림에서 보면 터치패널을 눌렸을 때 터치패널의 저항 성분(저항)으로 인하여 XH에서 YL 방향으로 전류가 흐르고 우리는 터치의 위치에 따라 저항 값 차이로 인하여 터치 패널의 위치를 얻게 된다.

만약 터치를 놓으면 "TOUCH" 부분이 없어지고 전류는 XH->XL로 흘러 터치가 눌려 지지 않았음을 알아내게 되는 원리이다. 보통터치 패널은 4가닥, 즉 XH, YL, YH, XL을 이용한다.

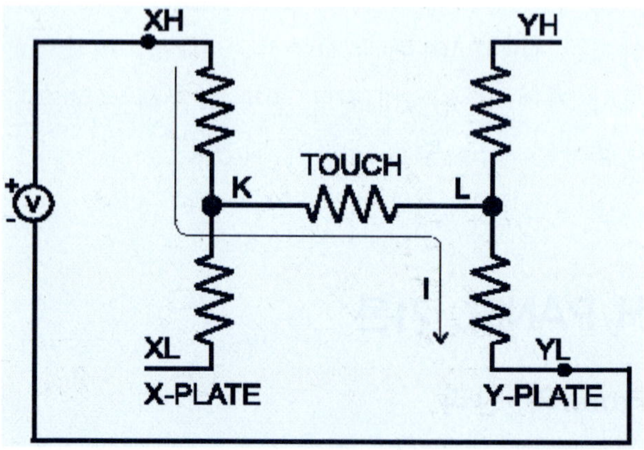

다. TOUCH PANLE 사진

17.5.2 Touch IC TSC2003의 특징

TSC2003 CHIP은 TI사에서 생산하며 I2C 통신으로 컨트롤 되는 IC이다. 이 IC는 터치패널 외에도 배터리 전압, 온도 센서 등을 읽을 수 있으며 ADC의 분해능은 12[bit]를 가지고 있다. 우리는 저항망 방식으로 구현해 볼 것이다.

- ADC 12[bit] resolution
- ON-CHIP TEMPERATURE MEASUREMENT
- TOUCH-PRESSURE MEASUREMENT
- DIRECT BATTERY MEASUREMENT
- I2C INTERFACE-I
- 2.5~5.25[V] supply range
- AUTO POWER DOWN

가. 내부구조

아래 그림에서 X+, Y-, X-, Y- 4가닥이 터치를 연결하는 부분이고 SDA와 SCL을 CPU와 통신하기 위한 I2C통신 라인이다.

또한 터치를 누르면 /PENIRQ 핀으로 인터럽트가 출력된다. 따라서 우리는 이 핀을 이용해서 CPU에서 검사하여 터치 값을 가져와서 X, Y축 위치를 찾게 된다.

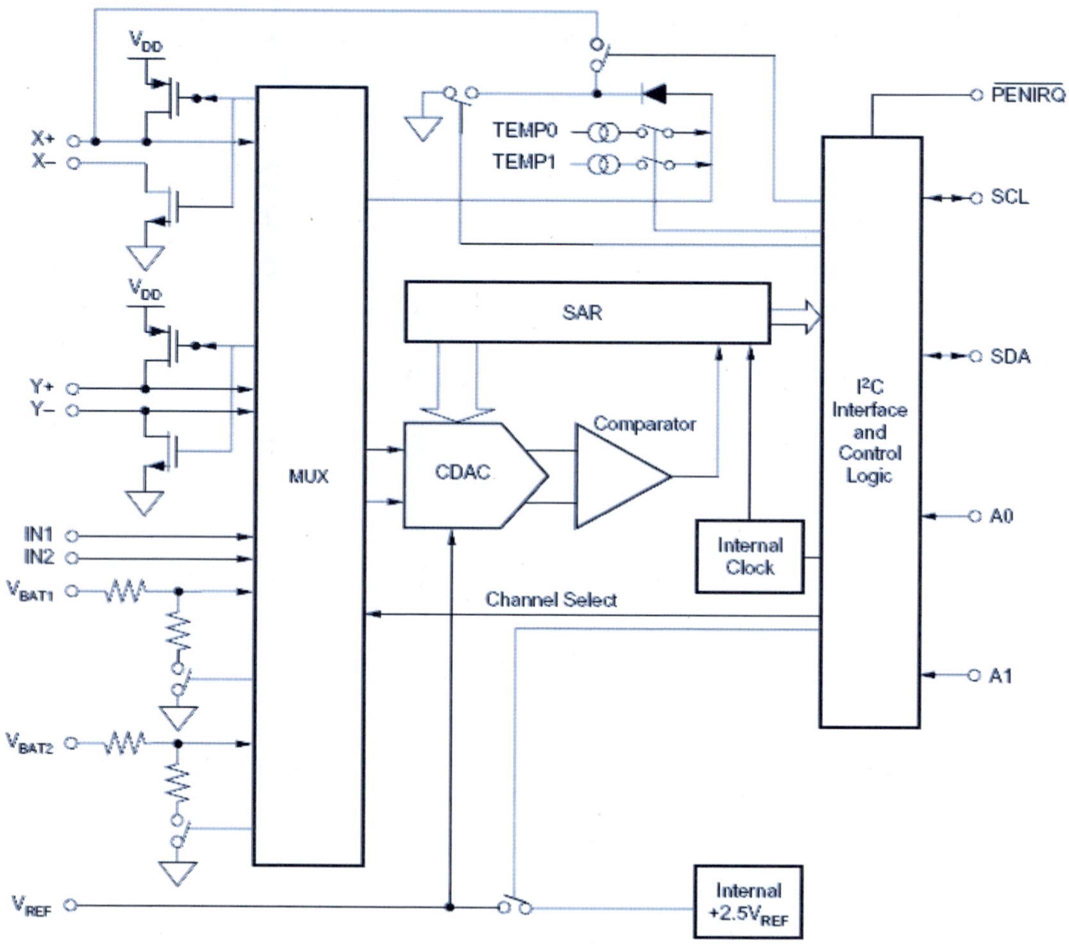

17.5.3 TOUCH PANEL 제어

가. TBK보드의 회로도

아래 그림은 CPU부의 I2C 핀을 나타내고 있다 이 부분은 I2C 실습 부분에서 EEPROM 제어에서 다루었고 SDA와 SCL은 공통으로 사용되는 핀이다.

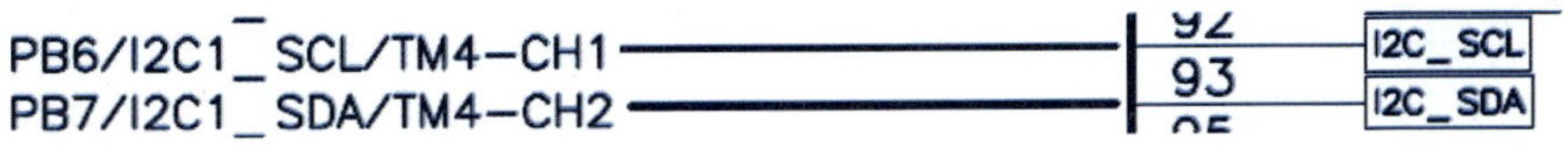

아래 그림에서 좌측 TOUCH_XP부터 아래 4개 핀은 터치 패널과 연결하는 것이고 우측에 보면 I2C 통신 2라인과 인터럽트 핀 하나가 CPU와 연결되고 있다. 아주 간단한 회로로 구성되었다.

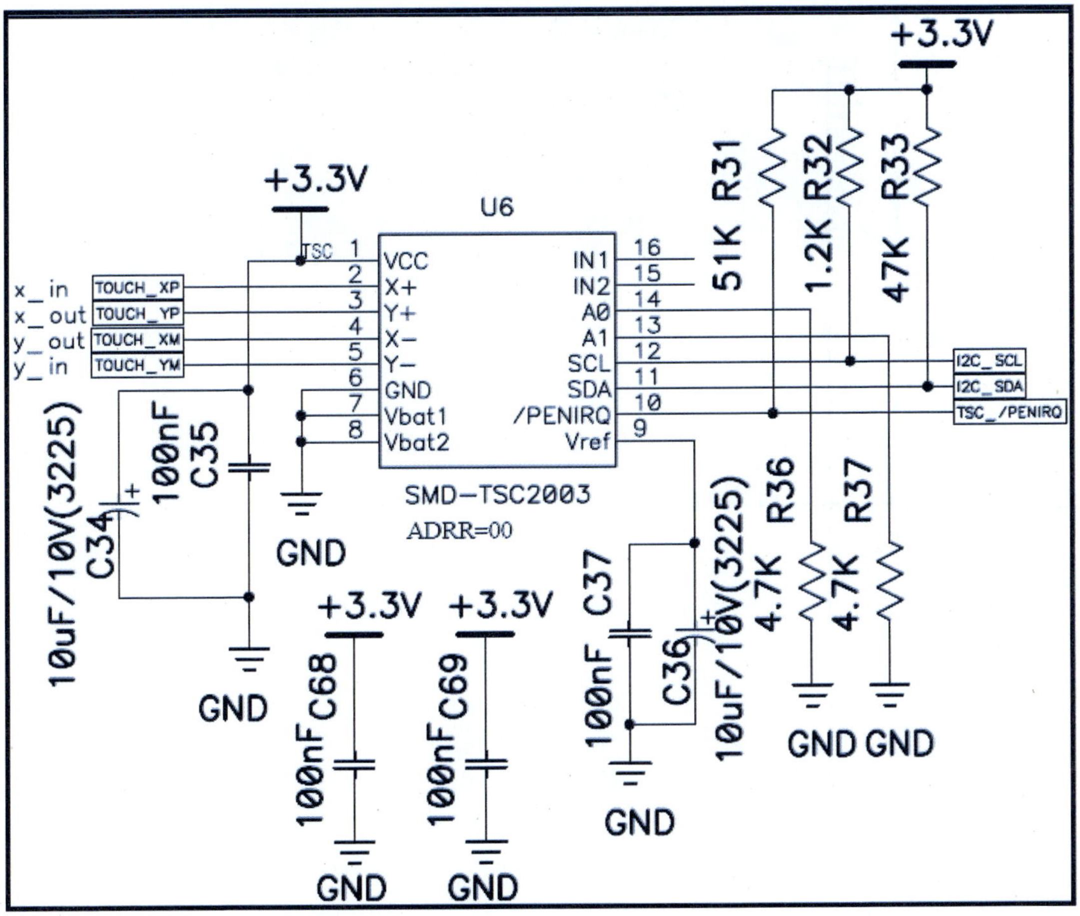

17.5.4 동작사진

아래 사진은 BTN2(RF) 버튼을 눌렀을 때의 모습으로 터치 버튼 예이다.

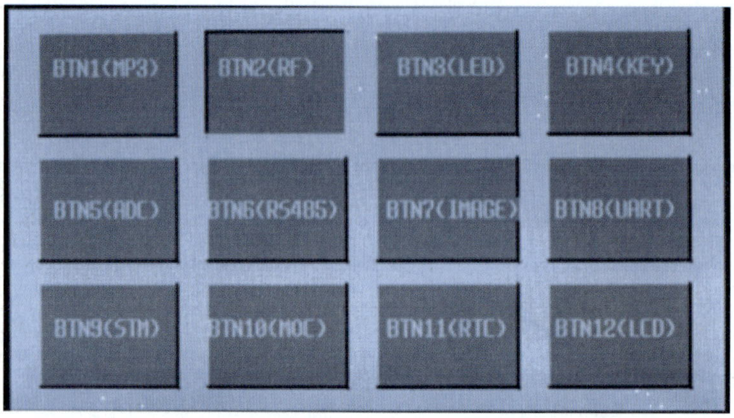

17.5.5 PCB 사진

해당사항 없음.

17.5.6 TSC2003.c 파일의 분석

가.

TSC2003 IC의 PIN MAP은 "tbk_sys.h 파일에 선언해 두었다.

```
#define TSC2003_IRQ_RCCPERIPH      RCC_APB2Periph_GPIOB
#define TSC2003_IRQ_GPIO           GPIOB
#define TSC2003_IRQ                GPIO_Pin_0

#define I2C_RCCPERIPH              RCC_APB2Periph_GPIOB
#define I2C_GPIO                   GPIOB
#define I2C_SCL                    GPIO_Pin_6
#define I2C_SDA                    GPIO_Pin_7
```

TSC2003.h. 파일에 선언의 내용이다 이 부분도 더 이상 설명이 없을 듯하다.

```
#define TSC2003_SPEED              400000// I2C SPEED 400KHZ
#define TSC2003_SLAVE_ADDR7         0x90 //TOUCH의 어드레스

#define TSC2003_READ_X             0XC0
#define TSC2003_READ_Y             0XD0

#define TSC2003_DEFULT_X0            430
#define TSC2003_DEFULT_Y0            330
#define TSC2003_DEFULT_X1           3730
#define TSC2003_DEFULT_Y1           3940

#define TSC2003_IRQ_CHECK()     (TSC2003_IRQ_GPIO->IDR & TSC2003_IRQ)
```

• TSC2003의 I2C Address 설정 : tsc2003의 어드레스는 아래와 같이 상위 5[byte]는 정해져 있다. 따라서 상위 5[byte]는 0x90이 될 것이다. 그러면 하위 3[byte] A1, A0 그리고 R/W 부분은 EEPROM 설정에서 공부하였다. 읽을 때는 SET(1)로하고 쓸 때는 RESET(0)으로 해서 읽거나 쓰는 명령이 될 것이며 남은 A1, A0 2[bit]로 우리는 TSC2003의 어드레스를 지정하게 되는데, 그럼 회로도를 잠깐 보자. 모두 GND와 연결되어 00b가 된다. 따라서 터치부 어드레스는 "TSC2003_SLAVE_ADDR70x90" 가 되겠다.

Address Byte

MSB							LSB
1	0	0	1	0	A1	A0	R/W

아래 command Byte와 Input Configuration의 조합으로 ADC로 읽을 포트를 지정하게 된다. 먼저 X축(Measure X Position0)을 지정하고 PD1과 PD0을 "00" 으로, 그리고 "M" 은 "0" 으로 하여 12[bit] ADC를 선택한다. 결국에는 X축을 읽을 때는 0XC0가 되고 Y축을 읽을 때는 0XD0값이 된다. 아래는 선언된 부분을 표시한 것이다.

```
#define TSC2003_READ_X          0XC0
#define TSC2003_READ_Y          0XD0
```

Command Byte

MSB							LSB
C3	C2	C1	C0	PD1	PD0	M	X

- M : Mode bit. If M is 0, the TSC2003 is in 12[bit] mode. If M is 1, 8[bit] mode is selected.
- X : Don' t care.

C3	C2	C1	C0	FUNCTION	INPUT to ADC	X-DRIVERS	Y-DRIVERS	REPERENCE MODE
0	0	0	0	Measure TEMP0	TEMP0	OFF	OFF	Single-Ended
0	0	0	1	Measure V_{BAT1}	V_{BAT1}	OFF	OFF	Single-Ended
0	0	1	0	Measure IN1	IN1	OFF	OFF	Single-Ended
0	0	1	1	Reserved	–	–	–	Single-Ended
0	1	0	0	Measure TEMP1	TEMP1	OFF	OFF	Single-Ended
0	1	0	1	Measure V_{BAT2}	V_{BAT2}	OFF	OFF	Single-Ended
0	1	1	0	Measure IN2	IN2	OFF	OFF	Single-Ended
0	1	1	1	Reserved	–	–	–	Single-Ended
1	0	0	0	Activate X-Drivers	–	ON	OFF	Differential
1	0	0	1	Activate Y-Drivers	–	OFF	ON	Differential
1	0	1	0	Activate Y+, X-Drivers	–	X-ON	Y+ON	Differential
1	0	1	1	Reserved	–	–	–	Differential
1	1	0	0	Measure X Position	Y+	ON	OFF	Differential
1	1	0	1	Measure Y Position	X+	OFF	ON	Differential
1	1	1	0	Measure Z_1 Position	X+	X-ON	Y+ON	Differential
1	1	1	1	Measure Z_2 Position	Y-	X-ON	Y+ON	Differential

Power-Down Bit Functions

PD1	PD0	PENIRQ	DESCRIPTION
0	0	Enabled	Power-Down Between Conversions
0	1	Disabled	Internal reference OFF, ADC(1) ON
1	0	Enabled	Internal reference ON, ADC(1) OFF
1	1	Disabled	Internal reference ON, ADC(1) ON

NOTE: (1) ADC = Analog-to Digital Converter.

아래 값은 터치의 Calibration가 한 번도 실행되기 전에 임의 예상 값을 지정한 것이다. Calibration을 한 번도 하지 않으면 이 값으로 초기화를 시키는데 x0의 430은 x축 좌측상단의 값이다. 따라서 실제 눌려진 값의 오차가 발생될 것임으로 처음 시작시 반드시 Calibration을 해주어 초기 값을 맞추어 줘야 한다. 초기화 방법은 TBK 보드에서 SW2번을 누른 상태에서 RESET 버튼을 누르면 TOUCH PANEL의 Calibration을 시작한다.

```
#define TSC2003_DEFULT_X0          430
#define TSC2003_DEFULT_Y0          330
#define TSC2003_DEFULT_X1          3730
#define TSC2003_DEFULT_Y1          3940
```

아래 부분은 TOUCH PANEL이 눌려지면 TSC2003/PENIRQ가 LOW(0)이 되어 CPU로 보내지게 되는데 이것을 검사하는 것이 되겠다.

```
#define TSC2003_IRQ_CHECK()     (TSC2003_IRQ_GPIO->IDR & TSC2003_IRQ)
```

• TSC2003_ReadX () : 초기화 함수 /PENIRQ 핀을 검사하는 부분이 나온다. /PENIRQ는 시험을 목적으로 인터럽트 처리는 하지 않았다.

그리고 "TSC2003_SLAVE_ADDR7, TSC2003_READ_X" 어드레스와 X축을 읽기 위해 X축 명령 값을 쓰고 다음으로 읽으면 되는 것이다.

어려운 부분은 없으리라 생각된다. 실제 TOUCH PANEL관련 함수는 TSC2003_ReadX,Y가 전부다.

```
uint8_t TSC2003_ReadX(void)//uint16_t DataX)
{
    if(TSC2003_IRQ_CHECK()) return 1;
    TSC2003_WriteByte(TSC2003_SLAVE_ADDR7, TSC2003_READ_X);
    TouchX=  TSC2003_ReadByte(TSC2003_SLAVE_ADDR7);
    return 0;
}
```

• TSC2003_ReadY () 함수 : TSC2003_ReadX 함수와 같다.

```
uint8_t TSC2003_ReadY(void)//uint16_t DataY)
{
    if(TSC2003_IRQ_CHECK()) return 1;
    TSC2003_WriteByte(TSC2003_SLAVE_ADDR7, TSC2003_READ_Y);
    TouchY =  TSC2003_ReadByte(TSC2003_SLAVE_ADDR7);
    return 0;
}
```

TSC2003_ReadX, Y 함수에서 TSC2003_WriteByte(TSC2003_SLAVE_ADDR7, TSC2003_READ_X) 이 명령이 아래의 타이밍도이다.

여기서 Address의 마지막 바이트가 중요한 것으로 R/W(0번 비트)가 1이면 읽기, 0이면 쓰기 명령이 되는 것이다. 이 부분의 처리는 I2C Master인 STM32 CPU가 자동으로 해준다.

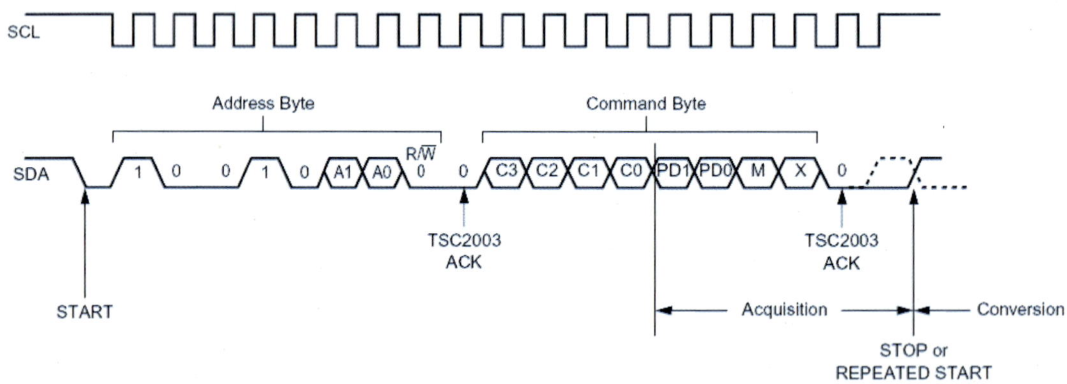

TSC2003_ReadByte(TSC2003_SLAVE_ADDR7)이 읽기 위한 부분으로 다음 그림과 같다. 실제 우리는 Date1과 Date2 값이 터치 값인 것이다.

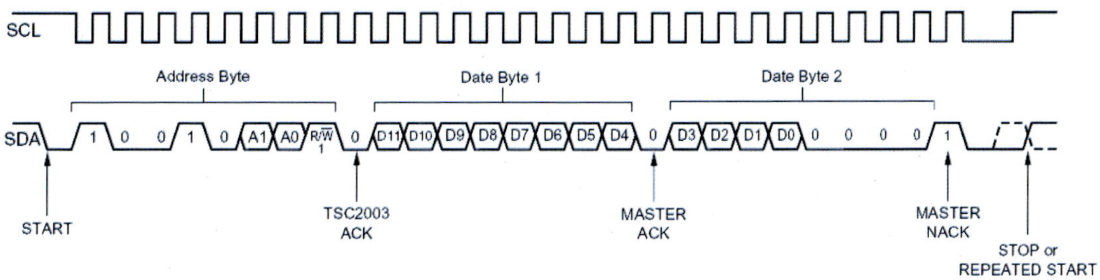

Touch_Calibration() 이 함수는 터치를 초기화 하는 함수로 터치의 눌림을 좀더 정확하게 하기 위해서 필요한 함수가 되겠다.

우리는 터치 Calibration 값을 비휘발성 메모리인 EEPROM에 기록되어야 그 값을 유지할 수 있는 것이다. 따라서 아래는 EEPROM에 터치 값을 저장/읽기 관련 부분이다.

```
void Touch_Calibration(void)
{
    if(EEPROM_ReadByte(EEPROM_BASE_ADDR)!=0xAA)//0X00 한번도 EEPROM에 터
치 값이 기록되지 않았으면 초기 값 대입
    {
        Touch_CalibrationPosX0=TSC2003_DEFULT_X0;
        Touch_CalibrationPosX1=TSC2003_DEFULT_X1;
        Touch_CalibrationPosY0=TSC2003_DEFULT_Y0;
        Touch_CalibrationPosY1=TSC2003_DEFULT_Y1;
        EEPROM_WriteWord(EEPROM_TOUCHCAL_ADDRX0,Touch_CalibrationPosX0);
        EEPROM_WriteWord(EEPROM_TOUCHCAL_ADDRX1,Touch_CalibrationPosX1);
        EEPROM_WriteWord(EEPROM_TOUCHCAL_ADDRY0,Touch_CalibrationPosY0);
        EEPROM_WriteWord(EEPROM_TOUCHCAL_ADDRY1,Touch_CalibrationPosY1);

    }
    Else // 한번이라도 기록되었으면 기록된 값을 읽어와서 터치의 기준 값으로 삼는다.
    {
        Touch_CalibrationPosX0                                              =
EEPROM_ReadWord(EEPROM_TOUCHCAL_ADDRX0);
        Touch_CalibrationPosX1 = EEPROM_ReadWord(EEPROM_TOUCHCAL_ADDRX1);

        Touch_CalibrationPosY0 = EEPROM_ReadWord(EEPROM_TOUCHCAL_ADDRY0);
        Touch_CalibrationPosY1 = EEPROM_ReadWord(EEPROM_TOUCHCAL_ADDRY1);
    }
//-----------------아래 계속----------------------
```

아래 소스 부분 중 LCD 부분은 모두 지우고 설명한다. 터치 초기화는 제일 먼저 좌측 상단을 영점으로 측정한다. 이것이 X0, Y0값이 된다. X0, Y0 값이 모두 00 값이 되면 가장 좋다. 그리고 이제 터치의 끝점 즉 X축의 끝 지점과 Y축의 끝 지점을 측정하여야 한다. 이 부분은 우측의 맨 하단으로 정한다. 따라서 이 지점은 X축은 271이 되고 Y축은 479 지점이 되겠다. 이렇게 초기화되면 정확한 터치 값이 되돌려지게 된다. 우리는 이 명령이 실행되기 전에 먼저 터치가 상하지 않는 연필 등을 준비하고 LCD의 명령에 따라 진행하면 된다.

```
//---------------이어서 계속-------------------------------
if(KEY0_CHECK()==0)//터치초기화 SW2번이 눌려 졌으면 진입(터치 초기화)
     {
         Touch_CalibrationFlage=1; // Calibration Flage로 터치 Calibration하고 있다.
delay_ms(3000);//사람이 직접 처리하는 부분으로 느려서 준비 기간(누를 때까지 대기한다)
TSC2003_ReadXY(); //좌측 상단 X0,Y0값 측정
          Touch_CalibrationPosX0 = TouchX;
          Touch_CalibrationPosY0 = TouchY;
           delay_ms(3000); // 다시 X1,Y1 값을 누르기 위해 대기 시간을 준다.
TSC2003_ReadXY();// X1,Y1값을 측정
          Touch_CalibrationPosX1 = TouchX;
          Touch_CalibrationPosY1 = TouchY;
delay_ms(3000);// LCD 화면을 3초간 보여준다.

EEPROM_WriteWord(EEPROM_TOUCHCAL_ADDRX0,Touch_CalibrationPosX0); //측정값
EEPROM에 저장

EEPROM_WriteWord(EEPROM_TOUCHCAL_ADDRX1,Touch_CalibrationPosX1);
EEPROM_WriteWord(EEPROM_TOUCHCAL_ADDRY0,Touch_CalibrationPosY0);
EEPROM_WriteWord(EEPROM_TOUCHCAL_ADDRY1,Touch_CalibrationPosY1);
EEPROM_WriteByte(EEPROM_BASE_ADDR,0xAA);
          Touch_CalibrationFlage=0;
     }
     else
     {
        Touch_CalibrationPosX0=TSC2003_DEFULT_X0;
        Touch_CalibrationPosX1=TSC2003_DEFULT_X1;
        Touch_CalibrationPosY0=TSC2003_DEFULT_Y0;
        Touch_CalibrationPosY1=TSC2003_DEFULT_Y1;
     }
```

17.5.7 결론

이제 우리는 TOUCH PANEL 원리와 I2C 통신을 이용해서 TS2003 IC를 이용하여 저항망 방식으로 UCH PANEL을 구현해 보았다.

Touch의 Calibration이 왜 필요한지도 알았고 그 값을 어떻게 저장하는지도 배우게 되었다.

17.6 Stepping motor 기본

17.6.1 원리

스텝 모터의 가장 큰 장점은 디지털 회로에 잘 동작하고 펄스의 수에 비례하여 회전하며 따라서 모터의 위치를 알 수 있다는 것이다.

그리고 브러쉬가 없어서 수명이 반영구적이다. 사용처는 저가의 프린터, 및 저부하의 전자제어 시스템에 응용된다.

• 동작 원리 : Stepping motor에서 내부를 구성하는 고정자와 극의 수에 따라 단상(1상)~6상 등의 종류가 있으며 기본적으로 이 극의 수에 따라 모터의 STEP각 등의 기본 특성이 달라진다. 여기서 일반적으로 가장 많이 사용되고 있는 Stepping motor는 회전자와 고정자로 구성되어 있으며 회전자에는 축 방향으로 자화된 영구자석과 그 바깥 쪽에 회전자 기어의 철심 A, B가 있다.

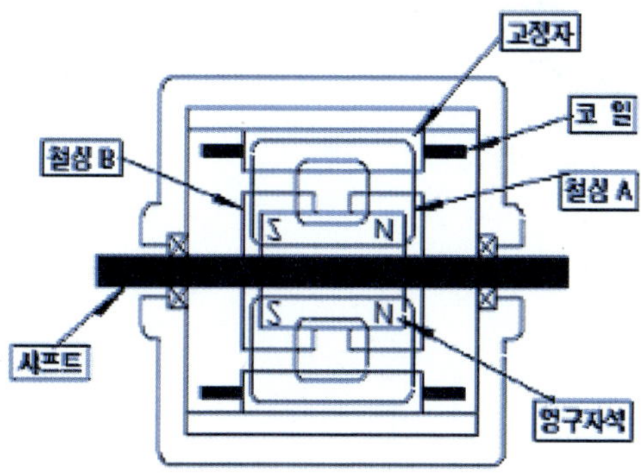

〈 고정자와 회전자 〉

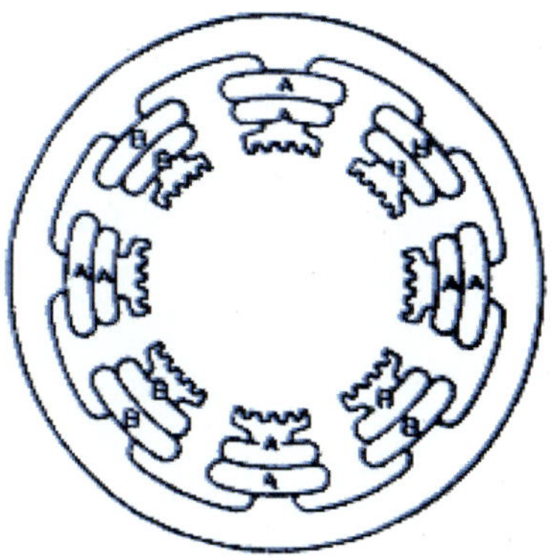

〈권선의 형태〉

그리고 각각 N극과 S극으로 자화되고, 철심 A와 B와의 기어는 반 피치가 어긋나 있다. 고정자에는 4상의 여자 코일이 감겨져 있다.

코일에 직류를 흐리면 고정자는 자화되고 회전자를 끌어당기게 된다. 또 A상과 A' 상, B상과 B' 상은 감은 방향이 반대로 되어있어 반대의 극성기 발생한다. 각 상이 여자 되었을 때 상태가 다음 그림과 같다.

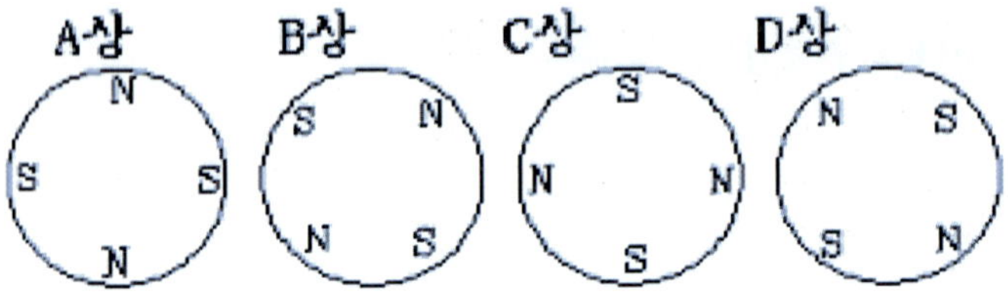

〈 각 상이 여자 되었을 때 극의 상태 〉

또한 STEP 각이 1.8° 의 일반적인 4상 모터에서는 회전자 쪽에는 50회전자 기어, 고정자 쪽에는 고정 기어가 각각 등간격으로 만들어져 있다.

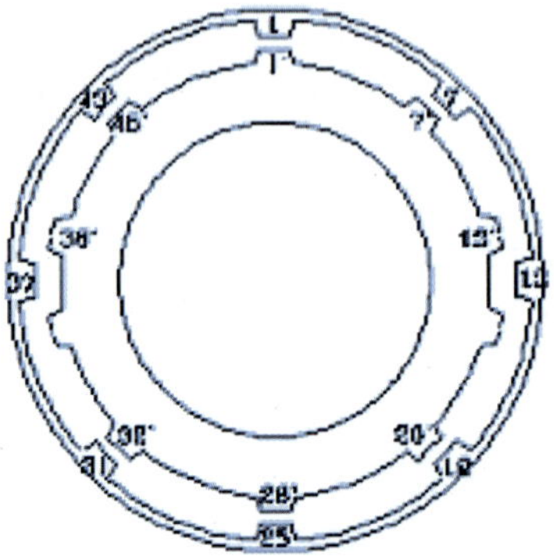

〈 고장자 회전자의 기어 관계 〉

가. 접속 케이블 단자

보통 케이블 6가닥 형태와(그림 좌), 4가닥으로 구성된 형태(그림 중간) 것이 가장 많이 사용된다. 하지만 6가닥 형태는 케이블의 결선은 중간 탭은 GND 혹은 VCC로 연결하면 된다.

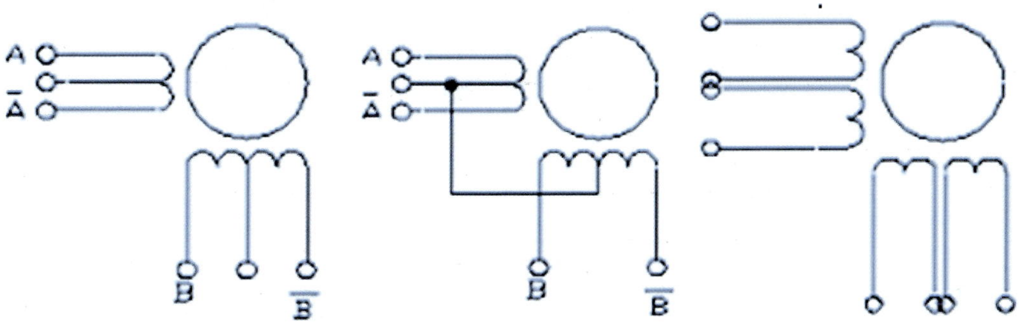

나. 기본 동작법

우선 스위치 S1~S4를 모두 OFF하여 전원을 차단한다.

다음 그림처럼 스위치를 ON/OFF 해보자. 우선 S1을 ON 한다. 그러면 그때 까지는 모든 코일이 OFF상태(비여자 상태)이므로 코일에 처음으로 전류가 흐르게 된다. 따라서 이때 스텝 각은 반드시 정해진 각도는 되지 않는다. 즉, 여자 상태에서의 정지와 비여자 상태에서의 정지는 다르다. 그리고 다음의 스위치에 의한 여자부터 정상 동작이 된다. 그러면 S2를 ON 한다. 이것으로 A상, B상이 함께 여자된다. 그리고 이때의 변위각은 약 0.9° 이다. 다시 스위치를 전환시켜 본다. 다음은 S1을 OFF로 한다. 즉 B상만 여자되어 있는 상태이다. 이때도 0.9° 쯤 시계 방향으로 회전하고 있다. 그런데 모터의 특성에서는 스텝 각은 1.8° 이지만 여기선 0.9° 이다. 어째서일까.

실은 1-2상 여자는 1상, 2상과는 달리 스텝 각이 절반 각도(하프 스텝)이다.

다음 그림의 순서와 같이 스위치를 전환하면 모터는 시계방향으로 회전한다. 그래서 어느 정도 회전시켰으면 이번에는 스위치를 반대 방향으로 ON/OFF를 실행해 보기 바란다. 그러면 반시계 방향으로 0.9° 씩 회전하고 마지막에는 원 위치로 복귀할 것이다.

이 사실에서 스테핑 모터는 여자하는 순서에 따라서 일정 각도의 회전을 하고, 여자 상이 변화했을 때에 회전하는 것을 안다. 또 여자 중, 즉 코일에 전류가 계속해서 흐르고 있는 동안은 모터 축은 일정 위치로 유지된다. 이것이 BREAK다. 기본적인 STEPPING MOTOR의 원리를 구현해 보았지만 실제로 상용제품에 응용하기 위해서는 이렇게 단순하지 않다. 최고 10000[RPM]까지 회전하는 컨트롤러도 있다.

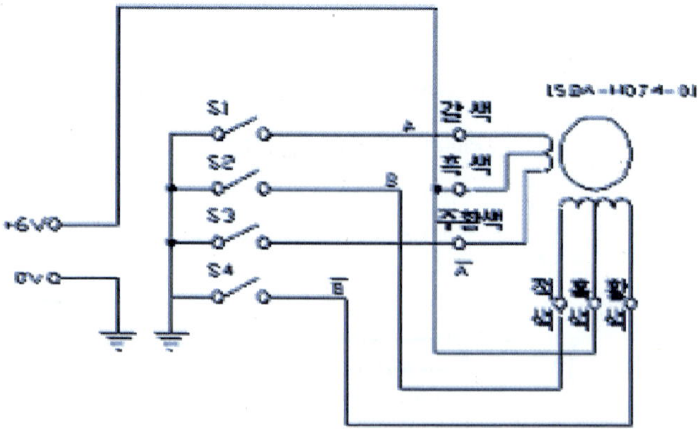

반시계방향으로 회전(CCW) ↑

시계방향으로 회전(CW) ↓

스텝	S_1	S_2	S_3	S_4
1	○			
2	○	○		
3		○		
4		○	○	
5			○	
6			○	○
7				○
8	○			○
1	○			

○ : ON

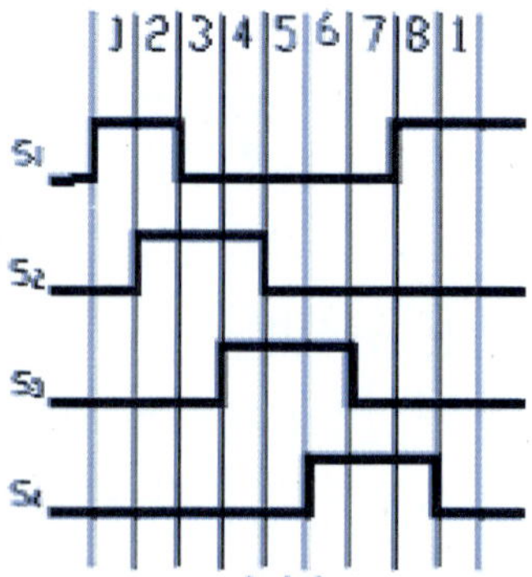

타임차트

17.6.2 개요

스텝모터 IC는 여러 종류가 있지만 우리는 LM297과 LM298을 이용하여 시험할 것이다. 물론 TR을 이용하거나 FET를 사용하여 시험할 수도 있지만 따로 A, B상 각 4개 라인에 펄스를 만들어 제어해 주면 될 것이다.

가. LM297의 특징

- HALF/ FULL SPEED 기능
- CW/CCW(좌우회전) 기능
- HOME 으로 이동 기능
- ENABLE 핀 제공
- CLOCK 핀 제공

나. LM297 내부구조

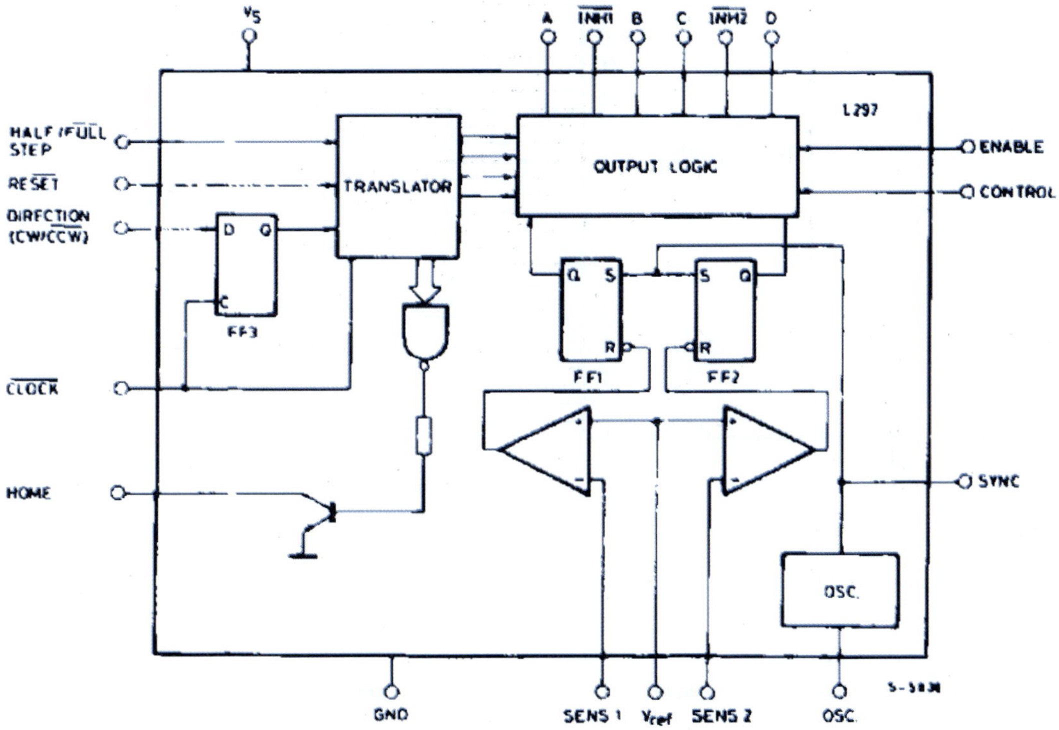

다. LM298의 특징

최고 50[V]/2[A]까지 입력 할 수 있는 전원부 4개의 펄스 입력단과 4개의 출력단, 이 출력단에 스텝모터를 연결하면 된다. LM298은 구동방법이 쉽고 값도 저렴하여 많이 사용된다.

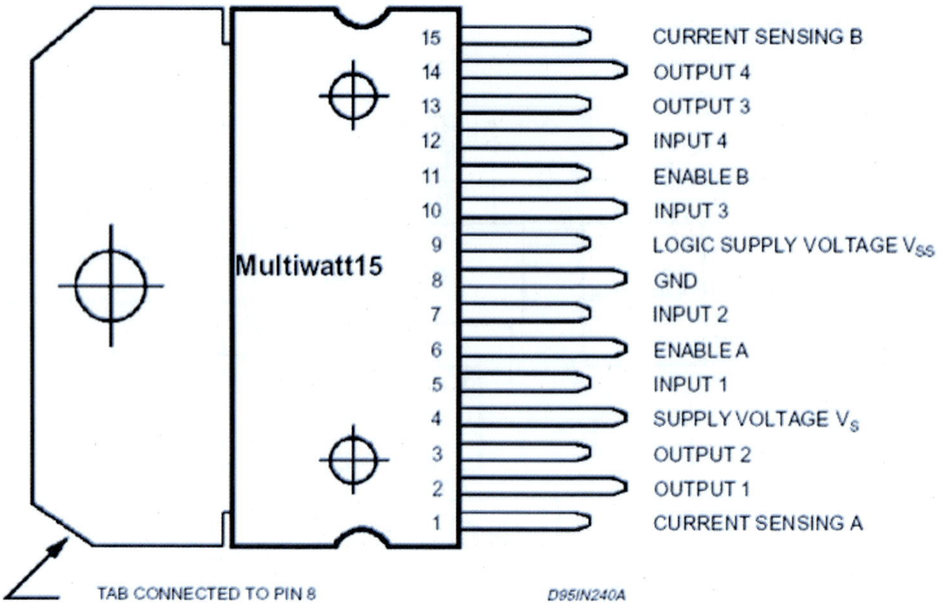

라. LM298의 내부구조

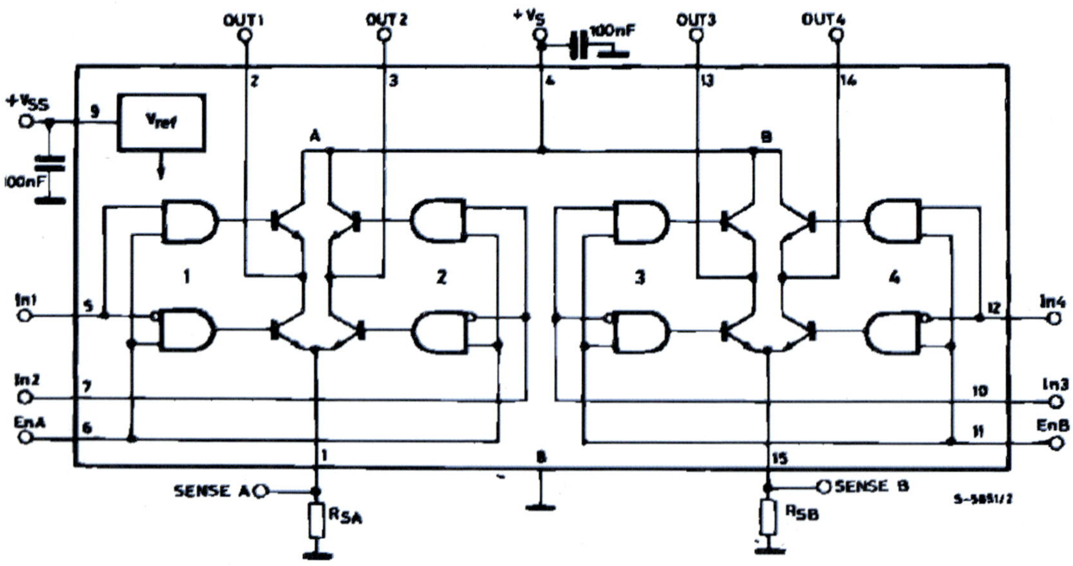

17.6.3 TBK 보드의 회로도

아래 그림에서 스텝모터 제어 핀이 3개 있다. STEP_E는 ENABLE 핀으로 HI(1)일 때 스텝모터가 ON된다. STEP_CLK 핀은 LM297의 CLOCK 입력 핀으로 작용하며 이 핀으로 펄스를 넣어주면 펄스의 주파수에 따라서 스텝모터의 회전이 결정된다. 그리고 STEP_DIR 핀은 스텝모터의 회전 선택으로 이 핀이 HI(1)이면 오른쪽으로 회전하고 LOW(0)이면 좌측으로 회전된다.

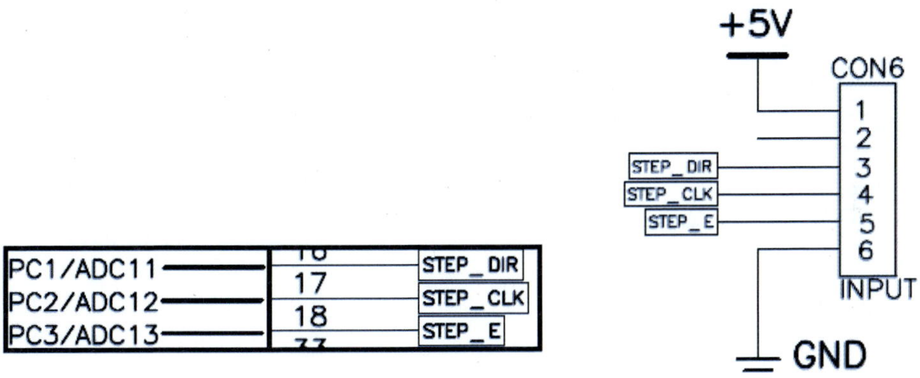

다음 회로도는 스텝모터 컨트롤 보드이다. LM297과 LM298을 이용하여 제작된 것이다.

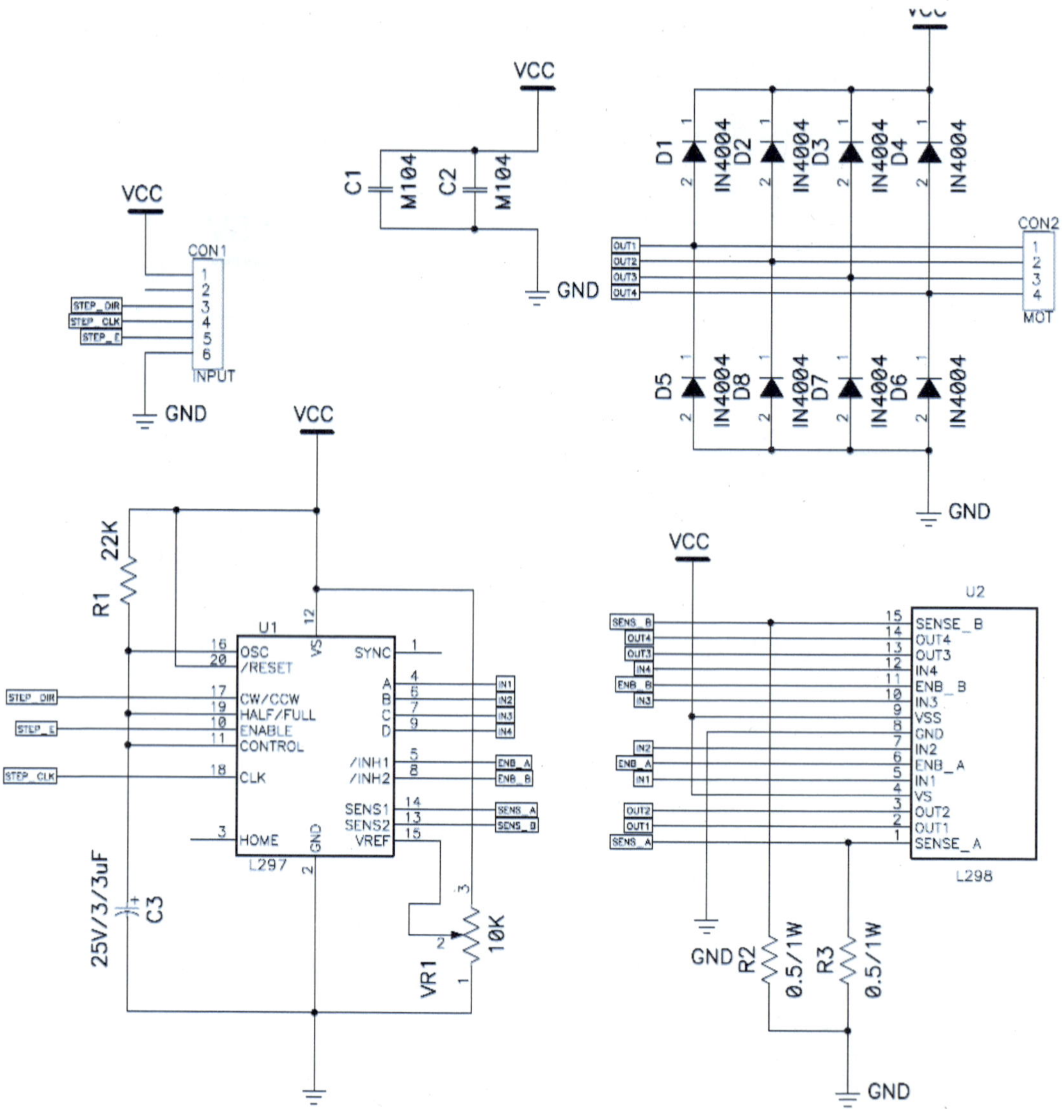

17.6.4 동작사진

다음 사진은 BTN9(STM) 버튼을 눌렀을 때의 모습이다.

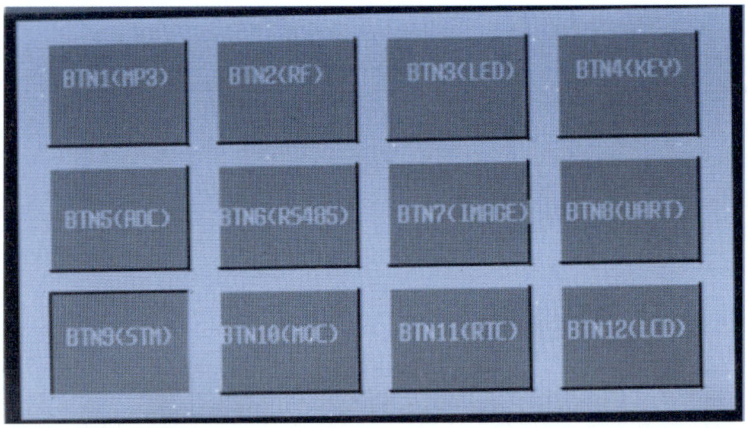

17.6.5 PCB 사진

TBK 보드와 STM2978_BD 컨트롤 보드와 연결된 모습이다.

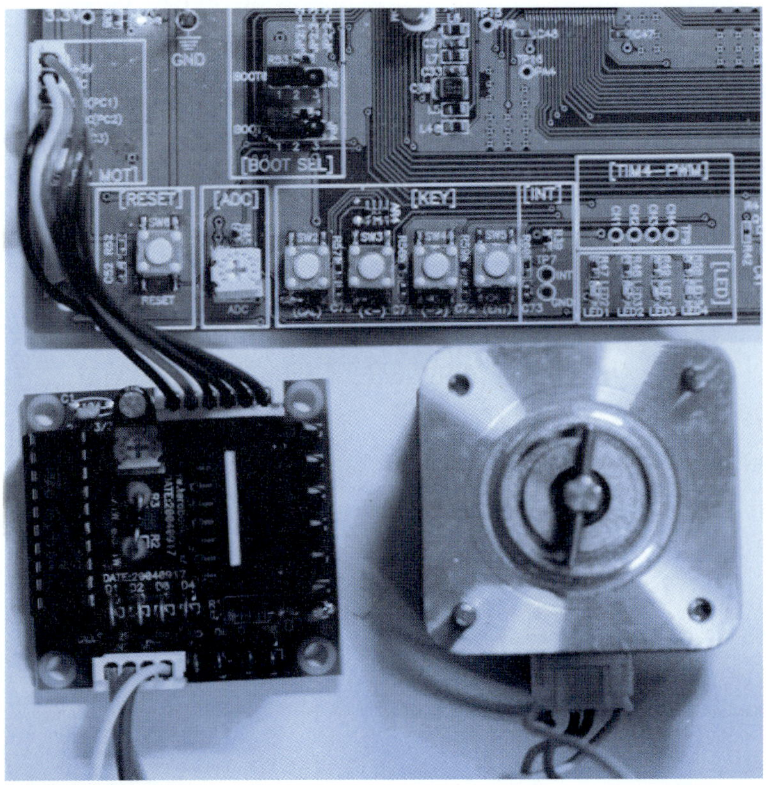

17.6.6 steping.c 파일의 분석

STEPPING MOTOR CONTROL PIN MAP은 tbk_sys.h 파일에 선언해 두었다.

```
#define STEPMOTOR_CTL_RCCPERIPH        RCC_APB2Periph_GPIOC
#define STEPMOTOR_GPIO                 GPIOC
#define STEPMOTOR_DIR                  GPIO_Pin_1
#define STEPMOTOR_CLK                  GPIO_Pin_2
#define STEPMOTOR_E                    GPIO_Pin_3
```

steping.h 파일의 선언 내용이다.

```
#define STEPMOTOR_DIR_HI()                    STEPMOTOR_GPIO->BSRR =
STEPMOTOR_DIR
#define STEPMOTOR_DIR_LOW()                   STEPMOTOR_GPIO->BRR =
STEPMOTOR_DIR

#define STEPMOTOR_CLK_HI()                    STEPMOTOR_GPIO->BSRR =
STEPMOTOR_CLK
#define STEPMOTOR_CLK_LOW()                   STEPMOTOR_GPIO->BRR =
STEPMOTOR_CLK

#define STEPMOTOR_E_HI()                      STEPMOTOR_GPIO->BSRR =
STEPMOTOR_E
#define STEPMOTOR_E_LOW()                     STEPMOTOR_GPIO->BRR =
STEPMOTOR_E
```

TBK 보드에서 SW2번을 누르면 좌회전을 하고 SW3을 누르면 우회전 그리고 스텝모터가 동작 중에 SW5번을 누르면 모터가 정지한다.

STEPMOTOR_DIR_LOW()는 스텝모터를 오른쪽으로 회전하고 STEPMOTOR_DIR_HI()는 좌회전한다. 그리고 STEPMOTOR_E_HI()는 스텝모터를 ON하지만 펄스를 주기 전에는 회전하지 않는다. STEPMOTOR_CLK_LOW();STEPMOTOR_CLK_HI()는 펄스를 만들어 LM297 IC에 공급하여 스텝모터를 회전시킨다. 이 주파수에 따라서 스텝모터의 속도가 조정된다.

17.6.7 main.c 파일의 Button_STM () 함수의 내용이다.

```
void Button_STM(void)//9
{
  if(KEY1_CHECK()==0) //SW2를 누르면 좌회전
  {
     STEPMOTOR_DIR_LOW();
     STEPMOTOR_E_HI();   //스텝모터 ENABLE
     SwitchCount=1;
  }
  else if(KEY2_CHECK()==0) //SW3을 누르면 좌회전
  {
     STEPMOTOR_DIR_HI();
     STEPMOTOR_E_HI();
     SwitchCount=2;
  }
  else if(KEY3_CHECK()==0) //SW4를 누르면 정지
  {
     STEPMOTOR_E_LOW();  //스텝모터 DISABLE
     SwitchCount=0;
  }
  switch (SwitchCount)
  {
    case 0:
            STEPMOTOR_E_LOW(); //STEPPING MOTOR ENABLE
         break;
    case 1: //우측으로 회전
         STEPMOTOR_CLK_LOW() //스텝모터 회전 펄스;
         delay_ms(1);
         STEPMOTOR_CLK_HI();
         delay_ms(1);
        break;
    case 2:  //좌측으로 회전
         STEPMOTOR_CLK_LOW();
         delay_ms(1);
         STEPMOTOR_CLK_HI();
         delay_ms(1);
        break;
  }
}
```

17.6.8 결론

이제 우리는 STEMPPING MOTOR의 원리와 구동 방법을 알아보았고 스텝모터 전용 IC를 이용하여 모터를 좌우회전과 정지를 실습을 통해서 구현해 보았다.

17.7 TFT LCD CONTROL의 기본

17.7.1 개요

TFT LCD는 제조사에 따라 수도 없이 많다. PIN MAP의 위치가 다르지만 기본적인 구조와 CONTROL 핀은 모두 거의 같다. 필자가 테스트 해본 TFT LCD는 아래와 같다. 해상도는 모두 480*272이고 사이즈는 4.3인치다. 필자가 7인치 LCD도 구매를 해 두었는데 아직 시험은 못해봤다. 아마도 잘 구동되리라 짐작된다. 결과는 홈페이지를 통해서 올려놓을 것이다.

- 삼성 LTE430WQ-F07
- 대만산 LB0443WQ1, K430WQA-V3-F
- 대만산 WD480272G430T749M

가. K430WQA-V3-F TFT LCD Dimension

K430WQA-V3-F 모델은 터치 내장형으로 40PIN 단자를 제공한다. 480*272 해상도를 지원하며 TOUCH PANEL도 내장되었고 4.3인치 모델이다. 16만5천 칼라를 지원한다.

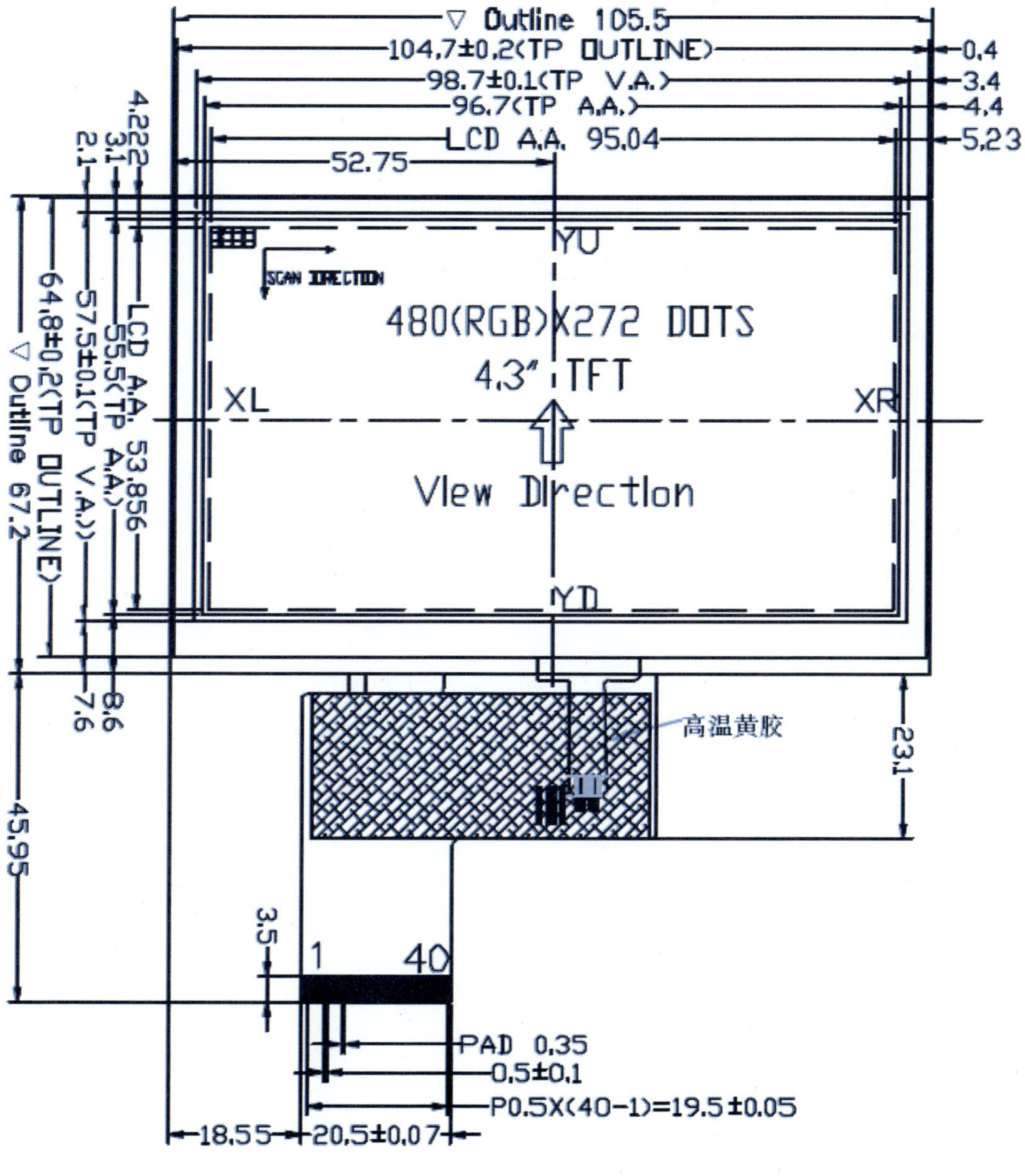

나. K430WQA-V3-F TFT LCD의 PIN MAP

제조사 및 제품에 따라서 핀의 위치가 제각각 다르다. 필자는 K430WQA-V3-F 모델 제품의 PIN MAP을 설명한다.

하지만 각 회사별 데이터시트를 찾아보면 거의 비슷한 것을 알 수 있다.

- PIN 1번 : LCD BACKLIGHT용 LED로 GND를 연결하면 된다.
- PIN 2번 : LCD BACKLIGHT용 LED로 +23[V] 정도를 사용하면 되는데 3.3[V] ⇨ 23[V] 로 승압을 해야 한다.
- PIN 5~12번 : RED(적색) DATA 라인으로 8[bit]다.
- PIN 13~20번 : GREEN(녹색) DATA 라인으로 8[bit]다.
- PIN 21~28번 : BLUE(청색) DATA 라인으로 8[bit]다. RGB조합(24BIT)로 전체 색을 지정하는 것이다.
- PIN 30번 : DTTCLK Pixel clock 최대 8.5[MHz]까지 지원한다.
- PIN 32번 : HSYNC Horizontal synchronizing signal
- PIN 33번 : VSYNC Vertical synchronizing signal
- PIN 34번 : DEN(DISPLAY ENABLE)로 디스플레이를ON한다.
- PIN 37~40번 : TOUCH PANEL을 연결하는 핀으로 TOUCH 내장형 LCD다.

Pin No.	Symbol	Description
1	VLED-	Cathode of LED backlight.
2	VLED+	Anode of LED backlight (23.1V@20mA).
3	GND	Ground
4	VCC	Power supply(VCC=3.3V)
5-12	[R0-R7]	RED Data Signal
13-20	[G0-G7]	GREEN Data Signal
21-28	[B0-B7]	BLUE Data Signal
29	GND	Ground
30	DOTCLK	Pixel clock
31	DUMMY	NO CONNECT
32	HSYNC	Horizontal synchronizing signal.
33	VSYNC	Vertical synchronizing signal.
34	DEN	Data enable.
35	DUMMY	NO CONNECT
36	GND	Ground
37	XR	Terminal of touch panel
38	YD	
39	XL	
40	YU	

다. RGB 24-bit timing diagram

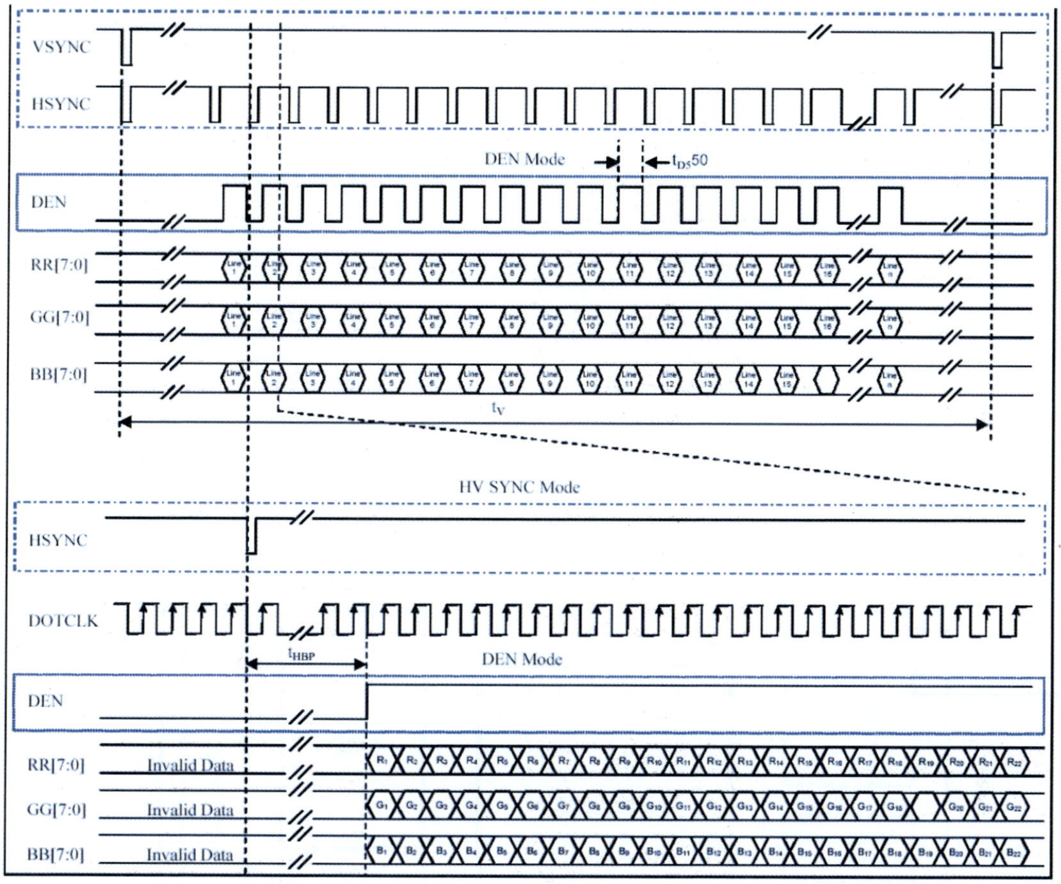

17.7.2 TFT CONTROL IC의 특징

TFT CONTROLER가 내장되어 있지 않는 TFT LCD는 CPU에서 직접 제어가 거의 불가능하기 때문에 우리는 TFT LCD CONTROLER IC를 이용하여 TFT LCD를 제어해보기로 한다. 우리가 사용할 TFT LCD CONTROLER는 SOLOMON SYSTEM사의 SSD1963 IC를 사용하여 제어할 것이다.

가. 특징

필자가 직접 제어해 보니 대부분의 LCD는 잘 동작하는 듯하다. 좀 취약한 부분이 데이터시트의 설명이 부족하고 CORE 전원이 1.2[V]를 따로 공급해 줘야 한다는 부분에서 IC의 가장 큰 단점인 듯하다. 하지만 864X480모드 까지 지원하고 있어 7인치

LCD까지 제어가 가능해서 그나마 다행스럽다.

- Built-in 1215[kbyte] frame buffer
- Support up to 864 x 480 at 24[bpp] display
- Support TFT 18/24[bit] generic RGB interface panel
- Support 8[bit] serial RGB interface
- Hardware rotation of 0, 90, 180, 270 degree
- Dynamic Backlight Control (DBC) via PWM signal
- 8/9/16/18/24[bit] MCU interface
- Core supply power (VDDPLL and VDDD): 1.2[V]±0.1[V]
- I/O supply power(VDDIO): 1.65[V] to 3.6[V]
- LCD interface supply power (VDDLCD) : 1.65[V] to 3.6[V]

나. 내부구조

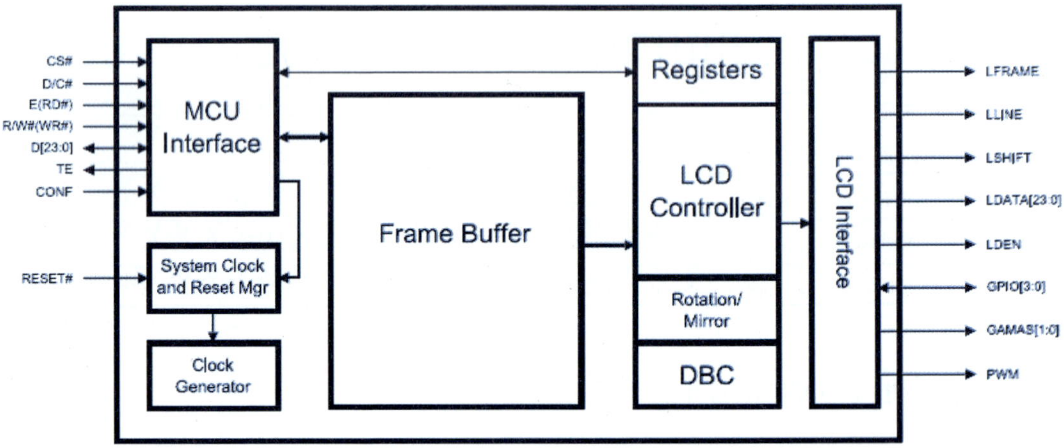

17.7.3 TBK보드의 회로도

아래 회로도는TFT LCD 제어를 위해서 핀들로 각 핀들의 기능은 아래와 같다.

- D0~D15 : LCD의 DATA 핀
- LCD_/RD : LCD를 읽을 때 LOW(0)
- LCD_/WR : LCD에 쓸 때 LOW(0)
- LCD_D/C : HI(1)이면 일반적인 DATA 전송,LOW(0)이면 LCD CMMAND 명령으로

각종 설정을 할 때 사용한다.

- LCD_/CS : LCD ENABLE
- LCD_OFF:LCD BACKLIGHT 제어 핀으로 LOW(0)이면 LED ON

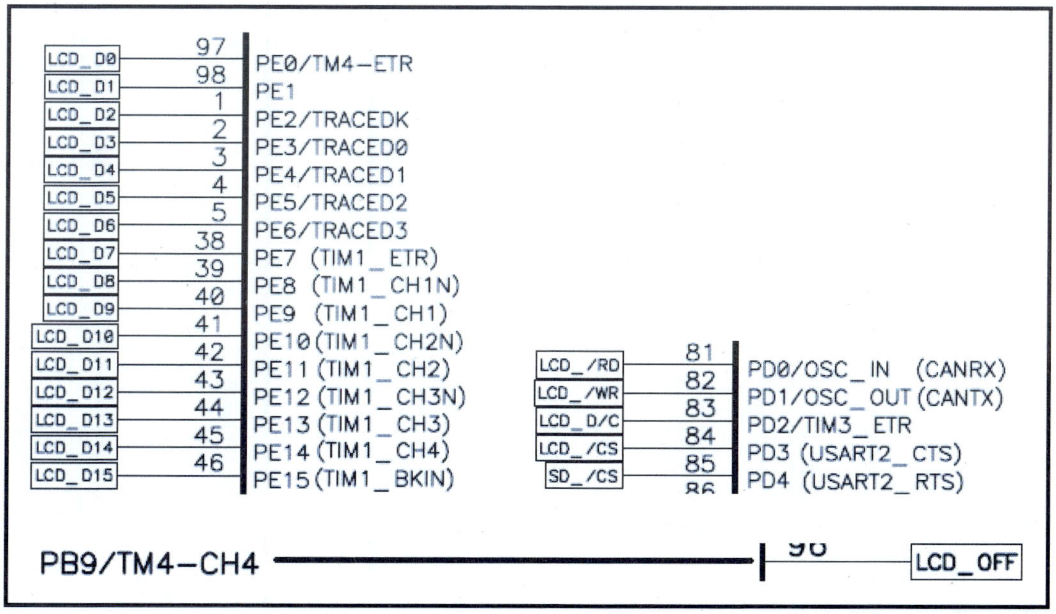

D0~D15는 74HC245 버퍼 IC를 거친다. 먼 거리 전송 시 노이즈를 줄이기 위해서 필요한 부분이다.

CON10번은 2.54[mm]간격의 2열 콘넥터로 TFT LCD를 직결하여 사용할 수도 있으며 CON4번이 TFT LCD 연결 핀이다. 0.5[mm] 간격의 40핀으로 필름 콘넥터를 이용하여 LCD와 연결된다. TOUCH부와 LCD LED 제어 부분도 LCD CONTROL 보드에 내장되어 있다. 제공된 회로도를 참조하라.

참고로 TFT LCD를 사용하려면 반드시 TEXT LCD를 제거하고 사용하여야 한다. 그리고 CON4번을 이용하여 LCD CONTROL 보드와 같이 사용할 때는 CON4번의 핀 31번~34번은 사용되지 않는다. 바로 I2C 라인으로 직접 CPU에 TOUCH PANEL의 ADC 값이 전달된다. CONTROL보드의 TSC2003 IC가 내장되어 있기 때문이다.

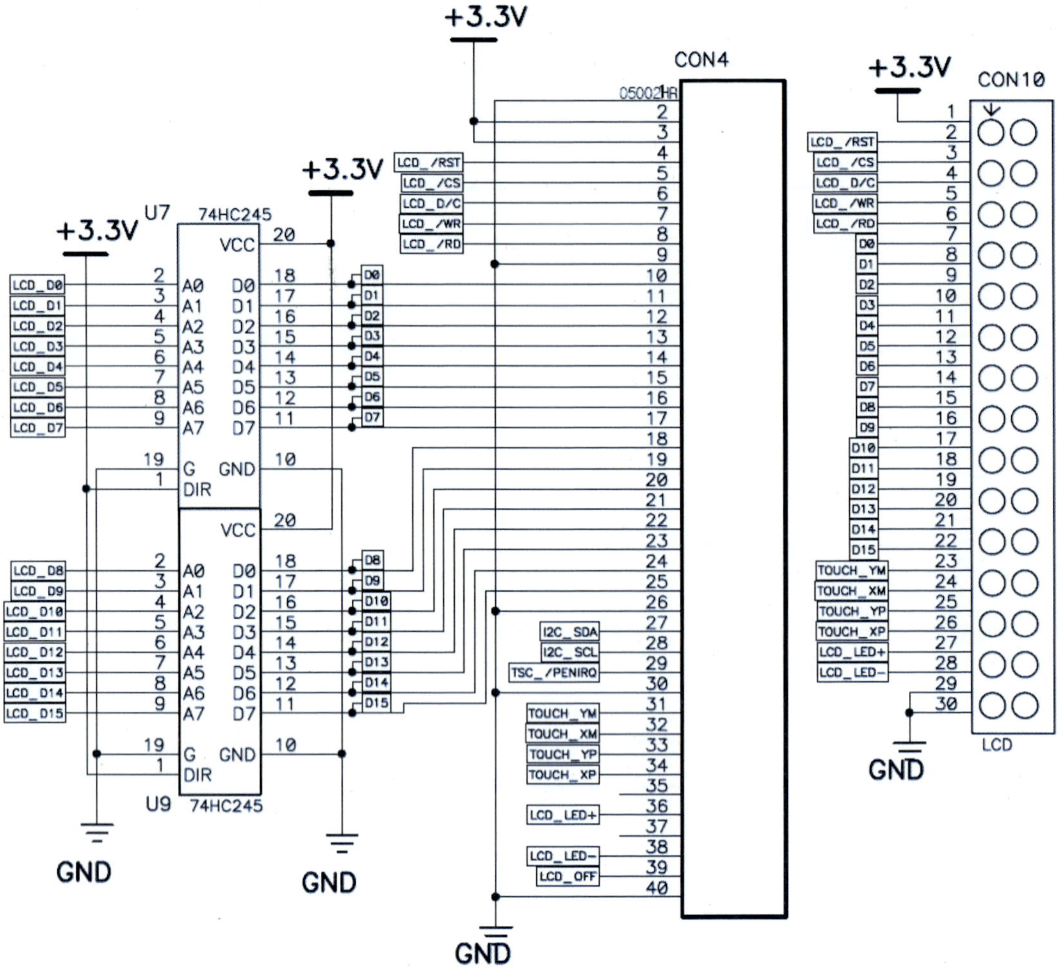

가. TEXT LCD 16*2용 콘넥터

TFT LCD를 제거하고 이 콘넥터에 TEXT LCD를 연결하면 TEXT LCD도 사용 할 수 있다.

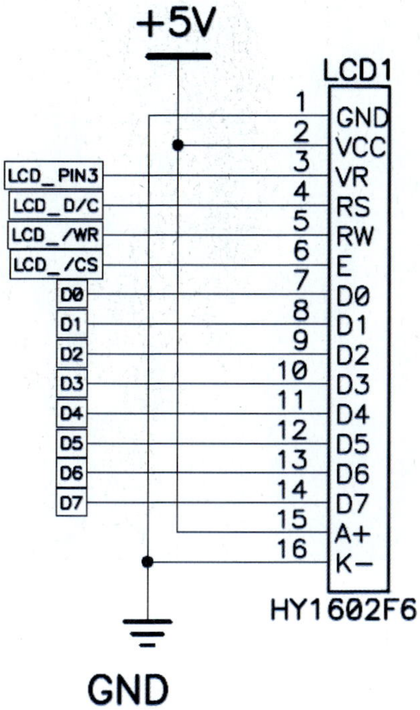

다음 그림은 SSD1963을 이용하여 제작한 LCD 제어 보드다. 이 보드의 특징은 40PIN 혹은 45PIN LCD를 제어할 수 있으며 터치가 내장되지 않는 LCD도 같이 사용하게끔(터치의 4핀 단자는 위치가 제각기 다르다.) 터치부 콘넥터를 3곳에 두었다. 그리고 삼성 LCD의 경우를 위해서 CON5는 7인치 LCD LED 콘넥터와 CON6은 4.3인치용으로 두었다. 그리고 전원은 1.2[V] 정전압 회로가 들어있다. CON3은 TBK 보드와 연결하는 콘넥터가 되겠다.

각 콘넥터의 설명은 아래와 같다.

그리고 3.3[V]전원을 24[V]로 STEPUP시키는 회로, TOUCH IC가 내장되어 있다.

- CON1 : 40 PIN용 LCD 콘넥터
- CON2 : 45 PIN용 LCD 콘넥터
- CON3 : CPU보드로 연결되는 콘넥터
- CON4 : 40PIN용 LCD 콘넥터로 삼성제품을 사용할 수 있다.
- CON11,CON13,CON12 : 4핀 터치패널 연결 콘넥터이다
- CON5 : 삼성 7인치 LCD BACKLIGHT용 LED 단자를 연결할 수 있다.
- CON6 : 삼성 4.3인치 LCD BACKLIGHT용 LED 단자를 연결할 수 있다.

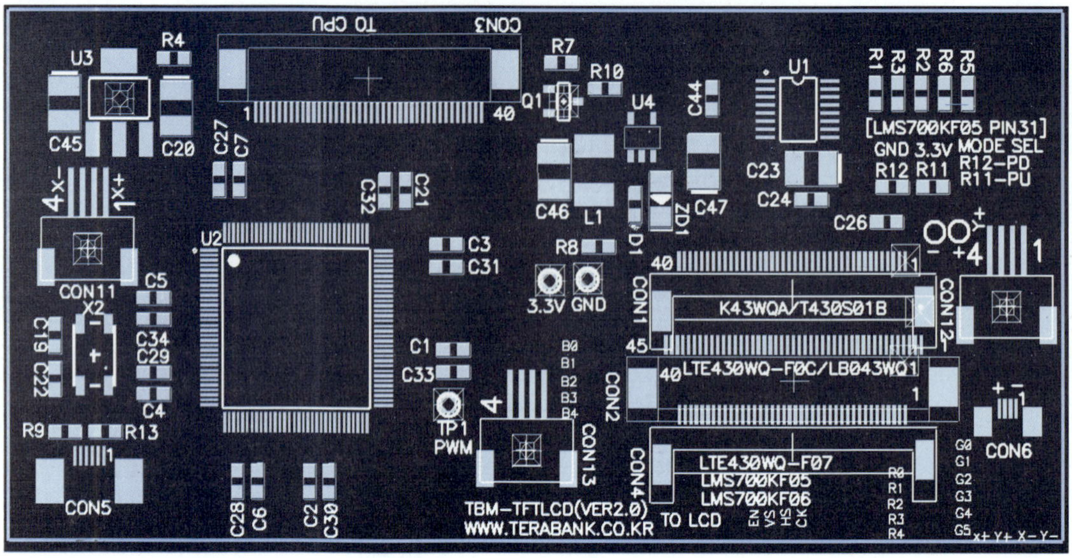

17.7.4 SSD1963.c 파일의 분석

SSD1963 IC의 PIN MAP은 tbk_sys.h 파일에 선언해 두었다.

```
#define LCD_LED_RCCPERIPH        RCC_APB2Periph_GPIOB
#define LCD_LED_GPIO             GPIOB
#define LCD_LED                  GPIO_Pin_9
#define LCD_CTL_RCCPERIPH        RCC_APB2Periph_GPIOD //LCD
#define LCD_CTL_GPIO             GPIOD
#define LCD_RD                   GPIO_Pin_0
#define LCD_WR                   GPIO_Pin_1
#define LCD_DC                   GPIO_Pin_2
#define LCD_CS                   GPIO_Pin_3

#define LCD_DATA_RCCPERIPH     RCC_APB2Periph_GPIOE
#define LCD_DATA_GPIO          GPIOE
```

TSC2003.h 파일의 선언 내용이다. LCD 해상도와 SSD1963의 레지스터 어드레스가 선언되어 있고 아래는 LCD 제어 핀들이 선언되어 있다. SSD1963 데이터시트를 참조하자.

```
#define MAX_LCD_WIDTH           480// // LCD 해상도
#define MAX_LCD_HEIGHT          272

#define LCD_SOFTWARE_RESET      0X01 //SSD1963 레지스 번지 Software Reset
#define LCD_DISPLAY_AddrOFF     0X28// set_display_off
#define LCD_DISPLAY_AddrON      0X29// set_display_on
#define LCD_ADDRESS_MODE        0X36// set_address_mode
#define LCD_PANEL_RESOLUTION    0XB0// set_lcd_mode
#define LCD_ LCD_SET_PLL        0XE0// set_pll(crystal oscillator or clock)
#define LCD_SET_PLLMN           0XE2// set_pll_mn
#define LCD_PIXEL_CLOCK         0XE6// set_lshift_freq, Set the LSHIFT (pixel
clock) frequency
#define LCD_COLUMN_ADDRESS      0X2A// set_column_address
#define LCD_PAGE_ADDRESS        0X2B// set_page_address
#define LCD_GPIO_CONFIG         0XB8// set_gpio_conf, 4개의 GPIO configuration
#define LCD_GPIO_OUTDATA        0XBA// set_gpio_value
#define LCD_PIXEL_FORMAT        0XF0// set_pixel_data_interface
#define LCD_VERTICAL_PERIOD     0XB6// set_vert_period, LFRAME pulse
#define LCD_HORIZONTAL_PERIOD 0XB4// set_hori_period
#define LCD_PWM_CONFIG          0XBE// set_pwm_conf
#define LCD_DBC_CONFIG          0XD0// set_dbc_conf, back light configuration
#define LCD_DBC_TH              0XD4// set_dbc_th, power saving

#define SSD1963_DC_HI()         LCD_CTL_GPIO->BSRR = LCD_DC//DATA MODE
#define SSD1963_DC_LOW()        LCD_CTL_GPIO->BRR = LCD_DC//COMMAND MODE

#define SSD1963_WR_HI()         LCD_CTL_GPIO->BSRR = LCD_WR
#define SSD1963_WR_LOW()        LCD_CTL_GPIO->BRR = LCD_WR //쓰기 모드

#define SSD1963_RD_HI()         LCD_CTL_GPIO->BSRR = LCD_RD
#define SSD1963_RD_LOW()        LCD_CTL_GPIO->BRR = LCD_RD //읽기 모드

#define SSD1963_CS_HI()         LCD_CTL_GPIO->BSRR = LCD_CS
#define SSD1963_CS_LOW()        LCD_CTL_GPIO->BRR = LCD_CS //SSD1963 선택

#define LCD_RST_HI()            LCD_RST_GPIO->BSRR = LCD_RST
#define LCD_RST_LOW()           LCD_RST_GPIO->BRR = LCD_RST //H/W RESET

#define SSD1963_DATA_GPIO(x)    (LCD_DATA_GPIO->ODR = x)  //D0~D15

// Backlight control
#define LCD_LED_ON()            LCD_LED_GPIO->BRR = LCD_LED //BCAKLIGHT
LED ON
#define LCD_LED_OFF()           LCD_LED_GPIO->BSRR = LCD_LED //OFF
```

LCD_RGBTo565CodeChang(), LCD_RGBu32To565CodeChang() 함수는 각각의 RGB 8[bit] 값을 565코드로 변환해 주는 함수다. 이것이 필요한 이유는 R 8[bit] ⇨ 5[bit]로 G 8[bit] ⇨ 6[bit], B 8[bit] ⇨ 5[bit]로 변환해 주는 것으로 24[bit]의 값으로 전송하면(총 24[bit] 값이므로) DATA를 2번 전송해야 한다. 당연히 이렇게 하면 속도가 저하될 것이다. 그래서 좀 간단한 방법으로 565코드를 만들게 된 것이다.

RRRRRRRRGGGGGGGGBBBBBBBB(24[bit])에서 실제 굵은 적색부분만 유효한 값으로 RRRRRGGGGGGBBBBB(16[bit])로 바꾸어 주게 된다. 이렇게 하면 R의 하위 3[bit](BIT2~0)과 G의 하위 2[bit](BIT1~0), B의 하위 3[bit](BIT2~0)의 값은 사라지게 된다. LCD_RGBTo565CodeChang() 함수는 각 RGB U8(8[bit] 각 R, G, B) 값을 565코드로 바꿔주는 것이고, LCD_RGBu32To565CodeChang() 함수는 u32 (32[bit]) RGB 값을 565코드로 바꿔주는 것이다.

```
u16 LCD_RGBTo565CodeChang(u8 rr,u8 gg, u8 bb) //1Byte 단위의 RGB 값을 565코드
로 변환
{
  u16 rgb;
  u16 r, g, b ;
  r=rr;g=gg;b=bb;
  r=(r<<11)&0xF800; //최상위 15,14,13,12,11 비트가 R(RED)값
  g=(g<<3)&0X07E0; ;// 10,9,8,7,6,5 비트가 G(GREEN)의 값
  b=b&0X001F; //4,3,2,1,0 비트가 B(BLUE)의 값
  rgb=r|g|b;
  return rgb;
}
u16 LCD_RGBu32To565CodeChang(u32 RGB) //3Byte 단위의 RGB 값을 565코드로 변환
{
  u16 rgb;
  u32 r, g, b ;
  r=(RGB>>16)&0X000000FF;g=(RGB>>8)&0X000000FF;b=RGB&0X000000FF;
  r=(r<<11)&0xF800; //최상위 15,14,13,12,11 비트가 R(RED)값
  g=(g<<3)&0X07E0;// 10,9,8,7,6,5 비트가 G(GREEN)의 값
  b=b&0X001F; //4,3,2,1,0 비트가 B(BLUE)의 값
  rgb=r|g|b;
  return rgb;
}
```

SSD1963_WriteCommand() 함수는 COMMAND 명령을 전송하기 위한 함수이다. cmd 변수에 원하는 COMMAND 값을 넣고 함수를 호출하면 명령한 바이트가 전송된다. 보통의 경우 이 명령 다음에 SSD1963_WriteData() 함수를 호출하여 DATA를 보내게 된다. COMMAND 명령 다음에 DATA의 길이가 1~8[byte]를 가질 수도 있고 없을 수도 있다. 이것은 SSD1963의 레지스터 어드레스에 의존하게 된다.

```
void SSD1963_WriteCommand(u8 cmd)
{
   SSD1963_CS_LOW(); //SSD1963 선택
   SSD1963_DC_LOW(); //COMMAND 모드로 설정
   SSD1963_DATA_GPIO(cmd); //DATA 전송
   SSD1963_WR_LOW(); //쓰기 모드
   SSD1963_WR_HI(); //쓰기 모드에서 복구
   SSD1963_CS_HI();//SSD1963 선택 복구
}
```

SSD1963_WriteData() 함수는 WriteCommand() 함수와 별반 차이가 없다. 다른 점은 아래 타이밍도와 같이 D/C PIN을 HI(1)로 하느냐, 아니면 LOW(0)으로 하느냐에 따라 명령이 되거나 데이터가 될 수 있다는 점이다. 이 핀이 HI(1)이면 DATA 모드가 되겠다.

```
void SSD1963_WriteData(u16 data)
{
   SSD1963_CS_LOW();
   SSD1963_DC_HI();
   SSD1963_DATA_GPIO(data);
   SSD1963_WR_LOW();
   SSD1963_WR_HI();
   SSD1963_CS_HI();
}
```

아래는 쓰기 위한 타이밍을 보이고 있다. 그 순서는 다음과 같다.

- 먼저 CS PIN을 LOW(0)으로 하여 SSD1963을 선택한다. CHIP SELECT한다.
- 다음으로 D/C PIN을 선택하는데 DATA 모드이면 SET(1)로하고 COMMAND 모드이

면 RESET(0)으로 한다.

- 이제 쓰기 위해서는 /WR PIN을 LOW(0)으로 한다.
- 마지막으로 쓰고자 하는 DATA 값을 보낸다. (D15~D0)

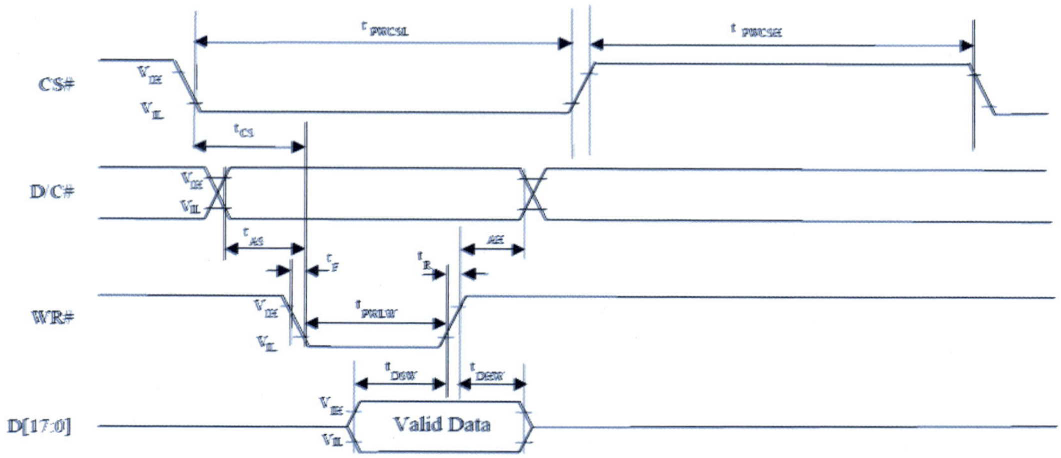

〈 Timing Diagram (Write Cycle) 〉

SSD1963_SoftReset () : S/W로 SSD1963 IC를 RESET시킨다. LCD_SOFTWARE_RESET은 0X01 값으로 RESET 어드레스 번지다.

이 번지에 쓰면 RESET이 된다. 이 명령은 COMMAND 다음에 DATA 값이 없다.

```
void SSD1963_SoftReset(void)
{
    SSD1963_WriteCommand(LCD_SOFTWARE_RESET);//0X01 Software Reset
    delay_ms(1);
}
```

SSD1963_SetPLL ()함수는 PLL을 활성화시키고 PLL의 주파수를 설정하는 함수이다. 0XE0(set_pll) 어드레스에 0X01로 해서 PLL을 활성화 시키고 100[μ s] 동안 기다린 뒤 0X03을 주어 PLL을 SYSTEM CLOCK로 사용한다. 다음으로 0XE2(set_pll_mn)지정하는 것으로 상당히 중요한 부분이 되겠다. VCO의 값은 250[MHz] 〈 VCO 〈 800[MHz] 범위의 주파수가 되어야 하며 PLL 주파수 설정 공식은 PLL frequency=

VCO/(N+1)에서 VCO=(외부OSC*8MHZ)*55이 되겠고, VCO 값을 440[MHz]로 설정한다면 55=440/8[MHz](OSC)가 된다. 따라서 PLL 주파수는 4=440[MHz]/110[MHz](PLL 주파수)가 된다. 결국 PLL 주파수=OSC(외부 크리스탈)*55/4하면 만들어 지는데 SSD1963_WriteData(54)에서 54 값은 55-1해서 54가 되고 SSD1963_WriteData(3)에서 3은 4-1해서 3의 값을 넣게 된다. 이 PLL 주파수가 너무 높으면 TFT 종류에 따라서 작동되지 않는 경우도 있다. SSD1963의 최고 110[MHz] 이하가 되게 정해야 한다. 이 PLL 주파수의 값은 외부 크리스탈 주파수에 따라서 설정이 다르게 된다는 것과 VCO 값이 800[MHz] 보다 작아야한다는 것을 기억하자. 여기서 PLL 주파수는 110[MHz]로 설정한 것이다.

```
void SSD1963_SetPLLl(void)
{
    // Start the PLL
    SSD1963_WriteCommand(LCD_SET_PLL);//0XE0 Start the PLL. Before the start,
    SSD1963_WriteData(0x01);// Enable PLL
    delay_us(100);// 100μ sec간 딜레이를 주고( Wait 100us to let the PLL stable)

    SSD1963_WriteCommand(LCD_SET_PLL);//0XE0 START
    SSD1963_WriteData(0x03);// Use PLL output as system clock

    SSD1963_WriteCommand(LCD_SET_PLLMN); //0XE2 Set the PLL (PLL Frequency
= 8MHz*55/4 = 110MHz)
    SSD1963_WriteData(54);  //54  54=55-1 110Mhz Multiplier (M)
    SSD1963_WriteData(3);   // 3  3=4-1 Divider (N)
    SSD1963_WriteData(0x54); // Dummy Byte
    delay_ms(1);
}
```

SSD1963_ Set_LshiftFreq () 함수는 LSHIFT (pixel clock) 주파수를 설정하는 것으로 설정 공식은 8[MHz]=110[MHz]*(LCDC_FPR+1)/2^20에서 8[MHz]는 외부 오실레이터 클럭이고 110[MHz] 값은 PLL 주파수이다.

LCDC_FPR 값은 76260 이 되고 HEX로 바꾸면 0X129E4가 된다. 결국 이 값을 LshiftFreq로 설정하면 된다.

```
void SSD1963_ Set_LshiftFreq(void)
{
    //-- To obtain PCLK = 8MHz with PLL Frequency = 110MHz,
    //-- 8MHz = 110MHz * ( LCDC_FPR+ 1) / 2^20      2^20=1048576
    //-- LCDC_FPR = 0X129E4
    SSD1963_WriteCommand(LCD_PIXEL_CLOCK);//0XE6
    SSD1963_WriteData(0X01);// 01
    SSD1963_WriteData(0x29);// 29
    SSD1963_WriteData(0XE4);// E4
}
```

SSD1963_SetPanelResolutionXY() 함수는 LCD MODE를 지정하는 것으로 TFT panel data width는 18[bit]로 설정하고 latch 방식은 "falling edge"와 "Active low"로 설정한다. 그리고 TFT Type은 TFT MODE로 지정해 주면 된다. 다음으로 LCD의 높이와 폭을 지정하면 되는데 이 부분은 상위와 하위로 구분된다. 주의할 점은 실제 사이즈보다 -1 한 값을 정해주면 된다. 그리고 마지막 행은 출력형태를 RGB 순으로 전송되게 설정하는 것이다.

```
void SSD1963_SetPanelResolutionXY(void)
{
    u16 xx,yy;
    xx=MAX_LCD_HEIGHT-1;
    yy=MAX_LCD_WIDTH-1;
    SSD1963_WriteCommand(LCD_PANEL_RESOLUTION);//0XB0    set_lcd_mode    SET
TFT 18Bits MODE Set the LCD panel mode and resolution
    SSD1963_WriteData(0x00); // DATAIMAGE, SAMSUNG, 18bit Data, Data latch
falling edge, Active low
    SSD1963_WriteData(0x00); //TFT mode
 //-------------LCD 폭과 높이 지정--------------------------------
    SSD1963_WriteData((yy>>8)&0x00ff);    //vertical size=480-1 Width Byte
    SSD1963_WriteData(yy&0x00ff);

    SSD1963_WriteData((xx>>8)&0x00ff);    //horizontal size=272-1
    SSD1963_WriteData(xx&0x00ff);

    SSD1963_WriteData(0x00);    // RGB순으로 전송 설정
}
```

SSD1963_SetPixelFormat() 함수는 Pixel Format 형식을 지정하는 것으로 16[bit] (565 format)로 지정한다. A2, A1, A0 비트의 조합으로 설정될 수 있으며 지원되는 Pixel Format 형식은 아래와 같다.

```
void SSD1963_SetPixelFormat(void)
{
    SSD1963_WriteCommand(LCD_PIXEL_FORMAT);     //0XF0    pixel    data    I/F
format=16bit (5 6 5 )
    SSD1963_WriteData(0x03);  // 16-bit (565 format)
}
```

set_pixel_data_interface(0XF0)

	D/C	D7	D6	D5	D4	D3	D2	D1	D0	Hex
Command	0	1	1	1	1	0	0	0	0	F0
Parameter 1	1	0	0	0	0	0	A_2	A_1	A_0	xx

- A[2:0] : Pixel Data Interface Format (POR = 101)
- 000 8-bit
- 001 12-bit
- 010 16-bit packed
- 011 16-bit (565 format)
- 100 18-bit
- 101 24-bit
- 110 9-bit

SetVerticalHorizontalPeriodXY () 함수는 horizontal(폭) 및 vertical(높이)와 연관된 설정으로 제조사마다 값이 조금씩 다르다.

다음은 삼성 LTE430WQ-F07 모델을 예를 들어 설명하는 것으로 원 안의 번호는 아래 타이밍도의 값과 설정부분을 참조하여 비교해 놓은 것이다. 그리고 SSD1963 데이터 값은 반드시 HEX 값으로 설정하여야 한다.

```
void SSD1963_SetVerticalHorizontalPeriodXY(void)
{
//------------------------ HORIZONTAL 설정---------------------
    SSD1963_WriteCommand(LCD_HORIZONTAL_PERIOD);  //0XB4 horizontal total period
    SSD1963_WriteData(0x02); // Hight Byte HCYC: horizontal size=532(0X214)=533-1
    SSD1963_WriteData(0x14); // Low Byte                                        ①

    SSD1963_WriteData(0x00); // Hight Byte HBP: horizontal Back Porch=44(0X2C)=45-1
    SSD1963_WriteData(0x2C); //Low Byte                                         ②
    SSD1963_WriteData(0x28); //HLW: HSYNC low width=40(0X28)=41-1 ③
    SSD1963_WriteData(0x00); // Hight Byte horizontal sync pulse (LLINE) start location in pixel clock.
    SSD1963_WriteData(0x00); // Low Byte
    SSD1963_WriteData(0x00); // horizontal sync pulse subpixel start position for serial TFT interface
//------------------ VERTICAL 설정----------------------------
SSD1963_WriteCommand(LCD_VERTICAL_PERIOD); //0XB6 vertical total period
    SSD1963_WriteData(0x01); // Hight Byte VCYC: vertical size=287(0X11F)=288-1
    SSD1963_WriteData(0x1F); // Low Byte                                        ④

    SSD1963_WriteData(0x00); // Hight Byte VBP: vertical Back Porch=11(0X0B)=12-1
    SSD1963_WriteData(0x0B); //Low Byte                                         ⑤
    SSD1963_WriteData(0x09); //VLW: HSYNC low width=9(0X09)=10-1 ⑥
    SSD1963_WriteData(0x00); // Hight Byte vertical sync pulse (LLINE) start location in pixel clock.
    SSD1963_WriteData(0x00); // Low Byte
    SSD1963_WriteData(0x00); // vertical sync pulse subpixel start position for serial TFT interface
}
```

Vertical timing

Signal	Symbol	Min	Typ.	Max.	Unit	Note
Frame Frequency	fFRM	–	60	70	Hz	
VSYNC(Frame) Period	VCYC	239	288 ④	335	H	
VSYNC Low width	VLW	1	10 ⑤	–	H	
Vertical Display Period	VDP		272	–	H	
Vertical Back porch	VBP	–	12 ⑥	–	H	
Vertical Front porch	VFP	2	4	–	H	

Horizontal timing

Signal	Symbol	Min	Typ.	Max.	Unit	Note
HSYNC(1H) Period	HCYC	490	533 ①	605	DOTCLK	
HSYNC Low width	HLW	4	41 ③	–	DOTCLK	
Horizontal Dispaly Period	HDP	–	480	–	DOTCLK	
Horizontal Back porch	HBP	8	45 ②	–	DOTCLK	
Horizontal Front porch	HFP	2	8	–	DOTCLK	
DOTCLK Frequence	F_{porCLK}	–	9.2	15	MHz	@fFRM=60Hz

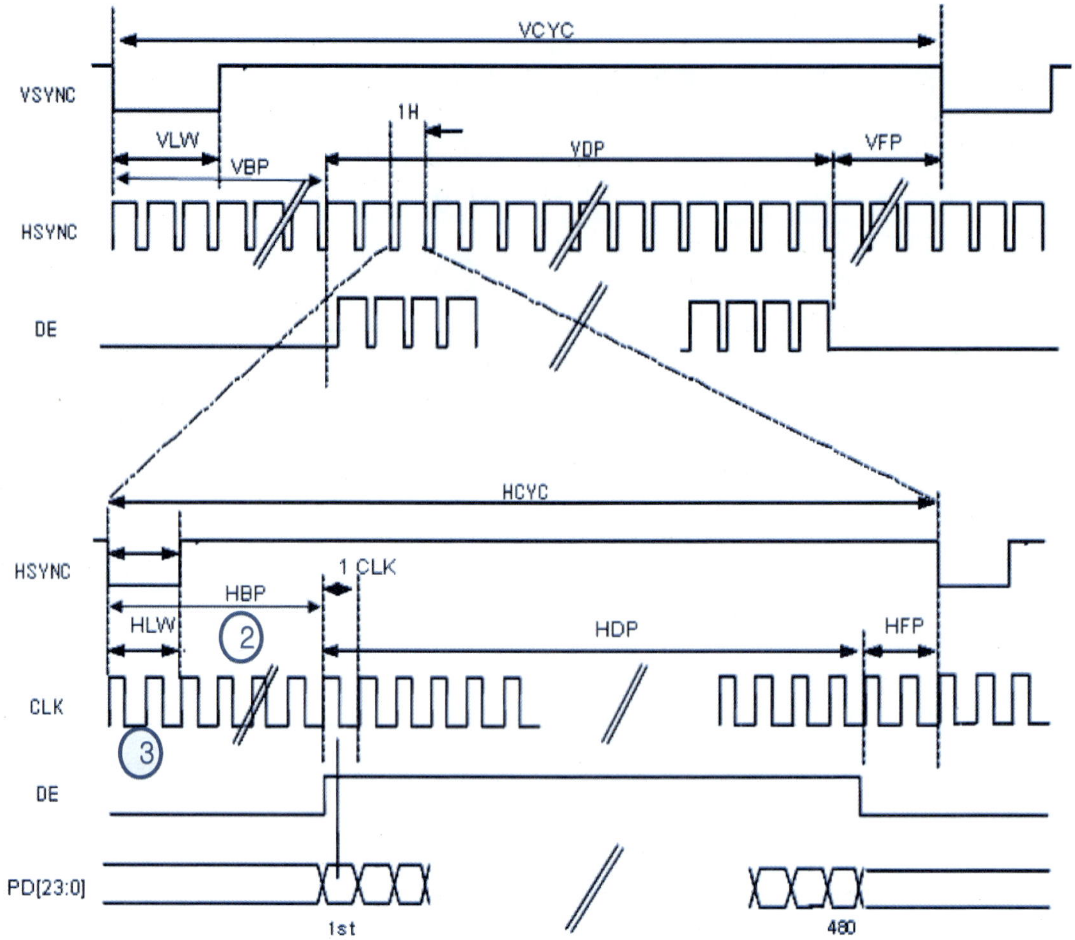

SSD1963_DisplayOnOff() 말 그대로 LCD를 Display 하거나 OFF 할 수 있다. Data 값에는 LCD_DISPLAY_AddrOFF 혹은 LCD_DISPLAY_AddrON를 넣을 수 있으며 이 값은 SSD1963의 어드레스 번지로 "ssd1963.h" 파일에 선언해 두었다.

```
void SSD1963_DisplayOnOff(u8 Data)
{
    SSD1963_WriteCommand(Data); //0X29 display on
}
```

LCD_TopLeftToRightStart() 함수는 LCD의 Dispaly순서로 좌측 상단에서 시작하여 우측으로 진행하는 것으로 X0값에서 Y축으로 증가하게 된다.
LCD에 Image나 Text값을 주기 전에 이 함수를 먼저 실행 한다.

```
void LCD_TopLeftToRightStart(void) //TOP->RIGHT
{
    SSD1963_WriteCommand(LCD_ADDRESS_MODE);//0x36
    SSD1963_WriteData(0x00);
}
```

LCD_TopLeftToBottomStart() 함수는 LCD의 Dispaly 순서로 좌측 상단에서 좌측 하단으로 진행하는 것으로 X0값에서 X축으로 증가하게 된다.
LCD에 Image나 Text 값을 주기 전에 이 함수를 먼저 실행 한다.

```
void LCD_TopLeftToBottomStart(void)//TOP->BOTTOM
{
    SSD1963_WriteCommand(LCD_ADDRESS_MODE);//0x36
    SSD1963_WriteData(0x20);
}
```

LCD_SetWindows() 함수는 LCD의 Windows 크기를 지정하는 함수로 전체 크기를 지정하려면 0, 0, 272, 480 설정하면 된다.

```
void LCD_SetWindows(u16 x,u16 y,u16 EndX,u16 EndY) //0,0,272,480
{
    SSD1963_WriteCommand(LCD_PAGE_ADDRESS);//0X2A   set_page_address
SSD1963_WriteData(x>>8);
    SSD1963_WriteData(x&0xFF);
    SSD1963_WriteData(EndX>>8);
    SSD1963_WriteData(EndX&0xFF);

    SSD1963_WriteCommand(LCD_COLUMN_ADDRESS);//0X2B   set_column_address
SSD1963_WriteData(y>>8);
    SSD1963_WriteData(y&0xFF);
    SSD1963_WriteData(EndY>>8);
    SSD1963_WriteData(EndY&0xFF);

 SSD1963_WriteCommand(LCD_WRITE_MEMSTART);//0X2C write_memory_start
}
```

SSD1963_Init() 함수는 SSD1963과 TFT LCD를 초기화 한다. 모두 위에서 설명했던 부분이다.

```
void SSD1963_Init(void)
{
    SSD1963_GpioInit(); //LCD관련 GPIO 초기화
    SSD1963_SoftReset();//LCD S/W RESET
    SSD1963_SetPLL(); //PLL CLOCK설정 110MHZ
    SSD1963_Set_LshiftFreq();//LSHIFT (pixel clock)설정
    SSD1963_SetPanelResolutionXY();//LCD_PANELD의 RESOLUTION 설정
    SSD1963_SetPixelFormat(); //16BIT 565 FORMAT 지정
    SSD1963_SetVerticalHorizontalPeriodXY();//horizontal, vertical period 설정
LCD_SetWindows(0,0,MAX_LCD_HEIGHT-1,MAX_LCD_WIDTH-1);        //Windows크기
(column address)설정
    SSD1963_DisplayOnOff(LCD_DISPLAY_AddrON); //0X29 Dsplay ON
}
```

LCD_AllClear() 함수는 TFT LCD 전체를 지우는 함수다. X축에서 시작하여 Y축으로 지워나간다.

```
void LCD_AllClear(void)
{
  int count,xx,yy;
  LCD_TopLeftToRightStart();//좌측상단에서 우측으로 증가 설정, 다른 것은
LCD_TopLeftToBottomStart()
  LCD_SetWindows(0,0,MAX_LCD_HEIGHT-1,MAX_LCD_WIDTH-1); //Windows 크기
0, 0, 271 ,479 설정
  SSD1963_CS_LOW(); //SSD1963 ENABLE
  SSD1963_DC_HI(); //
  for(xx=0;xx<MAX_LCD_HEIGHT;xx++)// X 축 272
  {
    for(yy=0;yy<MAX_LCD_WIDTH;yy++) //Y축 480
    {
       SSD1963_DATA_GPIO(0xFFFF); //LINE OFF
       SSD1963_WR_LOW(); //쓰기 명령
       SSD1963_WR_HI();
    }
  }
  SSD1963_CS_HI();
}
```

LCD_ LCD_Test () 함수는 TFT LCD에 Y축(가로) 32라인 8블록의 각각 다른 색으로 표시하여 LCD이상 유무를 시험하는 함수이다.

```
void LCD_Test(u16 x, u16 y, u16 SizeX, u16 SizeY)
{
                    // 흑   청   녹   적   핑크   노랑   연파랑   백색
  u32 FONT_Color[8] ={0x000000, 0x0000FF, 0X00FF00, 0XFF0000, 0XFF00FF,
0XFFFF00, 0X00FFFF, 0XFFFFFF};
  u16 cnt,data,xx,yy;
  cnt = SizeX/8; //X축 8가지의 색을 지정하고, 32열의 픽셀크기로 표시
  LCD_TopLeftToRightStart();//좌측상단에서   우측으로   시작      다른   것은
LCD_TopLeftToBottomStart ()함수
  LCD_SetWindows(x,y,SizeX-1,SizeY-1);//Windows 크기 설정 0,0,272,480
  SSD1963_CS_LOW(); //SSD1963 ENABLE
  SSD1963_DC_HI(); // DATA MODE
  for(xx=0;xx<8;xx++) // X축은 8번, 즉 32*8=272가 됨
  {
     data=LCD_RGBu32To565CodeChang(FONT_Color[xx]);  //  FONT_Color값을  565
FORMAT으로 변경하여 대입
     for(yy=0;yy<SizeY*cnt;yy++)// Y는 0에서 시작하여 480까지, 이것을 32번 반복,
즉 480*32 픽셀 전송
     {
         SSD1963_DATA_GPIO(data);// 지정된 칼라 값(16비트 565코드)을 전송
         SSD1963_WR_LOW(); //쓰기 명령
         SSD1963_WR_HI();
     }
  }
SSD1963_CS_HI();//SSD1963 DISABLE
//------------------중략-----------------------------------
```

LCD_ LCD_Test() 함수에서 이어지는 것으로 TFT LCD에 X축(세로) 60라인 8블록의 각각 다른 색으로 표시하여 LCD이상 유무를 시험하는 함수이다.

```
void LCD_Test(u16 x, u16 y, u16 SizeX, u16 SizeY)
{
//---------------중략--------------------
delay_ms(500); //대기
while(1){ if(KEY0_CHECK()==0) break; }//TBK보드의 SW2번을 누를 때 까지 대기
cnt = SizeY/8; //Y축 8가지의 색을 지정하고, 60열의 픽셀크기로 표시
  LCD_AllClear();// 모두 지움
LCD_TopLeftToBottomStart();    //좌측    상단에서    하단으로    시작,    반대는
LCD_TopLeftToBottomStart() 함수
  LCD_SetWindows(x,y,SizeX-1,SizeY-1); );//Windows 크기 설정 0, 0, 272, 480
  SSD1963_CS_LOW();//SSD1963 ENABLE
  SSD1963_DC_HI();// DATA MODE
  for(yy=0;yy<8;yy++) // Y축은 8번, 즉 60*8=480가 됨
  {
     data=LCD_RGBu32To565CodeChang(FONT_Color[yy]);  //  FONT_Color값을  565
FORMAT으로 변경하여 대입
     for(xx=0;xx<SizeX*cnt;xx++)// X는 0에서 시작하여 272까지, 이것을 60번 반복,
즉 272*50 픽셀 전송
     {
         SSD1963_DATA_GPIO(data);// 지정된 칼라 값(16비트 565코드)을 전송
         SSD1963_WR_LOW();//쓰기 명령
         SSD1963_WR_HI();
     }
  }
 SSD1963_CS_HI();//SSD1963 DISABLE
```

LCD_BmpPut () 함수에서 SD CARD IMAGE 파일을 읽어서 LCD화면에 표시하는 함수이다. 파일의 이름을 찾는 함수는 "main.c" 파일의 "Button_IMAGE()" 함수에서 호출한다..즉 파일의 이름으로 찾아 이미지 파일의 시작 섹터를 읽어 섹터를 알아내고 시작섹터를 512바이트를 읽으면 BMP_OpenFile() 함수에서 이미지 정보를 알 수 있다. 아래 처리는 BMP.Offset의 값 즉 0X36번지부터 RGB 데이터 이므로 이 번지부터 끝까지(512바이트) 읽어서 LCD에 보낸다. 그러면 총 476/3 RGB 값이 된다.

```
void LCD_BmpPut(u32 sector,u16 x,u16 y)
{
    TBITMAP_HEADER BMP;
    u8  buf[512];//512
    u8  buf2[1536]; //512*3 RGB버퍼
    u16 StartPixel,SectorCnt,pixel,Height,Width;
    u16 i;
    u32 SectorNum;
    SD_ReadSector(sector++, buf); //512바이트 읽음
    BMP_OpenFile(&BMP, buf);//이미지정보 분석
    StartPixel = BMP.Offset;// 이미지 Offset 값 0X36어드레스부터 RGB정보,순서는
BGR순으로 기록되어 있다.
Height=BMP.Height; Width=BMP.Width;
    SectorNum =Height*Width*3/512; // 이미지의 픽셀수=272*480*3/512
LCD_TopLeftToRightStart();//좌측상단에서 우측으로 시작
    LCD_SetWindows(x,y,x+BMP.Height-1,y+BMP.Width-1);// 이미지 정보를 가져와
윈도우 사이즈를 만든다.0,0,271,479
    SSD1963_CS_LOW();//SSD1963 ENABLE
    SSD1963_DC_HI();// DATA 값
        for(i=StartPixel;i<512-2;i+=3) //0X36번지부터 512까지 RGB값을 읽어 LCD로
전송, 맨 처음 BGR순으로 기록되어 있다
        {
            pixel = (buf[i+2]&0xF8)<<8 | (buf[i+1]&0xFC)<<3 | (buf[i]&0xF8)>>3;//
BGR 값 순으로 읽혀진다.
            SSD1963_DATA_GPIO(pixel);
            SSD1963_WR_LOW();
            SSD1963_WR_HI();
        }
 //------------중략-----------------------
```

LCD_BmpPut () 위에서 이어서 설명한다. SD_ReadSector(sector++,buf); 함수가 3번 읽어 온다. 이는 512/3=170.06으로 나누어 맞아 떨어지지 않는다.

여기서 3을 나누는 이유는 바로 RGB 값으로 따라 분리해 내기 때문이다. 이러한 이유로 (512*3)/512=512 RGB 값으로 되기 때문에 512[byte]를 읽어서 LCD에 보내지 않고 512[byte]를 3번 읽어서 LCD에 보내게 된다. 그리고 "pixel =(buf2[i]&0xF8) 〈〈 8 | (buf2[i+2]&0xFC) 〈〈 3 | (buf2[i+1]&0xF8)〉〉3" 은 뭘까? 지난 장에서 배운 565 코드로 변환해 주는 것이다. 함수를 호출하지 않고 바로 처리한 것은 속도를 빠르게 하기 위함이다.

다음 그림은 BITMAP Format 구조로 이 부분을 살펴보면 이해가 빠를 것이다.

```
void LCD_BmpPut(u32 sector,u16 x,u16 y)

//------------중략----------------------
for(SectorCnt=0;SectorCnt<SectorNum;SectorCnt+=3)//=3)

                    SD_ReadSector(sector++,buf); //512바이트를 읽는다
                    for(i=0;i<512;i++)
                        buf2[i]=buf[i];//임시메모리에 저장한다 0~512바이트
                    SD_ReadSector(sector++,buf); //512바이트를 읽는다
                    for(i=0;i<512;i++)
buf2[512+i]=buf[i]; ];//임시메모리에 저장한다 512~1024바이트
SD_ReadSector(sector++,buf); //512바이트를 읽는다
                    for(i=0;i<512;i++)
buf2[1024+i]=buf[i];//임시메모리에 저장한다 1024~1536바이트
for(i=0;i<1536-2;i+=3) // 맨 처음 R G B순으로 기록되어 있다.

                        pixel    =(buf2[i]&0xF8)<<8    |    (buf2[i+2]&0xFC)<<3    |
(buf2[i+1]&0xF8)>>3;//RGB 565포맷으로 변경
                        SSD1963_DATA_GPIO(pixel);
                        SSD1963_WR_LOW();
                        SSD1963_WR_HI();


SD1963_CS_HI();
```

BITMAP 구조체로 "bitmap.h" 파일에 선언된 내용이다.

- BITMAP 구조체

```
typedef struct {
    u16 Type;       // offset:0x00 0x4d42,"BM"이 들어간다. 이것으로 BMP 파일임을 알
아낸다.
    u32 FileSize;   // offset:0x02 파일의 크기
    u32 Reserved;   // offset:0x06  must be 0 예약됨
    u32 Offset;     // offset:0x0a  BMP START ADDRESS RGB :데이터 시작번지
    u32 HeadSize;   // offset:0x0e  헤더의 크기
    u32 Width;      // offset:0x12 이미지 폭
    u32 Height;     // offset:0x16 이미지 높이
    u16 Planes;     // offset:0x1a  현재지원 값 1
    u16 BitPerPixel;// offset:0x1c 비트 수 1,4,8,16,24,32비트(BMP포맷 방식)
    u32             CompresType;//           offset:0x1e           //압축           타입"
BI_RGB(0),BI_RLE8(1),BI_RLE4(2),BI_BITFIELDS(3)
    u32 DataSize; // offset:0x22 바이트 단위의 이미지 크기
    u32 HResolution;// offset:0x26 픽셀 수 Y축 가로 해상도
    u32 VResolution;// offset:0x2a 픽셀 수 X축 세로 해상도
    u32 Colors;     // offset:0x2e 8bit100H 256 실제 사용색상 수
    u32 ImportColor;// offset:0x32 중요한 색상 인덱스
}TBITMAP_HEADER;
```

맨 처음 데이터 영역에는(0x36)에는 RGB 순서가 아니고 BGR 순서로 기록되어 있다. 그리고 0번 섹터의 마지막은 G 값이 들어 있다. 따라서 다음 1번 섹터의 시작은 R의 값이 들어가 있음을 예상할 수 있다. 위의 LCD_BmpPut 함수 첫 번째 설명이 0번 섹터에 관한 것이고, LCD_BmpPut의 두 번째 설명이 1번~끝까지 섹터에 관한 설명이 되겠다.

- BITMAP Format 구조

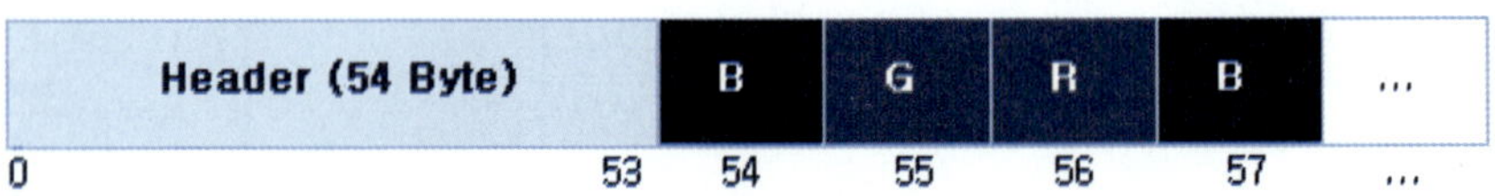

◆ 0번 섹터의 RGB 데이터

0~0X35번지까지는 BITMAT 헤더 값이 들어 있는 영역이다. 이 헤더 영역 "Offset" 구조체를 읽으면 BITMAP 시작 번지를 알 수 있다.

DEC	Addr	Num	0	1	2	3	4	5	6	7	8	9	10	11	12	13	14	15
0	0X00	0X00																
16	0X10	0X10																
32	0X20	0X20																
48	0X30	0X30							B	G	R	B	G	R	B	G	R	B
64	0X40	0X40	G	R	B	G	R	B	G	R	B	G	R	B	G	R	B	G
80	0X50	0X50	R	B	G	R	B	G	R	B	G	R	B	G	R	B	G	R
96	0X60	0X60	B	G	R	B	G	R	B	G	R	B	G	R	B	G	R	B
112	0X70	0X70	G	R	B	G	R	B	G	R	B	G	R	B	G	R	B	G
128	0X80	0X80	R	B	G	R	B	G	R	B	G	R	B	G	R	B	G	R
144	0X90	0X90	B	G	R	B	G	R	B	G	R	B	G	R	B	G	R	B
160	0XA0	0XA0	G	R	B	G	R	B	G	R	B	G	R	B	G	R	B	G
176	0XB0	0XB0	R	B	G	R	B	G	R	B	G	R	B	G	R	B	G	R
192	0XC0	0XC0	B	G	R	B	G	R	B	G	R	B	G	R	B	G	R	B
208	0XD0	0XD0	G	R	B	G	R	B	G	R	B	G	R	B	G	R	B	G
224	0XE0	0XE0	R	B	G	R	B	G	R	B	G	R	B	G	R	B	G	R
240	0XF0	0XF0	B	G	R	B	G	R	B	G	R	B	G	R	B	G	R	B
256	0X100	0X100	G	R	B	G	R	B	G	R	B	G	R	B	G	R	B	G
272	0X110	0X110	R	B	G	R	B	G	R	B	G	R	B	G	R	B	G	R
288	0X120	0X120	B	G	R	B	G	R	B	G	R	B	G	R	B	G	R	B
304	0X130	0X130	G	R	B	G	R	B	G	R	B	G	R	B	G	R	B	G
320	0X140	0X140	R	B	G	R	B	G	R	B	G	R	B	G	R	B	G	R
336	0X150	0X150	B	G	R	B	G	R	B	G	R	B	G	R	B	G	R	B
352	0X160	0X160	G	R	B	G	R	B	G	R	B	G	R	B	G	R	B	G
368	0X170	0X170	R	B	G	R	B	G	R	B	G	R	B	G	R	B	G	R
384	0X180	0X180	B	G	R	B	G	R	B	G	R	B	G	R	B	G	R	B
400	0X190	0X190	G	R	B	G	R	B	G	R	B	G	R	B	G	R	B	G
416	0X1A0	0X1A0	R	B	G	R	B	G	R	B	G	R	B	G	R	B	G	R
432	0X1B0	0X1B0	B	G	R	B	G	R	B	G	R	B	G	R	B	G	R	B
448	0X1C0	0X1C0	G	R	B	G	R	B	G	R	B	G	R	B	G	R	B	G
464	0X1D0	0X1D0	R	B	G	R	B	G	R	B	G	R	B	G	R	B	G	R
480	0X1E0	0X1E0	B	G	R	B	G	R	B	G	R	B	G	R	B	G	R	B
496	0X1F0	0X1F0	G	R	B	G	R	B	G	R	B	G	R	B	G	R	B	G

1번 섹터의 맨 처음 데이터는 R값이 들어 있음을 확인할 수 있다.

• 1번 섹터의 RGB 데이터

DEC	Addr	Num	0	1	2	3	4	5	6	7	8	9	10	11	12	13	14	15
0	0X00	0X00	R	B	G	R	B	G	R	B	G	R	B	G	R	B	G	R
16	0X10	0X10	B	G	R	B	G	R	B	G	R	B	G	R	B	G	R	B
32	0X20	0X20	G	R	B	G	R	B	G	R	B	G	R	B	G	R	B	G
48	0X30	0X30	R	B	G	R	B	G	R	B	G	R	B	G	R	B	G	R
64	0X40	0X40	B	G	R	B	G	R	B	G	R	B	G	R	B	G	R	B
80	0X50	0X50	G	R	B	G	R	B	G	R	B	G	R	B	G	R	B	G
96	0X60	0X60	B	G	R	B	G	R	B	G	R	B	G	R	B	G	R	B
112	0X70	0X70	G	R	B	G	R	B	G	R	B	G	R	B	G	R	B	G
128	0X80	0X80	R	B	G	R	B	G	R	B	G	R	B	G	R	B	G	R
144	0X90	0X90	B	G	R	B	G	R	B	G	R	B	G	R	B	G	R	B
160	0XA0	0XA0	G	R	B	G	R	B	G	R	B	G	R	B	G	R	B	G
176	0XB0	0XB0	R	B	G	R	B	G	R	B	G	R	B	G	R	B	G	R
192	0XC0	0XC0	B	G	R	B	G	R	B	G	R	B	G	R	B	G	R	B
208	0XD0	0XD0	G	R	B	G	R	B	G	R	B	G	R	B	G	R	B	G
224	0XE0	0XE0	R	B	G	R	B	G	R	B	G	R	B	G	R	B	G	R
240	0XF0	0XF0	B	G	R	B	G	R	B	G	R	B	G	R	B	G	R	B
256	0X100	0X100	G	R	B	G	R	B	G	R	B	G	R	B	G	R	B	G
272	0X110	0X110	R	B	G	R	B	G	R	B	G	R	B	G	R	B	G	R
288	0X120	0X120	B	G	R	B	G	R	B	G	R	B	G	R	B	G	R	B
304	0X130	0X130	G	R	B	G	R	B	G	R	B	G	R	B	G	R	B	G
320	0X140	0X140	R	B	G	R	B	G	R	B	G	R	B	G	R	B	G	R
336	0X150	0X150	B	G	R	B	G	R	B	G	R	B	G	R	B	G	R	B
352	0X160	0X160	G	R	B	G	R	B	G	R	B	G	R	B	G	R	B	G
368	0X170	0X170	R	B	G	R	B	G	R	B	G	R	B	G	R	B	G	R
384	0X180	0X180	B	G	R	B	G	R	B	G	R	B	G	R	B	G	R	B
400	0X190	0X190	G	R	B	G	R	B	G	R	B	G	R	B	G	R	B	G
416	0X1A0	0X1A0	R	B	G	R	B	G	R	B	G	R	B	G	R	B	G	R
432	0X1B0	0X1B0	B	G	R	B	G	R	B	G	R	B	G	R	B	G	R	B
448	0X1C0	0X1C0	G	R	B	G	R	B	G	R	B	G	R	B	G	R	B	G
464	0X1D0	0X1D0	R	B	G	R	B	G	R	B	G	R	B	G	R	B	G	R
480	0X1E0	0X1E0	B	G	R	B	G	R	B	G	R	B	G	R	B	G	R	B
496	0X1F0	0X1F0	G	R	B	G	R	B	G	R	B	G	R	B	G	R	B	G

◆ TBK 보드에서의 X, Y좌표

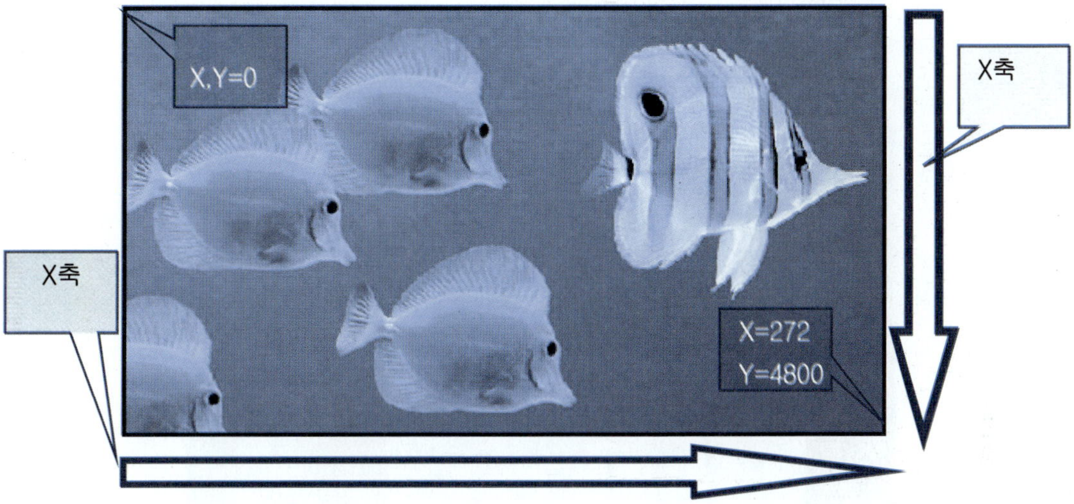

17.7.5 결론

이번에는 TFT LCD 272*480 해상도에 이미지 데이터를 표시해 보았다. 또한 TFT LCD COTROLER IC에 대하여 그 특징을 살펴보고 직접 제어해 보았다. 또한 TFT의 특징과 구조 그리고 BITMAP 파일의 구조를 살펴보고 SD CARD에서 이미지 파일을 읽어 LCD 화면에 나타내 보았다.

17.8 TBK-STM32F103보드

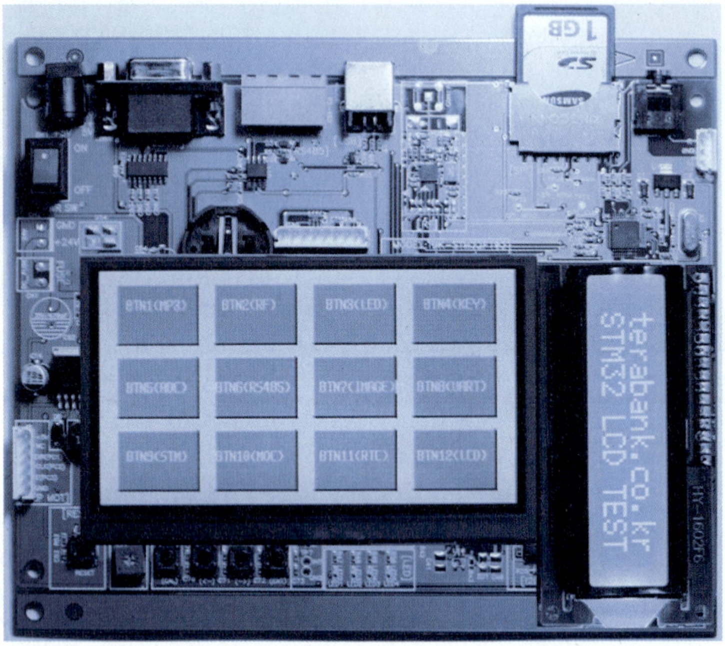

■ 보드 사이즈

약 가로 170[mm] × 세로 125[mm]

■ TBK 보드의 기능(소스, 회로도 제공)

- GPIO INPUT TESET(KEY)
- GPIO OUTPUT TEST(LED)
- ADC TEST
- RTC TEST
- MCO CLOCK TEST
- PWM OUTPUT TEST:
- I2C TEST(EEPROM 24C02)
- SPI(SD CARD)TEST
- MP3 PLAYER (SD CARD)TEST
- RF(NRF2401) 무선 TEST

- RS232C(USART) TEST
- BMP(IMAGE) 파일 구현
- RS485 TEST(DMX512 구현가능)
- USB(VCP 가상 COM PORT) TEST
- TFT LCD TEST(480*272) 구현
- TEXT LCD TEST(16*2) 구현
- TOUTCH PANEL BUTTON 구현
- 16[bit] TIMER TEST
- External input interrupt TEST
- STEPPING MOTOR TEST

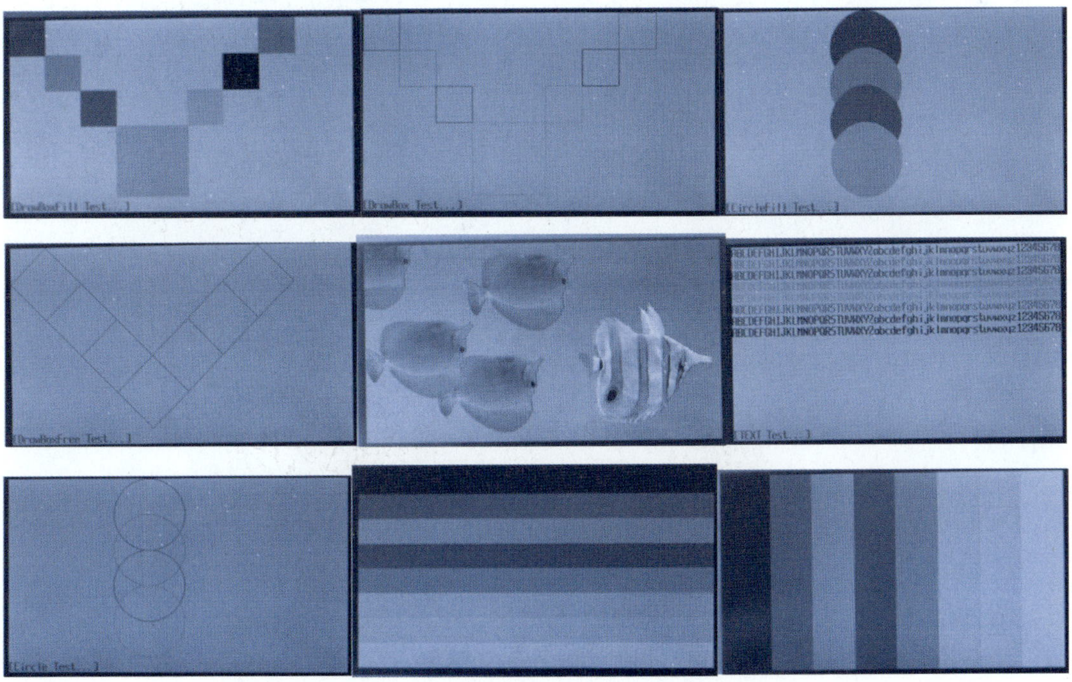

■ 내용물

STM32F103 BOARD, TFT LCD 4.3인치(터치내장), TEXT LCD 16*2, USB JATG DownLoader, 전원 아답터 5[V]/1[A], 이어폰, SD CARD, 5핀 미니 USB CABLE, SERIAL CABLE, AB형 USB CABLE, SERIA, LCD 연결 케이블, JTAG 케이블, 소스 CD(소스+회로도+교제)

- TBK-STM32F103 BOARD

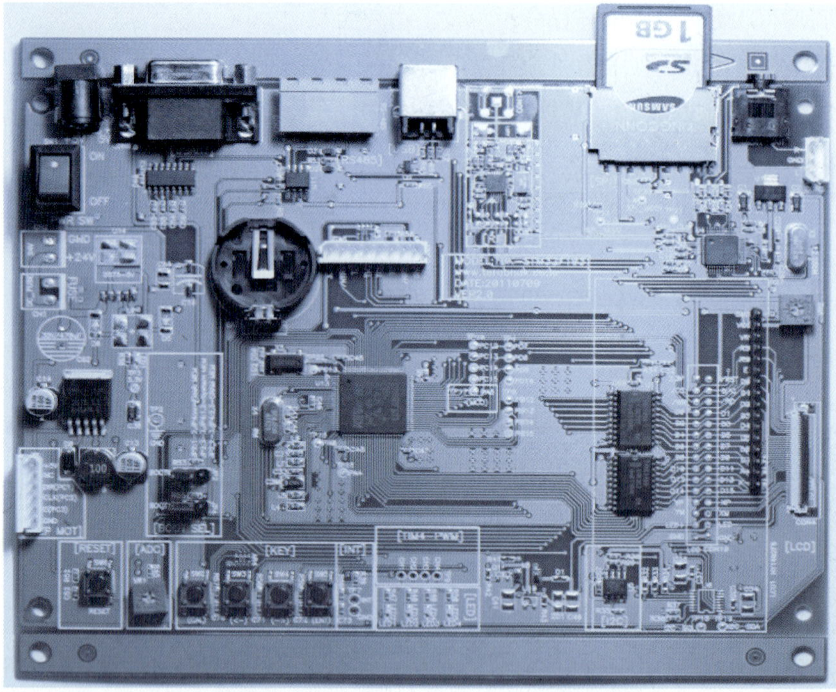

- TFT LCD 4.3인치(터치 내장)

◆ TEXT LCD 16*2

◆ USB JATG TbJtag_BD DownLoader

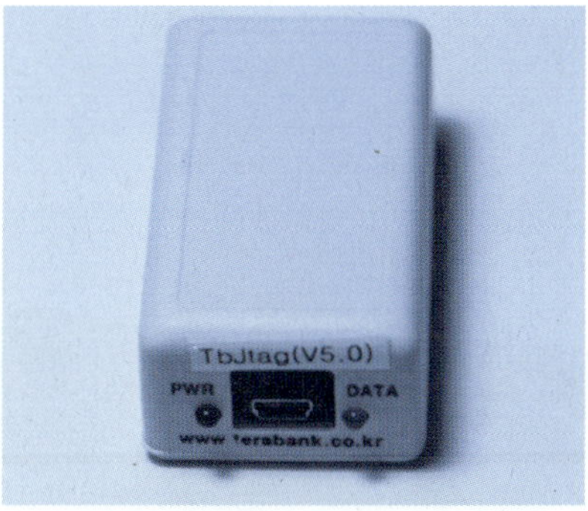

◆ SD CARD

- 아답터 SMPS 5V/2A,SD CARD

- 5핀 미니 USB CABLE

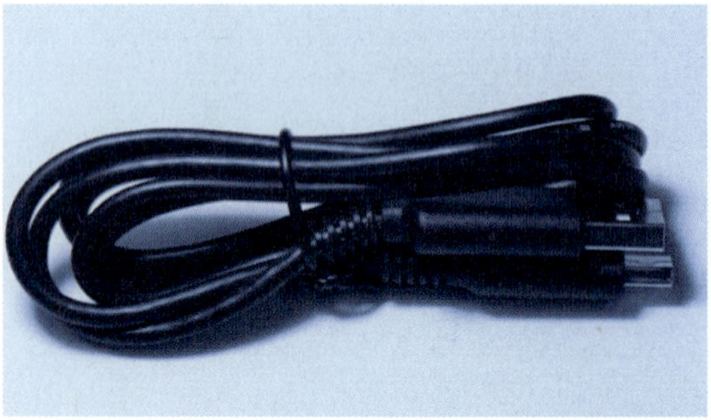

- SERIAL CABLE

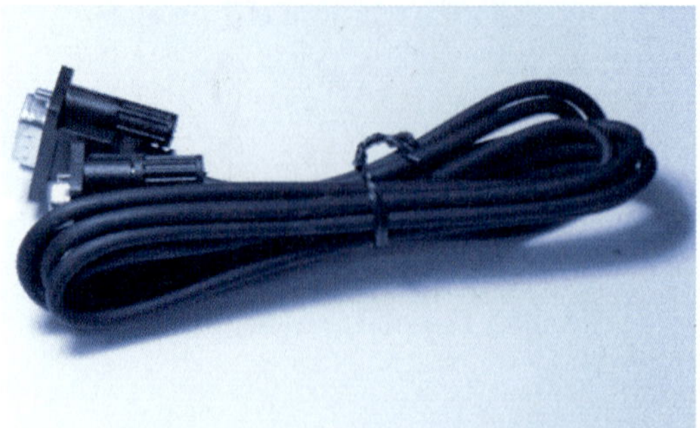

- AB형 USB CABLE

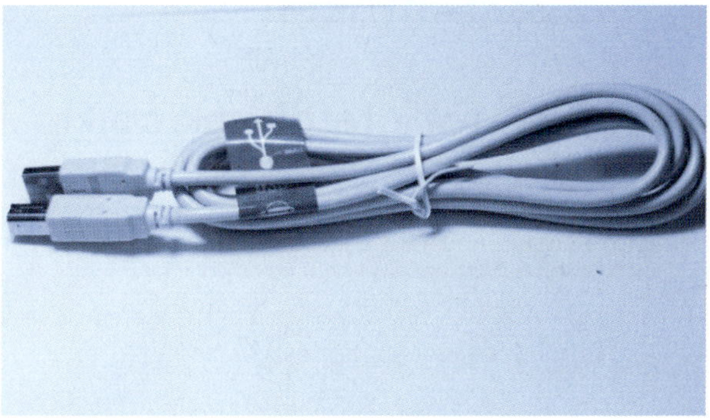

- FFC 40PIN 케이블

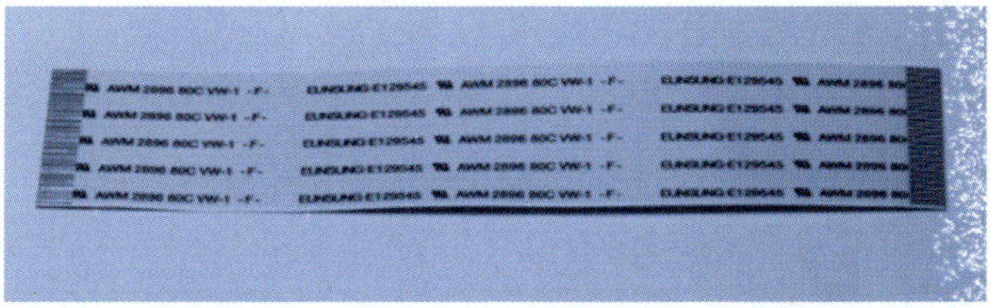

- JTAG 8PIN 케이블,

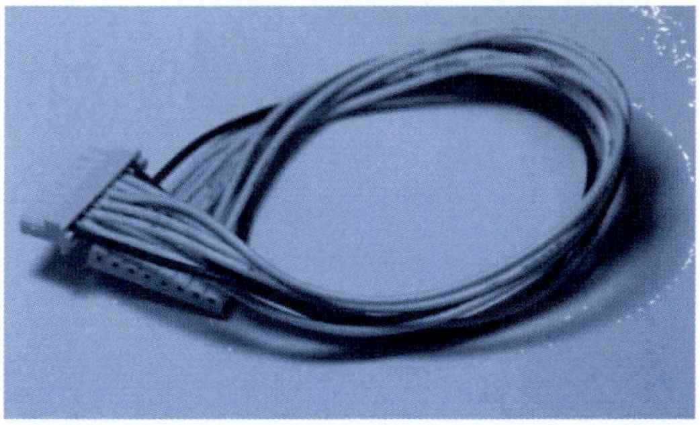

- 소스CD(소스+회로도+교제)
- 제조사 : 테라뱅크
- 판매처 : www.TERABANK.CO.KR

기술문의처

(주)테라뱅크 www.terabank.co.kr

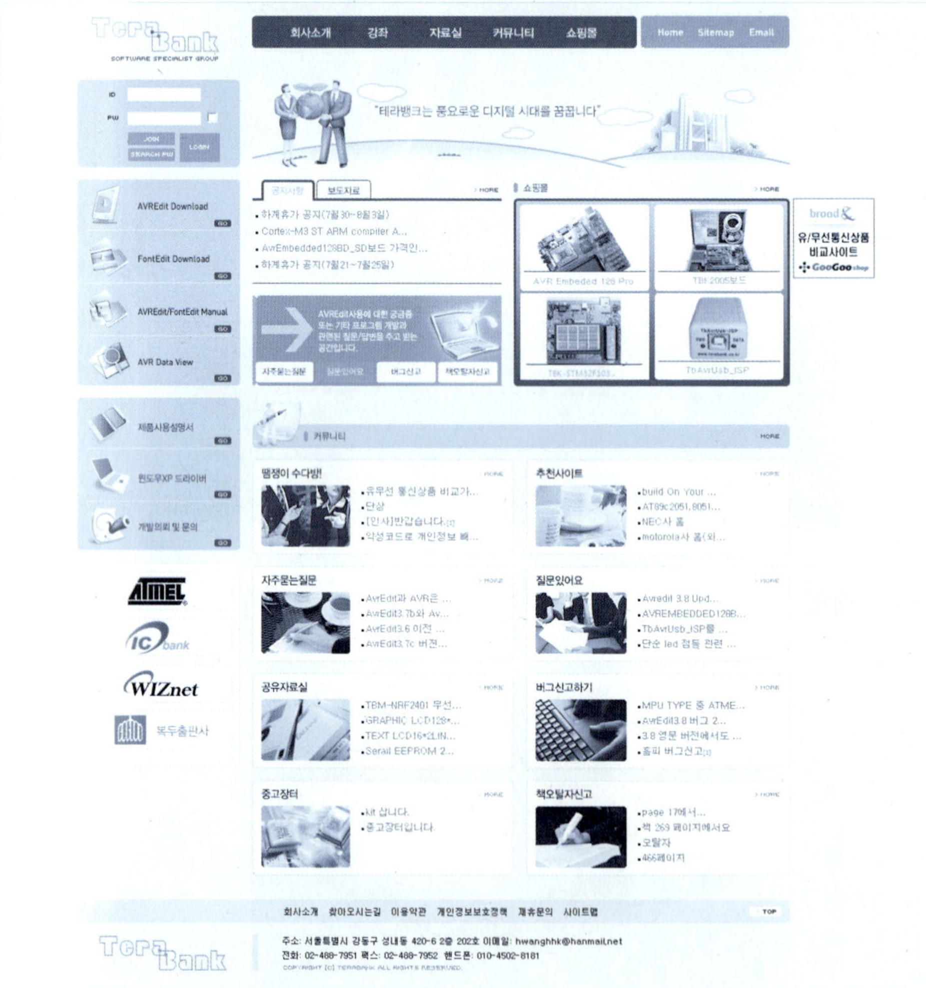

무료컴파일러 ArmEdit4.0과 함께 배우는

CORTEX-M3(STM32) 이론과 실무

1판 1쇄 2011년 8월 20일

저 자 황해권
발행인 송광헌
발행처 복두출판사
편 집 김예슬
주 소 서울특별시 영등포구 문래동 1가 39
센터플러스 807호 (우) 150-091
전 화 (02) 2164-2580~3
FAX (02) 2164-2584
등 록 1993. 11. 22. 제 10-902 호

정가 : 30,000원 (부록 CD 포함)
ISBN : 978-89-8000-663-2 93560

한국과학기술출판협회 회원사